新編諸子集成

春秋繁露義證

蘇輿 撰

鍾哲 點校

中華書局

圖書在版編目（CIP）數據

春秋繁露義證/（清）蘇輿撰；鍾哲點校. —北京：中華
書局，1992.12（2025.4 重印）
（新編諸子集成）
ISBN 978-7-101-10823-1

Ⅰ.春…　Ⅱ.①蘇…②鍾…　Ⅲ.①儒家②《春秋繁
露》-注釋　Ⅳ.B234.52

中國版本圖書館 CIP 數據核字（2015）第 057974 號

本版責編：徐真真
封面設計：周　玉
責任印製：韓馨雨

新編諸子集成
春秋繁露義證
〔清〕蘇　輿 撰
鍾　哲 點校
*
中 華 書 局 出 版 發 行
（北京市豐臺區太平橋西里 38 號　100073）
http://www.zhbc.com.cn
E-mail：zhbc@zhbc.com.cn
大廠回族自治縣彩虹印刷有限公司印刷
*
850×1168 毫米 1/32·16¾印張·2 插頁·300 千字
1992 年 12 月第 1 版　2015 年 10 月第 2 版
2025 年 4 月第 13 次印刷
印數：28801-29600 冊　定價：78.00 元
ISBN 978-7-101-10823-1

新編諸子集成出版説明

　　子書是我國古籍的重要組成部分。最早的一批子書産生在春秋末到戰國時期的百家爭鳴中，其中不少是我國古代思想文化的珍貴結晶。秦漢以後，還有不少思想家和學者寫過類似的著作，其中也不乏優秀的作品。

　　二十世紀五十年代，中華書局修訂重印了由原世界書局出版的諸子集成。這套叢書匯集了清代學者校勘、注釋子書的成果，較爲適合學術研究的需要。但其中未能包括近幾十年特別是一九四九年後一些學者整理子書的新成果，所收的子書種類不够多，斷句、排印尚有不少錯誤，爲此我們從一九八二年開始編輯出版新編諸子集成，至今已出滿四十種。

　　新編諸子集成所收子書與舊本諸子集成略同，是一般研究者經常要閱讀或查考的書。每一種都選擇到目前爲止較好的注釋本，有的書兼收數種各具優長的注本。出版以來，深受讀者歡迎，還有不少讀者提出意見建議，幫助我們修訂完善這套書，在此謹致謝忱。

本套書目前以平裝本行世，每種單獨定價。近期我們還將出版精裝合訂本，以滿足不同層次讀者的需求。

後續整理的重要子書，將納入新編諸子集成續編陸續刊出，敬請讀者關注。

中華書局編輯部

二〇一〇年一月

點校説明

春秋繁露是西漢董仲舒（約公元前一七九——前一〇四）的主要著作，一般認爲係後人輯録成帙。至有清一代，才出現兩個較完善的校注讀本（盧文弨校本和凌曙注本）。宣統年間，湖南平江人蘇輿（?——一九一四）字厚菴，兼取盧校凌注，廣採前人研究成果，「隨時劄録」，成春秋繁露義證，是目前爲止校訂春秋繁露較完善的本子。

此次整理，以一九一〇年長沙王先謙原刻本爲底本，通校了凌本。遇有異文，又參校了盧本和四部叢刊本。對其他引文，亦找原書作了校對。文字凡有改動，咸出校記説明，惟顯誤字、避諱字逕改不出校。年譜、考證及王先謙序原在卷首，今移附書後。

此次重印，我們參考鍾肇鵬先生的意見，作了部分修訂，沈燮元先生還指出原「點校説明」的一處嚴重錯誤，這裏一併致謝。

鍾哲　一九八八、九、三十

中華書局編輯部
二〇〇九年十二月

目　録

自序 ……………………………………………………… 一

例言 ……………………………………………………… 一

春秋繁露義證卷第一 …………………………………… 一

　楚莊王第一 …………………………………………… 二

　玉杯第二 ……………………………………………… 三

春秋繁露義證卷第二 …………………………………… 四

　竹林第三 ……………………………………………… 四

春秋繁露義證卷第三 …………………………………… 六七

　玉英第四 ……………………………………………… 六五

　精華第五 ……………………………………………… 八二

春秋繁露義證卷第四 …………………………………… 九六

　王道第六 ……………………………………………… 九六

春秋繁露義證卷第五

滅國上第七 …………………………………………………………… 一二九

滅國下第八 …………………………………………………………… 一三一

隨本消息第九 ………………………………………………………… 一三三

盟會要第十 …………………………………………………………… 一三六

正貫第十一 …………………………………………………………… 一三八

十指第十二 …………………………………………………………… 一四一

重政第十三 …………………………………………………………… 一四四

春秋繁露義證卷第六

服制像第十四 ………………………………………………………… 一四八

二端第十五 …………………………………………………………… 一五一

符瑞第十六 …………………………………………………………… 一五四

俞序第十七 …………………………………………………………… 一五五

離合根第十八 ………………………………………………………… 一六一

立元神第十九 ………………………………………………………… 一六三

保位權第二十 ……………………………………………………………… 一六

春秋繁露義證卷第七 ……………………………………………………… 一七

考功名第二十一 …………………………………………………………… 一七

通國身第二十二 …………………………………………………………… 一七六

三代改制質文第二十三 …………………………………………………… 一八〇

官制象天第二十四 ………………………………………………………… 二〇九

堯舜不擅移、湯武不專殺第二十五 ……………………………………… 二二五

服制第二十六 ……………………………………………………………… 二二七

春秋繁露義證卷第八 ……………………………………………………… 二三一

度制第二十七 ……………………………………………………………… 二三三

爵國第二十八 ……………………………………………………………… 二三八

仁義法第二十九 …………………………………………………………… 二四二

必仁且智第三十 …………………………………………………………… 二五一

春秋繁露義證卷第九 ……………………………………………………… 二五七

身之養重於義第三十一 …………………………………………………… 二五七

對膠西王越大夫不得爲仁第三十二 ……………………………………………………………… 二六〇

觀德第三十三 ………………………………………………………………………………………… 二六三

奉本第三十四 ………………………………………………………………………………………… 二六九

春秋繁露義證卷第十 ………………………………………………………………………………… 二七七

深察名號第三十五 …………………………………………………………………………………… 二七七

實性第三十六 ………………………………………………………………………………………… 三〇一

諸侯第三十七 ………………………………………………………………………………………… 三〇五

五行對第三十八 ……………………………………………………………………………………… 三〇五

闕文第三十九 ………………………………………………………………………………………… 三〇九

闕文第四十 …………………………………………………………………………………………… 三〇九

春秋繁露義證卷第十一 ……………………………………………………………………………… 三一〇

爲人者天第四十一 …………………………………………………………………………………… 三一〇

五行之義第四十二 …………………………………………………………………………………… 三一三

陽尊陰卑第四十三 …………………………………………………………………………………… 三一五

王道通三第四十四 …………………………………………………………………………………… 三二〇

天容第四十五 ……………………………………………………………… 三五

天辨在人第四十六 ………………………………………………………… 三六

陰陽位第四十七 …………………………………………………………… 三九

春秋繁露義證卷第十二 ………………………………………………… 三一

陰陽終始第四十八 ………………………………………………………… 三一

陰陽義第四十九 …………………………………………………………… 三三

陰陽出入上下第五十 ……………………………………………………… 三四

天道無二第五十一 ………………………………………………………… 三七

暖燠常多第五十二 ………………………………………………………… 三九

基義第五十三 ……………………………………………………………… 三二

闕文第五十四 ……………………………………………………………… 三五

春秋繁露義證卷第十三 ………………………………………………… 三六

四時之副第五十五 ………………………………………………………… 三六

人副天數第五十六 ………………………………………………………… 三七

同類相動第五十七 ………………………………………………………… 三一

五行相生第五十八 …………………………………………………………………………………… 三五四

五行相勝第五十九 …………………………………………………………………………………… 三五九

五行順逆第六十 ……………………………………………………………………………………… 三六四

治水五行第六十一 …………………………………………………………………………………… 三六四

治亂五行第六十二 …………………………………………………………………………………… 三六六

五行變救第六十三 …………………………………………………………………………………… 三六八

五行五事第六十四 …………………………………………………………………………………… 三七〇

春秋繁露義證卷第十四

郊語第六十五 ………………………………………………………………………………………… 三七七

郊義第六十六 ………………………………………………………………………………………… 三八六

郊祭第六十七 ………………………………………………………………………………………… 三八八

四祭第六十八 ………………………………………………………………………………………… 四〇〇

郊祀第六十九 ………………………………………………………………………………………… 四〇二

順命第七十 …………………………………………………………………………………………… 四〇四

春秋繁露義證卷第十五

郊事對第七十一 …………………………………… 四〇八

春秋繁露義證卷第十六

執贄第七十二 …………………………………… 四一三

山川頌第七十三 …………………………………… 四一七

求雨第七十四 …………………………………… 四二〇

止雨第七十五 …………………………………… 四三一

祭義第七十六 …………………………………… 四三四

循天之道第七十七 …………………………………… 四三七

春秋繁露義證卷第十七

天地之行第七十八 …………………………………… 四五一

威德所生第七十九 …………………………………… 四五六

如天之爲第八十 …………………………………… 四五七

天地陰陽第八十一 …………………………………… 四五九

天道施第八十二 …………………………………… 四六三

附　録 ……………………………………………………………………………………………… 四六九

　董子年表 ………………………………………………………………………………………… 四六九

　春秋繁露考證 …………………………………………………………………………………… 四八六

　春秋繁露義證序 ………………………………………………………………………………… 五一七

自　序

余少好讀董生書，初得凌氏注本，惜其稱引繁博，義蘊未究。已而聞有爲董氏學者，繹其義例，頗復詫異。乃盡屏諸說，潛心玩索，如是有日，始粗明其旨趣焉。繁露非完書也。而其說春秋者，又不過十之五六。然而五比偶類，覽緒屠贅，尚可以多連博貫，是在其人之深思慎述。而緣引傅會，以自成其曲說者，亦未嘗不因其書之少也。

余因推思董書湮抑之緣，蓋武帝崇奉春秋本由平津，董生實與之殊趣。生於帝又有以言災異下吏之嫌，雖其後帝思前言，使其弟子吕步舒以春秋義治淮南獄，且輯用生公羊議，時復遣大臣就問政典，抑貌敬以爲尊經隆儒之飾耳。史公稱公孫弘以春秋白衣爲天子三公，天下學士靡然鄉風。則當日朝野風尚可以概見。其後睦孟以再傳弟子誤會師說，上書昭帝，卒被刑誅。董云：「雖有繼體守文之君，不害聖人之受命。」殆謂如孔子受命作春秋，行天子之事耳。弘乃請漢帝索求賢人，而退自封百里，是直欲禪位也。故史獨稱嬴公一傳能守師法。當時禁網嚴峻，其書殆如後世之遭毀禁，學者益不敢出。乃至劭公釋傳，但述胡毋，不及董生，皆此故已。歆崇古學，今文益

微，公羊且被譏議，董書更何自存？是以苟爽對策，請頒制度之別；應劭讞集，中有斷獄之書。則知易代幸存，都未流布，今並此而佚，惜哉！非隋唐人時見徵引，則宋世且無從輯録此書矣。雖真贋糅雜，而珍共球璧，豈不以久晦之故與？國朝嘉道之間，是書大顯，綴學之士，益知鑽研公羊。而如龔自珍、劉逢禄、宋翔鳳、戴望之徒，劉宋皆莊存與甥，似不如莊之矜慎。闡發要眇，頗復鑿之使深，漸乖本旨。承其後者，沿譌襲謬，流爲隱怪，幾使董生純儒蒙世詬厲，豈不異哉！

義證之作，隨時剟録，宦學多暇，繕寫成帙。以呈長沙師，師亟取公錢刊行。蹉駁疏舛，自知不免，惟通識君子，恕其愚曚，匡其闕誤，則幸甚。

宣統己酉十月，平江蘇輿敬識於宣武門内小絨綫胡同寓廬

二

例　言

漢藝文志載董仲舒百二十三篇，公羊董仲舒治獄十六篇。後漢書應劭傳，仲舒作春秋決獄二百三十二事，當即志之十六篇，而無春秋繁露名。漢書本傳載仲舒說「春秋得失、聞舉、玉杯、蕃露、清明之屬復數十篇」。是蕃露止一篇名，當在百二十三篇中。此書隋、唐志始著錄，唐宋類書時見徵引。論衡所引情性陰陽之說，與今本不同。又旱祭、女媧之議，今亦未見，或是百二十三篇中原文。公羊序疏引繁露云：「能通一經曰儒生，博覽羣書號曰鴻儒。」又莊十三年疏引繁露云：「論功則桓兄，論德則文兄桓弟。」禮記文王世子疏引繁露云：「成均為五帝之學。」周禮大司樂注亦引董仲舒語云：「成均，五帝之學也。」疏特出繁露釋之，是亦以為繁露語。今本竝無之，則知唐時繁露，尚多於今本。漢書宣紀注臣瓚引董仲舒書曰：「有其功無其意謂之戾，無其功有其意謂之罪。」又宋趙德麟侯鯖錄引董仲舒曰：「太平之世，則風不鳴條，開甲散萌而已。雨不破塊，濡葉津根而已。雷不驚人，號令啟發而已。電不眴目，宣示光耀而已。霧不塞望，浸淫被泊而已。雪不封陵，弭害消毒而已。雲則五色而為慶，雨則三日而成霔，露則結珠而為液。此聖人在上，則陰陽和而風雨時也。政多紕繆，則陰陽不調，風發屋，雨溢河，雹至牛目，雪殺驢。此皆陰陽相盪為祲沴之故也。」周密齊東野語載西京雜記載董仲舒曰：「水極陰而有溫泉，火至陽而有寒燄。」亦均似繁露語。此外引仲舒書者尚多，惟如御覽四百七十二引董子曰「禹見耕者五耦而式」云云。此等疑是董無心所著書，當分別觀之。蓋東漢古學盛而今學微，故董書與之散佚。茲後人採掇之廑存者，前人已疑其非盡本真。詳見攷證。朱子亦曾言，繁露、玉杯等篇，多非其實。又朱子策問云：「問漢世專門之學，如歐陽、大小夏侯、孔氏書，齊、魯、韓氏詩，后氏、戴氏禮，董氏春秋、梁丘、費氏易，今皆

亡矣。其僅有存者，又已列於學官，其亦可以無惡於專門矣。西漢書有兩體。一，今所傳毛公詩傳，爲注經體。一，說經體，如此書及韓詩外傳是也。然韓詩述事以證經，此書依經以旁義，尤爲精切。今所云漢學，但是注體，故遂與義理分途。朱子答張敬夫書云：「漢儒可謂善說經者，不過只說訓詁。」又語類云：「漢初諸儒，專治訓詁。」是也。杭世駿乃云：「董生繁露、韓嬰外傳，倍背經旨，鋪列雜說，不知著書之體者也。」又尚書大傳及說苑、列女傳等書，皆於說經體爲近。然微詞要義，往往而存，不可忽也。西漢大師說經，此爲第一書矣。云云。

兹於其可疑者，略爲別白，閒復離其節次。錯簡誤文，時據諸家說及羣書逐正，竝注原文於下。

何休序公羊解詁云：「往者略依胡毋生條例，多得其正。故遂隱括，使就繩墨。」而無一語及董。條例當是「五始」、「三科」、「九旨」、「七等」、「六輔」、「二類」、「七缺」之說。此實誤會。董決不以此爲科旨。其引春秋、杞子，乃借以證興禮之意，說見本篇注。究其義，與此合者十實八九。胡毋生與董同業，殆師說同也。案唐時配享孔子廟庭，有何休無董仲舒，蓋不知何學本於董氏。惟胡安國列春秋綱領七家，有董無何。余別有公羊董義述。茲閒爲採入，以證淵源。其說爲而失者，閒爲辨正。此外如兩京經師東塾讀書記舉何注同繁露者止三條。晁氏志，董仲舒以公羊顯，又四傳至何休。家說，及詔令奏議與本書比傅者，頗復採録。家語、孔叢雖爲僞譔，要是古說，閒亦采録。用徵條貫之同，而得致用之略。諸子及各傳記，亦多節取。緯家說同出今學，引用特慎。

此書凌氏曙始有注本。明朱睦㮮萬卷堂書目有吳廷舉繁露節解一册，今未見。凌之學出於劉氏逢祿，而大體平實，絕無牽傅。惟於董義，少所發揮，疏漏繁碎，時所不免。如「子

見包世臣所作墓表。

曰「嗚呼」之類，並爲詳釋。王道篇「吳王夫差行強於越」（臣人之主，妾人之妻」見越世家，而誤云「以楚人之主，楚人之妻爲臣」）。觀德篇「諸夏滅國首無駭」見於隱二年，而以爲首齊師滅譚。三代改制篇「薦尚肝」云云，與明堂位異，不知是今文異說，而以爲誤文。斯類不勝枚舉。

隨文改正，不復徵引，以省複冗。其可採者，仍加「凌云」以別之。各家解釋，足資考證者，並爲收入。（與盧氏同參校者，爲趙曦明、江恂、秦黌、張坦、陳桂森、段玉裁、吳典、錢唐、秦恩復、陸時化、陳兆麟、齊召南。）錢有校語數條，今據盧本錄入。凌本所引莊侍郎存與、張編修惠言、劉庶常逢祿、李庶常兆洛、沈孝廉欽韓、鄧文學立誠說，亦並采用。戴望說，據孫詒讓札迻引，朱一新說，見無邪堂答問及與某氏書。○光緒丁戊之間，某氏有爲春秋董氏學者，割裂支離，疑誤後學。如董以傳所不見爲「微言」，而刺取陰陽、性命、氣化之屬，摭合外教，列爲「微言」，此影附之失實也。三統改制，既以孔子春秋當新王，則三統上及商周而止。而動云孔子改制，上託夏、商、周以爲三統。此條貫之未晰也。斷取平莒，及魯用八佾，並見公羊，而以爲口說，出公羊外。此讀傳之未周也。其他更不足辦。

是書宋本不多見，然據明校所引宋本參之，知已不免譌誤。乾隆時館臣據永樂大典所收樓鑰本對勘，補訂刪改，漸成完帙。且於創行聚珍板之始，首先排印。（詳見聚珍板程式，即今所稱官本。）盧氏文弨曾取聚珍本覆加考核，參以明嘉靖蜀中本，及程榮、何允中兩家本，今所稱盧校本是也。凌注本亦以聚珍本爲主，參以明王道焜及武進張惠言讀本。予復得明天啟時朱養和所刊孫鑛評本，合互校訂，擇善而從。（從盧校本爲多。據朱刊孫鑛評本凡例，又稱此書尚有婺女潘氏本，太倉王氏本，與宋本同。又聞明蘭雪堂本，仿宋刻最佳，今亦未見。）

其官本曾校他本作某，與今所見各本同者，不復列，異則出之。（其顯然譌奪者，不復列，得兩通者存之。）

凡校語不關書義者，別爲圈隔，以便省覽。

春秋繁露義證卷第一

周禮大司樂賈疏云:「前漢董仲舒作春秋繁露。繁,多;露,潤。為春秋作義,潤益處多。」南宋館閣書目云:「逸周書王會解『天子南面立,絻無繁露』,注云:『繁露,冕之所垂也,有聯貫之象。』春秋屬辭比事,仲舒立名,或取諸此。」史記索隱及王應麟漢藝文志攷說同。程大昌書秘書省繁露後云:「牛亨問崔豹:『冕旒以繁露者何?』答曰:『綴玉而下垂,如繁露也。』(見博物志。)則繁露也者,古冕之旒,似露而垂,是其所從假以名書也。以杜樂所引,推想其書,皆句用一物,以發己意,有垂旒凝露之象焉。」

興案:諸家所推名書之意,皆近傅會。程氏至比於連珠,自仿其體,記錄雜事,為演繁露,失之尤遠。

漢書董仲舒傳云:(後稱本傳。)「仲舒所著,皆明經術之意,及上疏條教,凡百二十三篇。」而說春秋事得失,聞舉、玉杯、蕃露、清明之屬,復數十篇,十餘萬言,皆傳於後世。」是蕃(蕃、繁通。)露只一篇名。漢藝文志有董仲舒百二十三篇,公羊董仲舒治獄十六篇。後漢書應劭傳:「仲舒作春秋決獄二百三十二事。」當即藝文志之十六篇,並在此書外,而無春秋繁露名。至隋、唐志著錄,始有春秋繁露十七卷。而百二十三篇者已佚,疑是後人雜採董書,綴緝成卷,以篇名總全書耳。御覽六百二、九百三十,並引西京雜記,言「董仲舒夢蛟龍入懷,乃作春秋繁露」,則知由來久矣。

楚莊王第一

樓郁云：「潘氏本楚莊王篇爲第一，他本皆無之。然則爲潘氏附著無疑。」

興案：此取篇首字爲名，獨異他篇。疑本名繁露，後人以避總書，改今篇名。玉海載八十二篇目，云「始楚莊王，終天道施」，則王深寧所見本亦如此。

楚莊王殺陳夏徵舒，春秋貶其文，不予專討也。宣十一年：「楚人殺陳夏徵舒。」公羊傳云：（以後稱傳，不出公羊。）「此楚子也。其稱人何？貶。曷爲貶？不與外討也。」曷爲不與？文曷爲不與？諸侯之義，不得專討也。」案：本書立公羊説，而順命及深察名號篇有穀梁語。本篇晉伐鮮虞，玉英篇桓無王，有穀梁義。此類當是師説偶同。

靈王殺齊慶封，而直稱楚子，何也？昭四年：「楚子、蔡侯、陳侯、許子、頓子、胡子、沈子、淮夷伐吳，執齊慶封，殺之。」傳：「此伐吳也。其言執齊慶封何？爲齊誅也。其爲齊誅奈何？慶封走之吳，吳封之於防。然則曷爲不言伐防？不與諸侯專討也。」案：直稱楚子，傳無文。本書之於傳，闡發爲多。亦有推補之者，如此及非逢丑父之類是也。有救正之者，如賢齊襄復賢紀侯之類是也。有特畧之者，如殺子赤弗忍書日，外不用時月日例是也。

曰：莊王之行賢，而徵舒之罪重。宣十年：「陳夏徵舒弑其君平國。」史記陳杞世家：「孔子讀史記至楚復陳，曰：『賢哉楚莊王，輕千乘之國而重一言。』」以賢君討重罪，其於人心善。孟子曰：「君子反

若不貶，孰知其非正經。春秋以經輔治，以權濟變，使人心不迷於正經，則天下可得而理矣。

經：『春秋常於其嫌得者，見其不得也。莊王以賢君討重罪，嫌於得褒。靈王懷惡而討，與慶封同罪，故不嫌也。春秋別嫌疑，明是非，常于眾人之所善，於眾人之所忽，見其美焉。隱七年傳云：「貴賤不嫌同號，美惡不嫌同辭。」蓋不嫌者可同，嫌者則纖微不相假借。在禮，女君嫌於舅姑爲婦，故于妾無服，而妾爲女君期，妾不嫌而女君嫌也。燕不以公卿爲賓，而以大夫爲賓，大夫不嫌而公卿嫌也。故曰：春秋原於禮。○嫌得者，王道焜本注云：「宋本得作德。」盧文弨云：（後稱盧云。）「得、德古多通用。」皆此例也。

桓不予專地而封，晉文不予致王而朝，楚莊弗予專殺而討。僖元年：「齊師、宋師、曹師次於聶北，救邢。」傳：「君則其稱師何？不與諸侯專封也。」僖十四年：「諸侯城緣陵。」傳：「城杞也。」「孰城之？」桓公城之。公會晉侯、齊侯、宋公、蔡侯、鄭伯、衛子、莒子，盟于踐土。公朝於王所。』傳：「曷爲不言公如京師，天子在是也。天子在是，則曷不言天子在是？不與致天子也。」弗，當作不，與上一律。

三者不得，則諸侯之得，殆此矣。盧云：「殆，近也。此，即指上三事而言。」「殆」下引原注云：（凡淩引原注，皆王道焜本。）「恐是不待。」俞樾云：（後稱俞云。）「以三君之賢，而不得焉，則諸侯之得，殆非所以爲褒，而適所以爲貶。故曰諸侯之得殆貶矣。」興案：春秋以比成文，豈能概以爲褒爲貶。今從盧校。

此楚靈之所以稱子而討也。楚莊之賢，不與專討，則楚靈之不予可知。雖稱子以討罪人，不嫌矣。

春秋之辭，多所況，詞多以況譬而見，所謂比例。

是文約而法明也。史記孔子世家：「約其文辭而指博。」故吳楚之君自稱王，而春秋貶之曰子。踐土之會，實召周天子，而春秋諱之曰：『天王狩於河陽。』推此類以繩當世。貶損之義，後有王者，舉而開之。春秋之義行，則天下亂臣賊子懼焉。孔子在位聽訟，文辭有可與人共者，弗獨有也。至於

為春秋，筆則筆，削則削，子夏之徒不能贊一詞。弟子受春秋，孔子曰：『後世知丘者以春秋、而罪丘者亦以春秋。』問

者曰：不予諸侯之專封，復見於陳蔡之滅。不予諸侯之專討，獨不復見於慶封之殺，何

也？昭十三年：蔡侯廬歸于蔡。陳侯吳歸于陳。傳：「此皆滅國也。其言歸何？不予諸侯專封也。」盧云：「文已

見僖十四年，此又復見也。」○慶封上，各本脫「於」字，今依盧校補。曰：春秋之用辭，已明者去之，未明

者著之。莊存與云：（後稱莊云）「春秋之辭，文有不再襲，事有不再見，明之至也。事若可類，以類索其別。文若可

貫，以貫異其條。聖法已畢，則人事雖博，所不存也。興謂春秋用辭，有簡有復。大美大惡之所昭，愚夫婦之所與知者，

則一明而不贅，所謂壹讔而已者也。嫌於善而事或鄰於枉，嫌於惡而心不詭於良，則必推其隱曲，往復聯貫。或變文以

起其別義，或同辭以致其湛思。故孔子曰：「書之重，辭之復，嗚呼！不可不察也。」（見祭義篇。）今諸侯之不得

專討，固已明矣。而慶封之罪未有所見也。昭四年傳：「慶封之罪何？脅齊君而亂齊國也。」故稱楚

子以伯討之，著其罪之宜死，以為天下大禁。故曰：春秋成而亂臣賊子懼。曰：人臣之行，貶主之

位，曰者，言春秋之意如此。此類即大義。使主失其尊，故云貶。傳所云脅君也。亂國之臣，俞云：「當作亂主之

國。」雖不篡殺，○凌曙云：（後稱凌云。）「當作弒。」案：弒、殺一字兩讀，殺君作弒，由後改。其罪皆宜死，比

於此其云爾也。篡弒之宜死，不待著也。傳特著慶封脅君亂國之罪，見後世臣子有似此者，不待其有篡弒之迹，

皆為聖法所必誅，以慶封為例云爾。漢書翟方進傳：「陳慶自設不坐之比。」顏注：「比，例也。」論衡程材篇：「仲舒表
春秋之義，稽合於律，無乖異者。然則春秋漢之經，孔子制作，垂遺於漢。論者徒尊法家，不高春秋，是闇蔽也。」

案：比即律之所由生。歷代刑律故多根柢於春秋。○句末「其」字、「也」字疑衍。

春秋曰：○凌本不提行。「晉伐鮮虞。」奚惡乎晉而同夷狄也？昭十二年：「晉伐鮮虞。」何

注：「晉不大綏諸侯，先之以博愛，而先伐同姓。從親親起，欲以立威行霸，故狄之。」疏云：「諸夏之稱，連國稱爵。今

單言晉，作夷狄之號。」　案：穀梁傳：「其曰晉，狄之也。」據此，知公羊義同。賈、服注春秋左氏傳，亦引穀梁爲説。

是古今文説無異義也。俞云：「自此至『是其所以窮也』，當在竹林篇鄭伐許一節之前。彼文云：『春秋曰：「鄭伐

許。」奚惡於鄭而夷狄之也？』中間亦有問者曰云云，與此文一律。故知兩文必相次也。董子原書，當以春秋分十二世

爲三等，爲首篇其篇名即曰繁露。今書稱春秋繁露者，以首篇之名目其全書也。傳寫者誤取楚莊王及晉伐鮮虞二節列

於前，遂以楚莊王節，并繁露之名而失之矣。然則楚莊王節宜在何處？曰：此固不可考。然晉伐鮮虞在竹林篇，則

楚莊王節或亦當在竹林篇，蓋與晉伐鮮虞節本相次也。今本竹林篇逢丑父及鄭伐許節兩節相次，古本此兩節，當有

楚莊王及晉伐鮮虞兩節。晉伐鮮虞與鄭伐許固以類相從，而楚莊王節以楚莊王殺陳夏徵舒、靈王殺齊慶封相提並論，

逢丑父節以丑父欺晉、祭仲許宋相提並論，是二事亦以類相從也。然則兩節之當厠於其間無疑矣，傳寫者升此兩節

於篇首，必非其舊。今於前人校定確見爲誤者，間爲逐正一二，餘悉仍其

舊云。」　興案：此書隨文綴緝，其節次不可深考。

曰：春秋尊禮而重信。信重於地，禮尊於身。何以知其然也？宋伯姬疑〔一〕禮而死於火，

襄三十年傳：「宋災，伯姬存焉。有司復曰：『火至矣，請出。』伯姬曰：『不可！吾聞之

過之，以顯信禮之大也。孔子曰：「自古有死，無信不立。」國家之於地，人之於身，可謂尊重矣。而信禮則又

齊桓公疑信而虧其地，

〔一〕「疑」字，凌本、叢刊本作「恐不」。

也　婦人夜出，不見傅、母不下堂。傅至矣，母未至也。」逮乎火而死。」莊十三年：「公會齊侯盟於柯。」傳：「曹子手劍而從之曰『願請汶陽之田』。桓公曰『諾』。要盟可犯，而桓公不欺，曹子可讎，而桓公不怨。桓公之信，著乎天下，自柯之盟始焉。」

案：疑禮疑信，謂止於信禮，雖死身失地而不遷也。詩桑柔篇「靡所止疑」，毛傳：「疑，定也。」荀子解蔽篇：「以可以知人之性，求可以知物之理，而無所疑止之」。疑止，即止疑。儀禮公食大夫禮「賓立於階西，疑立」。注：「疑，正立也，自定之貌。」又見士昏禮、鄉飲酒注：「疑，古亦通作凝。」易坤文言「陰疑於陽必戰」，荀虞、姚信、蜀才之疑作凝。莊子達生篇「用志不分，乃凝於神」，列子黃帝篇作疑。詩「止疑」，齊作止凝。韻會「疑，定也。」禮記雜記「皆為疑死」，鄭注：「疑猶恐也。」疑與恐同義，注云：「音屹，讀如儀禮疑立之疑，定也。」是疑、凝、屹同義，此古訓之僅存者。○疑禮，明天啟孫鑛評本（以後稱天啟本）作恐不禮，注云：「一作疑禮。」俞云：「下句『疑』下亦當有不字，疑亦猶恐也。此文上言恐不禮，下言疑不信，文異而義同。」案俞說非，今從盧校。

春秋賢而舉之，以為天下法，曰禮而信。 三字疑有誤脫或衍文。

禮無不答，施無不報，天之數也。 數，猶道也。呂覽壅塞篇「寡不勝眾，數也」高注：「數，道數也。」本書數字多如此用。玉杯篇「與天數相終始」，謂與天道相終始也。「弗繫人數而已」，謂弗繫人道也。本篇「得大數而治，失大數而亂」，大數猶言大道也。此例甚多。哀七年左傳：「制禮上物，不過十二，天之大數也。」潛夫論班祿篇引作「天之道」，又其證也。

適女，女無良心， 適，之也。女，汝同。孔廣森云：（凡孔說並出公羊通義。）「鮮虞，姬姓國，見世本。杜預謂白狄別種，妄也。後改國名中山。史記中山武公，徐廣以為西周桓公之子。雖失其實，然為周分子無疑。」

今我君臣同姓禮以不答。 以，已通，既也。

有恐畏我， 盧云：「有，古與又同，書內多如此。」

何其不夷狄也。 春秋論夷狄，不以地限，故曰

中國亦新夷狄。詳見竹林篇。

公子慶父之亂，魯危殆亡，而齊侯〔一〕安之。殆亡，言幾於亡。○官本云：「安，他本誤公。」於彼無親，尚來憂我，彼我，汝我，皆春秋設詞。閔二年傳：「莊公死，子般弒，比三君死，曠年無君。設以齊取魯，曾不興師，徒以言而已矣。桓公使高子將南陽之甲，立僖公而城魯。」我。俞云：「與，當作以，古字通用。」詩云：「宛彼鳴鳩，翰飛戾天。我心憂傷，念彼先人。明發不昧，有懷二人。」念彼，毛詩作念昔，不昧，作不寐。此今文字異。阮元三家詩補遺及陳喬樅並以董為齊詩，公羊本齊學也。毛傳：「先人，文武也。」禮祭義：「明發不寐，有懷二人，文王之詩也。」鄭注：「明發，謂夜至旦也。二人，謂父母。」案：上以同姓為言，而引此詩，是董亦以先人為文武，以晉與鮮虞同出姬姓也。知古今文說同。如何與同姓而殘賊遇我。我心望焉。讝。望，猶恨。故言之不好。謂不予褒稱。楚辭：「余令鴆為媒兮，鴆告余以不好。」二字所皆有此心也。今晉不以同姓憂我，而強大厭我，厭，同壓。○盧云：「舊本作『今晉文不以其同姓憂我』。謂之晉而已，婉辭也。衛伐凡伯，晉敗王師，直書為戎。此第去爵號。以彼例此，猶是婉辭。春秋嚴於亂臣賊子之防，纖芥必貶。至於事關君父，則辭多隱諱。對於鄰敵，亦義取包容。原賢者之心，避難言之隱，皆不失忠厚之旨。董子之言春秋也，曰「正辭」，曰「婉辭」，曰「溫辭」，曰「微詞」，曰「詭詞」。又曰：「以仁治人，以義正我。」可以觀其通矣。○凌本「婉」上有是字。

問者曰：○凌本不提行，天啟本同。今從盧本。

晉惡而不可親，公往而不敢至，昭二年：「公如晉，

〔一〕「齊侯」，凌本、盧本、叢刊本作「齊桓」。

至河乃復。」傳：「其言至于河乃復何？不敢進也。」乃人情耳。君子何恥而稱公有疾也？ 昭二十三年：「公

如晉，至河，公有疾，乃復〔一〕。」傳：「何言乎公有疾乃復？殺恥也。」何注：「因有疾以殺畏晉之恥。」曰：惡無故

自來。君子不恥，内省不疚，何憂於志，是已矣。○盧云：「大典本『於志』作何懼。『已矣』二字疑一

衍。」輿案：官本作何懼，云：「他本作於志。」凌本同。案此當是引大學「無惡於志」語，無何異文。憂，原當作惡，「何

惡」正承上「不恥」。憂，篆書作「惥」，與「惡」相近，後人改「何憂」，遂並改「於志」作何懼，以合論語耳。今春秋恥

之者，昭公有以取之也。臣陵其君，始於文而甚於昭。文之失由於厭政，專任行父。案僖三十年傳：

「公子遂如京師，遂如晉。」傳云：「公不得爲政爾。」是公羊以爲始於僖也。後漢樂恢傳：「政在大夫，孔子所疾，世卿

持權，春秋以戒。聖人懇惻，不虚言也。」案：説文：「夌，夌徲也。」是本字作夌。淮南

書竇田灌韓傳贊「陵夷以憂死」顏注：「陵夷，即陵遲，漸卑替也。」亂端由來者漸，不知懼惕，遂至無救。漢

泰族訓：「山以陵遲故能高。」言由平易積漸至高也。盧云：「懼，讀爲瞿。」囂囂然輕計妄討，○盧云：「舊本

『計』作詐，從趙改。」哀十二年「孟子卒」傳：「十有二月甲子，宋公戌卒。」何注：「去冬者，蓋昭公取吳孟子之

年。」哀十二年「孟子卒」犯大禮而取同姓，襄十年：「十有二月甲子，宋公戌卒。」何注：「去冬者，蓋昭公取吳孟子之

矣，復犯大禮，是重自輕。人之言曰：「國家治，則四鄰賀；國家亂，則四鄰散。」是故季孫專其

位，而大國莫之正。凌云：「謂齊晉不能救正。」出走八年，凌云：「自二十五年九月孫於齊，至三十二年薨於

〔一〕「乃復」，據公羊傳補。

乾侯，凡八年。」死乃得歸。定元年：「公之喪至自乾侯。」身亡子危，定元年傳：「即位何以後？昭公在外，得入不得入未可知也。曷為未可知？在季氏也。」困之至也。君子不恥其困，而恥其所以窮。無取辱之道而至於困，則命也。所恥者，有致窮之道耳。故人主慎微徼漸，震恐可以致福。昭公雖逢此時，苟不取同姓，詎至於是。雖取同姓，能用孔子自輔，亦不至如是。孔子學主經世，故有輔治之用。仲舒推定二年雉門及兩觀災，及哀三年桓釐宮災，四年亳社災，立以為不用孔子之應。法言寡見篇：「或問：魯用儒而削，何也？曰：魯不用儒也。昔在姬公用於周，而四海皇皇，奠枕於京。孔子用於魯，齊人章章，歸其侵疆。魯不用真儒故也。如用真儒，無敵於天下，安得削？」又見五百篇：「或問：孔子之時，諸侯有知其聖者與？曰：知之。曰：知之則曷為不用？曰：不能。曰：知聖而不能用也，可得聞乎？曰：用之則宜從之，從之則棄其所習，逆其所順，彊其所劣，捐其所能，衝衝如也。非至德孰能用之？」時難而治簡，行枉而無救，是其所以窮也。上無禮，故曰治簡。左右無賢，故曰無救。夫得賢猶足補失禮之響，為治者可知所務矣。詩曰：「人之云亡，邦國殄瘁。」

春秋分十二世以為三等，有見，有聞，有傳聞。有見三世，有聞四世，有傳聞五世。故哀、定、昭，君子之所見也。襄、成、文、宣，君子之所聞也。僖、閔、莊、桓、隱，君子之所傳聞也。隱元年〔一〕傳：「所見異辭，所聞異辭，所傳聞異辭。」又見桓二年傳。隱元年何注：「所見者，謂昭、定、哀、己

〔一〕「元年」，原誤「二年」，據凌本及公羊傳改。

與父時事也。所聞者，謂文、宣、成、襄，王父時事也。所傳聞者，謂隱、桓、莊、閔、僖，高祖曾祖時事也。」與董子同。顏安樂以爲：「襄二十三年「邾婁鼻我來奔」傳云：「邾婁無大夫，此何以書？以近書也。」又昭二十七年「邾婁快來奔」傳云：「邾婁無大夫，此何以書？以近書也。」二文不異，宜同一世。故斷自孔子生即爲所見之世。」案：孔子以襄二十一年生，終襄三十一年，才十歲耳。所見短而所聞長，宜從董說。孔廣森謂所見世宜以襄爲所見之世，所聞世以成、宣、文、僖四廟爲限。殆不必然。董子言三世，不用亂世，升平、太平之說。（近人多稱據亂世，案何休公羊解詁序云：「本據亂而作。」疏云：「謂據亂世之史而爲春秋。」是「據亂」二字不相聯也，今刪據字。）要以漸進爲主。所謂撥亂而作。○文宣，盧本倒作宣文。

於所見六十一年，所聞八十五年，所傳聞九十六年。於所見微其辭， 本書奉本篇：「殺隱桓以爲遠祖，宗定哀以爲考妣。」案：

於所聞痛其禍，於傳聞殺其恩，與情俱也。 禮，服上不盡高祖，下不盡玄孫。故曰四世而緦麻，服之窮也。五世祖免，殺同姓也。六世而親屬竭矣。又曲禮有不逮事之義，則不諱。此亦春秋緣禮而起者。凌云：「漢書韋玄成傳『親疏之殺』『殺，漸降也。』太史公匈奴傳贊：『孔氏著春秋，隱桓之間則章，至定哀之際則微。』爲其切當世之文，而罔褒忌諱之辭也。」

是故逐季氏而言又雩，微其辭也。 昭二十五年傳：「又雩者，非雩也，聚衆以逐季氏也。」定元年傳：「定哀多微辭，主人習其讀而問其傳，則未知己之有罪焉爾。」何注：「上以諱尊隆恩，下以避害容身。」○凌云：「殺，當作弒，

子赤殺，弗忍書日，痛其禍也。 殺也。弒也。弒則何以不日？不忍言也。」文十八年「子卒」傳：「子卒者孰謂？謂子赤也。何以不日？隱之也。何隱爾？弒也。弒何以不日？不忍言也。」何注：

子般殺而書乙未，殺其恩也。 莊三十二年：「十月乙未，子般卒。」何注：「異辭者，見恩有厚薄，義有深淺，時恩衰義缺，將以理人倫，序人類，因制治亂之法。」又桓二年注：「所見之世，臣子恩痛王父尤厚，故多微辭是也。所聞之世，恩王父少殺，故立煬宮也。

不日，武宮日是也。所傳聞之世，恩高祖曾祖又少殺，故子赤卒不日，子般卒不日是也。又見哀十四年注。盧云：「左傳作己未，二傳作乙未。」屈伸之志，詳略之，皆應之。君，屈君而伸天，（玉杯。）屈天地而伸義，（精華。）屈伸之旨大矣。精華篇云：「春秋傷痛而敦重，是以奪晉子繼位之辭，與齊子成君之號，詳見之也。」此亦詳略之例也。差世之遠近，爲恩隆殺，此屈遠而伸近也。屈民而伸君，屈君而伸天。知字。凌本無「以」作見。今從天啟本。

吾以其近近而遠遠，親親而疏疏也。○盧本「以」下有待，以爲屈伸詳略之等差也。本書威德所生篇云：「冬夏者，威德之合也。」寒暑者，喜怒之偶也。基義篇云：「凡物必以類同。」偶，合、仇、匹，四字義並近。○天啟本「矣」作也。

亦知其貴貴而賤賤，重重而輕輕也。有知其厚厚而薄薄，合偶仇匹，謂遠近親疏，貴賤重輕，各有對待。合必有上，必有下，必有左，必有右，必有前，必有後，必有表，必有裏，必有美必有惡，有順必有逆，有喜必有怒，有寒必有暑，有晝必有夜，此皆其合也。」釋詁：「仇匹，合也。」王褒四子講德論：「鳴聲相應，仇匹相從。人由意合，物

善善而惡惡也，有知其陽陽而陰陰，白白而黑黑也。荀子儒效篇：「修百王之法，若辨白黑。」後漢馮衍傳注：「白黑猶賢愚也。」司馬遷傳「春秋上明三王之道，下辨人事之經紀，別嫌疑，明是非，定猶豫，善善惡惡，賢賢賤不肖。」即董生說。韓愈行難篇「陸先生之賢，聞于天下，是是而非非」語意本此。

百物皆有合偶，偶之合之，仇之匹之，善矣。寒暑者，喜怒之偶也。陽陰，謂尊卑。本書多以陰陽況君臣。

詩云：「威儀抑抑，德音秩秩。無怨無惡，率由仇匹。」此之謂也。仇匹，毛詩作逑匹。案：逑匹，又見禮三年問。逑亦仇也，古今文異耳。說文「逑，羣也」，義並相近。盧云：「王伯厚詩考未載。」

然則春秋，義之大者也。春秋以立義爲宗，在學者善推耳。故孔子曰「其義竊取」，然而筆削之意可窺識者，落落大端而已，以俟讀者之博達焉。程子云：「後世以史視春秋，謂褒貶善惡而已。至於經世之大法，則未之知也。春秋大義數十，炳如日星，乃易見也。惟其微詞奧義，時措咸宜者，爲難知也。或

抑或縱、或予或奪、或進或退、或微或顯。而得于義理之安，文質之中，寬猛之宜，是非之公，乃制事之權衡，揆道之模範也。」得一端而博達之，漢書杜鄴傳：「案春秋災異，以指象爲言語，故在于得一類而達之也。」語又見精華篇。觀其是非，可以得其正法。法曰正法，辭曰正辭，凡以審視是非於天下。視其溫辭，可以知其塞怨。昭公娶同姓，避姬稱而不忍著其惡。皆其類也。塞怨，猶幽怨。俞云：「溫，當讀爲蘊，古字通。蘊辭，謂蘊蓄之詞，即上所謂微其詞者。」孫詒讓云：「鬼谷子權篇『憂者，閉塞而不泄者也』即此塞怨之義。」輿案：溫辭，自合『不必改字。是辭愈婉而怨愈深。君弒而曰薨，夫人奔而曰孫，與讐狩而曰齊人，定公受國季氏，後書即位，而不敢名其脅。

故於外，道而不顯，大惡書而抑多婉詞。於內，諱而不隱。微其辭而已，不隱其事。是故君道失則不書即位，不書王，不書正。夫人之道失則書夫人姜氏，書婦姜，書孟子。大事曰大雩，大閱曰大蒐。曰考宮，曰獻羽，曰立宮，曰新作南門，病民則書之。曰大水，曰螟，曰螽，曰震電，曰雨雹，慢時則書之。曰毀泉臺，所以正其失禮。曰初稅畝，曰作丘甲，曰用田賦，曰作三軍，曰舍中軍，所以箴其失政。不以尊親之故，而概寬責備也。

於尊亦然，於賢亦然。此其別內外，差賢不肖而等尊卑也。閔元年傳：「春秋爲尊者諱，爲親者諱，爲賢者諱。尊尊、親親而賢其賢。傳以諱與讐狩爲之諱，諱猶諱也。孔廣森云：「聞之，有虞氏貴德，夏后氏貴爵，殷周貴親。春秋監四代之全模，建百王之通軌。尊尊、親親而賢賢。尊者有過，是不敢諱。親者有過，是不可諱。賢者有過，是不忍諱。爲讒重是也。所謂父子相隱，直在其中。豈曲佞飾過之云乎。○盧云：「以爲親者諱爲主。故云『於尊亦然，於賢亦然』。下云「別內外」，覆申爲親諱之義。『差賢不肖』，覆申爲賢者諱之義。『等尊卑』，覆申爲尊者諱之義。本或無『於尊亦然』四字者，脫也。」輿案：天啓本不脫。

義不訕上，智不危身。故遠者以義諱，近者以智畏。

畏與義兼，則世逾近而言逾謹矣。孔子曰：「畏大人。」又曰：「邦無道，危行言孫。」哀十四年何注：「託記

高祖以來事可及問聞知者，猶曰我但記先人所聞，辟制作之害。」史記十二諸侯年表序：「孔子明王道，干七十餘君，莫能用，故西觀周室，論史記舊文，興於魯而次春秋，上記隱，下至哀之獲麟。約其辭文，去其煩重，以制義法。王道備，人事浹，七十子之徒，口受其傳指，爲有所刺譏襃諱挹損之文辭不可以書見也。」漢書藝文志：「春秋有所襃諱貶損，不可書見，口授弟子。」又云：「春秋所襃損大人，當世有威權勢力，其事實皆形於傳。是以隱其書而不宣，所以免時難也。」〇逾 天啟本注云：「一作愈。」

此定哀之所以微其辭。以故用則天下平，不用則安其身，春秋之道也。

錢塘云：(後稱錢云)「此春秋説開端大旨，當爲首篇，如冕旒然，繁露之名，或取於此。今次於前三節後，而以楚莊王題篇，疑出後人掇拾綴緝所致。」 興案：董書散亡，今本洰爲後人掇拾。是否以此開章，不可臆定。 錢疑此篇本名繁露是，而説名篇意則鑿。

春秋之道，〇天啟本不提行。**奉天而法古。是故雖有巧手，弗修規矩，不能正方員。** 管子法法篇：「巧者不能廢規矩而正方員，聖人不能廢法而治國」淮南子：「規者，所以員萬物也。矩者，所以方萬物也。」修，當作循。 **雖有察耳，不吹六律，不能定五音。** 六律，陽律：太簇、姑洗、蕤賓、夷則、無射、黃鐘。五音：宮、商、角、徵、羽。 **雖有知心，不覽先王，不能平天下。** 知，讀智。官本云：「覽」他本作覺。」 **然則先王之遺道，亦天下之規矩六律已。** 凌云：「遺留之道。」義本孟子。 **故聖者法天，賢者法聖，此其大數也。得大數而治，失大數而亂，此治亂之分也。所聞天下無二道，故聖人異治同理也。** 荀子大略篇：「言而不稱師，謂之畔。教而不稱師，謂之倍。所聞，謂聞之於師。漢世治經，最重師説，蓋古道之遺也。

倍畔之人，明君不內，朝士大夫遇諸塗，不與言[一]。」其嚴如此。董子對冊云：（以後稱對冊云。）「臣愚不肖，述所聞，誦所學，道師之言，僅能勿失耳。」漢世選舉，有出入不悖所聞之目。其有偶背師說者，則承學之士相與詆諆。而假託大師，以自尊異者亦多也。又有因變異師說，得立太常者，嚴顏之春秋是已，然仍時傳師說以自固。揚雄法言寡見篇譏之曰：「譊譊之學，各習其師。」班固亦以安其所習，毀所不見，終以自蔽，爲學者之大患。西漢末造，稍稍訛雜焉。逮于東漢之初，博士弟子不修家法，私相容隱，以遵師爲非義，意說爲得理。徐防以爲深慮，上疏切言，謂宜改薄從忠。可想見風尚推移之漸矣。本書俞序篇所引師說，有子夏、閔子、公肩子、曾子、子石、世子、子池之倫。公羊疏謂胡毋生以公羊經傳傳授董氏。（見何休序徐疏。）然考漢書儒林傳：「胡毋生治公羊春秋，爲景帝博士。與仲舒同業，非師弟，徐說誤也。而今書中又德。年老，歸教於齊，齊之言春秋者宗事之，公孫弘亦頗受焉。」是仲舒但與胡毋同業，非師弟，徐說誤也。而今書中又無稱胡毋生之文，知殘佚多矣。**古今通達，故先賢傳其法於後世也。** 韓詩外傳：「夫詐人者曰：古今異情，其所以治亂異道。而衆人皆愚而無知，陋而無度者也。於其所見猶可欺也，況乎千歲之後乎？聖人以己度人者也。以心度心，以情度情，古今一也。類不悖，雖久同理。故性緣理而不迷也。夫五帝之前無傳人，非無賢人，久故也。五帝之中無傳政，非無善政，久故也。虞夏有傳政，不如殷周之察也。非無善政，久故也。夫傳者久則愈略，近則愈詳。略則舉大，詳則舉細。故愚者聞其大不知其細，聞其細不知其大。是以久而差。三王五帝，政之至也。詩曰：『帝命不違，至於湯齊。』古一也。」荀子非相篇大同。**春秋之於世事也，善復古，譏易常，欲其法先王也。** 宣十五年傳：「上變古易常，應是而有天災。」昭五年傳：「舍中軍者何？復古也。」僖二十年：「新作南

〔一〕「言」字，原作「語」，據荀子改。

門。」傳：「譏，何譏爾？門有古常也。」　　案：董子言治重法古。其對册亦云：「春秋變古則譏之。」漢世儒者，多循

其說。貢禹疏：「承衰救亂，矯復古化，在於陛下。臣愚以爲盡如太古難，宜少放古以自節焉。」禹，董子再傳弟子也。

孟子言法先王，荀子言法後王。荀子生周末，又其時老莊盛行，高語皇古，故以文武爲後王。儒效等篇亦有稱先王者。

董子承秦後，故不言法後王。春秋尊文王之法，則仍法周，與荀同。**然而介以一言曰：「王者必改制。」**此相

傳舊說也。武帝册仲舒云：「蓋聞五帝三王之道，改制作樂，而天下洽和，百王同之。」荀子正論篇「唯其徙朝改制爲

難。」楊注：「謂殊徽號，異制度也。」白虎通封禪篇：「始受命之日，改制應天，天下太平，功成，封禪以告天也。」風俗通

山澤篇：「王者受命易姓，改制應天。」並以改制屬王者。其文甚明，其事則正朔，服色之類也。惟春秋緯云：「作春秋

以改亂制。」（公羊序疏亦引此語。）自是遂有以改制屬孔子春秋者。然云「改亂制」，是改末流之失，非王者改制之謂

也。董子所謂立義云爾。（見王道篇。）問者曰：「本書三代改制篇，明以春秋爲一代變周之制，則何也？」曰：此蓋漢

初師說，所云正黑統，存二王云云，皆王者改制之事，託春秋以諷時主也。對册云：「春秋受命所先制者，改正

朔，易服色，所以應天也。」意可見矣。蓋漢有天下，沿用秦正，至於服色禮樂，並安苟簡。迄武帝初元年，始採諸人說去正

易服色，制度，定官名，興禮樂爲言，草具其儀法，色尚黃，數用五。文帝未皇更定，其後司馬相如作子虛賦，且以是諷諫

焉。司馬遷，學於董生者也。亦言曆紀壞廢，漢興未改正朔，宜可正。事見漢兒寬傳。賈誼在文帝時，即以改正朔、

曆，以正月爲歲首，色尚黃，數用五。董子此書，作於太初前，蓋漢初儒者通論，非董刱說。故余以爲董子若生於太初

後，或不斷斷於是。歐陽修譏其惑於改正朔，殆未深究其時也。後人因此動言改制，則愈謬矣。隱元年何注云：「所以

通其義於王者，惟王者然後改元立號。」是也。而隱二年注云：「春秋有改周變命之制。」孔子畏時遠害，又知秦將燔詩

書，其說口授相傳。至漢公羊氏及弟子胡毋生等，乃始著於竹帛。遂爲誕說所祖。以文不見公羊，誣及董子，不知此文

固甚明也。妄者至謂王者即孔子，謬不足辨。（義互見三代改制篇。）俞云：「襄三十一年左傳『介於大國』，杜注曰：

『介，猶間也。』故古語以間介連文。孟子盡心篇『山徑之蹊間介』，文選長笛賦『間介無蹊』，即用孟子文是也。介以一言，猶間以一言。蓋春秋之於世事，善復古，譏易常，欲其法先王，而或且出一言以介之，曰『王者必改制。』此介字即『吾無間然』之間。玉杯篇『此所間也』，即此介字之義。

輿案：潛夫論明闇篇：「是以當塗之人，恒嫉正直之士，得一介言於君，以矯其邪也。」亦以介爲間。

自僻者得此以爲辭，曰：古苟可循先王之道，何莫相因？「古」下八字爲一句。謂自僻者借王者改制爲詞，言古者苟可循用先王之道，何莫並制度而因之。言道亦可變也。殆其時博士習春秋雜說者有此議耶？王安石太古篇云：「太古之道，果可行之萬世，聖人惡制作于其間。」亦潤道與制而一之，與此語意正同。

世迷是聞，以疑正道而信邪言，甚可患也。以改道爲邪言，董生之患深矣。後世猶有假其辭以致亂者，

答之曰：人有聞諸侯之君射貍首之樂者，曰：安在於樂也！大射儀：「樂正反位，奏貍首以射。」鄭云：「貍首，逸詩曾孫也。貍之言不來也。」

於是自斷貍首，縣而射之，曰：安在於樂也！此聞其〔二〕名而不知其實者也。聞名而不知其實，貿然行之，其極足以亡天下。

今所謂新王必改制者，非改其道，非變其理，受命於天，易姓更王，非繼前王而王也。修，當作循。若一因前制，修故業，而無有所改，是與繼前王而王者無以別。

明受之於天，不受之於人。白虎通三正篇：「王者受命，必改朔何？明易姓，示不相襲也。故大傳曰『王者始起，改正朔，易服色，殊徽號，異器械，別衣服』也。是以禹舜雖繼太平，猶宜改以應天。」又白虎通號篇：「王者受命，必立天下之美號，以表功自見，明也。所以變易民心，革其耳目，以助化也。

〔二〕「其」字，據淩本、盧本、叢刊本補。

易姓爲子孫制也。夏、殷、周者，有天下之大號也。百王同，天下無以相別。改制，天子之大禮。號以自別於前，所以表著己之功業也。必改號者，所以明天命已著，欲顯揚己於天下也。己復襲先王之號，與繼體守文之君無以異也，不顯不明，非天意也。故受命王者，必擇天下之美號，表著己之功業，明當致施是也。所以預自表見於前也。」又云：「春秋傳曰：王者受命而王，必擇天下之美號以自號也。」隱元年何注：「王者受命，必徙居處，改正朔，易服色，殊徽號，變犧牲，異器械，明受之於天，不受之於人。」孔叢雜訓篇：「縣子問子思曰：『顏回問爲邦，夫子曰：「行夏之時。」若是，殷周異正爲非乎？』子思曰：『夏數得天，堯舜之所同也。殷周之王，征伐革命，以應乎天，因改正朔，若云天時之改耳，是以夫子也。夫受禪於人者，則襲其統，受命於天者，則革之，所以神其事，如天道之變然也。以三統之義，夏得其正，是以夫子云。』」通典五十五引元命苞云：「古者易姓而王，亦不相襲，明受之於天也。」

興案：正朔、服色數者，爲天子大禮。易姓受命，必顯揚一二，以新民耳目也。若議變更於守成之代，則不識治體矣。晉書興服志：「高堂隆奏言：改正朔，殊徽號者，帝王所以神明其政，變民耳目也。」深得其旨。

受命之君，天之所大顯也。事父者承意，事君者儀志。 儀，猶表也。謂表君之志。 **事天亦然。今天大顯己，物襲所代而率與同，** 俞云：「己」字，絕句。 物，當爲勿。 尚書立政篇『時則勿有間之』，論衡譴告篇『作物』。莊子天道篇『中心物愷』，釋文：『物，本亦作勿。』是古字通也。 此承上文受命之君，天所大顯而言，謂天既大顯己于所代之國，本不相襲，而己不能改制，大率與同，則非天意矣。 興案：俞讀是，而改字非也。 周語「更姓改物」，韋注：「改物，改正朔，易服色也。」物即正朔服色之謂，下文「物改而天授顯」，承此「物」字言之。 此言不改物而率與所代之國同也。 **則不顯不明，非天志。故必徙居處、更稱號、改正朔、易服色者，無他焉，不敢不順天志而明自顯也。** 禮記正義云：「鄭康成之義，自古以來皆改正朔。若孔安國，則改正朔殷周二代，故注尚書湯改正易服。是從湯始改正朔也。」 案：鄭義與

董同。

若夫大綱、人倫、道理、政治、教化、習俗、文義盡如故，亦何改哉？ 申制度之可改，以明道

理之決不可改。禮大傳云：「不可得而變革者，親親、尊尊、長長、男女有別。」董子復推廣於政教、習俗、文義，所以防後

世之藉口蔑古者周矣。文義，謂文字訓故。 **故王者有改制之名，無易道之實。** 鹽鐵論尊道篇：「文學曰：

『師曠之調五音，不失宮商。聖王之治世，不離仁義。故有改制之名，無變道之實。上自黃帝，下至三王，莫不明德教，

謹庠序，崇仁義，立教化，此百世不易之道也。殷周因修而昌，秦王變法而亡。』詩云：『雖無老成人，尚有典型。』韓詩外

傳：「君子之於道也，猶農夫之耕，雖不獲年之優，無以易也。」白虎通三正篇：「王者有改道之文，無改道之實。」如君南

面，臣北面，皮弁素積，聲味不可變，哀戚不可改，百王不易之道也。」 案：白虎通爵篇亦作「王者有改道之文」疑

本作「改制」，後人沿下文而誤改之。 **孔子曰：「無爲而治者，其舜乎！」言其主堯之道而已。 此非**

不易之效與？ 對冊云：「孔子曰：『亡爲而治者，其舜虖？』改正朔，易服色，以順天命而已。其餘盡循堯道，何

更爲哉！ 故王者有改制之名，亡變道之實。 案：以循堯道爲無爲，亦今文家說。 白虎通三教篇：「舜之承堯，無

爲易也。」○官本作「治，他本作制，誤。」 **問者曰：物改而天授顯矣，**○盧云：「授，別本作受，今從何本。」

興案：天啟本作「授」凌本同。 **其必更作樂，何也？ 曰：樂異乎是。制爲應天改之，樂爲應人**

作之。 仁義禮樂，不在改制之中。 武帝冊「改制作樂」，亦是分言。孔子告顏淵，夏時、周冕，殷輅、改制之事，韶舞，

作樂之事。 **故王者有改制之名，亡變道之實。**○盧云：「受，舊本作授，訛。」 興案：天啟本作「授」亦

通，無下「之」字。 **彼之所受命者，必民之所同樂也。 是故大改制於初，所以明天命也。 更作樂於終，所以見天功也。** 更作樂於終，

明其初尚相沿也。 對冊云：「王者未作樂之時，迺用先王之樂宜於世者，而以深入教化於民。教化之情不得，雅頌之樂

不成。故王者功成作樂，樂其德也。樂者，所以變民風，化民俗也。其變民也易，故其化人也著。故聲發於和而本於情，接於肌膚，藏於骨髓。漢書禮樂志：「王者未作樂之時，因先王之樂，以教化百姓，說樂其俗。然後改作，以章功德。」白虎通禮樂篇：「王者始起，何用正民？以爲且用先代之禮樂。天下太平，乃更制作焉。書曰：肇稱殷禮，祀新邑。此言太平去殷禮。」春秋傳曰：曷爲不修乎近而修乎遠？同己也，可因先以太平也。必復更制者，示不襲也。又天下樂之者，樂所以象德、表功而殊名也。」昭二十五年何注：「周所以舞夏樂者，王者舞六代之樂，明有法己同者，假以風化天下。天下大同，乃自作樂。取夏樂者，與周俱文也。王者舞夏樂者，王者始起未制作之時，取先王之樂與己同也。舞己之樂，明有則也。○舞四夷之樂，大德廣及之也。」白虎通大同。

緣天下之所新樂而爲之文曲，○後漢書祭祀志注，東平王蒼議引元命苞云：「然天地之所雜，樂爲之文典。」疑彼文誤。且以和政，且以興德。天樂記：「樂，樂其所自生。」又曰：

下未徧合和，王者不虛作樂。「樂者心之動。」毛詩周頌譜正義引尚書大傳云：「周公將作禮樂，優游之三年，不能作。君子恥其言而不見從，恥其行而不見隨。將大作，恐天下莫我知也，將小作，恐不能揚父祖功業德澤。然後營洛以觀天下之心，于是四方諸侯率其羣黨，各攻位于其庭。周公曰：『示之以力役且猶至，況導之以禮樂乎？』然後敢作禮樂。」書曰：「作新大邑於東國洛，四方民大和會。」此之謂也。

樂者，盈於內而動發於外者也。應其治時，制禮作樂以成之。成者，本末質文皆以具矣。以，與已同。禮樂記：「王者功成作樂，治定制禮。」白虎通禮樂篇：「樂言作，禮言制何？樂者陽也，動作倡始，故言作。禮者陰也，繫制於陽，故言制。樂象陽也，禮法陰也。」

是故作樂者必反天下之所始樂於己以爲本。沈欽韓云：「此與大司樂注義略同。」舜時，

民樂其昭堯之業也，故韶。「韶」者，昭也。興案：白虎通禮樂篇：「舜曰簫韶者，舜能繼堯之道也。」漢書禮樂志：「舜作招，招，繼堯也。」繼亦紹義，他處亦多紹字。」

此作「昭」，爲異文。

禹之時，民樂其三聖相繼，故夏。「夏」者，大也。 漢書禮樂志：「夏，大承二〔二〕

帝也。」白虎通：「禹曰大夏者，言禹能順二聖之道而行之，故曰大夏也。」御覽引元命苞云：「禹之時，民大樂其駢三聖

相繼，故『夏』者大也。」湯之時，民樂其救之於患害也，故護。「護」者，救也。 盧云：「救之，疑當作救

己。」 輿案：御覽引元命苞云：「湯之時，民大樂其救之於患害，故樂名大護。」作「之」文義自順。禮樂志：「護，言

救民也。」白虎通：「言湯承衰，能護民之急也。」護、濩同字。文王之時，民樂其興師征伐也，故武。「武」

者，伐也。 春秋今文家以文王爲受命王，故以征伐作樂並歸之。大戴禮少間篇：「乃退伐崇許魏，以客事天子」文

王卒受天命，作物配天。」尚書大傳：「文王六年伐崇稱王。」春秋元命苞：「西伯既得丹書，於是稱王，改正朔，誅崇侯

虎。」後漢伏湛上疏云：「文王受命而征伐五國。」荀子儒效篇：「武王誅紂合天下，立聲樂，於是武象起而韶護廢矣。」

是荀子以武象並爲武王作。 案：本書三代改制篇亦云文王「作武樂」，武王「作象樂」。是董直以武爲文王樂名，與荀

異。 漢書禮樂志：「武王作武，周公作勺。勺，言能勺先祖之道也。武，言以武功定天下也。」周頌序：

「維清，奏象舞也。」箋云：「象用兵時刺伐之舞，武王制焉。」正義云：「文王時有擊刺之法，武王作樂，象而爲舞，號其

樂曰象舞。」左襄二十九年傳：「見舞象箾、南籥者」杜注：「皆文王之樂。大武，武王樂。」服虔云：「象，文王之樂，舞

象也。」史記注引賈逵説同。劉敞云：「象則文王之樂，所謂象箾者，蓋文舞也。故其辭稱文王之典。」據服杜注，則古

文家亦以爲文王時有樂，但不以武爲文王樂名。四者，天下同樂之，一也。○官本云：同樂之，他本作『之樂

其所同樂之端不可一也。 隱五年何注：「王者治定制禮，功成作樂。未制作之時，取先王之禮樂宜于今

同。

〔一〕「二」字，原作「三」，據漢書禮樂志改。

者用之。堯曰大章，舜曰簫韶，夏曰大夏，殷曰大護，周曰大武，各取其時民所樂者名之。堯時民

樂其修紹堯道也，夏時民樂大其三聖相承也，殷時民樂大其護己也，周時民樂其伐紂也。蓋異號而同意，異歌而同歸。

似本此文，而更及堯。凌云：「自『王者不虛作樂』至此，亦見元命苞。」作樂之法，必反本之所樂。所樂不

同事，樂安得不世異？是故舜作韶而禹作夏，湯作護而文王作武。四樂殊名，則各順其

民始樂於己也。凌云：「『名與功偕』〔一〕。」正義：『名謂樂名也。功者，揖讓干戈之功也。聖王制樂之名，

與所建之功俱作也。」〇官本云：四樂，他本作「四代」。

吾見其效矣。詩云：「文王受命，有此武功。

既伐於崇，作邑於豐。」樂之風也。文王伐崇，漢儒推爲周時征伐之始，本書兩引其詩。

安謝曰：「雖湯伐桀，文王伐崇，誠不過此。」凌云：「釋文『風是諸侯政教，所以風天下』論語『君子之德風』並是此

義。」又曰：「王赫斯怒，爰整其旅。」當是時，紂爲無道，諸侯大亂，民樂文王之怒而詠歌之

也。周人德已洽天下，盧云：「人」字疑衍。反本以爲樂，謂之大武，言民所始樂者武也云爾。

白虎通禮樂篇：「詩人歌之曰：『王赫斯怒，爰整其旅。』當此之時，樂文王之怒以定天下，故樂其武也。」周室中制象樂

何？〔二〕殷紂爲惡日久，其惡最甚，斬涉句胎，殘賊天下。武王起兵，前歌後儛。剋殷之後，民人大喜，故中作所以節喜

盛。」又云：「周公曰酌，武王曰象，合曰大武者，天下始樂周之征伐行武。」據此，則董以武爲文王作，大武爲武王作。禮

明堂位：「冕而舞大武。」內則：「舞勺舞象。」汋、酌、象並見三代改制篇，別無大武名。當是以勺、象合名大武，與白虎

〔一〕「名與功偕」，原誤「功與名偕」，據凌本及史記樂書改。

通説同也。**故凡樂者，作之於終，而名之以始，重本之義也。** 禮樂志：「高祖廟奏武德、文始、四時、五行之舞。武德舞者，高祖四年作，以象天下樂已行，武已除亂也。文始舞者，本舜招舞也，高祖六年更名曰文始，以示不相襲也。五行舞者，本周舞也，秦始皇二十六年更名曰五行也。四時舞者，孝文所作，以明示天下之安和也。蓋樂已所自作，明有制也。樂先王之樂，明有法也。」據董此論，似以當時更制樂舞，全易始名，非重本之義。**由此觀之，正朔、服色之改，受命應天制禮作樂之異，人心之動也。二者離而復合，所爲一也。** 改正朔，易服色在先，禮樂制作在後，雖不同時，而同歸於刱垂之説，實本仲舒。此已得二科六指，尚有一科三指，見王道篇，或宜在此。興案：何氏九科三旨，所謂「張三世」，見此篇「通三統」，見三代改制篇「異外内」，見王道篇。然董自有六科十指，何自言用胡母生條例，或不必盡同。錢云：「何氏三科九旨之説，見王道篇。

二二

玉杯第二

玉杯、竹林等名，並不知所取義。崇文總目已疑其附著。玉海四十二云：「玉杯、竹林二篇之名，未有以訂之。」又云：「三篇闕，玉杯第二，竹林第三，玉英第四。」王所見本蓋無此三篇。

春秋譏文公以喪取。 盧云：「僖以三十三年十二月薨。文二年：『冬，公子遂如齊納幣。』傳曰：『譏喪取。』『先是元年冬，公孫敖如齊，何氏亦以爲『譏喪取』，以納幣前尚有納采、問名、納吉之禮故也。」

難者曰：「喪之法，不過三年。 ○官本云：「之法，他本誤作此月。」案：天啟本作者月。

三年之喪，二十五月。 閔二

年傳：「三年之喪，實以二十五月。」孝經：「喪不過三年。」禮三年問：「三年之喪何二十五月？」以爲古民質，痛於死者，不封不樹，喪期無數，亡之則除。後代聖人因天地萬物有終

始，而爲之制，以期斷之。父至尊，母至親，故爲加隆，以盡孝子之恩。恩愛至深，加之則倍，故再期二十五月也。

取於三，故謂之三年。緣其漸三年之氣也。故春秋傳曰『三年之喪，其實二十五月』也。」又云：「二十五月而大祥，飲

醴酒，食乾肉。二十七月而禫，通祭宗廟，去喪之殺也。」鄭答趙商云：「祥謂大祥二十五月，是月禫謂二十七月，非謂上

祥之月也。」又云：「閔公吉禫，凡二十二月而除，又不禫，於禮少六月。」是鄭以二十五月爲大祥，二十七月禫，與白虎通

略同，並今文家説也。 雜記：「期之喪，十三月而祥，十五月而禫。」何注：「文公一」期喪祥禫，尚不同月，則三年之喪可知。此云二十五

月，蓋據大祥爲斷。 文二年傳：「譏。」 案：文欲服喪三十六月，不見經傳。何始如應劭漢書注，釋漢文帝三十六月釋服，爲以日易月之

故以二十五月。」 「欲久喪而後不能也。」 故紀云「已」下，謂已葬也。 文帝自定國制，非關法古。

誤，不知文帝三十六日除服，自已葬言之，未葬之前，仍服斬衰。 荀爽對册言孝文以日易

翟方進傳：「後母終，既葬三十六日除服，以爲不改踰制。」蔡邕言孝文制喪服三十六日是也。

月，翟方進遭母憂，三十六日而除，亦忘其「既葬」二字，已啟誤端。 續漢書禮儀志：「以葬，大紅十五日，小紅十四日，

纖七日釋服。」以葬，即已葬，尚不誤。 朱子答余正甫書：「漢文葬後三易服，三十六日而除。」讀漢書最審。自世承荀應

之誤，于是唐元感著論，謂三年之喪合三十六月，爲張柬之所駁。 唐玄肅二宗之喪，又降三十六日爲二十七日。（見常

衮議。）至今相沿，皆失古義。 劉太室居母喪，三十六月除服。 顧炎武馳書論之。 見王山史山志。御覽五百四十五引

孝經援神契：「喪不過三年。以期增倍，五五二十五月，義斷仁，示民有終，緣喪絕情。」後漢故領校巴郡太守樊封君碑：

〔二〕「公」字，據公羊傳何注補。

「遭離母憂，五五斷仁。」是漢時士夫喪服與董說合。王肅注禮，以二十五月大祥，其月爲禫，二十六月作樂，故與鄭異。

閔二年何注：「引士虞記：『中月而禫，是月也吉祭，猶未配』。」云是月者，二十七月也。傳言二十五月者，在二十五月

外，可不讒。」禫雖不見董說，證以白虎通及何注，知今文家說如鄭所云也。程子遺書：「問：喪止於三年何義？曰：

「歲一周則天道一變，人心亦隨以變，惟人子孝於親，至此猶未忘，故必至於再變猶未忘，又繼之以一時。」亦據二十七

月禫爲說。司馬光書儀及朱子並以二十五月祥後即禫，從王肅說，似違古誼。今制二十七月即吉，用鄭義，最合。今

按經，文公乃四十一月方取。在四年夏。○天啓本「方」作乃，云：「一作方。」凌本作乃。取時無喪，出

其法也久矣。先王喪法二十五月，今逾期，故云「出其法」。春秋立人道之極，文公出法已久，猶致讒詞，則宣公即

位之初如齊逆女，不待貶矣。○天啓本無「久」字，盧云「錢增」。今從盧本。何以謂之喪取？曰：春秋之

論事，莫重於志。今取必納幣，納幣之月在喪分，故謂之喪取也。且文公以秋祫祭，文二

年：「八月丁卯，大事於太廟，躋僖公。」以冬納幣，皆失於太蚤。春秋不讒其前，而顧讒其後，此釋傳

終身爲爾矣。三年者，聖人之中制，賢者有以達哀，不肖者跂及焉。從俗者，君子之不得已也。彼墨者乃以三年之喪爲

敗男女之交，世豈有忍於肌膚之情，而能兼愛天下者乎？孔叢詰墨篇云：「景公祭路寢，聞哭聲，問梁邱據。對曰：

『魯孔子之徒也，其母死，喪服三年，哭泣甚哀。』公曰：『豈不可哉？』晏子曰：『古者聖人非不能也，而不爲者，知其無

補於死者，而深害生事故也。』亦見晏子外篇。此墨徒託爲晏言以讒孔者。三年喪期，由來蓋舊。孟子論唐虞事，已稱

「三年之喪畢」。堯典亦云：「百姓如喪考妣，三年。」曾子問稱夏后氏三年之喪，既殯而致事。高宗諒闇三年，又見於

書與子張之問。世衰俗薄，始有欲以期斷者。禮不下於民，或未能舉天下而皆達。自孔子立三年之義，其徒循之，遂爲

通制，非自孔子翔也。（喪禮儀節，容有孔子所傳定者。禮雜記所載，哀公使孺悲之孔子學士喪禮，士喪禮于是乎書是已。）史記魯周公世家：「伯禽受封之魯，三年而後執政。周公曰：『何遲也？』伯禽曰：『變其俗，革其禮，喪三年然後除之。』是此云「從俗」謂魯舊俗。 今全無悼遠之志，反思念取事，是春秋之所甚疾也。 故譏不出三年於首而已，譏以喪取也。「故」下八字疑有誤，當云「故雖出三年逆婦」。 程子遺書：「問：夏逆婦姜於齊，何故便書婦。曰：此是文公在喪服將滿之時納幣，故聖人于其逆時便成之爲婦。凡事分明可見者，聖人更不微文以見意，只直書而已。如桓三年及宣元年逆女，皆分明在喪服中成昏，故只書逆女。 文公則但在喪服納幣，至逆女卻在四年。聖人欲顯其居喪納幣之罪，故書婦姜。其意言雖至四年方逆女，其實與喪昏同也。」 不別先後，賤其無人心也。 文二年傳：「納幣不書，此何以書？譏。何譏爾？喪娶也。娶在三年之外，則何譏乎喪娶？三年之內，不圖婚。吉禘於莊公譏，然則曷爲不于祭焉譏？三年之恩疾矣，非虛加之也，以人心爲皆有之。以人心爲皆有之，則曷爲獨于娶焉譏？娶者大吉也，非常吉也，其爲吉者主於己。」以爲有人心焉者，則宜于此焉變矣。 緣此以論禮，禮之所重者在其志。 緣春秋論禮，深得其本。 太史公述董語云：「春秋者，禮義之大宗。」 志敬而節具，則君子予之知禮。志和而音雅，則君子予之知樂。志哀而居約，則君子予之知喪。 故曰：非虛加之。 此釋傳語。 何注：「非虛加責之。」 案：有其志，然後予之，則無其志而遂責之，義自顯見。 中庸曰：「不誠無物。」書曰：「享多儀，儀不及物。」白虎通三正篇：「事莫不先有質性，後有質，苟無質，文于何附？ 志爲質，物爲文。 文著於質，質不居文，文安施質？ 言文所以著文章也。 質文兩備，然後其禮成。文質偏行，不得有我爾之名。 二者失禮惟鈞。孔子曰：「禮與其奢也寧儉，喪與其易也寧戚。」周末諸子，如老、行之，寧有質而無文。 如不得已，寧偏於質。

尹、桑、棘，並主此說。聖人鑒其矯枉之志，少善之而已。

九年：「春，介葛盧來。」以未見公，冬又來。何注云：「不能升降揖讓也。」介者國也。葛盧者名也。進稱名者，能慕中國，朝賢君，明當扶勉以禮義。」 案：經雖不書來朝，而兩記其來，故曰：「少善之。」**有文無質，非直不子，乃**

少惡之，謂州公寔來是也。 盧云：「桓五年冬，『州公如曹』。」次年春正月，書『寔來』。傳曰：『謂州公也。』葛

爲謂之寔來？ 慢之也。曷爲慢之？ 化我也。」何注：『行過無禮謂之化。』然則春秋之序道也，先質而後

文，右志而左物。 本書十指篇云：「承周文而反之質。」王道篇云：「救文以質。」此董說春秋旨。 案：春秋

法文，周監郁郁，何以後文？ 適會其時，以救敝也。如其質敝，又合先文。秦質敝極矣，漢起，少文之。逮其久，又有將

敝者，故董極明春秋序道以正之。 右左，猶先後。

哉？」推而前之，亦宜曰：「朝云朝云，辭令云乎哉？」「樂云樂云，鐘鼓云乎哉？」引而後

之，亦宜曰：「喪云喪云，衣服云乎哉？」 釋名：「出，推也。推而前也。」是漢世有此語。五禮之序，吉前凶

後，故云推前引後。 荀子大略篇：「聘禮志曰：『幣厚則傷德，財侈則殄禮。』『禮云禮云，玉帛云乎哉？』詩曰：『物其

旨矣，惟其偕矣。』不時宜，不敬交，不驩欣，雖旨，非禮也。」漢禮樂志：「畏敬之意難見，則著之于享獻、辭受、登降、拜

跪。 和親之說難形，則發之于詩歌、詠言、鐘石、筦絃。 蓋嘉其敬意而不及其財賄，美其歡心而不流其聲音。 故孔子

曰：『禮云禮云，玉帛云乎哉？ 樂云樂云，鐘鼓云乎哉？』此禮樂之本也。」賈誼疏：「然而曰禮云禮云者，貴絕惡于未

萌，而起教于微眇，使民日遷善遠罪而不自知也。」晉書禮志：盧欽等議皇太子喪服云：「君子之於禮，有直而行，曲而

報，有經而等，有順而去之，存諸內而已。 禮云，非玉帛之謂，喪云，唯衰麻之謂乎？」語意正與此同。 **是故孔子立**

新王之道，制可改者也，惟王者然後能改元立號，制禮作樂，非聖人所能託。道不變者也，周德既弊，而聖人得假王者以起義而扶其失，俟來者之取鑒。故曰孔子立新王之道，猶云爲後王立義爾。義者，道之宗也。孟子固曰：「春秋，天子之事。」其言治亂循環，直以孔子與堯、舜、周公並論。公羊亦曰：「以此爲王者之事也。」（僖四年。）又曰：「制春秋之義，以俟後聖。」（哀十四年。）董説蓋遠有所承。史公尊孔子，立世家，又得之董生者。淮南氾論訓云：「周室廢，禮義壞，而春秋作。」又云：「殷變夏，周變殷，春秋變周。」説苑君道篇云：「孔子曰：『夏道不亡，商道不作。商道不亡，周德不亡，春秋不作。』春秋作而君子知周道亡也。」論衡對作篇云：「孔子作春秋，周民弊也。故采求毫末之善，貶纖芥之惡，撥亂世，反諸正。人事浹，王道備，所以檢柙靡薄之俗者，悉其密致。夫防決不備，有水溢之害，網解不結，有獸失之患。是故周道不弊，則民不文薄；民不文薄，春秋不作。」又超奇篇云：「孔子作春秋，以示王意。然則孔子之業，素王之業也。諸子之傳書，素相之事也。」觀春秋以見王意，讀諸子以觀相指。風俗通窮通篇云：「仲尼制春秋之義，著素王之法。」（素空也，孔子自立素王之法耳，非敢自謂素王。此語最明。説者造爲素王素臣之説，鄭氏六藝論又云：「孔子自號素王。」謬矣。晉杜預春秋左氏傳序已斥之。）是漢世儒者並以春秋爲一代之治，蓋後人尊孔以尊王之意，非孔子所敢自居也。太史公引壺遂語云：「孔子作春秋，垂空文，以斷禮義，當一王之法。」又儒林傳云：「因史記作春秋，以當王法。」其辭微而指博。得其義矣。周子云：「春秋正王道，明大法也，孔子爲後世王者而修也。」程子云：「夫子當周之季，以聖人不復作也，順天應時之治，不復有也，于是作春秋，爲百王不易之大法。」正與此合。夫王迹熄而春秋作，周道亡於幽厲，熄者其迹，亡者其道，非春秋敢於奪王統也。明高拱春秋正旨言「春秋乃明天子之義，非以天子賞罰之權自居」最合。（見焦循孟子正義引。）而何休則云：「春秋託新王受命于魯。」（隱元年注。）趙岐注孟子亦云：「明春秋借魯受命立制。」于是有受命之説矣，此董子所不言也。又云：「春秋之道，亦通于三王，非主假周以爲命作春秋，與何趙意異。）何休又云：「聖人爲漢制法。」（襄十四年注。）又云：「聖人爲漢制法。」（襄十四年注。）

漢制而已。」（桓三年注。）鄭懌治嚴氏春秋，其上王莽書亦云：「漢歷久長，孔爲赤制。」論衡佚文篇云：「孔子曰：『文王既歿，文不在茲乎？』文王之文，傳在孔子，孔子爲漢制文，傳在漢也。」後漢東平王蒼傳云：「孔子曰…『行夏之時。』爲漢制法也。」蘇竟傳云：「孔丘秘經，爲漢赤制。」公孫述引讖記，以爲孔子作春秋爲赤制，而斷十二公。（緯書尤多，不具引。）于是春秋爲漢制作之説出矣。夫春秋立義，俟諸後聖。後聖者，必在天子之位，有制作之權者也。漢之臣子尊春秋爲漢制作，猶之爲我朝臣子謂爲我朝制作云爾。蓋出自尊時之意，于經義無預也。後人不明其旨，而附會支離，自此起矣。

明其貴志以反和，見其好誠以滅僞。 和，疑利之誤，「誠」「僞」對文可證。 其有繼周之弊，故若此也。 孔子用禮樂則從先進，猶春秋志也。 明道程子云：「孔子患時之文弊，而欲救之以質，故曰從先進，取其誠意之多也。」又伊川程子禮序云：「夫子嘗曰：『郁郁乎文哉！吾從周。』逮其弊也，忠義之薄，情文之繁，林放有禮本之問，而孔子欲先進之從，蓋所以矯正反弊也者。」此董子宗孔言政學宗旨。 表記云：「殷周之道，不勝其弊。」注：「殷周極文，民無恥而巧利，後世之政難復也。」白虎通三教篇：「王者設三教者何？承衰救弊，欲民反正道也。三正之有失，故立三教以相指授。夏人之王教以忠，其失野，救野之失莫如敬。殷人之王教以敬，其失鬼，救鬼之失莫如文。周人之王教以文，其失薄，救薄之失莫如忠。三者如順循環，周則復始，窮則反本。」桓十一年何注：「王者起，所以必改質文者，爲承衰亂，救人之失也。天道本下，親親而質省。地道敬上，尊尊而文煩。故王者始起，先本天道以治天下，質而親親。及其衰敝，其失也親親而不尊。王起，法地道以治天下，文而尊尊。及其衰敝，其失也尊尊而不親，故復反之於質也。」杜欽對册云：「今漢家承周秦之弊，宜抑文尚質，廢奢長儉，表實去僞。當世治之所務也。」論衡定賢篇：「問。周道不弊，孔子不作春秋。春秋之作，起周道弊也。」又齊世篇云：「至周之時，人民久薄，故孔子作春秋。」又云：「夫器業變易，性行不易，然而有質樸文薄之語者，世有盛衰，衰極久有弊

也。譬猶衣食之于人也，初成鮮完，始熟香潔，少久穿敗，連日臭茹矣。文質之法，古今所共，一質一文，一衰一盛，古而有之，非獨今也。」鹽鐵論鑄幣篇：「三王之時，迭盛迭衰，衰者扶之，傾者定之。是以夏忠、殷質、周文，序序之教，恭讓之禮，粲然可觀也。」唐儒學傳：啖助云：「孔子修春秋，意以為夏政忠，忠之敝野，商人承之以敬。敬之敝鬼，周人承之以文。文之敝僿，救僿莫如忠。夫文者，忠之末也。設教于本，其敝且末，設教于末，敝將奈何？武王周公承商之敝，不得已用之。周公殁，莫知所以改，故其敝甚于二代。孔子傷之曰：『虞夏之道，寡怨于民。商周之道，不勝其敝。』故曰：『後代雖有作者，虞帝不可及已』。蓋言唐虞之化難行于季世，而夏之忠，當變而致焉。故春秋以權輔用，以誠斷禮，而以忠道原情云。不拘空名，不尚猾介，從宜救亂，因時黜陟。古語曰：『商變夏，周變商，春秋變周。』而公羊子亦言『樂堯舜之道，以擬後聖』。是知春秋用二帝三王法，以夏為本，不壹守周典明矣。」俞云：「有猶為也，言春秋所以貴志好誠，爲繼周之敝，故若此也。」爲，有聲轉互訓，見王氏引之經傳釋詞。

春秋之法，以人隨君，以君隨天。 隨，猶從也，即伏從之義。隨從，見三代改制篇。**曰：緣民臣之心，不可一日無君。** 以民首臣，貴民之義。**一日不可無君，而猶三年稱子者，爲君心之未當立也。** 荀子儒效篇：「天子者，不可以少當也。」與此「當」字義同。**此非以人隨君耶？** 雖欲得為君，而不可從稱子，以順君心，故曰「隨君」。儀禮經傳通解續引書傳云：「古者君薨，世子聽于冢宰三年，不敢服先王之服，履先王之位而聽焉。」與此「民臣之心」，隱者此也，遠彼而近此，孝子之道備矣。故曰：義者彼也，隱者此也，則不可一日無君矣，不可一日無君矣。**孝子之心，三年不當。** 不忍當其位。**而踰年即位者，與天數俱終始也。此非以君隨天邪？** 未踰年不忍即位，與天終之義；踰年不敢曠位，與天始之義。文九年傳：「以諸侯之踰年即位，亦知天子之踰年即位也。（通典九十載范宣語，引傳「踰年」下有

「稱」字。）以天子三年然後稱王，亦知諸侯于其封內三年稱子也。踰年稱公矣，則曷爲于其封內三年稱子？緣民臣之心，不可一日無君。緣終始之義，一年不二君，不可曠年無君。三年然後受爵者，緣孝子之心，則三年不忍當也。」白虎通爵篇：「踰年即位，所以繫民臣之心也。三年然後受爵者，緣孝子之心，未忍安吉也。」又云：「王者既殯而即繼體之位何？緣臣民（當作「民臣」）之心，不可一日無君也。故先君不可得見，則後君繼體矣。緣終始之義，一年不可有二君。故尚書曰：『王釋冕反（一）喪服。』不可曠年無君，故踰年乃即位改元，元以名年，年以紀事，君統事見矣，而未發號令也。春秋傳曰：『天子三年然後稱王者，謂稱王統事，發號令也。』緣孝子之心，則三年不忍當也。故三年除喪，乃即位統事，踐阼爲主，南面朝臣下，以發號令也。故天子諸侯，凡三年即位，終始之義乃備。」興案：考工記畫繢鄭注引子家駒曰：「天子僭天，惟其隨之，是以不得而僭。」此亦足以得禮意矣。

故屈民而伸君，屈君而伸天，春秋之大義也。屈民以防下之畔，屈君以警上之肆。夫天生民而立之君，此萬古不敝之法也。聖人教民尊君至矣，然而盛箴諫以糾之，設災異以警之，賞曰天命，刑曰天討，使之罔敢私也。視自民視，聽自民聽，使之知所畏也。崩遷則有南郊稱天告諡之文，有宗廟觀德之典，屈伸之志徽矣。故曰春秋大義。（墨子天志篇：「天子未得恣己而爲政，有天正之。」亦此義。）

春秋論十二世之事，人道浹而王道備。法布二百四十二年之中，相爲左右，以成文采。其居參錯，非襲古也。即事類以布其法，例不必同，文不必備。左之右之，參之錯之，在讀者善會耳。司馬遷傳：「聞之董生，孔子知時之不用，道之不行也。是非二百四十二年之中，以爲天下儀表，貶諸侯，討大夫，以達王

（一）「反」字，據白虎通爵篇補。

事而已矣。是故論春秋者，合而通之，緣而求之，五其比，偶其類，覽其緒，屠其贅，是以人道浹而王法立。

此董子示後世治春秋之法。合而通之，合全書以會其通，如傳聞、所聞、所見異辭之類是也。緣而求之，謂緣此以例彼，如不與諸侯專封例貶，而殺慶封稱楚子知爲侯伯討之類是也。「五其比」、「偶其類」，此見于經，有類可推者也。「覽其緒，屠其贅」，此不見于經，餘義待伸者也。贅，餘也。俞云：「五當爲伍，屠當爲杜，古字通。昭九年左傳『屠蒯』，禮記檀弓作『杜蕢』是也。凡非經本有之義，皆謂之贅。爲春秋宜杜塞之，則聖人大義不爲羣言淆亂矣。」案：俞說誤。贅者，董子之所重也。故下云：「有所見而經安受其贅。」屠，蓋剖析之意。先師或得之口授，或會而違戾經旨。或云「屠」當爲著，亦通。○官本云：「人道，他本作人心。」

以爲不然？

反詰詞，猶言如不以爲然。竹林篇、韓策並有此語。

今夫天子踰年即位，諸侯於封內三年稱

安受，猶云樂受之。天地萬物之事蕃矣，聖人不能一一辨之，有能代聖人辨之，足見聖心者，視之與正經同，而經不遺憾於贅矣。但不可貿然無見而以臆說之。班氏咎以士禮推于天子。俞云：「安訓不。」案：安受，猶云樂受之。

子，皆不在經也，而操之與在經無以異。非無其辨也，有所見而經安受其贅也。〔天啟本旁注〕

見於經者求之於比，不見於經者明之以辨，則春秋之義得矣。俞云：「文九年傳：『未稱王，何以知其即位？』以諸侯之踰年即位，則諸侯之踰年即位見矣，而天子踰年即位也。以天子三年然後稱王，則諸侯踰年即位見矣，而魯十二公無有三年稱子于其封內者，是諸侯于其封內踰年即位見矣，而天子踰年即位，于經無見也，武氏子、毛伯不稱使，則天子三年然後稱王見矣，而魯十二公無有三年稱子于其封內者，是諸侯于其封內踰年即位，于經無見也。凡此皆所謂贅也。而學者操其說與實在經者無異，而其中固有辨也。何也？必于經實有所見，然後引

故能以比貫類，以辨付贅者，大得之矣。

而申之，觸類而長之，而經亦安然而受之也。董子此言，必有爲而發。當時若公孫弘以曲學阿世，其所學雜說必有附益于師說之外者，故以此辨之與？

人受命於天，有善善惡惡之性，〈〇各本不提行，今以與上文不類，別爲一節。〉可養而不可改，可豫而不可去，〈禮學記：「禁于未發之謂豫。」〉若形體之可肥臞，而不可得革也。是故雖有至賢，能爲君親含容其惡，不能爲君親令無惡。〈隱十年何注：「臣子之義，當先爲君父諱大惡也。」〉書曰：「厥辟去厥祇。」〈盧云：「大典本『厥辟』下有不辟二字。案此疑非出今太甲。易復初九『无祇悔』，鄭注：『祇，病也。』說文□尚書作「厥辟不辟忝厥祖」。」俞云：「此今文尚書也。『祇』者，病也。」官本有不辟二字，按云「他本無。」尚部：『疢，病也。』祇與疢通。」興案：此疑緣僞古文太甲「祇爾厥辟」而誤。〉

非至賢安能如是？父不父則子不子，君不君則臣不臣耳。事親亦然，皆忠孝之極也。〈此節非董子原文。董主性待教而善，既云有善善惡惡之性，又云不可得革，義相違反。可疑一。善善惡惡，本爲美德，乃云可養不可改，文不聯屬。可疑二。將順匡救，臣子之職，而云不能爲君親令無惡。可疑三。書引僞太甲，可疑四。父子相隱，人道之常，目爲至賢。可疑五。末二語雜人不倫，可疑六。朱子謂世傳繁露、玉杯等書，多非其實。謂此類邪？〉

文公不能服喪，不時奉祭，〈文二「作僖公主」傳：「譏不時，欲久喪而後不能也。」凌本同。〉亂其羣祖以逆先公。〈文二：……爲一節。〇各本不提行，今別爲一節。〉不以三年，〈〇官本作「例序以不三年」，云「他本無例序二字」。〉又以喪取，取于大夫，以卑宗廟，〈文四「夏，逆婦姜于齊。」傳：「高子曰：『取乎大夫者，略之也。』」「八月，大事於太廟，躋僖公。」傳：「譏逆祀也。」何注：「文公緣僖公於閔公爲庶兄，置僖公于閔公上，失先後之〉

義。」

案：躋僖公，仲舒以爲小惡，見五經異義引，蓋謂逆先後之序，非易昭穆也。而此以爲大惡，不合。互見五行順逆篇。○天啟本無「盟」字，下「命」字屬上爲句。

年傳。

小善無一，而大惡四五，故諸侯弗予盟，文二年「及晉處父盟」傳：「諱與大夫盟也。」又見文七命大夫弗爲使，文八年：「公孫敖如京師，不至而復，丙戌奔莒。」傳：「不至復者何？内辭也，不可使往也。」使爲惡惡耶？于義爲悖。是惡惡之徵，不臣之效也。惡惡，二字不知何指，將以大夫弗孔子曰：「政逮於大夫四世矣。」

出侮於外，入奪於内，無位之君也。

蓋自文公以來之謂也。此節亦疑非董子原文。

君子知在位者之不能以惡服人也，是故簡六藝以贍養之。性有善質，而未能全善，不敎則習近于惡，故以六藝養其德性。簡，即下所謂不徧舉其詳也。○凌本不提行。官本云：「他本『以』誤作在」。志、禮樂純其美，易春秋明其知。志、美、知，屬習六藝者言之。序其志，使無邪惡。純其美，使不躁厲。明其智，使順於陰陽，謹于倫類。

六學皆大，而各有所長。漢儒林傳云：「六學者，王敎之典籍，先聖所以明天道，正人倫，至治之成法也。」「六學」二字本此。又見述武紀敘、述藝文志敘。史記滑稽傳引孔子語，亦稱六藝。蓋掌於官謂之藝，傳於師謂之學。莊子天道篇稱六經，亦即此六經。白虎通論五經象五常，無春秋。復敘五經，又數春秋，無樂，蓋兩說並存。董不云六經而云六學，蓋不用經名，且樂經已亡失也。自漢以後，六經之名甚盛，（司馬遷自敘：「協六經異傳。」匡衡傳：「臣聞六經者，聖人所以統天地之心，通人道之正。」揚雄河東賦：「奮六經以攄頌。」劇秦美新亦云：「制成六經。」王莽傳：「意以爲制定，則天下自平。故銳思于地里，制禮作樂，講合六經之說。」並用莊子。而樂經無可掇拾，仍稱六經。復有所謂七經、九經、十三經者，實則詩、書、禮、易、春秋五學也。爾雅，詩學；三禮、禮學；二傳及

左氏，春秋學。（論、孟、孝經，專記聖賢言語，宜別出。）論語開章言學，謂此也。陸象山不知，遂以爲無頭柄說話，不知時習者何事矣。至樂學廢隊，宜亟修明，以符六學之全。（朱子語類云：「當立一樂學，使士大夫習之，久之必有精通者出。」）

詩道志，故長於質。 詩言志，志不可僞，故曰質。

禮制節，故長於文。 孝經制節謹度，滿而不溢，禮緣後起，故曰文。

樂詠德，故長於風。 漢書司馬遷傳：「聞之董生云：『易著天地、陰陽、四時、五行，故長于變。禮綱紀人倫，故長于行。書紀先王之事，故長于政。詩記山川、谿谷、禽獸、草木、牝牡、雌雄，故長于風。樂樂所以立，故長于和。春秋辨是非，故長于治人。』」用董生語，而略有不同。

書著功，故長於事。 詩言志，書以道事，詩以達意，易以道化，春秋以道義。』並董生說春秋旨。（陳傅良答

易本天地，故長於數。春秋正是 「禮以節人」數語，又引見滑稽傳，作孔子語。又云：「有國者不可不知春秋，前有讒而不見，後有賊而不知。爲人臣者不可以不知春秋，守經事而不知其宜，遭變事而不知其權。爲人君父而不通于春秋之義者，必蒙首惡之名。爲人臣子而不通于春秋之義者，必陷篡弑誅死之罪。其實皆以善爲之，而不知其義，被之空言不敢辭。」（陳傅良

非，故長於治人。 覃端老論讀史記云：「司馬遷春秋本董仲舒。」最確。）案：一經各有一經之大義。禮記經解：「孔子曰：『入其國，其教可知也。其爲人也，溫柔敦厚，詩教也。疏通知遠，書教也。廣博易良，樂教也。絜靜精微，易教也。恭儉莊敬，禮教也。屬詞比事，春秋教也。』」是爲言六經大義之始。莊子天下篇云：「詩以道志，書以道事，禮以道行，樂以道和，易以道陰陽，春秋以道名分。」荀子勸學篇云：「書者，政事之紀也。詩者，中聲之所止也。禮者，法之大分、類之綱也。」又云：「禮之敬〔二〕文也；樂之中和也；詩書之博也；春秋之微也。」儒效篇又云：「故詩、書、禮、樂之歸在是矣。

〔一〕「敬」字，原誤「教」，據荀子勸學篇改。

〔二〕「禮之敬〔二〕文也」，樂之

詩言是，其志也。書言是，其事也。禮言是，其行也。樂言是，其和也。春秋言是，其微也。」蓋各道所得，並在董生以前。漢書藝文志：「六藝之文：樂以和神〔一〕，仁之表也；詩以正言，義之用也；禮以明體，故無訓；書以廣聽，知〔二〕之術也；春秋以斷事，信之符也。五者，蓋五常之道，相須而備，而易為之原。」法言寡見篇亦云：「說天者莫辨乎易，說事者莫辨乎書，說體者莫辨乎禮，說志者莫辨乎詩，說理者莫辨乎春秋。」所說大義亦賅括。班志以易統諸經者，蓋以漢世災異圖讖皆附于易，又向歆父子始治易，故班承七略，變其序耳。

能兼得其所長，而不能徧舉其詳也。所謂讀書通大義。如戴記保傅篇所云：「春秋之元，詩之關雎，禮之冠婚，易之乾坤，皆慎始敬終云爾。」又史記外戚世家云：「易基乾坤，詩始關雎，書美釐降，春秋譏不親迎。」此皆帝學舉要之例。故人主大節則知闇，大博則業厭。以下見賈子新書容經篇。新書「節」作淺。○盧云：「大，並音泰。」二者異失同貶，新書「貶」作敗。必至，不可不察也。是故善為師者，既美其道，有慎其行，有，與又同。新書作「故師傅之道，既美其施，又慎其齊」。無下二句。齊時蚤晚，盧云：「齊，酌齊也，與劑同。」任多少，適疾徐，任，堪也。新書作「斟酌所能堪而均其多少」。造而勿趨，稽而勿苦，造，為。趨，促。稽，留也。新書「稽」作稍。淮南子道應訓：「太疾則苦而不入，太徐則甘而不固。」注：「苦，疾意也。甘，緩意也。為之而不促，少優游之而不至於苦。」省其所為，而成其所湛，省其所為，如保傅篇所云「天子處位不端，受業不敬」「簡聞小訟，不傳不習」之類是也。成其所湛，如保傅篇所

〔一〕「神」字，原誤「禮」，據漢書藝文志改。

〔二〕「知」字，原誤「和」，據漢書藝文志改。

云「擇其所嗜，必先受業，乃得嘗之」，「擇其所樂，必先有習，乃得爲之」，（又見賈誼疏。）是也。或云「成其所湛，謂就

其性之所近，因而成之」。新書作「省其所省，而堪其所堪」。○天啟本注云：「湛，音耽。」盧云：「湛、耽同。」故力不

勞而身大成。新書「成」作盛。此之謂聖化，吾取之。保傳篇云：「天子不論先聖王之德，不知君國畜民之

道，不見禮義之正，不察應事之理，不博古之典傳，不閑于威儀之數，詩、書、禮、樂無經，學業不法，凡是其屬，大師之任

也。是古天子習經之證。此所述蓋相傳授經之法。新書作「此聖人之化也，吾取之」，則董語。錢云：「此節汎論六

藝，與前後不類，不知何篇之文錯簡于此。」

春秋之好微與？其貴志也。「與」字絕句。言春秋之好微，以貴志也。貴志，已見前論文公喪取。

案：春秋之微有二旨。其一微言，如逐季氏言又雩，逄丑父宜誅，紀季可賢，及詭詞移詞之類是也。此不見于經者，所

謂七十子口授傳指也。其一則事別美惡之細，行防纖芥之萌，寓意微眇，使人湛思反道，比貫連類，以得其意，所以治人

也。如勸忠則罪盾，勸孝則罪止是也。荀子勸學篇：「春秋之微也。」儒效篇：「春秋言是其微也。」楊倞注：「微，謂儒

之微旨。」一字爲褒貶，微其文、隱其旨。正此文「微」字之意，實則皆大義也。近人好侈微言，不知微言隨聖人而徂，非

親炙傳受，未易有聞，故曰「仲尼沒而微言絕」。若微旨則固可推而得之，而一以進善惡惡爲主，非必張皇幽渺，索之隱

怪也。本書「微」字屢見，反覆求之，不越二類。若夫三科九旨，則讀春秋之條例。悉緯圖讖，別爲一學，非聖人所謂微

言。故吾以謂今日所宜講明者，唯有大義。春秋修本末之義，達變故之應，通生死之志，遂人道之極

者也。修本末以守經，達變故以適權，從賢者之志以達其義，從不肖者之志以著其惡，故曰「遂人道之極」。人道以仁

義信禮爲尚，反其道而生，不如由其道而死，反其道而勝，不如由其道而敗，故曰「遂人道之極」。是故君殺賊討，

則善而書其誅。○凌云：「殺」當作「弒」。若莫之討，則君不書葬，而賊不復見矣。不書葬，以爲

無臣子也：賊不復見，以其宜滅絕也。凌云：「隱十一年傳：『春秋君弒賊不討，不書葬，以爲無臣子也。』」

宣六年注：『據宋督、鄭歸生、齊崔杼弒其君，後不復見。』」今趙盾弒君，四年之後，別牘復見，非春秋之常辭也。官本云：「『牘』字，原本、他本俱誤作獨，今據黃氏日鈔改正。」盧云：「盾弒君在宣二年，至六年侵陳復見。」凌云：「說文云：『牘，書板也。』蓋長一尺，因取名焉。其餘後雖見殺，或不去其官，是不唯趙盾一人之復見。然則不當爲別獨明矣。」

弒君賊復見者，尚有州吁、甯喜之屬。公羊宣六年傳：『趙盾弒君。此其復見何？親弒君者趙穿，則曷爲加之趙盾？不討賊也。』古今之學者異而問之，曰：是弒君何以復見？猶曰：賊未討，何以書葬？昭十九年「葬許悼公」，傳：「賊未討，何以書葬？讎子道之不盡也。」又曰：「許世子止弒其君買，是君子之聽止也。葬許悼公，是君子之赦止也。赦止者，免止之罪辭也。」此引許止傳以比趙盾。

止進藥而藥殺也。止進藥而藥殺，則曷爲加弒焉爾？孔廣森云：「親弒君者趙穿，春秋舍穿而罪盾，以爲穿之罪易見，而盾之咎難知也。所謂視人所惑，爲立說以大明之者也。然而與使復見，則與親弒者有間已。左氏說盾與許世子止之事雖是，而不知有賊不討不書葬，及弒君賊不復見之例，壹似春秋之誅盾止竟與親弒者無殊。且未知春秋之意，方將因盾復見，起不親弒之迹，則趙穿之惡仍未得揜爾。盾以文誅，穿以實誅。」二者同貫，不得不相若也。

而書葬。何以復見者，亦不宜復見也而復見。

盾之復見，直以赴問，而辨不親弒，非不當誅也。則亦不得不謂悼公之書葬，直以赴問，而

辨不成弒，非不當罪也。赴問，當作「起問」，下同。如云「趙盾弒君，此其復見何」？「賊未討〔一〕，何以書葬」？皆起問之詞。「辨不親弒」「不成弒」皆應問之詞。並以傳文爲質，傳有免止罪之文，故以此詰之。○官本「成」作故，案云「他本故作誅」。凌本同。今從盧本。天啟本「不成」作當誅。

哉。以下釋問者之詞。故貫比而論是非，雖難悉得，其義一也。今誅盾無傳。弗誅無傳，赦許止有傳，而赦盾無傳。○天啟本下衍「不交無傳」四字，凌本同。以比言之法論也。法論，猶正論。正貫篇云：「論罪源深淺定法誅。」論本于法，故云法誅。董子言春秋，先法而後例，先義而後比。義法者，比例之本統。今刑法有合正律、依例律者，有略例律、依本律者，有原情定律者，有孽非本犯自作，而又非本罪所應減，謂之聽減者，又有律例無正條、得比照輕重科罪者，皆重比之意。無比而處之，誣辭也。今視其比，皆不當死。不當死于春秋之法。何以誅之？春秋赴問數百，赴，疑起。應問數千，同留經中。繾援比類，以發其端。凌云：「荀子『倫類不通』。注：『通倫類，謂雖禮法所未該，以其等倫比類而通之，謂一以貫之，觸類而長之。』」○官本「繾」作憻，按云「荀子『他本作繾』」。漢世以春秋決獄，欲知今事，宜察已往。此復見何也，言莫妄於是，何以得應乎？故吾以其得應，知其問之不妄。以其問之不妄，知盾之獄不可不察也。卒無妄言而得應於傳者。今使外賊不可誅，故皆復見，而問曰矣；謂免止罪，已見傳。○天啟本「弒」作篡。夫名爲弒父而實免罪者，已有之矣。亦有名爲弒君，而罪不誅者。逆而距之，不若徐而味

〔一〕「討」字，原誤「葬」，據公羊傳昭公十九年改。

之。○官本「距」作罪，案云「他本作距」。且吾語盾有本，詩云：「他人有心，予忖度之。」此言物

莫無鄰，物未有無鄰者。陰賊者，篡弑之鄰；愿厚者，忠愛之鄰。故太史公曰：「春秋推見以至隱。」今案盾事而觀其心，愿而

內，即微可以知著，觀往可以驗來，徵人可以通天。察視其外，可以見其內也。察外可以見

不刑，說文：「愿，謹也。」國語越語注「刑，害也」謂謹愿而不陰害。合而信之，非篡弑之隣也。按盾辭

號乎天，苟內不誠，安能如是？宣六年傳：「晉史書賊曰：『晉趙盾弑其君夷皋』趙盾曰：『天乎無辜！

吾不弑君，誰謂吾弑君者乎？』」案：此以事証之。新序節士篇：「許悼公疾瘧，飲藥而死，太子止自責不嘗藥。

不立其位，與弟緯。專哭泣，啜飦粥，嗌不容粒。痛己之不嘗藥，未逾年而死。故春秋義之。」是許止之得赦，亦以其誠。

義固不能離事而立也。○官本無下「是」字，云「他本下衍一是字」。是[一]故訓其終始無弑之志。盧云：

「訓，順也。」挂惡謀者，過在不遂去，罪在不討賊而已。不遂去，謂出亡不遠。挂，猶牽累也。荀子榮辱

篇：「挂于患而欲謹，則無益矣。」臣之宜爲君討賊也，猶子之宜爲父嘗藥也。禮，親有疾飲藥，子先嘗

之。宋律有諸醫誤不如本方殺人者徒二年半，故不如本方殺傷人者以故殺傷論，雖不傷人，杖六十。（見伊川上謝師師

今律沿明律，凡合和御藥誤不依對證本方，及封題錯誤，經手醫人杖一百，料理揀擇誤不精者，杖六十。又煎調

御藥，俟熟，分爲二器，其一器御醫先嘗，次院判，次近臣，其一器進御。皆緣春秋遺意。○官本云：「『君』下，他本有之

字。」子不嘗藥，故加之弑父；臣不討賊，故加之弑君。其義一也。○天啟本「義」作意。所以示

〔二〕「是」字，凌本、叢刊本無。

天下廢臣子之節，其惡之大若此也。　後漢袁紹傳：「若以臣令行權爲釁，則桓文當有誅絕之刑；若以衆不討賊爲賢，則趙盾可無書弑之誅矣。」用春秋義。　盾不宜誅，以此參之。　止罪止于不嘗藥，盾罪止于不討賊。因此之自責而罪之，復原其非故而赦事之猶有司之執法，赦之猶朝廷之恩宥。　止可赦，則盾亦非絕不可原。後漢書霍諝傳：「謂聞春秋之義，原情定過、赦事誅意。故許止雖弑君而不罪，趙盾以縱賊而見書。」此仲尼所以垂王法，漢世所宜遵前修也。」問者曰：夫謂之弑誅意。故許止雖弑君而不罪，趙盾以縱賊而見書。　　而有不誅，其論難知，非蒙之所能見也。　○盧云：「蒙，舊本訛作董，或改作衆，皆非也。此自卑小之稱，當作蒙。」官本作衆，云「他本作董」。　故赦止之罪，以傳明之。　盾不誅，無傳，何也？曰：　○官本云：「他本脫『曰』字。」　世亂義廢，背上不臣，篡弑覆君者多，而有明大惡之誅，誰言其誅。　有，與又同。　「大惡之誅」，盧云：「疑當作大惡之不宜誅。」　案：盧說是，謂若明言大惡之不宜誅，誰知篡弑之當誅者。　春秋明正詞以垂王法，故多不可見之文。　後世刑書，有律有例，律以斷法，例以準情。律一定，而例因時爲變通。經猶之律，論猶之例也。　後漢張敏傳敏駁議云：「春秋之義，子不報讎，非子也。而法令不爲之減者，以相殺之路不可開故也。」可謂觀其深矣。　故晉趙盾、楚公子比皆不誅之文，而弗爲傳，弗欲明之心也。　昭十三年：「楚公子比自晉歸于楚，弑其君虔于乾谿。」傳：「此弑其君，其言歸何？歸無惡于弑立也。公子弃疾弑[一]公子比。」傳云：「比已立矣，其稱公子何？其意不當也。其意不當，則曷爲加弑焉爾？比之義宜乎效死不

〔一〕「弑」字，原作「殺」，據公羊傳改。

四〇

立。」凌云：「稱公子，是不誅之文。」問者曰：「人弒其君，重卿在而弗能討者，非一國也。○天啟本

「重」作者，無下「者」字。凌本「弗」作不。靈公弒，趙盾不在。不在之與在，惡有厚薄。春秋責在而

不討賊者，弗繫臣子爾也。隱十一年傳：「春秋君弒賊不討，不書葬。以爲不繫乎臣子也。」責不在而不

討賊者，乃加弒焉，何其責厚惡之薄、薄惡之厚也？曰：春秋之道，視人所惑，爲立說以

大明之。此讀春秋要法。程子云：「春秋是是非非，因人之行事，不過當年數人而已。窮理之要也。學者不必他求，

學春秋可以盡道矣。」孔廣森云：「人莫知大夫不敵君，而後以楚人書。人莫知卿不得憂諸侯，而後以晉人書。溴

梁以降，大夫交政，未嘗貶也。郤缺之徙義，公子側之偃革，宜若有善焉，轉發其專平專廢置之罪，而以人書，皆此例

也。」今趙盾賢而不遂於理，皆見其善，莫見其罪，此即前書楚人殺陳夏徵舒義。故因其所賢而加

之大惡，繫之重責，使人湛思而自省悟以反道。春秋褒貶，所以表微而辨志。有流俗之所疑而大惡存，

亦有迹勢之所閡而天良在。故罪趙盾，非逢丑父，原楚子，反使近於惡者有所惕，而不敢援寬比以自遁，近于善者有所

勸，不致動于雷同之論，以懈于擴充。凡以儆鑒來者，使之反迪而得是非之正，非刻論既往以爲快也。故達思者乃可以

知春秋。○盧云：「湛，與沈同，五林切。」曰：吁！君臣之大義，父子之道，乃至乎此，○盧云：「大」字

疑衍。」此所由惡薄而責之厚也。僖元年傳：「天下諸侯有相滅亡者，桓公不能救，則桓公恥之。」何注：「故爲

之諱，所以醇其能以治世自任而厚實之。」又見僖二年注。錢大昕云：「公羊傳，春秋責賢者備，以其爲賢者故責之。責

之雖備，而其賢自在，所以爲忠厚也。管仲器小，不害其爲仁。臧武要君，不害其爲知。孟公綽不可爲滕薛大夫，不害

其爲廉。宰我、冉有，論語屢責之，不害其爲十哲。聖人議論之公，而度量之大如此。王者知此道，則可無乏才之歎。

儒者知此道，則必無門户之爭矣。（養新録十八。）

地，而不賢者轉得自放於議論之外，且得援賢者以自解。 案：説春秋者必知此而義乃備，否則責人無已，賢者愈無立足之

他國不討賊者，諸斗筲之

民，何足數哉？弗繫人數而已。 斗筲，又見實性篇。 人心日肆，而世道益偷矣。 中材以上，聖人固未欲弃之矣。 此亦薄責之意。 此所由惡厚而責

薄也。 昭十六年何注：「以爲固薄也。」 襄三十（二）年「葬蔡景公」傳：「賊未討，何以書葬？ 君子詞也。」

當常然者，乃所以爲惡也。 顧以無知薄責之。 孔廣森云：「許世子之罪隱，春秋責之以深；蔡般之罪顯，春秋治之以

興案：賢者可以理論，而下愚不足齒數。 是故春秋之義，責下輕而責上重，責小人恕而責君子愈嚴。 恕。」 罪顯易聽，鈇鑕治之，非筆削所能懲。 其恕也，乃其所以爲嚴也。 傳

所謂不疾乃疾之意也。 是故春秋之義，責下輕而責上重，責小人恕而責君子愈嚴。

是之謂乎？○天啟本無下文。 故公子比嫌可以立，趙盾嫌無臣責，許止嫌無子罪。 傳曰：輕爲重，重爲輕，非 前篇云：

「春秋常於其嫌得者見其不得。」即此「嫌」字之義。 可以得褒與可以免罪一也。 春秋爲人不知惡而恬行不備

也，是故重累責之，以矯枉世而直之。 恬，安也。 不備，猶不戒。 重累責之，猶言重責之，累亦重也。 賈子

言春秋紀其成敗，以爲來事師法。 韓退之詩云：「春秋書王法，不誅其人身。」周子云：「亂臣賊子誅死者于前，所以懼

生者於後，責之者所以救世耳。」矯，正也。 漢書公孫田王等傳贊：「中山劉子推言王道，矯當世，反諸正。」矯者不過

其正，弗能直。 知此而義畢矣。 春秋志存撥亂，然俟其亂而治之，嘗苦不及，故常矯而直之。 好利則譏觀魚，

尊禮則録伯姬，同斯義也。 後漢朱祐等傳論：「光武鑒前事之違，存矯枉之志。」注引孟子曰：「矯枉者過其正。」今孟

〔二〕「三十」，原誤作「十三」，據公羊傳襄公三十年乙正。

子無此語，蓋在七篇外，董語所本。《漢書外戚傳》：「蓋矯枉者過直，古今同之。」《王莽傳》：「太后下詔曰：『矯枉者過其正，而朕不親帥，將謂天下何？』」《鹽鐵論救匱篇》：「橈枉者過直，救文者以質。」並用此誼。《漢書諸侯王表序》：「藩國大者，夸州兼郡，連城數十，宮室百官，同制京師，可謂矯枉過其正矣。」注：「謂失中也。」與此語意稍別。

春秋繁露義證卷第二

竹林第三

竹林第三篇名未詳。司馬相如上林賦「覽觀春秋之林」，文選注如淳曰：「春秋義理繁茂，故比之於林藪也。」似足備一義。

春秋之常辭也，不予夷狄而予中國爲禮，至邲之戰，偏然反之，何也？ 宣十二年：「晉荀林父帥師及楚子戰於邲，晉師敗績。」傳：「大夫不敵君，此其稱名氏以敵楚子何？不與晉而與楚子爲禮也。」何注：「不與晉而反與楚子，爲君臣之禮以惡晉也。」案：「偏然反之，用棠棣詩義。新論殊好篇：「然嗜好有殊絶者，則偏其反矣。」用詩語，亦同。**曰：春秋無通辭，從變而移。** 精華篇：「春秋無達詞，從變從義，而一以奉天。」達，亦通也。論春秋者，泥詞以求而比，多有不可貫者，故一以義爲主。下文云：「詞不能及，專在於指。」大抵春秋先義法，後比例。以義法生比例，非緣比例求義法也。**今晉變而爲夷狄，楚變而爲君子，故移其辭以從其事。事者，義之本也。** 進夷狄而爲君子，以其合於禮義耳。鍾離雞父之會，不與吳爲禮，至伯莒黃池之會，則爵而不殊，亦其例也。此聖人之大，天地之至仁也。韓愈原道云：「孔子之作春秋也，諸侯用夷禮則夷之，進於中國則中國之。」程子亦云：「春秋之法，中國而用夷道，即夷之。」是故衛而戎焉，（隱七年。）邾婁、牟、葛，（桓十五年。）鄭，（閔二

年，成三年。）晉（昭三年。）而狄焉。即內而我魯，亦以城郱婁葭而狄焉。（哀六年。）以此見中國夷狄之判，聖人以其

行，不限以地明矣。然春秋於中國，大夷、小夷，各有名倫，不相假借，抑又謹於華夷之防。董子兩明其義。宋胡安國諸

人，以爲春秋專重攘夷，固因時之論，得其一端耳。

夫莊王之舍鄭，有可貴之美，晉人不知其善，而欲擊之。所救已解，如挑與之戰，宣十二年傳：「既則晉師之救鄭者至，曰：『請戰。』莊王許諾，將軍子重諫曰：『晉，大國也，王師淹病矣，君請弗許也。』莊曰：『弱者吾威之，彊者吾辟之，是以使寡人無以立乎天下。』令之選師而逆晉寇。」○官本云：「如，他本作而。」盧云：「如，而古通用。」**此無善善之心，而輕救民之意也，**以救民爲輕。**是以賤之。而不使得與賢者爲禮。秦穆侮蹇叔而大敗。**事見僖三十三年「晉人及姜戎敗秦於殽」傳。**鄭文輕衆而喪師。**閔二年「鄭棄其師」，傳：「鄭伯惡高克，使之將，逐而不納，弃師之道也。」**春秋之敬賢重民如是。**敬賢重民，春秋之大義也。説苑君道篇：「夫天之生人也，蓋非以爲君也。天之立君也，蓋非以爲位也。夫爲人君，行其私欲，而不顧其人，是不承天意，忘其位之所以宜事也。如此者，春秋不予能君而夷狄之。鄭伯惡一人，而兼棄其師，故有夷狄不君之詞。人主不以此自省，惟既以失實，心奚因知之。故曰：『有國者不可以不學春秋』此之謂也。」荀子大略篇：「天之生民，非爲君也。天之立君，以爲民也。」白虎通四：「王者即位，先封賢者，憂民之急也。故列土爲疆，非爲諸侯，張官設府，非爲卿大夫，皆爲民也。」**是故戰攻侵伐，雖數百起，必一二書，傷其害所重也。**隱二年注：「凡書兵者，正不得也。內外深淺皆舉之者，因重兵害衆。」盧云：「二；言次第不遺也。」**問者曰：其書戰伐甚謹，其惡戰伐無辭，何也？曰：會同之事，大者主小；戰伐之事，後者主先。苟不惡，何爲使起之者居下。是其惡戰伐之辭已。**盧云：「考春秋所書戰伐之

事，不皆以後者爲主，不知董子何以云然。

興案：莊二十八年：「齊人伐衞，衞人及齊人戰，衞人敗績。」以衞主齊。文十二年，秦伐晉，而書「晉人秦人戰於河曲」。以晉主秦，並其例矣。莊二十八年傳云：「春秋伐者爲客，伐者爲主，故使衞主之也。」何注：「伐人者爲客，長言之。」「見」[二]「伐者爲主，短言之。」僖十八年：「宋師及齊師戰於甗。」傳：「春秋伐者爲客，曷爲不使齊主之？」〈與襄公之征齊也。〉然則惡之則使後者居先，與之則使先者居先，春秋之例也。

董蓋申傳義。

且春秋之法，凶年不修舊，意在無苦民爾。

舊也。何以書？譏。何譏爾？凶年不修舊也。

曰：凶年修舊則譏，造邑則諱。

猶云爲害何如。

譏以凶年造邑也。

莊二十八年：「冬，築微。大無麥禾。」傳：「曷爲先言築微，而後言無麥禾？

是害民之小者，惡之小也；害民之大者，惡之大也。今戰伐之於民，其爲害幾何？

莊二十九年「新延廄」，傳：「新延廄者何？修

苦民尚惡之，況傷民乎？傷民尚痛之，況殺民乎？故

興案：「設而勿用」句，謂兵刑之屬，上

致意而觀指，則春秋之所惡者，不任德而任力，驅民而殘賊之。其所

俞云：「其所好者設，五字衍。」

好者，設而勿用，仁義以服之也。

鹽鐵論世務篇：「兵設而不試，干戈閉藏而不用。」語意正同。「所好」與「所惡」對文，俞說非。○官本云：「好，他本作惡。」詩云：「弛其文德，洽此四國。」弛，天啟

此春秋之所善也。夫德不足以親近，而文不足以來遠，

據此則董以詩「文德」二字分釋。

本作矢。案：毛詩作矢。傳云：「矢，弛也。」古今文字異，義同。○俞云：「矢，弛，施，聲轉誼通。」

禮孔子閒居亦作弛。鄭注：「弛，施也。」矢、弛、施，

或有脫字耳。公孫弘傳：「得其要則天下安樂，法設而不用。」

〔二〕「見」字，據公羊傳何注補。

而斷斷以戰伐爲之者，天啟本旁注云：「斷斷，或作斷斷。」興案：史記魯周公世家：「洙泗之間，斷斷如也。」索隱：「斷音銀，鬭爭貌。」又作『斷斷』，如尚書讀，是專一之義。」此當以作『斷』爲是，謂專以武事爲治。所載戰伐之事，無應王義者也。此固春秋之所甚疾已，皆非義也。

難者曰：春秋之書戰伐也，有惡有善也。隱六年注：「戰例時，偏戰日，詐戰月。」傳：「季子待之以偏戰。」注：「莒人可忿，而能結日偏戰，是其不加暴之義。」惡詐擊而善偏戰，僖元年傳。襄二年「城虎牢」，傳：「曷爲不言恥伐喪而榮復讎。莊四年「紀侯大去其國」，傳：「春秋曷爲不言齊滅之？爲襄公諱也。春秋爲賢者諱，何賢乎襄公？復仇也。」奈何以春秋爲無義戰而盡惡之也？

曰：凡春秋之記災異也，雖畝有數莖，凌云：「莖，音恒，草木幹也。」猶謂之無麥苗也。無麥苗，見莊七年，漢食貨志仲舒說上曰：「春秋他穀不書，至於麥禾不成則書之，以此見聖人於五穀最重麥與禾也。今關中俗不好種麥，是歲失春秋之所重，而損生民之具已。願陛下幸詔大司農，使關中民益種宿麥，令無後時。」戰攻侵伐不可勝數，而復讎者有二焉。莊九年：「及齊師戰於乾時，我師敗績。」傳曰：「內不言敗，此其言敗何？復讎也。」何注：「復讎以死敗爲榮，故録之。」其一謂齊襄。今天下之大，三百年之久，春秋二百四十二年，三百舉成數。戰攻侵伐不可勝數，是何以異於無麥苗之有數莖哉？不足以難之，故謂之無義戰也。以無義戰爲不可，〇凌云：「王本脱『戰』字。」則無麥苗亦不可也；以無麥苗爲可，則無義戰亦可矣。若春秋之於偏戰也，〇凌云：「王本『戰』誤作義。」猶其於麥苗也。善其偏，不善其戰，有以效其然也。盧云：「效，驗也。」春秋愛人，而戰者殺人，君子奚說善殺其所愛哉？說善，疑衍一字。故春秋之於偏戰也，〇天

啟本無「也」字。猶其於諸夏也。引之魯，則謂之外；引之夷狄，則謂之內。成十五年傳：「春秋內其國而外諸夏，內諸夏而外夷狄。」說苑指武篇：「內治未得，不可以正外，本惠未襲，不可以治末。是以春秋先京師而後諸夏，先諸夏而後夷狄。」案：春秋緣魯言王義，故本書言魯，說苑言京師，其於明內外之旨，一也。比之詐戰，則謂之義；比之不戰，則謂之不義。故盟不如不盟。然而有所謂善盟；桓三年：「齊侯衛侯胥命於蒲。」傳：「胥命者何？相命也。何言乎相命？近正也。此其為近正奈何？古者不盟，結言而退。」戰不如不戰，然而有所謂善戰。不義之中有義，戰不義，而復讎之戰為義。義之中有不義。偏義而戰，仍不義。辭不能及，皆在於指，指，即孟子之所謂義。非精心達思者，其孰能知之。思者，思聖人未言之旨要，以救世而撥亂。若索之隱怪，則孔子之所云「以思無益」者。太史公云：「好學深思，心知其意。詩云：「棠棣之華，偏其反而。豈不爾思？室是遠而。」孔子曰：「未之思也，夫何遠之有！」此以棠棣合適道章為一，漢晉人說皆如此。何晏云：「棠棣之華，反而後合，詩言權反而後至於大順也。」新論明權篇：「循理守常曰道，臨危制變曰權。權之為稱，譬猶權衡也。衡者測邪正之形，權者揆輕重之勢。古之權者，審其輕重，必當乎理而後行焉。」易稱「巽以行權」，語稱「可與適道，未可與權」。權者，反於經而合於道，反於義而後有善。若棠棣之華，反而更合也。後漢周章傳論云：「孔子稱『可與立，未可與權』。權者，反常者也。」晉書：「王祥疾篤，著遺令，訓子孫，終之曰：『未之思也，夫何遠之有！』」亦用漢儒義，欲子孫思其遺訓，以適於道也。唐陸贄始疑之，其替換李楚琳狀有云：「以反道為權，以任數為智，歷代之所以多喪亂而長姦邪」；宋朱子因分為二章，語錄云：「唐棣之下，初不與上面說權處合。緣漢儒合上文為一章，誤認偏其反而為反經合道，所以錯了。」案：程子云：「論語中言『唐棣之華』者，因權而言逸詩也。孔子刪詩，豈只取合於雅頌而已，亦是謂合此義理。」卻用漢儒說。

蓋反經以適道，有善爲旨。公羊家本不輕言，後漢傳論以權爲反常，於義未全，漸失春秋意矣。棠，論語作唐。朱子與張敬夫論癸巳論語説云：「論語及詩召南作唐棣，小雅作常棣，無作『棠』者。唐棣、常棣兩物，夫子所引非小雅之常棣。」宋祁筆記云：「詩有棠棣之華，逸詩有唐棣之華，世又多誤以棠棣爲唐棣。」案：此作「棠」當是今文異字。由是

觀之。見其指者，不任其辭。不任其辭，然後可與適道矣。 任，用也。旨有出於詞之外者，要一準乎王義聖道之歸。孟子讀詩「以意逆志」亦此也。法言問道篇：「或問道。曰：道也者，通也，無不通也。或曰：可以適他與？曰：適堯、舜、文王者爲正道，非堯、舜、文王者爲他道。」莊云：「春秋以辭成象，以象垂法，示天下後世以聖心之極。觀其辭，必以聖人之心存之，史不能究，游夏不能主，是故善説春秋者，止諸至聖之法而已。公羊子曰：『王者孰謂？謂文王也。』其諸君子樂道堯舜之道與？無或執一詞以爲見聖，無或放一詞而不至於聖，見爲惑也。詩曰：『棠棣之華，偏其反而。』得其起問，則幾無難。應而不本其所起，見爲附也。起而不達其所應，見爲惑也。」推見至隱，懷之爲難，違之斯已難。春秋之詞，其起人之問有如此也。執一者不知問，無權者不能應。子曰：『未之思也，夫何遠之有？』其亦可以求所應問而得之矣。

從其所請，與宋平。 宣十五年：「宋人及楚人平。」傳：「外平不書，此何以書？大其平乎己也。」莊王圍宋，**司馬子反爲其君使。** ○盧文弨本並不提行。今從天啟本及程榮校本。**廢君命，與敵情，以己情輸敵國。** 軍有七日之糧爾，盡此不勝，將去而歸爾。於是使司馬子反乘堙而闚宋城，宋華元亦乘堙而出見之。司馬子反曰：『子之國何如？』華元曰：『憊矣。』易子而食之，析骸而炊之。』司馬子反曰：『嘻！甚矣憊。雖然，吾聞之也，圍者柑馬而秣之，使肥者應客，是何子之情也？』華元曰：『吾聞之，君子見人之厄則矜之，小人見人之厄則幸之。吾見子之君子也，

是以告情於子也。』司馬子反曰：『諾。勉之矣。吾軍亦有七日之糧爾，盡此不勝，將去而歸爾〔一〕。』揖而去之，反於莊王。莊王怒曰：『吾使子往視之，子曷爲告？』司馬子反曰：『以區區之宋，猶有不欺人之臣，可以楚而無乎？是以告之也。』莊王曰：『諾。舍而止。雖然，吾猶取此然後歸爾。』司馬子反曰：『然則君請處於此，臣請歸爾。』莊王曰：『子去我而歸，吾孰與處於此？吾亦從子而歸爾。』引師而去之，故君子大其平乎己也。』是内專政而外擅名也。

專政則輕君，擅名則不臣，而春秋大之，奚由哉？曰：爲其有慘怛之恩，不忍餓一國之民，使之相食。本書必仁且智篇：『仁者慘怛愛人』。推恩者遠之而大，爲仁者自然而美。推吾民之愛，以及其鄰，故曰「遠之而大」。無所於爲，而惻怛發於乍見，故曰「自然而美」。凌云：『樂稽耀嘉：「仁者有惻隱之心，本生於木。仁生於木，故惻隱出於自然也。」

故大之也。難者曰：春秋之法，卿不憂諸侯，政不在大夫。襄十三年傳：「卿則其稱人何？貶。曷爲貶？卿不憂諸侯也。」今子反出己之心，矜宋之民，無計其閒，不暇計其擅命之大夫也。子反不復其君而與敵情，使莊王不得不歸，是與與敵平無異。○官本云：「他本無『政』字。」溴梁之盟，信在大夫，而諸侯〔二〕刺之，爲其奪君尊也。子反爲楚臣而恤宋民，是憂諸侯也；不復其君而與敵平，是政在大夫也。襄十六年傳：「諸侯皆在是，其言大夫盟何？信在大夫〔三〕也。何言乎信在大夫？偏刺天下之大夫？君若贅旒然。」○官本云：「他本無『信』字。」平

〔一〕「爾」字，原作「耳」，據公羊傳改。

〔二〕「諸侯」，凌本、盧本、叢刊本作「春秋」。

〔三〕「大夫」，原誤「大天」，據公羊傳改。

在大夫，亦奪君尊，而春秋大之，此所閒也。閒，隙也，即孟子「連得閒矣」之閒。信在大夫與平在大夫，一刺一大，其旨不同，是文有閒隙，而疑從此出矣。與下「此所惑也」語意一例。○天啟本「閒」作問。盧云：「問，即上文無計其閒之間，作問者非。『惡臣擅君名美』。」

案：官本「擅」作君，云「他本作擅」。凌本同。今從盧校。○盧云：「大典本作『臣有惡，君名美』。疑當作

且春秋之義，臣有惡，擅名美。『臣有惡，君名美』」

出也。書曰：「爾有嘉謀嘉猷，入告爾君于內，爾乃順之於外，曰：此謀此猷，惟我君之德。」此爲人臣之法也。古之良大夫，其事君皆若是。坊記：「子曰：『善則稱君，過則稱己』，則民作忠。」

君陳曰：「爾有嘉謀嘉猷〔一〕，入告爾君於內，女乃順之於外，曰：此謀此猷，惟我君之德。」於乎，是惟良顯哉！」

案：本書與坊記引同，當是今文尚書說。此爲爲人臣者言之，故曰「人臣之法」。偽書以爲成王語，則不倫矣。先儒所以有成王失言之疑也。(見困學紀聞。) 鄭注坊記云：坊記云：「是惟良顯哉，美君之德。」據此則董以良大夫說良顯，與鄭不同。穀梁文六年傳：「士造辟而言，詭詞而出」亦用書義。

不告，皆以其解二國之難爲不得已也。奈其奪君名美何？此所惑也。曰：春秋之道，固有常有變，變用於變，常用於常，各止其科，非相妨也。春秋有變科，有常科，各因時地而用之。不可以常而概變，亦不可驚變而忽常。是故共學適道，可以語常矣。立，則可以語變矣，權又變之精焉者也。春秋言此則愈慎矣。○官本云：「止，他本作正。」

今諸子所稱，皆天下之常，雷同之義也。曲禮：「毋雷同。」鄭注：「雷之

〔一〕「猷」字，據尚書補。

發聲，物無不同時應者。人之言當各由己，不當然也。後漢陳元傳：「仲尼聖德而不容於世，況於竹素餘文。其爲雷同者所排，固其宜也。」與此「雷同」意同。○官本云：「義，他本作意。」子反之行，一曲之變。獨修之意也。荀子解蔽篇：「凡人之患，蔽於一曲而闇於大理。」○獨，天啟本作術，旁注「或作説」。又云：「曲知之人，觀於道之一隅，而未之能識也。淮南子：「察一曲者，不可與言化。」○一曲，一端之曲説。注：「一曲，一端之曲説。」凌本作術，引原注：「術，疑作獨。」俞云：術，當讀爲適，爾雅釋詁釋文引孫炎云：『適，古術字。』述與術通，述亦通同字矣。」匡謬正俗引逸禮記：「知天文者冠鷸。」鷸字音聿，亦有術音，故禮之衣服圖及蔡邕獨斷，謂爲術氏冠。以顏説推之，術通作鷸，則亦通作適矣。爾雅訓適爲自通修之義，即自修之義，故禮，正與上文「雷同之義」相對成文。詩文王篇：「聿修厥德。」疑三家詩有作「適修」而訓爲自者。董此言本詩文耳。夫目驚而體失其容，心驚而事有所忘，人之情也。通於驚之情者，取其一美，不盡其失。驚者，初動之情也。惟聖人爲能從心不踰矩，隨處合夫天理，自聖人以下，不能無所怵亡。觸物初動之時，見天理焉。故易曰：「復其見天地之心。」復者，冬至一陽初動時也。孟子之所謂乍見孺子入井，而惻隱之心生，亦其初動時也。即其有失，猶當取其一美。嫂溺援之以手，取其仁，不責其禮，亦若是矣。詩云：「采葑采菲，無以下體。」此之謂也。此與度制篇引此詩義異。左傳三十三年傳引詩，下云：「君取節焉可也。」列女傳賢明篇引詩云：「與人同寒苦，雖有小過，猶與之同死而不去，況於安新去舊乎？」潛夫論論榮篇：「詩云：『采葑采菲，無以下體。』故苟有大美可尚於世，則雖細行小瑕，曷足以爲累乎？」鄭注坊記云：「言人之交當如采葑采菲，取一善而已，君子不求備於一人。」並與此文義同。鄭亦用今文説也。今子反往視宋，聞人相食，大驚而哀之，不意之至於此也，鹽鐵論世務篇：「宋華元、楚司馬子反之相覯也，符契内合，誠有以相信也。」○錢云：「『不意』下當有宋字。」　　輿案：之，與其同。　是以心駭目動而違常禮。禮者，庶於仁、文、質而

成體者也。

釋名：「庶，猶摭也。」摭合之意。子反但違常禮耳，有仁有質，雖不成爲禮，而未始無禮之意。禮讓文

質，實皆以仁爲體者也。今使人相食，大失其仁，安著其禮？

仁者，禮之本，猶亨、利、貞之需元。

方救其質，奚恤其文？

穀梁僖元年傳注：「救，赴急之意。」

故曰「當仁不讓」，此之謂也。

論語集解引孔曰：「當行仁之事，不復讓於師。」言行仁急。後漢書王望傳：「望行部軍，以便宜出所在布粟振飢民。」鍾離意議望罪曰：『昔華元、子反，楚宋之良臣，不稟君命，擅平二國，春秋義之，以爲美談。今望懷義忘罪，當仁不讓，若繩之以法，忽其本情，將乖聖朝愛育之旨。』正本此義。

春秋之辭，有所謂賤者，有賤乎賤者。

哀四年傳：「稱盜以弒……」○天啟本脫下五字。

何？賤乎賤者也。

案：稱人賤，稱盜尤賤。

夫有賤乎賤者，則亦有貴乎貴者矣。

言有尤賤尤貴者。

今讓者春秋之所貴。雖然見人相食，驚人相饟，

仁貴於讓。說文：「爨，齊謂之炊。」傳所謂「析骸而炊」。

救之忘其讓，君子之道有貴於讓者也。

春秋貴仁，雖在失禮，猶嘉與之。所以勸仁，非獎變也。此義之可諭者也。○盧

故說春秋者，無以平定之常義，

疑變故之大則，義幾可諭矣。

本或作『疑變故之大義，則幾可諭矣』。殆非。案：凌本同或作。

春秋記天下之得失，而見所以然之故。甚幽而明，無傳而著，不可不察也。

春秋記天下得失而已，而其所以然之故甚微，不能累累說之也，在學春秋者因效以求其本。故云「甚幽而明，無傳而著」。傳，猶說也。陸農師答崔子方書云：「夫經一而足，春秋之傳，不係舊史存否何如。若聖人作經，又待魯史而傳，是二而足也。」其設方立例，不可以一方求，亦不可以多方得。譬如天文森布，一衡一縮，各有條理，久視而益明。易曰：『化而裁之，存乎變。推而行之，存乎通。神而明之，存乎其人。』豈獨易也哉，故曰：『詩無達

故曰，春秋『甚幽而明，無傳而著』。

詁，易無達吉，《春秋》無達例。』要在變而通之耳。」陳澧云：「不信三傳，始於唐人。韓文公寄盧仝詩云：『《春秋》三傳束高閣，獨抱遺經究終始。』蓋經學風氣，自唐而變，而遠溯其原，則繁露已有『無傳而著』之語。然其所謂無傳而著者，齊頃公伐魯伐衛，大國往聘，慢其使者，晉、魯、衛、曹四國大困之於牽。自是頃公恐懼，卒修其身，國家安寧也。然慢聘使之事，不見於經，無傳何由著乎？董生之說，已不可通，況後儒乎！」（東塾讀書記十。）案：陳以傳爲三傳之傳，蓋沿陸説而誤。董傳公羊，安得云不用傳乎？且本篇語意，正在因事而察其所以然之故也。

夫泰山之爲大，弗察弗見，而況微渺者乎？ 春秋好微。 故案春秋而適往事，尚書大傳注：「適，得也。」俞云：「詩殷武篇」勿予禍適』，釋文引韓詩云：『適，數也。』適往事，猶言數往事。 窮其端而視其故，故，疑作效。窮其端之所始，而觀其效之所終也。 下云：「其端乃從懼魯勝衛起」。又云：「此其效也。」正承此爲言。 得志之君子，有喜之人，不可不愼也。 春秋非一世之書也，所以絕亂萌於未然，示變事之所起，使人防患而復道，鑒往以懲來。故本書十指以見事變之所至爲一指。仁義法云：「觀物之動而先覺其萌，絕亂塞害於將然而未行之時。」二端篇云：「覽求微細於無端之處，誠知小之將爲大也，微之將爲著也。吉凶未形，聖人所獨立也。」此皆春秋之志也。夫患至而防，常苦不及，當其微渺，又復難察，大易憂盛，而春秋戒有喜，君子可知所從事矣。

齊頃公親齊桓公之孫，桓公子惠公生頃公。頃公 國固廣大而地勢便利矣，又得霸主之餘尊，而志加於諸侯。桓公以後，篡弒相尋，霸業替矣。頃公 以此之故，難使會同，而易使驕奢。即位九年，未嘗肯一驕奢，自以爲席餘尊耳。○凌本「主」作王。

與會同之事。有怒魯衛之志，而不從諸侯於清丘、斷道。盧云：「宣十二年，晉、宋、衛、曹〔一〕會於清丘，十七年，公會晉、衛、曹、邾婁於斷道，齊皆不與。舊本『從』字上無『不』字，誤脫耳。」春往伐魯，入其北郊，慢顧返伐衛，敗之新築。立在成二年。晉魯俱怒，內悉其衆，外得黨與曹衛〔二〕，句。○天啟本「乘」作求。當是時也，方乘勝而志廣，○天啟本無「之」字，凌本同。四國相輔，大困之害。成二年傳：「晉郤克與臧孫許同時而聘於齊。蕭同姪子者，齊君之母也，踊於棓而窺客，則客或跛或眇，於是使跛者迓跛者，使眇者迓眇者。二大夫出，相與踦閭而語，移日然後相去。齊人皆曰：『患之起必自此始。』二大夫歸，相與率師為鞌之戰。」大國往聘，慢而弗敬其使者，戰。獲齊頃公，斮逢丑父。成二年傳：「逢丑父，頃公之車右也，代頃公當左，使頃公取飲。」○凌云：「逢，從夆不從夅。逢，皮江切。見廣韻。」郤克曰：『欺三軍者，其法奈何？』曰：『斮。』於是斮逢丑父。」深本頃公之所以大辱身，幾亡國，為天下笑，本，猶原也。其端乃從懾魯勝衛起，伐魯，魯不敢出，擊衛，大敗之，因得氣而無敵國以興患也。志得氣盈，心無敵國，遂以取患。孟子曰：「無敵國外患者亡。」○官本云：「得，他本作其。」故曰，得志有喜，不可不戒。此其效也。自是之後，頃公恐懼，不聽聲樂，不飲酒食肉，內愛百姓，問疾弔喪，齊侯歸，弔死視疾，七年不飲酒，不食肉。晉侯聞之曰：『嘻！奈何使人

〔一〕「曹」字，據盧本及公羊傳補。

〔二〕「曹衛」，凌本、盧本作「衛曹」。

〔三〕「曹衛」，凌本、盧本叢刊本作「衛曹」。

之君七年不飲酒，不食肉。請皆反其所侵地。」外敬諸侯。從會與盟，盧云：「成五年會蟲牢，七年盟馬陵，九年盟蒲」，齊侯皆與。」卒終其身，國家〔二〕安寧。是福之本生於憂，而禍起於喜也。隱四年「公及宋公遇於清」，何注：「重而書之，所以防禍原也。」蓋福有本而禍有原，省之當於其始。說苑敬慎篇：「夫福生於隱約，而禍生於得意，齊頃公是也。齊頃公，桓公之子孫也。地廣民衆，兵強國富，又得霸者之餘尊，驕蹇怠傲。未嘗肯出會同諸侯，乃興師伐魯，反敗衛師於新築，輕小嫚大之行甚。俄而晉魯往聘，以使本戲，二國怒，歸求黨與助，得衛及曹，四國相輔，期戰於鞌，大敗齊師，獲齊頃公，殺逢丑父。於是懼然大恐，賴逢丑父之欺，奔逃得歸。弔死問疾，七年不飲酒，不食肉，外金石絲竹之聲，遠婦女之色。出會與盟，卑下諸侯，國家內得行義，聲聞震乎諸侯，所亡之地，弗求而自歸來，尊寵不武而得之，可謂能訕免變化以致之。故福生於隱約，而禍生於得意，此得失之效也。」又說叢篇云：「福生於微，禍生於忽，日夜恐懼，唯恐不卒。」又向與子歆書云：「董生有云：『弔者在門，賀者在閭。』言有憂則恐懼敬事，敬事則必有善功而福至也。」又云：「賀者在門，弔者在閭，言受福則驕奢，驕奢則禍至，故弔隨而來。齊頃公之始，藉霸者之餘威，敬事而福至。兵敗師破，人皆弔之，恐懼自新，百姓愛之，諸侯皆歸其所奪邑。所謂弔者在門，賀者在閭也。」案：劉向始治公羊，後治穀梁，故往往多公羊說。輕侮諸侯，窺窬跂之容，故被鞌之禍，遁服而亡。所謂賀者在門，弔者在閭也。

物之所由然，其於人切近，可不省邪？因春秋行事，以儆切人主，故曰經世之書。

逢丑父殺其身以生其君，何以不得謂知權？丑父欺晉，祭仲許宋，俱枉正以存其君。嗚呼！

〔一〕「國家」，凌本、盧本、叢刊本作「家國」。

桓十一年：「宋人執鄭祭仲。」傳：「祭仲者何？鄭相也。何以不名？賢也。何賢乎祭仲？以為知權也。其為知權

奈何？古者鄭國處於留，先鄭伯有善於鄶公者，通乎夫人，以取其國而遷鄭焉，而野留。莊公死，已葬。祭仲將往省於

留，塗出於宋，宋人執之，謂之曰：『爲我出忽而立突。』祭仲不從其言，則君必死，國必亡；從其言，則君可以生易死，國

可以存易亡。少遼緩之，則突可故出，而忽可故反。是不可得則病，然後有鄭國。古人之有權者，祭仲之權是也。權者

何？權者，反於經然後有善者也。」漢書鄒陽傳：「昔者鄭祭仲許宋人立公子突，以活其君，非義也。」春秋記之，爲其以

生易死，以存易亡也。」案：突固暫立，忽復歸鄭。其後雖被弒，傳以爲祭仲亡矣，故許之以存其君。盧云：「許

宋，疑當作詐宋。」然而丑父之所爲，難於祭仲，丑父弒身，祭仲自辱而已，故曰難。○官本云：「所，他本作

難。」祭仲見賢而丑父猶見非，何也？丑父見非，不著經傳，此亦古今學者之疑問，所謂操之與在經無異。

非，猶責也。曰：是非難別者在此。此其嫌疑相似而不同理者，不可不察。能於相似者而求其不

同，則析理精矣。春秋以別嫌疑爲急。夫去位而避兄弟者，君子之所甚貴，凌云：「鄭忽奔衞，弟突歸於

鄭，是避兄弟也。」獲虜逃遁者，君子之所甚[一]賤。祭仲措其君於人所甚貴以生其君，故春秋

以爲知權而賢之。丑父措其君於人所甚賤以生其君；其使君榮之與使君辱，不同理。故凡人之有爲也，前枉

而後義者，謂之中權。公羊說權義甚嚴。其見於傳者，假祭仲見例而已。然且申之曰：「權之所設，舍死亡無所

略也。」其俱枉正以存君，相似也；其使君榮之與使君辱，不同。凌云：「簡，

設。」則於死亡之外，固不許行權矣。又云：「行權有道，自貶損以行權，不害人以行權。殺人以自生，亡人以自存，君子

〔一〕「甚」字，據凌本、盧本、叢刊本補。

不爲也。」所以示人者至矣。孟子以嫂溺援手爲權，而其所許者，臣則伊尹，女則許穆夫人，（韓詩外傳。）皆從其志而辨之。若夫虞舜放象，周公踐阼，斯則人並聖哲，事關宗社，心無所利，勢有所窮，卒底奠安，醇然見義，非夫凡庶之所能擬也。墨子大取篇云：「於所體之中，而權輕重之謂權。殺一人以存天下，非殺一人以利天下也。殺己以存天下，是殺己以利天下。」亦以關於死亡爲說。至董子說權義尤深，丑父之於齊頃公，生君以自殺，存君以自亡，宜若可許爲權矣，而猶以邪道貴之。其不輕言權如此。鹽鐵論論儒篇：御史云：「商君雖革法改教，志存於彊國利民。鄒子作變化之術，亦歸於仁義。管仲自貶損以行權，時也。故小枉大直，君子爲之。今硜硜然守一道，引尾生之意，即晉文之譎諸侯以尊周室，不足道。而管子蒙恥辱以存亡，不足稱也。」其說權義，漸失本旨。惟何休以紀季存姑姊妹爲知權，（莊三年注。）論較得傳意。後漢馮衍說廉丹云：「衍聞順而成者，道之所大也。逆而功者，權之所貴也。是故期於有成，不問所由，論於大體，不守小節。昔逢丑父伏軾而使其君取飲，稱於諸侯。鄭祭仲立突而出忽，終得復位，美於春秋。蓋以死易生，以存易亡，君子之道也。」衍以丑父與祭仲並論，亦乖董意。後來藉口行權者，抑又絕於此義矣。賈逵抑公羊而伸左氏，乃云：「如祭仲、紀季、伍子胥、叔術之屬，左氏義深於君父，公羊多任於權變。」則未知公羊固不輕言權者。程子說春秋云：「權之爲言秤錘之義也。何物爲權？義也。」又云：「古今多錯用權字，纔說權，便是變詐，或權術，不知權只是經所不及者，權量輕重，使之合義。纔合義，便是經也。」與董合。

雖不能成，春秋善之，魯隱公、鄭祭仲是也。隱爲桓立，將讓而桓弑之，亦是避兄弟而見殺。故與祭仲同稱。前正而後有枉者，謂之邪道，以邪與權並舉，不善用權則邪矣。雖能成之，春秋不愛，齊頃公、逢丑父是也。○盧云：「齊頃公三字疑衍，本或作齊景公，更譌。」夫冒大辱以生，其情無樂，故賢人不爲也，而衆人疑焉。疑貴於辱。春秋以爲人之不知義而疑也，故示之以義，以身較君則君重，以君較國則國重，以國較義則義重，故聖人示之以義。

曰國滅君死之，正也。襄六年傳：「曷爲不言萊君出奔？國滅君死之，正也。」正也者，正於天之爲人性命也。推本乎天，其言粹然。天之爲人性命，使行仁義而羞可恥，非若鳥獸然，苟爲生，苟爲利而已。是故春秋推天施而順人理，○官本云：「人，他本作天。」以至尊爲不可以加於至辱大羞，故獲者絕之。隱六年：「鄭人來輸平。」何注：「稱人共國辭者，嫌來輸平。獨惡鄭擅獲諸侯，魯不能死難，皆當絕之。」○天啟本「加」作生，凌本同。以至辱爲亦不可以加於至尊大位，故雖失位弗君也。○天啟本無「亦」字，凌本同。況已反國復在位矣，而春秋猶有不君之辭，莊六年「衛侯朔入於衛」，僖二十八年、三十一年「衛侯鄭歸於衛」，哀八年「歸邾婁子益於邾婁」，並以失國書名，是其例也。○官本云：「他本無『復』字。」其溺然方獲而虜邪。其於義也，非君定矣。虜，則弗成爲君。凌云：「國策注『恩、溷同、濁貌。』玉篇：『虜，獲也。戰獲俘虜也。』○天啟本無「也」字。若非君，則丑父何權矣。非君，則丑父之死非死君也，故曰「何權」。故欺三軍爲大罪於晉，○凌本作「大辱」，誤。其免頃公爲辱宗廟於齊，是以雖難而春秋不愛。丑父大義，言丑父如知大義，○天啟本「復」作獲，凌本同。宜言於頃公曰：「君慢侮而怒諸侯，是失禮大矣。今被大辱而弗能死，是無恥也而復重罪。失禮又無恥，故曰重。○韓非子解老篇所謂「能廉者必生死之命，輕恬資財」也。請俱死，無辱宗廟，無羞社稷。」如此，雖陷其身，尚有廉名。廉，潔也。當此之時，死賢於生。故君子生以辱，不如死以榮，正是之謂也。生以辱不如死以榮，見大戴禮曾子制言篇。文選江文通詣建平王上書云：「下官聞虧名爲辱，虧形次之。」注引尸子云：「眾以虧形爲辱，

君子以虧義爲辱。」由法論之，則丑父欺而不中權，忠而不中義，陷其君於不義。以爲不然？復察春秋。春秋之序辭也，置王於春正之間，非曰上奉天施而下正人，然後可以爲王也云爾。對册云：「臣謹案春秋之文，求王道之端，得之於正。正次王，王次春。春者，天之所爲也。其意曰：上承天之所爲，而下以正其所爲，正王道之端云爾。」白孔六帖一孔引俞文俊書云：「春秋以元加於歲，以春加於王，明王者當奉若天道，以謹其始也。又舉時以終歲，舉月以終時。春秋雖無事，必書首月以存時，明王者當奉若天道，以謹其終也。」王者動作終始，必法於天。」王應麟六經天文編引胡氏云：「春秋立文兼述作。舜典紀元日，商訓稱元祀，經書元年。所謂祖二帝，明三王，述而不作者也。正次王，王次春，乃立法創制，裁自聖心，無所述於人者。」程子云：「書春王正月，示人君當上奉天時，下承王正。明此義則知王與天同大，而人道立矣。」周正月非春也，假天時以立義耳。朱子答張南軒書云：「以書月考之，凡書月皆不著時，疑古史記事例如此。至孔子作春秋，然後以天時加王月，以明上奉天時，下正王朔之義。而加春於建子之月，則行夏時之義亦在其中。」興案：置「春」於「王」上，亦春秋屈君之旨。程子以加「春」於「王」，寓行夏時之志，非春秋意。朱子蓋偶沿程說而未改者。互見三代改制篇〔一〕。○盧云：「非曰，原注：猶言豈非。」興案：非，或「亦」之誤。

今善善惡惡，好榮憎辱，非人能自生，此天施之在人者也。是非羞惡之心由天施，故曰性有善端。君子以天施之在人者聽之，則丑父弗忠也。聽，猶治。僖二十八年傳：「其言界宋人何？與使聽之也。」成十六年傳：「此聽失之大者也。」昭十九年傳：「是君子之聽止也。」注：「聽治止罪。」周禮：「小宰以聽官府

〔一〕「篇」字，原作「編」，據本書改。

之六計。」鄭注：「聽，平治也。」天施之在人者，使人有廉恥。有廉恥者，不生於大辱。○盧云：「有廉恥」三字、「於」字、錢據大典本補。大辱莫甚於去南面之位而束獲爲虜也。曾子曰：「辱若可避、避之而已。及其不可避，君子視死如歸。」見曾子制言篇〔一〕。如，作若。此編〔二〕剖析義理極精。公羊假祭仲以言權，董子復假丑父以明中權之難。丑父世之所賢，事又難於祭仲，不許以權，則其他之託言行權者，可知其比矣。傳以「於是斷逢丑父」終，則其不與丑父可知。何注申之云：「丑父死君不賢之者，經有使乎大夫，於王法頃公當絕，如賢丑父，是賞人之臣，絕其君，若以丑父故，不絕頃公，是開諸侯戰不能死難。」正用董義。

春秋曰：「鄭伐許。」奚惡於鄭而夷狄之也？成三年：「鄭伐許。」何注：「謂之鄭者，惡鄭襄公與楚同心，數侵伐諸侯。自此之後，中國會盟無已，兵革數起，夷狄比周爲黨，故夷狄之。」曰：「衛侯遬卒，鄭師侵之，是伐喪也。鄭與諸侯盟於蜀，以盟而歸，諸侯以與己同。於是伐許，是叛盟也。事竝在成二年。○盧云：「伐許，舊本作鄭伐，訛。」伐喪無義，叛盟無信，無信無義，故大惡之。以上釋成三年「鄭伐許」文，下釋成四年「鄭伯伐許」文。問者曰：是君死，其子未踰年，有稱伯不子，有，同又。法辭其罪何？盧云：「成四年三月『鄭伯堅卒』。冬，『鄭伯伐許』。是未踰年君即稱伯也。」

〔一〕「篇」字，原作「編」，據大戴禮記改。
〔二〕此「編」字，按文義應爲「篇」。

年君稱伯者，時樂成君位，親自伐許，故如其意以著其惡。」案禮，既葬稱子，踰年稱爵。今變稱伯，是法辭也，故問其罪。

通典引五經異義云：「諸侯未踰年出朝會與不出會何稱？」春秋公羊說云：諸侯未踰年，不出境，在國內稱子。

出亦稱子。非王事而出會同，安父位，不稱子。鄭伯伐許是也。未踰年以本爵，譏不子也。左氏說：諸侯未踰年，在國

內稱子，以王事出則稱爵。詘於王事，不得申其私恩。鄭伯伐許是也。」又通典引鄭駁異義云：「昔武王卒父業，已除

喪，出至孟津之上，猶稱太子者，是爲孝也。今未除喪而出稱爵，是與武王義反矣。」仍用公羊說。

有大喪者，三年不呼其門，順其志之不在事也。 宣元年傳：「古者臣有大喪，則君三年不呼其門。君使

之，非也。臣行之，禮也。」白虎通喪服篇：「臣下有大喪，不呼其門者，使得終其孝道，成其大禮。」鹽鐵論未通篇：「古

有大喪者，君三年不呼其門，通其孝道，遂其哀戚之心也。君子之所重而自盡者，其惟親之喪乎？」後漢書陳忠疏云：

「昔先聖緣人情而著其節，制服二十五月。是以春秋臣有大喪，君三年不呼其門。閔子雖要絰服事，以赴公難，退而致

仕，以究私恩。故稱君使之非也，臣行之禮也。」周室陵遲，禮制不序，『蓼莪』之人，作詩自傷曰：『瓶之罄矣，惟罍之

恥。』言己不得終竟子道者，亦上之恥也。」**書云：「高宗諒闇，三年不言。」居喪之義也。** 鄭注論語：「諒

闇，喪廬。」儀禮經傳通解續引大傳說命文作梁闇，魯世家作亮闇，論語子張、論衡儒增、後漢魯恭傳作諒陰，漢書五行

志作涼陰，文九年何注作涼闇，古文尚書作亮陰，並同音字。禮喪服四制、白虎通漢書王吉傳、後漢濟北惠王傳、景君

碑、鄭詩譜，文選西征賦，並與此同。白虎通爵篇：「尚書曰『高宗諒闇三年』是也。論語曰：『君薨，百官總己以聽於

冢宰三年。』所以諒闇三年，此釋服心喪之義也。」與董義違。○天啟本『書』誤詩，凌本同，云：

案：晉杜預議禮用書傳，釋諒闇爲信默，遂定皇太子除服諒闇終制之

典。且云：「高宗不云服喪三年，而云諒闇三年，」此釋服心喪之義也。」與董義違。

『詩當作書。』今從盧本。 **今縱不能如是，奈何其父卒未踰年即以喪舉兵也。 春秋以薄恩，且施**

曰：先王之制，

失其子心，俞云：「施失，連文，施讀爲弛。」禮樂記釋文：「弛，廢也。」隱三年：「施失，猶言廢失，下文同。」故不復得稱子，謂之鄭伯，以辱之也。鄭伯有不子之心，故如其意以辱之。何注：「時雖世大夫，緣孝子之心不忍便當父位，故順古先試一年，乃令於宗廟。武氏子父新死未命，而便爲大夫，薄父子之恩，故稱氏言子，見未命以譏之。」案：同一薄恩，而或顯子稱，或如其意，故曰「春秋無達詞」。且其先君襄公伐喪叛盟，得罪諸侯，諸侯怒之未解，惡之未已。繼其業者，宜務善以覆之。改行以蓋前愆。所謂「三年無改於父之道」，非謂其不合於道者也。今又重之，無故居喪以伐人。○天啟本「之」作以，凌本同。父伐人喪，子以喪伐人，父加不義於人，子施失恩於親，以犯中國，是父負故惡於前，己起大惡於後。諸侯果〔一〕怒而憎之，率而俱至，○盧云：「本或作『卒而俱至』者，誤。」興案：天啟本作卒。官本同。云：「他本作『率』」。鄭乃恐懼，去楚而成蟲牢之盟是也。盧云：「蟲牢之盟在成五年。三傳並作蟲牢，舊本作蟲牢者誤。六年秋，楚子嬰齊率師伐鄭。冬，晉欒書率師侵鄭。是俠擊也。俠、與夾同。」○官本云：「俠、他本作挾。」楚與中國俠而擊之，○盧云：「他本作挾。」鄭罷疲危亡，終身愁辜。盧云：「辜，當讀爲苦。」孔子曰：「道千乘之國，敬事而信。」知其爲得失之大也，故敬而慎之。今鄭伯既無子恩，又不熟計，○官本云：「他本無『既』字。」一舉兵不當，被患不窮，猶無窮。自取之也。是以生不得稱子，去其義也；未踰年，以稱子爲合義，稱伯，吾本其端，本，猶原。無義而敗，由輕心然。

〔一〕「果」字，原誤「畢」，據凌本、盧本、叢刊本改。

是去其義。**死不得書葬，見其窮也。** 卒在成六年。孔廣森云：「鄭襄公背華附楚，賤之曰『鄭伐許』，與『吳伐

郯』『狄伐晉』，文無以異。至其子衰經興戎，則正言之曰『鄭伯伐許』，以爲不待貶絕爾，第未若狄之之顯也。故襄公

書葬，悼公不書葬。其葬，猶之突也。其不葬也，猶前之接、後之瞞，而蔡之胖也。」○盧云：「窮，本亦作罪。」輿

案：天啟本作「不見其罪也」。官本云：「他本衍一『不』字。」曰：**有國者視此。行身不放義，** 論語集解引孔

云：「放，依也。」○官本云：「他本『行』作得。」盧云：「放，甫往反。」**輿事不審時，其何如此爾。** 盧云：「句疑

有訛。」　　輿案：何，疑禍之誤。○天啟本「其」字在「時」上。

春秋繁露義證卷第三

玉英第四

凌云：「尸子…『龍淵生玉英。』尚書帝命驗『有人雄起戴玉英』，鄭注…

『玉英，寶物之名。』」

謂一元者，大始也。

謂一年爲元年，未修春秋之先，蓋已有此。商稱元祀是也。而序書稱「一年戊午」，書傳稱「周公攝一年」。又云：「又三二年貫虞芮。」意同初尚參錯用之，聖人沿殷法取元，遂爲定稱。爾雅…「元，始也」，書文選東都賦注引元命苞：「元宜爲一。謂之元何？曰：君之始年也。」通典五十五引晉徐禪議曰：「事莫大於正位，禮莫重於改元。傳曰：元，始也，首也，善之長也。故君道重焉。」或疑王者改元，而春秋於魯明之何也？

案春秋正義云：「諸侯於其封内，各得改元。」傳說鄭國之事云，僖之元年，是諸侯皆改元，非獨魯也。鄭樵陳傅良以爲諸侯舊秉天子之年，至平王失政，諸侯並稱元年者，非也。封建肇自黃帝，諸侯世守其國，有出于三代前者。有王者與，奉其正朔，以修朝聘。其即位固各自紀元矣。（參用黃震說。）故春秋假魯以明元義。王應麟云：「舜典紀元日，商訓稱元祀，春秋書元年，人君之元也。元，即乾坤之元也。元，即仁也。仁，人心也。衆非元后何戴？后體元則仁覆天下也。即位之一年，必稱元年，累數雖久而不易。戰國而下，此義不明。秦惠文王十四年，更爲元年，汲冢竹書，魏惠王

六五

春秋繁露義證卷第三 玉英第四

有後元，始變謂一爲元之制。漢文十有六年，惑方士說，改後元年，景帝因之，壬辰改中元，戊戌改後元，猶未以號紀年也。武帝則因事建號，歷代襲沿，春秋之義不明久矣。《玉海十三。》知元年志者，盧云：「錢疑『志』字衍。」案：「志」字，當有，猶言知立元之意也。○官本云：「他本無『者』字。」○大人之所重，小人之所輕。大人謂人君，解見度制篇。志，小人則順其時而已。是故治國之端在正名。名之正，興五世，五傳之外，美惡乃形，可謂得其真矣，○得，天啟本注云：「一作冒。」非子路之所能見。○「是故」云云，與上下文不類，疑是深察名號篇文錯簡在此。

惟聖人能屬萬物於一，而繫之元也。終不及本所從來而承之，不能遂其功。欲成其終，不要本，則無功。聖人奉天以治人，《公羊疏》云：「元年春者天之本，即位者人之本。」○凌云：「原注：終，一作故。」是以春秋變一謂之元。元，猶原也。其義以隨天地終始也。隱元年注：「變一爲元。元者氣也，無形以起，有形以分，造起天地，天地之始也。故上無所繫，而使春秋繫之也。」疏引宋氏注云：「元爲氣之始，如水之有泉。泉流之原，窺之不見，聽之不聞。」《三統厤》：「元者，體之長也。合三體而爲之元。」《易緯》：「太初爲氣之始。」春秋緯：「太一含元布精，乃生陰陽。」劉敞《春秋權衡》云：「元年者，人君也，非太極也。以一爲元氣，何當於義？」其過在必欲成五始之說，而不究元年之本情也。」案：劉糾何氏。其實何本於董，義當有所受之。但董不言元氣，何足成之耳。至說春秋一元之旨，自以對策數語爲至純全。此則推元義言之，隨天終始。語又見符瑞篇。故人唯有終始也，而生不必應四時之變。人以生之始爲元，猶王之以即位爲元。不，疑當作「死」。生應春，死應冬。惠棟《周易述》引亦作「死」。注云：「原始反終，故知死生之說。」故元者爲萬物之本。《呂覽·有始篇》引黃帝曰：「芒芒昧

昧，因天之威，與元同氣。易乾鑿度云：「易一元以爲元紀。」鄭注：「天地之元，萬物所紀。」文選遊天台山賦注引阮籍通老子論曰：「道者自然。易謂之太極，春秋謂之元，老子謂之道。」案：元，猶莊子之所謂「氣母」，乾鑿度之所謂「氣始」。説文：「无」下云：「无，通于元氣〔一〕。」自无而之有，故通元。

而人之元在焉。安在乎？乃在乎天地之前。

俞云：「『乃在乎』三字衍。安在乎天地之前，言不必在天地之前也。易曰：『有天地然後有萬物。』聖人之言，未有言及天地之前者。」輿案：何注言「天地之始」，即本此文。三字非衍，所謂以元統天也。宋周子無極而太極之説，亦本于此。易「太極生兩儀」，聖人之道，運本於元，以統天地，爲萬物根。人之性命，由天道變化而來，其神氣則根極於元。溯厥胚胎，固在天地先矣。説文列「元」字于「天」字前，亦即斯旨。鶡冠子「有一而有氣」，宋佃注云：「一者，元氣之始。」由是言之，人本于天，天本于元，元生于一，是故數始于一，萬物之本也。 〇官本云：「他本無『前』字。」上「乎」字王本作之，下「在」字王本作存。盧云：「舊作『安在之，乃存乎天地之前』。今從趙校改。」

故人雖生天氣及奉天氣者，不得與天元本、天元命而共違其所爲也。

易文言：「先天而天弗違，後天而奉天時。」天固勿違於元，聖人亦不能違天，故云不共違其所爲。元者，人與天所同本也。

故春正月者，承天地之所爲也，繼天之所爲而終之也，

大司徒疏，詩文王疏並引鄭云：「是時周公居攝五年，二月三月，當爲一月。不云正月者，蓋待治定制禮乃正言正月故也。」程子云：「泰誓、武成稱一月者，商正已絕，周正未建，故只言一月。然則王者于年變一言元，于月亦變一言正月矣。」

其道相與共功持業，安容言乃天地之元？

聖人繼天而成治，亦人之元耳。何爲言乃天地之元，與下二語並作反詰辭。 〇俞云：「聚珍本作乃，云他本作及，當從之。」

〔一〕「氣」字，今説文作「者」。

興案：作「乃」不誤。

天地之元奚爲於此，惡施於人？ 盧云：「惡，讀曰烏。」 **大其貫承意之理矣。** 天地之元，又烏從施於人？蓋惟王者與天合德，斯有承意之理耳。楚莊王篇：「事父者承意，事天亦然。」史記曆書：「王者易姓受命，必謹始初。改正朔，易服色，推本天元，順承厥意。」正用此義。「大其貫」三字，疑有誤。○自「惟聖人」至此，重政篇文。錢云：「『惟聖人能屬萬物于一而繫之元也』，恰與『小人之所輕』文勢相接，疑錯簡在彼，當歸此篇。」今從之，仍提行，示別于彼篇，兩存其文。

是故春秋之道，以元之深正天之端，以天之端正王之政，以王之政正諸侯之即位，以諸侯之即位正竟內之治。 隱元年注：「即位者，一國之始。政莫大于正始，故春秋以元之氣正天之端，以天之端正王之政，以王之政正諸侯之即位，以諸侯之即位正境內之治。諸侯不上奉王之政，則不得即位，故先言正月而後言即位。政不由王出，則不得爲政，故先言王而後言春。王者不承天以制號令，則無法，故先言春而後言王。天不深正其元，則不能成其化，故先言元而後言春。五者同日並見，相須成體。乃天人之大本，萬物之所繫，不可不察也。」○盧云：「隱元年傳何注『以元之深』作『以元之氣』，疏中引公羊說作『深』字，今故仍之。」興案：舊本『位』字上脫『即』字，又脫『以諸侯之即位正境內之治』十一字，則下文五者少其一矣。今據何注訂補。

五者俱正，而化大行。 對册云：「謹案春秋謂一元之意，一者萬物之所從始也。元者，辭之所本也。（本，漢書作大，從王念孫說依漢紀。）謂一爲元者，視大始而欲正本也。春秋深探其本，而反自貴者始。故爲人君者，正心以正朝廷，正朝廷以正百官，正百官以正萬民，正萬民以正四方。四方正，遠近莫敢[一]不壹於正。」數語亦見元命苞，玉海十三引。

［一］「敢」字，據漢書董仲舒傳補。

王襃傳：「共惟春秋法五始之要，在乎審己正統而已。」案：五始，元年一，春二，王三，正月四，公即位五。○「是故春秋之道」至此，二端篇文。錢云：「移在此處，恰與下文相承接。此說元年春王正月公即位之義，即公羊家所謂五始也。」今從之。仍提行，示別于彼篇，兩存其文。

非其位而即之，雖受之先君，春秋危之，宋繆公是也。隱三年「葬宋宣公」，傳：「當時而日，危不得葬也。此當時何危爾？宣公謂繆公曰：『以吾愛與夷，則不若愛女〔一〕，盍終為君矣。』宣公死，繆公立，逐其二子莊公馮與左師勃，終致國乎與夷。莊公馮弒與夷。」

非其位，不受之先君，而自即之，春秋危之，吳王僚是也。襄二十九年傳：「闔廬曰：『先君之所以〔二〕不與子國而與弟者，凡為季子故也。僚惡得為君乎？』於是使專諸刺僚，而致國乎季子。」○盧云：「不受二字他本多重。如不從先君之命與，則我宜立者也。」

雖然，苟能行善得眾，春秋弗危，衛侯晉以立書葬是也。隱四年「衛人立晉」，傳「立者何？立者不宜立也。其稱人何〔三〕？篡也。」桓十二年卒，十三年書葬衛宣公。○天啟本「立」作正，凌本同。

俱不宜立，而宋繆受之先君而危，○天啟本「繆」下有公字。衛宣弗受先君而不危，以此見得眾心之為大安也。故齊桓非直弗受之先君也，乃率弗宜為君者而立，罪亦重矣。莊九年「齊小白入于齊」，傳：「其言入何？篡也。」然而知恐懼，敬舉賢人，而以自覆蓋，知不背要盟以自湔浣

〔一〕「女」字，原作「爾」，據公羊傳改。

〔二〕「以」字，原作「爲」，據公羊傳改。

〔三〕「何」字，原作「者」，據凌本及公羊傳改。

也，凌云：「莊十三年傳：『要盟可犯，而桓公不欺。』一切經音義：『渝，洗也。浣〔一〕，濯也。』○官本「敬」作故，云「故，他本作敬」。　案：兩作並通。　遂爲賢君，而霸諸侯。淮南氾論訓：「周公有殺弟之累，齊桓有爭國之名。然而周公以義補缺，桓公以功滅醜，而皆爲賢。」說苑尊賢篇：「桓公於是用管仲、鮑叔、隰朋、賓胥無、甯戚、三存亡國，一繼絕世，救中國，攘戎狄，卒脅荊蠻，以尊周室，霸諸侯。」○官本云：「他本脫『爲』字。」使齊桓被惡而無此美，得免殺戮〔二〕乃幸已，何霸之有！魯桓忘其憂而禍逮其身。魯桓亦以篡立，終見殺於齊。齊桓憂其憂而立功名。推而散之，猶云推廣言之。凡人有憂而不知憂者凶，有憂而深憂之者吉。易曰：「復自道，何其咎。」易小畜初九文。繫詞：「无咎者，善補過也。」此之謂也。以除咎尚難，人主之反道以除咎甚易。人君反道，功效易著，利澤亦遠。詩云：「德輶如毛。」言其易也。禮記鄭注：「輶，輕也。言德之輕如毛耳。」潛夫論積微篇：「德輶如毛，爲仁由己。」與此義同。荀子彊國篇引，別一義。

公觀魚于棠，何？惡也。隱五年傳：「百金之魚，公張之。」何注：「百金，猶百萬也。古者以金重一斤，若今萬錢矣。張，謂張罔罟障谷之屬。」又云：「恥公去南面之位，下與百姓爭利，匹夫無異，故諱若使以遠，觀爲譏也。」五行志載董推隱五年秋螽云：「時公觀漁于棠，貪利之應也。」漁，當從本書作「魚」。白虎通十二「王者不親取魚」，說

〔一〕「浣」字，原誤「洗」，據凌本改。
〔二〕「戮」字，凌本、盧本、叢刊本作「滅」。

苑云「公自漁濟上」,義同。

凡人之性,莫不善義,然而不能義者,利敗之也。故君子終日言不及利,欲以勿言愧之而已,愧之以塞其源也。

說苑貴德篇:「凡人之性,莫不欲善其德。然而不能為善德者,利敗之也。故君子羞言利名。言利名尚羞之,況居而求利者也。」荀子大略篇:「上重義則義克利,上重利則利克義。故天子不言多少,諸侯不言利害。」案:漢世上下侈言利,賈誼陳疏,已言其弊。至武帝而誅求益甚。董子欲為人君塞言利之源,以化其下,故特假春秋以著戒。史記孟荀列傳太史公曰:「余讀孟子書,至梁惠王問『何以利吾國』,未嘗不廢書而歎也。曰:嗟乎!利誠亂之始也。夫子罕言利者,常防其源也。故曰:『放於利而行多怨。』自天子至於庶人,好利之弊,何以異哉!」○官本云:「『愧之』下『以』字,他本作則。」

名爾,猶惡之,況求利乎?

「位」上疑脫一字。○太史公平準書贊云:「安寧則長庠序,先本絀末,以禮義防於利。事變多故,而亦反是。是以物盛則衰,時極而轉,一質一文,始終之變也。」史公諱求利之名,歸之時變,蓋定哀微詞之意。

故天王使人求賻求金,皆為大惡而書。

求賻在隱三年,求金在文九年。

譏何故言觀魚?猶言觀社也,皆諱大惡之辭也。

莊二十三年傳:「諸侯越竟觀社,非禮也。」注:「觀祭社諱淫,言觀社者,與親納幣同義。」墨子:「燕有祖,齊有社,宋有桑林,楚有雲夢,此男女之所屬而觀也。」觀社者志不在社也,志在女而已。說苑貴德篇:「周天子使家父毛伯求金於諸侯,春秋譏之。故天子好利則諸侯貪,諸侯貪則大夫鄙,大夫鄙則庶人盜。上之變下,猶風之靡草也。故為人君者,明貴德而賤利以道下,下之為惡尚不可止;今隱公貪利,而身自漁濟上,而行八佾,以此化於國人,國人安得不解於義!解於義而縱於欲,則災害起而臣下僻矣。」桓十五年何注:「王者千里,畿內租稅,足以共費。四方各以其職來貢,足以尊榮。當以至廉無

今非直使人也,親自求之,是為甚惡。

言利猶惡,況自求?使人猶惡,況自求?故曰甚惡。○官本云:「他本無『今』字,誤衍一非字。」凌云:「『非』字,不當衍。」

夫處位動風化者,徒言利之

為，率先天下，不當求。求則諸侯貪，大夫鄙，士庶盜竊。」○官本云：「他本『譚』誤作。」作「為」是。

春秋有經禮，有變禮。為如安性平心者，經禮也。 性與心為本質，道雖緣性出，實由後起。禮喪服四制云：「有恩有理，有節有權，取之人情也。恩、理、節、經也。權、制則變也。」興案：如、而同。**至有於性，雖不安，於心，雖不平，於道，無以易之，此變禮也。** 盧云：「為，疑作謂。」**是故昏禮不稱主人，經禮也。辭窮無稱，稱主人，變禮也。** 隱二年「紀履緰來逆女」，傳：「何以不稱？婚禮不稱主人。然則曷稱？稱諸父兄師友。宋公使公孫壽來納幣，則其稱主人何？辭窮也。辭窮者何？無母也。」案：禮祭統：「國君娶夫人之辭曰：『請君之玉女，與寡人共有敝邑，事宗廟社稷。』」是稱主人之例也。晉禮志：「穆帝升平元年，將納皇后，王彪之定禮，深非公羊婚禮不稱主人之義。」又曰：「王者之於四海，無非臣妾，雖復父兄之親，師友之賢，皆純臣也。夫崇三綱之始，以定乾坤之儀，安有天父之尊，而稱臣下之命以納伉儷，安有下之卑，而稱天父之名以行大禮。遠尋古禮，近求史籍，無王者此制。比於情不安，於義不通。」案王彪之所定，用變禮例。**天子三年，然後稱王，經禮也。有故則未三年而稱王，變禮也。** 昭二十二年「景王崩」。二十三年，經書「天王居於狄泉」。傳：「此未三年，其稱天王何？著有天子也。」案：康王以子繼父，非有故而稱王。是與董異說者，因以顧命為史臣之詞。○盧云：「『王麻冕黼裳』此大斂之後也。」孫詒讓云：「物字不當刪。毛詩烝民傳云：『物，事也。』物故猶言事故，與史記、漢書以死亡為物故者不同。」韓非子難三篇云：「智不足以徧知物故。」盧校失之。**婦人無出境之事，經禮也。母為子娶婦，奔喪父母，變禮也。** 盧云：「僖二十五年，宋蕩伯姬來逆婦。又三十一年，杞伯姬于來求婦。文九年，夫人姜氏如齊。又書夫人姜氏至自齊。奔喪得禮，故致。」興案：莊二年「夫人姜氏會齊侯于

郜」，何注：「婦人無外事，外則近淫。不致者，本無出道。有出道乃致，奔喪致是也。」莊二十七年注：「諸侯夫人尊重。既嫁，非有大故不得反。惟自大夫妻，雖無事，歲一歸寧。」白虎通喪服篇：「婦人不出境弔者，婦人無外事，防淫泆也。」禮雜記曰：「婦人越疆而弔，非禮也。」疏云：「大故者，奔喪之謂。而有三年喪，君與夫人俱往。」案許穆夫人歸唁衛侯，見尤許人，亦以非奔喪父母，不合經禮，故載馳之詠，宛轉自明。韓詩外傳：「高子問於孟子曰：『夫嫁者，非己所自親也。衛女何以得編於詩也？』孟子曰：『有衛女之志則可，無衛女之志則殆。若伊尹之志則可，無伊尹之志則篡，何？』」亦以經變爲言。戰國策：「趙太后于其女燕后飲食祝曰：『必勿使反。』」蓋亦用不出境之禮。逆婦求婦，穀梁以爲非正。此公羊一家説。詩泉水箋：「國君夫人，父母在則歸寧，沒則大夫寧於兄弟。」此古文説，又以歸寧爲可出境。○官本云：「他本脱『婦』字。」

明乎經變之事，然後知輕重之分，可與適權矣。 制禮之權，與行事之權，互相表裏。行事之權，以先枉後義爲斷。制禮之權，以於道無易爲斷，適權者可不迷於所往矣。然審禮易而處事難，故適權者必先究禮。○天啓本「矣」作「也」。

難者曰：春秋事同者辭同。此四者俱爲變禮，而或達於經，或不達於經，何也？ 昏禮一，稱王二，娶婦三，奔喪四。或達或不達，謂義有見經不見經，其辭不一。○官本

曰：春秋理百物，辨品類，別嫌微，修本末者也。 理百物者，遂人道之極，以達於萬物。辨品類者，人辨其品，物區其類，正名之義也。別嫌微者，美惡貴賤，有時不相假借。修本末者，由本達末，皆循其自然之理也。○官本云：「理，他本作禮。」

是故星墜謂之隕，螽墜謂之雨，其所發之處不同，或降於天，或發於地，其辭不可同也。 興案：星降於天，不可言雨星。雨亦降於天者，嫌使同也。螽本發於地，不嫌同雨，言雨正狀螽死墜。星隕在莊七年，雨螽在文三年。何注：「不言如雨言雨螽者，本飛從地上而下至地，似雨尤醇。」

今四者俱爲

變禮也同,而其所發亦不同。或發於男,或發於女,其辭不可同也。辨男女亦所以別嫌微。是

或達於常,或達於變也。是

不嫌使同。」○「是」下當有以字。莊云:「春秋辭異則指異。事異而辭同,則以事見之,事不見則以文起之。嫌者使異,

桓之志無王,故不書王。桓三年:「春正月,公會齊侯於嬴。」何注:「無王者,以見桓公無王而行也。二

年有王者,見始也。十八年有王者,數之終也。十年有王者,桓公之終也。明終始有王,桓公無之爾。不就元年見始

者,未無王也。」案:公羊不明桓無王之義,何注本董義。穀梁則以元年有王為謹始,二年有王為正與夷之卒,十年

有王為正終生之卒。據此知二傳義蓋同。其志欲立,故書即位。桓元年「公即位」傳:「繼弒君不言即位,此

其言即位何?如其意也。」書即位者,言其弒君兄也。以尊則君,以親則兄,身曾事之,臣子無異,故曰君兄。

宋高宗遙拜淵聖,廖剛言禮有隆殺,兄為君則君之,己為君則兄之可也。未達斯旨。不書王者,以言其背天

子。此義亦與穀梁同。是故隱不言立,不言立,謂不書即位。隱元年傳:「不言即位,成公意也。」○立,天啟本

作正,凌本同。隱十一年傳:「隱何以無正月?隱將讓乎桓,故不有其正月也。」桓不言王者,從其志以

見其事也。見讓讓之迹。凡傳言「其意」、「如其意」、「致其意」,皆此義。桓元年注:「桓殺君,欲即位,故如其意

以著其惡。直而不顯,諱而不盈。」○天啟本「從」上有「皆」字,凌本同。從賢之志以達其義,從不肖之志以

著其惡。義,疑作善。襄七年傳:「其言如會何?致其意也。」何注:「鄭伯欲與中國,意未達而見殺,故養遂而致

之,所以達賢者之心。」由此觀之,春秋之所善,善也,所不善,亦不善也,不可不兩省也。春秋明善

惡之書。或從春秋之志以明之,或從其人之志以明之。泓之戰,大宋襄。夷皋弒,罪趙盾。春秋之志也。鄭伯忍於殺

弟，則直書「克段」。季友不忍誅兄，則一書「公子牙卒」，再書「公子慶父如齊」。叔武不欲其兄有殺弟弟名，則爲之諱殺。

喜時不欲負弑有篡名，則爲之言「復歸」。此從其人之志也。參而伍之，以求春秋之義，思過半矣。事在桓二年，傳

見隱四年。○官本云：「他本脫『宋督』二字。」

經曰：「宋督弑其君與夷。」傳言：「莊公馮殺之。」不可及於經，其及之端眇，不足以類鉤之，故難知也。眇，微也。

讀春秋者，即事以求旨，取其及於經以通其不及於經者。達以精心，自可得其委曲，亦非離事而斷以臆也。泥類以鉤之，而聖法有不見者。蕭楚論春秋書「城楚丘」而不書齊桓封衛之功，以爲嫌於作福，欲俾後之君子觀於所書而知天下之所以亂，索其所不書而知王者之所以存。即此旨也。

傳曰：「臧孫許與晉郤克同時而聘乎齊。」見成二年。按經無有，豈不微哉。經有不見，有詭辭，皆爲微言。

今此傳言莊公馮，而於經不書，亦以有避也。○官本云：「他本無『乎』字。」○盧云：「以有，舊本倒，錢據大典改。」不書其往而有避也。而，與以同。

書聘乎齊，避所差也。以辱客尋隙故。○官本云：「他本無『乎』字。」不書莊公馮殺，避所善也。是

故讓者春秋之所善。荀子禮論：「高者，美之隆也。」故君子爲之諱不居正之謂避，其後也讓高，不可棄也。高，猶美也。宣公不與其子而與其弟，其弟亦不與子而反之兄子，雖不中法，皆有

亂。移之宋督以存善志。隱三年傳：「故君子大居正。」宋之禍，宣公爲之也。俞云：「按『不居正之謂』及『也』字，竝衍文。此本云：『故君子爲之諱。』避其後亂，移之宋督，以成善志。今衍此六字，則文義不屬矣。下文『棄之則棄善志也，取之則害王法』。疑『不居正之謂也』六字當在彼下。」王道篇：「春秋嘉義氣焉，故皆見之」，復正之謂也。」與此文法一律。此亦春秋之義，善無遺也。義善，疑作善善。春秋有詞移，有事移。與夷之弑，移之宋

督，以善宣公，以鄰人齊，移之紀季，以賢紀侯，移其事也。

之，謂春秋見褒。○直，天啟本注云：「一作止」

移其詞者，即主文推之。移其事者，非口說難明矣。若直書其簒，則宣繆之高滅，而善之無所見矣。善

也？曰：不成於賢也。其爲善不法，心夷於善而已，不合王法。

無惡，此之謂也。志於仁，但無惡而已，非即仁也。此當是齊論語説。

善志也，取之則害王法。故不棄亦不載，此謂爲宣繆諱，不載於傳。以意見之而已。苟志於仁

器從名、地從主人之謂制。盧云：「此節以器從名，地從主人發端，疑與下事不相比屬。」或有脱簡，未可

知也。不然，將毋謂君之立與不宜立者，君以爲後，臣下執敢不奉以爲君，此即從名，從主人之比乎？興案：推文

義，似是以制起權。「桓二年傳」「器從名」注云：「從其所爲之地名之」「地從主人」，注云：「從後所屬主人之。」此引之以

言物有從主從客之不同，不執於一，是即權之端也。權合於宜之謂制。權之端焉，不可不察也。權者事之發

而其端仍本於制。夫權雖反經，亦必在可以然之域。在可以然之域，即爲合道。

故雖死亡，終弗爲也。〈傳〉云：「權之所設，舍死亡無所設。」此復推勘其義。公子目夷是也。〈僖二十一年

傳：「楚人執宋公以伐宋。」宋公謂公子目夷曰：『子歸守國矣。』國，子之國也。吾不與我國，吾將殺子君矣。』公子目夷復

曰：『君雖不言國，國固臣之國也。』於是歸設守械而守國。楚人謂宋人曰：『子不與我國，吾將殺子君矣。』宋人應之

曰：『吾賴社稷之神靈，吾國已有君矣。』楚人知雖殺宋公猶不得宋國，於是釋宋公。宋公釋乎執，走之衛。公子目夷復

曰：『國爲君守之，曷爲不入？』然後逆襄公歸。」案：目夷爲桓公後妻子。桓公欲立爲太子，目夷逃之衛，襄公從之。

襄公立,目夷乃歸。事見説苑立節篇。史記宋世家以目夷爲襄公庶兄。春秋重適,故下云「不宜立而立」。此間似有脱文。目夷是在可以然之域者,此句或當在「無以異也」下。

故諸侯父子兄弟不宜立而立者,春秋視其國與宜立之君無以異也。此皆在可以然之域也。目夷之立,以救宋君。衛晉之立,以得衆心。餘祭夷昧之立,以讓季子。春秋皆許之。○官本云:「者,他本作也。」

鄫,經見襄六年。襄五年:「叔孫豹、鄫世子巫如晉。」傳:「叔孫豹率而與之俱也。」蓋舅出也。莒將滅之,故相與往殆乎晉也。何注:「時莒女嫁爲鄫後夫人,夫人無男有女,還嫁之於莒。不月者,取後乎莒也。其取後乎莒奈何?莒女有爲鄫夫人者,其子愛後夫人而無子,欲立其外孫者,蓋欲立其出也。」又六年經注云:「言滅者,以異姓爲後,莒人當坐滅也。」

至於鄫取乎莒,以之爲同居,目曰「莒人滅鄫」鄫,姒姓,子爵,夏太康封其子曲烈於鄫。襄六年,莒滅之。不月者,取後乎莒,非兵滅。世本:「鄫,姒姓。」俞云:「同居,宜當作國君。」興案:俞説是。居,疑是司君。司君者,嗣君也。尚書高宗肜日『王司敬民』,史記殷本紀『司』作嗣。晉姜鼎銘云:「晉姜曰:『余惟司朕先姑君晉邦。』」嗣字古省作司。呂大臨考古録、王俅嘯堂集古録,薛尚功鐘鼎款識、宣和博古圖,皆釋司爲嗣。○天啟本「以」作之以。

此在不可以然之域也。此申雖死亡弗爲之義。國雖滅亡,不可亂其族類。○盧云:「在不,大典本作不在。」○天啟本無「在」字。

故諸侯在不可以然之域者,謂之大德,大德無踰閑者,謂正經。諸侯在可以然之域者,謂之小德,小德出入可也。權譎也,尚歸之以奉鉅經耳。雖權譎,仍以正歸之,取其不失大經耳。論語:「子夏曰:『大德不踰閑,小德出入可也。』」荀子王制篇:「孔子曰:『大節是也,小節是也,上君也。大節是也,小節一出焉一入焉,中君也。大節非也,小節雖是也,吾無觀其餘矣。』」與此文義同。或謂「諸」下衍「侯」字,亦通。

故春秋之道,博而要,詳

而反一也。春秋義雖詳博，要不外於正經。孟子曰：「博學而詳說之，將以反說約也。」趙注：「博，廣。詳，悉也。廣學悉其微言而說之者，將以約說其要，意不能盡知，則不能要言之也。是謂廣尋道意，還反於樸，說之美者也。」案：一者，約之至也。反一，猶反約。

之，見桓十一年傳。晉荀息死而不聽，僖十年傳：「獻公死，奚齊立。里克謂荀息曰：『君殺正而立不正，廢長而立幼，如之何？願與子慮之。』荀息曰：『君嘗訊臣矣，臣對曰：「使死者反生，生者不愧乎其言，則可謂信矣。」』里克知其不可與謀，退殺奚齊，荀息立卓子，里克殺卓子，荀息死之。荀息可謂不失其言矣。」〇天啟本「聽」作「德」。

公子目夷復其君，終不與國，復，謂答復宋公語。祭仲已與，後改

衛曼姑，哀三年傳：「曼姑受命乎靈公而立輒。以曼姑之義，爲固可以拒之也。輒者，曷爲者也？蒯聵之子也。然則曷爲不立蒯聵而立輒？蒯聵爲無道，靈公逐蒯聵而立輒。然則輒之義可以立乎？曰可。其可奈何？不以父命辭王父命，以王父命辭父命，是父之行乎子也。不以家事辭王事，以王事辭家事，是上之行乎下也。」

拒而弗內，

目夷之弗與、重宗廟。祭仲與之，亦重宗廟。宗廟重則君爲輕。（此論與孟子合。）

此四臣事異而同心，其義一也。西漢不尊孟子，實則孟與春秋說同者多。目夷故智。後此則宋之高宗，明之景泰，律以春秋之義，蓋皆在可以然之域。然而處此位者，當側席思艱，竭誠復辟，斯可以適權矣。問者曰：至辱加於大位，已反國者，春秋勿君。曰：貶齊頃者，爲人君言之。賢目夷者，爲守國言之。各明一義，非相妨也。宋襄復位，未得爲正，則目夷勿與是，而終與之非是矣。若朱勝非處苗劉之變，則雖正色拒輈，未爲病國，不當以祭仲廢置君爲詞。宜胡安國駁論之也。而遂以咎公羊則過矣。文天祥言：「社稷爲重，君爲輕。立君以存社稷，存一日則盡臣子一日之責。」正合春秋義。

荀息死之，貴先君之命。曼姑拒之，亦貴先君之命也。事雖相反，所爲同，俱爲重宗廟、貴

先君之命耳。難者曰：公子目夷、祭仲之所爲者，皆存之事君，〔盧云：「本或『爲』下有之字。」案：官本有，云「他本無」。〕善之可矣。〔○盧云：「他本無『也』字。」〕荀息、曼姑非有此事也，而所欲恃者皆不宜立者，何以得載乎義？〔奚齊非長，衛輒拒父，故疑非義。奚齊，獻公立。輒，靈公立。「所」下疑脫以字。〕曰：春秋之法，君立不宜立，不書，大夫立則書。書之者，弗予大夫之得立不宜立者也。〔如衛人立晉則書之例。〕不書，予君之得立之也。〔莊云：「春秋非記事之史，不書多于書，以所不書知所書，以所書知所不書。治亂必表其微，所謂禮禁未然之前也。凡所書者，有所表也。是故春秋之中無空文，故弗予大夫之得立不宜立者也。」〕君之立不宜立者，非也。既立之，大夫奉之是也，荀息曼姑之所得爲義也。

難紀季曰：〔○天啟本不提行，凌本同。〕春秋之法，大夫不得用地。〔莊三年秋：「紀季以酅入于齊。」案：用地，疑作專地。下文云：「今紀季受命乎君，而經書專。」承此言之。桓九年傳：「諸侯不得專地。」語亦見王道篇。逸典一：「夫春秋之義，諸侯不得專封，大夫不得專地。」正與此合。〕又曰：公子無去國之義。〔定十三年：「晉趙鞅入於晉。」傳：「此叛也。」其言歸何？以地正國也。○官本云：「公，他本作君。」襄二十九年傳：「季子去之延陵，終身不入吳國。」何注：「禮，公子無去國之義，故不越境。」又見莊九年注。〕紀季犯此三者，何以爲賢？賢臣故盜地以下敵，棄君以避難乎？〔莊二十七年傳：「君子避內難而不避外難。」〕曰：賢者不爲是。是故託賢於紀季，以見季之弗爲也。〔莊三年傳：「何賢乎紀季？」服罪也。魯子曰：請後五廟，以存姑姊妹。」○盧云：「故，本亦作固，古通用。」〕紀季弗爲而紀侯使之可知矣。春秋之書事時，詭其實以有避也。其書人時，易其名以有諱也。〔莊云：「春秋之義，不可書則避

之，「不忍書則隱之，不足書則去之，「不勝書則省之。辭有據正而不當書者，皆書其可書以見其所不可書。辭有詭正而者，皆隱其所大不忍，避其所大不可，而後目其所常不忍，常不可也。辭若可去可省而書者，常人之所輕，聖人之所重。

故詭晉文得志之實，以代諱避致王也。　代，疑作狩。僖二十八年「天王狩於河陽」，傳云：「狩不書，此何以書？不與再致天子也。」本書王道篇云：「晉文再致天子，諱致言狩。」史記孔子世家：「踐土之會，實召周天子，而春秋諱之曰：天王狩於河陽。」

詭莒子號謂之人，避隱公也。　隱八年「公及莒人盟于包來」，傳：「公曷爲與微者盟？稱人則從，不疑也。」何注：「實莒子也。言莒子則嫌公行微不肖，諸侯不肯隨從公行，而公反隨從之。故使稱人，則隨從公不疑矣。」

易慶父之名謂之仲孫，　閔元年「冬，齊仲孫來」，傳：「齊仲孫者何？公子慶父，則曷爲謂之齊仲孫？繫之齊也。曷爲繫之齊？外之也。曷爲外之？春秋爲尊者諱，爲親者諱，爲賢者諱。子女子曰：以春秋爲春秋，齊無仲孫，其諸吾仲孫與？」

變盛謂之成，諱大惡也。　莊八年「師及齊師圍成，成降於齊師。」傳：「成者何？盛也。盛則曷爲謂之成？諱滅同姓也。」

然則說春秋者，入則詭辭，隨其委曲而後得之。　「入則」，二字疑誤。春秋詭辭，門弟子當有口說傳授。故程子云：「傳經爲難，如聖人之後纔百年，傳之已差。」秦漢之於春秋，若今日之於明季，年代未遠，源流相接。說之者尚可由詭辭得其委曲，然亦不必其密合而無失也。若乃即空文以造詭辭，則所謂解經而欲新奇，何所不至者矣。

今紀季受命乎君而經書專，　書曰「以酅」，若專詞。專詞是無善之名，書紀季而不名，是文見賢。

此皆詭辭，不可不察。

然。

無善一名而文見賢也，　一，疑作之。　固順其志而一其辭，章其義而褒其美。

春秋之於所賢也，　春秋責賢者備，有時原賢者亦微，一皆有義可尋。高宣「繆猶之善魯隱」，以其讓也，「賢紀侯猶之非逄丑父」，以其冒大恥同，而一存國，一辱君也。合而偶之，比而求

之，聖心見矣。

今紀侯春秋之所貴也，是以聽其入齊之志，而詭其服罪之辭也，移之紀季。事由紀侯使之，賢紀季即所以貴紀侯。下「也」字疑衍。故告糴於齊者，實莊公為之，而春秋詭其辭，以予臧孫辰。莊二十八年「臧孫辰告糴于齊」，傳：「告糴者何？請糴也。何以不稱使？以為臧孫辰之私行。曷為以臧孫辰之私行？君子之為國，必有三年之委。一年不熟，告糴，譏也。」以酅入於齊者，實紀侯為之，而春秋詭其辭，以與紀季。告糴之辱，由於自取。入齊之事，出於勢窮。一譏一賢，所以詭之不同，其實一也。故曰所以詭之不同，為尊者諱一也。難者曰：有國家者，人欲立之，固盡不聽。盧云：「盡當作辭。」興案：此謂紀侯如早知不足存紀，當不踐君位。國滅君死之，正也，見襄六年傳。何賢乎紀侯？曰：「齊將復讎，紀侯自知力不加而志距之，不加，猶云不敵。距，拒也。故謂其弟曰：「我宗廟之主，不可以不死也。○官本云：「他本作『不以死也』。」汝以酅往，服罪於齊，請以立五廟，使我先君歲時有所依歸。」此稱紀侯辭，較傳引魯子語詳。蓋得之師說，知傳義兼傳事者，足證師說流傳，至漢未泯。率一國之眾，以衛九世之主。齊襄復九世之仇，是紀侯之距，所以衛其九世之主。○天啟本注云：「世，一作代。」襄公逐之不去，求之弗予，上下同心而俱死之。官本云：「他本無『之』字。」故謂之大去。莊四年：「紀侯大去其國。」傳：「大去者何？滅也。孰滅之？齊滅之。曷為不言齊滅之。」為襄公諱也。春秋為賢者諱。何賢乎襄公？復仇也。何仇爾？遠祖也。哀公亨乎周，紀侯譖之。以襄公之為於此焉者，事祖禰之心盡矣。盡者何？襄公將復仇乎紀，卜之曰：「師喪分焉，寡人死之，不為不吉也。」遠祖者幾世乎？九世矣。九世猶可以復仇乎？雖百世可也。」案：傳以為賢齊襄，董以為賢紀侯，此補正傳文處。齊襄與內

爲仇讎，傳節取復讎義耳。春秋賢死義，且得衆心也，故爲諱滅。以爲之諱，見其賢之也。以其賢之也，見其中仁義也。〔存宗廟爲仁，死國爲義。所謂前枉後義。〕

精華第五

春秋慎辭，謹於名倫等物者也。〔因倫之貴賤而名之，因物之大小而等之，故曰名倫等物。又見盟會要篇。〕是故小夷言伐而不得言戰，大夷言戰而不得言獲，中國言獲而不得言執，各有辭也。〔盧云：「小夷言伐，如狄伐邢伐鄭之類是也。大夷言戰，如戰泓、戰柏莒之類。中國言獲，如戰於韓獲晉侯之類。僖二十八年，晉侯執曹伯執衛侯，蓋伯討也。」〕有小夷避大夷而不得言戰，〔有，與又同。〕大夷避中國而不得言獲，〔莊十年：「荊敗蔡師于莘，以蔡侯獻舞歸。」傳：「曷爲不言其獲？不與夷狄之獲中國也。」〕中國避天子而不得言執，名倫弗予，嫌於相臣之辭也。〔說文：「臣，象屈服之形。」〕是故大小不踰等，貴賤如其倫，義之正也。〔漢朱博傳：「春秋之義用貴治賤，不以卑臨尊。」 輿案：春秋之治，始於義而終於仁，義以等差爲量，故言外則小夷大夷不同辭，言內則京師諸夏不同辭。仁以覆育爲量，故小國之君可以錄詳，遠夷之君可以內而不外。〕

大雩者何？旱祭也。〔見桓五年傳。案：古者孟夏之雩爲常雩。遇旱而禱則爲大雩。〕難者曰：大旱雩祭而請雨，〔○玉海云：禮儀志注，郎顗傳注並引此語。〕大水鳴鼓而攻社，〔莊二十五年：「秋，大水，鼓

用牲于社于門。」周禮…「大祝掌六祈，一曰攻。」凌云…「説苑『攻』作劫。」天地之所爲，陰陽之所起也。○通典四十三引無「也」字。或請焉，或怒焉者何？莊二十五年傳…「日食則曷爲鼓用牲于社？求乎陰之道也。」何注…「求，責求也。」故知大水鳴鼓是怒之也。俞云…「怒，當作攻，上下文皆云攻，不云怒。」○御覽五百二十五「者何」作何也。通典作何也。曰…大旱者，陽滅陰也。陽滅陰者，尊厭卑也，固其義也，○天啟本「厭」作壓，凌本同。白虎通災變篇…「日食，大水則鼓用牲于社，大旱則雩祭求雨。非苟虛也，助陽責下求陰之道也。」雖大甚，大，泰同。拜請之而已，敢有加也。周禮女巫疏…「董仲舒曰…『雩，求雨之術，呼嗟之，歌國風周南、小雅鹿鳴、燕禮、鄉飲酒、大射之歌焉。』」桓五年何注…「使童男女各八人舞而呼雩，故謂之雩。」春秋漢含孳雩禱辭曰…「萬國今大旱，野無生稼。寡人當死，百姓何謗？不敢煩民請命，願撫百姓，以身塞無狀。」皇朝通典乾隆二十四年，舉大雩之禮。御製祝文云…「上天仁愛，以物爲心，民有罪，定宥林林。百辟卿士，供職惟欲。此罪不在官，不在民，實臣罪日深。然上天豈以臣一身之故，而令萬民受災害之侵。嗚呼！其惠平乎！謹以臣身代民請命，昭昭在上，言敢虛佞。」正合古者拜請之義。○盧云…「舊本作『無敢有加也』。」劉昭注續漢志及文獻通考引此皆無『無』字，今從之。」○興案…御覽五百二十五有無字。大水者，陰滅陽也。陰滅陽者，卑勝尊也，董子推春秋災異，凡大水，皆以爲陰盛之應。後漢五行志引董仲舒曰…「夫水者，陰氣盛也。」論衡明雩篇…「夫雩，古而有之。故禮曰…『雩祭，祭水旱也。』故有雩禮，故孔子不譏，而仲舒申之。夫如是，雩祭，祀禮也。雩祭得禮，則大水，鼓用牲於社，亦古

〔二十〕，據公羊傳補。

禮也。」又云:「推《春秋》之義,求雩祭之說,實孔子之心,考仲舒之意,孔子既殁,仲舒已死,世之論者,孰當復問?惟若孔子之徒,仲舒之黨爲能說之。」

以賤傷貴者,○通典「傷」作凌。官本云:「他本無『者』字。」逆節也,故鳴鼓而攻之,朱絲而脅之,爲其不義也。莊二十五年:「日有食之,鼓用牲于社。」傳:「以朱絲營社,助陽抑陰也。或曰脅之,與責求同義。」白虎通災變篇:「日食必救之何?陰侵陽也。鼓用牲于社。社者眾陰之主,以朱絲縈之,鳴鼓攻之,以陽責陰也。」凌云:「說苑作『鳴鼓而懾之,朱絲縈而劫之』。」

日食亦然,周禮太祝注:「董仲舒救日食,祝曰:炤炤大明,瀸滅無光。奈何以陰侵陽,以卑侵尊。」鄭特牲疏引王肅難鄭云:「春秋說伐鼓于社,責上公,不云責地祇,明社是上公也。」爲鄭學者通之云:「伐鼓責上公者,以日食臣侵君之象,故以責上公言之。」通典四十五杜佑云:「日蝕伐鼓于社,責陰助陽之義也。夫陽爲君,陰爲臣,日蝕者,陰蝕陽也。君弱臣强,是以伐鼓于社,云責上公耳。」

皆下犯上、「皆」下疑脫也字。此亦春秋之不畏强禦也。莊十二年傳「仇牧可謂不畏强禦矣」。何注:「禦,禁也。言力强不可禁也。」○盧云:「不畏」二字舊本作爲字,今亦依劉昭注改正。

故變天地之位,正陰陽之序,直行其道而不忘其難,義之至也。忘,疑忌之誤,猶不畏其難也。通典「正」作貞。「行其道而不忌其難」,說苑作「不避」,義同。正陰陽,春秋之大義也。易曰:「天尊地卑,乾坤定矣。」今以正陰陽之序,則日食之麗於天者,亦攻而脅之。故曰變天地之位也。然日爲陽而攻其侵陽者,仍是尊天。亦猶天王雖貴,父母雖親,而絀其不順父母,不若於天者,仍是尊親。故曰義之至也。

是故脅嚴社而不爲不敬靈,莊二十五年何注:「先言鼓,後言用牲者,明先以尊命責之,後以臣子禮接之,所以爲順也。」出天王而不爲不尊上,僖二十四年「天王出居于鄭」,注:「不能事母,故絕之言出。」辭父之命而不爲不承親,

哀三年〔一〕傳：「以王父命辭父命，是父之行乎子也。」漢儁不疑傳：「昔蒯聵違命出奔，輒拒而不納，春秋是之。」絕

母之屬而不爲不孝慈，義矣夫。

也。」孝經云：「父母生之，續莫大焉。」　案：莊元年「夫人孫于齊」，傳：「不與念母也。」何注：「念母則忘父，背本之道

莊元年注：「故絕文姜不爲不孝，距蒯聵不爲不順，脅靈社不爲不敬，蓋重本尊統，使尊行于卑，上行于下。」正用董義。

又定四年注論子胥復讐事云：「孝經曰：『資於事父以事君，而父以無罪爲君所殺，諸

侯之君與王者異，於義得去。君臣已絕，故可也。」孝經云：『資於事父以事母。』莊公不得報讐文姜者。母所生，雖輕於

父，重於君也。」易曰：『天地之大德曰生。』故得絕，不得殺。』説苑辨物篇：「夫水旱俱天地陰陽所爲也，大旱則雩祭而

請雨，大水則鳴鼓而劫社。何也？曰：陽者陰之長也，其在鳥則雄爲陽，雌爲陰；其在獸則牡爲陽，牝爲陰；其在民

則夫爲陽，而婦爲陰；其在家則父爲陽，而子爲陰；其在國則君爲陽，而臣爲陰。故陽貴而陰賤，陽尊而陰卑，天之道

也。今大旱者陽氣太盛，以厭於陰。陰厭陽，固陽其填也。惟填厭之太甚，使塗不能起也。亦雩祭拜請而已，無敢加

也。至於大水及日蝕者，皆陰氣太甚，而上減陽精。以賤乘貴，以卑陵尊，大逆不義。故鳴鼓而懾之，朱絲縈而劫之。

由此觀之，春秋乃正天下之位，徵陰陽之失，直責逆者，不避其難，是亦春秋之不畏强禦也。故劫嚴社而不爲驚靈，出天

王而不爲不尊上，辭蒯聵之命不聽其父，絕文姜之屬而不爲不愛其母。」　又案：「雨不霽，祭女媧，于禮何見？　其義之盡耶？　其義之盡耶？」　又案：

王充頗駮仲舒攻社之議，見順鼓篇。又云：「伏羲女媧，俱聖者也，舍伏羲而祭女媧，春秋

不言。董仲舒之議，其故何哉？」然則仲舒有旱祭女媧之議，而今未見。〇官本云：「他本無『慈』字『矣』字。」

〔二〕「三年」，原誤「三十年」，據公羊傳哀公三年刪改。

案：天啟本有，注云：「矣，一作乎。」

難者曰：春秋之法，大夫無遂事。莊十九年傳。又曰：出境有可以安社稷、利國家者，則專之可也。莊十九年傳。又曰：大夫以君命出，進退在大夫也。襄十九年「晉士匄侵齊，至穀，聞齊侯卒，乃還」傳。白虎通三軍篇：「大夫將兵出，不從中御者，欲盛其威，使士卒一意繫心也。故但聞軍令，不聞君命，明進退在大夫也。」何注：「禮，兵〔一〕不從中御外，臨事制宜，當敵為師，唯義所在。士匄聞齊侯卒，引師而去，恩動孝子之心，義服諸侯之君。」案：何義亦本蕭望之傳。諸葛亮云：「將在軍，君命有所不受。」雖古軍禮，實亦春秋法也。

又曰：聞喪徐行而不反也。宣八年「公子遂如齊，至黃乃復」傳何注：「聞喪者，聞父母之喪。徐行者，不忍疾行，又為君當使人追代之。」○官本云：「他本脫『曰』字。」夫既曰無遂事矣，又曰專之可也。既曰進退在大夫矣，又曰徐行而不反也。若相悖然，是何謂也？曰：四者各有所處。得其處則皆是也，失其處則皆非也。審處亦精義之學。是故施諸事則有常變之殊，施諸人我則有仁義之異。

春秋固有常義，又有應變。常義如易之不易，應變如易之變動。無遂事者，謂平生安寧也。白處。進退在大夫者，謂將率用兵也。○盧云：「說苑『安寧』作常經。」專之可也者，謂救危除患也。○官本云：「他本無『救』字，又脫『謂將』二字。」徐虎通王者不臣篇：「不臣將率用兵者，重士眾，為敵國，國不可從外治，兵不可從內御。欲成其威，一其令。春秋之義，兵不稱使，明不可臣也。」案：進退在大夫，是有不臣之義。○官本云：

八六

〔一〕「兵」字，據公羊傳襄公十九年何注補。

行不反者，謂不以親害尊，不以私妨公也。者，蓋重君也。故春秋傳曰：大夫以君命出，聞喪徐行不反。此之謂將得其私，白虎通喪服篇：「大夫使受命而出，聞父母之喪，非君命不反」將，字疑誤。知其指。故公子結受命往媵陳人之婦，於鄄。道生事，○官本云：「他本誤作遂其事。」從齊桓盟，春秋弗非，以之盟。除國家之難，全百姓之命，故善而詳錄之。莊十九年何注：「先是鄄幽之會，公皆不至。公子結出竟，遭齊宋欲深謀伐魯，故專矯君命而與爲救莊公之危。「他本脫『受』字，道、誤作遂」公子遂受命使京師，道生事之晉，之，往也。○官本云：傳：「大夫無遂事，此其言遂何？公不得爲政爾。」何注：「矯君命以聘，政下移可知。」○盧云：「舊本多而救二字。」故有危而不專救，謂之不忠，無危而擅生事，是卑君也。秋之義亡遂事，漢家之法有矯制，故不得侯。」又云：「其違命而擅生事同，延壽割地封，而奉世獨不錄。」終軍傳：「徐春秋非之，以爲是時僖公安寧無危。僖三十年：「公子遂如京師，遂如晉。」偃矯制，使膠東、魯國鼓鑄鹽鐵。張湯劾偃矯制，大害法。偃以爲春秋之義，大夫出疆，有可以安社稷，存萬民，顓之可故此二臣俱生事，春秋有是非，也。湯以致其法，不能詘其義。有詔下軍問狀。軍詰偃曰：『古者諸侯國異俗分，百里不通，時有聘會之事，安危之勢，其義然也。呼吸成變，故有不受辭造命顓己之宜。今天下爲一，萬里同風，故春秋『王者無外』。偃巡封域之中，稱以出疆何也？偃窮詘服罪。』案：兩傳用春且鹽鐵，郡有餘臧，正二國廢，國家不足以爲利害，而以安社稷，存萬民爲詞，何也？」秋義，魏鄧艾及晉王濬上書自理，竝引春秋之義：「大夫出疆，由有專輒。」義俱歸本於忠君。說苑奉使篇：「春秋之辭，有相反者四：既曰大夫無遂事，不得擅生事矣，又曰出境可以安社稷，利國家者，則專之可也。既曰大夫以君命出，進退在大夫矣，又曰以君命出，聞喪徐行而不反者何也？

曰：此四者各止其科，不轉移也。不得擅生事者，謂平生常經也。專之可者，謂救危除患也。進退在大夫者，謂將帥用

兵也。徐行而不反者，謂出使道聞君親之喪也。公子結擅生事，春秋不非，以爲救莊公危也。公子遂擅生事，春秋譏

之，以爲僖公無危事也。故君有危而不專救，是不忠也；君無危而擅生事，是不臣也。傳曰：『詩無通故，易無通吉，春

秋無通義。』此之謂也。』

齊桓挾賢相之能，賢相，謂管仲。○盧云：「挾，本或作伕，非。伕乃杖之俗字。」官本作伕，云：「他本作

挾。」用大國之資，即位五年，不能致一諸侯。於柯之盟，見其大信，一年而近國之君畢至，

鄄幽之會是也。莊九年，齊桓立，十三年盟柯，十四五年會鄄，十六年同盟於幽。其後二十年之間亦久

矣，尚未能大合諸侯也。至於救邢衛之事，見存亡繼絕之義，而明年遠國之君畢至，貫澤、

陽穀之會是也。閔元年，齊桓救邢，僖元年救衛，僖二年城楚丘，是救衛也。貫澤之盟，江人黃人皆至，亦在二年。三年會陽

穀，江黃亦至。貫澤，左傳無「澤」字。新序亦作貫澤。故曰親近者不以言，召遠者不以使，此其效也。

管子形勢篇：「召遠者使無爲焉，親近者言無事焉，惟夜行者獨有也。」振，與震同。其後矜功，振而自足，而不修德，僖九

年葵丘之會，傳：「桓公震而矜之，叛者九國。」故楚人滅弦而志弗憂，江黃伐陳而不往救，僖

滅弦，在僖五年。伐陳，在四年。損人之國而執其大夫，不救陳之患而責陳不納，僖四年，齊人執陳轅

濤塗。因陳人不欲其師反由己國故也。○盧云：「周易否，九家注：『離，附也。』」不復安鄭，而必欲迫之以兵，伐

及黃氏日鈔所引俱作離。天啟本作納。俞云：「他本作納。」原本

鄭在僖六年。功未良成而志已滿矣。良，語辭。左昭十八年傳「弗良及也」，五行志「中國其良絕矣」竝同。

故曰：「管仲之器小哉！」此之謂也。新序襍事篇：「桓公用管仲則小也，故至於霸而不能以王。故孔子曰：『小哉管仲之器。』蓋善其遇桓公，惜其不能以王也。」案：本書王道篇以齊欲王天下爲譏，與劉義異。孔子未嘗以王齊期管仲，董義釋論語爲優。

春秋之聽獄也，必本其事而原其志。自是日衰，九國叛矣。事之委曲未悉，則志不可得而見。故春秋貴志，必先本事。漢書薛宣傳：「春秋之義，意惡功遂，不免於誅。」又云：「春秋之義，原心定罪。」○玉海四十引此二語。成，首惡者罪特重，此即後世分首從之律。僖二年「虞師晉師滅夏陽」傳：「虞，微國也，曷爲序乎大國之上？志邪者不待使虞首惡也。」鹽鐵論疾貪篇：「春秋刺譏不及庶人，責其率也。」後漢梁商傳：「商上疏曰：春秋之義，功在元帥，罪止首惡。」潛夫論之相坐。」漢書孫寶傳：「春秋之義，誅首惡而已。」後漢論斷訟篇：「春秋之義，責知誅率。」率，猶首也。本直者其論輕。隱元年何注：「舉及暨者，明當隨意善惡而原之，欲之者善重惡惡深，不得已者善輕惡惡淺，所以原心定罪。」鹽鐵論刑德篇：「法者緣人情而制，非設罪以陷人也。故春秋之治獄，論心定罪。志善而違於法者免，志惡而合於法者誅。是故逢丑父當斮，而轅濤塗不宜執，丑父以賤道待其君，而桓公師不正。○官本云：「執，他本誤作直。」魯季子追慶父，魯季子不許，於是抗輈經而死。」案：漢鄒陽傳：「公子慶父使僕公薨傳云：『緩追逸賊，親親之道也。』後慶父欲求入，出奔莒。』公羊季子不探其情而誅焉。慶父親殺閔公，季子緩追免賊，春秋以爲親親之道也。」鹽鐵論周秦篇：「自首匿相坐之法立，骨肉之恩廢而刑罪多。聞父母之於子，雖有罪猶匿之，豈不欲服罪爾。（當作「若不欲服罪然」。）子爲父隱，父爲子隱，未聞父子之相坐也。聞兄弟緩追以免賊，未聞兄弟之相坐也。」立用公羊義，據下文「或誅或不誅」，是董即以追爲誅。而吳季子釋闔廬。襄二十九年：「吳子使札來聘」，傳：「闔廬曰：『先君之所以不與

子國而與弟子者，凡爲季子故也。將從先君之命與，則國宜之季子者也。

君乎？』於是使專諸刺僚，而致國乎季子。季子曰：『爾殺吾君，吾受爾國，是與爾爲篡也。爾殺吾兄，吾又殺爾，是

父子兄弟相殺無已也。』去之延陵，終身不入吳國。」**此四者罪同異論，其本殊也。俱欺三軍，或死或不**

死；俱弒君，或誅或不誅。聽訟折獄，可無審耶！漢世多引春秋斷事，亦以治獄。于定國爲廷尉，迎

師以學春秋，其風尚可知也。漢書食貨志：「自公孫弘以春秋之義繩臣下，取漢相；張湯以峻文決理爲廷尉，於是見知

之法生，而廢格詆讕窮治之獄用矣。」似偏主於峻深者。董素不滿乎津，故此特加致審之詞。漢藝文志有公羊董仲舒治

獄十六篇。後漢書應劭傳：「故膠西相董仲舒，老病致仕，朝廷每有政議，數遣廷尉張湯親至陋巷問得失。於是作春秋

決獄二百三十二事。（隋志有春秋決事十卷，唐志有春秋決獄十卷）動以經對，言之詳矣。通典六十九載：「養兄弟子

爲決後，後自生子，議云：「東晉成帝咸和五年，散騎侍郎賀嶠妻于氏上表云：「董仲舒一代純儒，漢朝每有疑議，未嘗不遣

使者訪問，以片言而折衷焉。時有疑獄，曰甲無子，拾道旁棄兒乙，養之以爲子。及乙長，有罪殺人，以狀語甲，甲藏匿

乙。甲當何論？仲舒斷曰：甲無子，振活養乙，雖非所生，誰與易之？詩云：螟蛉有子，蜾蠃負之。春秋之義，父爲

子隱，甲宜匿乙。詔不當坐。又一事曰：甲有子乙，以乞丙。乙後長大，而丙所成育，甲因酒色謂乙曰：汝是吾子。乙

怒，杖甲二十。甲本是其子，不勝其忿，自告縣官。仲舒斷之曰：甲生乙，不能長育，以乞丙，於義已絕矣。雖杖

甲，不應坐。」御覽六百四十一：「董仲舒斷獄曰：甲父乙與丙爭言相鬥，丙以佩刀刺乙，甲即以杖擊丙，誤傷乙，甲當何

論？或曰：毆父也，當梟首。論曰：臣愚以父子至親也，聞其鬥，莫不有怵惕之心。挾杖而救之，非所以欲毆父也。

春秋之義，許止父病，進藥於其父而卒。君子原心，赦而不誅。甲非律所謂毆父，不當坐。又曰：甲夫乙，將船，會海

風盛，船沒溺，流死（與尸同）亡不得葬。四月，甲母丙即嫁甲。欲皆何論？或曰：甲夫死未葬，法無許嫁，以私爲人

妻，當棄市。議曰：臣愚以爲春秋之義，言夫人歸於齊。言夫死無男，有更嫁之道也。婦人無專制擅恣之行，聽從爲

順，嫁之者歸也。甲又尊者所嫁，無淫衍之心，非私爲人妻也。明於決事，皆無罪名，不當坐。」又白孔六帖引決獄二事。

其一甲爲武庫卒，盜強弩絃，一時與弩異處，當何罪？論曰：兵所居比司馬，闌入者髡。重武備，責精兵也。弩機

或說，此下仲舒所斷，雖與弩異處，盜之不至盜武庫兵。陳論曰：大車無輗，小車無軏，何以行之？甲盜武庫兵，當棄市乎？以上二論皆難知。

錢者，當坐棄市。其一君獵得麕，使大夫持以歸。道見其母隨而鳴，感而縱之。君慍，議罪未定，君病，恐死，欲託孤幼，

乃覺之。曰：大夫其仁乎？遇麑以仁，況人乎？矢射不中，與無矢同，不入與無簇同。律曰：此邊鄙兵所臧

使持歸，非也。義而中感母恩，雖廢君命，縱之可也。乃釋之以爲子傅。於議何如？仲舒曰：君子不麛不卵，大夫不諫，

君子以其易見也，故尤重之。」

倒。」故折獄而是也，理益明，教益行。折獄而非也，○盧云：「此句本或無『而』字。」○凌云：「王本『可無』二字

教相妨。折獄是非，關於政教，故治國者慎言改律。教，政之本也。獄，政之末也。其事異域，其用

一也，不可不以相順，故君子重之也。獄與教相輔爲用。教號崇禮而獄務容姦，是相反矣。管子樞言篇

云：「法出於禮，禮出於治。」司馬遷引董生云：「禮禁未然之前，法施已然之後。法之所爲用者易見，而禮之所爲禁者

難晉事者曰：春秋之法，未踰年之君稱子，蓋人心之正也。孝子心不忍當，故曰正。至里

克殺奚齊，避此正辭而稱君之子，何也？見僖十年。白虎通封公侯篇：「春秋之弑太子，罪與弑君同。

春秋曰：『弑其君之子奚齊。』與弑君同也。」曰：所聞詩無達詁，易無達占，春秋無達辭，

例。無達辭，猶云無達例也。程子云：「春秋以何爲準？無如中庸。欲知中庸，無如權。何物爲權？義也，時也。春

秋已前，既已立例，到近後來，書得全別，一般事便書得別有意思。若依前例觀之，殊失也。春秋大率所書事同則辭同，

後人因謂之例。然有事同辭異者,蓋各有義,非可例拘也。

案:程子說春秋例,與從變從義之旨合。數語並相傳

師說。漢世著述,有統稱所聞者,亦有舉先師名者,如眭弘傳稱「先師董仲舒」,鄭志稱

「先師棘下生」之類是也。所聞,又見楚莊王篇。○盧云:「占本亦作吉。」官本云:「占,他本誤作言。」興案:天

啟本作言,玉海四十引作吉。凌云:「詩汎麻樞作『詩無達詁,易無通言,春秋無通』」說苑奉使篇引傳曰作『詩無通

故,易無通吉,春秋無通義』。困學紀聞引作『易無達吉,詩無達詁,春秋無達例』。」盧

云:「疑當作奉天。」興案:凌本無「人」字,連下「仁人」爲一句,非。本書言奉天者,屢矣,楚莊王篇云「奉天而法

古」,竹林篇云「上奉天施」,皆是。蓋事若可貫,以義一其歸,例所難拘,以變酌其滯。兩者兼從,而一以奉天爲主。春

秋所以爲體道盡性之書也。胡安國云:「正例非聖人莫能立,變例非聖人莫能裁。正天地之常經,變例古今之通誼。」

惟窮理精義,于例中見法,例外通類者,斯得之矣。

者在于天,天仁也。故奉天者謂之仁人。」盧云:「本或作易操。」 仁人錄其同姓之禍,固宜異操。 從變從義,而一以奉人。 盧

「人」字。 晉,春秋之同姓也。 驪姬一謀而三君死之,天下之所共痛也。 本其所爲爲之者,蔽於所欲得位而不

申生雖未即位,有爲君之資,故亦稱君。○凌本「所」上無「之」字。 興案:異操,猶異科,所謂無達辭也。○天啟本無

見其難也。 春秋疾其所蔽,故去其正辭,徒言君之子而已。○官本「正」作位,云:「位,他本作正,

誤。」興案:從上文作「正辭」是。 三君,申生、奚齊、卓子。

矣,何必〔一〕以兄之位爲欲居之,以至此乎云爾。 若謂奚齊曰:代春秋責奚齊。 嘻嘻! 爲大國君之子,富貴足

興案:天王道通三篇云:「仁之美

傳云:「其言弒其君之子何? 殺未踰年君之號也。」

〔一〕「必」字,凌本、盧本、叢刊本無。

何注：「引先君冠子之上，則弒未踰年之號定，而坐之輕重見矣。」董義探其本，與何畧異。　錄所痛之辭也。故

痛之中有痛，無罪而受其死者，申生、奚齊、卓子是也。惡之中有惡者，者，字疑衍。己立之，己殺之，不得如他臣之弒君者，齊公子商人是也。文十四年「齊公子商人弒其君舍」，傳曰：「未踰年之君也。其言弒其君何？己立之，己殺之，成死者而賤生者也。」故晉禍痛而齊禍重，之君也。春秋傷痛而敦重，

是以奪晉子繼位之辭與齊子成君之號，詳見之也。

古之人有言曰：○天啟本不提行。　不知來，視諸往。管子形勢篇：「疑今者察之古，不知來者視諸往。道往事以告來者，揚雄今〔一〕萬事之生也，異趣而同歸，古今一也。」今春秋之為學也，道往而明來者也。天不言而四時行，聖人體天立言，而不能盡其意。所謂心之精微，口不能言，言之微眇，書不能文也。解難。孔子作春秋，幾君子之前睹也。讀春秋者，窺其微以驗其著，庶幾得彷彿耳。故曰：然而其辭體天之微，故難知也。

「一作蒙」，非也。　能察之，無物不在。司馬遷傳引董生云：「春秋文成數萬，其旨數千，萬物之聚散皆在於是」董子廟殿火災對云：「春秋之道，舉往以明來，是故天下有物，視春秋所舉與同比者，精微妙以存其意，通倫類以貫其春秋重贅。○官本云：「他本無『故』字，『知』作之。」弗能察，寂若無，○盧云：「寂，本或作宋，與寂同。俗本云理，天地之變，國家之事，粲然皆見，無所疑矣。」　案：物，猶事也，下舉用賢一端，最其要者。　是故為春秋者，

得一端而多連之，見一空而博貫之，則天下盡矣。盧云：「空，與孔同。」莊云：「春秋書天人內外之事，

〔一〕「諸今」，今管子形勢篇作「之往」。

有主書以立教也。然後多連而博貫之，則王道備矣。

時，秦漢時稱生存爲「無恙」。史記李斯傳…「公子高上書云，先帝無恙時。」漢萬石君傳…「建老白首，萬石君尚無

恙。」內無臣下之亂，外無諸侯之患，行之二十年，國家安寧。漢萬石君傳「何武等上言…忠臣，社稷之

衛，魯以季友治亂」，本此。○說苑作「二十一年」。季子卒之後，魯不支鄰國之患，直乞師楚耳。僖二十

六年…「公子遂如楚乞師」，本此。僖公之情非輒不肖而國衰益危者，何也？○凌本作「國益衰危」。以無季

子也。以魯人之若是也，亦知他國之皆若是也。以他國之皆若是，亦知天下之皆若是也。

此之謂連而貫之。由一人推之他國，由他國推之天下，由天下推之萬世，是之謂連貫。故觀於春秋，而成敗之迹

粲然矣。故天下雖大，古今雖久，以是定矣。以所任賢，謂之主尊國安。所任非其人，謂之

主卑國危。萬世必然，無所疑也。其在易曰：「鼎折足，覆公餗。」鼎三足，三公象。若三公傾覆王之美德。義與

也。覆公餗者，國家傾也。秋官司烜疏引鄭釋鼎九四義云：「鼎折足，覆公餗。」夫鼎折足者，任非其人

董同。是故任非其人而國家不傾者，自古至今未嘗聞也。故吾按春秋而觀成敗，乃切悁悁

於前世之興亡也。不敢斥言今世，故引前事以微惕之。詩「中心悁悁」傳：「悁悁，猶悒悒也。」呂覽慎行論…

身定國安天下治，必賢人。古之有天下治也者，七十一聖，觀於春秋，自魯隱公以至哀公，十有二世，其所以得之，所以失

之，其術一也。任賢臣者，國家之興也。夫知不足以知賢，無可奈何矣。知之不能任，大者以

死亡，小者以亂危，其若是何邪？以莊公不知季子賢邪？安知病將死，召而授以國政。

以殤公爲不知孔父賢邪？安知孔父死，己必死，趨而救之。見桓二年傳。二

主知皆足以知賢，而不決，不能任。

案：賢者無左右援助，又不能曲承主歡，是以知而不獲見任。至於危亡之際，小人乘機取利，無所不至，而賢者獨當其厄。古今一轍，可爲嘅嘆。呂覽有始篇：「主賢世治，則賢者在上。主不肖世亂，則賢者在下。」

故魯莊以危，宋殤以弑。桓二年傳何注：「設使殤公不知孔父賢，焉知孔父死己必死，趨而救之，皆患安存之時則輕廢之，急然後思之，故常用不免。」鹽鐵論殊略篇，文學曰：「宋殤公不知孔父之賢，而不早任，故身死。魯莊知季友之賢，授之政晚而國亂。」

宋殤素任孔父，尚將與鄰國，豈直免弑哉。○盧云：「舊本作『豈直弑哉』，誤。」**此吾所悁悁而悲者也。**

說苑尊賢篇：「國家惛亂而良臣見，魯國大亂，季友之賢見。僖公即位而任季子，魯國安寧，內外無患，行政二十一年。季子之卒後，邾擊其南，齊伐其北，魯不勝其患，將乞師於楚，以取全耳。故傳曰：『患之起，必自此始也。』公子買不可使戍衛，公子遂不聽君命而擅之晉。內侵於臣下，外困於兵亂，弱之患也。』僖公之性，非前二十一年常賢，而後乃漸變爲不肖也，此季子存之所益、亡之所損也。夫得賢失賢，其損益之驗如此。而人主忽於所用，甚可疾痛也。夫智不足以見賢，無可奈何矣，若智能見之，而強不能決，猶豫不用，而大者死亡，小者亂傾，此甚可悲哀也。以宋殤公不知孔父之賢乎，安知孔父死己必死，趨而救之，是知其賢也。趨而救之者，是知其賢也。以魯莊公不知季子之賢乎，安知疾將死，召季子而授之國政？授之國政者，是知其賢也。此二君知能見賢，而皆不能用，故宋殤公以殺死，魯莊公以賊嗣。（疑誤。）使宋殤早任孔父，魯莊素用季子，乃將靖鄰國，而況自存乎？」

父死己必死，設使魯莊公不知季子賢，焉知以病召之，皆患安存之時則輕廢之，急然後思之，故常用不免。

楚莊王篇：「人之言曰：國家治則四鄰賀。」案往世而視己事其必然也如合符。此爲人君者，不可以不慎也。

使莊公早用季子，而

春秋繁露義證卷第四

王道第六

凌云：史公自序：「春秋善善惡惡，賢賢賤不肖，存亡國，繼絕世，補敝起廢，王道之大者也。」

春秋何貴乎元而言之？元者，始也，言本正也。說苑建本篇：「孔子曰：『君子務本，本立而道生。』天本不立者未必倚，始不盛者終必衰。詩云：『原隰既平，泉流既清。』本立而道生，春秋之義。有正春者無亂秋，有正君者無危國。易曰：『建其本而萬物理，失之毫釐，差以千里。』是以君子貴建本而重立始。」又云：「魏武[一]侯問元年於吳子，吳子對曰：『國君必慎始也。』『慎始奈何？』曰：『正之。』『正之奈何？』曰：『明智。』智不明何以見正，多聞而擇焉，所以明智也。是故古者君始聽治，大夫而一言，士而一見，庶人有謁必達，公族請問必語，四方至[二]者勿距，可謂不壅蔽矣。分祿必及，用刑必中，君心必仁，思君之利，除民之害，可謂不失民衆矣。君身必正，近臣必選，

〔一〕「武」字，原誤「文」，據凌本及說苑改。

〔二〕「至」字，原誤「治」，據凌本及說苑改。

九六

大夫不兼官〔一〕，執民柄者不在一族，可謂不權勢矣。此皆〔二〕春秋之意，而元年之本也。」晉書郭璞傳：「璞上疏曰：

「臣聞春秋之義，貴元重始。」道，王道也。上「道」字疑當作正，承本正而言。對册云：「春秋之文，求王道之端，得

之於正。正次王，王次春。春者天之所爲也，正者王之所爲也。其意曰，上承天之所爲，而下以正其所爲，正王道之端

云耳。」程子云：「聖人以王道作經，故書王。」王者，人之始也。隱元年傳：「王者孰謂？謂文王也。」何注：「不

言謚者，法其生不法其死，與後王共之，人道之始也。」王正則元氣和順、風雨時、景星見、黃龍下。白虎通

封禪篇：「天下太平，符瑞所以來至者，以爲王者承天統理〔三〕，調和陰陽，陰陽和，萬物序，休氣充塞，故符瑞並臻，皆

應德而至。德至文〔四〕表則景星見，德至淵泉則黃龍見。」王不正則上變天，賊氣并見。管子四時篇：「是故

春凋秋榮，冬雷夏有霜雪，此皆氣之賊也。刑德易節失次，則賊氣逆至。賊氣逆至，則國多菑殃。是故聖王務時而寄政

焉。」○官本云：「他本無『氣』字。五帝三王之治天下，不敢有君民之心。王者撫有天下，不敢自謂君民，

敬畏之至也。說苑政理篇：「子貢問治民於孔子，孔子曰：『懍懍焉如以腐索御奔馬。』子貢曰：『何其畏也？』孔子

曰：『夫通達之國皆人也，以道導之，則吾畜也。不以道導之，則吾仇也。若何而毋畏？』」案：畏者，不敢之所由

生。伊川程子在講筵說論語云：「人主所以有崇高之位者，蓋得之於天，與天下之人共戴也，必思所以報民。古之人

〔一〕「官」字，據說苑補。

〔二〕「皆」字，據凌本及說苑補。

〔三〕「統理」原作「理統」，據白虎通乙正。

〔四〕「文」字，原作「八」，據凌本及白虎通改。

君，視民如傷，若保赤子，皆是報民也。」與此意相發明。〈表記〉云：「下之事上也，雖有庇民之大德，不敢有君民之心，仁

之厚也。」〈鄭注〉云：「無君民之心，是思不出其位。」詞同而義微異。然臣不敢有以歸之君，君復不敢有以歸之天，其重視

民之旨則一。故曰民貴，古人之立訓也。與民則曰君尊，與君則曰民貴，各致其道，交成其治。若與君言尊，與民言貴，

則其義荒矣。〇三王，〈天啟本〉作「三皇」，凌本同。御覽八百七十一引「治」作理。**什一而稅。**宣十五年傳：「古者什

一而藉。」〈何注〉：「夫飢寒並至，雖堯舜躬化，不能使野無寇盜；貧富兼并，雖皋陶制法，不能使強不凌弱。是故聖人治

井田之法而口分之，一夫一婦受田百畝，以養父母妻子。五口為一家，公田十畝。即所謂什一而稅也。」**教以愛，使**

以忠，以博愛教之，以忠誠使之。左桓六年傳：「上思利民，忠也。」忠愛並屬上言。〈表記〉：「子言虞舜子民如父母，有

憯怛之愛，有忠利之教。」**敬長老，親親而尊尊，**〈禮祭義〉：「敬老為其近于親也，敬長為其近于兄也。」**不奪民**

時，使民不過歲三日。〈王制〉：「用民之力，歲不過三日。」〇〈他本「三日」作「強」。〉**民修德而美好，被髮銜哺而游，強弱之難，**

強不凌弱。無讒賊妒疾之人。〇官本云：「他本『讒』作強。」 哺，口中

所含食。**不慕富貴，恥惡不犯。父不哭子，兄不哭弟。**〈韓詩外傳〉：「太平之時，無瘖聾、跛眇、尫蹇、侏

儒、折短，父不哭子，兄不哭弟。」〈公孫弘傳〉：「形和則無疾，無疾則不夭，故父不哭子，兄不哭弟。」〈淮南原道訓〉：「父無

喪子之憂，兄無喪弟之哀，含德之所致也。」**毒蟲不螫，猛獸不搏，抵蟲不觸。**白虎通：「德至天則斗極明，日月光，甘露降。」曹植

〈鄭注〉：「鷙蟲，猛鳥獸也。」抵，與鷙義同。 案：〈儒行〉 **故天為之下甘露，**〈白虎通：「德至天則斗極明，日月光，甘露降。」〉

九八

七啟：「故甘靈紛而晨降。」甘靈即甘露。○御覽八百七十二引無「之」字。 朱草生，白虎通：「德至草木（一）則朱草生，木連理。朱草者，赤草也，可以染絳，別尊卑也。」語又見公孫弘傳制語。醴泉出，白虎通：「醴泉者，美泉也，狀若醴酒，可以養老也。」風雨時，嘉禾興，白虎通：「嘉禾者，大禾也。成王之時，有三苗異畝而生，同爲一穟，大幾盈車，長幾充箱。民有得而上之者，成王召周公而問之，周公曰：『三苗爲一穗，天下當和爲一乎？』後果有越裳氏重九譯而來矣。」鳳凰麒麟遊於郊。禮運：「鳳凰麒麟，皆在郊椒。」白虎通：「鳳凰者，禽之長也。上有明王，太平乃來，居廣都之野。」囹圄空虛，白虎通五刑篇：「夏曰夏台，殷曰羑里，周曰囹圄。」鄭志：「囹圄，秦獄名。」又鄭注月令：「囹圄所以禁守繫者，若今別獄矣。」意林風俗通：「周曰囹圄。圄，令；囹，舉也。」言令人幽閉思愆，改惡爲善，因原之也。今縣官錄囚皆舉也。」 案：說文：「圖，獄也。」又云：「囹圄所以拘罪人。」是「圄」字亦作圉。又與敔同。說文：「敔，禁也。」囹圄蓋獄名，取禁繫之義耳，似無分於周秦。 畫衣裳而民不犯。虞書：「象以典刑。」御覽刑法部引慎子：「斷其肢體，鑿其肌膚謂之黥。畫衣冠，異章服謂之戮。上世用戮而民不犯，中世用刑而民不從。」周禮司圜疏引孝經緯云：「三皇無文，五帝畫象，三王肉刑。」所謂畫象，即畫衣裳也。文選注引墨子：「畫衣冠，異章服，而民不犯。」初學記引尚書大傳「唐虞象刑，而民不敢犯。」公孫弘傳：「制曰：上古至治，畫衣裳，異章服，而民不犯。」四夷傳譯而朝。周禮象胥疏：「譯即易，謂換易言語，使相解也。」民情至樸而不文。郊天祀地，秩山川，以時至，封於泰山，禪於梁父。古者封禪有二用。白虎通封禪篇：「王者易姓而起，必升封泰山何？報告之義

（一）「木」字，原誤「本」，據白虎通封禪篇改。

也。始受命之日，改制應天，天下太平功成，封禪以告太平也。所以必於泰山何？萬物之始，交代之處也。必於其上何？因高告高，順其類也。故升封者，增高也。下禪梁甫者，廣厚也。梁甫者，泰山旁山〔一〕名。三王禪於梁甫之山。梁者信也，甫者輔也，信輔天地之道而行之也。史記正義引五經通義云：「易姓而王，致太平，必封泰山，禪梁父……告太平於天，報羣神之功，此報告受命之禮也。梁書許懋傳引孝經鉤命決云：「封于泰山，考績柴燎；禪于梁父，刻石紀功。」鄭康成注書云：「柴者，考績燎也。」堯典：「歲二月，東巡守，至于岱宗，柴，肆覲東后。」（我朝康熙中詞臣曹禾疏請封禪。大學士張玉書等奏駁，以為燔柴岱宗，非封禪。周衰禮廢，桓公欲封禪，而管仲難之。其尤者，乃以為祈年求僊之事，而云：「封禪者，古不死之名。」違古誼矣。）又曰：「五載一巡守，羣后四朝，敷奏以言，明試以功，車服以庸。」是其事也。此巡守考績之禮也。徒以不敢質言，故神其說。于是秦漢不學之士遂以為頌德紀功之名。三代改制篇又言其尚位，下位，左位，右位之異。蓋受命非其時，考績不敢僭明其儀，而獨不侈陳神異以阿時主，賢於司馬相如倪寬遠矣。董子敍述封禪，列之典禮。史公從董生游，其作封禪書，首引巡狩事。又引夷吾「受命然後得封禪」之語，又曰：「巫咸之興自此始。」蓋猶畧知其意，而以巫寓諷焉。

立明堂，宗祀先帝，〔春秋家宗文〕

王，是先帝即文王也。以明堂為文王廟，與許君所引古周禮、孝經說同。詩正義引盧植注禮記云：「明堂即太廟也。」藝文類聚引蔡邕月令論云：「明堂者，天子太廟也。」所以宗祀而配上帝，明天地統萬物也。」高誘注淮南云：「廟之中謂之明堂也。」立與董合。案：孟荀皆言明堂，是明堂亦今文說所有。或見王莽用劉歆說起明堂、辟雍、靈臺，遂謂今文家不言明堂，謬矣。五經異義引講學大夫淳于登說明堂制度，亦言周公祀文王於明堂，以配上帝。鄭以登言取義於援神契，尤出今文說之明證。

以祖配天，天下諸侯各以其職來祭。白虎通辟雍篇：「天子立明堂者，所以通

〔一〕「山」字，原誤「石」，據凌本及白虎通改。

神靈，感天地，正四時，出教化，宗有德，重有道，顯有能，褒有行者也。」孝經…「昔者周公郊祀后稷以配天，宗祀文王於明堂，以配上帝。是以四海之內，各以其職來祭。」

貢土地所有，先以入宗廟，端冕盛服而後見先。

祖。文選司馬遷報任少卿書注：「先，謂祖也。」德恩之報，奉先之應也。以天治君，言災異不能廢瑞應。武帝冊亦及之。○漢藝文志易家「神輸五篇，圖一」，顏注：「劉向別錄云：『神輸者，王道失則災害生，得則四海輸之祥瑞。』」是符瑞與災異同爲一家學也。論衡是應篇：「儒者論太平瑞應，皆言氣物卓異，朱草、醴泉、翔鳳、甘露、景星、嘉禾、蓂脯、蓂莢、屈軼之屬。」知董子此篇蓋有所本。尚書大傳：孔子曰：「吾於高宗肜日，見德之有報之疾也。」亦聖人言瑞異之證。然而春秋不貴者，程子所謂因災異而修德則無損，因祥瑞而自恃則有害也。北魏宋齊因之述符瑞志，背經旨矣。○先，凌本作元。

桀紂皆聖王之後，驕溢妄行。

舊本作飾。」蘇輿案：飾、飭古多通作。釋名…「飭，拭也。」物穢者拭其上使明，由他物而後明，猶加文於質上也。困

侈宮室，廣苑囿，窮五采之變，極飾材之工，○盧云：「窮，本或作殺。」○盧云：「盡，本或作畫。」盛羽旄之飾，○深刑妄殺以陵下，

盧云：「類，戾也。」孔晁注周書史記解：「昔穀平之君，慢褻無親。』困

聽鄭衛之音，充傾宮之志，○盧云：「窮，亦作殺。」○天啟本注云：「窮，亦作殺。」

尚書大傳…「歸傾宮之女。」文選劉淵林注吳都賦…「汲郡地中古文冊書：『桀作傾宮，築作宮牆，滿一傾田中，言博大也。』」李賢後漢書注引帝王世紀云：「紂時傾宮婦人衣綾紈者三百餘人。」晏子諫下：「殷之衰也，其王紂作爲傾宮，靈臺。」是桀紂竝作傾宮。○天啟本注云：「宮，亦作

高誘云：「傾宮，飾瑤臺。」

奪民財食，高雕文刻鏤之觀，盡金玉骨象之工，○盧云：「盡，本或作畫。」野獸之足，竭山澤之利，食類惡之獸，○天啟本作族。

靈虎兕文采之獸。

盧云：「靈，疑即左氏傳蔥靈之靈，俗間本空此字，蓋疑其誤也。」孫詒讓云：「靈當爲戲害。」

之壞字。戲，漢隸或作戲。（見隸釋孫叔敖碑）俗書靈或作霊。（見唐內侍李輔光墓誌）戲字挩落，傳寫僅存左半，與靈相似，因而致誤。」輿案：謂以虎兒文采爲靈奇之物，畜之苑囿耳。史記殷本紀：「益收狗馬奇物，充牣宮室。益廣沙丘苑臺，多取野獸蜚鳥置其中。」〇官本云：「他本無『靈』字。」〇

以希見之意，賞佞賜讒。
殷本紀：「費中善諛好利，殷人弗親。紂又用惡來，惡來善毀讒，諸侯以此益疏。」案：希見，猶言罕見。意，字疑誤。

以糟爲丘，

以酒爲池。
殷本紀：「以酒爲池，懸肉爲林。」正義：括地志云：「酒池在衛州衛縣西二十三里。太公六韜云：紂爲酒池，迴船糟丘而牛飲者三千餘人爲輩。」

孤貧不養，殺聖賢而剖其心。
殷本紀：「於是紂乃重辟刑，有炮烙之法。」集解：列女傳曰：「吾聞聖人心有七竅。』剖比干，觀其心。」

生燔人聞其臭
殷本紀：「膏銅柱，下加之炭，令有罪者行焉，輒墮炭中。妲己笑，名曰炮烙之刑。」亦見淮南本經訓注。俞云：「見，當作觀。」

剔孕婦見其化，
帝王世紀：「紂剖比干妻，以視其胎。」高誘注：「化，育也。」視其胎裏。呂氏春秋過理篇作剖孕婦而觀其化。淮南主術訓：「紂斮朝涉之脛，而

斮朝涉之足察其拇，
帝王世紀：「斮朝涉脛，見偏泰誓。」俶真訓：「剖賢人之心，折才士之脛。」萬民叛。」水經注：「老人晨將渡水，而沈吟難濟。紂問其故，左右曰：『老者髓不實，故晨寒也。』斮乃斮脛而視髓。」〇盧云：「拇，本或作胕，亦作脛。」輿案：天啟本注云：「一作胕，一作脛。」案易咸虞注：「拇，足大指也。」作拇自通。但斮其足而察其拇，於理未詳。作「腑」或作「胕」之誤文。

殺梅伯以爲醢，
殷本紀「鬼侯」作九侯，脯鄂侯。」無梅伯名。屈原天問「梅伯受醢」，王逸云：「梅伯，紂諸侯。」

刑鬼侯之女取其環，
殷本紀「鬼侯」作九侯，云：「九侯女不憙淫，紂怒殺之。」呂氏春秋「刑鬼侯之女而取其環」，注：「聽妲己之譖，殺鬼侯之女，以爲脯，而取其所服之環也。」淮南俶真訓：「醢鬼侯之女，葅梅伯之骸。」高注：「梅伯悅鬼侯之女美好，令

紂妻之。至，紂以爲不好，故醢鬼侯之女，葅梅伯之骸也。」誅求無已。天下空虛，

殷本紀：「厚賦稅，以實鹿臺之錢，而盈鉅橋之粟。」

羣臣畏恐，莫敢盡忠，紂愈自賢。

殷本紀：「紂知足以距諫，言足以飾非，矜人臣以能高天下以聲，以爲皆出己之下。」

周發兵，不期會於孟津〔一〕者八百諸侯，共誅紂，大亡天下。春秋以爲戒，曰：「蒲社災。」

哀四年傳：「蒲社者何？亡國之社也。」注云：「殷都於亳，武王克紂而列其社於諸侯，爲有國者戒。災亳社，所以示諸侯縱恣不自警之象，故謹之。」○盧云：「蒲，本或作亳，或作薄，今依公羊哀四年經，後同。」○興案：天啟本作「亳」。

周衰，天子微弱，諸侯力政，

力政，猶力征。

大夫專國，士專邑，不能行度制法文之禮。

謂文王。文九年傳：「繼文王之體，守文王之法。」

天子不能統理，更相伐銼以廣地。

盧云：「銼，與剉通。」

奄弱，衆暴寡，富使貧，并兼無已。

漢食貨志：「仲舒言古者稅民不過什一，其求易共。使民不過三日，其力易足。民財內足以養老盡孝，外足以事上共稅，下足以畜妻子極愛，故民說從上。至秦則不然，用商鞅之法，改帝王之制，除井田，民得賣買，富者田連阡陌，貧者無立錐之地。又顓川澤之利，管山林之饒，荒淫越制，踰侈以相高。邑有人君之尊，里有公侯之富，小民安得不困？又加月爲更卒，已復爲正，一歲屯戍，一歲力役，三十倍于古。田租口賦，鹽鐵之利，二十倍於古。或耕豪民之田，見稅什五。故貧民常衣牛馬之衣，而食犬彘之食。重以貪暴之吏，刑戮妄加，民愁

臣弑其君，子弑其父，孽殺其宗，諸侯背叛，莫修貢聘，奉獻天子。

尚書大傳：「有臣弑其君，孽代其宗者。」注：「孽，支子；宗，適

以強相脅，不能制屬。

上不能制其屬。強

〔一〕凌本、盧本、叢刊本「孟津」下有「之上」二字。

亡聊，亡逃山林，轉爲盜賊，赭衣半道，斷獄歲以千萬數。漢興，循而未改。古井田法雖難卒行，宜少近古，限民名田，以瞻不足，塞并兼之路。鹽鐵皆歸於民。去奴婢，除專殺之威。薄賦斂，省繇役，以寬民力。然後可以善治也。」臣下上僭，不能禁止。

日爲之食，星賈如雨，雨螽，沙鹿崩。僖十四年。 夏大雨水，冬大雨雪，盧云：「隱九年三月癸酉，大雨震電。庚辰，大雨雪。此一事在今之正月。若大水，唯桓公十三年在夏，餘皆在秋。然亦非雨水也。冬大雨雪，公羊昭四年經有之，在周正月。然疏云：『正本皆作雹字。』左氏僖十年經『冬大雨雪』，公羊作雹。疑此正文當作『冬大雨雹』。昭三年冬亦有此事。」興案：此處疑是誤文。隱九年三月癸酉，『大雨震電』，庚辰，「大雨雪」。此春秋時大異也，不應闕之。疑本作「大雨震電。又大雨雪」。宋高宗紹興三十一年，風雷大雨雪。侍御史汪澈言：「春秋魯隱時，大雨震電，繼以雨雪。孔子以八日之間，再有大變，謹而書之。今一夕之間，二異交至，此陰盛之證，殆爲金人。」正用此事。

賈石于宋五，六鷁退飛。僖十六年。 賈霜不殺草，李梅實。僖三十三年。襄十六年，昭十九年，二十三年，哀三年皆同。」 正月不雨，至於秋七月。文十年、十三年同。又二年「自十有二月不雨，至於秋七月」。

梁山崩，雍河，三日不流。成五年。 晝晦。成十六年六月甲午晦。 彗星見于東方，孛于大辰。盧云：「文十四年，有星孛入于北斗。昭十七年，有星孛于大辰。哀十三年，有星孛于東方。此所舉尚未全。」〇天啟本「孛於」下注云：「一作升。」 鶬鴝來巢，昭二十五年何注：「鶬鴝猶權……」文亦見二端篇。漢劉向傳：「周室卑微，二百四十二年之間，日食三十六，地震五，山林崩阤二，彗星三見，夜恆星不見，夜中星賈如雨一，火災十四。長狄入……欲。」〇盧云：「舊本從左氏作鶬鴝，非。」 春秋異之。以此見悖亂之徵。

三〔一〕國，五石隕墜，六鶂退飛，多麋，有蜮、蜚，鸜鵒來巢者，皆一見。晝瞑晦，雨木冰，李梅冬實，七月霜降，草木不死，

八月殺菽，大雨雹，雨雪雷〔二〕霆，失序相乘。水、旱、飢、蝝、螽〔三〕，螟蟲午竝起。當是時，禍亂輒應，弑君三十六，亡國

五十二。諸侯奔走，不得〔四〕保其社稷者，不可勝數也。」孔子明得失，差貴賤，反王道之本。亦見重政篇。

譏天王以致太平。譏天王如求車、求金、錫命之類。刺惡譏微，不遺小大，〇凌本作大小〔五〕。善無細

而不舉，惡無細而不去，漢書司馬遷傳：「余聞之先人曰：春秋采善貶惡，推三代之德，褒周室，非獨刺譏而已

也。」進善誅惡，絕諸本而已矣。善惡之著者，進之誅之。其或嫌於惡而有善心，嫌於善而有惡心，亦爲表而出

之。故有事同而論異，或事異而論同。一人之身，前後不相掩；一人之事，功過不妨殊。春秋好微而貴志，絕諸本所以

杜其漸。

〔一〕「國」字，原誤「中」，據凌本及漢書改。

〔二〕「雷」字，原作「電」，據凌本及漢書改。

〔三〕「螽」字，原誤「蓋」，據凌本改。

〔四〕「得」字，據漢書補。

〔五〕「大小」原作「小大」，據凌本乙正。

天王使宰咺來歸惠公仲子之賵，刺不及事也。隱元年傳：「其言來何？不及事也。」鹽鐵論刺義

篇：「春秋士不載文，而書咺，以爲宰士也。」天王伐鄭，譏親也，桓五年何注：「稱人者，刺王者也。天下之君，海

內之主，當秉綱撮要。而親自用兵，故見其微弱。僅能從微者，不能從諸侯，猶莒之稱人，則從不疑也。」會王世子，

譏微也。僖五年。案穀梁傳謂「天子微，諸侯不享覲，而使世子受諸侯之尊己」。此義蓋與之同。**祭公來逆王**

后，譏失禮也。桓八年。「祭公來，遂逆王后於紀。」傳：「大夫無遂事，此其言遂何？使我為媒可，則因用是往逆

矣。」何注：「疾王者不重妃匹，逆天下之母若逆婢妾，將謂海內何哉？故譏之。」**刺家父求車，**桓十五年。**武氏**

毛伯求賻金。隱三年求賻，文九年求金。**王人救衛。**莊六年。**王師敗於貿**[一]**戎。**成元年。**天王不**

養，出居於鄭，僖二十四年。「王者無外，此其言出何？不能乎母也。」曲禮「天子不言出」。注：「天子之言出，諸

侯之生名，皆有大惡，君子所遠，出名以絕之。春秋傳曰：天王出居於鄭，衛侯朔入于衛是也。」疏：「君子謂孔子書經，

若見天子大惡，書出以絕之。」鹽鐵論孝養篇：文學曰：「周襄王之母，非無酒肉也，衣食非不如曾晳也，以其不能事其

父母也。」漢書嚴助傳：「上賜書曰：『間者闊焉久不聞問，其以春秋對，毋以蘇秦縱橫。』助恐，上書謝，稱春秋天王出

居於鄭，不能事母，故絕之。臣事君猶子事父母也，臣助當伏誅。」霍光傳：「奏曰：『周襄王不能事母，春秋曰天王出居

於鄭。繇不孝出之，絕之於天下也。』」（又見後漢書謝弼傳。）○凌本無「不養」二字。**殺母弟，**襄三十年。**王室亂，**

不能及外，昭三十二年傳：「何言乎王室亂？言不及外也。」**分為東西周，**昭二十二年「王子猛入於王城」傳

曰：「西周也。」二十六年「天王入於成周」傳曰：「東周也。」凌云：「國策注大事記：平王東遷之後，所謂西周者，豐

鎬也。東周者，東都也。威烈王以後，所謂西周者，河南也。東周者，洛陽也。」**無以先天下，召衛侯不能致，**桓

十六年「衛侯朔出奔齊」〔一〕。傳云:「其得罪於天子奈何?見使守衛朔,而不能使衛小衆,越在岱陰齊。屬負兹舍,不即罪爾。」不即罪所謂召不能致。莊六年,王人子突救衛,而朔仍入於衛,故云不能致。

遣子突征衛不能絕,盧云:「衛侯朔得罪於天子,天子立公子留,五國伐衛納朔。而緩令交連五國之兵,伐天子所立,還以自納,王遣貴子突,卒不能救,遂爲天下笑。」興案:何注云:「刺王者,朔在岱陰齊,時一使可致,一夫可誅。」

伐鄭不能從,盧云:「桓五年,蔡人、衛人、陳人伐鄭。」何注:「僅能從微者,不能從諸侯。」

無骇滅極不能誅〔二〕。隱二年。

諸侯得以大亂,篡弑無已。臣下上逼,僭擬天子。

諸侯強者行威,小國破滅。晉至三侵周,與天王戰于貿戎而大敗之。宣元年侵柳,昭二十三年〔三〕圍郊,并貿戎爲三。

戎執凡伯於楚丘以歸。隱七年。

發兵相破,夷人宗廟社稷。夷,猶滅也。不能統理。王者不能統理諸侯,諸侯亦不能統理臣下,紀綱蕩然。

臣子強,至弑其君父。

法度廢而不復用,威武絕而不復行。有法而不能用,有威而不能行,治天下之具失。○淩本「不復行」作「不得復」。

諸侯本怨隨惡,因其所怨,惡怒隨之。

故鄭、魯易地,桓元年。魯舞八佾,隱五年「初獻六羽」。傳:「天子八佾,諸公六,諸侯四。僭諸公,猶可言

齊桓會王世子,擅封邢、衛、杞,僖元年城邢,二年城衛,十四年城杞。

晉文再致天子。僖二十八年。

橫行中國,意欲王天下。

〔一〕「齊」字,據公羊傳補。

〔二〕「誅」字,原誤「從」,據淩本、盧本、叢刊本改。

〔三〕「二十三年」,原誤「三十三年」,據公羊傳改。

也;」僭天子,不可言也。」何注:「前僭八佾于惠公廟,大惡不可言也。」昭二十五年傳,子家駒云:「朱干玉戚,以舞大夏,八佾以舞大武,此皆言天子之禮也。」本篇下云:「獻八佾。」諱八言六,是公羊家直以魯舞八佾爲僭,雖文王周公廟亦不得用。(左傳杜注:「魯唯文王周公廟得用八。」)似不主成王賜魯天子禮樂之說。季氏舞於庭,而孔子譏之,謂僭君而上同天子也。何言前於僭惠公廟,不知所據。殆亦參用文王周公廟可用八之說,故分別言之。程子春秋傳亦云:「書初獻六羽,見前此用八之僭也。」

北祭泰山,(禮記王制正義:「論語:『季氏旅於泰山。』明魯君祭泰山,季氏僭之。」 案:春秋三望,謂祭泰山、河、海。王制云:「諸侯祭名山大川之在其地者。」魯居東國,宜親祭泰山,而上僭天子望祭之儀。(參用戴岷隱說。)北,疑「望」之剝文。

郊天祀地,如天子之爲。魯之郊禘,明堂位以爲成王賜,祭統以爲成王康王賜,蓋皆古文家說。此篇以郊祀爲僭,似不主周賜之說。禮運云:「魯之郊禘,非禮也。周公其衰矣!」呂覽言魯使宰讓如周,請郊禘禮,王使史角論止之。正合。黃震云:「吕覽作於秦,明堂位作於漢,是成王賜禮樂之說,未必有之。故自伯禽至莊公十七世,未聞有郊天者。僖三十一年,始卜郊,而卜不從。繼此若宜若成若定,欲郊則牛輒傷,禮之不可僭,神之不歆其祀如此,未聞有郊天者。」(日鈔五。) 興案:本書郊事對亦言成王令魯郊用騂。僖三十一年傳何注:「昔武王既没,成王幼少,周公居攝,行天子事,制禮作樂,致太平,有王功。周公薨,成王以王禮葬之。命魯使郊,以彰周公之德。」白虎通喪服篇:「原天之意,子愛周公與文武無異,故以王禮葬,使得郊祭。」史記魯世家同,是今文家亦有賜郊之說。或初賜時,禮有差等,至其末,遂一切同天子耶?

以此之故,弒君三十二,盧云:「下文滅國、盟會要篇云春秋弒君三十六,而此云三十二。東觀記及後漢丁鴻傳亦皆同。然當以三十六爲合。」凌云:「劉向皆誤作三十一。」 興案:三十六,合經傳通數之,見漢劉向傳顏注。司馬遷傳引董生說,正作「三十六」。**亡國五十二,** 詳見劉向傳顏注。○凌本誤作「五十一」。 **細惡不絕之所致也。**

春秋立義··

《春秋》爲立義之書，非改制之書，故曰「其義竊取」。鄭玄釋廢疾云：「孔子雖有聖德，不敢顯然改

先王之法。蓋制宜從周，義以救敝。制非王者不議，義則儒生可立。故有舍周從殷者，有因殷後之失禮而矯之者，有

參用四代者，存其義以俟王者之取法剏制。」傳所云制春秋之義，以俟後聖者也。孔子志在春秋，但志之而已。此篇所

舉，確爲春秋特立之義，餘以此愼推之可也。淮南氾論訓：「夫絃歌鼓舞以爲樂，盤旋揖讓以修禮，厚葬久喪以送死，孔

子之所立也。而墨子非之。」立，亦謂立義也。何氏注傳，輒云春秋之制，其實皆義而已。定八年注：「定公從季氏假

馬，孔子曰：『君之於臣，有取無假。』而君臣之義立。」易緯引孔子語，美帝乙之嫁妹··「順天地之義，以立嫁娶之義。

義立則妃匹正，妃匹正則王化全。」太史公自序云：「周家既衰，諸侯恣行。仲尼悼禮廢樂崩，進修經術，以達王道，匡亂

世，反之於正。見其文辭，爲天下制義法。」又十二諸侯年表云：「孔子明王道，上記隱，下至哀之獲麟。約其文辭，去其

煩重，以制義法。」竝得聖人之旨。而杜預說左氏，以春秋多因周公舊例，立義之旨不明，孔子之道不章矣。論衡超奇篇··

「孔子得史記以作春秋。及其立義剏意，褒貶誅賞，不復因史記者，眇思自出於胸中也。」程子春秋傳，「立義」二字屢

見，蓋本於此。又程子云：「上古之時，自伏羲、堯、舜、曁夏商，以至於周，或文或質，因襲損益，其變既極，其法既詳，於

是孔子參酌其宜，以爲百王法度之中制，斷之以義。此其所以春秋作也。」所云「參酌」「中制」，亦祇是立義耳。語又見

盟會要、正貫等篇。

天子祭天地，諸侯祭社稷，諸山川不在封內不祭。僖三十一年傳：「天子祭天，諸

侯祭土。天子有方望之事，無所不通。諸侯山川[一]有不在其[二]封內者[三]則不祭也。」何注：「諸侯祭境內山川，

〔一〕「山川」二字，據凌本及公羊傳補。

〔二〕「其」字，據凌本及公羊傳補。

〔三〕「者」字，據凌本及公羊傳補。

故魯郊非禮。」　案：此與〈王制〉合。〈傳〉言祭土，此言祭社稷，是釋土爲社稷。土爲本名，社稷其神耳。

諸侯不得專地，〈桓九年傳〉。〈漢書匡衡傳〉：「〈春秋〉之義，諸侯不得專地，所以壹統尊法制也。」不得專封，〈僖元年傳〉。○天啟本無「得」字，凌本同。有天子在，不得專執天子之大夫。〈隱七年「戎伐凡伯于楚丘以歸」〉，〈傳〉：「凡伯者何？天子之大夫也。此聘也，其言伐之何？執之也。執之則其言伐之何？大之也。」據此則董亦以爲衛。何注：「中國者，禮義之國也。執者，治文也。君子不使無禮義制治有禮義。」不得舞天子之樂，〈隱五年傳〉。不得致天子之賦，不得適天子之貴。翟方進傳：「春秋之義，王人微者，序乎諸侯之上，尊王命也。」盧云：「適，與敵同。」

君親無將，將而誅。〈莊三十二年傳〉。大夫不得世，〈昭三十一年〉。五經異義引公羊、穀梁說：「卿大夫世，則權并一姓，妨塞賢路，專政犯君，故經譏周尹氏、齊崔氏也。」〈隱二年〉何注大同。白虎通封公侯篇：「大夫不世位何？股肱之臣任事者也。爲其專權擅勢，傾覆國家。」左氏說亦以爲卿大夫得世祿，不得世位。孟子告滕文公，亦只言世祿。世祿者〈文王之制〉。按隱元年何注：「春秋時廢選舉之務，置不肖於位。」然則譏世卿所以重選舉也。漢魏相論宜損奪霍氏事奏，言春秋譏世卿。大夫不得廢置君命。命，字疑衍。〈文十四年傳〉：「大夫之義，不得專廢置君也。」立適以長不以賢，立子以貴不以長。〈隱元年傳〉。白虎通封公侯篇：「曾子問曰：立適以長不以賢何？以言爲賢不肖不可知也。」〈尚書〉：「惟帝其難之。」立子以貴不以長，防愛憎也。」光武建武十九年，立東海王爲皇太子，詔云：「春秋之義，立子以貴。」○凌本無「立子」二字。立夫人以適不以妾。〈僖八年「用致夫人」〉，〈傳〉：「夫人何以不稱姜氏？譏以妾爲妻也。」〈僖二十年「西宮災」〉，何注：「僖公以齊媵爲適，楚女廢在西宮，而不見恤，悲愁怨曠之所生也。」〈漢書五行志〉：「仲舒以爲釐娶於楚，而齊媵之，脅公使立以爲夫人。西宮者小寢，夫人之居也。若曰：妾何爲此宮？誅去之

意也。」劉向説略同。案白虎通嫁娶篇云：「適夫人死，更立夫人者，不敢以卑賤承宗廟。自立其娣者，尊大國也。」春秋傳曰：「『叔姬歸於紀』叔姬者，伯姬之娣也。伯姬卒，叔姬升於嫡，經不諱也。或曰：嫡死不復更立，明無二，防篡殺也。以禮不聘爲妾，明不升。」隱七年「叔姬歸於紀」何注：「叔姬者，伯姬之媵也。媵賤書者，後爲嫡，終有賢行。紀侯爲齊所滅，紀季以酅入於齊。叔姬歸之，能處隱約，全竟婦道，故重錄之。」又宣十六年「郯伯姬來歸」注：「嫁不書者，爲媵也。來歸書者，後爲嫡也。」與白虎通前説合。

案：錄之所以廣人類之恩，諱之所以示人倫之正，義可兩存。范寧謂公羊以妾母稱夫人爲嫡，不知其諱以妾爲妻也。齊桓陽穀之會，固曰「無以妾爲妻」，則知春秋時蓋已患此。考呂覽當務篇，紂之生微子啟與仲衍也，尚爲妾，已而爲妻而生紂。是又不始於春秋。殷以此亡，尤可爲鑒。其後魯哀立荊母，既致有隉之孫，霍光尊婢顯，亦取滅族之誅。爲人君臣者，所以宜知春秋也。漢孔鄉侯傅晏元壽二年坐亂妻妾位免，徙合浦。（見外戚恩澤侯表。）

天子不臣母后之黨。〔一〕

月者，明當尊而不臣，所以廣孝敬也。」白虎通王者不臣篇：「不臣妻父母何？妻者，與己一體，恭承宗廟，欲得其歡心。上承先祖，下繼萬世，傳之無窮，故不臣也。」春秋曰：「『紀季姜歸於京師』父母之於子，雖爲天子后，尊不加於父母，故不臣也。」又謹宋三世內娶於國中，謂無臣也。義又見嫁娶篇。漢書外戚恩澤侯表序云：「后母據春秋褒紀之義，帝舅緣大雅申伯之意，寖廣博矣。」王莽傳：「有司皆白古者天子封父百里，尊而不臣，以重宗廟，孝之至也。」後漢李固傳：「今梁氏戚爲椒房，禮所不臣。」獻帝皇后父伏完朝賀，公庭議禮，鄭玄言：「天子所不臣三，其一后之父母也。」

桓二年〔二〕「紀侯來朝」何注：「紀稱侯者，天子將娶於紀，與之奉祖廟，傳之無窮，重莫大焉，故封之百里。」則知后者，天子之父母也。

〔一〕「二年」，原誤「六年」，據公羊傳桓公二年改。

天子尚有不臣者，況於后乎？」並用此義。又魏廢帝景元元年，燕王表賀冬至[一]，稱臣。詔曰：「古之王者，或有不臣，今王宜依此義[二]，表不稱臣乎。」案：廢帝爲燕王宇之子，燕王表賀冬疑。以古無明文，引此推例耳。

親近以來遠，○天啟本「近」作迎，無「遠」字。未有不先近而致遠者也。內行不修，則不能朝遠方之君。是故正君臣上下之義，飾父子兄弟夫婦之義，別男女之別，別疏數之差，使君德臣忠，父慈子孝，兄愛弟敬，禮義章明。如此則近者親之，遠者歸之，故曰召遠在修近。」管子版法解：「愛施之德，雖行而無私，○天啟本無「也」字。官本「未有」上有故字，云：「他本脫遠，故二字。」

故內其國而外諸夏，內諸夏而外夷狄，言自近者始也。成十五年傳：「曷爲殊會吳？外吳也。」春秋內其國而外諸夏，內諸夏而外夷狄，王者欲一乎天下，曷爲以內外之辭言之，言自近者始也。」何注：「明當先正京師，乃正諸夏，諸夏正，乃正夷狄，以漸治之。」

諸侯來朝者得褒，○官本云：「他本『侯』誤作夏。」邾婁儀父稱字，後漢李固傳：「春秋褒儀父以開義路，貶無駭以閉利門。」滕薛稱侯，隱十一年。荆得人，莊二十三年傳：「荆何以稱人？始能聘也。」介葛盧得名。僖二十九年。內出言如，諸侯來曰朝，大夫來曰聘，隱十一年傳：「滕侯薛侯來朝」，傳：「諸侯來曰朝，大夫來曰聘。」何注：「春秋王魯，王者無朝諸侯之義也。故內適外言如，外適內言朝聘，所以別外尊內也。」王道之意也。董子以尊內得王道之意，何休遂以爲王魯。○天啟本無「也」字。誅惡而不得遺細大，盧云：「但當云不

[一]「至」字，據三國志魏書陳留王奐傳補。

[二]「義」字，據陳留王奐傳補。

得遺細。而此及上文皆兼大言之者，文便耳。猶言急兼言緩急，言無兼言有無是也。」

諸侯不得爲匹夫興師，﹝定四年傳…「伍子胥復曰…『諸侯不爲匹夫興師〔一〕。』」﹞不得執天子之大夫，執天子之大夫與伐國同罪，執凡伯言伐。獻八佾，諱八言六。鄭魯易地，諱易言假。﹝桓元年「鄭伯以璧假許田」傳…「其言以璧假之何？易之也。易之則其言假之何？爲恭也。」﹞晉文再致天子，諱致言狩。﹝僖二十八年「天王狩于河陽」傳…「狩不書，此何以書？不與再致天子也。」﹞桓公存邢、衛、杞，不見春秋，內心予之，行法絕而不予，﹝僖元年傳所謂「實與而文不與也」。以聖心言之，當與。以王法言，則不當予。故不見於經。﹞止亂之道也，非諸侯所當爲也。﹝防臣下逼上專恣之漸也。誅細惡以止亂，春秋之義，即制禮之意。是故敬君者不蹙馬芻，厚別者勿同橳柳。齊女高節，不轉於同庖，箕子知微，先唏於象箸。此義不明，而治尚簡率，天下之亂，釀於無形者多矣。故曰…「百變之源，皆出嫌疑纖微，以漸浸稍長至於大。」又曰…「微邪者，大邪之所生也。」（管子權修）夫寢處者一畝之宮，而必欲厚藩垣以資禁衛。廁足者數寸之土，而不容墊廣大而致黃泉。知此而聖人止亂之意幾可諭矣。﹞

春秋之義，臣不討賊，非臣也；子不復讐，非子也。故誅趙盾賊不討者，不書葬，臣子之誅也。許世子止不嘗藥，而誅爲弑父，楚公子比脅而立，而不免於死。故誅猶責。﹝俞云…「此本作『楚公子比脅而立，而不免於誅』。今誅絕二字，傳寫誤入下文，淺人遂臆補『死』字耳。下文云…『齊桓晉文擅封，致天子，誅絕、繼絕、存亡、侵伐、會同，常爲本主。』按擅封是一事，致天子是一事，繼絕、存亡是一事，其間不得有誅絕二字。明是

〔一〕「興師」，原作「復仇」，據凌本及《公羊傳》改。

上文奪去，誤著於彼。」興案：死，即誅也。玉杯篇「今視其比，皆不當死」與此文正一律，下文誅亂又是一事，俞據

誤文移之耳。齊桓晉文擅封，致天子，誅亂、○天啟本作「誅絕」，凌本同。繼絕、存亡，○官本云：「一作

繼世。」侵伐會同，常爲本主。此間疑有脫文。曰：「桓公救中國，攘夷狄，卒服楚，至爲王者事。

僖四年傳：「楚有王者則後服，無王者則先叛，夷狄也，而亟病中國。南夷與北狄交，中國不絕若綫。桓公救中國而攘

夷狄，卒服荆，以此爲王者之事也。」晉文再致天子，皆止不誅，不與之而已，未嘗誅也。桓公救中國，○盧

云：「牧，本亦作救。」奉獻天子而服[二]周室，春秋予之爲伯，誅意不誅辭之謂也。善其牧諸侯，○

故誅意。錄其尊主之功，故不誅辭。予伯者，春秋不得已之苦夷[三]也。後世有功王室之臣，或遂終於篡竊，知春秋慮

患深矣。防其逼上之漸，

魯隱之代桓立，隱元年傳：「故凡隱之立，爲桓立也。」祭仲之出忽立突，仇牧、孔父、荀息之死

節，公子目夷不與楚國，此皆執權存國，以存國爲主，故許其權。義亦見玉英篇。行正世之義，守惓

惓之心，春秋嘉氣義焉，氣，疑其之誤。凌本作義氣，亦非。故皆見之，春秋見其名，傳見其事。復正之

謂也。復正猶言反之正。亦見正貫篇。夷狄邾婁人、牟人、葛人，爲其天王崩而相朝聘也，此其誅

也。桓十五年：「天王崩。」邾婁人、牟人、葛人來朝。」傳：「皆何以稱人？夷狄之也。」何注：「桓公行惡，而三人俱

〔一〕「服」字，凌本、盧本、叢刊本作「復」。

〔三〕「夷」字原重，據文義刪。

朝事之。三人爲衆，衆足責，故夷狄之。」與董說異。孔廣森云：「襄元年，簡王崩。於時邾婁來朝，螣翦交聘而不復狄者，亦貶重從同之例。」

殺世子母弟直稱君，明失親親也。

僖五年「晉侯殺其世子申生」傳：「曷爲直稱晉侯以殺？殺世子母弟稱君者，甚之也。」何注：「甚之者，惡殺親親也。今捨國體直稱君，知以親親責之。」襄二十六年「宋公殺其世子痤」，何注：「痤有罪，故平公書葬。」襄三十年「天王殺其弟年夫」何注：「王者得專殺，書者，惡失親親也。未三年不去王者，方惡不思慕而殺弟，不與子行也。不從直稱君者，舉重也。」莒殺意恢，以失子行錄。設但殺弟，不能書是也。不爲諱者，年夫有罪。」輿案：世子痤、年夫事不詳傳。以直稱君之例推之，則痤與年夫同爲無惡。莒殺意恢不稱君，則知罪在意恢。春秋之義，貴人道，防亂端，二者並重。義在防亂，則雖季子殺母兄，亦爲之諱。義在重人，則雖天王殺弟，同直稱爵。白虎通誅伐篇：「父殺其子當誅。何？以爲天地之性人爲貴，人皆天所生也，託父母氣而生耳。王者以養長而教之，故父不得專也。春秋傳曰：『晉侯殺其世子申生。』直稱君者，甚之也。」白虎通舉申生爲例，以子無罪者言也。康誥稱「于父不能字厥子，乃疾厥子，刑茲無赦。」則知文王之法，殺子有刑。後漢楊終傳：「春秋殺太子母弟，直稱君，甚惡之、坐失教也。」終治公羊學，補出失教義，是知子弟無罪，父兄不得殺子。雖有罪，父兄抑不忍辭其咎，所以明親親也。聖人仁天下之義，至此而盡矣。唐律：「子孫違犯教令，而祖父母父母毆殺者，徒一年半，以刃殺者，徒二年。故殺者，各加一等。」（明律改一年半爲滿杖，二年爲一年。嫡繼慈養殺致失嗣者絞，較唐爲重。）違教與故殺，律分輕重，得春秋意。宋律：「父殺子。徒一年。」程子云：「以理考之，當徒二年。雖是子，亦天子之民也。不當殺而專殺之，是違制也。違制徒二年。今律祖父母父母故殺子孫，杖六十，徒一年。其有刑一也。」者，殺子差輕於殺夫，別順逆也。」是又可得尊卑等差之義矣。

魯季子之免罪，吳季子之讓國，明親親之恩也。

免罪，謂緩追慶父。見精華篇。

閽殺吳子餘祭，見刑人之不可近。

襄二十九年傳：「君子不近刑人，

近刑人，輕死之道也。」白虎通五刑篇：「古者刑殘之人，公家不出，大夫不養，士與遇路不與語，放諸堨埌不毛之地，與禽獸伍。」○凌云：「殺，當作弒。」

鄭伯髡原卒於會，諱弒，痛強臣專君，君不得爲善也。 襄七年傳：「曷爲不言其大夫弒之？爲中國諱也。曷爲爲中國諱？鄭伯將會諸侯於鄬，其大夫諫曰：『中國不足歸也，則不若與楚。』鄭伯曰：『不可。』其大夫曰：『以中國爲義，則伐我喪。以中國爲強，則不若楚。』於是弒之。」○盧云：「他本從左氏作髡頑，非。今從程本。」

衛人殺州吁， 隱四年傳：「其稱人何？討賊之義也。」**衛人立晉，美得衆也。君將不言率師，重君之意也。** 隱五年「衛師入盛」傳：「君將不言率師，舉其重者也。」**齊人殺無知，** 莊九年。**明君臣之義，守國之正也。** 隱九年。

正月，公在楚，臣子思君，無一日無君之意也。 襄二十九年「公在楚」傳：「何言乎公在楚？正月以存君也。」○凌本「意」作義。

誅受令， 疑當作「誅不受令」。

恩衛葆，以正圖圍之平也。 盧云：「文疑有誤脱。」俞云：「莊六年經『齊人來歸衛寶』，惟左氏經作『衛俘』，而傳亦作『衛寶』。杜注云：『公羊、穀梁經傳皆言寶，此傳亦言寶，惟此經言俘，疑經誤。』然公羊傳文曰：『此衛寶也，則齊人曷爲來歸衛寶也？衛人歸之也。』○凌云：「此雖是寶，其義則皆可通。」何注：「寶者，玉物之凡名。」於是始定爲寶玉字矣。董子固傳公羊之學者，而此有『恩衛葆』之文，『葆』之與『寶』，固得通用。然『葆』從保聲，保從采省，采即古文『孚』字也。則『葆』之與『俘』，亦得通用。若是衛葆，不得言恩，其下又言『以正圖圍之平也』，則其爲俘囚明矣。注未得斯旨。」

興案：金縢「無隊天之降寶命。」魯世家「寶」作「葆」。易繫辭「聖人之大寶曰位。」釋文引孟喜本作保。留侯世家集解引徐廣曰：「史記珍寶字皆作葆。」竝葆、寶字同之證。漢五行志載桓公六年秋螟，仲舒以爲先是齊侯會諸侯納朔，許諸侯賂，齊人歸衛葆，魯受之，貪利應也。俞以葆義爲俘囚，不合董義。胡安國春秋説，援俘厥寶玉爲説，以合經文。黃震謂以俘獲爲賂，然與「正圖圍」句仍未合，當如盧説闕疑。

言圍成，甲午祠兵，以別迫脅

之罪，誅意之法也。莊八年：「甲午祠兵。夏，師及齊師圍成，成降於齊師。」傳：「何言乎祠兵？爲久也。爲久？吾將以甲午之日，然後祠兵於是。」何注：「諱如久留，使若無欲滅同姓之意。」又云：「言及者，起魯實欲滅之。」

案：此所謂不誅辭而誅意之。

也。定二年。築三臺，莊三十一年：「築臺于郎，于薛，于秦。」作南門。僖二十年。刻桷，丹楹。莊二十三年、二十四年。作雉門及兩觀。定二年。新延廄，莊二十九年。作雉門

譏驕溢不恤下也。後漢書楊終傳：「魯文公毀泉臺，春秋譏之曰：『先祖爲之，而己毀之，不如勿居而已。』以其無妨害於民也。」襄公作三軍，昭公舍之，君子大其復古，以爲不舍則有害於民也。」王應麟云：「春秋重民力，謹土功，新一廄，築一臺，必書之，示人君不可縱欲以病民也。」（玉海百六十。）

故臧孫辰請糴於齊，孔子曰：「君子爲國，必有三年之積。一年不熟乃請糴，失君之職也。莊二十八年傳。案：亦通。言誅犯始者，所以免人罪戾，絕惡於未萌。故曰省刑，絕惡始也。

大夫盟於澶淵，刺大夫之專政也。如齊桓晉文是。襄三十年傳。卿則其稱人何？卿不得憂諸侯也。」

諸侯會同，賢爲主，賢賢也。

齊侯衛侯胥命於蒲。傳曰：古者不盟，結言而已。桓三年。荀子大略篇云：

誅犯始者，省刑，絕惡疾始也。疾始，如疾始滅，譏始不親迎之類。官本云：「他本無『疾』字。」

春秋紀纖芥之失，反之王道。說苑至公篇：「退而修春秋，采毫毛之善，貶纖芥之惡。人事浹，王道備。」

追古貴信，結言而已，追古，即反古意。不至用牲盟而後成約。故曰：齊侯衛侯胥命於蒲。襄三十年傳。列

宋伯姬曰：「婦人夜出，傅母不在，不下堂。」女宋恭伯姬傳：「君子曰：禮，婦人不得傅母，夜不下堂，行必以燭。伯姬之謂也。詩云：淑慎爾止，不愆於儀。伯姬

故春秋善胥命，而詩非屢盟，其心一也。」可謂不失儀矣。」漢書張敞傳，奏諫皇太后遊獵云：「禮，君母出門則乘輜輧，下堂則從傅母。」藝文類聚二十三引魏荀

爽女誡云：「聖人制禮以隔陰陽，七歲之男，王母不抱，七歲之女，王父不持。親非父母，不與同車，親非兄弟，不與同筵。是故宋伯姬遭火不下堂，知必爲災，傅母不來，遂成於灰。春秋書之，以爲高也。」唐獨孤及議盧奕謚云：「伯姬待母而火死，先禮後身也。」

曰：古者周公東征，則西國怨。 盧云：「見僖四年傳。亦當并引『西征則東國怨』一句，文脫耳。」凌云：「『曰』上當有傳字。」 輿案：荀子王制篇：「故周公南征而北國怨，曰：『何獨不來也？』東征而西國怨，曰：『何獨後我也？』」又見呂覽古樂篇。

桓公曰：無貯粟，無鄣穀，無易樹子，無以妾爲妻。 僖三年傳。

宋襄公曰：「不鼓不成列，不阸人。」 僖二十二年傳。

莊王曰： 盧云：「上當有楚字。」 **古者杆不穿，皮不蠹，則不出。** 宣十二[一一]年何注云：「杆，飲水器。穿，敗也。皮，裘也。蠹，壞也。言杆穿皮蠹，乃出四方。古者出四方朝聘征伐，皆當多少圖有所喪費，然後乃行爾。言甲楯不必堅強，欲以德禮勝人。喻已出征伐，士卒死喪固其宜也，不當以是故滅鄭。」孔廣森云：「杆，盂也。皮，裘也。」姚鼐云：「杆，蓋杆之誤，即干櫓。皮所藏而蠹，幣有餘也。此與漢書粟陳腐不可食，錢貫朽不可校，其喻相類。言師出則費財，故國必餘富，然後敢從四方之事。」王闓運云：「杆，牟也。禮記所謂敦牟，夏日所用。皮，冬日之服。言出必經時也。」 案：孔說爲長，姚說迂甚。

君子篤於禮，薄於利，要其人不要其土，告從不赦，不祥。 盧云：「見宣十二[一二]年傳。不祥，作不詳。何注云：『善用心曰詳。』」然詳古亦與祥通用，或此書自作祥字。凌云：「祥，詳通作。淮南說林訓『六畜生多耳目者不詳』高注：『詳，善也。』爾雅：『祥，善也。』」 **強不陵弱。**

齊頃公弗死視疾， 成八年傳。 **孔父正色而立於朝，人莫過而致難乎其君，** 桓二年傳。 **齊國佐不辱君命而尊**

〔一一〕「十二」原誤「十三」，據公羊傳宣公十二年改。

〔一二〕「十二」原誤「十三」，據公羊傳宣公十二年改。

齊侯，見成二年傳。此春秋之救文以質也。義見玉杯篇。

太史公高祖贊曰：「夏之政忠，忠之敝，小人以野，故殷人承之以敬。敬之敝，小人以鬼，故周人承之以文。文之敝，小人以僿，故救僿莫如以忠。三王之道若循環，終而復始。」

周秦之間，可爲文敝矣。秦政不改，反酷刑法〔一〕，豈不謬乎？後漢張敏傳：「臣聞師言，救文莫如質。」並用春秋說。

案：文質有以禮言者，有以政言者。孔子筮賁而不樂，林放問本而深贊，以禮言也。史公酷刑之說，此篇亡秦之鑒，以政言也。強暴之過謂之文敝，則知寬柔之過謂之質敝，可以得其相救之用矣。救文以質，見天下諸侯所以失其國者亦有焉。以下言不從質之失。

宣十五年傳。吳王夫差行強於越，臣人之主，妾人之妻，潞子欲合中國之禮義，離乎夷狄，未合乎中國，所以亡也。曰：『君王亡臣勾踐，使陪臣種敢告下執事：勾踐請爲臣，妻爲妾。』〇主，天啟本作王。史記越王勾踐世家：「勾踐令大夫種行成于吳。曰：『君王亡臣勾踐，使陪臣種敢告下執事……』」孫詒讓云：「其，當爲甚。」〇官本云：「夷，他本作失。」長王投死，於亡，宗廟夷，社稷滅。其可痛也。事並見史記吳世家。卒以自戲，豈不哀哉！

晉靈行無禮，處臺上彈羣臣，枝解宰人而棄之，宣六年傳。漏陽處父之謀〔三〕，使陽處父死。文六年傳。及患趙盾〔四〕之諫，

〔一〕「反酷刑法」，原誤「反用酷刑」，據史記高祖本紀改。

〔二〕「本」字原重，據文義刪。

〔三〕「謀」字，凌本作「諫」。

〔四〕「趙盾」，凌本、叢刊本作「趙穿」，同官本。下同。

欲殺之，卒爲趙盾所弑〔二〕。盧云：「弑靈公者趙穿，此蓋從春秋所書。」○官本作趙穿，弑，作殺，云：「穿，他本誤作盾。殺當作弑。」晉獻公行逆理，殺世子申生，張斐律表云：「逆節絕理，謂之不道。」案：申生雖爲自殺，然因獻公而死，故以殺歸之。事見左、穀及説苑節士篇，畧有異同。以驪姬立奚齊、卓子，「立」下疑有故字。皆殺死，國大亂，四世乃定，奚齊、卓子、惠公，至重耳乃定。淮南精神訓：「獻公豔驪姬之美，而亂四世。」幾爲秦所滅，事在僖十五年。○天啟本無「滅」字，注云：「此下疑少一字。」從驪姬起也。○天啟本注云：「從」一作「徒」，非。楚平王行無度，定四年傳。○天啟本作「昭王」，注云：「非」。凌本同。殺伍子胥父兄。蔡昭公朝之，因請其裘，昭公不與。舉兵加楚，大敗之。吳王非之，白虎通號篇：「蔡侯無罪，而拘於楚。吳有憂中國心，興師伐楚，諸侯莫敢不至。」貪暴之所致也。晉厲公行暴道，殺無罪人，一朝而殺大臣三人。明年，君舍乎君室，大夫舍乎大夫室，妻楚王之母，定四年傳。天啟本「王」作君，凌本同。臣下畏恐，晉國殺之。成十七年：「晉殺其大夫郤錡、郤犨、郤至。」十八年：「晉殺其大夫胥童。」庚申，晉弑其君州蒲。」何注：「厲公猥殺四大夫，臣下人人恐見及，以致此禍。」陳侯佗淫乎蔡，蔡人殺之。桓六年傳。古者諸侯出疆必具左右，備一師，以備不虞。後漢光武十王臨淮懷公衡傳。顯宗報曰：「凡諸侯出境，必備左右。」○官本云：「一，他本作二。」今陳侯恣以身出入民間，至死閭里之庸，甚非人君之行也。閭

〔二〕「弑」字，凌本、叢刊本作「殺」同官本。

里之庸，謂閭里備作之人。庸，與備同，或稱市庸，或稱里庸，以地別耳。史記田〔一〕敬仲完世家：「厲公既立，娶蔡女，蔡女淫於蔡人，數歸。厲公亦數如蔡。」桓公之少子林，怨厲公殺其父與兄，乃令蔡人誘厲公而殺之。」林自立，是爲莊公。厲公之殺，以淫出國。故春秋曰：『蔡人殺陳佗。』罪之也。」又見陳世家。桓十一年何注：「蔡侯，稱叔者，不能防正其姑姊妹，使淫於陳佗。」○陳侯，各本竝誤作蔡侯，今正。官本云：「他本無『民間』二字。」**宋閔公矜婦人而心妬，與大夫萬博。** 萬譽魯莊公曰：「天下諸侯宜爲君者，唯魯侯爾。」閔公妬其言，曰：「此虜也，爾虜焉故。** 萬怒，搏〔三〕閔公絶脰。此以與臣博之過也。** 說文：「博，局戲也，六箸十二棋也。」事見莊十二年傳。何注：「傳本道此者，極其禍生於博戲，相慢易也。」古者人君立於陰，大夫立於陽，所以別位，明貴賤。** 如君南面，臣北面，君西面則臣東面，不同嚮而立。禮郊特牲：「君之南鄉，答陽之義也。臣之北面，答君也。」白虎通天地篇：「所以左旋右周者，猶君臣相對之義也。」又云：

〇知魯侯之美惡乎」爲一句，無『至』字句絶。惡，音烏。」俞云：「按莊十二年公羊傳作：『爾虜焉知，魯侯之美惡乎至，七字爲句。』傳文『故』字蓋知公羊以故字、至字句絶。惡，音烏。此文致字當從傳作至，古字通也。爾虜焉知，四字爲句，魯侯之美惡乎至，七字爲句。惡，音烏。至，猶甚字之誤。」此文致字當從傳作至，古字通也。

〇輿案：故，作知，至，作致，是。致，屬下讀。於義爲長。

「此虜也，爾虜焉故。魯侯之美惡乎至？」〇盧云：「此依公羊莊十二年傳文。今大典本有至字。自當從公羊莊十二年公羊傳作：『爾虜焉故，魯侯之美惡乎至？』傳文『故』字蓋知焉知魯侯之美惡乎」爲一句，無『至』字。此書舊本至作致，餘與外傳同。惡，當音烏落切。韓詩外傳八〔二〕作『爾虜也』。

〔一〕「田」字，據史記補。
〔二〕「八」字，原誤「文」，據盧本及韓詩外傳改。
〔三〕「搏」字，原作搏，據公羊傳莊公十二年改。

「日月五星，比天爲陰。故左行右行者，猶臣對君也。」案：此知古者正朝，君臣皆立，今所傳周公輔成王圖可證。

坐朝見荀子，殆起於戰國人君之佚志與？ 今與臣相對而博，置婦人在側，此君臣無別也。故使萬稱

他國卑閔公之意，〈他國〉下疑有「君」字，「卑」上疑有「有」字。 閔公藉萬而身與之博，下君自置。謂

失其君之尊。 有辱之婦人之房，有、又同。 俱而矜婦人，俱，謂與同處。敵，適同。 獨得殺死之道也。 春秋傳

曰：「大夫不適君。」遠此逼也。 宣十二年傳：「大夫不敵君。」〇官本云：「他本『逼』作過。」梁

内役民無已。 〇役，天啟本注云：「一作取。」 其民不能堪，使民比地爲伍，一家亡，五家殺刑。僖

十九年傳：「其自亡奈何？ 魚爛而亡也。」何注：「梁君隆刑峻法，一家犯罪，四家坐之。」周禮地官：「令五家爲比，使

者。」 案：史記高祖紀集解，張晏云：「秦法一人犯罪，舉家及鄰伍坐之，蓋由梁法。」一國之中，無不被刑

之相保。」先鄭注：「保，猶任也。」疏云：「使五家爲一比，則有下士爲比長主之，使五家相保，不爲罪過。蓋有勸善之

意，而無坐惡之條。今逃亡連坐，違周法矣。」五家，當從何注作四家，其一家亡者，不能追坐，故下文云「先亡者封」。

其民曰：「先亡者封，後亡者刑。君者將使民以孝於父母，順於長老，守丘墓，承宗廟，世世

祀其先。今求財不足，行罰如將不勝，殺戮如屠，〇天啟本注云：「屠，一作從。」仇讐其民，魚爛

而亡，〇盧云：「本作則亡。」〈大典作而止。〉 〈興案：〈大典〉本止爲「亡」之誤。則，作「而」是。今從官本改。〉 國中

盡空。 春秋曰：「〈梁亡。〉」亡者自亡也，非人亡之也。上敍陳、宋、梁三事，文體一律，疑與下爲別一篇

文。 虞公貪財，不顧其難，快耳悦目，受晉之璧，屈產之乘，假晉師道，還以自滅。 宗廟破毀，社稷不祀，身死不葬，僖五年：「晉人執虞公」貪財之

「虞公終假之道以取虢，還四年反取虞」

所致也。故春秋以此見物不空來，寶不虛出，自內出者，無匹不行，自外至者，無主不止，

盧云：「此二句見宣三年傳，是論祭天地宗廟之事耳。以證虞事，殊不倫，必有舛誤。」輿案：二句又見白虎通郊祀篇，自是古語，不必專論祭祀，蓋亦内感外應之旨。傳引以見配祖之意。祖者，誠之所及，天則藉祖以達其誠耳。此文亦謂功效之相因，先有欲利之緣，然後有取敗之道。故上云「物不空來，寶不虛出」，下云「此其應也」。莊子天運篇：「中無主而不止，外無止（當爲匹。）而不行。由中出者不受於外，聖人不出。由外入者無主於中，聖人不隱。名，公器也，不可多取。」又則陽篇云：「是以自外入者，有主而不執。由中出者，有匹而不距。」淮南原道訓：「故從外入者，無主於中不止。從中出者，無應於外不行。」與此處文義正合，不必定屬祭祀言。

乾谿有物女，俞云：「漢書郊祀志：『有物曰蛇。』注：『物謂鬼神。』東平思王宇傳：『或明鬼神，信物怪。』注：『物亦鬼。』然則物女殆亦鬼神之類。」輿案：張良傳贊：太史公曰：「學者多言無鬼神，然言有物。」物怪與鬼神對舉，不得即以爲鬼神。意廣以武，不顧其行，句。盧所美，内罷其衆。罷，讀爲疲。盧，字疑誤。水盡則女見，水滿則不見。楚國大怨。○官本云：「他本『怨』作怒。」昭十四楚靈王行强乎陳蔡，昭八年，楚滅陳。十一年，滅蔡。靈王舉發其國而役，三年不罷，昭十三年傳：「靈王爲無道，作乾谿之臺，三年不成。」昭十三年：「靈王奪成然邑，而使爲郊尹。四族人楚，蔓成然其一也。」昭十有，又同。殺無罪臣成然，據左昭十三年傳：「靈王殺其一也。」昭十四年，平王殺之〔二〕。今云靈王殺，與左異。史記楚世家：「郹公之弟懷曰：『平王殺吾父。』」集解：「服虔曰：『父，蔓成

〔二〕「平王殺之」，左傳昭公十四作「楚子殺鬪成然」。

然。」是古文說以爲平王殺也。楚國大懣。懣，憤也。公子棄疾卒令靈王父子自殺而取其國。左昭十

三年傳：「王聞羣公子之死也，自投於車下。」○凌本無「父子」二字。虞不離津澤，農不去疇土，而民相愛

也。言取之易。凌本無「而民相愛也」五字。此非盈意之過耶？盈意，猶言縱欲滿志。魯莊公好宮室，

一年三起臺。夫人内淫兩弟，凌云：「謂牙與慶父。」興案：見莊二十七年傳。漢書五行志：「嚴公十八

年日食，仲舒以爲宿在東壁，魯象也。後公子慶父叔牙果通于夫人，以弒公。」又：「嚴公二十六年日食，劉向以爲時戒

侵曹，魯夫人淫于慶父叔牙，將以殺君。故比年再蝕以見戒。」又云：「公子慶父叔牙果通于夫人以劫公。」弟兄子父

相殺。莊公殺公子牙，是兄弟相殺。慶父殺子般閔公，是子父相殺。古者從父與兄弟之子通稱父子。故蕭同姪子，

左氏傳直稱叔子。漢疏廣傳：「父子並爲師傅」，蔡邕傳：「欲陷臣父子」，是也。國絕莫繼，爲齊所存，閔二年：「齊

高子來盟」，傳：「莊公死，子般弒，閔公弒，比三君死，曠年無君。設以齊取魯，曾不興師，徒以言而已矣。桓公聞之，使高子存之。男

將南陽之甲，立僖公而城魯。」管子小匡篇：「魯有夫人、慶父之亂，而二君弒死，國絕無後。桓公聞之，使高子存之。男

女不淫，馬牛選具，執五以見，請爲關内之侯，而桓公不使也。」夫人淫之過也。妃匹貴妾，可不慎邪？此

皆内自强從心之敗已，謂私心自用，不稽古，不從賢。見自强之敗，尚有正諫而不用，卒皆取亡。

曹羈諫其君曰：「戎衆以無義，君無自適。」莊二十四年經〔二〕：「戎侵曹」，傳：「曹羈諫曰：『戎衆以

無義，君請勿自敵也。』曹伯曰：『不可。』」適，天啟本注云：「一作敵。」○適，與敵同。君不聽，果死戎寇。伍

〔二〕「經」字，原誤「傳」，據凌本及春秋改。

子胥諫吳王，以爲越不可不取。吳王不聽，至死伍子胥。〔致子胥於死。〕還九年，越果大滅吳國。〔據史記吳世家，夫差十一年子胥死，二十三〔二〕年越滅吳，則去子胥死十二年矣。〕秦穆公將襲鄭，百里、蹇叔諫曰：「千里而襲人者，未有不亡者也。」穆公不聽。師果大敗殽中，匹馬隻輪無反者。

〔○俞云：「僖三十三年公羊傳『匹馬隻輪無反者』釋文：『一本作易輪。』董仲舒云：『車皆不還，故不得易輪轍。』然則董子原文必作易輪。今作隻者，後人所改也。惟不易輪轍之義，殊爲迂曲，今按易者析之叚字，析、易疊韻，故蝘蜓名蜥蜴，而詩節南山『胡爲虺蜴』，說文蟲部引作『胡爲蝘蜥』。然則易之通作析，猶蝘蜴之通作蜥矣。說文木部：『析，破木也。』其字亦或作枡。張選碑『陽氣厥枡』是也。又或作㭊，魯峻碑『㭊薪弗荷』是也。枡、㭊竝從片，則析竝輪猶片輪也，與之稱匹，正同一律，較隻輪之文爲優矣。」然則董子所見傳文如此，必當有說。興案：釋文所引，魯峻碑『㭊薪弗荷』，不似今董子文。〕

晉假道虞，〔○盧云：「『本或重「道」字。』凌云：『下道字讀導。』」〕虞公許之。宮之奇諫曰：「屑亡齒寒，虞虢之相救，〔虢，當從傳作郭。〕非相賜也。君請勿許。」虞公不聽，後虞果亡於晉。〔僖二年傳。案：此事一篇兩見。○「於」下各本脫「晉」字，今補。〕春秋明此，存亡道可觀也。〔○凌云：「『道』上當有之字。」〕觀乎蒲社，〔○蒲，天啟本作薄。〕知驕溢之罰。觀乎許田，知諸侯不得專封。觀乎齊桓、晉文、宋襄、楚莊，知任賢奉上之功。觀乎魯隱、祭仲、叔武、孔父、荀息、仇牧、吳季子、公子目夷，知忠

〔三〕「二十三年」，原誤「三十二年」，據史記改。

臣之效。[僖二十八年傳:「何賢乎叔武? 讓國也。」]觀乎楚公子比,知臣子之道,效死之義。觀乎潞

子,知無輔自詛之敗。[盧云:「『詛』字或是沮字。」凌云:「釋名:詛,阻也。」俞云:「詛,當讀爲作,言無無輔而自作也。詩蕩篇『侯作侯祝』,釋文:『作本作詛。』蓋作、詛雙聲,古得通用耳。」]觀乎公在楚,知臣子之恩。

觀乎漏言,知忠道之絕。[臣效忠而君漏言以喪其身,則敢言者少,故曰忠道絕。]觀乎獻六羽,○[天啟本無「獻」字。]知上下之差。觀乎宋伯姬,知貞婦之信。觀乎吳王夫差,知強陵弱。觀

乎晉獻公,知逆理近色之過。觀乎楚昭王之伐蔡,知無義之反。觀乎晉厲之妄殺無罪,知

行暴之報。觀乎陳佗宋閔,知妬淫之禍[一]。○[天啟本「妬」作嫉,凌本同。]觀乎虞公、梁亡,知貪

財枉法之窮。觀乎楚靈,知苦民之壞。[盧云:「壞,猶傷也。」隱三年『日有食之』,穀梁傳曰:『吐者外壞,食者内壞。闕然不見其壞,有食之者也。」一曰壞與傷通]觀乎魯莊之起臺,知驕奢淫泆之失。觀乎衛

侯朔,知不即召之罪。觀乎執凡伯,知犯上之法。觀乎晉郤缺之伐邾婁,知臣下作福之

誅。[文十四年:「晉人納接菑于邾婁,弗克納。」傳:「此晉郤缺也。其稱人何? 貶。曷爲貶? 不與大夫專廢置君

也。」]觀乎公子翬,知窺君之意。[隱四年傳:「公子翬諂乎隱公,謂隱公曰:『百姓安子,諸侯說子,盍終爲君矣。』隱公曰:『否。吾使修塗裘,吾將老焉。』公子翬恐若其言聞乎桓,於是謂桓公曰:『吾爲子口隱矣。』隱曰:『吾

[一]「禍」字,凌本、叢刊本作「過」。

一二六

不反也。」桓曰：「然則奈何？」曰：「請作難，弑隱公。」○天啟本注云：「窺」一作規。觀

乎世卿，知移權之敗。隱三年[一]：「尹氏卒。」傳：「譏世卿。世卿[二]非禮也。」注：「為其秉政久，恩德廣

大，小人居之，必奪君之威權。故尹氏立王子朝，齊崔氏弑其君光[三]，君子疾其末則正其本。」故明王視於冥冥，

聽於無聲，天覆地載，天下萬國，莫敢不悉靖其職受命者，其天啟本作共，是。凌本同。案：鹽

鐵論孝養篇：春秋曰：「士守一不移，循理而不外援，共其職而已。」「悉靖」二字，疑有一誤。不示臣下以知之至

也。朝廷宣示風旨，一秉於正而已。縱一己之欲，與千百姓之譽，其敝皆足啟民臣輕侮之漸，褻主尊而長亂萌，

不示人知，非徒為不可測也，以抑天下之囂凌而圖治安也。莊子天地篇論王德云：「視乎冥冥，聽乎無聲。冥冥之中，

獨見曉焉，無聲之中，獨聞和焉。故深之又深，而能物焉，神之又神，而能精焉。」淮南俶真訓：「是故聖人託其神於靈

府，而歸於萬物之初。視於冥冥，聽於無聲。冥冥之中，獨見曉焉，寂寞之中，獨有照焉。其用之也，其不用

也，而後能用之。其知也乃不知，其不知也而後能知之也。」與此文意大同。故道同則不能相先，情同則不能

相使，此其教也。養其威而不襲，順於理而勿肆，嚴上下之差，定是非之正，道自高，情自善矣。若以智術相勝，使

天下有輕量朝廷之思，雖故示不測，而人終得而測之。貌相為使而情不屬，罔以馭羣倫，保至尊，非古明王之教也。管

子明法解：「主行臣道則亂，臣行主道則危。故上下無分，君臣共道，亂之本也。」故明法曰：「君臣共道則亂。」莊子

[一]「三年」原誤「元年」，據公羊傳隱公三年改。

[二]「世卿」據凌本及公羊傳補。

[三]「光」字原誤「也」，據凌本及公羊傳何休注改。

天道篇：「上无爲也，下亦无爲也，是下與上同德，下與上同道則不臣。下有爲也，上亦有爲也，是上與下同道，上與下同道則不主。上必無爲而用天下，下必有爲爲天下用，此不易之道也。」竝與此義相發。

由此觀之，未有去人君之權，能制其勢者也：移權於臣，則有僭竊之患：移權於民，亦啟爭奪之禍。天下有重臣，亦有權臣。天下有賢民，亦有莠民，大權下移，必爲强者所持，良懦無以自立，相忌相殘，而内難以作，民受其殃矣。迨釀亂已深，朝廷即欲制之，勢已去而威令不行，蓋無倖者。

故曰：爲人君者，固守其德，以附其民；固執其權，以正其臣。（本書保位權。）管子亦云：「威下繫於民，而求上之無危，不可得也。」（重令。）又云：「人君失勢，則臣制之矣。」（法法。）是以衛侯之結寧氏，祭則寡人；唐世之立節使，遣問軍中。君若贅旒，亂亡相屬，可以鑒矣。**未有貴賤無差，能全其位者也。故君子慎之。**貴賤平等，大亂之由。○盧云：「此篇逐便即言，錯雜無次，疑出後人所采輯。」

輿案：自「故明王」以下，疑是立元神篇文。

春秋繁露義證卷第五

滅國上第七 錢云：「此本一篇，不當分。」

王者，民之所往。白虎通號篇：「王者，往也，天下所歸往。」韓詩外傳：「王者，往也，天下往之謂之王。」春秋元命苞：「王者，往也，神之所輸向，人之所樂歸。」案：王、往雙聲，未有民不嚮往而能爲王者。君者，不失其羣者也。周書諡法篇：「從之成羣曰君。」荀子王制篇：「能以使下謂之君，君者，善羣也。」呂覽長利篇：「君者，可聚也，君道篇：「君者何也？能羣也。」韓詩外傳：「君者，羣也。」白虎通三綱篇：「君，羣也，羣下之所歸心也。」利之出於羣也，君道立也。故君道立則利出於羣。案：君、羣疊韻。古者君以羣爲義。故爾雅以林烝訓君字，而自稱曰孤、寡、不穀。又曰余一人。見不敢君民之心，又不敢必天下之羣己，故孫言之。○天啟本無「也」字。故能使萬民往之，而得天下之羣者，無敵於天下。弑君三十六，亡國五十二。○盧云：輿案：「弑君」上疑奪「春秋」二字。舊本作失國之君三十一，亡國之君五十二，誤。小國德薄，不朝聘大國，不與諸侯會聚，孤特不相守，獨居不同羣，遭難莫之救，所以亡也。管子云：「國之存亡，鄰

國有焉。」○盧云：「同羣，本或作成羣。」非獨公侯大人如此，生天地之間，根本微者，不可遭大風疾雨，立鑠消耗。〈韓詩外傳：「草木根荄淺，未必撅也。飄風興暴雨墜，則撅必先矣。」說苑建本篇：「樹本淺根垓不深，未必撅也。飄風起，暴雨至，拔必先矣。」〉衛侯朔固事齊襄，而天下患之，〈致王人不能救衛。〉虞虢并力，晉獻難之。〈僖二十年傳：「晉獻揖荀息入而謀曰：『吾欲攻虢則虞救之，攻虞則虢救之，如之何？』」虢，當作「郭」。〉

晉趙盾，一夫之士也，無尺寸之土，一介之眾也。〈○天啟本「一介」上有無字。凌本同。〉而靈公據霸主之餘尊，而欲誅之，〈○天啟本「主」作王。〉推盾之心，載小國之位，孰能亡之哉？〈推盾之心，猶云推赤心置人腹中意。下文云：「所託者誠……」也。」言繻使靈公知盾賢而誠用盾，雖載小國之位，孰能亡之？況於據霸主之尊哉。荀子仲尼篇：「文王載百里地而天下一。」義與此同。彼文楊注不誤，而顧千里以「載」下爲脱之字，誤矣。○官本云：「他本『載』作戴。」〉窮變極詐，詐盡力竭，禍大及身。〈謂終被弒，見宣六年傳。〉所託者誠是，何可禦邪？故伍子胥，一夫之士也，去楚干闔廬，遂得意於吳〔一〕。〈見定四年傳。〉楚王髡託其國於子玉得臣，而天下畏之。〈僖二十八年何注：「子玉得臣，楚之驕蹇臣，數道其君侵中國。」〉及髡殺得臣，天下輕之，〈○凌本「天下」上有而字。〉諸侯見加以兵，逃遁奔走，至於

虞公託其國於宮之奇，晉獻亡之。〈見僖二年傳。〉虞公不用宮之奇，晉獻亡之。存亡之端，不可不知也。〈善用人爲羣之本。〉

〔一〕「遂得意於吳」，凌本、盧本、叢刊本作「遂得意於楚」。

滅亡而莫之救，平生之素行可見也。 不能用賢，由於不能正身，故又咎其素行。 孔子告哀公曰：「取人以身。」

○盧云：「舊本作『逃莫之救』，少八字，今從《大典本》。」隱代桓立，所謂僅存耳，使無駭帥師滅極，內無諫

臣，外無諸侯之救；載亦由是也，宋、蔡、衛國伐之，鄭因其力而取之。 隱十年。「宋人、蔡人、衛人

伐載，鄭人伐取之。」傳：「其言伐取之何？易也。其易奈何？因其力也。因誰之力？因宋人、蔡人、衛人

無以異於遺重寶於道而莫之守，見者掇之也。 鄧、穀失地而朝魯桓，鄧、穀失地，不亦宜乎？ 此

鄧、穀朝魯，在桓七年。 何注：「不月者，失地君朝惡人，輕也。」 案：魯桓弒立，得罪明王，鄧、穀往朝，無賢可知。此

篇首言王往，君羣之義，下乃諄諄於用賢，可見君之得民，惟在任賢以輔政，不在徇衆以干譽。賢者，民之標準也。

滅國下第八

紀侯之所以滅者，乃九世之讎也。 莊四年。 一旦之言，紀侯譖哀公，致烹乎周。 危百世之嗣，故曰大

去。 衛人侵成，隱五年。 案：成，當作盛，下同。 鄭入成，隱十年。 及齊師圍成，莊八年。

三被大兵，終滅，降於齊師。 莫之救，所恃者安在？ 齊桓公欲行霸道，譚遂違命，故滅而奔

莒。 莊十年。 不事大而事小，曹伯之所以戰死於位。 莊二十四年。 諸侯莫助憂者。 幽之會，

齊桓數合諸侯，曹小，未嘗來也。 魯大國，幽之會，莊公不往。 莊十六年公羊經：「公會齊侯、宋公、

陳侯、衛侯、鄭伯、許男、曹伯、滑伯、滕子同盟于幽。」 穀梁無「公」字，有曹伯。 左無公字，無曹伯。 據此則董所見公羊經

實與左同，今本蓋誤衍。齊桓凡兩會幽，其一在二十七年，莊公嘗往，見下文。十六年之會，公不往，知遣微者。戎人乃窺兵於濟西，莊十八年。由見魯孤獨而莫之救也。此時大夫廢君命，專救危者。此閒似有奪誤。

魯莊公二十七年，齊桓爲幽之會，衛人不來。會者宋、陳、鄭。凌本無「之」字。於怒而大敗之。及伐山戎，張旗陳獲以驕諸侯。莊三十一年「齊侯來獻戎捷」傳：「旗獲而過我也。」於是魯一年三築臺，亂臣比三起於內，公子牙弑械成，子般、閔公見弑。夷狄之兵仍滅於外，閔二年「狄入衛」僖二年「城楚丘」傳：「蓋狄滅之。」案：此處魯衛參錯，疑有誤文。衛滅之端，以失幽之會。○官本云：「他本無『失』字。」亂之本，存親內蔽。「亂」上，當有魯字。蔽，疑作敝。亂起家庭，是自敝也。

會齊桓也，附晉又微，晉侯獲於韓而背之，淮之會是也。僖十八年。「邢人、狄人伐衛」僖二十五年。齊桓卒，豎刁易牙之亂作。○凌本「齊桓」作桓公。邢與狄伐其同姓，衛侯燬滅邢是也。僖二十五年。○官本云：「絕，他本作滅。」狄滅之，桓親，庸能親爾乎？是君也，其滅於同姓，衛侯燬滅邢是也。僖二十五年。案：以下文義，似不相屬。○官本云：「衛，他本誤作魏。」齊桓爲幽之會，衛不至，桓怒而伐之。三語已見上。○官本云：「絕，他本作滅。」憂而立之。魯莊爲柯之盟，劫汶陽，莊十三年。魯絕，桓立之。閔二年。

凌本「桓」作威，云：「避宋諱改。」邢杞未嘗朝聘，齊桓見其滅，率諸侯而立之，用心如此，豈不霸哉？　故以憂天下與之。管子大匡篇：「五年，宋伐杞，桓公築緣陵以封之，予車百乘，甲一千。明年，狄人伐邢，邢君出致於齊，桓公築夷儀以封之，予車百乘，卒千人。明年，狄人伐衛，衛君出致於虛，桓公築楚丘以封之，予車三百

乘，甲五千。」又小匡篇云：「桓公憂天下諸侯，天下諸侯稱仁焉。」

隨本消息第九 文似與篇名不應。凌云：「文選幽通賦曹[一]大家注：『人之行各

隨其命。命者神先定之，故爲徵兆於前。雖然，亦在人消息而行焉。天命祐善災

惡，非有爽也。』」歷書：「黃帝建立五行，起消息。」正義：「陽生爲息，陰死爲消。」

顏淵死，子曰：「天喪予。」子路死，子曰：「天祝予。」西狩獲麟，曰：「吾道窮，吾道

窮。」三年，身隨而卒。哀十四年傳：「顏淵死，子曰：『噫！天喪予。』子路死，子曰：『噫！天祝予。』西狩獲

麟，孔子曰：『吾道窮矣。』」注：「祝，斷也。」天生顏淵子路，爲夫子輔佐，皆死者，天將亡夫子之徵。麟者，太平之符，

聖人之類，時得麟而死，此亦天告夫子將沒之徵。故云爾。」階此而觀，階，猶由也，因也。又見奉本篇。天命成

敗，聖人知之，有所不能救，命矣夫。

先[二]晉獻之卒，○各本不提行，今以與上不屬，別爲一節。文似與滅國相類。天啓本「獻」下有公字，凌本

[一]「曹」字，據凌本及文選補。

[二]「先」字上，凌本、盧本、叢刊本有「夫」字。

同。

齊桓爲葵丘之會，再致其集。僖九年。先齊孝未卒一年，魯僖乞師取轂。僖二十六年。○官本云：「他本無『卒』字。」晉文之威，天子再致。先卒一年，魯僖公之心，分而事齊。晉文公卒在僖三十二年。文公不事晉。文十三年：「公如晉，衛侯會於沓，公及晉侯盟。」十四年：「齊侯果會晉大夫於新城。先齊侯潘卒一年，文公如晉，衛侯鄭伯皆不期來。齊侯已卒，諸侯潘卒。六月，公會宋公、陳侯、衛侯、鄭伯、許男、曹伯、晉趙盾。癸酉，同盟於新城。」魯昭公以事楚之故，晉人不入。○官本云：「楚，他本作齊。」楚國强而得意，一年再會諸侯，伐强吳，爲齊誅亂臣，遂滅厲。魯得其威以滅鄫。昭四年：「楚子伐吳，執齊慶封殺之，遂滅厲。九月，取鄫。」○官本云：「他本『威』誤作滅。」其明年，如晉，無河上之難。昭五年：「公如晉。」○凌本「難」作患。先晉昭之卒一年，無難。昭十六年，晉昭卒。十五年：「公如晉。」諸侯會於平丘，謀誅楚亂臣。昭十三年。昭公不得與盟，大夫見執。季孫隱如見執於晉，竝在昭十三年。蓋先晉昭卒三年，已有難矣。此間敍次似與經違。吳大敗楚之黨六國於雞父。昭二十三年：「吳敗頓、胡、沈、蔡、陳、許之師於雞父。」公如晉而大辱，己不自立而事人，鮮足恃者。春秋爲之諱而言有疾。見昭二十三年：「公如晉，至河，有疾乃復。」傳：「自昭公二年、十二年、十三年、二十一年如晉，皆至河乃復，至此而五矣。」以上皆以魯爲主文。由此觀之，所行從不足恃，所事者不可不慎。此亦存亡榮辱之要也。晉滅赤狄潞氏及甲氏留吁。宣十六年：「晉滅赤狄甲氏及留吁。」十八年：先楚莊王卒之三年，盧云：「楚莊王亦當作楚子旅。」○天啟本「卒之」作之卒。

「楚子旅卒。」先楚子審卒之三年，鄭服蕭魚。襄十一年：「伐鄭，會於蕭魚。」十三年：「九月，楚子審卒。」晉侯周卒一年，襄十五年：「晉侯周卒。」盧云：「此六字上下疑有訛脫。」先楚子昭卒之二年，○盧云：「舊本作之卒年，訛。」與陳蔡伐鄭而大克。襄二十六年：「楚子、蔡侯、陳侯伐鄭。」二十八年：「楚子昭卒。」其明年，楚屈建會諸侯而張中國。襄二十七年。卒之三年，凌云：「三，當作明。」諸夏之君朝於楚。襄二十九年。公在楚。楚子卷繼之，四年而卒。昭九年。其國不爲侵奪，而顧隆盛強大，中國不出年餘，下當有脫文。楚子卷卒之三年，楚靈王會諸侯於申，伐吳滅厲，當指其事。兵四五出，常者也，天下之疾其君者，皆赴愬而乘之。孟子：「天下之欲疾其君者，皆欲赴愬於王。」中國內乖，齊、晉、魯、以眾擊少，以專擊散，義之盡也。○官本云：「他本無『小』字。」○凌本「四」下衍「十」字。衛之兵分守，大國襲小。○天啟本「以」作已。先卒四五年，昭九年。諸夏再會陳儀，齊不肯往。襄二十四年，會於陳儀，次年再會，齊皆不與。吳在其南，而二君殺，襄二十五年，吳子謁見殺於巢門。二十九年，閹殺餘祭。凌云：「殺，當作弒。」下同。中國在其北，而齊衛殺其君，襄二十五年：「齊崔杼弒其君光。」二十六年：「衛寧喜弒其君剽。」慶封劫君亂國，石惡之徒聚而成羣，襄二十七年傳：「曷爲殆諸侯？爲衛石惡在是也。曰惡人之徒在是矣。」衛衎據陳儀而爲援，襄二十五年傳。「陳儀者何？衛之邑也。曷爲不言入於衛？緩君以弒也。」林父據戚而以畔，襄二十六年。宋公殺其世子，襄二十六年。魯大饑。襄二十四年。中國之行，亡國之迹也。「先楚莊王卒」至此，以楚爲主文。譬如於文宣之際，○官本云：「他

本無「於」字。中國之君，五年之中五君殺。文十四年，齊商人弑舍。十六年，宋弑杵臼。十八年，齊弑商人。

子卒，莒弑庶其。以晉靈之行，使一大夫立於斐林，見宣元年。○盧云：「春秋本或作斐林，凌本同。

云：斐，本又作棐。是公羊本亦有作棐林者，一本作菫林，誤。」輿案：天啟本作棐林，凌本同。拱揖指撝，諸

侯莫敢不出，此猶隰之有泮也。以晉譬楚，言皆乘中國喪亂，得諸侯歸附。當是時，諸侯之視晉楚，猶隰之有

泮，若泛水得涯也。詩「隰則有泮」，鄭箋云：「泮，讀爲畔。畔，涯也。言淇與隰皆有崖岸以自拱持。今君子放恣心意，

曾無所拘制。」案：董引此語，不必定符本義，然鄭箋「拱持」二字，取於此。荀子富國篇：「拱揖指揮，而強暴之

國莫不趨使。譬之是猶烏獲與焦僥搏〔一〕也。」語意與此同。議兵篇作「拱揖指麾」。淮南覽冥訓：「拱揖指麾，而海

內賓服。」○天啟本「泮」作拔。注云：「一作『濕之有泮』。」

盟會要第十 凌云：「總目作會盟要。」隱元年注：「凡書盟者，惡之也，爲其約誓太

甚，朋黨深，背之生患禍重，脅命於蒲，善近正是也。凡書會者，惡其虛內務，恃

外好也。古者諸侯非朝時不得踰境。」

至意雖難喻，蓋聖人者貴除天下之患。世日積而天下之患多，聖人先除其患，患除而利生矣。荀子

〔一〕「搏」字，原誤「摶」，據荀子改。

不苟篇：「國亂而治之者，非案亂而治之之謂也，去亂而被之以治。人汗而修之者，非案汗而修之之謂也，去汗而易之以修。故去亂而非治亂也，去汙而非修汙也。」又大畧篇云：「天子即位，上卿進曰：『如之何憂之長也？』能除患則爲福，不能除患則爲禍。」

貴除天下之患，故春秋重，而書天下之患徧矣。言書天下之患詳也。○盧本「徧」作徧。今從凌本。

以爲本於見天下之所以致患，其意欲以除天下之患，何謂哉？見天下之所以致患，示鑒而已，欲以除患，則撥亂反正之義。○官本云：「他本無『之』字。」凌云：「『者』字當在『何謂』上。」

天下者無患，然後性可善；性可善，然後清廉之化流；清廉之化流，然後王道舉。禮樂興，其心在此矣。傳曰：諸侯相聚而盟。性本有善端，先滌其奇衰，然後養育之道正，可以永矯其善。○官本云：「他本『盟』作明。」

君子修國曰：此將率爲也哉。俞云：「『修國』二字，當在『也哉』之上。君子曰此將率爲修國也哉，言將相率而修治其國也。上文曰：『以爲本於見天下之所以致患，其意欲以除天下之患。』夫諸侯相聚而盟，固欲相率而修治其國，其意本以除天下之患，即在於此。此春秋所以善脅命也。率，疑『奚』之誤，言」輿案：修國，疑當作修之。君子修之者，聖人之意也。語見莊七年傳。『修國』二字誤倒在上，則文不可通。

君子以天下爲憂也，患乃至於弒君三十六，亡國五十二，細惡不絶之所致也。○天啟本「六」作「一」。凌本同。桓三年何注：「桓公功德隆盛，諸侯咸曰：『無言不從，曷爲用盟哉？』」語意正同。或云，君子修國，亦通。言君子治國不用此也。是以世衰道喪，而後有聚盟之事。桓三年傳：「古者不盟，結言而退。」穀梁隱八年傳：「誥誓不及五帝，盟詛不及三王，交質子不及二伯。」此云將奚爲者，亦春秋譏參盟意也。重政篇云：「君子之所甚惡也，奚爲哉？」語意正同。相聚而盟，不與弒君亡國相期也。自君子觀之，患乃伏於彼，微矣哉。語亦見王道篇。辭已喻矣，

除患之辭已喻，乃進而正天下。 故曰：立義以明尊卑之分，強幹弱枝以明大小之職，[尚書大傳：「諸侯之義，非天子之命，不得動衆起兵殺不義者，所以強幹弱枝，尊天子，卑諸侯也。」白虎通誅伐篇同。春秋漢含孶：「強幹弱流天之道。」宋注：「流，猶枝也。」]賈誼陳政事疏：「令海内之勢，如身之使臂，臂之使指，莫不制從。諸侯之君，不敢有異心，輻輳而歸命天子。」太史公漢興以來諸侯王[一]年表序云：「漢郡八九十，形錯諸侯間，犬牙相臨，秉其阨塞地形，彊本幹弱枝葉之道也，尊卑明而萬事各得其所矣。」立本春秋義。 別嫌疑之行，以明正世之義，[正世之義，亦見王道篇。 采摭託意，以矯失禮。[采摭古人之行事，貶之褒之，於受者之身無與也。託意微眇，矯來者之失禮耳。 善無小而不舉，惡無小而不去，以純其美。[舉小善使之擴充，去小惡絕其萌芽。新語術事篇：「春秋上不及五帝，下不及三王，述齊桓晉文之小善，魯之十二公，至今之為政，足以知成敗之效，何必於三王。」 別賢不肖以明其尊。 親近以來遠，[語亦見王道及十指篇。 因其國而容天下，[雖有内外之分，而無相殘之見。語亦見俞序篇。 ○天啟本注云：「因，亦作自。」]名倫等物不失其理。[見精華篇。 公心以是非，賞善誅惡而王澤洽，始於除患，正一而萬物備。[始於除患，終於反正。荀子不苟篇：「千人萬人之情，一人之情是也。」又云：「推禮義之統，分是非之分，總天下之要，治天下之衆，若使一人。故操彌約而事彌大。五寸之矩，盡天下之方也。 故君子不下室堂，而海内之情舉積此者，則操術然也。」] 故曰大矣哉其號，[大矣哉春秋之名號。○天啟本「號」作別。 兩言而管天下。 此之謂也。[兩言，謂褒貶管鍵也。荀子儒效篇：「聖人者，道之管也，天下之道管是

[一]「王」字，據史記補。

正貫第十一 凌云：「荀子：『百王之無變，足以爲道貫。一廢一起，應之以貫，理

貫不亂。不知貫，不知應變，貫之大體未嘗亡也。亂生其差，治盡其詳，故道之

所善，中則可從，畸則不可爲。』」

春秋，大義之所本耶。治天下之大義，出於春秋。六者之科，六者之恉之謂也。然後援天

端，隱元年疏：「天端，即春也。」布流物，而貫通其理，則事變散其辭矣。本之天，布諸萬物，以貫其理，

因而散著其辭於事變。故志得失之所從生，而差貴賤之所始矣。貴賤之差明則得失

之所從生，而知天地尊卑之義。論罪源深淺，定法誅，然後絕屬之分別矣。論罪本之深淺，定法誅之輕

重，宜絕宜續，因而別之。立義定尊卑之序，而後君臣之職明矣。春秋立義甚多，尤以辨上下爲吼。語又

見上篇。載天下之賢方，表謙義之所在，方，法也。賢方，猶賢法。謙義，即讓德。春秋首隱公，貴讓是也。

○盧云：「天下，舊本作定下。謙義，本亦作兼義。」則見復正焉耳。復正，亦見王道篇。幽隱不相踰，而近

之則密矣。踰，疑作諭，言幽隱之與顯明不相諭也；而聖人智究天人，亦可引而近之，以致其密。句中疑尚有誤字。

而後萬變之應無窮者，○盧云：「變，大典本作物。」故可施其用於人，而不悖其倫矣。幽贊神明，彌

綸萬變，故施諸人而不悖。是以必明其統於施之宜，故知其氣矣，然後能食其志也；志生於氣。食，猶養也。知其聲矣，而後能扶其精也；精不可見，於聲驗之。知其物矣，然後能別其情也。物，事也。本其事因行之所安，而後能暢遂其形質。○盧云：「形，舊本作刑。」知其行矣，而後能遂其形也；審其履別其情。故倡而民和之，動而民隨之，是知引其天性所好，而壓其情之所憎者也。引其天性所好，謂引之於善。淮南泰族訓：「先王之制法也，因民之所好而爲之節文者也。因其好色而制昏姻之禮，故男女有別。因其喜音而制雅頌之聲，故俗不流。因其寧家室，樂妻子，教之以順，故父子有親。因其喜朋友，而教之以悌，故長幼有序。然後修朝聘以明貴賤，饗飲習射，以明長幼，時蒐振旅，以習用兵也。入學庠序，以修人倫。此皆人之所有於性，而聖人之所匠成也。」如是則言雖約，說必布矣；○天啟本注云：「說，一作德。」事雖小，功必大矣。聲響盛化運於物，散入於理，有一物即有一理，聖人因其散著而聚之，握其本統以施諸治，則萬物靡不得其理矣。禮樂記：「萬物之理，各以類相動也。」德在天地，神明休集，並行而不竭，盈於四海而訟詠[一]。○盧云：「訟，與頌同。」大典本作頌聲詠。興案：天啟本同大典本。官本云：「頌，他本誤作訟，無聲字。」書曰：「八音克諧，說文繇下引虞書作鱬。無相奪倫，神人以和。」乃是謂也。故明於情性乃可與論爲政，○天啟本無「情」字。不然，雖勞無功。夙夜是寤，凌本「是」作無。思慮惓心，猶不能

〔一〕「訟詠」凌本、叢刊本亦作「頌聲詠」。

睹，故天下有非〔一〕者。此知本之論，言不明情性，為政雖勞，天下猶有非之者。符瑞篇云：「極理以盡情性之宜。」○天啟本作「天不有罪者」。三示當中孔子之所謂非，尚安知通哉！盧云：「文訛難曉。」

十指第十二 此篇六科十指。何休則用三科九旨，殆胡毋生條例別與？

春秋二百四十二年之文，天下之大，事變之博，無不有也。雖然，大畧之要有十指。○官本云：「他本無『之』字。」十指者，事之所繫也，○官本云：「他本無『所』字。」王化之所由得流也。

舉事變見有重焉，一指也。春秋重民。竹林篇云：「戰攻侵伐，必一二書，傷其害所重也。」見事變之所至者，一指也。事發於此，而變見於彼，君子不可不察。因其所以至者而治之，一指也。強榦弱枝，大本小末，一指也。別嫌疑，異同類，一指也。桓〔二〕十八年「葬我先君桓公」，傳：「讐在外也。」何注…「春秋別嫌原情，弊罪於齊，歸恨於莊，不深責婦人。」又閔二年何注：「春秋謹於別尊卑，理嫌疑（義又見前）異同類，蓋謂嚴夷夏之防，自天視之，則人族皆同類也。春秋以禮野之故，別而異之，如吳魯同姓，而鍾離殊會以外之，是其例也。」論賢才之義，別所長之能，一指也。俞云：「義者，宜也。言賢才各有宜。」興案：此即春秋譏世卿

〔一〕「非」字，凌本亦作「罪」。
〔二〕「桓」原作「莊」，據春秋改。

之旨，以見公、卿、大夫、士當論材而官，選賢而用也。親近來遠，同民所欲，一指也。近遠雖殊，民情則一。承周文而反之質，一指也。承文反質，所以救敝。時若實敝，又合反文。木生火，火爲夏，天之端，一指也。火由木而生，百物皆本於春也。春秋首書春，所以正天端也。切刺譏[一]之所罰，考變異之所加，天之端，一指也。春秋之所惡，怪異之所施也。書邦家之過，兼災異之變，以此見人之所爲，其美惡之極，乃與天地流通而往來相應。對策云：「春秋之所譏，災害之所加也。」舉事變見有重焉，則百姓安矣。見事變之所至者，則得失審矣。○官本云：「則得，他本作得則。」因其所以至而治之，則事之本正矣。疾滅國則先貶宋衛之入鄭，治貪鄙則上譏天子之求車，皆正本之意也。隱元年「尹氏卒」，傳：「世卿，非禮也。」僖二十五年「宋殺其大夫」，傳：「何以不名？宋三世內娶也。」何注云：「君子疾其末，故正其本。」強幹弱枝，大本小末，則君臣之分明矣。春秋傳曰：「季子殺其母兄。何善爾？誅不避母兄，君臣之義也。」白虎通誅伐篇：「誅不避親戚何？所以尊君卑臣，強幹弱枝，明善善惡惡之義也。」後漢書[二]宋意傳諫寵三王云：「春秋之義，諸父昆弟，無所不臣，所以尊尊卑卑，強幹弱枝者也。陛下德業隆盛，當爲萬世典法，不宜爲私恩[三]損上下之序，失君臣之正。」興案：春秋作於封建之世，而兢兢天澤之辨，蓋聖人已燭其敝矣。傳開章言大一統，不主封建自明。李斯以制諸侯爲不便，實原春秋說。漢初懲秦孤立之敝，而欲復古。至文帝終采賈誼諸人說，漸削諸王。蓋強幹弱枝之旨，固人主所樂聞。尾大

〔一〕「刺譏」，凌本作「譏刺」。
〔二〕「宋」字，原誤「宗」，據凌本及後漢書宋意傳改。
〔三〕「恩」字，原誤「意」，據凌本及後漢書改。

不掉之敝，亦趨勢所必至。是以兩漢封建，卒不復行。唐與明偶一行之，有利焉而不勝其害。故曰春秋幾君子之前覩

也。左桓二年傳引師服亦云：「本大而末小，是以能固。」其他篇亦屢及此旨。賈逵條奏左氏事云：「凡所以存先王之

道者，要在安上理民也〔一〕。今左氏崇君父，卑臣子，強幹弱〔二〕枝，勸善戒惡，至明至切，至直至順。」所謂同公羊者十

有七八也。**別嫌疑，異同類，則是非著矣。論賢才之義，別所長之能，則百官序矣。承周文**

而反之質，則化所務立矣。政化所施，得其歸要。**親近來遠，同民所欲，則仁恩達矣。木生火，**

火為夏，則陰陽四時之理相受而次矣。董子數五行始木，木主春，故云四時相受而次。**切刺譏**〔三〕**之**

所罰，考變異之所加，則天所欲為行矣。天之所欲，順民而已。惕災修行，民受其福，是天意得行。**統此**

而舉之。〇官本云：「他本『行矣』下有『切譏次之』四字，無『統此』二字。」仁義法篇：「仁謂往，

義謂來。」**德澤廣大，衍溢於四海，陰陽和調，萬物靡不得其理矣。說春秋者**〔四〕**凡用是矣，此**

其法也。

〔一〕「也」字，原作「而已」，據後漢書賈逵傳改。

〔二〕「弱」字，原誤「強」，據賈逵傳改。

〔三〕「刺譏」，凌本作「譏刺」。

〔四〕「者」字，據凌本、叢刊本補。

重政第十三第一二節似與篇名不相應。

惟聖人能屬萬物於一而繫之元也，終不及本所從來而承之，不能遂其功。是以春秋變一謂之元。元，猶原也，其義以隨天地終始也。故人惟有終始也，而生不必應四時之變，故元者爲萬物之本，而人之元在焉。安在乎？乃在乎天地之前。故人雖生天氣及奉天氣者，不得與天元本、天元命而共違其所爲也。故春正月者，承天地之所爲也，繼天之所爲而終之也，其道相與共功持業，安容言乃天地之元？天地之元奚爲於此，惡施於人？ 大其貫承意之理矣。義見玉英篇。

能說鳥獸之類者，○各本不提行，今以與上文不類，別爲一節。 非聖人所欲說也。博物之學，聖人雖知之，而不欲說。孔叢雜訓篇：「子思曰：夫子之教，必始於詩書，而終於禮義，雜說不與焉。」案：孔子學詩，亦云「多識」，蓋視爲餘事，不侈浩博。觀古今注所載芍藥蟬蟻之答，論衡所紀識重常之鳥，知董未嘗以博物爲非。程子以記誦博識爲玩物喪志，亦畏其得小而遺大也。○官本云：「他本無『欲』字。」聖人所欲說，在於說仁義而理之，知其分科條別，貫所附，理，猶分也。以仁安人，以義正我，其分別之大要也。若爲仁，若爲義，施之各有其處，是分科條別也。仁與義亦有相濟之用，故又必貫其所附。「貫」上疑有脫字。或云「科條即條例」似非。 明其義

之所審，勿使嫌疑。別是非於微眇。是乃聖人之所貴而已矣。不然，傳於衆辭，〇盧云：「傳，疑當作傳。」觀於衆物，說不急之言而以惑後進者，君子之所甚惡也。奚以爲哉？此教人治經之法。掇拾煩碎，所謂能說鳥獸之類，不急之言耳。以此爲教，尚惑後進，況於附合經術，造詞荒誕，以淆亂觀聽者哉？荀子天論篇：「無用之辨，不急之察，棄而不治。若夫君臣之義，父子之親，夫婦之別，則日切磋而不舍也。」韓詩外傳大同。孔叢嘉言篇：「宰我問：君子尚辭乎？孔子曰：君子以禮爲尚，博而不要，非所察也。繁辭富說，非所聽也。惟智者不失理。」徐幹中論治學篇：「六籍者，羣聖相因之書也。」其人雖亡，其道猶存。今之學者，勤心以求之，亦足以到昭明而成博達矣。故凡學者，大義爲先，物名爲後，大義舉而物名從之。然鄙儒之博學也，務於物名，詳於器械，攻於訓詁，摘其章句，而不能統其大義之所極，以獲先王之心。此無異於女史誦詩，内豎傳令也。故使學者勞思慮而不知通，費日月而無成功。」並與此旨相發。至董子非不尚訓詁，如仁人、義我、君羣、王往、性生、心栤，皆以形聲說之。質文、執贊、深察名號等篇，亦未嘗非名物，實皆以明義理爲歸，異於後人之徒以章句訓詁爲事者。　**聖人思慮不厭，晝日繼之以夜，然後萬物察者，仁義矣。**　此似用孟子義。**由此言之，尚自爲得之哉。故曰：於乎，爲人師者，可無慎邪！夫義出於經，經傳，大本也。**　博物志：「聖人制作曰經，賢人著述曰傳。」此經謂春秋，傳爲門弟子所傳述之義，公羊其一也。後人多列經名，則有以傳爲經者矣。互見玉杯篇。　定元年傳「主人習其讀而問其傳」，何注：「讀，爲經傳，謂訓詁。」〇公羊序疏引繁露云：「能通一經曰儒生，博覽羣書號曰鴻儒。」疑是此篇中脫文。論衡超奇篇亦云：「能說一經者爲儒生，博覽古今者爲通人。」**棄營勞心也，**「也」字，疑衍。句中尚疑有誤字。　**苦志盡情，頭白齒落，尚不合自録也哉？**　自録，言自省録。意漢時經師已有以不急之言說春秋，失

聖人意者，故諷之如此。

人始生有大命，是其體也。

有變命存其間者，其政也。所謂正命，與下隨、遭爲三命。○各本不提行，今以與上文不類，別爲一節。

不齊則人有忿怒之志，若將施危難之中，而時有隨、遭者，神明之所接，絕屬之符也。盟會要篇「天下無患，然後性可善」即此旨。○官本云：「政，他本誤作致。」遭世不辰，哀時懼變，人不能自遂其生。故古之歌詠盛治者，必曰物極其性，人永其壽不夭。説苑政理篇：「無事則遠罪，遠罪則民壽」公孫弘對策云：「形和則無疾，無疾則不夭。」莊子列禦寇篇：「達大命者隨，達小命者遭」白虎通壽命篇：「命有三科以記驗，有壽命以保度，（祭法疏引援神契云「有受命以保度」。）有隨命以應行。（膏肓作「督行」。）壽命者，上命也。隨命者，隨行爲命。若言怠棄三正，天用勦絕其命矣。（何氏膏肓作「摘暴」。祭法疏作「讁」。）又欲使民務仁立義，無淊天，淊天則司命舉過言，則用以弊之。遭命者，逢世殘賊，若上逢亂君，下必災變暴至。天絕人命，（沙鹿崩，水襲邑是也。）冉伯牛危行正言，而遭惡疾。」論衡命義篇引傳言三命爲正命、隨命、遭命，説畧異。潛夫論論榮篇：「故論士苟定於志行，勿以遭命。」下列篇：「行有招召，命有遭隨。」後漢來歙中刺，光武賜策曰：「遭命遇害。」此所云「隨、遭」，即所云隨命、遭命，言政不齊則得其正命少也。盧云：「絕屬，猶言絕續。」

齊如此，「亦」字疑誤。不可不省之，省之則重政之本矣。○以下文不相類。隨本消息篇「顏淵死」至「命矣夫」一段，疑是此類文。

撮以爲一，○各本不提行，今別爲一節，上下當有脱文。而以其施，謂以春秋之教施之。「以」字疑有誤。此與湯武同而有異。○官本云：「他本無『同』字。」湯武用之治往故。湯武治其人之身，追其既往。春秋則明王法，治來者，絕惡以復性。○官本「往」作「仁」字。」進義誅惡絕之本，見王道篇。義，疑作善。亦有變其間，使之不

云：「他本作往。」凌本同。以仁字絕句似非。

上疑有以字。

使諸侯得以大亂之，說而後引而反之。**故曰博而明，深而切矣。**知其失天下而使諸

侯大亂之故，然後能因其失而矯之。哀十四年傳：「撥亂世，反之正，莫近諸春秋。」

春秋明得失，差貴賤，本之天。王之所失天下者，「失」

春秋繁露義證卷第六

服制像第十四 ○御覽三百五十六、黄氏日鈔引，「像」並作象。

天地之生萬物也以養人，故其可適者以養身體，其可威者以爲容服，禮之所爲興也。

荀子禮論篇：「禮者，養也。芻豢稻粱，五味調盉，所以養口也；椒蘭芬苾，所以養鼻也；雕琢刻鏤，黼黻文章，所以養目也；鐘鼓管磬，琴瑟竽笙，所以養耳也；疏房檖貌，越席牀第几筵，所以養體也。故禮者，養也。」史記禮書同。〇程子云：「古人有聲音以養其耳，文章物采以養其目，威儀以養其四體，舞蹈以養其血脈。今之人只有義理以養心，又不知求。」〇適，官本作食，云：「作『適』誤。」 案：食，義較隘，今改從天啟本。

劍之在左，青龍之象也。玉海云：「輿服志注，通志並引此語。」 刀之在右，白虎之象也。古者士夫必佩刀劍，唯庶人則否。見賈子。周禮攷工記：「桃氏爲劍，身長五其莖長，謂之上制，上士服之。」宋李公麟畫孔子弟子象，多攜長劍。韓非子問辯篇：「儒服帶劍者衆，而耕戰之士寡。」吳志孫權傳：建安二十五年，下令諸將曰：「夫存不忘亡，安必思危，古之善教。昔雋不疑漢之名臣，於安平之世而刀劍不離於身。蓋君子之於武備，不可以已。」 韍之在前，赤鳥之象也。說文：「市，韠也。上古衣蔽前而已，市以象之。天子朱市，諸侯赤市，卿大夫赤市、（二字據段補。）蔥衡。」篆文

「市」作靸。又「韠」下云：「靸也，所以蔽前者，以韋下廣二尺，上廣一尺，其頸五寸。一命縕韠，再命赤韠。」鄭注禮云：「古者佃漁而食之，衣其皮。先知蔽前，後知蔽後。後王易之以布帛，而獨存其蔽前者，不忘本也。」〇靸，盧本作靸，云「靸即靸。靸，蔽膝也。舊本訛作鉤，今以黃氏日鈔校改。」凌本作鉤，云「盧改非」。詩汜歷樞：「古者劍在左，刀在右，鉤在前。」輿案：凌說非，盧據日鈔亦誤。字當為「靸」。今據續漢輿服志注，玉海百五十一引改正。

冠之在首，玄武之象也。

東方木色青，故曰青龍。西方金色白，故曰白虎。赤鳥玄武，皆依方位而名。赤鳥即朱雀。月令章句：「天官五獸之於五事也，左有蒼龍大辰之貌，右有白虎大梁之文，前有朱雀鶉火之體，後有玄武龜蛇之質，中有大角軒轅麒麟之信」

四者，人之盛飾也。夫能通古今，別然不然，乃能服此也。

盧云：「然不，即然否。下『然』字，疑衍。玉篇：『博古今，辨然不，謂之士。』」俞云：「下然字，後人誤加。荀子哀公篇：『性情者，所以理然不取舍也。』通古今，辨然否，謂之士。」古者服以學別。大戴記哀公問五義篇亦衍然字，失與此同。莊子田子方篇：「周聞之，儒者冠圜冠者知天時，履句履者知地形，緩佩玦者事至而斷。」說苑修文篇：「知天道者冠鉥，知地道者履蹻，能治煩決亂者佩觽，能射御者佩韘，能正三軍者搢笏。」並與此可參證。輿又疑古者士服本無定制，故林既衣韋衣而朝齊景，（說苑善說。）宋鈃尹文作華山之冠以自表，魯哀公見孔子鄉服，即詫以為儒服。而大戴禮哀公問載孔子曰：「生乎今之世，志今之俗，服古之服，舍此而為非者，不亦鮮乎？」哀公曰：「然則今夫章甫，句屨，紳帶而搢笏者，此皆賢乎？」孔子曰：「否，不必然。今夫端衣玄裳，冕而乘路者，志不在於食葷；斬衰菅屨，杖而歠粥者，志不在於酒肉。生乎今之世，志古之道，居今之俗，服古之服，舍此而為非者，雖有，不亦鮮乎？」荀子哀公問意大同。此儒服異於常服之證。子路雞冠豭佩，而孔子道之儒服，以消其勇鄙，（史記仲尼弟子列傳。）遂為大賢。鹽鐵論殊路篇：「大夫謂孔子外變二三子之服，而不能革其心，不知被服其外，亦所以制其中也。」許行被褐織席而談竝耕，莊子言墨者以裘褐為衣，以跂蹻為服，謢為大觳。而說劍篇又以短後之衣為劍服，與儒服別。

孟子辭而距之。吳子首篇云：「吳起儒服，以兵機見魏文侯。」服之有取如此。漢高辱儒，叔孫通乃變儒服而服短衣楚製。（本傳。）諸客之冠儒冠者，高祖至解冠溲溺，蓋輕儒則詆惡其服。武帝時董生諸人出，儒術始尊矣。于是士夫褒衣博帶，被服儒雅。而文學與大夫以儒衣儒冠互相刺譏，（見鹽鐵論刺議、利議等篇。大夫譏文學竊周公之服，是以儒服本周公也。）壽王以八百石服儒衣而作祆言劾矣。（見漢書儒林。）漢書匡張孔馬傳贊亦云：「蔡義等以儒宗居宰相位，服儒衣冠，傳先王語。」然則漢世儒服仍有異矣。（程伊川愛衣皁，或博褐細褥，又嘗自製紗巾，其後祇伊川學徒者，謂其大袖方頂，可見其服亦有異處。）○天啟本注云：「一作：通古作今然後能服此也。」蓋玄武者，貌之最嚴有威者也，禮記曲禮「後玄武」，疏云：「軍後須殿捍，故用玄武。玄武，龜也。龜有甲，能禦侮用也。」○御覽六百八十四引無「有」字、「也」字。初學記二十六同。 其像在後，○天啟本「後」作右，注云：「一作後。」凌云：「作後是。」 興案：初學記二十六，御覽六百八十四引竝作「後」。 武之至而不用矣。 用，宜作害。甲以禦侮，是即用矣。不害，謂不害物也。執贄篇云：「義而不害。」哀十四年〔二〕何注說麟云：「設武備而不害，所以為仁也。」正此義。古書「害」、「用」多互誤。○御覽六百八十四「矣」上有者字。 聖人之所以超然，○官本云：「他本無『之』字。」雖欲從之，末由也已。 盧云：「三句後人〔三〕妄竄入刪之文義乃得通貫。」 夫執介胄而後能拒敵者，故非聖人之所貴也。○御覽三百五十六「拒」作距，「故」作固，無「聖」字。 君子顯之於服，而勇武者消其志於貌也矣。

「其服」二字。初學記二十六無「其」字。 其服反居首，○御覽六百八十四作「反居首者」，無

一五〇

（二）「十四年」，原誤「十五年」，據公羊傳哀公十四年改。
（三）「人」字，據盧本補。

言徒有勇武者，見君子之服，消其悍志。○凌本作「武勇」。故文德爲貴，而威武爲下，此天下之所以永全也。於春秋何以言之？孔父義形於色，而姦臣不敢容邪；桓二年傳。虞有宮之奇，而獻公爲之不寐；僖二年傳。晉厲之强，中國以寢尸流血不已。成十七年「晉殺其大夫郤錡、郤犨、郤至……」十八年「晉殺其大夫胥童。」盧云：「中國，國中也。」凌云：「寢，臥也。」輿案：「於春秋」下數語，疑是後人羼入，此篇自説服制，不關春秋。故武王克殷，裨冕而搢笏。虎賁之士説劍，凌云：「原注：『搢，一作晉，説，一作税。』」樂記鄭注：『裨冕，衣裨衣而冠冕也。裨衣，袞之屬也。搢，猶插也。』釋名：『笏，忽也。君有教命，所啟白，則書其上，備忽忘也。』禮記鄭注：『賁，慎怒也。』孔安國曰：『若虎賁獸，言其猛。』○天啟本「搢」作晉。安在勇猛必任〔一〕武殺然後威。是以君子所服爲上矣，故望之儼然者，亦已至矣，豈可不察乎！子夏曰：「君子有三變，望之儼然。」○官本「矣」作哉，云：「他本作矣。」

二端第十五

春秋至意有二端，不本二端之所從起，亦未可與論裁異也，○凌本「本」作分。小大微著之分也。夫覽求微細於無端之處，誠知小之將爲大也，微之將爲著也。吉凶未形，聖人所

〔一〕「任」字，原作「在」，據凌本、盧本、叢刊本改。

獨立也，雖欲從之，末由也已，此之謂也。　盧云：「『聖人所獨立也』數句，與上不相承接。又引論語，其

為妄竄益〔一〕顯然。」　興案：「雖欲」三句，妄竄無疑。「獨立」三字，疑文誤耳。　故王者受命，改正朔，不順

數而往，必迎來而受之者，授受之義也。

夏之時，知繼十一月正者，當用十三月也。檀弓疏推鄭君義云：「伏羲以下，女媧以十二月為正，神農以十一月，黃帝以

十三月，少昊以十二月，高陽以十一月，高辛以十三月，堯以十二月，舜以十一月，夏以十三月，殷以十二月，周以十一

月。是三王之相承，若循環也。」所謂「迎來而受」。漢初，承秦繼周十一月，而以十月為歲首，失其序矣。文選典引

注：「漢承周後，當就夏正，以十三月為歲首〔二〕。」是也。（三，今本誤作二。）故聖人能繫心於微而致之著

也。白虎通：「正朔有三何？本天有三統，謂三微之月也。三微者何？陽氣始施黃泉，動微而未著也。」此推之正

朔，以明微著之義。」漢書律曆志：「三微而成著，三著而成象。」易乾鑿度云：「三微而成一著，三著而成一體。」是故

春秋之道，以元之深正天之端，以天之端正王之政，以王之政正諸侯之即〔三〕位，以諸侯之

即位正竟内之治，五者俱正而化大行。○錢云：「自『是故春秋之道』以下，似玉英篇論元年脱文。」説見

前。故〔四〕書日蝕，○天啟本「故」作然。星隕、有蜮、山崩、地震、夏大雨水、冬大雨雹，○雹，天啟

一五二

〔一〕「益」字，原作「竝」據盧本改。

〔二〕「歲首」文選卷五十八作「年首」。

〔三〕「即」字，凌本、叢刊本無。下句「即」字同。

〔四〕「故」字，凌本、叢刊本亦作「然」。

本，凌本作雪。

陰霜不殺草、自正月不雨至於秋七月、有鸜鵒〔二〕來巢，春秋異之，以此見悖亂之徵。亦見王道篇。是小者不得大，微者不得著，因其小者、微者謹之，不使大且著。雖甚末，亦一端。慎之則為末，不慎則有人事之變，尋至著大，故孔子以此為驗，謹而志之。○天啟本注云：『雖甚末』一作其『末本』。官本云：『他本無「一」字。』孔子以此效之，吾所以貴微重是也。貴微重始，春秋之大義也。以，疑作謂。○官本云：『他本脫「微」字。』因惡夫推災異之象於前，然後圖安危禍亂於後者，非春秋之所甚貴也。此最得聖人志裁異深意。程子云：「大抵春秋所書災異，皆天人響應，有致之之道。如石隕於宋而言隕石，夷伯之廟震而言震夷伯之廟，此天應之也。但漢儒言災異皆牽合不足信，儒者因盡廢之。」興案：觀此數語，則可無疑于漢儒矣。然而春秋舉之以為一端者，亦欲其省天譴而畏天威，內動於心志，外見於事情，修身審己，明善心以反道者也，豈非貴微重始、慎終推效者哉！白虎通災變篇：「天所以有災變何？所以譴告人君，覺悟其行，令悔過修德，深思慮也。」說苑敬慎篇：「妖孽者，天所以警天子諸侯也。」興案：必仁且智篇其大畧之類一段，與此篇文相類，說詳彼篇。

〔一〕「鸜鵒」，原作「鶴鴿」，據凌本、叢刊本改。

符瑞第十六 此篇文似未全。

有非力之所能致而自至者，西狩獲麟，受命之符是也。

對冊云：「天之所大奉使之王者，必有非人力所能致而自至者，此受命之符也。」案：左傳正義引孔舒元公羊「西狩獲麟」傳，本云：「然則孰爲而至？爲孔子之作春秋。」今本無此文。五經異義引公羊說，哀十四年獲麟，此受命之瑞，周亡失天下之異。左氏說則以孔子爲春秋者，禮修以致其子，故麟爲孔子瑞。陳欽說以爲孔子立言之應，從左氏說。尹更始劉向等說以爲吉凶不竝，災瑞不兼，麟爲周亡天下之異，則不得復爲漢瑞，知應孔子而至。（哀十四年左傳正義）說苑至公篇：「孔子退而修春秋，人事浹，王道備，精和聖制，上通於天，而麟至。」論衡指瑞篇：「春秋曰：西狩獲麟。儒者說之，以爲天以麟命孔子，孔子不王之聖也。」蓋漢初學者以春秋當一代之治，故謂獲麟爲受命作春秋之符。其後因端飾媚，緯書傅會，乃云獲麟爲庶姓劉季受命之符。如何注言獲麟者以兵戈文也。言漢姓卯金刀，以兵得天下之類是也。鄭玄六藝論云：「孔子既西狩獲麟，自號素王，爲後世受命之君制明王之法。」又駁異義云：「賤者獲之，則知有庶人受命而得之。受命之徵已見，則於周將亡，事勢然也。」鄭參用古今文說，亦不免有篤時之惑矣。程子云：「始隱，周之衰也；終麟，感之始也。」麟不出，春秋亦須作，但因麟而發耳。案說文：「麟，大牝鹿也。」王莽傳：「冠麟韋之弁。」李奇注：「謂鹿皮冠。」禮注所謂「麟皮鼓郊天」，亦爲鹿皮鼓耳。西狩所獲，當作「廲」，四靈之一。○天啟本「至」作致。 然後託乎春秋正不正之間，而明改制之義。

明王者改制，不易道義。詳楚莊王篇。 聖人不見用於時，乃以治世之道託乎春秋，即其正不正之間以見義。 劭公乃謂「託王于魯而黜周」，「不知董固明云「一統乎天子」矣。沿其流者，甚且謂「三代之制」，亦皆託

也」，不已慎乎？一統乎天子，而加憂於天下之憂也，孟子曰：「春秋，天子之事也。」崔述謂「春秋所關者，天下之治亂。所正者，天下之名分。不可仍以諸侯之史目之，故曰天子之事」。其說最確。蓋當是時，上無明王，下無方伯，而春秋爲之褒譏貶絕，明得失貴賤，反之乎王道，即行事以治來世，是故春秋亦憂患之書也」。文中子：「魏徵問……聖人有憂乎？曰：天下皆憂，吾獨得無憂？」務除天下所患。而欲以上通五帝，下極三王，以通百王之道，而隨天之終始，春秋法古而奉天，始於除患，終於反正。義亦見盟會要篇。百王之道，謂五帝三王以前，九皇六十四民之類。或云：「百王謂後世之王。」亦通。○官本云：「務除，他本作除務，脫『患』字。」攷命象之爲，命，謂天命。象，謂天象吉凶。○官本云：「攷，他本誤作攻。」極理以盡情性之宜，極理，猶言窮理。則天容遂矣。體天心，故天容遂。天容，又見人副天數篇。百官同望異路，一之者在主，率之者在相。錢云：「三句不知何篇之文脫在此。」

俞序第十七 凌云：「俞，答也。」興案：此篇說春秋大旨，蓋亦自序之類。董子

原書散亡，藉此窺見著書次第，得其用心，讀者當寶貴之。○天啟本作俞予。

仲尼之作春秋也，上探正天端王公之位，萬民之所欲，天啟本注云：「探，一作深，欲，一作始。『萬』下衍物字。」興案：探，疑援之誤。「援天端」，又見正貫篇。「正」字當在「王公」上。正王公之位，先言王正月，而後公即位是也。欲，當從一本作始。○隱元年何注：「文王，周始受命之王，天之所命，故上繫天端，方陳受命。制

正月，故假以爲王法。」又云：「王者始受命改制，布政施教於天下，自公侯至於庶人，莫不一繫於正月，故云政教之

始。」下明得失，起賢才，以待後聖。得失之義定，後人有所則象，而賢才出焉。

以俟後聖。」故引史記，所謂不修春秋也。隱元年疏閔因序云：「使子夏等十四人求周史記，得百二十國寶書。」理

往事，正是非，見王公。王公，疑緣上而誤，當作「見王心」。隱元年何注：「春秋上刺王公，下譏卿大夫而逮士

庶人。」見，或刺之誤耶？　○凌本見作序，云：「王本誤作也。」

孔子曰：「吾因其行事而加乎王心焉。」對册云：「然而功不加於百姓者，殆王心未加焉。」案行事，猶往

事，後人多誤解。（詳見王念孫讀書雜志漢書陳湯傳。）王應麟云：「請討陳恆之年，春秋終焉。夫子之請討也，將見之

行事。請討不從，然後託之空言。」（困學紀聞六。）案：王以行事爲實行其事，未得漢詁。此言聖人因衰世往事，加

以明王致治之深心，是故世衰而文自治。　○天啟本注云：「一無『曰吾』字。」盧云：「『乎』字當如後文作吾。」以爲見

之空言，不如行事博深切明。空陳古聖明王之道，不如因事而著其是非得失，知所勸戒。太史公自序：「子

曰：『我欲載之空言，不如見之于行事之深切著明也。』」程子春秋傳云：「詩書載道之文，春秋聖人之用。詩書如藥方，春秋如用藥治病。聖人之用，全在

史記十二公之間，皆衰世之事，故門人惑。事之深切著明也。」趙岐孟子題詞云：「仲尼有云：『我欲託之空言，不如見之行

此書。所謂不如載之行事深切著明者也。」又云：「他經論其義，春秋因其行事是非較著，故窮理爲要。」胡安國云：

「孟子曰春秋爲天子之事者，周道衰微，乾綱解紐，亂臣賊子接跡當世，人欲肆而天理滅矣。仲尼以爲天理之所在，不以

爲己任而誰可？五典弗惇，己所當敘，五禮弗庸，己所當秩，五服弗章，己所當命，五刑弗用，己所當討。故曰：『我

欲載之空言，不如見之行事之深切著明也。』空言獨能載其理，行事然後見其用。（此解行事，亦誤以爲實行其事。）是故

假魯史以寓王法，撥亂世，反之正。」孔廣森云：「理不窮其變則不深，事不當其勢則不切。高論堯舜之道，而無成敗之

效，則不著不明。

也。故近取諸春秋，因亂世之事，季俗之情，漸裁以正道，庶賢者易勉，不肖者易曉，亦致治太平之所由基

也。〇官本云：「他本脫『明』字。」故子貢、閔子、公肩子，言其切而爲國家資也。史記仲尼弟子列傳

「公堅定字子中」，索隱引家語，通典引史記，竝作公肩。蓋復姓，當即此人。唐贈新田伯，宋大觀中補贈梁父侯。說苑

建本篇「公扈子曰：『有國家者不可以不學春秋。生而尊者驕，生而富者傲，生而富貴又無鑑而自得者，鮮矣。春秋，國

之鑑也。春秋之中，弒君三十六，亡國五十二，諸侯奔走不保其社稷者甚眾，未有不先見而後從之者也。』」公扈，疑亦公

肩之誤。又昭三十年傳：「公扈子者，邾婁之父兄也，習乎邾婁之故。」此當別是一人也。切，謂切於人事。〇盧云：

「資，本或作賢。」興案：官本作賢〔一〕。

作弒。」下同。其所以然，是皆不明於道，不覽於春秋也。故衛子夏言，有國家者不可不學春

秋，不學春秋，則無以見前後旁側之危，太史公引董生云：「故有國者不可以不知春秋。前有讒而勿見，後

有賊而不知。」蓋述子夏語。則不知國之大柄，君之重任也。〇官本云：「之，他本作子」。

國，挶殺於位，一朝至爾。〇凌本「挶」作擔。苟能述春秋之法，致行其道，豈徒除禍哉，乃堯

舜之德也。說苑君道篇：「春秋作而後知周道亡也。」故上下相虧，猶水火之相滅也，人君不可不察。而大盛其

臣下，此私門盛而公家毀也。人君不察焉，則國家危殆矣。」筦子曰：「權不兩錯，政不二門。」故曰：「脛大於股者難以

步，指大於臂者難以把。本大末小，不能相使也。」故世子曰：「功及子孫，光輝百世，聖人之德，莫美

〔一〕「資」凌本、叢刊本亦作「賢」。

於恕。」盧云：「漢藝文志有世子二十一篇。名碩，七十子之弟子，此所引即其人也。」凌云：「王充論衡：周人世碩，以為人性有善有惡，在所養焉，作養書一篇。宓子賤、漆雕開、公孫尼子之徒，亦論性情，與世子相出入，皆言性有善有惡。據此，則世子周人，而藝文志注作陳人。」○凌本作「聖王之道」。

故予先言春秋詳己而署人，俞云：「下文有故子夏言，子池言，則此『予』字必子字之誤。子先未知何人，殆亦七十子之弟子歟？此篇所稱引，皆七十子之微言，惜多奪誤，難以盡通。」孫詒讓云：「此篇文多難通，似是董子著書之序，若淮南子要略及法言自序之類。後云故次以天心，又云故次以言怨人不可邇，終言赦小過，皆述其文先後序次之意，惜今篇第缺互，無可推校耳。」　輿案：孫

情，赦小過，又云故始言大惡殺君亡國，又云故言楚靈王、晉厲公云云，又云故善宋襄公云云，又云故次以春秋緣人說是。

因其國而容天下。 語又見盟會要篇。略人容天下，所謂恕也。詳己而先治其國，自厚之謂也。己不自治，則無以治人，何容之有？

春秋之道，大得之則以王，小得之則以霸。故曾子、子石 仲尼弟子列傳：「公孫龍字子石，少孔子五十三歲。」未知即此人否？集解：「鄭玄曰：『楚人。』家語云衛人，孟子注云趙人。　案：唐宋封爵從鄭作楚人。趙公孫龍談堅白者別一人。盛美齊侯安諸侯，尊天子。 上無王則姑取霸而美其安尊，亦以見尊王之恉。

霸王之道，皆本於仁。仁，天心，故次以天心。 覽不二篇：「孔子貴仁。」本書王道通三篇：「仁之美者在於天，天，仁也。」又見仁義法篇。

故蔡得意於吳，魯得意於齊，而春秋皆不告。 愛人之大者，莫大於思患而豫防之，故次以言怨人不可邇，○官本云：「他本『邇』作通。」敵國不可狎，攘竊之國不可使久親，皆防患為民除患之意也。 思患豫防，仁之至也。楚師伐齊，而春秋惡之。春秋之旨，以仁為歸。仁者，天之心也。呂

親攘竊之國，使吾民潛移外化，或且據以為利，而患莫大於此。 不愛

民之漸乃至於死亡，故言楚靈王晉厲公生弒於位，不仁之所致也。故善宋襄公不厄人，不由其道而勝，不如由其道而敗，春秋貴之，將以變習俗而成王化也。○司馬法曰：「逐奔不過百步，從綏不過三舍，明其禮也。不窮不能，而哀憐傷病，明其仁也。成列而鼓，明其信也。爭義不爭利，明其義也。仁禮信義，所謂王化者與？春秋撥亂反正，去詐歸仁。王者不可見，苟足見王心者，已貴之矣。故持其極端，以為雖敗而不可改此道，傳以為雖文王之戰不過此，不以成敗論也。故曰：矯枉不過其正弗能直。知此而畢矣。時嚴安董習春秋，類以五伯功利為賢，惟董子勤勤於王化，劉向稱為王佐者以此。淮南泰族訓：「泓之戰，軍敗君獲，而春秋大之，取其不鼓不成列也。」太史公宋微子世家贊云：「襄公既敗於泓，而君子或以為多，傷中國缺禮義，褒之也。」宋襄之有禮讓，若宋徐偃之敗于西夏，又其失之顯者也。然非其時而用之，則梅福所謂猶以鄉飲酒之禮軍市耳，其究足以亡國民。未能醇粹，而宗其禮，所以敗也。」輿謂能足以自治，智足以防患，而後可以言宥物之仁。此春秋言治次第也。貴宋襄者，蓋節取之。故子夏言春秋重人，○官本云：「他本脫『子』字。」諸讖皆本此。○春秋之讖多矣，尤在重民。或奢侈使人憤怨，或暴虐賊害人，終皆禍及身。故子池言魯莊築臺，丹楹刻桷，晉厲之刑刻意者，皆不得以壽終。上奢侈，刑又急，皆不內恕，求備於人，故次以春秋緣人情，赦小過，○隱元年何注：「所傳聞之世，外小惡不書。」莊七年傳「一災不書」何注：「明君子不以一過責人。」陳湯傳劉向疏曰：「昔齊桓公前有尊周之功，後有滅項之罪，君子以功覆過，而為之諱行事」韋玄成傳：「春秋棄桓之過，而錄其功。」而傳明之曰：「君子辭也。」宣十二年「葬陳靈公」，傳：「討此賊者非臣子也，何以書葬？君子辭也。」孔子明得失，見成敗，疾時世之不仁，○天啟本注云：「一無『時』字。」失王道之體，○天啟本無「道之

體」三字。

故緣人情，赦小過，傳又明之曰：「君子辭也。」〇「故緣人情」，天啟本作「孔子曰故因行事」。官本作「故因行事」云：「他本脱『道之』下七字，誤衍『孔子曰吾緣人情』七字，今校正。」　輿案：盧本作「故緣人情」，今從之。竊疑「故緣」下十六字並衍文。孔子曰：「吾因行事，加吾王心焉。」假其位號以正人倫，隱元年何注：「因儀父先與隱公盟，可假見褒賞之法。」莊十年注：「春秋假行事以見王法。聖人爲文辭孫順，善善惡惡，不可正言其罪。因周本有奪爵稱國氏人名字之例，故加州文備七等以進退之。若自記事者，書人姓名，主人習其讀而問其傳，則未知己之有罪焉爾，猶此類也。」程子云：「平王之時王道絶矣，春秋假周以正王法。」因其成敗以明順逆，因成知順，桓文是；因敗知逆，魯莊、晉厲是。亦有因敗而得其順者，宋襄是也。假位號，因成敗，此聖人作春秋之意。因故事以明王義，事不虛而義則博貫。凡以維綱紀，定是非，始于止亂，終于致治。故其所善，則桓文行之而遂。其所惡，則亂國行之終以敗，故始言大惡殺君亡國，終言赦小過，是亦始於麤粗，終於精微，由大惡進於小過，則惡絶矣，乃可言赦。有大惡則小過不暇責。〇盧云：「別本作麤糲，非也。今從周本。　粗，音才古切。　論衡正説篇云：『畧正題目麤粗之説，以照篇中微妙之文。』莊子則陽篇釋文引司馬云：『鹵莽猶麤粗也，亦作麤粺，與粗音義同。』漢藝文志敘數術云：『庶得麤粺。』何休公羊隱元年注：『用心尚麤粺。』文四年亦同。　何休之説，即根據於此。」　輿案：天啟本作粗糲。莊十年傳：「觕者曰侵，精者曰伐。」何注：「觕，麤也。精，猶精密也。」教化流行，德澤大洽，天下之人，人有士君子之行而少過矣，成十五年「會吳鍾離」傳，何注：「至于所聞世，可得殊，又卓然有君子之行。」潛夫論德化篇：「民蒙善化，則人有士君子之心。」亦譏二名之意也。定六年傳：「曷爲謂之仲孫忌？」譏二名。二名，非禮也。」何注：「春秋定哀之間，文致太平，欲見王者治

定無所復爲讓。唯有二名，故讓之。此春秋之制也。」隱元年注：「于所傳聞之世，見治起于衰亂之中，用心麤觕，故內其國而外諸夏，先詳內而後治外，錄大畧小，內小惡書，外小惡不書，大國有大夫，小國畧稱人，內離會書，外離會不書是也。於所聞之世，見治升平，內諸夏而外夷狄，書外離會，小國有大夫。宣十一年秋，晉侯會狄于攢函，襄二十三年，邾婁鼻我來奔是也。至所見之世，著治太平，夷狄進至于爵，天下遠近大小若一，用心尤深而詳，故崇仁義，譏二名，晉魏曼多仲孫何忌是也。」案：王莽用公羊說，禁人二名，東漢時猶循之。

離合根第十八 篇目似與文義不應。互見天地之行篇。

天高其位而下其施，[易云：「雲行雨施。」]藏其形而見其光。高其位，所以爲尊也；下其施，所以爲仁也；藏其形，所以爲神；見其光，所以爲明。故位尊而施仁，藏神而見光者，天之行也。[荀子天論篇：「不見其事而見其功，夫是之謂神。皆知其所以成，莫知其無形，夫是之謂天功。」]故爲人主者，法天之行，是故內深藏，所以爲神；外博觀，所以爲明也；任羣賢，所以爲受成；[盧云：「疑衍『所』、『爲』二字。」]乃不自勞於事，所以爲尊也；[韓詩外傳：「夫霜雪雨露，殺生萬物者也。」天無事焉，猶之貴天也。執法厭文，治官治民者，有司也。君無事焉，猶之尊君也。」]汎愛羣生，不以喜怒賞罰，[不以一己喜怒爲賞罰。]所以爲仁也。故爲人主者，以無爲爲道，以不私爲寶。立無爲之位而乘備具之官，[乘，因也。百官備具，因以爲治。]足不自動而相者導進，口不自言而擯者贊辭，[淮南主術訓：

「是故心知規而師傅諭導，口能言而行人稱辭，足能行而相者先導，耳能聽而執正進諫。」御覽七十六引慎子云：「昔者

天子手能衣而宰夫設服，足能行而相者導進，口能言而行人稱辭，故無失言失禮也。」凌云：「禮器：『故禮有擯詔，樂有

相步。』注：『擯詔，告道賓主者也。相步，扶工也。』」心不自慮而羣臣效當，晉語注：「當，猶任也。」淮南説林訓

高注：「當（丁浪反）猶實也。」二義竝通。故莫見其爲之而功成矣。此人主所以法天之行也。爲

人臣者法地之道，以臣道比地道，原易文言。暴其形，出其情以示人，高下、險易、堅耎、剛柔、肥

臞、美惡、累可就財也。盧云：「財，與裁同。」○天啟本注云：「一無『累』字。」官本云：「他本『耎』誤作要。」故其形宜不宜，可得而財也。盧云：「財，與裁同。」○天啟本注云：「一無『累』字。」官本云：「他本『耎』誤作要。」為

道威而不失。為人臣常竭情悉力而見其短長，管子乘馬篇：「君舉事，臣不敢誣其所不能。君知臣，臣

故其形宜不宜，可得而財也。為人臣者比地，貴信而悉見其情于主，主亦得而財之，故王

亦知君知已也，故臣莫敢不竭力。」又君臣篇云：「明主之舉其下，盡知其短長。」又云：「有道之君執本，相執要，大夫

執法，以牧其羣臣。羣臣盡智竭力，以役其上。李斯告二世云：臣主之分定，上下之義明，則天下賢不肖莫敢不盡力竭

任，以徇其君矣。是以主獨制于天下，而無所制也。」○盧云：「本一作所（一）長。」天啟本注云：「『短』一作所。」使主

上得而器使之，而猶地之竭竟其情也，故其形宜可得而財也。天啟本注云：「一無『形』字。」荀子天論篇：「所志

案：一本是「宜」下當依上文有「不宜」二字。臣之短長可得而財，猶地之宜不宜可得而財也。

于地者，已見其宜之可以息者矣。」宜，謂土宜也。

〔二〕「所」字，據盧本補。

立元神第十九 與離合根大旨同。

君人者，國之元，元，與本同。發言動作，萬物之樞機。樞機之發，榮辱之端也。天下人心向背，即人君發言之榮辱。易繫詞：「言行，君子之樞機，樞機之發，榮辱之主也。」失之豪釐，駟不及追。太史公自序：「故易曰：『差以豪釐，謬以千里』」○天啟本「豪」作毫。故爲人君者，謹本詳始，敬小慎微，志如死灰，莊子：「何居乎，形固可使爲槁木，而心可使爲[一]死灰乎？」淮南道應訓：「形如槁骸，心如死灰。」形如委衣，呂覽開春論：「故曰堯之容若委衣裘，以言少事也。」淮南原道訓：「其縱之也若委衣，其用之也若發機。」

案：委衣，但陳衣而已。言其無爲。文選仁彥昇爲蕭揚州薦士表注引列仙傳：「其縱之也若委裘。」用賢，委裘之實。「委裘」與「委衣」義同。安精養神，寂莫無爲。○凌本「莫」作寞。休形無見影，揚聲無出響，○盧云：「響，周本作嚮，古通用。」興案：天啟本作「嚮」。虛心下士，觀來察往。謀於衆賢，考求衆人，謀賢，所謂謀及卿士。考衆，所謂謀及庶民。管子君臣篇：「夫民別而聽之則愚，合而聽之則聖。雖有湯武之德，復合於市人之言。是以明君順人心，安情性，而發于衆心之所聚。是以令出而不稽，刑設而不用。先王善與民爲一體，則是以國守國，以民守民也。然則民不便爲非矣。雖有明君，百步之外，聽而不聞，間之堵墻，窺

〔一〕上「二」爲「如」字，莊子齊物論作「如」，「又」「心」下莊子有「固」字。

而不見也。而名爲明君者，君善用其臣，臣善納其忠也。」得其心偏見其情，○官本云：「偏，他本作偏。」察其好

惡，以參忠佞，考其往行，驗之於今，大戴禮文王官人篇：「以其前占其後。」潛夫論考績篇：「百郡千縣，今

因其前，以謀其後。考其所積，證其受於先賢之道爲淺爲深，或合或否。

視其所爭，文王官人篇：「小讓而好大爭，隱于仁質也。」釋其讎怨，

計其蓄積，受於先賢。

差其黨族，所依爲臬，盧云：「臬，本一作宗，宗與爭

協韻，疑是。」 興案：天啟本注云：「一作宗。」論語：「因不失其親，亦可宗也。」

據位治人，用何爲名，疑有

誤字。何，或當爲言，謂因所言以爲名，而責其實也。考功名篇云：「摰名責實，不得虛言。」管子心術篇：「督言正名，

故曰聖人。」韓非二柄篇：「君以其言授之事，專以其事責其功，功當其事，事當其言則賞；功不當其事，事不當其言則

罰。故羣臣其言大而功小者則罰，非罰小功也，罰功不當名也。羣臣其言小而功大者亦罰，非不悅於大功也，以爲不當

名也，害甚於有大功，故罰。」羣書治要引申子大體篇云：「名自正也，事自定也，是以有道者自名而正之，隨事而定之

也。」又云：「聖人貴名之正也，主處其大，臣處其細，以其名聽之，以其名視之，以其名命之。」○天啟本注云：「何，一

作荷。名，一作明。」累日積久，何功不成。對冊云：「且古所謂功者，以任官稱職爲差，非所謂積日累久也。故

小材雖累日，不離於小官，賢材雖未久，不害爲輔佐。」與此義異。說見考功名篇。必知其實，是謂開闔，此開闔之術也。

內外，猶表裏。大戴禮文王官人篇：「以其見占其隱，以其小占其大。」以上言察士官人之法，疑皆古語。可以內參外，可以小占大，故

淮南主術訓：「上操其名以責其實，臣守其業以效其功。」以上言察士官人之法，疑皆古語。君人者，國之本也。

○後漢書酷吏傳注引無「人」字。夫爲國，其化莫大於崇本，崇本則君化若神，不崇本則君無以兼

人。○後漢書酷吏傳注引「則」下無「君」字。 無以兼人，雖峻刑重誅，而民不從，是所謂驅國而棄之

一六四

者也，患孰甚焉？何謂本？曰：天地人，萬物之本也。天地生之，地養之，人成之。天生之以孝悌，地養之以衣食，人成之以禮樂，三者相爲手足，合以成體，不可一無也。無孝悌則亡其所以生，無衣食則亡其所以養，古人之於民，非不爲之謀生計也。地官言教民，而競競于山林陵麓之事。朱子所謂「也須是教他有飯喫，有衣著」是也。無禮樂則亡其所以成也。三者皆亡，則民如麋鹿，各從其欲，説苑修文篇：「傅曰：『觸情縱欲，謂之禽獸。』」家自爲俗。父不能使子，君不能使臣，民生而有欲，聖人範之以禮，爲之立父子兄弟之等以致其嚴，爲之冠昏以厚其別，爲之喪祭以致其哀，所以防其縱而暢其情也。苟從欲之所極，則色視爲性成，檢閑苦爲多事，違禽獸焉不遠。家無良子弟，君亦安得有良民臣哉？故政教之本，必在家庭。」庠序之義，首申孝悌。雖有城郭，名曰虛邑。如此〔一〕，其君枕塊而僵，凌云：「國語：『野人枕塊以與之。』注：『塊，璞也。』國策注：『僵，僨也。』」莫之危而自危，莫之喪而自亡，是謂自然之罰。自然之罰至，裹襲石室，分障險阻，猶不能逃之也。治在重本，故孝悌禮樂，視之與衣食同。如越句踐、商君輩專重衣食，淪於無教，雖號稱彊，究不可終日矣。淮南子覽冥篇：「上天之誅也，雖在曠虛幽閒，遼遠隱匿，襲石室，分障險阻，無所逃之亦明矣。」語意與此同。此「分」字疑「界」之誤。介、界同，隸書介、分相似，傳寫易混，故書傳多分、界互譌。説見王氏雜志淮南繆稱篇。○天啟本「裹」作裹。

慎三本。郊祀致敬，共事祖禰，共，讀曰恭。舉顯孝悌，表異孝行，所以奉天本也。漢初孝悌與明主賢君必於其信，信，實也。是故肅

〔一〕「此」字下，凌本、盧本、叢刊本有「者」字。

三老、力田竝置鄉官，而孝與悌賞賚有別。文帝賜孝者帛人五匹，悌一匹；武帝賜孝者帛人五匹，悌三匹。是其表異之

處。秉末躬耕，採桑親蠶，墾草殖穀，開闢以足衣食，所以奉地本也。開闢，謂墾治荒曠。立辟

雍庠序，修孝悌敬讓，明以教化，○盧云：「明以，他本倒。」感以禮樂，禮樂，非強人之具，所以作其善心，

起其佚志，故云感。所以奉人本也。凌云：「大戴禮：禮有三本，天地者性之本也，先祖者類之本也，君師者治之

本也。無天地焉生？無先祖焉出？無君師焉治？三者偏亡，無安之人。故禮上事天，下事地，宗祀先祖而寵君師，

是禮之三本也。」三者皆奉，則民如子弟，不敢自專，邦如父母，不待恩而愛，不須嚴而使，邦，疑

君。雖野居露宿，厚於宮室。如是者，其君安枕而臥，莫之助而自強，莫之綏而自安，是謂

自然之賞。以天治君，賞罰君者，天也。民視聽即天視聽。自然之賞至，雖退讓委國而去，百姓襁負

其子隨而君之，君亦不得離也。故以德為國者，甘於飴蜜，固於膠漆，是以聖賢勉而崇本

而不敢失也。君人者，國之證也，君采衆謀於下，而決機要於上，若為國之證驗而已。盧云：「證，疑本是徵

字，宋人避諱改。」不可先倡，感而後應。故居倡之位而不〔二〕行倡之勢，不居和之職而以和為

德，常盡其下，常使下竭竟其情。故能為之上也。淮南主術訓：「主道員者運轉而無端，化育如神，虛無因

循，常後而不先也。臣道員者運轉而無方，論是而處當，為事先倡，守職分明，以立成功也。是故君臣異道則治，同道則

亂。」慎子云：「君逸樂而臣任勞，臣盡智力以善其事，而君無與焉，仰成而已。」

〔二〕「不」字下，凌本有「得」字。

體國之道，○天啟本不提行。凌本同。在於尊神。尊者所以奉其政也，神者所以就其化也，

故不尊不畏，不神不化。夫欲為尊者在於任賢，欲為神者在於同心。賢者備股肱則君尊

嚴而國安，同心相承則變化若神，莫見其所為而功德成，是謂尊神也。君不能自尊自神，任賢同

心，則百事舉。

天積衆精以自剛，凌云：「淮南子：天地之襲精為陰陽，陰陽之專精為四時，四時之散精為萬物。積陽之熱

氣生火，火氣之精者為日，積陰之寒氣為水，水氣之精者為月，日月之淫為精者為星辰。」聖人積衆賢以自強。呂

覽季夏紀：「凡生非一氣之化也，長非一物之任也，成非一形之功也。故衆正之所積，其福無不及也。衆邪之所積，其

禍無不逮也。」天序日月星辰以自光，聖人序爵祿以自明。白虎通封公侯篇：「天雖至神，必因日月之

光。地雖至靈，必有山川之化。聖人雖有萬人之德，必須俊賢。」鹽鐵論相刺篇：「天設三光以照記，天子立公卿以明

治。」天所以剛者，非一精之力；聖人所以強者，非一賢之德也。鶡冠子道端篇：「夫寒溫之變，非

一精之所化也。天下之事，非一人之所能獨知也。是以明主之治世也，急於求人，不獨為也。」

聖人務衆其賢。盛其精而壹其陽，衆其賢而同其心。壹其陽然後可以致其神，同其心然

後可以致其功。是以建治之術，貴得賢而同心。「南有嘉魚」，鄭箋云：「君子下其臣，故賢者歸往。」趙

岐孟子公孫丑章句云：「大聖之君，由采善於人，故計及天下者無遺策，舉及衆者無廢功。」隱元年何注：「君敬臣則臣

自重，君愛臣則臣自盡。」○凌本「治」作制。為人君者，其要貴神。神者，不可得而視也，不可得而聽

也，管子心術篇：「是故有道之君，其處也若無之，其應物也若偶之，静因之道也。」韓非子難三云：「術者，藏之於胸

中，以偶眾端，而潛御羣臣者也。」是故視而不見其形，聽而不聞其聲。聲之不聞，故莫得其響；不見其形，故莫得其影。　非無聲形也，以臣言為聲，臣事為形，故人君若神耳。　案：聲之不聞，疑當作「不聞其聲」。

莫得其影則無以曲直也，莫得其響則無以清濁也。　無以曲直則其功不可得而敗，無以清濁則其名不可得而度也。所謂不聞其聲者，非不聞其號令之聲也，言其所以號令不可得而聞也。所謂不見其形者，非不見其進止之形也，言其所以進止不可得而見也。　不見，是謂冥昏。能冥則明，能昏則彰。能冥能昏，是謂神人。君貴居冥而明其位，處陰而向陽。　王道篇：「古者人君立於陰，大夫立於陽。」管子心術篇：「人主者立於陰，陰者靜，故曰動則失位，陰則能制陽矣，靜則能制動矣。」管子九守篇：「人主不周則羣臣下亂，寂乎其無端也。外內不通，安知所怨？關閉不開，善否無原。」　惡人見其情而欲知人之心，是故為人君者執無源之慮，行無端之事，

本上『出』誤作見。　○凌云：「原注：一作聞。」吾以不求奪則我利矣，彼以不出出則彼費矣。　○官本云：「他言。故終日問之，彼不知其所對；終日奪之，彼不知其所出。吾則以明而彼不知其所亡。　疑作芒，言彼不知吾意之所萌也。　故不問問則我神矣，彼以不對對則彼情矣。　情，猶實也。黃震疑此數語非儒者之言。

不問問。　○凌云：「原注：一作聞。」吾以不求奪則我利矣，彼以不出出則彼費矣。」以不求奪，以不問問。　本上『出』誤作見。

陰而向陽。　王道篇：「古者人君立於陰，大夫立於陽。」管子心術篇：「人主者立於陰，陰者靜，故曰動則失位，陰則能制陽矣，靜則能制動矣。」管子九守篇：「人主不周則羣臣下亂，寂乎其無端也。外內不通，安知所怨？關閉不開，善否無原。」

亡，疑作芒，言彼不知吾意之所萌也。原。去其智，絕其能，下不能意。南面篇：「人主欲為事，不通其端末，而以明其欲。」案：不通端末，即彼不知其所芒。以明其智，即吾則以明。　故人臣居陽而為陰，人君居陰而為陽。陰道尚形而露情，陽道無端而貴神。　荀子正論篇論主道利周一段，與此微異。司馬談論六家要指云：「儒者則不然。以為人主天下之儀表也，

主倡而臣和，主先而臣隨。如此則主勞而臣逸。」此篇頗參道家之旨，然歸之用賢，故是正論。說苑君道篇師曠曰：「人君之道，清淨無爲，務在博愛，趨在任賢。」即此恉。漢初老學盛行，此二篇疑是蓋公諸人之緒論，而時師有述之者。或董子初亦兼習道家，如賈生本儒術，而所著書時稱引黃老家言。太史公受道學其父談，終乃歸本於儒者，亦風會使然邪？

保位權第二十 此篇頗參韓非之旨。

民無所好，君無以權也。　權，當作勸，下同。管子權脩篇：「民輕其禄賞，則上無以勸民。」民無所惡，君無以畏也。　無以權，無以畏，則君無以禁制也。　無以禁制，則比肩齊勢而無以爲貴矣。故聖人之治國也，因天地之性

君民齊勢，亂之端也。　管子明法解：「明主之治也，縣爵禄以勸其民，民有利於上，故主有以使之。立刑法以威其下，下有畏於上，故主有以牧之。故無爵禄則主無以勸民，無刑罰則主無以威眾。」

情，孔竅之所利，以立尊卑之制，以等貴賤之差。　天地有自然之尊卑，聖人因而制禮。「孔竅所利」謂

順民欲。　鼂錯傳：「情之所惡，不以彊人。情之所欲，不以禁民。」蕭望之議，以爲民函陰陽之氣，有仁義欲利之心。「孔竅」二字，亦見韓非解老篇。　○等，天啓本注云：「一作異。」

其耳目，禮樂之所由作。　○天啓本「聲」作音。　自令清濁昭然殊體，榮辱踔然相駮，以感動其心」盧

云：「踔，疑當作焯。」　興案：踔，古灼字。見漢書揚雄傳注。說苑君道篇：「廓然遠見，踔然獨立。」字亦作「踔」。此云「踔然相駮」，即灼然別異之意。　清濁榮辱，以人品等差言之。　務致民令有所好。有所好然後可得而

勸也，○天啟本「有」上有必字。故設賞以勸之。有所好必有所惡，有所惡然後可得而畏也，故設罰以畏之。○凌本「罰」作法，下同。既有所勸，又有所畏，然後可得而制。制之者，制其所好，是以勸賞而不得多也。制其所惡，是以畏罰而不可過也。人情好爵賞而惡刑戮，賞不可僭，僭則人賤名器，而激勸之道窮。罰不可濫，濫則人輕刑辱，而是非不出于朝廷矣。左襄二十六年傳：「賞僭則懼及淫人，刑濫則懼及善人。」○盧云：「大典本『可』作得〔二〕。」所好多則作福，所惡多則作威。作威則君亡權，天下相怨；作福則君亡德，天下相賊。管子版法解〔三〕篇：「君若使威利之權不專在君，而有所分散，則君日益輕，而威利日衰，侵暴之道也。」說苑君道篇：「宋君行賞賜，而與子罕刑罰。國人知刑罰之威專在子罕也，大臣親之，百姓附之。居期年，子罕逐其君而專其政。」作福則君亡德，天下相賊。爵賞多則必有援附之私，所謂拜爵公廷，感恩私室。且援附者苟得人人皆有攫取富貴之思，相傾相軋，以成乎廉恥喪之風。故曰「天下相賊」。書洪範曰：「臣之有作福作威玉食，人用側頗僻，民用僭忒。」案：此文先威後福，與書異。據劉向傳向上封事，王商傳張匡對，後漢第五倫傳倫上疏，楊震傳震上疏，李固傳馬融誣奏固，襄楷傳楷上疏，張衡傳衡上疏，魏志蔣濟傳，戰國策高注，隋梁毗論楊素封事，立先威後福，是今文尚書本如此。此正用書意。故聖人之制民，使之有欲，不得過節；使之敦樸，不

〔二〕「可」字，凌本、叢刊本亦作「得」。

〔三〕「解」字，據管子第六十六版法解篇補。下「權」字，管子作「操」。

得無欲。

此「欲」字與嗜欲之欲微別。說文：「欲，貪也。」「貪，欲也。」樂記鄭注：「欲，邪淫也。」易「君子以懲忿窒欲」，禮「飲食男女，人之大欲存焉」，此嗜欲之謂也。說文：「欨，意有所欲也。」此欲望之義，與此「欲」字合。韓非外儲說：「太公望誅居士狂矞、華士曰：『無求於人者，是望不得以賞罰勸禁也。』」荀子正論篇：「古之人以人之情爲欲多而不欲寡，故賞以富厚而罰以殺損也。是百王之所同也。今子宋子以是之情爲欲寡而不欲多也，然則先王以人之所不欲者賞，而以人之所欲者罰耶？ 亂莫大焉。」 是百王之所同也。戴氏震遂以欲爲本然中正，動靜脅得，則似失之。由是推己所欲以達人立人，推己所不欲以毋加於人。本書此數語最精。朱子已識其認欲爲理。陸象山亦言，天理人欲，不是至論。若天是理，人是欲，則是天人不同。欲，手持足行，便是道。

（戴氏所本。）○官本云：「民使，他本作使民。」無欲有欲，各得以足，而君道得矣。國之所以爲國者德也，君之所以爲君者威也，故德不可共，威不可分。德共則失恩，威分則失權。失權則君賤，失恩則民散。○凌本「賤」下、「散」下並有矣字。民散則國亂，君賤則臣叛。是故爲人君者，固守其德，以附其民；固執其權，以正其臣。聲有順逆，必有清濁，形有善惡，必有曲直。故聖人聞其聲則別其清濁，見其形則異其曲直。○官本「知」作見，云：「他本作知。」○官本「見」作知，凌本同。於濁之中，必知其清；於清之中，必知其濁。○官本「知」作見，凌本同。於曲之中，必見其直；於直之中，必見其曲。不獨別其清濁曲直，又從清濁曲直中析其微眇。○官本「見」作知，凌本同。於形無小而不舉。不以著蔽微，不以衆揜寡，於聲無小而不取。○天啓本作「於聲之中而不取」。黑白分明，然後民知所去就，民知所去就，然後可以致治，是爲象則。各應其事以致其報。

襄三十一年傳:「其臣畏而愛之,則而象之,故能有其國家。」○天啓本注云:「則,一作副。」爲人君者居無爲之位,行不言之教,道德[一]經:「是以聖人處無爲之事,行不言之教。」又見淮南主術訓。寂而無聲,静而無形,執一無端,爲國源泉。因國以爲身,因臣以爲心。以臣言爲聲,以臣事爲形。韓非主道篇:「有言者自爲名,有事者自爲形,形名參同,君乃無事焉。故曰:君無見其所欲,君見其所欲,臣自將雕琢。君無見其意,君見其意,臣自將表異。」有聲必有響,有形必有影。凌云:「列子黄帝書曰:形動不生形而生影,聲動不生聲而生響。」聲出於内,響報於外;形立於上,影應於下。○天啓本「應」作報。響有清濁,影有曲直,響所報非一聲也,影所應非一形也。故爲君虚心静處,聰聽其響,明視其影,以行賞罰之象。自處於虚静,而以聰明察其臣。○官本云:「影,他本作形。」盧云:「以行,趙疑以爲。」其行賞罰也,響清則生清者榮,響濁則生濁者辱,影正則生正者進,影枉則生枉者絀。寄影響於臣下,清濁正枉,又在任人當否。凌云:「東漢劉愷議:『濁其源而望流清,曲其形而欲影直,不可得也。』」周太保等所以甯名考質,以參其實。○官本云:「他本『甯』作責。」說苑政理篇:「夫誅賞者,所以別賢不肖,而列有功與無功也。故誅賞不可以謬。賞不空施,罰不虚出。人君之所以馭其臣者,賞罰而已。勉新陟王者無他,惟曰『畢協賞罰』。誅賞謬,則美惡亂矣。夫有功而不賞則善不勸,有過而不誅則惡不懼。善不勸,惡不懼,而能以行化乎天下者,未得聞也。」管子立政篇:「國有德義未明於朝而處尊位者,則良臣不進;有功力未見於國而有重祿者,則勞臣不勸。」又七法

[二]「德」字,據凌本及老子補。

篇云：「有功必賞，有罪必誅。」傅子云：「治國有二端……一曰賞，二曰罰。人所以畏天地者，以其能生而殺之也。爲治審持二柄，能使生殺不妄，則威德與天地並矣。」韓非子云：「賞有功，罰有罪，而不失其當，乃能生功止過也。」凌本「施」作行。

是以羣臣分職而治，各敬而事，凌云：「而，猶乃也。」爭進其功，顯廣其名，而人君得載其中，此自然致力之術也。聖人由之，故功出於臣，名歸於君也。董論陰陽五行，亦多此旨。

春秋繁露義證卷第七

考功名第二十一

隱五年何注：「禮，司馬主兵，司徒主教，司空主土。春秋撥亂世，以黜陟爲本。」仲舒集有詣丞相公孫弘記室書云：「謹奉春秋署置術。」殆即此類。

考績之法，考其所積也。

尚書大傳：「積不善至于幽，六極以類降，故黜之。積善至于明，五福以類相生，故陟之。」對册云：「長吏多出于郎中、中郎，吏二千石子弟選郎吏，又以富貲，未必賢也。且古所謂功者，以任官稱職爲差，非所謂積日累久也。故小材雖累日，不離於小官；賢才雖未久，不害爲輔佐。是以有司竭力盡知，務治其業而以赴功。今則不然，累日以取貴，積久以致官，是以廉恥貿亂，賢不肖渾殽，未得其真。」案：此篇所陳，仍不廢積累之法。大氏法立敝生，人情百變，舍此別無澄清之方，古今一也。不以時日，則賕請奔競，滋損風化。賢材不次之拔擢，繫於朝廷知人之明，可偶舉而不可爲常典。後漢郡國貢舉，多非功次，守職懈而吏事疏。潛夫著考績及貢實篇，亦此意矣。仲舒言此，蓋酌其行之可久者，不必疑其與對册違也。

天道積聚衆精以爲光，聖人積聚衆善以爲功。

荀子儒效篇：「積善而全盡，謂之聖人。故聖人者，人之所積也。」語意與立元神篇大同。

故日月之明，非一精之光也；聖人致太平，非一善之功也。

明所從生，不可爲源，善所從出，不可爲端，善不積不

成，猶明不積不光，故無端源可言。**量勢立權，因事制義。**言積善之法。**故聖人之爲天下興利也，其猶春氣之生草也，各因其生小大而量其多少，**生大則受春氣多，生小則受春氣少。事小則利小，事大則利大，其于功一也。**其爲天下除害也，若川瀆之寫於海也，**○盧云：「寫，舊本作瀉，今據黃氏日鈔改。」**各順其勢，傾側**○黃氏日鈔「勢」下有之字。上「其生」下同。**而制於南北。故異孔而同歸，**孔，道也。**殊施而鈞德，其趣於興利除害一也。是以興利之要在於致之，不在於多少；除害之要在於去之，不在於南北。**以興利除害爲考善之法。置官吏者，所以安民氓也。去害在因時地，不能一術，故云不在於南北。白虎通攷黜篇：「諸侯所以攷黜何？王者所以勉賢抑惡，重民之意也。」**考績紬陟，計事除廢，**除廢猶用舍。○廢，天啟本注云：「一作費。」**有益者謂之公，**凌云：「韓非五蠹篇：『蒼頡之作書也，自環者謂之私，背私謂之公。』」**無益者謂之煩。**無益之事擾民，故曰煩。**擧名責實，**○官本云：「他本『擧』作挈。」**功者賞，有罪者罰。功盛者賞顯，罪多者罰重。不能致功，雖有賢名，不予之賞；官職不廢，雖有愚名，不加之罰。**管子明法解：「國之所以亂者，廢事情而任非譽也。」谷永奏云：「聖主不以名譽加於實效。昔劉毅疏論九品中正云：抑功實而隆虛名，長浮華而廢考績。魏盧毓奏：古者敷奏以言，明試以功。今考績之法廢，而以毀譽相進退，故真偽渾雜，虛實相蒙。因作考課法。」○凌本「加」作予。**賞罰用於實，不用於名，賢愚在於質，不在於文。故是非不能混，**○天啟本注云：「一作詐奇不能枉。」**喜怒不能傾，姦軌不能弄，**潛夫論考績篇：「官長不考功，則吏怠而姦宄興。」○弄，天啟本注云：「一作算。」**萬物各得其冥，**○盧

云:「本一作真。」　輿案:　天啟本注云:「一作貴,非。」則百官勸職,爭進其功。潛夫論考績篇:「羣僚司

尹咸有典司,各居其職,以責其效。」

考試之法,大者緩,小者急,貴者舒而賤者促。鄧立誠云:「大緩小急,貴舒賤促。以漢法況之,縣

課丞尉,郡課縣,州課郡,公卿課羣吏。縣之課丞尉也,令長於秋冬歲盡,各計縣戶口墾田,錢穀入出,盜賊多少,上其集

簿。丞尉以下,歲詣郡課校;其功多尤爲最者,於廷尉勞勉之,以勸其後,負多尤爲殿者,於後曹別責,以糾怠慢。諸對

詞窮尤困,收主者,掾史關白太守,使取法丞尉縛責以明下,轉相督敕,爲民除害。其郡守課縣,秋冬遣無害吏按訊諸

囚,平其罪法,論課殿最。歲盡,遣吏上計。州刺史課郡國,以六條問事,常以八月巡行所部郡國,錄囚徒,考殿最。御

史中丞總領州郡奏事,課第諸刺史。丞相典天下誅討賜奪,天子受相國之安。其有日食、星變、諸陰陽不和,丞相不勝

任,使者奉敕書,駕馹駱馬,即時布衣出府,免爲庶人。又按:試若丞相設四科之辟,以博選異德名士,稱才量能,皆試

以能信,然後官之之試。此即對策所謂使諸〔一〕列侯、郡守二千石各責其吏民之賢者,歲貢各二人以給宿衛,毋以日月

爲功實,試賢能爲上者也。」天子歲試天下,三試而一考。諸侯月試其國,州伯時試其部,四試而一考。凌云:「諸侯一歲三考,州伯一

歲一考。」天子歲試天下,三試而一考,前後三考而絀陟,路史注引書大傳曰:「三歲小攷,正職而行事。

九歲大攷,黜無職,賞有功也。一之三以至九年,天數窮矣。陽德終矣。」史記五帝紀:「三載攷一功,三攷黜陟幽明。」文元

年「天王使毛伯來錫公命」何注:「古者三載考績,三考黜陟幽明。」文公新即位,功未足施而錫之,非禮也。」竝與董

同。白虎通攷黜篇:「所以三歲一攷績何?三年有成,故於是賞有功,黜不肖。尚書曰:『三載攷績,三攷黜陟。』何

同。

〔一〕「諸」字,原誤「者」,據凌本改。

以知始效輒黜之？〈尚書曰：『三年一攷，少黜以地。』書所謂三攷黜陟者，謂爵土異也。」潛夫論三式篇：「是故三公在

三載之後，宜明考績黜陟。竝以爲一考即黜陟，殆與文異説。晉傅玄傳：「虞書曰：『三載考績，三考黜陟幽明。』是謂

九年之後，君有遷黜也。」後魏孝文太和中詔曰：「三載考績，自古通經。三考黜陟，已彰能否。今若待三考然後黜陟，

可黜者不足爲遲，可進者大成賒緩。是以朕今三載一考，考即黜陟。欲令愚滯無妨於賢者，才能不壅於下位。」用白虎

通説。

命之曰計。〈周禮太宰：「八曰官計，以弊邦治。」鄭司農云：「謂三年則大計羣吏之治，而誅賞之。」鄭玄云：

「官計謂小宰之六計。」

興案：周時小宰夫之命羣吏，有月終旬終小計，歲終大計，以備考察。

蓋考羣吏詳而考天下畧，亦舒促之義也。元初令官吏計日月，考殿最。明制有考滿、考察二法，考察通天下内外官計

之。其目八，曰貪，曰酷，曰浮躁，曰不及，曰老，曰疾，曰罷，曰不謹。分致仕、降調、閒住爲民有差。考滿論一身歷俸、

分稱職、平常、不稱職三等。三年初考，六年再考，九年通考。其分年三考之典，沿古法也。我朝考績之法，在内曰京

察，在外曰大計，各以三年爲期。武職曰軍政。（康熙初年曾停京察，用考滿法，未幾而復。）名雖畧殊，計典一也。内外

通限三年，軍政不過五年。較漢法寬而視古密矣。

考試之法，○天啓本不提行。**合其爵禄，并其秩，積其日，陳其實，**〈史記：「積日曰閲。」實謂功狀

也。案：爵以位言，秩以食言，日以資言，實以勞言。禄與秩分言者，禄有定而秩無定，禄麗於爵，秩叙於職也。此即後世

年勞之法，雖考功罪，兼計資格。及其敝也，則有資格而無賢否之分。**計功量罪，以多除少，**罪多則除功，功多則

除罪。〈漢書陳湯傳：劉向上疏言：「昔齊桓公前有尊周之功，後有滅項之罪，君子以功覆過，而爲之諱行事。」東漢朱勃

上書訟馬援：「臣聞春秋之義，罪以功除。」詩泯鄭箋云：「士有百行，可以功過相除。」桓十一年何注：「祭仲知國重君

輕，君子以存國除逐君之罪。雖不能防其難，罪不足而功有餘，故得爲輕。」又莊三年注：「紀季稱字賢之者，以存先祖

之功，則除出奔之罪。」莊四年注：「賢襄公爲諱，以復讎之義，除滅人之惡。」莊六年注：「齊當以讓除惡，故善起其

事。昭二十年注：「以喜時之讓。除會之叛，猶〔一〕叔術功惡相除，裁足通濫爾。」僖十年注：「桓公功大，善惡相除，足封有餘。文公功少，嫌未足除身篡，而有討功，故爲之諱。」此亦春秋多少相除之例。

以名定實，先內弟之。盧云：「弟，古第字，下同。」　興案：內第謂先就一人之功罪定其等次，然後外集合計天下而殿最之。內第當如明世考滿法，外集如明世考察法。○天啟本「弟」作定。凌本「以」下有爲字。

其先比二三分以爲上中下，俞云：「比二皆衍文。」以考進退，然後外集。○官本云：「以，他本誤移在『後』字下。」

通名曰進退，增減多少，有率爲弟。句。九分三三列之，亦有上中下，以一爲最，五爲中，九爲殿。凌云：「漢書宣帝紀『丞相御史課殿最以聞」顏注：『凡言殿最者，殿，後也。最，凡要之首也。課，居先也。』」唐六典：「四善爲上上，一最；三善爲上中，一最；二善爲上下，無最；有二善爲中上，無最；有一善爲中中；職事粗理，善惡不聞，爲中下；愛憎任情，處斷乖理，爲下上；背公向私，職務廢缺，爲下中；居官諂詐，貪濁有狀，爲下下。』」

有餘歸之於中，中而上者有得，中而下者有負。凌云：「漢書注：晉灼曰：『令、丞、尉治一縣，崇教化，亡犯法者，輒遷。有盜賊，滿三日不覺者，則尉事也。令覺之，自除，二尉負其罪，率相準如此法。」

得少者以一益之，至於四，負多者以四減之，至於一，皆逆行。計取算法乘除爲名，此爲得負乘除法，未詳其式。

三四十二而成於計，得滿計者絀陟之。次次每計，各遂其弟，以通來數。○官本云：「他本『遂』作遂。」

初次再計，次次四計，各不失故弟，而亦滿計絀陟之。

〔一〕「猶」字，春秋公羊傳何注作「明」。

初次再計，謂上弟二也。次次四計，謂上弟三也。九年爲一弟，二得九，并去其六，爲置三弟，六六得等，爲置二，并中者得三盡去之，并三三計得六，并得一計得六，此爲四計也。緤者亦然。盧云：「未詳。」興案：此法漢時似未通行，故人但知京房考功課吏法。今史文不詳，無由訂董京異同得失矣。

通國身第二十二 謂通治國於治身。呂覽審分篇：「夫治身與治國，一理之術也。」

氣之清者爲精，○後漢李固傳「精」作神。人之清者爲賢。治身者以鍊神爲寶」。李固傳「治」作養，「積精」作練神。治國者以積賢爲寶，○御覽無「者」字。身以心爲本，國以君爲主。精積於其本，則血氣相承受；賢積於其主，則上下相制使。○御覽四百二作「治身以鍊神爲寶」。血氣相承受，則形體無所苦；上下相制使，則百官各得其所。形體無所苦，然後身可得而安也；百官各得其所，然後國可得而守也。夫欲致精者，必虛靜其形；欲致賢者，必卑謙其身。形靜志虛者，精氣之所趣也；謙尊自卑者，仁賢之所事也。○易繫辭：「謙尊而光。」故治身者務執虛靜以致精，治國者務盡卑謙以致賢。能致精則合明而壽，○盧云：「本或有仁字，疑衍。」興

案：「天」啟本無「仁」字。**能致賢則德澤洽而國太平。** 潛夫論思賢篇：「是故養壽之士，先病服藥，養世之君，先

亂任賢，是以身常安而國脉〔一〕永也。上醫醫國，其次醫身。夫人治國，固治身之象，疾者身之病，亂者國之病也。身

之病待醫而愈〔二〕，國之亂〔三〕待賢而治。治身有黃帝之術，治世有孔子之經。」 輿案：待病求醫，待亂求賢，晚

矣。所謂醫與賢者，又未必其人也。惟董子之言，爲得其本。

三代改制質文第二十三

〔禮器：「三代之禮一也，民共由之，或素或青。」蓋

言禮同而文質之相變也。史記孔子世家：「觀殷夏所損益，曰：『後雖百世可

知也，以一文一質。周監二代，郁郁乎文哉！吾從周。』故書傳、禮記自孔氏。」

論語「子張問十世可知也」，集解引孔曰：「文質禮變。」漢書兒寬傳：「寬上壽

曰：『臣聞三代改制，屬象相因。間者聖統廢絕，陛下發憤，合指天地，祖立明

堂辟雍，宗祀泰一。六律五聲，幽贊聖意，神樂四合，各有方象，以丞嘉祀，爲萬

世則，天下幸甚。』」後漢魯恭傳：「王者質文不同，四時之政，行之若一。」 輿

案：三代殊制，見於禮記明堂位、檀弓、禮器、祭法、祭義諸篇者甚多。 如子服

〔一〕「脉」字，原作「永」，據凌本及潛夫論校記改。

〔二〕「愈」字，原誤「治」，據凌本及潛夫論改。

〔三〕「亂」字，原誤「病」，據潛夫論改。

春秋繁露義證

一八〇

論語：「文王既没，文不在兹乎？」固以身任紹文之文矣。中庸：「仲尼祖述堯舜，憲章文武。」鄭云：「此以春秋之義

説孔子之德。孔子所述，堯舜之道，而制春秋，則斷以文王文王之法度。」鄭蓋用公羊家説。王愆期遂以文王爲孔子，謬

春秋曰「王正月」，傳曰：「王者孰謂？謂文王也。」周自文王受命而王，故孔子從周，必宗文王。

景伯子游立孫立弟，檀弓争葬之別合，曾子子游子夏争殯之東西，子游子夏之裼

襲不同，孟子公羊爵之三等五等，禄之三品二品，以及小斂之奠，或云東方，或

云西方，同母異父昆弟，或云爲之齊衰，或云大功，皆師説所傳異制。學者質文

隨習，不必盡合。（儀禮士冠禮鄭注云：「凡醴，事質者用糟，文者用清。」亦以文質説禮。）故白

虎通問曰：「異説並行，則弟子疑焉。」孔子有言：「吾聞擇其善者而從之」，多見

而志之，知之次也。」文武之道，未墜於地，天之將喪斯文也，樂亦在其中矣。聖

人之道，猶有文質，所以擬其説，述所聞者，亦各傳其所受而已。本篇所紀，但

述師説。至以春秋當新王諸義，不見於傳，蓋爲改正而設，與春秋義不必相屬。

自何休取以注傳，轉令經義支離，爲世詬病矣。黃震疑黃帝之先謚，四帝之後

謚，舜法商，禹法夏，湯法質，文法文諸語，不當於理。其實商夏亦文質之代名，

先謚後謚尤不必疑也。（見本篇注。）惟四法一節，乃緯家説，疑爲羼入。○玉海四

十列目作「三代改制」，與前篇目同，云「一作文質」。疑此篇名一作「三代改

制」，一作「三代文質」，而後人誤合之也。

說流訑，滋誤後學。（公羊成十年疏：「孔子爲後王。」蓋沿用愆期說。）且立義可託王，正朔服色不可託王也。文九年何注：「引文王者，文王始受命制法度。」孫星衍以爲魯隱公元年與文王改元之歲同在己未，故稱文王，舉周魯通符之歲，以紀年託始。（見平津館文稿公羊以春王爲文王解。）恐非春秋義。○官本云：「下『謂』字他本誤移在『文王也』之下，今改正。」

易爲先言王而後言正月？王正月也。以上引傳文。

何以謂之王正月？曰：王者必受命而後王。王者必改正朔，易服色，制禮樂，一統於天下，所以明易姓，非繼人，○各本作仁，今改。通以己受之於天也。王者受命而王，制此月以應變，應天革命。故作科以奉天地，○故，字疑衍。故謂之王正月也。隱元年何注：「以上繫於王，知王者受命，布政施教，所制月也。王者，萬物不齊，莫適所統，故必以三微之月也。」

王者改制作科奈何？曰：當十二色，年十二月，故云十二色。每月物色各不同。歷各法而正色，而，疑當作其。於十二色中，取三微之月，各法其一，以爲正色也。通典七十四注云：「三正者，天地人也。三正之道，由三微之月。受命之正，各法其一。」後漢書章帝紀：「元和二年詔曰：『春秋于春(一)每月書王者，重三正，慎三微也。』」注引斗威儀(二)云：「三微者，三正之始，萬物皆微，物色不同，故王者取法焉。」又陳寵傳：奏曰：「三微成著，以通三統。」注引三禮義宗云：「三微，三正也。王者奉而成之，各法其一，以改正朔。」通典百六十九引同。白虎通三正篇：「不以二月後爲正者，萬物不齊，莫適所統，故必以三微之月也。」

逆數三而復。錢云：「復上脫相字。」輿案：白虎通三正篇引

（一）「春」字，原誤「正」，據後漢書改。
（二）「斗威儀」後漢書注作「禮緯」。

禮三正記曰：「正朔三而改，文質再而復。」案逆數者，如夏以十三月孟春爲正，殷以十二月季冬爲正，周以十一月仲冬爲正，推之以前皆然。繼周者則當復以孟春月爲正，乃合逆數也。互見二端篇。白虎通又云：「天質地文，質者據質，文者據文。周反統天正何也？質文再而復，正朔三而改。三微質文，數不相配，故正不隨文質也。」

帝，白虎通號篇：「五帝者，何謂也？禮曰：黃帝、顓頊、帝嚳、帝堯、帝舜，五帝也。」與董合，見下文。董以三代定三統，故以前云紃。凌云：「古今注：程雅問董仲舒：自古何謂稱三皇五帝？對曰：三皇、三才也。五帝、五常也。」帝

迭首一色，順數五而相復，此五行更王之義。如黃帝土德，以黃爲首色是也。後世因之，有歷代所尚之色，大抵取五行生剋爲義。至元明服御專用黃色，國朝因而不改，始闚五德舊說矣。

禮樂各以其法象其宜。凌云：「史記趙世家：及至三王，隨時制法，因事制禮，法度制令，各順其宜，衣服器械，各便其用，故禮也不必一道，而變國不必古。聖人之興也，不相襲而王，夏殷之衰也，不易禮而滅。」**順數四而相復。**董所主則以三統爲說。俞云：「此言五帝，不得言四而相復，其上當有脫文。」 興案：疑即本篇之所謂「商一夏，一質一文，故云四」」復。

咸作國號，遷宮邑，易官名，制禮作樂。以上推明古王者改制，有三復、五復、四復之不同。

故湯受命而王，○盧云：「王，舊作正，誤。」**應天變夏作殷號，時正白統。親夏故虞，紃唐謂之帝堯。**○盧云：「舊本作故親周故宋之例改轉。」**以神農爲赤帝。**錢云：「董子法以三代定三統，追前五代爲五帝，又追前三代爲九皇。凡九代三統移於下，則九皇五帝遷於上。商爲白統，并夏虞爲三代。紃唐爲帝，唐爲五帝之末，則神農爲五帝之首，而庖羲爲九皇。此當有推庖羲以爲九皇句，文脫耳。**作宮邑於下洛之陽，名相官曰尹。**伊尹是也。說文「伊」下云：「殷聖人阿衡，尹治天下者，从人从尹。」○天啟本注云：「一作『名相曰宮尹。』」**作濩樂，制質**

禮以奉天。文王受命而王，應天變殷作周號，時正赤統。班書高帝紀贊云：「漢承堯運，德祚已盛，斷蛇著符，旗幟尚赤，協于〔一〕火德，應天統矣。」班彪王命論云：「劉氏承堯之祚，氏族之世，著于春秋。」劉向頌高祖謂爲出自唐帝。昭帝元鳳三年，符節令眭弘上書，亦言漢承堯後，故或援左傳士會之胤處爲劉氏文，及士匄蔡墨劉氏系出陶唐之語，以傅會之。賈逵至以此請光武崇左氏。在董子時，尚無此說，故取赤統不始唐堯。眭弘自稱爲先師，而用古文傅會之說，斯爲舜矣。親殷故夏，○「作護」下三十字原脫，參用盧文弨張惠言說補。絀虞謂之帝舜，絀虞，原作爵字。盧云：「爵字訛，當作『絀虞』二字，今改。」以軒轅爲黃帝，○天啟本無「以」字，「爲」作曰。推神農以爲九皇。玉海四二云：「通鑑外紀引此語。」作宮邑於豐。名相官曰宰。作武樂，制文禮以奉天。文王作武，又見楚莊王篇。武王受命，作宮邑於鄗，鄗，與鎬同。周本紀注：「鎬在上林，昆明北有鎬池，去豐二十五里，皆在長安南。」制爵五等，作象樂，繼文以奉天。墨子三辨篇：「武王勝殷殺紂，環天下自立。因先王之樂，又自作樂，命曰象。」文王世子鄭注：「象，周武王伐紂之樂。」周公輔成王受命，作宮邑於洛陽，○天啟本無「邑」字。成文武之制，作汋樂以奉天。汋，內則及漢書禮樂志作勺。殷湯之後稱邑，禮樂記：「投殷之後於宋。」故春秋應天作新王之事，時正黑統。故天子命無常，唯命是德慶。疑作「唯德是慶」。示天之變反命。對冊云：「治亂廢興在於己，非天降命，不可得反」。王魯，尚黑，作新王事，即春秋爲漢制作之說所由昉。魯爲侯國，漢承帝統，以侯擬帝，嫌于不恭，故有託王之說。云黑統則託秦尤子，疑作之。

〔一〕「于」字，原誤「子」，據漢書改。

顯。蓋漢承秦統，學者恥言，故奪黑統歸春秋。（朱一新已有是說。）以爲繼春秋，非繼秦也。易通卦驗云：「秦爲赤驩，

非命王」漢書王莽傳贊：「昔秦燔詩書，以立私議，莽誦六藝，以文奸言。皆六龍絕氣，非命之運，聖王之驅除云爾。」

此亦漢世不以秦爲受命王之證。不以秦爲受命王，斯不得不歸之春秋以當一代。尊春秋即所以尊漢也。晉尊二王之

後，只及周漢，不數秦，正用漢儒義。文帝十四年，魯人公孫臣上書，陳終始傳五德事，言方今土德應，黃龍見，當改正

朔，易服色制度。丞相議推以爲今水德，始明正十月尚黑事，罷其言。（見史記文帝紀。）太史公于張丞相傳贊，咎其紬

賈誼公孫臣等言正朔服色事而不遵，明用秦顓頊厤，蓋不以漢尚黑統爲然也。然則推董生之說當何從？曰：董主三

統迭用，既以春秋當一代正黑統，漢當親黑統正白統矣。呂意蓋以周水德王，七百有餘歲，其中間已見水氣。後當以土德

其色尚黑，其事則水。水氣至而不知數備，將徙于土。呂覽應同篇云：「代火者必將水。天且先見水氣，水氣勝，故

王也。其後始皇仍用水德，已失呂意。此云春秋正黑統，亦與先見水氣暑合，殆周秦間有此學說耶？（五德終始之說，

鄒衍已言之。）惟一主五行生剋，一主三統遞用，太初改制，仍用五行相勝，與董氏春秋說不同。故兒寬司馬遷諸人採用

臣誼之言，未嘗條引董說也。問者曰：春秋有周改月而不改夏時之說，信乎？曰：朱子辨之矣。其言曰：「胡文定春

秋說，夫子以夏時冠周月，以周正紀事。謂如公即位依舊是十一月，只是孔子改正作春正月，某便不敢信。據今周禮有

正月，有正歲，則周實是元改作春正月，夫子所謂『行夏之時』，只是爲他不順，欲改從建寅，如孟子說『七八月之間

旱』，遂斷然是五六月。『十一月徒杠成，十二月輿梁成』，遂分明是九月十月。」又王應麟玉海云：「三代雖不改時與

月，而春秋紀春無冰爲異，則固以周正紀事也。左傳記鄭祭足取麥穀，鄧來朝三事，經傳所記，有例差兩月者，是經用周

正，傳取國史。有自用夏正者，失於更改也。詩多用夏正。書金縢『秋，大熟』，亦是夏時。此不改時月之驗。但孟子謂

七、八月乃五、六月，謂十一、十二月乃九、十月，此當闕之。又六經天文編引易氏曰：『夏正建寅謂之正歲，周正建子謂

之正月。建子爲時王之正月，示萬民以更新之意。故太宰縣治象于月吉，而復斂于挾日。建寅爲民時之正歲，吏治于

是乎始。故小宰帥治官之屬，觀治象于已斂之後。』又引張氏曰：『周官于布治言正月之吉，此周正也。而以夏正爲正

歲。所謂正歲十有二月，令斬冰。此其明證。又七月言月，皆夏時，而以周之正爲一之日。觀此可見兼存之法。』

興案：春秋用周正，改時月無疑，而王者間用夏時便民。逸周書周月篇所云：「敬授民時，巡狩祭享，猶自夏焉。」是也。

列國之史，亦間有存夏商正者，不關孔子春秋之旨。此云改統，自是一時師説，與春秋不相蒙也。○盧云：「舊本『正

字、『王』字互易，今改從上文之例。」**絀夏，親周，故宋。** 盧云：「親，何休注公羊作新周。然以春秋當新王，不

當更云新周。且上文云，親夏、故虞，下文又云，親赤統、親黑統，可證親字之是。」興案：隱元年疏，何氏作文諡例

云：「三科九旨者，新周、故宋，以春秋當新王。」僖二十三年「杞子卒」，注：「杞，夏後，不稱公者，春

秋黜杞，新周而故宋，以春秋當新王。」注：「始見稱伯，卒獨稱子者，微弱爲徐莒脅，不能死位。」宣十六年「成周宣謝

春秋伯、子、男一也。」辭無所貶，貶稱子者，春秋黜杞不明，故以其一等貶之，明本非伯，乃公也。」樂動聲儀云：「先

災」，傳云：「新周也。」注：「孔子以春秋當新王，上黜杞，下新周而故宋。」何用董義，並作「新周」。

魯後殷，新周故宋。」亦作新。史記孔子世家云：「乃因史記作春秋，上自隱公，下訖哀公十四年，十二公，據魯親周故

殷，運之三代，約其文辭而指博。」新周，作「親周」不誤。此文以春秋當新王，乃説春秋者假設之詞。有絀、有親、有故，

言之，則有所聞、所見，傳聞之不同，由異代言之，則有本代、前代之不同，其歸一也。春秋紀魯元以繫事，故史公云：

新王之典禮宜然。史公學於董生，故其説頗與之合。蓋差世遠近以爲親疏，推制禮以明作經之旨，理自可通。由一代

「據魯于周則親親，于宋則故。」詞義明顯。索隱云：「時周雖微，而親周者，以見天下之有宗主也。」

意。劭公昧於董，兼盲於史，既動引此文以釋經傳，（杞伯義本此篇，新周則何妄推。）又因王魯造爲黜周之説。晉王接

傳已言何休訓釋甚詳，而黜周王魯，大體乖賅，且志通公羊，往往還爲公羊疾病。而後人並以譏吾董子，則誣矣。至傳

言新周，與此言親周，截然二義，孔廣森以新絳新鄭例傳是也，惡足以溷此文？陳澧乃謂公羊「新周」二字，自董生以

來，將二千年，至巽軒乃得其解。此爲何注所誤，讀董子未明也。（見東塾讀書記十。）劉申受諸人所釋，則尤近詭誕矣。

（如王使聘書使，內詞乃耳，而以爲與諸侯同文者爲新周之類。）故宋二

字，不出公羊，見穀梁桓二年傳。范注：「孔子舊是宋人。」然與此義別。史記之故絀宋義。詩商頌，三家詩以

爲正考父美宋襄。禮樂記鄭注：「商，宋詩也。」左傳哀九年杜注：「子商，宋也。」國語韋注：「商，宋也。」逸周書王會

解有商公夏公。莊子天運篇及韓非子均有商太宰。商，即宋也。殷商同爲宋，故名。故史公云「故殷」。漢成帝紀：

「綏和元年詔曰：『蓋聞王者必存二王之後，所以通三統也。昔成湯受命，列爲三代，而祭祀廢絶。我朝肅烈三十八年，聖祖致

吉。其封吉爲殷紹嘉侯。』」三月，進爵爲公，及周承休侯皆爲公。漢自爲一代，上封殷，周，不及夏后，正用此絀夏，故宋，

親周之説。（晉成帝咸康二年求周漢之後繼承其祀，亦沿用漢制，不數秦。）其以孔子孫奉湯祀，則兼采梅福，匡衡議。

雖推迹古文，以左氏，穀梁，世本，禮記相明，然公羊家説實亦如此。繼宋之與繼殷，固無大別也。成帝時古文學興，又

梅福治穀梁，穀梁言孔子殷後，故推本之耳。平帝元始元年，封孔子後孔均爲褒成侯，四年，改殷紹嘉公爲宋公。光武

建武五年，封殷後孔安爲殷紹嘉公，建武十三年，又以殷紹嘉公孔安爲宋公。采用董説也。

莫明陵，諭曰：「古者夏殷之後，周封之於杞宋，即今本朝四十八旗蒙古，朕仍沛恩施，依然撫育，明之後

世，應酬授一官，俾司陵寢。」全祖望三后聖德詩置格篇云：「三統之禮，發自遺經，以存三微，其義最精。」興謂絀夏、親

周，故宋，猶今云絀宋、親明，故元。古者易代則改正，故有存三統三微之説，後世師春秋遺意，不忍先代之遽從絀滅，忠

厚之至也。知此文之紀典禮，則諸傅會之説可廓然矣。

樂宜親招武，故以虞錄親，此論語「樂則韶舞」之旨。

宜者，商畧之詞，非謂實如是也。招武，即韶舞，招、韶字通。武，爲舞之訛。上「親」字疑用之誤。以虞錄親，

農周帝軒轅之例。錄，義如下文「錄五帝以小國」之錄。然尚疑有誤文。

樂制宜商，合伯子男爲一等。盧

云：「樂制，疑當作制爵。」興案：春秋伯子男一也。見桓十一年傳。白虎通爵篇：「所以合子男從伯者，王者受

命，改文從質，無虛退人之義，故上就伯也。」荀子正名篇：「刑名從商，爵名從周，文名從禮。」與此異。

然則其略説

奈何？曰：三正以黑統初。俞云：「三正以黑統初，謂三正以黑爲始也。『初』下有闕文，當據下文補『正黑統奈何曰正黑統者』十一字。」**正日月朔於營室，斗建寅。**禮月令：「孟春之月，日在營室。」注：「孟春者，日月會於娵訾，而斗建寅之辰也。」春秋感精符：「人統十三月建寅，火生之瑞，謂之人統，夏以爲正。」**天統氣始通化物，物見萌達，其色黑，**白虎通三正篇〔一〕引三正記云：「十三月之時，萬物始達，孚甲而出，皆黑，人得加功。故夏爲人正，色尚黑。」**故朝正服黑，首服藻黑，正路輿質黑，馬黑，**明堂位：「夏后氏駱馬黑鬣。」**大節綏幘尚黑，**劉逢禄云：「綏，他本誤作緌。」節，符節。董巴輿服志曰：「古者君佩玉，尊卑有序。及秦以采組連結於襚，謂之綏。」漢承秦制，因而勿改。」續漢輿服志下：「千石、六百石黑綬三采，又自黑綬以下，襚皆長三尺，與綬同采，而首半之。」應劭漢官曰：「綬長一丈二尺，法十二月，廣三尺，法天地人也。」後漢〔二〕輿服志：「幘者，賾也。頭首嚴賾也。」注：「獨斷曰：『幘，古者卑賤執事不冠者之所服也。』董仲舒止雨書曰『執事者皆赤幘』，知不冠者之所服也。」方言曰：「覆髻謂之幘。」**犧牲角卵。**卵者，角始萌達如卵，言其小也。大戴禮夏小正云：「納卵蒜。卵蒜也者，本如卵者也。」卵蒜即小蒜，知夏時有此稱。

旗黑，大寶玉黑，禮稽命徵：「天命以黑，故夏有玄珪。」**郊牲黑，**明堂位：「夏后氏尚黑。」**冠于阼，**冠義：「故冠于阼，以著代也。」士冠禮：「適子冠于阼，庶子冠于

〔一〕「三正篇」，原誤「三篇」，據白虎通改。

〔三〕「後漢」，原作「續漢」，據後漢書及凌本改。

房外。」疑亦雜說三代禮。匡衡疏：「適子冠乎阼，禮之用體。眾子不得與列，所以貴正體而明嫌疑也。非虛加其禮文

而已，乃中心與之殊異，故禮探其情而見之於外也。」昏禮逆于庭，隱二年注：「夏后氏逆于庭。」徐疏引尚書大傳

云：「夏后氏逆于廟庭。」據此，知親迎之禮，其來已久。文王親迎于渭，沿夏禮而又隆與？喪禮殯於東階之

上。檀弓：「夏后氏殯于東階之上。」祭牲黑牡，檀弓：「夏后氏尚黑，大事斂用昏，戎事乘驪，牲用玄。」薦尚肝。

明堂位「夏后氏祭心，殷祭肝，周祭肺」與此不同。案：明堂位以相勝為義，如夏尚黑勝赤，故祭心。殷尚白勝青，

故祭肝。周尚赤勝白，故祭肺。此則各祭其所尚之色。樂器黑質。法不刑有懷任新產，後漢章帝元和二年

正月詔曰：「令云『人有產子者復，勿算三歲』。令諸懷姙者，賜胎養穀，人三斛。復其夫，勿算一歲，著以為令。」加恩

懷任新產，義本于此。今產婦有罪，猶以百日後行刑。以下文例之，「有」下脫身字。○盧云：「此下一本有者

字。」 案：凌本有。 是月不殺。 盧云：「是月，疑提月，即閏月也。下同。」凌云：「王者養微，故懷任新產之月，

雖有罪，法所不刑。」俞云：「上云法不刑有懷任新產者，其義已足，無取申說。下云法不刑有身懷任，又云法不刑有身，

重懷藏以養微。夫既以養微說之，則是不殺不連上事明矣。今按是月不殺，與下文聽朔廢刑發德相次，是月謂晦日也。

僖十六年經曰：『是月，六鶂退飛過宋都。』公羊傳以為晦日，其明證矣。」 興案：是月，經傳有兩訓，讀如字者謂此

月，讀如提者謂月盡。檀弓「是月禫」，亦讀為提，不獨公羊為然。此仍當讀如字，是月謂建正之月也。易冬至卦氣為中

孚，其象曰：「君子以議獄緩死。」是周以建子之月緩獄也，推之歷代當同。後漢章帝詔曰：「春秋於春每月書王者，重

三正，慎三微也。律十二月立春，不以報囚。月令冬至之後有順陽助生之交，而無鞫獄斷刑之政。其定律無以十一月十

二月報囚。」正用此義。諸說皆非。 聽朔廢刑發德，具存二王之後也。二王，謂唐虞。禮郊特牲：「存二王之

後，尊賢不過二代。」○官本云：「發，他本誤作法。下同。」 親赤統，故日分平明，平明朝正。尚書大傳：「夏

以平旦為朔。」樂稽耀嘉:「夏以寅為朔。」隱元年何注:「夏以斗建寅之月為正,平旦為朔,法物見,色尚黑。」

正白統奈何? 曰:正白統者,歷正日月朔于虛,斗建丑。月令:「季冬之月,日在婺女。」注:「季冬者,日月會於元枵,而斗建丑之辰也。」春秋感精符:「地統十二月建丑,地助生之端,謂之地統,商以為正。」逸周書周月篇:「夏數得天,百王所同。其在商湯,用師於夏,順天革命,改正朔,變服殊號,一文一質,示不相沿。以建丑之月為正,亦越我周,政伐于商,改正異械,以垂三統。至於敬授民時,巡狩祭享,猶自夏焉。」

天統氣始蜕化物,物始芽,尚書大傳:「周以至動,殷以萌,夏以芽。」隱元年何注:「夏法物見,殷法物萌,周法物萌。」并與此異。其色白,白虎通:「十二月之時,萬物始芽而白。白者陰氣,故殷為地正。」隱二年注:「殷以斗建子之月為正,色尚白也。」

故朝正服白,首服藻白,正路輿質白,殷本紀:「殷路車為善,而色尚白。」明堂位:「殷人白馬黑首。」馬白,明堂位:「殷人乘翰。」「孔子曰:『殷路車為善,而色尚白。』」禮弓:「殷人殯於兩楹之間。」

大節綬幘尚白,旗白,明堂位:「殷人乘翰。」薦尚大寶玉白,郊牲白,明堂位:「牲,白牡。」犧牲角繭。王制:「祭天地之牛角繭栗。」盧云:「似當作喪禮殯于兩楹之間。」

冠于堂,昏禮逆于堂,隱二年注:「殷人逆于堂。」疏引尚書大傳同。喪事殯于楹柱之間。尚書大傳:「殷人殯於兩楹之間。」

祭牲白牡,檀弓:「殷人尚白,大事斂用日中,戎事乘翰,牲用白。」薦尚肺。樂器白質。法不刑有身懷任,身,與娠同。是月不殺。聽朔廢刑發德,具存二王之後也。二王,謂虞夏。親黑統,故日分鳴晨,鳴晨朝正。尚書大傳:「殷以雞鳴為朔。」隱元年何注:「殷以斗建丑之月為正,雞鳴為朔。法物芽,色尚白。」〇盧云:「下『鳴晨』舊本倒。」

正赤統奈何? 曰:正赤統者,歷正日月朔于牽牛,斗建子。天統氣始施化物,物始動,其色赤,故朝正服赤,首服藻赤,正路輿質赤,馬赤,月令:「仲冬之月,日在斗。」注:「仲冬者,日月會于星紀,而斗建子之辰也。」春秋感精符:

「天統十一月建子，天始施之端也。謂之天統者，周以爲正。」白虎通：「十一月之時，陽氣始養根株。黃泉之下，萬物皆赤，赤者之氣也。故周爲天正，色尚赤也。」尚書大傳「周以至動」注：「至動，冬日至，物始動也。」○「歷正」下四十字原脫，依盧文弨說補。

大節綏幘尚赤，旗赤，明堂位：「周以至動。」注：「至動，冬日至，物始動也。」

大寶玉赤，郊牲騂，較齒微大。

冠于房，士冠禮：「庶子冠于房外。」然則嫡子冠于房

昏禮逆于戶，隱二年注：「周人逆于戶。」疏引尚書大傳同。通典五十八：「周制親迎于戶。」注引何休云：

喪禮殯于西階之上。檀弓：「周人殯于西階之上。」

祭牲騂牡，薦尚心。

樂器赤質。

法不刑有身，重懷藏以養微。王注：「重身，謂身中有身，則懷妊也。」此前後文並複贅，未詳厥指。孫詒讓云：「重，即有身也。」素問奇病篇云：「人有重身，九月而瘖」，興案：「身」字當絕句，「重懷藏以養微」，總釋其義也。此似以有身、懷任、新產分爲三事，故詳畧不同。桓四年「公狩于郎」何注：「月者，譏不時也。」周之正月，夏之十一月，陽氣始施，鳥獸懷任，草木萌芽，非所以「養微」。「養微」二字云此。

是月六殺。

聽朔廢刑發德，具存二王之後也。二王，謂夏、殷。

親赤統，故日分夜半，夜半朝正。尚書大傳：「周以夜半爲朔。」白虎通同。隱元年何注：「周以斗建子之月爲正，夜半爲朔。法物萌，色尚赤。」

改正之義，奉元而起。奉元，疑作奉天。○官本云：「神，他本作臣。」

古之王者受命而王，改制稱號正月，各正其月，謂之正朔。

服色定，然後郊告天地及羣神，○

然後布天下。

諸侯廟受，受天子之正朔于廟。

遠追祖禰，祭告先尊而後親。○盧云：「遠追，舊作近遠，錢據大典本改。」

以告社稷宗廟山川，桓二年何注：「質家右宗廟，上親親，文家右社稷，上尊尊。」

然後感應一其司。天下同稟正朔，然後授時有定序，氣候有常推。

三統之變，近夷

退方無有，生煞者獨中國。天以中爲主。煞，同殺。猶生剋。然而三代改正，必以三統天下。漢書律曆志：「三統者，天施、地化、人事之紀也。」其於三正也，黃鐘子，爲天正，林鐘丑，爲地正，太簇寅，爲人正，三正之始。」詩緯推度災云：「軒轅、高辛、夏后氏，漢皆以十三月爲正。少昊、有唐、有殷皆以十二月爲正。高陽、有虞、有周皆以十一月爲正。」通典引尚書中候同。是夏商以前有三正矣。通典五十五引孫盛晉陽秋論云：「孔子修春秋，列三統，爲後王法。今仍舊，非也。」晉爲金行，服色尚赤，考之古道，乖違甚矣。」伊川程子云：「三王不足四，無四三王之理。如忠質文之所尚，子、丑、寅之所建，歲三月爲一時之理。秦強以亥爲正，畢竟不能行。」案：此言三統，亦是闢秦，則漢之不宜繼秦益顯矣。「天下」上疑有奪字，或當重「統」字。曰：三統五端，五端，即五始。化四方之本也。天始廢始施，廢舊施新。地必待中，是故三代必居中國。法天奉本，執端要以統天下，朝諸侯也。是以朝正之義，天子純統色衣，沈欽韓云：「士昏禮：『女從者畢袗玄。』左傳僖五年：『均服振振。』續漢書輿服志：『郊祀之服，皆以袀玄。』鄭所謂上下皆玄，杜所謂上下同服，此云朝正之義也。」又云：「明乎天統以漢人言漢制，則爲袀玄明矣。此統字不可解。蓋天色玄，循天統之義，則衣之色用天統，尚玄也。統字非誤，其文質爾。」興案：于文疑當作「統衣純色」。統衣者，謂循天統以爲衣也。下句作統衣，是其證。純色者，如尚玄則上服純玄，玄衣而玄緣也。尚書大傳云：「山龍純青，華蟲純黃，作會宗彝純黑，藻純白，火純赤。」即此「純」字之義。後漢書明帝紀永平二年注引：「董巴輿服志曰：『顯宗初服冕衣裳以祀天地。衣裳以玄上纁下。』漢明帝案古禮備其服章，天子郊廟衣皂上絳下，衣晝而裳繡。」是漢時諸儒所考古制，皆以上衣純用一色。證以此文，似猶不失禮意。董通言古制，不專於漢，沈說過泥。博士陸瑋等云：「六冕之服，皆玄上纁下，今宜以玄纁爲之。其制式如裘，其裳以纁，皆無文繡。」

諸侯統衣緥緣紐，緥，緣聲義並同，疑衍一「緥」字。玉藻注：「緣，飾邊

也。深衣，純袂緣純邊廣各寸半

也。」興意天子純玄，諸侯則各以玄色緣邊而紐系之，所以明降殺也。

衣而纁緣，又以纁爲帶紐，降于天子，不得純玄也。」大夫士以冠，

以視朔，諸侯與其臣皮弁以視朔。又大夫冕而祭于公，士弁祭于公，知非服別

作緣。按玉藻：『緇布冠繢緌，諸侯之冠也。』鄭注：『諸侯緇布冠有緌，尊者飾也。』孫詒讓

云：「參，疑衍文。緌，緌之借字，謂以玄爲冠緌。」

朝見，但以緌別，示不純臣，如後世藩屬之比。

俗，非中和氣所生，非禮義所能化，故不臣也。」尚書大傳曰：「正朔所不加，即君子所不臣也。」漢書韓安國傳：「自三

代之盛，夷狄不與正朔服色，非盛不能制，彊弗能服也，以爲遠地不牧之民，不足煩中國也。」案：正朔所不加，

故使之各服其色，不必合于統衣。孫詒讓云：「此董子所定三統服制之差，與三禮冕弁冠諸服不相應。」

天統之義也。其謂統三正者，曰：正者，正也，統致其氣，萬物皆應，而正統正，其餘皆正，

凡歲之要，在正月也。白虎通三正篇：「正朔有三何？本天有三統，謂三微之月也。明王者當奉順而成之，故

受命各統一正也，敬始重本也。」法正之道，正本而末應，正內而外應，說苑指武篇：「內治未得，不可以正

外。本惠未襲，不可以制末。是以春秋先京師而後諸夏，先諸華而後夷狄。」動作舉錯，靡不變化隨從，可謂

法正也。正統既更，則文質隨異，故云變化隨從。故君子曰：「武王其似正月矣。」周受命雖自文王，而大

其業使天下應而正者，武王也。故曰「武王似正月」。說苑君道篇：「孔子曰：『文王似元年，武王似春王，周公似正

也。」興意天子純玄，諸侯則各以

衣而纁緣

鄭注：「純，謂緣之也。緣，錫也。緣邊衣裳之側廣各寸半。」廣雅釋詁：「紐，束

也。緣邊衣裳之側廣各寸半。」廣雅釋詁：「紐，束也。」鄭注：「純，謂緣之也。緣，錫也。緣邊衣裳之側廣各寸半。」

存此說以俟攷。孫詒讓云：「緇，當作纁，諸侯玄冠

大夫士則但以冠別之而已。禮，天子與其臣玄冕

參近夷以緌，劉逢祿云：「緌，他本

近夷略沾王化，其來

退方各衣其服而朝，白虎通王者不臣篇：「夷狄者，與中國絕域異

所以明乎

三九三

月。』與此異。《說苑》又云：「武王正其身以正其國，正其國以正天下。伐無道，刑有罪，一動天下正，其事正矣。春致其

時，萬物皆及生，君致其道，萬人皆及治。」義與此文正合。《家語·觀思篇》『孔子曰王者

有似乎春秋』云云，即竊用說文。○天啟本「似」作以。

稱伯？　春秋上絀夏，下存周，以春秋當新王。　新王與殷周合爲三代，故絀夏爲帝。春秋當新王者

奈何？　曰：王者之法，必正號，句。　絀王謂之帝，句。　封其後以小國，使奉祀之。　二代前不追

尊，使小國奉祀而已。　下存二王之後以大國，使服其服，行其禮樂，稱客而朝。

二代之後，猶尊賢也。』隱三年：「宋公和卒。」何注：「王者封二王後，地方百里，爵稱公，客待之，而不臣也。」《詩》云：

『有客宿宿，有客信信。』是也。』　案：《史記·五帝本紀》：「禹踐天子位，堯子丹朱、舜子商均，皆有疆土，以奉先祀。服

其服，禮樂如之，以客見天子，天子弗臣，示不敢專也。」此王禮所本。　五經異義：「公羊說，存二王之後，所以通天三統

之義。」《毛詩正義》引鄭云：「所存二王之後者，命使郊天，以天子之禮祭其始祖受命之王，自行其正朔服色，此之謂通天

三統。」鄭亦用今文義。　《白虎通·三正篇》：「王者所以存二王之後何也？　所以尊先王，通天下之三統也。　明天下非一家

之有，謹敬謙讓之至也。　故封之百里，使得服其正色，行其禮樂，永事先祖。」顏注：「言王者象天地人之三統，故存三代

之世。」（三代，當作二代。）《左傳》隱三年「春王三月」疏引《服注》云：「孔子作春秋，于每月書王，以統三王之正。」蓋服氏猶

知此義。　故同時稱帝者五，稱王者三，凡二王以前皆稱帝，合新王爲三。

也。』隱三年經「春王二月」，何注：「二月，三月皆有王者，二

月殷之正月，三月夏之正月也。　王者存二王之後，使統其正朔，服其服色，行其禮樂。　所以尊先王，通三統。　師法之義，

爲三，所以通三統，立三正。』　所以昭五端，通三統也。　隱三年經「春王二月」，何注：「二月，三月皆有王者，二

月殷之正月，三月夏之正月也。　王者存二王之後，使統其正朔，服其服色，行其禮樂。　所以尊先王，通三統。　師法之義，

恭讓之禮，于是可得而觀之。」白虎通王者不臣篇：「不臣二王之後者，尊先王，通天下之三統也。」○盧云：「五端，見上文，本或作五瑞，非。」

是故周人之王，尚推神農爲九皇，而改號軒轅謂之黃帝，史記封禪書：「蓬萊士高世比德于九皇，則九皇之說，於古已有。」又見周禮小宗伯及都宗人注賈疏。　案：史記伏羲以前九皇六十四民，並是上古無名號之君，則九皇之說，於古已有。但董不用三皇之說，以周推神農爲九皇，說有異耳。蓋世遠而號愈尊，故由王而帝而皇，過此以往則民之矣。又據此知黃帝爲周人追謚，非本號。或造爲黃神（河圖握矩。）黃雲（春秋演孔圖。）黃星（拾遺記。）等語以傅會者，妄也。又黃帝以前尚有九皇，則以爲中國族類肇于黃帝者，又妄也。○盧云：「舊本缺『周』字，錢補。尚，上通。黃帝，舊作皇帝，古亦通。」

因存帝顓頊、帝嚳、帝堯之帝號，絀虞而號舜曰帝舜，此篇絀堯舜，自是三統通義，其道則春秋所隆也。公羊末篇云：「其諸君子樂道堯舜之道與？」何注：「春秋以王次春。敬授民時，崇德致麟，乃得稱太平。道同者相稱，德合者相友，故曰樂道堯舜之道。」妄者遂謂春秋始文王，終堯舜，爲改制微言。夫孔子之所以敬稱堯舜，爲其道德巍巍，足以立君道之極，示人倫之至耳。故鹽鐵論大論篇曰：「孔子生於亂世，思堯舜之道，東西南北，灼頭濡足，庶幾世主之悟。」本書仁義法、俞序、身之養篇立言堯舜，意亦如此。

錄五帝以小國。以小國奉祀。

下存禹之後于杞，杞號東樓公。見史記正義。

存湯之後于宋，以方百里。以疑地。

爵號公。隱三年何注：「宋稱公者，殷後也。」

皆使服其服，行其禮樂，稱先王客而朝。春秋作新王之事，變周之制，當正黑統。「當正黑統」者，亦設爲是說，與前「宜」字例同，非謂孔子已如是也。漢眭弘傳云：「先師董仲舒有言，雖有繼體守文之君，不害

王者之後，此亦春秋爲漢制作之意，時尚未封殷周後也。

而殷周爲

聖人之受命。漢家堯後，有傳國之運。漢帝宜誰差〔一〕天下，求索賢人，而退自封百里，如殷周二王後，以承順天命。」

弘以此書伏誅。　案：董未嘗以漢爲堯後，蓋自弘𥳕，而向歆因之耳。且殷周二王皆易代，若如弘説，則欲漢禪位易世，安得不害受命，與董説悖矣。弘蓋借其受命之語，造爲異説。自是以後，圖讖煩興，經學雜矣。

紿夏改號禹謂之帝，盧云：「『帝』下當又有一禹字。」**錄其後以小國，故曰紿夏存周，以春秋當新王。不以杞侯，弗同王者之後也。**　夏黜爲帝，故其後不得與王者同。○盧云：「舊脱『杞』字，錢補。」　案：天啟本「侯」作侯，注云：「恐是侯」**稱子又稱伯何？**　見殊之小國也。以小國奉其後。○盧云：「舊脱『杞』字，錢補。」漸而黜。　何注引竝見前。**黃帝之先謚，四帝之後謚，何也？**　白虎通號篇：「黃帝先黃後帝者何？古者質，以生死同稱，各持行合而言之，美者在上。黃帝始制法度，得道之中，萬世不易，後世雖聖，莫能與同也。後世德與天同，亦得稱帝，不能制作，故不得復稱黃帝。」通典引通義云：「帝堯帝舜，先號後謚也。帝者德盛與天同，號謚雖美，終不過天也。」凌云：「謚在帝上，故曰先謚。謚在帝下，故曰後謚。」**曰：帝號必存五，**句。**帝代首天之色，**○官本云：「他本『帝代』作代帝。」　案：帝，疑作黃，黃者首天之色，帝者首天之號。**號至五而反。周人之王，**句。**軒轅直首天黃號，**○官本云：「他本『黃』作皇。」　案：黃，疑作之。直，疑作宜。**故曰黃帝云。**黃帝同天，天不可屈，故首黃號。**帝號尊而謚卑，故四帝後謚也。**　案：謚，別善惡而已。不妨紿帝號下，非若黃代天色，必當首稱。**帝，尊號也，錄以小何？**言以小國奉其後。**曰：遠者號尊而地小，近者號卑而地大，**

〔一〕「誰差」，原誤「差求」，據漢書改。

親疏之義也。故王者有不易者，不改道。有再而復者，文質。

案：白虎通三教篇言：「忠法人〔一〕，敬法天，文法地。」此篇言文質天地，不用三教之說。宋志引堆度云：「三而復者正朔也，二而復者文質也。」文選答賓戲李善注引元命苞云：「一質一文，據天地之道，天質而地文。曰正朔三而改，文質再而復。」

有三而復者，正朔。有四而復者，一商一夏、一質一文。有五而復者，五帝。有九而復者，九皇。明此通天地、陰陽、四時、日月、星辰、山川、人倫，德侔天地者稱皇帝，

言明于不易與九復之道，智究天人，德侔天地，則可以稱皇稱帝。古帝王皆以學著，故號彌尊者德彌高。帝者天號，王者五行之稱也。皇者何謂也？亦號也。皇，君也，美也，大也，天人〔一〕之〔二〕總，美大之〔三〕稱也。時質故總稱之也。號之為皇者，煌煌人莫違也。煩一夫，擾一士，以勞天下，不為皇也。不擾匹夫匹婦，故稱皇。』風俗通：「皇者天，天不言，四時行，百物生焉。三皇垂拱無為，設言而民不違，道德玄泊，有似皇天，故稱曰皇。」藝文類聚十一引帝王世紀云：「孔子稱天子之德感天地，洞八方，是以化合神者稱皇，德侔天地者稱帝，仁義合者稱王，別優劣也。禮記謚法曰：『德象天地，仁義所生稱王。』白虎通號篇：「德合天地者稱帝，仁義合者稱王，別優劣也。」

天佑而子之，號稱天子。

成八年何注：「王者號。」德合元者稱皇，孔子曰：『皇象元。』逍遙術，無文字，德明謚。德合天者稱帝，河洛受瑞可岐注孟子引並無皇字，見困學紀聞引及曲阜孔氏所刻孟子本。墨子引呂刑有皇字。趙訓帝為天，偽孔訓皇帝為帝堯，趙與此合。自周溯唐，故名之為帝耳。○初學記引繁露無「帝」字，藝文類聚十一引有。

〔一〕「人」字，凌本無，四部叢刊本、白虎通亦無。

〔二〕「之」字，白虎通無。

〔三〕「之」字，白虎通無。

放。仁義合者稱王,符瑞應,天下歸往。天子者,爵稱也。聖人受命,皆天所生,故謂之天子何?王者父天母地,爲天之子也。故援神契曰:『天覆地載,謂之天子。』御覽七十六引孝經鉤命決云:「爵所以稱天子,明以爵事天。接下稱帝王,明以號令臣下。」帝王世紀云:「天子,至尊之定名也。應神受命,爲天所子,故謂之天子?○天啟本「佑」作祐。

故聖王生則稱天子,白虎通爵篇:「帝王之德,有優劣,所以俱稱天子者何?以其俱命於天而王,治五十里內也。」

崩遷則存爲三王,合本代爲三。則知虞書稱堯舜爲帝,爲周世追錄之詞。蒼頡製字,王居門中爲閏。大傳:「惟十有三祀,帝乃稱王而入唐。」注:「謂舜也。」是黃帝、堯、舜當時並稱王矣。自秦以後,古義泯絕,遂自尊爲帝。史公生漢代,于殷周紀表稱帝,而周稱王,正用董說。左僖二十五年傳:「周禮未改,今之王,古之帝也。」尚知此義。曲禮:「措之廟,立之主,曰帝。」鄭注:「同之天神然。」則生而稱帝者,違古義矣。獨斷云:「上古天子,庖犧氏神農氏稱皇,堯舜稱帝,殷周稱王。稱謂不同,明德有優劣也。」亦誤以爲生稱。

紲滅則爲五帝,逾三代者謂之紲滅。據此

下至附庸,紲爲九皇,自五帝已上則紲爲九皇,錄五帝以小國,則錄九皇合附庸矣。

下極其爲民。推九皇而上之,則殺爲民。周禮小宗伯鄭司農注:「四類三皇,(當作王。)五帝、九皇、六十四民咸祀之。」疏云:「案史記云,九皇氏没,六十四民興。六十四民没,三皇興。」都宗人鄭注:「都或有山川,及因國無主,九皇六十四民之祀。」興案:此所謂民,即六十四民也。董以九皇前爲民,與疏引史記不合。禮坊記「先民有言」鄭注:「先民,上古之君也。」用此義。羅泌路史前紀改「六十四民」之「民」爲氏,大誤。

有一謂之三代,三,疑先之誤。有,與又同。一,猶同也。言極其爲民,又同謂之先代耳。

故雖絕地,由大國而小國而附庸,至于民則地絕。

廟位

祝牲猶列于郊號,荀子禮論:「郊者,并百王于上天而祭祀之。」據此則董以郊爲祭天,亦兼百王矣。

宗于代

宗。周禮都宗人:「掌都祭祀之禮,凡都祭祀,致福于國。」鄭注:「所謂國無主之祀是也。」司馬相如封禪文:「繼詔

夏,崇號諡,畧可道者七十有二君。」代宗即岱宗,宗于岱宗,猶云尊之于岱宗,謂封禪也。後漢張純傳請封禪奏,引書「至于岱宗」語。風俗通正失篇:「謹案尚書天子巡狩,歲二月,至于岱宗。孔子稱封泰山,禪梁父,可得而數者,七十有二。」又山澤篇云:「岱宗,胎也。宗者,長也。萬物之始,陰陽交代。王者受命易姓,改制應天,功成封禪,以告天地。」白虎通封禪篇:「于岱宗何? 明知易姓也。刻石紀號,知自紀于百王也。」又論五嶽篇:「東方爲岱宗者何? 言萬物更相代于東方也。」

故曰:聲名魂魄施於虛,極壽無疆。

禮郊特牲:「魂氣歸于天,形魄歸于地,故祭,求諸陰陽之義也。」白虎通情性篇:「魂猶紜紜也,行不休也,少陽之氣,故動不息,于人爲外,主于情也。魄者猶迫然著人也,此少陰之氣,象金石著人不移,主於性也。」

興案:魂魄附于人,及其死也,則施于虛。施于虛猶言復歸于天地。朱子語類云:「魂氣歸于天,是消散了。正如火煙騰上,去處何歸,只是消散了。」又云:「聖人安于死即消散。」亦與此施虛義合。極壽無疆者,謂德盛則聲名永久,如精靈常在耳。

何謂再而復,四而復? 春秋鄭忽何以名?春秋曰:伯子男一也,辭無所貶。

曰,字疑衍。桓十一年何注:「春秋改周之文,從殷之質,合伯子男爲一,辭無所貶,皆從子。夷狄進爵稱子是也。合三從子者,制由中也。尚書曰:『侯甸任衛作國伯。』謂殷也。」白虎通爵篇:「殷爵三等,謂公侯伯也。所以合子男從伯者何? 王者受命,改文從質,無虛退人之義,故上就伯也。春秋傳曰:『合伯子男爲一爵。』或曰:合從子,貴中也。以春秋名鄭忽,忽者,鄭伯也。春秋子,故名之也。」案:或說與何注大同。

何以爲一? 曰:周爵五等,春秋三等。

元帝始進爲承休侯,平帝時又進鄭公,以三等遞進也。武帝紀:「元鼎四年,封姬嘉爲周子南君。」南,與男同,正用春秋伯子男從之義。記三王世家:「昔五帝異制,周爵五等,春秋三等,皆因時而序尊卑。」王莽傳:「莽奏言今制禮作樂,實考周爵五等,地

四等，有明文也。殷爵三等，有其說，無其文。

以爲無其文也。王制疏引鄭志云：「張逸問：殷爵三等，公侯伯，尚書有微子箕子何？答曰：微子箕子，實是圻內采

地之爵，非圻外治民之君，故云子也。」

一商一夏，一質一文。說苑修文篇：「文德之至也，德不至則不能文。味尚旨，聲尚宮，一而復者。故三王術如循

環。故夏后氏教以忠，而君子忠矣，小人之失野，救野莫如敬。故殷人教以敬，而君子敬矣，小人之失鬼，救鬼莫如文。

故周人教以文，而君子文矣，小人之失薄，救薄莫如忠。故聖人之聖也，如矩之三雜，規之三雜，周則又始，窮則反本也。

詩曰：『雕琢其章，金玉其相。』文質美也。」白虎通三正篇：「王者一質一文，據天地之道。」禮三正曰：

質法天，文法地也。」又云：「王者必一質一文者何？所以承天地，順陰陽。陽之道極則陰道受，陰之道極則陽道受，明

二陰二陽，不能相繼也。」商質者主天，夏文者主地，春秋者主人，故三等也。桓十一年何注：「質家爵

三等者，法天之有三光也。或法三光，或法五行何？質家者據天，故法三光。文家者據地，故法五行。」含文嘉曰：「殷爵三等，周爵五等，各有宜

也。」大戴禮注引含文嘉又曰：「質以天德，文以地德。殷據天而王，周據地而王。」王制疏引含文嘉又云：「殷爵三等，

殷正尚白，白者兼中正，故三等。夏尚黑，亦從三等。」是今文家又以夏文周質，與董義殊。而董不以春秋爲主地，而

云主人，又異說也。主天法商而王，其道佚陽，佚陽，猶溢陽，謂盛陽也。親親而多仁樸。桓十一年注：

「故王者始先本天道以治天下，質而親親而不尊。故後王起，法地道以治天下，文而尊尊。及其衰也蔽，其失也尊尊而

不親，故反之于質。」白虎通三正篇：「帝王始起，先質後文者，順天地之道，本末之義，先後之序也。」多猶尚也。〇官

本云：「他本作仁多樸。」**故立嗣子子，篤母弟，**隱七年「齊侯使其母弟年來聘」，傳：「其稱弟何？母弟稱弟，母兄稱兄。」何注：「分別同母者，春秋變周之文，從殷之質。質家親親，明當親厚異于羣公子也。」孔叢雜訓篇：「穆公問于子思曰：『立太子有常乎？』答曰：『有之，在周公之典。』公曰：『昔文王舍適而立其弟，是何法？』子思曰：『殷人質而尊其親，故立弟。周人文而親其親，故立子。亦各其禮也。文質不同，其禮則異。文王舍適立次，權也。』公曰：『苟得行權，豈唯聖人，唯賢與愛立也。』子思曰：『聖人不以權教，故立制垂法，順之為貴。若必欲犯，何有於異？』公曰：『舍弟立聖何如？』子思曰：『唯聖立聖，其文王乎？不及文王者，則各賢其所愛。不殊於適，何以限之？必不能審賢愚之分，請父兄羣臣卜於祖廟，亦權之可也。』」左襄三十一年傳：「穆叔曰：太子死，有母弟則立之。」蓋亦參用商法。史記梁孝王世家：「上廢栗太子，竇太后心欲以孝王為後嗣。大臣及袁盎等有所關說於景帝，竇太后議格。褚先生曰：蓋聞梁孝王西入朝，謁竇太后，燕見，與景帝俱侍坐于太后前，語言私說。太后謂帝曰：『吾聞殷道親親，周道尊尊，其義一也。』罷酒出，帝召袁盎諸大臣通經術者曰：『太后言如是，何謂也？』皆對曰：『太后意欲立梁王為帝太子。』帝問其狀，袁盎等曰：『殷道親親者立弟，周道尊尊者立子。殷道質，質者法天，親其所親，故立弟。周道文，文者法地，尊者敬也，敬其本始。故立長子。周道太子死，立適孫。殷道太子死，立其弟。』帝曰：『於公何如？』皆對曰：『方今漢家法周，周道不得立弟，當立子。故春秋所以非宋宣公。宋宣公死，不立子而與弟。弟受國死，復反之與兄之子。弟之子爭之，以為我當代父後，即刺殺兄子。以故國亂，禍不絕。故春秋曰：『君子大居正，宋之禍宣公為之。』」案：宋為商後，宋宣讓弟，正是法商。**妾以子貴。**隱元年傳「母以子貴」，何注：「禮，妾子立則母得為夫人，夫人成風是也。」　　輿案：隱母稱夫人子氏，而仲子以貴妾告於天子而來賵，亦是妾以子貴，並用商法。春秋譏以妾為妻，而取妾母之可貴。蓋以妾為妻，在商法已不行。呂覽當務篇：「紂之同母三人，其長曰微子啟，其次曰中衍，其次曰受德，受德乃紂也，甚少矣。紂母之生微子啟與中衍也，尚為妾，已而為妻而生紂。紂之父，紂之母欲置微子啟以為太子，太史

據法而争之曰：『有妻之子，而不可置妾之子。』糾故爲後。用法若此，不如無法。』是其證也。（義亦見王道篇。）**昏冠**

之禮，字子以父。別眇　凌云：「郊特牲：「冠而字之，敬其名也。」興案：郊特牲：「諸侯之有冠禮，夏之末造

也。」別眇，二字無義，疑屬下讀。眇，微也。別眇猶別微。夫婦有別，始昏之時，由腠御道接而坐，儀禮士昏禮鄭注

所云「夫婦始接，情有廉恥，腠御交道其志」者是已。郊特牲：「執贄以相見，敬章別也。」**夫婦，對坐而食，**儀禮士

昏禮：「婦至，主人揖婦以入。及寝門，揖入。升自西階，腠布席于奧。夫人于室，即席，婦尊西南面，腠御沃盥交。御

布對席，贊啟會卻于敦南，對敦于北。贊告具，揖婦即對筵，皆坐皆祭。贊爾黍授肺脊皆食，以涪醬，皆祭舉食舉也。」疏

云：「堉東面，以南爲右。婦西面，以北爲右。」是儀禮所云，亦夫婦對坐，合商禮也。**喪禮別葬，**檀弓：季武子曰：

「合葬非古也，自周公以來，未之有改也。」是周初仍別葬，自周公時復有合葬者。故曰周公蓋祔。又云：「衛人之祔也

離之，魯人之祔也合之。」衛尚沿商法與？ **祭禮先膴，**周禮庖人「夏行腒鱐，膳膏臊」注：「鄭司農云：膏臊，犬膏

也。」案：禮器「夏立尸而卒祭，殷坐尸。」此亦祭禮文質之可考者。**夫妻昭穆別位。**據此則古者婦人于廟有

主。漢儀載「天子主一尺二寸，后主七寸，在皇帝主右」。則漢主猶夫婦各爲昭穆也。文二年穀梁疏載廩信引衛次仲

云：「宗廟主皆用栗，右主八寸，左主八寸。（八疑七。）廣厚三寸。右主謂父，左主謂母也。」亦別位之證。詩斯干「似續

妣祖」，載芟「烝畀祖妣」，是周制相沿，夫妻同廟而祭。朱子語類：「袷祭考妣之位如何？曰：太祖東向，則昭穆之南

向北向者，當以西方爲上，則昭之位次高祖西而妣東，祖西而妣東，是祖母與孫並列，于體爲順。」案：所言可推別

位法。**制爵三等，禄士二品。制郊宫**祭法：「殷人褅嚳而郊冥。」漢書終軍傳：「神明之敬，奉燔瘞于郊宫。」

顏注：「謂泰畤及后土。」**明堂員，**明堂度數見蔡邕明堂儀。**其屋高嚴侈員，**周禮典同鄭注「侈謂中央約也」，疏

云：「謂鍾口捝寬。」此「侈」字義同。**惟祭器員。**盧云：「惟，字衍。」孫詒讓云：「疑當作楕，屬上讀。後文云，其

屋如倚靡員楢。」玉厚九分，白藻五絲，九、五，並從奇數，法陽道也。禮玉藻鄭云：「雜采曰藻。」孔疏：「藻謂雜采之絲繩，以貫于玉。」衣制大上，首服嚴員。冠尚高員形。鸞輿尊蓋，法天列象，垂四鸞。凌云：「通考『有虞氏因彤彤車而制鸞車』注」『鸞有和鸞也。』大戴禮：『古之爲路車也，蓋員以象天，二十八橑以象列星，軫方以象地，三十輻以象月。故仰則觀天文，俯則察地理，前視則睹鸞和之聲，側聽則觀四時之運，此巾車教之道也。」樂載鼓，凌云：「書鈔：『鼓所以檢樂，爲羣音之長也。』按商頌：『猗與那與，置我鞉鼓。』傳：『夏后氏足鼓，殷人置鼓，周人縣鼓。』箋：『多其改夏之制，乃始置我殷家之樂鞉與鼓也。』今董云載鼓、設鼓、縣鼓、楹鼓，見王者受命，必改樂器而異其制也。」用錫儛，凌云：「錫舞，蓋干舞也。通考：『朱干，白金以飾其背，記曰：朱干設錫是也。』」儛溢員。凌云：「溢與佾同。漢書禮樂志郊祀歌曰：『羅舞成八溢。』」興案：白虎通：「佾者，列也。以八人爲行列，八八六十四人也。諸公六六爲行，諸侯四四爲行。」隱五年」何注同。蓋以人數如佾數，董意當同。服虔左氏說則以八人爲列，六佾爲四十八人，四佾爲三十二人也。○官本云：『他本脫『儛』字。先毛血而後用聲。凌云：「詩：『執其鸞刀，以啟其毛，取其血膋。』箋：『毛以告純，血以告殺。』郊特牲：『毛血告幽全之物，貴純之道也。』祭統：『夫祭有三重焉，獻之屬莫重于祼，聲莫重于升歌，武莫重于武宿夜，此周道也。』」正刑多隱，親戚多諱。文十五年傳：「公族之罪，雖親不以犯有司，正術也，所以體百姓也。刑于隱者，不與國人慮兄弟也。」所謂隱諱者耶？文王世子：「公母之于子，雖有罪，猶若其不欲服罪然。」○盧云：「戚，舊本作儀，或作儀，蓋古戚字有相近者，隷釋載漢夏承碑云：『君之羣僟。』是其證。非文王世子所謂纖劀也。今定爲戚字，下同。」○郭仲奇碑云：『貴僟肅承。』又尚、上同。主地法夏而王，其道進陰，陽過矣，則進于陰。尊尊而多義節。以義斷恩。○王本、天啟本竝尚，上同。封禪于尚位。

作節義。　故立嗣與孫，篤世子，隱元年何注：「嫡子有孫而死，質家親親，先立弟，文家尊尊，先立孫。」檀弓：

「仲子舍其道而立其子。」檀弓：「何居？我未之前聞也。」伯子曰：「仲子亦猶行古之道也。昔者文王舍伯邑考而

立武王，微子舍其孫腯而立衍也。』子游問諸孔子，孔子曰：『否，立孫。』（家語子夏問篇「立孫」上加「周制」二字。）是

孔子間主夏法。然如周桓王繼平王，太子洩未立而死，是亦周祖孫相繼之故事也。檀弓注：「周禮，適子死，立適爲

後。」五經異義：公羊說云：「質家立世子弟，文家立世子子，而春秋從質，故得立其弟。」此云「與孫」，文家法也。　妾

不以子稱貴號。　五經異義引公羊說：「妾子立爲君，母得稱夫人。」故上堂稱妾，屈于嫡，下堂稱夫人，尊行國家。

父母者，子之天也。子不得爵命父母，則士庶起爲人君，母亦不得稱夫人。」鄭駁之云：「魯僖公妾母爲夫人者，乃緣莊

公夫人哀姜有殺子般閔公之罪，應貶故也。　近漢呂后殺戚夫人及庶子趙王，不仁，廢不得配食。文帝更尊其母薄后，非

其比耶？　妾子立者得尊其母，禮未之有也。」　案：鄭所據文家法。　昏冠之禮，字子以母。　儀禮冠禮：「見

母畢，冠者立于西階，東面。賓字之。」此云「字子以母」，或以母命之與？　○以，各本作而，今從天啟本改。　別躬夫

婦，同坐而食，禮昏義「共牢而食」，疏云「壻東面，婦西面，共一牲牢而同食，不異牲。」　案：東西仍是對坐，

然則夏禮並無東面與？　喪禮合葬，白虎通崩薨篇：「合葬者何？所以同夫婦之道也。　故詩曰：『穀則異室，死則同

穴。』」檀弓：「孔子少孤，不知其墓，殯于五父之衢，問于郰曼父之母，然後得合葬于防。』晏子外篇：「孔子門人盆成括

母死，家貧身老子孤，恐力不能合祔，是以悲。」是孔子用夏法合葬也。　祭禮先亨，盧云：「古烹字。」○官本云：「他

本無『禮』字。」婦從夫爲昭穆。　以陰爲上，故母可以字子。夫婦不別位。　程子云：「程氏家祭，只是男女異位。　及

大有害義者，稍變得一二，佗所未遑也。」蓋主別位。　制爵五等，祿士三品。　制郊宮明堂方，其屋卑污

方，污，同窪，下也。

祭器方。玉厚八分，白藻四絲，衣制大下，首服卑退。後漢書注引三禮圖：「冕前圜後方，前下後高，有俯仰之形，欲人之位彌高而志彌下。」案：卑退當取此義。

鸞輿卑，法地周象載，垂二鸞。鄭司農注：「旄舞者，氂牛之尾。」又春官序旄人鄭注：「旄，旄牛尾，舞者所持以指麾。」此稱爲纖施者，據周官樂師有旄舞。注：「施所以爲麾羽珥。」然則纖施舞之即旄舞明矣。

樂設鼓，用纖施儛。凌云：「未詳。」俞云：「此即所爲旄舞也。」

儛溢方。先亨而後用聲。至親無文。故

正刑天法，執法稱天而行，不避親戚。孟子所謂瞽瞍殺人，執之而已。夫有所受之也。左氏傳云「大義滅親」，皆是也。

封壇於下位。盧云：「壇，當作襢，與禪通，下同。」興案：史記正義：「泰山上築土爲壇以祭天，報天之功，故曰封。」泰山下小山上除地，服地之功，故曰襢。言襢者，神之也。後漢志注：「項威曰：除地爲墠，後改墠曰禪，泰山上築土爲壇以祭天，報天之功，故曰封。」此作「壇」，疑尚是本字。壇、墠同。

主天法質而王，其道佚陽，親親而多質愛。故

立嗣予子，篤母弟，妾以子貴。

昏冠之禮，字子以父。

別眇夫婦，對坐而食，喪禮別葬，祭禮先嘉疏。曲禮：「稻曰嘉蔬。」○官本云：「他本脱『別葬祭禮』四字。又誤於『嘉蔬』下衍『夫別葬祭禮』五字。」

婦昭穆別位。

制爵三等，禄士二品。

制郊宮明堂內員外楢。○天啟本注云：「楢，音妥，圓長曰楢，圓形。」

其屋如倚靡員楢。漢書司馬相如傳『離靡廣衍』，顏注：『離靡，謂相連不絕也。』倚靡，猶離靡矣。盧云：「案鄭康成儀禮注：『隋方曰篋。』賈氏疏云：『狹而長也。』又算家有楢圓之術，非正方正圓，通謂之楢，音妥，圓長曰楢，一作隨。」

祭器楢。玉厚七分，○天啟本注云：「一無『玉』字。」白藻三絲，衣長前衽，首服員轉。

鸞輿尊。垂四鸞。

樂程鼓，方言：「榻前几謂之程。趙魏之間謂之椸。其高者謂之虞。虞

蓋，備天列象，備，疑作法。

之言舉也，所以舉物也。」義與笥虡近。「郭注以爲即笥虡，非也。」説文：「桯，牀前几也。」廣韻：「牀，長几也。」此云桯

鼓，言鼓有器以舉之，狀若長几，置而不縣也。孫詒讓云：「桯，與楹字通。」考工記：「輪人爲蓋。」鄭司農注：「桯蓋杠

也。讀如丹桓宮楹之楹。桯鼓即明堂位云『殷楹鼓』，鄭注：『楹謂之柱，貫中上出也。蓋植楹以建鼓，故謂之桯矣。』

此云主天法質，故鼓亦用殷制。○桯，各本作程，今正。**用羽籥儛，**凌云：「通考：『籥師，祭祀鼓羽籥之舞。』詩

曰：『左手執籥，右手秉翟。』蓋籥所以爲聲，翟所以爲容也。按：翟羽可以爲儀。」**儛溢楢。先用玉聲而後烹。**

凌云：「詩『依我磬聲』，箋『磬，玉磬也。』郊特牲『殷人尚聲，臭味未成，滌蕩其聲。樂三闋然後出迎牲，聲音之號，

所以詔告于天地之間也。』○烹，天啟本注云：『一作亨。』**正刑多隱，親戚多赦。**文王世子：『公族有罪，有

司讞于公。公曰：『宥之。』及三宥，不對走出。公又使人赦之，以不及反命。公素服不舉，而爲之變。』穀梁隱元年

傳：『緩追逸賊，親親之道也。』**封壇於左位。主地法文而王，其道進陰，尊尊而多禮文。故立**

嗣予孫，篤世子，妾不以子稱貴號。昏冠之禮，字子以母。別妙夫妻，[一]同坐而食，喪

禮合葬，祭禮先秬鬯，郊特牲：『周人尚臭，灌用鬯臭，既灌然後迎牲，致陰氣也。』婦從夫爲昭穆。制

爵五等，禄士三品。制郊宮明堂内方外衡，衡，同横。**其屋習而衡，**易「習坎」，釋文：「習，重也。」

攷工記匠人「四阿重屋」，鄭注：「重屋，複笮也。」○官本云：「他本『而』作其。」**祭器衡同，作秩機。**○盧

云：「秩，疑作旋。」官本云：「他本作伕。」**玉厚六分，白藻三絲，衣長後衽，首服習而垂流。**流，與旒

[一]「夫妻」，凌本作「夫婦」。

同。〇白虎通緋冕篇：「禮器云『天子麻冕，朱緑藻，垂十有二旒』者，法四時十二月也。諸侯九旒，大夫七旒，士爵弁無旒。」〇天啟本作「服首」。注云：「一無首字」。

用萬舞，宣八年傳：「萬者何？干舞也。」何注：「干謂楯也。萬者其篇名。」

鸞輿卑，備地周象載，備，疑作法。

垂二鸞。樂縣鼓，明堂位：「周縣鼓。」

僎溢衡。員方楯衡

注云：「未詳。」凌云：「據上文當作天法。然天法亦誤，似缺多隱親戚云云六字。」

隨其所尚，知綴兆不必正方矣。

先烹而後用樂。

正刑天法，〇天啟本「天法」作文公。

封壇於左位。左，當作右。帝王有作，天之正朔，人之典禮，物之聲色臭味形質，皆有自然之變遷，以徵其敝而易其用。然而所以範圍此法制與倫紀者，則百王同道，不可易矣。否則無以繫天下之人心，而弭其畔亂。強欲治之，而不可終日。故曰「王者有改制之文，無變道之實」，伊川程子云：「三王之法，各是一王之法。」故三代損益文質，隨時之宜。孔子所立之法，乃通萬世不易之法。孔子於他處亦不見說，獨答顏回云：「行夏之時，乘殷之輅，服周之冕，樂則韶舞」，此是於四代中舉這一箇法式，使後人就上脩之」。輿謂不易者止是道。

四法修於所故，祖於先帝，錢云：「四法，即夫子所以答顏淵者，王魯故也。其前當有脱文。」俞云：「四法，即上文所謂主天法商而王，主地法夏而王，主天法質而王，主地法文而王也。」錢說殊失其旨。」〇官本云：「他本『修』作『脩』。」故四法如四時然，終而復始，窮則反本。四法之天施符授聖人，之，疑則誤。王法則性命形乎先祖，大昭乎王君。故天將授舜，主天法商而王，主天法商而王，祖錫姓為姚氏，至舜形體大上而員首，而明有二童子，童，同瞳。性長于天文，純於孝慈。天將授禹，主地法夏而王，祖錫姓為姒氏，至禹生發於背，楚世家注：「脩己背坼而生禹，簡狄破胸而生契」。形體長，長足肵，疾行先

「左，隨以右，」凌云：「尚書大傳畧說：『禹其跳。其跳者，踦也。』注：『其，發聲也。踦，步足不能相過也。』」〇官本云：「先，各本誤作光。」勞左佚右也。性長於行，習地明水。凌云：「尚書刑德考：『禹長於地理，水泉九州，得括象圖，故堯以爲司空。』」天將授湯，主天法質而王，祖錫姓爲子氏。凌云：「尚書刑德考：『湯體長專小。』周禮大司徒『其民專而長』，注云：『專，圜也。』專、摶字亦通。考工記梓人鄭注：『摶，圜也。』」上契，契先發於脊。足左扁而右便，凌云：「尚書大傳畧說『湯扁。扁，枯也。』」先，當爲生。性長於人倫。至湯，體長專小，盧云：「專，讀曰團。」謂契母吞玄鳥卵生契。勞右佚左也。性長於天光，質易純仁。光，字疑衍。天將授文王，主地法文而王，祖錫姓姬氏。謂后稷母姜原履天之跡而生后稷。后稷長於邰土，語疑有誤。播田五穀。至文王，形體博長，孫詒讓云：「博，當爲摶。考工記梓人鄭注：『摶，圜也。』」有四乳而大足。凌云：「帝王世紀『文王龍頭虎眉，身長十尺，有四乳。』」性長於地文勢。語疑有誤。故帝使禹、皋論姓，知殷之德陽德也，故以子爲姓；知周〔一〕之德陰德也，故以姬爲姓。凌云：「周〔一〕之德至，以姬爲姓，見樂稽耀嘉。」故殷王改文，以男書子，〇天啟本作「書始以男」。注云：「一作『以男書子』。」今從注本改。凌本亦從原注云：「他本作書始以男。」周王以女書姬。故天道各以其類動，非聖人孰能明之？此篇即感生之説所本。説文「姓」字下云：「古者神聖母感天而生子，故曰天子。」又時見于緯書，並今文家説。然疑非董子原文。

〔一〕「周」字，原誤「殷」，據凌本改。

官制象天第二十四

卿下括河海，故天工人其代之。」論衡紀妖篇：「天官百二十，與地之王者無以
異也。地之王者，官屬備具，法象天官，稟取制度。春秋説云：立三台以爲三公，
北斗九星是爲九卿二十七大夫，内宿部衞之列八十一紀以爲元士，凡百二十官
焉。」　案：：建官法天，今古文説同。董明陰陽大義，故不用星紀而用四時。

後漢書劉玄傳〔一〕：李淑上書曰：「夫三公上應台宿，九

王者制官，三公、九卿、二十七大夫、八十一元士，此與王制合，鄭氏康成以爲夏制，不知所據。大
傳云：「古者天子三公，每一公三卿佐之，每一卿三大夫佐之，每一大夫三元士佐之，故有三公、九卿、二〔二〕十七大夫、
八十一元士。所與爲天下者，若此而已。」鄭注亦云：「自三公至元士，凡百二十，此夏時之官也。」説苑君道篇：「湯問
伊尹曰：三公、九卿、二十七大夫、八十一元士，知之有道乎？」似商制亦如此。　白虎通封公侯篇：「三公、九卿、二十七
大夫、八十一元士，凡百二十官，下應十二子。」桓八〔三〕年何注同。　又見禮記昏義篇及異義引今文尚書夏侯歐陽説。
淮南泰族訓云：「故舉天下之高以爲三公，一國之高以爲九卿，一縣之高以爲二十七大夫，一鄉之高以爲八十一元士。」

〔一〕「劉玄」，原作「李元」，據後漢書改。
〔二〕「二」字，原誤「三」，據文義改。
〔三〕「八」原作「九」，今正。案九年無此文。

○盧云:「周本作員士,下同。」　興案:天啟本亦作員。凡百二十人,而列臣備矣。吾聞聖王所取

儀,金天之大經,盧云:「『金』字訛,疑是於字。」俞云:「金字無義。下文云:『何謂天之大經?』又云:『三而一

成,天之大經也。』不言金天。此金字乃法字之誤,言聖人所取者,無不儀法乎天之大經也。法,古文作金,因誤作金

矣。」　興案:黃帝誨顓頊云:「有大圜在上,大矩在下,汝能法之,爲民父母。」蓋古聖初起,無所師法,觀陰陽而知性

情,驗春夏而施刑政,配五行而立仁義禮智信。至于設官制器,莫不取象于天,亦其勢然也。故曰:「天因人,聖因天,

後聖因前聖。」三起而成,四轉而終,時以三月而成,年以四時而終。官制亦然者,此其儀與? 儀於三月而爲一時也。四選而止,儀

而爲一選,文選謝玄暉和伏武昌登孫權故城詩「帷帟盡謀選」,注引鄭玄毛詩箋曰:「選者,謂于倫等之中最上也。」三人

者,王之所以自持也。　五經異義:「古者聖賢言事,亦有效三者,取象天地人。四者取象四時,五者配象五行。」三公

于四時而終也。　三公、太師、太傅、太保。　天以三成之,王以三自持。　說文三部云:「三,天地人

之道也。」立成數以爲植而四重之,其可以無失矣。　位尊者主要,位卑者主詳,相扶以爲治。　備天數以

參事,治謹於道之意也。　此百二十臣者,皆先王之所與直道而行也。　說苑臣術篇:「三公之事

常在于道,九卿之事常在于德,大夫之事常在于仁,列士之事常在于義。」案:諸臣以道德相輔,懲謬相糾,故云直道而

行。　○凌本「直道」作正直。　是故天子自參以三公,三公自參以九卿,九卿自參以三大夫,三大

夫自參以三士。　白虎通封公侯篇:「一公置三卿,故九卿也。天道莫不成於三,天有三光,日月星;地有三形,高

下平〔一〕，人有三尊。故一公三卿佐之，一卿三大夫佐之，一大夫三元士佐之。天有三光，然後能徧照。各自有三法，物成于三，有始，有中，有終，明天道而終之也。説苑臣術篇：「伊尹曰：三公者，所以參三公也。大夫者，所以參九卿也。列士者，所以參大夫也。故參而有參，是謂事宗。事宗不失，外內若一。」案：參，猶輔也。○官本云：「他本無『是』字。」

之時以終始歲也。一陽而三春，非自三之時與？三人爲選者四重，自三之道以治天下，若天之四重，自三也。董子原文本作一春而三者，非自三之時與？晉人避諱，改春爲陽，若春秋之稱陽秋矣。校正者不知一陽之即一春，而反疑三者之爲三春，易其文曰一陽而三春，不可通矣。」俞云：「王煜本作『一陽而三者』，當從之。陽即春興案：三春不誤。言陽氣一也，而散爲三月。文選琴賦注引纂要云：「一時三月，謂之三春。」又詠懷詩注引春秋元命苞云：「陽氣數成於三，故時別三月。陽數極于九，故三月一時九十日。」而天四重之，其數同矣。天有四時，時三月，王有四選，選三臣。○官本云：「他本有作者。」是故有孟、有仲、有季，一時之情也；○官本云：「他本『青』作精，下同。」有上、有下、有中，一選之情也。三臣而爲一選，四選而止，人情盡矣。人之材固有四選，如天之時固有四變也。聖人爲一選，君子爲一選，善人爲一選，正人爲一選，依下文「正人」當作正直。荀子哀公篇：「孔子曰：『人有五儀，有庸人、有士、有君子、有賢人、有大聖。』」案：句疑有誤。由此而下者，不足選也。四選之中，各有節也。是故天選四堤十二而人變盡矣。堤，天啓本注云：「一作堪。」案：興案：

〔一〕「尊」字，原誤「等」，據凌本及白虎通改。

疑當云「天選四時，終十二而天變盡矣。」盡人之變合之天，唯聖人者能之，所以立王事也。何謂天之大經？三起而成日，三日而成規，三旬而成月，三月而成時，白虎通日月篇：「援神契曰：『月三日而成魄，三月而成時。』」三時而成功。寒暑與和，三而成物；日月與星，三而成光；天地與人，三而成德。由此觀之，三而一成，天之大經也，以此為天制。是故禮三讓而成一節，淮南天文訓：「天地三月而為一時，祭祀三飯以為禮，喪紀三踊以為節，兵重三罕以為制。」官三人而成一選。三公為一選，三卿為一選，三大夫為一選，三士為一選，凡四選。三臣應天之制，凡四時之三月也。是故其以三為選，取諸天之經；其以四為制，取諸天之時；周以天地四時命六卿，亦取諸天。○官本云：「原本作四時為制。據文義，時是衍字，今刪。」錢云：「當作取諸天之端。」其以十二臣為一條，取諸歲之度；其至十條而止，取之天端。○官本云：「他本作止而已」。○凌本「之」字在「天」上。何謂天之端？曰：天有十端，十端而止已。天為一端，地為一端，陰為一端，陽為一端，火為一端，金為一端，木為一端，水為一端，土為一端，人為一端，凡十端而畢，天之數也。○官本云：「他本衍一條字。『率』作畢。」天數畢於十，王者受十端於天，而一條之率。每條一端以十二時，時，疑當作臣。如天之每終一歲以十二月也。十者天之數也，十二者歲之度也。用歲之度，條天之數，十二而天數畢。是故終十歲而用百二十月，○官本云：「他本作是終故。『而』誤作百。」條十端亦用百二十臣，以率被之，○官本云：「他本『被』作彼。」皆合於天。其率三臣而成一

慎，御覽六百二十一治道部引韋昭釋名：「臣，慎也。慎于其事，以奉上也。」故八十一元士爲二十七慎，以

持二十七大夫；二十七大夫爲九慎，以持九卿；九卿爲三慎，以持三公；三公爲一慎，以

持天子。天子積四十慎以爲四選，○官本云：「他本『四十』下脫『慎』字。選一慎三臣，皆天數也。

○凌本「一」誤作十。　是故以四選率之，率，計也。則選三十人，三四十二，百二十人，亦天數也。

○官本云：「他本作人百二十。」以十端四選，俞云：「上文『是故以四選率之』，此當云以十端率之。『四選』二字，

涉上而誤。」十端積四十慎，慎三臣，三四十二，百二十人，亦天數也。以三公之勞率之，俞云：

「勞」當讀爲僚。僚從寮聲，與勞聲相近。膋亦從寮聲，而或體作膫，從勞省聲，即其例也。昭七年左傳『隸臣僚』服

注：『僚，勞也。』是僚之與勞，聲近而義通。」則公四十人，三四十二，百二十人，亦天數也。故散而名

之爲百二十臣，選而賓之爲十二長，賓，敬也。三公九卿，是爲十二長。所以名之雖多，莫若謂之

四選十二長，然而分別率之，皆有所合，無不中天數者也。求天數之微，莫若於人。人之

身有四肢，每肢有三節，三四十二，十二節相持而形體立矣。天有四時，每一時有三月，三

四十二，十二月相受而歲數終矣。淮南天文訓：「蚊行喙息，莫貴於人，孔竅肢體，皆通于天。天有九重，人

亦有九竅。天有四時，以制十二月，人亦有四肢，以使十二節。天有十二月，以制三百六十日，人亦有十二肢，以使三百

六十節。故舉事而不順天者，逆其生者也。」官有四選，每一選有三人，三四十二，十二臣相參而事治

行矣。以此見天之數，人之形，官之制，相參相得也。人之與天，多此類者，而皆微忽，不

可不察也。古者制度始剏，率取法象于天，故無虛設之數。然天之四時三月，亦由人定。疑聖人考因人之四肢三

節，然後推之于天，考之以度。所謂人生于天，而體天之節也。説文「尺」下云：「周制，寸、尺、咫、尋、常、仞〔一〕諸度量，皆以人之體爲法。」大戴禮天圓篇：「曾子曰：『天之所生上首，地之所生下首，上首之謂圓，下首之謂方。』」盧注：「人首圓足方，因繫之天地，因謂天地爲方圓也。」此亦先人後天之説。後世制作日繁，近師前代，隨時適變，所謂天之數者，亦不能密合矣。○官本云：「他本『皆』下無『而』字。」

四選已。○凌本「已」作也。

太陰之選也。白虎通五行篇：「木者少陽，金者少陰。」

故一歲之中有四時，一時之中有三長，天之節也。四選之中各有孟、仲、季，是選之中有選，薄之變，人之氣也。○官本云：「他本『變』作節。」

公之位，聖人之選也；三卿之位，君子之選也；三大夫之位，善人之選也；三士之位，正直之選也。分人之變以爲四選，選立三臣，如天之分歲之變以爲四時，時有三節也。

天以四時之選以成事〔二〕相和而成歲，○凌云：「『成』下舊有就字，衍。」王以四位之選與十二臣相砥礪而致極，○盧云：「『臣』字舊脱，今校補。」凌本「位」誤時。道必極於其所至，然後能得天地之美也。

是故春者少陽之選也，夏者太陽之選也，秋者少陰之選也，冬者

天地之理，分一歲之變以爲四時，四時亦天之

人生於天而體天之節，故亦有大小厚

先王因人之氣，而分其變以爲四選，是故三

〔一〕「仞」字下，原有「度」字，據説文删。

堯舜不擅移、湯武不專殺第二十五 此篇非董子文。

堯舜何緣而得擅移天下哉？孝經之語曰：「事父孝，故事天明。」事天與父，同禮也。今父有以重予子，子不敢擅予他人，孝經之語曰：「事父孝，故事天明。」事天與父，同禮也。旁統者爲小宗。」管子幼官篇「十年重適入正禮義」注：「重適，謂承重也。適，諸侯之世子也。」後漢書桓帝紀：「永惟大宗之重，深思嗣續之福。」今世稱嫡孫攝父，猶爲承重，蓋通上下並得稱之。人心皆然。則王者亦天之子也，天以天下予堯舜，堯舜受命於天而王天下，猶子安敢擅以所重受於天者予他人也。俞云：「此有缺文。當云子猶不敢擅以所重受於父者與他人，堯舜安敢擅以所重受於天者與他人也。」與案：「受於天」疑當作受於父。○天啟本「猶子」倒，「於天」作天子。天有不以予堯舜漸奪之，故漸。官本云：「他本作斬。」言天所以斬奪之，必有其故。孟子言非人之所能爲也，天也。或云：「故，當下屬。有，讀爲又。」亦通。明爲子道，則堯舜之不私傳天下而擅移位也，無所疑也。儒者以湯武爲至聖大賢〔一〕也，○官本云：「他本『至』作大。」以爲全道究義盡美者，故列之堯舜，謂之聖王，如法則之。荀子正論篇：「聖人備道全美者也。」○盧云：「舊本『謂之』倒，今改正。如，與

〔一〕「至聖大賢」，凌本、盧本、叢刊本作「至賢大聖」。

而同。」今足下以湯武爲不義,然則足下之所謂義者,何世之王也?曰:弗知。弗知者,以天下王爲無義者耶,其有義者而足下不知耶?則答之以神農。應之曰:神農之爲天子,與天地俱起乎?將有所伐乎? 盧云:「自此已下『伐』字俱疑當作代。」 蘇案:作「代」,是。史記儒林傳:「代立踐南面,非弒而何。」又云:「高帝代秦。」即此義。神農氏有所伐可,湯武有所伐獨不可,何也? 且天之生民,非爲王也,而天立王以爲民也。故其德足以安樂民者,天予之;其惡足以賊害民者,天奪之。 詩云:「殷士膚敏,裸[一]將于京,侯服于周,天命靡常。」言天之無常予,無常奪也。 故封泰山之上,禪梁父之下,易姓而王,德如堯舜者七十二人。王者,天之所予也,其所伐皆天之所奪也。 今唯以湯武之伐桀紂爲不義,則七十二王亦有伐也。推足下之説,將以七十二王爲皆不義也! 也、耶同。 故夏無道而殷伐之,殷無道而周伐之,周無道而秦伐之,秦無道而漢伐之。有道伐無道,此天理也,所從來久矣,寧能至湯武而然耶? 盧云:「『能』字疑衍。」 夫非湯武之伐桀紂者,亦將非秦之伐周,漢之伐秦。○盧云:「本脫此四字,今案當有。」 非徒不知天理,又不明人禮。禮,子爲父隱惡。今使伐人者而信不義,當爲國諱之,豈宜如誹謗者,此所謂一言而再過者也。 君也者,掌令者也,令行而禁止也。

〔一〕「裸」字,原誤「裸」,據詩大雅文王改。

「今桀紂令天下而不行，禁天下而不止，安在其能臣天下也？果不能臣天下，何謂湯武弒？」

此篇非董子文。董惡秦特甚，而此云「周無[二]道」，而「秦伐[三]之」，與湯武相提並論，黃東發已譏之，不合一也。春秋家推征伐之事，往往舉文王伐崇，以配伐桀，茲乃湯武並舉，不合二也。史記儒林傳：「孝景時，轅固生爲博士，與黃生爭論湯武受命事于景帝前。景帝曰：『食肉不食馬肝，不爲不知味。言學者無言湯武受命不爲愚。』遂罷。是後學者，莫敢明受命放殺者。」董生篤學，豈容忽先帝遺言，爲此雷同之論，不合三也。史公與董生習，使有此論，不當云「是後學者莫敢明受命放殺者」矣，不合四也。末云桀紂不能臣天下，與孟子及荀子正論篇合。而其前又云，伐人不義，宜爲臣者，是矛盾之詞，不合五也。疑此即轅固生與黃生爭論語，後人誤采入繁露。如轅固生難黃生云：「必若所云，是帝代秦即天子之位非耶？」與此「誹謗」云云正合，又其證也。

服制第二十六

「度爵而制祿」以下，全用管子立政篇服制章文。

率得十六萬國三分之，錢云：「上有脫文。此首二句，亦與服制無涉。」則各度爵而制服，量祿而用財。

管子權修篇：「朝廷不肅，貴賤不明，長幼不分，度量不審，衣服無等，上下凌節，而求百姓之尊主政令，不可得也。」又云：「爵服加於不義，則民賤其爵服；民賤其爵，則人主不尊；人主不尊，則令不行矣。」荀子富國篇：「禮者，

〔二〕「無」字上，原有「爲」字，據原文刪。

〔三〕「伐」字，原作「代」，據原文改。

貴賤有等，長幼有差，貧富輕重皆有稱者也。故天子袾裷衣冕，諸侯玄裷衣冕，大夫裨冕，士皮弁服。德必稱位，位必稱

祿，祿必稱用。由士以上，則必以禮樂節之，衆庶百姓，則必以法數制之。量地而立國，計利而蓄民，度人力而授事，使

民必勝事，事必出利。利足以生民，皆使衣食百用出入相揜。必時藏餘，謂之稱數。故自天子通於庶人，事無大小多

少，由是推之。故曰朝無幸位，民無幸生，此之謂也。」

飲食有量，衣服有制，王制八政：「飲食衣服，事爲異別，度

量數制。」尚書大傳：「天子衣服，其文華蟲，作繢，宗彝、藻火、山龍，諸侯作繢，宗彝、藻火、山龍，子男宗彝、藻火、山龍，

大夫藻火、山龍，士山龍。故書曰：『天命有德，五服五章哉。』」又云：「天子服五，諸侯服四，次國服三，大夫服二，士

服一。」說苑修文篇：「士服黻，大夫黼，諸侯火，天子山龍。德彌盛者文彌縟，中彌理者文彌章也。」　案：衣服之

制，又散見於禮玉藻諸篇。**宮室有度，**自天子以至士，有九雉至三雉之分。見尚書大傳。又禮器鄭注：「宮室之

飾，士首本，大夫達棱，諸侯斲而礱之，天子加密石焉。」荀子王制篇：「衣服

有制，宮室有度，人徒有數，喪祭械用皆有等宜。」楊注：「人徒，謂士卒胥徒也。」**畜產人徒有數，**管子「畜產」作六畜。爾雅：「天子造

舟，諸侯維舟，大夫方舟，士特舟，庶人乘泭〔一〕。」尚書大傳：「古之帝王，必有命民，命于其君，然後得乘飾車駢馬，衣

文錦。未有命者，不得衣，不得乘，乘車者有罰。」韓詩外傳（引見下。）說苑修文篇並同。潛夫論浮侈篇：「古者必有

命民，然後乃得衣繒綵而乘車馬。」攷工記輿人疏引殷傳：「未命爲士者，不得乘飾車。」外紀卷二：「成湯令未命之爲

士者，車不得朱軒及有飛軨，不得乘飾車駢馬，衣文繡。命然後得，以順有德。」通志器服署說同。是此制至殷猶然矣。

俞云：「『甲』乃申字之誤。申與陳通。　詩大雅文王篇『陳錫哉周』商頌烈祖篇『申錫無疆』，陳錫、申錫，一也。申器，

舟車甲器有禁。爾雅：「衣服

〔一〕「泭」字，原誤「舟」，據淩本及爾雅釋水改。

即陳器。『定四年穀梁傳』『徒陳器』，范注：『陳器，樂縣也。』是也。管子立政篇正作『舟車陳器』。興案：甲器，當作用器，王制所謂用器不中度，不粥于市也。彼『禁』下修字，當據此删。

服位、貴禄、田宅之分，上『之』字，衍。貴禄，管子作『穀禄』。○凌本脱『服』字。

度。壙襲，當從管子作壙壟。喪服雖有襲制，然不得云『壙襲』，形近誤也。禮喪大記：『君松椁，大夫柏椁，士雜木。』白虎通崩薨篇引王制曰：『天子棺椁九重，衣衾百二十稱。公侯五重，衣衾九十稱。大夫有大棺三重，衣衾五十稱。士再重，衣衾三十稱。』『單裌備爲一稱』又引含文嘉云：『天子壙高三仞，樹以松。諸侯半之，樹以柏。大夫八尺，樹以欒。士四尺，樹以槐。庶人無墳，樹以楊柳。』周禮冢人注引漢律云：『列侯墳高四丈，關内侯以下至庶人各有差。』潛夫論浮侈篇：『景帝時，武原侯櫟不害坐葬過律奪國。明帝時，桑民摌陽侯〔一〕坐家過制髡削。』

美體，管子作賢身貴體。無其爵不敢服其服；雖有富家多貲，管子作資。無其禄不敢用其財。雖有賢才

晉語：叔向云：『絳之富商韋藩木楗以過於朝，唯其功庸少也。』壹注：『言無功庸，雖富不得服尊服過于朝。』説苑修文篇：『其民雖有餘財侈物，而無仁義功德，則無所用其餘財侈物。故其民皆興仁義而賤財利。』御覽六百三十七引韓詩傳云：『古者必有命民。有能敬長憐孤、取舍好讓者，命于其君，然後敢飾車駢馬。未得命者不能乘車，乘車皆有罰。是故其民雖有錢財侈物，而無禮義功德，即無所用其錢財。故其民皆興仁義，而賤不争貴，强不凌弱，衆不暴寡。是唐虞之所以象典刑而民莫敢犯也。』漢書貨殖傳：『昔先王之制，自天子公侯、卿大夫士，至于皁隸抱關擊柝者，其爵禄奉養、宮室車服、棺椁祭祀、死生之制，各有差品。小不得僭大，賤不得踰貴。夫然，故上下序而民志定。』漢書成帝紀：

死有棺椁、絞衾、壙襲之

生有軒冕之

〔一〕『摌陽侯』，原作『摌湯侯』，據潛夫論改。

「永始四年詔曰：聖王明禮制以序尊卑，異車服以章有德。雖有其財而無其尊，不得以踰制。故民興行，上義而下利。」

天子服有文章，不得以燕公以朝；將軍大夫不得以燕，將軍大夫以朝官吏，命士止於帶緣。盧云：「舊本作『天子服有文章，夫人不得以燕饗公以廟，將軍大夫以燕饗以廟，官吏以命，士止于帶緣』，殊為訛錯，今依文義正之。」興案：天啟本與舊本同，惟「饗以廟」作「卿以廟」。管子作「天子服文有章，而夫人不敢以燕以饗廟，將軍大夫以朝，官吏以命，士止于帶緣」。「明官吏」當作「朝官吏」。今以兩文參互正之，則舊本亦不盡訛，但「燕饗」下衍「公」字，「明官吏」「以命士」衍「以」字耳。其文當云：「天子服有文章，夫人不得以燕饗，以廟。將軍大夫不得以燕饗，以廟」。「以命士」「以」字衍。賈誼傳云：「古者天子后服，所以廟而不宴者也。」言天子與夫人禮服不用之以燕饗，但以廟耳。「以命士」「以」字當衍。將軍大夫朝服，亦只用之於祭祀與朝官吏。命士止於帶緣者，玉藻「士練帶率下辟」，注：「辟讀如裨冕之裨，裨謂以繒采飾其側，人君充之，大夫裨其紐及末，士裨其末而已」。

散民不敢服雜采，玉藻：「庶人無文飾。」漢成帝永始四年詔：「青綠民所常服，且勿止。」顏注：「然則禁紅紫之屬」。百工商賈不敢服狐貉，狐貉，大夫服，其他惟服犬羊。管子「狐貉」作長鬚貂。漢書高帝紀八年詔：「賈人毋得衣錦繡綺縠絺紵罽，操兵、乘騎馬。」

刑餘戮民不敢服絲玄纁乘馬，玄纁乘馬，闇合古制。案：古者父老里正皆受倍田，得乘馬。（見宣十五年傳何注。）是古以乘馬為榮也。管子「絲」作綀。注云：「一本作絲。」「玄纁乘馬」作不敢畜連乘車。

謂之服制。服制，二字用管子。荀子王制篇云：「夫是之謂復古，是王者之制也。」案：李悝著法經，雜律中有淫侈踰制律。（見晉書刑法志。）漢世當承用之。然觀鹽鐵論散不足篇及潛夫論浮侈篇，則兩漢風俗侈靡，可知此在于上位之倡導，禮教之漸摩，非獨律令之所能禁止也。是以賈誼、董生、劉向之言治，先于此兢兢焉。

春秋繁露義證卷第八

度制第二十七

易曰:「節以制度,不傷財,不害民。」度制,猶制度。對冊云:「人欲之謂情,情非度制不節。」賈誼疏云:「今世以侈靡相競,而上亡制度,棄禮誼,捐廉恥,可謂月異而歲不同矣。逐利不耳,慮非顧行也。」又新書瑰瑋篇云:「世淫恥矣,飾知巧以相詐利者爲知士,取犯法禁、昧大姦者爲識理。故邪人務而日起,姦詐繁而不可上。罪人積下衆多,而無時已。君臣相冒,上下無辨,此生于無制度也。」後漢書荀爽傳:「爽對策云:「今臣僭君服,下食上珍。宜畧依古禮尊卑之差,及董仲舒制度之别,嚴督有司,必行其命,此則禁亂善俗足用之要〔一〕。」注引前書董仲舒曰:「王者正法度之宜,别上下之序,以防欲也。」王應麟云:「制度之别,必有其書。非但正法度,别上下之對也。今春秋繁露有度制篇。」(困學紀聞十二。) 興案:此篇不過大畧。荀謂制度之别,則董

〔一〕「要」字,原作「道」,據荀爽傳改。

當日尚有詳條，今殆亡之。然禮經所散見者，畧可推知也。○盧云：「舊注：

一名調均篇。」　輿案：黃氏日鈔作調均。

孔子曰：「不患貧而患不均。」故有所積重，則有所空虛矣。大富則驕，大貧則憂。

憂則爲盜，驕則爲暴，此眾人之情也。大，同泰。董子說武帝，言秦用商鞅之法，改帝王之制，除井田，民得

賣買，富者田連阡陌，（朱子云：「謂富者兼有千夫百夫之田。」）貧者無立錐之地。漢興，循而未改。古井田制度曰：「古

行，宜少近古，限民名田，以贍不足，塞并兼之路，然後可善治也。哀帝時師丹亦言之。王莽傳：莽定受田制度曰：「古

者，設廬井八家，一夫一婦田百畝，什一而税，則國給民富而頌聲作。秦爲無道，厚賦税以自供奉，罷民力以極欲，壞聖

制，廢井田，是以兼并起，貪鄙生，强者規田以千數，弱者曾無立錐之居。漢氏減輕田租，三十而税一，而豪民侵陵，分田

劫假。厥名三十税一，實什税伍也。父子夫婦終年耕芸，所得不足以自存。故富者犬馬餘菽粟，驕而爲邪；貧者不厭

糟糠，窮而爲奸。」語意正與此同。荀悦論限田云：「昔文帝十三年六月詔除人田租，且古者什一而税以爲天下之中正

今漢人田或百一而税，可謂鮮矣。然豪富强人占田逾多，其賦大半官收百一之賦，而人輸豪强大半之賦。官家之惠，優

於三代；豪强之暴，酷於亡秦。是以惠不下通，而威福分於豪人也。今不正其本而務除租税，適足以資富强也。孝武

皇帝時，董仲舒嘗直言限人占田。至哀帝時，乃限人占田不得過三十頃。雖有其制，卒難施行。然三十頃又不平矣。

且夫井田之制，不宜於人眾之時，田廣人寡，苟爲可也。然欲廢之于寡，立之于眾，土田布列在豪强，卒而革之並有怨

心，則生紛亂，制度難行。由是觀之，若高祖初定天下，光武中興之後，人眾稀少，立之易矣。既未悉備井田之制，宜以

口數占田，爲之立限，人得耕種，不得賣買，以贍貧弱，以防兼并，且爲制度張本，不亦宜乎。（案：禁民賣買之說，王莽

曾行之，然不久而罷。）雖古今異制，損益隨時，然紀綱大畧，其致一也。」興案：井田既廢，均財之說，勢所難行，即限田亦不易，王莽及宋賈似道公田之制可鑒也。董子時去古未遠，以均貧富爲急，因欲復古制，以抑奢淫，厚風俗，卒不能行。（魏禧以三年成限田論三篇，審其難行，卒燬其稿。）意唯有示儉示禮之說，足以貫古今而無弊耳。故此篇調均之法，專以禮官。

聖者則於眾人之情，見亂之所從生。故其制人道而差上下也，使富者足以示貴而不至於驕，古者制井田采邑，以贍身家；制爵禄服用，以限等差。苟無其禄，不敢用其財。富者，謂曾貴而受禄之人，下云「大人」即此。貧者足以養生而不至於憂。○天啟本兩「至」字並作致。以此爲度而調均之，是以財不匱而上下相安，故易治也。坊記：「子云：小人貧斯約，富斯驕；約斯盜，驕斯亂。禮者，因人之情而爲之節文，以爲民坊者也。故聖人之置富貴也，使民富不至於驕，貧不至於約，貴不慊于上，故亂益亡。」管子八觀篇：「國侈則用費，用費則民貧，民貧則姦智生，姦智生則邪巧作。故姦邪之所生，生於匱不足，匱不足之所生，生於侈，侈之所生，生於無度。故曰：審度量，節衣食，儉財用，禁侈泰，爲國之急也。」白虎通禮樂篇：「禮者盛不足，節有餘，使豐年不奢，凶年不儉，貧富不相懸也。」今世棄其度制，而各從其欲。欲無所窮，而俗得自恣，其勢無極。說苑雜言篇：「孔子曰：中人之情，有餘則侈，不足則儉，無禁則淫，無度則失，縱欲則敗。飲食有量，衣服有節，宮室有度，畜聚有數，車器有限，以防亂之源也。」漢書王吉傳：「古者衣服車馬，貴賤有章，以襃有德而別尊卑。今上下僭差，人人自制，是以貪財誅利，不畏死亡。」程明道論十事劄子有云：「古者冠婚喪祭，車服器用，等差分別，莫敢踰僭。故財用易給，而民有恆心。今禮制未修，奢靡相尚。卿大夫之家，莫能中禮，而商販之類，或踰王公。禮制不足以檢飭人情，名數不足以旌別貴賤。既無定分，則詐奸攘奪，人人求厭其欲，而後已，豈有止息者哉？此爭亂之道也。」竝與此合。

大人病不足於上，孟子曰：「說大人則藐之。」墨子貴義

篇：「今農夫人其稅於大人，大人爲酒醴粢盛以祭上帝鬼神。」又見公孟篇。後漢明帝紀注引韓詩薛君章句云：「今時大人內傾於色，賢人見其萌，故詠關雎。」大人並謂貴者。

而小民贏瘠於下，則富者愈貪利而不肯爲義，貧者日犯禁而不可得止，是世之所以難治也。荀子正論篇：「王公則病不足於上，庶人則凍餒贏瘠于下。於是焉桀黠羣居，激轉相傾。此所以或儲百年之餘，或無以充虛蔽形也。」鹽鐵論錯幣篇：「禮義弛崩，風俗滅息。故自食祿之君子，違於義而競於財，大小相吞，而盜賊擊奪，以危其上矣。」

孔子曰：「君子不盡利以遺民。」以餘利遺民。詩云：『彼有遺秉，此有滯穗，伊寡婦之利。』言不盡物也。」興案：此與坊記同。

詩云「彼有遺秉，此有滯穗，伊寡婦之利。」盧云：「此錯引，不依詩之本文。」興案：此與坊記同。鹽鐵論錯幣篇：「古之仕者不穡，田者不漁，抱關擊柝，皆有常秩，不得兼利盡物。如此則愚智同功，不相傾也。詩云：『彼有遺秉，此有滯穗，伊寡婦之利。』言不盡物也。」鹽鐵論引詩，與今毛傳同，知坊記錯引，不關今古文。

故君子仕則不稼，田則不漁，食時不力珍，坊記鄭注：「食時，謂食四時之膳也。力，猶務也。天子諸侯有秩膳。」

大夫不坐羊，士不坐犬。鄭云：「古者殺牲，食其肉，坐其皮。不坐犬羊，是不無故殺之。

詩曰：「采葑采菲，無以下體。德音莫違，及爾同死。」本書竹林篇引此詩，以爲取其一美，與詩意合。此用坊記文，蓋借取爲不盡利之證，所謂詩無達詁也。鄭注禮記云：「采葑采菲之菜者，采其葉，采其葉則并取之，是盡利也。」又云「此詩故親今疏者，言人之交當如采葑采菲者，采其葉而可食，無以其根美則并取之，苦則棄之。」云云，是亦不以此爲詩本義。

以此防民，防，當爲坊。民猶忘義而争利，以亡其身。以上引坊記文。

天不重與，有角不得有上齒。故已有大者，不得有小者，天數也。大戴禮易本命：「四足者無羽翼，戴角者無上齒。」呂覽博志篇：「有角者無上齒。」淮南墜形訓：「四足者無羽翼，戴角者無上

齒。無角者膏而無前，有角者趾而無後。」對冊云：「夫天亦有所分予，予之（當爲「上」）齒者去其角，傅其翼者兩其足。是所受大者不得取小也。」

故明聖者象天所爲，爲制度，使諸有大奉祿亦皆不得兼小利，與民爭利業，乃天理也。夫已有大者又兼小者，天不能足之，況人乎？　○官本云：「足，他本作『是』。」

對冊云：「古之所予禄者，不食於力，不動於末，是亦受大者不得取小，與天同意者也。夫已受大，又取小，天不能足，況人乎？此民之所以囂囂苦[一]不足也。身寵而載高位，家溫而食厚祿，因乘富貴之資力，以與民爭利於下，民安能如之哉？是故眾其奴婢，多其牛羊，廣其田宅，博其產業，蓄其積委，務此而亡已[二]，以迫蹙民，民日削月朘，寖以大窮。富者奢侈羨溢，貧者窮極愁苦。窮極愁苦而上不救，則民不樂生，民不樂生，尚不避死，安能避罪？此刑罰之所以蕃而姦邪不可勝者也。故受祿之家，食祿而已，不與民爭業，然後利可均布，而民可家足。此上天之理，而亦太古之道，天子之所宜法以爲制，大夫之所當循以爲行也。故公儀子相魯，之其家見織帛，怒而出其妻，食於舍而茹葵，慍而拔其葵，曰：『吾已食祿，又奪園夫、紅女利虖？』古之賢人君子在列位者皆如是，是故下高其行而從其教，民化其廉而不貪鄙。及至周室之衰，其卿大夫緩於誼而急於利，亡推讓之風，而有爭田之訟。故詩人疾而刺之曰：『節彼南山，維石巖巖。赫赫師尹，民具爾瞻。』爾好誼，則民鄉仁而俗善；爾好利，則民好邪而俗敗。由是觀之，天子大夫者，下民之所視效，遠方之所四面而內望[三]也。近者視而放之，遠者望而效之，豈可以居賢人之位而爲庶人行哉？夫皇皇求財利常恐乏匱者，庶人之意也；皇皇求仁義常恐不能化民者，大夫之意也。易曰：『負且乘，致寇至。』乘車者君子之位也，負擔者

（一）「苦」字，據漢書董仲舒傳補。

（二）「蹙」字，原誤「蹵」，據漢書改。

（三）「望」字，原作「顧」，據漢書改。

小人之事也，此言居君子之位而爲庶人之行者，其患禍必至也。若居君子之位，當君子之行，則舍公儀休之相魯，亡可爲者矣。」晉書食貨志：「朱暉議云：「王制，天子不言有無，諸侯不言多少，食祿者不得與百姓爭利。」江統傳云：「樊遲匹夫，請學爲圃，仲尼不答。魯大夫臧文仲使妾織蒲，又譏其不仁。公儀子相魯，則拔其園葵，言食祿者不與貧賤之人爭利也。」秦漢以來風俗轉薄，公侯之尊，莫不殖園圃之田，而收市井之利，漸冉相放，莫以爲恥，乘以古道，誠可愧也。」

凡百亂之源，○天啟本不提行。皆出嫌疑纖微，以漸寖稍長至於大。聖人章其疑者，別其微者，絕其纖者，不得嫌不使有幾微之嫌。以蚤防之。聖人之道，衆隄防之類也。〈禮經解：「夫禮禁亂之所由生，猶坊止水之所自來。」對冊云：「萬民之從利也，如水之走下，不以教化隄防之，不能止也。是故教化立而姦邪皆止者，其隄防完也。教化廢而姦邪並出，刑罰不能勝者，其隄防壞也。」謂之度制，謂之禮節。謂與爲同。故貴賤有等，衣服有制，○凌本「制」作別。朝廷有位，鄉黨有序，則民有所讓而不敢爭，所以一之也。聖人不禁民之爭，而教之以讓，則民俗自美。○盧云：「舊本『而』下有名字，衍。」書曰：「畢服有庸，誰敢弗讓，敢不敬應。」此之謂也。〈尚書古文作「車服以庸」，弗，作不。後漢左雄傳、鹽鐵論通有篇，漢樊安碑並作「輿服」，與此同，潛夫論考績篇仍作車，知今文兩作也。此借推賢讓能之義，證民之有禮讓。

凡衣裳之生也，爲蓋形煖身也。然而染五采，飾文章者，非以爲益肌膚血氣之情也，墨子七患篇：「故聖人爲衣服，適身體，和肌膚而足矣，非榮耳目而觀愚民也。」呂覽孟春紀：「其爲輿馬衣裘也，足以逸身煖骸而已矣。」淮南齊俗訓：「明王制禮義而爲衣，分節行而爲帶。衣足以覆形，從典墳，虛循撓，便身體，適行步，不務于奇麗之容，隅眥之削。帶足以結紐收衽，束牢連固，不亟于爲文句疏短之鞿。」○黃氏日鈔引末句作「非以爲有益於肌膚血氣也」。

將以貴貴尊賢，而明別上下之倫，使教亟行，使化易成，爲治爲之也。爲治民

而設。晏子春秋諫下篇：「三代作服，爲益敬也。」管子法法篇：「先王制軒冕，足以著貴賤，不求其美；設爵祿，所以

守其服，不求其觀也。」荀子富國篇：「古者先王分割而等異之也，故使或美或惡，或厚或薄，或佚或樂，或劬或勞，非特

以爲淫泰夸麗之聲，將以明仁之文，通仁之順也。故爲之雕琢刻鏤，黼黻文章，使足以辨貴賤而已，不求其觀。爲之鍾

鼓管磬，琴瑟竽笙，使足以辨吉凶，合歡定和而已，不求其餘。爲之宮室臺榭，使足以避燥溼，養德辨輕重而已，不求其

外。詩曰：『雕琢其章，金玉其相。亹亹我王，綱紀四方。』此之謂也。」賈子服疑篇：「制服之道，取至適至和以予民，

至美至神進之帝。奇服文章，以等上下而差貴賤。」白虎通衣裳篇：「聖人所以制衣服何？以絺綌蔽形，表德勸善別尊

卑也。」**若去其度制，使人人從其欲，以逐無窮，是大亂人倫，而靡斯財用也。**賈生道術

篇：「費弗過適謂節，反節爲靡。」**失文采所遂生之意矣。**遂，猶由也。**上下之倫不別，其勢不能相**

治，故苦亂也。嗜欲之物無限，其勢[二]不能相足，故苦貧也。今欲以亂爲治，以貧爲富，

非反之制度不可。知要之論。均田不易行，制度則可行也。後漢書和帝紀：「永元十一年詔曰：「吏民踰僭，厚

死傷生，是以舊令節之制度。」安帝紀：「元初五年詔曰：「舊令制度，各有科品，欲令百姓務崇節約。」我朝康熙中左都御

史陳廷敬疏言：「官員士庶，冠服衣裳，飾用之制，婚喪之禮，有宜更定者，斟酌損益，務合於中。其淺近易行，如貂猞狸

猻，昔有官民之分，今則庶人服之矣。如緞綢，昔有官民之別，今則雜然無辨矣。並宜釐正，使永遠遵行。」正合制度之

意。**古者天子衣文，諸侯不以燕，**孫星衍云：「諸侯亦有文，但爲祭服，不用之燕居耳。可證禮器之諸侯大夫

士韍黻玄衣爲讓尊者降等之差，其祭服各自有山龍矣。」**大夫衣褖，**○盧云：衣褖，舊本譌作祿，今改正。

〔一〕「勢」字，凌本、盧本、叢刊本作「數」。

案：説文無「祿」字，字當作緣。説文：「衣，純也。」凌本作緣，云：「疑作纖。」詩箋：「大夫以上衣纖。」士不以燕，

○天啓本「士」作亦。庶人衣縵，説文：「縵，繒無文，從糸，曼聲。」漢律曰：「賜衣者縵表白裏。」　案：引申之，

凡無文者皆謂之縵。　此其大畧也。

爵國第二十八

周禮太宰注：「爵，謂公、侯、伯、子、男、卿、大夫、士也。」故此言

地列官制，謂之爵國。白虎通爵篇：「公卿大夫者何？内爵也。」又謚篇：「附

庸所以無謚何？卑小無爵也。王制曰：古者之制禄，爵凡五等，附庸不在其

中，明附庸無爵也。」攷黜篇謂：「附庸以德封。」〔引見下。〕又云：「爵主有德，封

主有功，爵與封别。」據董此篇，附庸亦不在爵中。

春秋曰：「會宰周公。」僖九年。　又曰：「公會齊侯、宋公、鄭伯、許男、滕子。」又曰：

「初獻六羽。」盧云：「六字疑〔一〕衍。」凌云：「天子三公云云，在『初獻六羽』傳内，非衍文。」傳曰：「天子三

公稱公，王者之後稱公，其餘大國稱侯，小國稱伯、子、男。」隱五年傳。　凡五等。　故周爵五

〔一〕「疑」字，原誤「宜」，據盧本改。

等,士三品,上士、中士、下士。○官本云:「士,他本作士上。」

爵,注見前。案左昭十三年傳:「鄭伯,男也,而使從公侯之貢。」國語周語:「鄭伯,南也,王而卑之,是不尊貴也。」

(南與男通。)似時王之制,即已合爲一爵。左氏說與公羊合。

士三品,上士、中士、下士。文少而實多。○官本云:

「他本作士二等,文多而實少。」春秋曰:「荊。」句。傳曰:「氏不若人,人不若名,名不若字。」凡

四等,盧云:「莊十年傳云:『荊者何?州名也。州不若國,國不若氏,氏不若人,人不若名,名不若字,字不若子,凡

七等。』此但以人、氏、名、字分得地之多寡,故所引不全。」

命曰附庸,白虎通爵篇:「小者不滿爲附庸。附庸者,附
大國以名通也。」案:與墉同,城也。王莽傳:「當賜爵關內侯者,更名曰附城。」王制鄭注:「小城曰附庸。附

庸者,以國事附于大國。」正義:「庸,城也。」三代共之。然則其地列奈何?曰:天子邦圻千里,圻,

與畿同。公侯百里,伯七十里,子男五十里,與孟子、王制同。白虎通爵篇:「百里兩爵,公侯共之。七十里

一爵,五十里復兩爵何?公者加尊二王之後,侯者百里之正爵。上可有次,下可有第,中央故無二。五十里有兩爵者,

所以加勉進人也。小國下爵猶有尊卑,亦以勸人也。」又云:「殷家所以令公居百里,侯居七十里,何也?封賢極于百

里,其改也不可空退人,示優賢之意,欲褒尊而上之。」此所言與殷制異。附庸字者方三十里,名者方二十

里,人氏者方十五里。字、名、人、氏、傳以夷狄言。據此知傳以附庸例之也。附庸有二說,尚書大傳云:「古者

諸侯始受封則有采地,百里諸侯以三十里,七十里諸侯以二十里,五十里諸侯以十五里。其後子孫雖有罪黜,其采地不

黜,使其子孫賢者守之,世世以祠其始受封之人。此之謂與滅國、繼絕世。」韓詩外傳同,惟云「五十里諸侯以十里」,蓋

脫「五」字。此以附庸爲采地也。白虎通攷黜篇:「盛德之士亦封之,所以尊有德也。以德封者,必試之爲附庸,三年

有功，因而封之五十里。元士有功者，亦爲附庸，世其位。大夫有功成封五十里，卿功成封七十里，公功成封百里。」潛夫論班祿篇：「天子三公，采視公侯，蓋方百里。卿采視子男，方七十里。大夫視子男，方五十里。元士視附庸，方三十里。功成者封。」此言附庸以德封也。董此篇以爵國名，當是謂以德封者。順命篇言其無德於天地之間者，州國人民，則謂諸侯黜滅者。蓋開國之初，天子有餘地以廣封，自後諸侯并兼，其制漸廢，但有采地之附庸耳。莊三年「紀季以酅入于齊」，傳曰：「請後五廟以存姑姊妹。」知國滅而附庸猶有地，得立廟以祠其受封之人矣。○十五，各本作五十，今從天啓本改。

春秋曰：「宰周公。」傳曰：「天子三公。」隱五年傳：「天子三公者何？天子之相，則何以三？自陝而東者，周公主之，自陝而西者，召公主之，一相處乎內。」僖九年傳〔一〕：「宰周公者何？天子之相也。」

「祭伯來」，傳曰：「天子大夫。」隱元年傳。孔廣森云：「蓋天子之中大夫。」興案：據董例，疑是上大夫，蓋周禮有卿而無上大夫。王制言天子、三公、卿大夫，元士。似亦以卿爲上大夫，與此合。

「宰渠伯糾」，傳曰：「下大夫。」隱元年傳。莊云：「春秋志天子之大夫，上下列其等，戚疏異其分。父子之恩，長幼之序，靡不畢見。以三公兼官，惟志家宰耳。諸侯之臣，雖内大夫不稱其官，官之志，惟宋耳。

「石尚」，傳曰：「天子之士也。」定十四年何注：「天子上士，以名氏通。」

「王人」，傳曰：「微者，謂下士也。」僖八年傳：「王人者何？微者也。」定十四年何注：「天子上士以名氏通，中士以官錄，下士畧稱人。」孔廣森云：「春秋凡王之下士爲王人，中士録名，宰咺是也。下士加氏，石尚是也。下大夫書字，家父、叔服、渠伯糾是也。中大夫以伯仲書，祭仲、南季、仍叔等是也。上大夫以子書，尹子、單子、劉子是也。

〔二〕「傳」字，據公羊傳補。

三公稱公，周公、祭公、虞公是也。」竝主上、中、下爲説。按董用五等，無中大夫及中士，與周禮異。何注與董異。春秋曰：「作三軍。」傳曰：「何以書？譏。何譏爾？古者上卿、下卿、上士、下士。」凡四等。襄十一年傳。何注：「古者諸侯有司徒、司空，上卿各一，下卿各二。司馬事省，上下卿各一。上士相上卿，下士相下卿，足以爲治。」案：王制諸侯五等，上大夫卿，下大夫，上士、中士、下士，凡五等，與此異。

小國之大夫與次國下卿同，次國大夫與大國下卿同，大國下大夫與天子下士同。 此四等例與他書並異。大夫即上卿，下大夫即下卿。故下文云：「次國上卿位比次國下卿，小國上卿位比次國下卿。」又云：「大國上卿位比天子元士。」則下卿當比下士矣。左成三年傳。臧宣叔曰：「次國之上卿，當大國之中，中當其下，下當其上大夫。」杜注云：「降一等。」又云：「小國之上卿，當大國之下卿，中當其上大夫，下當其下大夫。」杜注云：「降二等。」案：左傳與王制合。此文則小國視次國，次國視大國降一等，大國視天子降二等。

二十四等， 天子卿、大夫、上士、下士，凡四等。通佐上卿，下卿、上士、下士，凡四等。諸侯大國上卿，下卿、上士、下士，凡四等。次國上卿、下卿、大夫、上士、下士，凡四等。小國上卿、下卿、上士、下士，凡四等。附庸宰、丞、士、秩士，凡四等。是謂二十四等。蓋天子三公最尊，諸侯通佐附屬，故不入等。附庸雖不得達于天子，其官固視諸侯爲差矣。○盧云：「『禄』下舊本有等字。」案：凌本連下「有」字上屬。劉逢禄云：「疑作『禄人有差。』」

禄八差。 〇疑當作「小功德者爵與土別」。土謂封也。

有大功德者受大爵土，功德小者受小爵土，大材者執大官位， 執，疑作受。**小材者受小官位，如其能，宜** 墨子尚賢篇：「以德就列，以官服事，以勞殿賞，量功而分禄。」故官無常貴，而民無終賤，有能則舉之，無能則下之。」韓非子八姦篇：「賢材者處厚禄，任大官，」功大者有尊爵，受重賞。官賢者量其能，職禄者稱其功。是以

賢者不誣能以事其主，有功者樂進其業，故事成功立。傅子：「夫爵者位之級，而官者禄之實也。級有等而稱其位，實

足利而周其官，此立爵禄之分也。爵禄之分已定，必明選其人而重用之。德貴功多者受重爵大位，厚禄尊官，德淺功

寡者受輕爵小位，薄禄卑官。」○錢云：「大典本『至』作主。」 輿案：「如」上疑有脱字。或當作「官如其能，治之至

也。」宜，爲官誤，又倒在下耳。

故萬人者曰英，千人者曰俊，百人者曰傑，十人者曰豪。 淮南泰族訓

「故智過萬人者謂之英，千人者謂之俊，百人者謂之豪，十人者謂之傑。英、俊、豪、傑各以大小之材處其位，得其宜。由

本流末，以重制輕，上唱而民和，上動而下隨。四海之内，一心同歸，背貪鄙而向義理。其於化民也，若風之搖草木，無

之而不靡。」白虎通聖人篇引禮別名記曰：「百人曰俊，千人曰英，倍英曰賢，萬人曰傑，萬傑曰聖。」説文：「俊，才過千

人也。」書皋陶「俊乂在官」鄭注云：「才德過千人爲俊，百人爲乂。」呂覽高注：「千人爲傑，萬人爲

俊。」鶡冠子博選篇：「德萬人者謂之雋，德千人者謂之豪，德百人者謂之英。」與此小異。 案：俊，字不當作雋。

肥肉也。凹乃弓橫體，引弓射隹，故曰得隹。

豪傑俊英不相陵，故治天下如視諸掌上。 白虎通封禪篇

「王者使賢不肖位不相踰，則平路生於庭。」 輿案：尊卑如其能，大小當其分，則人絶徼幸之思，士弭奔競之習，事無

不舉，才無不成。否則積時累月，以資爲績，亦尚可以澄官方，效職守。若不量能而授，不考績而舉，賄成勢競，廉恥道

亡。其始足以壞人才，隳庶事，其究足以亡天下矣。

其數何法以然？曰：天子分左右五等，三百六十

三人，法天一歲之數。 俞云：「下文天子、三公、九卿、二十七大夫、八十一元士、二百四十三下士，合之適得三百

六十三人。」**五時色之象也。** 春夏秋冬中央，故云五時色。

通佐十上卿與下卿而二百二十人， ○官本

云：「下」『二』他本作六。」俞云：「上」『十』乃七字之誤。據下文云『有七上卿』，有通作又。三公九卿外，又有七上卿，

即所謂通佐也。故知『十上卿』當爲七上卿矣。『二百二十人』當作二百八十人。六與八形似而誤。今本二十，則後人

依既誤之下文改之也。說詳後。

興案：官本作「二」，據下文通佐之數。盧本作「四」，據下文倍諸侯之數。以三相復推之，俞說是。

天庭之象也，凌云：「春秋元命苞：太微爲天庭，五帝以合時。紫微宮爲大帝，中有五帝佐，五帝合明。」

倍諸侯之數也。

天子左右五等。一下士，凡四等，百二十人。

法四時六甲之數也。諸侯之外佐四等，百二十人。通佐五，與下下文不全。或當作「上士與下士」，脫去三字。

而六十人，五通大夫當有十五上士、四十五下士，凡六十人。

曰：時三月而成大，辰三而成象。

然則立置有司，分指數奈何？指數即人數，猶後人稱百人爲千指矣。○官本云：「他本無

『然』字。曰：諸侯大國四軍，古之制也。其一軍以奉公家也。制方伯二師，從無四軍者。攷小司徒注：『百里之國凡四都，一都之田，稅入於王。』古者計夫出稅，有稅則有夫，以其奉公家也。故不言四軍而言三軍，其實暗中有一軍也。」俞云：「諸經皆言大國三軍，無言四軍者。凌注雖以合下文一軍以奉公家之說，然奉公家非奉王家也。則與小司徒注所稱稅入于王者，本非一事，未可援以爲說。今以本文考之，四軍實當爲三軍。下文曰：『大國十六萬口，而立口軍三。』又曰：『定率得十六萬口，三分之，則各五萬三千三百三十口，爲大（缺一字）口軍三。此公侯也。』然則以十六萬口三分之而爲三軍，不得更立一軍矣。其下又曰：『天子地方千里，爲方百里者百。亦三分除其一，定得田方百里者六十六，與方十里者六十六，定率得千六百萬口。九分之，各得百七十七萬七千七百七十七口，爲京口軍九。三京口軍以奉王家，大國三軍，以一軍奉公家，皆與數適合。奉王家之三軍，即在九軍之中，則奉公家之二軍，亦即在三軍之中，不得有四軍也。古三、四字皆積畫，往往致誤。儀禮觀禮『四享』鄭注：『四當爲三。古書作三、四或皆積畫，字相似，由此誤也。』周官內宰疏引鄭注：『純

諸侯之爵或五何？法天地之數也。五官亦然。佐之必三三而相復何？法日辰之數也。五官謂

四胑，四當爲三。古三、四積畫，是以三誤爲四。』並其證。」　輿案：本篇軍字不必依萬二千五百人定數，疑即周禮分都之意。故於小國及附庸亦云立口軍口師三也。以一軍奉公家，盛時之制，至春秋時非其舊矣。○官本云：「他本無上『也』字。」

凡口軍三者何？　計口立軍，謂之口軍，猶計口而爲井田，謂之口井。口井見王莽傳。○盧云：「舊本『三』下又有口字，當是衍文。」曰：　大國十六萬口而立口軍三。何以言之？曰：以井田准數之。○盧云：「准之正字爲準。而周書、文子、管子、莊子、呂覽、淮南皆有准字，則相沿省文已久矣。」

方里而一井，一井而九百畝而立口。　凌云：「王制『方一里者爲田九百畝』，注：『一里方三百步。』疏：『案論語云步百爲畝』，是長一百步，闊一步。畝百爲夫，是一頃也，長闊一百步。夫三爲屋，是三頃也，闊三百步，長一百步。屋三爲井，是九百畝也，長闊一里。」

方里八家，一家百畝，以食五口。　宣十五年注：「是故聖人制井田之法而口分之，一夫一婦受田百畝，以養父母妻子。五口爲一家。」○凌本無「一家」二字。

上農夫耕百畝，食九口，次八人，次七人，次六人，次五人。多寡相補，率百畝而三口，　「周禮小〔一〕司徒：「上地家七人，中地家六人，下地家五人。」鄭注：「以七人、六人、五人爲率者，有夫有婦，然後爲家。」是并男女計之。此云食九口，八人、七人、六人、五人者，併男女言之。百畝三口，則專計男。蓋立軍以男爲限，食養則無分男女合計。男口而區爲軍，則正義皆在其內，所謂人人皆兵也。據周禮及司馬法，率百畝而取一人爲正軍。

方里而二十四口。　方里者十，得二百四十口。　方十里爲方里者百，得二千四百口。　○凌本「方里」衍作方百里。　方百里爲方里者萬，得

〔一〕「小」字，原誤「大」，據周禮小司徒改。

二十四萬口。○盧云：「『方百里』下舊本有『爲方里者千，得二萬四千口，方千里』計十四字，係衍文。」錢校刪。

法三分而除其一。城池、郭邑、屋室、間巷、街路市、官府、園囿、菱圃、臺沼、橡采，盧云：「菱圃，與委巷同。橡采，疑有誤。或當是林麓汙萊〔一〕之類，皆在所除也。」興案：王制：「山陵林麓，川澤溝瀆，城郭宮室途巷，三分去一。」與此法同。「街路市」，疑衍一字。○官本云：「他本『菱』誤作姜。」案：凌本「官」作宮。

得良田方十里者六十六，與方里者六十六，方百里，應得良田方十里者百。除其一分，得方十里者六十六。外餘方十里者一，復除其一，得方里者六十六。外餘一方里，不計奇零，故畧之。○官本「與」上有十字，云：「十字當在『方』字之下，『里』下當有者字。」興案：「十」字，衍文。

十四口，并餘數核之，應得十六萬又八口。餘數除其一，適得今數。定率得十六萬口。依上田數得十五萬九千九百八餘一口不計，舉大畧。○「各」下疑脫得字。官本云：「他本脫『五』字。」三分之，則各五萬三千三百三十三口，爲大口軍三。大下缺一國字。此公侯也。

天子地方千里，爲方百里者百。亦三分除其一，定得田方百里者六十六，與方十里者六十六，定率得千六百萬口。九分之，各得百七十七萬七千七百七十七口，三分除一，得方百里者六十六。外餘方百里者一，再除其一，得方十里者六十六。外餘方十里者一，應得方十里者六十六。不言方里，文畧也。下並同。

爲京口軍九。句。三京口軍以自衛，餘以禦侮綏邊。凌云：「內官署見如此。」故天子立一后，一世夫人，中左右夫人，以奉王家。凌云：「漢書外戚傳：妾皆稱夫人。又有美人、良人、

〔一〕「萊」字，原誤「菜」，據盧本改。

八子、七子、長使、少使之號焉。獨斷：『天子一娶十二女，象十二月，三夫人，九嬪。』四姬，漢書文帝紀臣瓚注：「漢秩祿令及茂陵書姬並內官也。秩比二千石，位次婕妤下，在八子上。」顏注：「姬本周姓，貴於眾國之女，所以婦人美號皆稱姬。後因總謂眾妾為姬。」史記「高祖居山東時好美姬」是也。若姬是官號，不應云幸姬戚夫人。且外戚傳[一]備列后妃諸[二]官，無姬職也。」興案：據此則姬在周已為官號，不始於漢。瓚引漢秩祿令及茂陵書不誤也。但不知何時始以妾為姬。史記始皇本紀言呂不韋姬，是秦時已然。詩陳風「彼美淑姬」孔疏云：「姬姜二姓之後，子孫昌盛，其家之女美者尤多。」左傳引逸詩云：「雖有姬姜，無棄蕉悴。」是以姬姜為婦人美稱也。蓋其始以姬為婦人通稱，因以為官名，又因以為妾稱。」輾轉沿譌，而姬之名賤矣。（宋徽宗改稱公主為帝姬，則用詩王姬而誤。）三良人。凌云：「漢書外戚傳：『良人視八百石，比左[三]庶長。』顏注：『良人，謂妾也。』檀弓注：『帝譽立四妃，帝堯因焉。』至舜不告而娶，不立正妃，但[四]三妃而已。」謂之三夫人。夏后氏增以三三而九，合十二人。』春秋說云：『天子娶十二，即夏制也。」按合一后，一世一世夫人、中左右夫人、四姬、三良人，符十二人之數，蓋用夏制也。」興案：此是周制。王莽傳：「請考五經，定取禮正十二女之義，以廣繼嗣。」立一世子，三公，九卿，二十七大夫，八十一元士，二百四十三下士。有七上卿，二十一下卿，六十三元士，百二十九下士。張惠言云：「有七上卿以下二百二十人，所謂通佐也。通佐之官，他書不見。」俞云：「三七二十一、二十一而三之，得六十三，為元士之數。六

〔一〕「傳」字，據漢書注補。

〔二〕「諸」字，原誤「職」，據漢書注改。

〔三〕「左」字，原作「右」，誤，據外戚傳改。

〔四〕「但」字，原作「餘」，據凌本改。

十三而三之，得一百八十九，爲下士之數。今乃云二百二十九下士，文之誤也。於是上文言通佐二百八十人，亦改爲二百二十人矣。」何注：「禮，后夫人必有傅、母，所以輔正其行，衛其身也。選老大夫爲傅，選老大夫妻爲母。」是傅與母爲二：傅、傅母；母、保母。

王后置一太傅、太母，

盧云：「似當作置一太傅母，次『太』字衍。」興案：襄三十年傳：「傅至矣，母未至也。」

世子一人，太傅、三傅、三率、三少。

凌云：「漢舊儀：太傅一人，真二千石，禮如師。亡新更爲太子師。三公、三少，見賈誼《治安策》。」興案：「人」字衍。以下文例之，當云「世子一太傅、少傅、三率、三下率。」或以「少士」爲句，謂即「下率」，似非。

三伯，三丞。

世夫人，四姬，三良人，各有師傅。 ○各本「世」作二十。凌云：「世字之誤。」今據改，下同。

士入仕宿衛天子者比下士，下士者如上士之下數。

張惠言云：「士入宿衛者，如周官次舍之人民。」凌云：「三輔黃圖：『漢有長水、中壘、屯騎、虎賁、越騎、步兵、射聲、胡騎，宿衛王宮、周廬值宿。』《元紀》初元五年，顏注：『衛尉有八屯，衛候司馬主衛士徼巡宿衛。』本傳：『臣愚以爲宜使諸列侯、郡守二千石，各擇其吏民之賢者，歲貢各二人，以給宿衛。』」俞云：「案下文言大國次國，士入仕宿衛天子者，比上卿者有三人，下卿六人，比上下士者如上下之數。則此並云士宿衛公者，比上卿者有三人，下卿六人，比上下士者如上下之數。傳寫脫誤。」興案：「仕」字，疑衍。

王后御衛者，上下御各五人。

凌云：「周禮女御注，昏義所謂御妻。御，猶進也，侍也。疏：凡后下御，皆是后宮進在王寢，侍息宴。」興案：此上下御，疑是后宮宿衛，如漢時長樂宮屯衛、建章衛尉之比，非御妻也。

王后傅，上下史各五人；少伯，史各五人。

據上文，少伯即丞。

三伯，上下史各五人；少伯，史各五人。

世子太傅，上下史各五人；少傅，上下史各五人。

世子妃姬及士衛者，如公侯之制。

世夫人、中左右夫人、四姬，上下史五人；上下御各五人。

三良人，各五人。

亦各五人；三率、三下率，亦各五人。〇官本云：「他本無『亦』字。」三公，上下史各五人；卿，上下史各五人；大夫，上下史各五人；元士，上下史各五人。此處疑脫「下士，上下史各五人」句。大國下士止有史。以通佐例之，則天子下士當有上下史五人也。上下卿、上下士之史，上下亦各五人。此謂通佐之史。卿大夫、元士，臣各三人。下士無臣，大國以下則唯卿有之。故公侯方百里，三分除其一，〇凌本「除」下無「其」字。爲大國。口軍三，而立大國。定得田方十里者六十六，與方里六十六，定率得十六萬口。三分除其之，爲大國。

立一世子，三卿，九大夫，二十七上士，八十一下士，亦有五通大夫，立上下士。張惠言云：「通大夫、上下士，所謂通佐也。與前言六十人不相應。天子通佐二百二十，諸侯不應若是之少，且非三相復之率，疑當云『五通大夫、十五上士、四十五下士，凡六十五人。』六十者，舉大數也。或前文脫『五』字。」一夫人，一世婦，凌云：「獨斷：公侯有夫人，有世婦。」姬，二良人。此不言人數。下文次國、小國云五上士、十五下士，計共二十五人，與前言六十人不相應。

上卿位比天子之元士，今八百石。凌云：「五通大夫、十五上士、四十五下士，凡六十五人。」下卿六百石，上士四百石，下士三百石。「今八百石者，以漢制況之。」國策云：『自三百石吏而效之子之。』注：『大事記以石計祿，始見于此。』夫人一傅母，謂一傅一母。世子一上傅、丞。謂一上傅一丞。三伯，三丞。世婦，左右婦，三姬，二良人，各有師保。士宿衛公者，比公者，三字衍。比上卿者有三人，下卿六人，比上下士者如上下之數。夫人衛御者，凌云：「上王后作御衛。」夫人御者，二卿，御各五人；世子上傅，上下史各五人；丞，史各五人；世婦、左右婦，上下御各五人；二卿，御各五人；世子上傅，上下史各五人；丞，史各五人。

五人；三卿、九大夫，上士史各五人，下士史各五人，通大夫、士，上下史各五人；卿，臣二人。此公侯之制也。公侯賢者爲州方伯，凌云：「王制：『二百一十國以爲州，州有伯。』注：『凡長皆因賢侯爲之。』殷之州長曰伯。」錫斧鉞，置虎賁百人，凌云：「莊元年注：『禮有九錫，一曰車馬，二曰衣服，三曰樂則，四曰朱戶，五曰納陛，六曰虎賁，七曰弓矢，八曰鈇鉞，九曰秬鬯。』皆所以勸善扶不能。言命不言服者，重命不重其財物。禮，百里不過九命，七十里不過七命，五十里不過五命。」故伯七十里，七七四十九，四千九百方里。案此等蓋俗語。算數三七二十一，蘇秦說齊王語。漢書律曆志劉歆典領鍾律奏云八八六十四，又淮南書亦有之，知其來已久。三分除其一，定得田方十里者二十八，與方十里者六十六，定率得十萬九千二百一十二口，爲次國口軍三，而立次國。以前文例之，當云「得方十里者三十二，與方里者六十六」。此文有誤。統計得田方里者三千二百六十六，定率得七萬八千三百八十四口，三分之得二萬六千一百二十八口。一夫人，世婦，左右婦，三良人，二孺子。左哀三年「南孺子」杜注云：「季桓子妻。」列女傳貞順篇：「夫人謂傅妾曰：『孺子養我甚謹。』是周末尚韓非子外儲說右：「齊威王夫人死，有十孺子皆貴于王。」稱妾爲孺子也。立一世子，三卿，九〔一〕大夫，二十七上士，八十一下士，與五通大夫，五上士，十五下士。其上卿位比大國之下卿，今六百石；下卿四百石，上士三百石，下士二百石。世婦，左右婦，三良人，二御人，漢書王莽傳：「和人三，位視夫人一傅母，傅一，母一。三伯，三丞。

公，嬪人九，視卿，美人二十七，視大夫；御人八十一，視元士；凡百二十人。御人之稱本此。○官本云：「御，各本誤作卿。」各有師保。世子一上下傅。士盧云：「上下與後文同，本或作下士，非。」興案：下，字疑衍。上傅即丞。末「士」字當下屬爲句。官本云：「他本『之』上衍士字。」宿衛公者，比上卿者三人，下卿六人，比下士如上下之數。○天啟本「御」上有士字，凌本同。夫人御衛者，上下御各五人；世子上傅，上下史各五人；○天啟本無「各」字，凌本同。三卿、九大夫，上下史各五人；下士，史各五人。○天啟本無「各」字，凌本同。通大夫，上下史各五人；據此，則次國以下通大夫之上下士皆無史。卿，臣二人。故子男方五十里，五五二十五爲方十里者六十六，定率得四萬口，凌云：「疑有誤。」興案：六十六，衍上『六』字。五五二十五，爲二千五百里。三分除一，得方十里者十六。外餘方十里者一，再除得方里者六十六，統計得田方里者一千六百六十六，定率得四萬口。三分之爲一萬三千三百三十三口。爲小國口軍三，而立小國。夫人，世婦，左右婦，凌云：「『夫人』上當有一字。」三良人，二孺子。立一世子，三卿，九大夫，二十七上士，八十一下士，與五通大夫，五上士，十五下士。其上卿比次國之下卿，今四百石。下卿三百石，上士二百石，下士百石。夫人一傅母，傅一，母一。○官本云：「一御，他本作二卿」，誤。三伯，三丞。世婦，左右婦，三良人，一御人，一，當爲二。○官本云：「一御，他本『母』誤作氏。」世子一上下傅。世子上傅，上下史各五人；士宿衛公者，比上卿者三人，下卿六人。夫人御衛者，上下御各五人；二御人，各五人。世子上傅，上下史各五人；世婦，左右婦，上下御各五人；二御人，各五人。二字。趙校增。

三卿、九大夫，上下史各五人：士，各五人：通大夫，上下史亦各五人：〇天啟本注云：「通」一作五。」卿，臣二人。此周制也。此篇所說與他書所載周制互有異同。蓋一代法制，因革不常，故紀載參差，不能合一。此確爲井田未湮時舊制，非春秋所有。而通佐之名，無徵於古。姬、良人之號，下同于漢，八百石、六百石之類，並取況今制，當是采述舊聞，證以漢法。禮書散亡，此殆師說僅存者，可寶也。〇二，凌本作三。

爲一等，故附庸字者地方三十里，三三而九，九百方里。凌云：「而，如通。」〇凌本作三。

春秋合伯子男

三分而除其一，定得田方十里者六，六百方里。〇天啟本作「六十」，衍「十」字，凌本同。定率得一萬四千四百口，爲口師三，三分之爲四千八百口。士一，秩士五人。而立一宗婦、二妾、一世子、宰丕，盧云：「丕疑一。」丞一，〇官本云：「丞，他本作承。」宰視子男下卿，今三百石。宗婦有師保，師一保一。附庸之宰視子男下卿而已，宿衛安有御者三人，妾各二人，世子一傅。士宿衛君者，比上卿，下卿一人，此疑有誤。

世子傅，上下史各五人。下良五人盧云：「三字非誤即衍。」

比上下卿者？上下各如其數。此語亦疑有誤。

稱名善者，地方半字君之地。俞云：「善，衍字，蓋即者字之誤而衍也。九半之文亦不可曉。據云四分除一，定得田方十里者三，名者方二十里。而此云『稱名者地方半字君之地』，則正方十五里，與上文不符。則適是方二十里之地。蓋方二十里之地爲方十里者四，四分除一，則是方十里者三矣。然則此云『半字君之地』者必誤也。」

九半句有誤。三分除其一，〇天啟本「三分」作「四分」，凌本同。案：據本篇例當作「三分」，然以二十里計之，則四分適與下田數口數合，疑有誤文。定得田方十里者三，定率得七千二百口。二十里實得四百方里。四分除一，得方十里者三。三分除一，定得田方十里者二，方里者六十六。一世子宰，今二

百石。下有脫文。當有丞,有士,有秩士。盧云:「此八字疑誤,并疑下有脫文。」

下四半三半二十五。天啟本作「方里

輿案:此下當云「稱人氏者方十五里。」三分除其一,定得田方十里者一,與方里者五,

者五十」,凌本同。 案:有「十」字是。地方十五里,應得田二百二十五里。三分除一,定得田百五十方里。俞

云:「文誤難讀。據云『三分除其一,定得田方十里者一,與方里者五十』,則是方十五里之地為方五里者九,三分除一,

則為方五里者六。并四箇方五里之地,作為田方十里者一,則餘兩箇方五里之地,各為方里者二十五,并之為五十矣。上

云『附庸字者方三十里,名者方二十里,人民者方十五里』,則此所說者必是附庸稱人氏之制。上文所謂『半字之地』

者,宜移之於此矣。」定率得三千六百口。○盧云:「定下脫率字,今補。」

宗婦仕衛世子臣。盧云:「下有脫文。」

輿案:以類推之,當為宗婦一人,妾二人,世子一人。「仕衛」為「士

宿衛君者」之殘文,「世子臣」,則「世子官屬」之殘文也。○天啟本「仕」上有士字。

一世子宰,今百石,史五人,

宗婦仕衛世子臣。

仁義法第二十九

莊子天道[一]篇:「孔子往見老聃,繙十二經以說。」(釋文「云

春秋十二公經也。」)老聃曰:『願聞其要。』孔子曰:『要在仁義。』」按禮表記引子

言:「仁者,天下之表也。義者,天下之制也。」又云:「仁有數,義有短長小

大。」易繫辭云:「立人之道,曰仁與義。」韓非子外儲說右:「子路曰:『所學

[一]「道」原誤作「地」,今正。

於夫子者，仁義也。』而論語中無仁義兼言者，孟子言仁，始多以義配。賈子道術篇：「心兼愛人謂之仁，反仁爲戾，行充其宜謂之義，反義爲慝。」亦以仁義分晰，爲韓愈原道所祖。此篇所云本厚躬薄責之恉，且三引論語以證，明實孔子法也。他篇言春秋要旨在仁，此恐施政者偏於治人而不知自治，故著其法。○

凌本「法」作發，誤。

春秋之所治，人與我也。所以治人與我者，仁與義也。以仁安人，以義正我，（漢杜欽對策云：「王者法天地，非仁無以廣施，非義無以正身。克己就義，恕以及人，六經之所上也。」宋蘇軾云：「春秋之義，立法貴嚴，而責人貴寬。」竝與此合。故仁之爲言人也，義之爲言我也，言名以別矣。以，與已同。名，猶字也。仁從人，義從我，是字形別也。禮中庸：「仁者，人也。」(表記同。)國語魯語：「季文子曰：『人之父兄食麤衣惡，而我美妾與馬，無乃非相人乎？』」猶言不相仁也。孟子曰：「仁也者，人也。合而言之，道也。」禮祭義：「仁者，仁此者也。」(下「仁」疑作人。)注：「人也讀如相人偶之人」，(「人耦」三字，又見儀禮注及詩鄭箋。耦，偶同。)以人意相存問之言。春秋元命苞：「仁者，情志好生愛人。故其爲人以仁，其立字二人爲仁。」注：「二人，言不專於己，念施與也。」釋名：「人，仁也。仁生物也。」說文：「仁，親也，從人，二。又尼，古文仁，或從尸。」尸即篆體人字。東方之國好仁，故古夷字亦作尼。蓋仁者有對待之稱，無二人則仁無所見，故从二人，以別於我。（莊子大宗師：「彼方且與造物者爲人。」）淮南齊俗訓：「上與神明爲友，下與造物爲人。」以人與友對，尤爲明顯。）曾子云：「人非人不濟。」左襄七年傳：韓穆子贊韓起之賢云：「與田蘇游，而曰好仁。」又云：「參和爲仁。」參和者，與人相親之謂。國語周語言「仁必及人」。

又云：「愛人能仁。」詩鄭風、齊風之譽人也，竝云「美且仁」。亦謂其與人相親愛之貌。孟子曰：「愛人不親反其仁。」

韓詩外傳引古訓：「愛由情出謂之仁。」是古釋仁爲愛人，無異說也。惟義訓我，則董劜說，董好以字形說義，如性之名

爲生，三畫連中爲王，二中爲患之類。（王安石字說仿董而不如其精。）其他篇言禮義、義理及單言義者，固不盡如此訓。

然呂覽言「貴人以仁，自責以義」（見下）。則董此義亦有所本。樂記：「仁以愛之，義以正之。」緇衣：「身不正，言不

信，則義不壹，行無類也。」以義訓正，亦與此近。說文：「誼，人所宜也。」「義，己之威儀也。从我从羊。」漢人多以仁義

作誼，威儀作義。細繹許說，則義字參董訓。己之威儀，即正我意。下文云：「爲禮不敬。」知威儀包括在内。又云

「宜在我」，則兼誼訓。是董於義，誼不分，許兼采之耳。本傳：「正其誼不謀其利。」誼，原當作義，今本蓋班氏所改。

墨子皆以兼愛無我，其書「義」俱作義。（見說文。今本多改从我。）而本旨湮矣。王應麟引劉原父云：「仁字从人，義字

从我，豈造文之意耶？　愚謂告子仁内義外之說，孟子非之。若以人我分仁義，是仁外義内，其流爲兼愛、爲我矣。」（困

學紀聞八。）　　與案：兼愛與泛愛，正我與爲我，截然不同。兼愛者無等，泛愛者能容。正我者自克，爲我者自私，不

可混淆。且孔子告樊遲之問仁也，曰：「愛人。」何嫌於仁外乎？（謝上蔡不欲以愛爲仁，蓋溺佛氏割愛之弊。故云儒

之仁，佛之覺。）又曰：「義以爲質。」何嫌於義内乎？劉王愼，似爲未達。**仁之於人，義之與我者，不可不**

察也。衆人不察，乃反以仁自裕，而以義設人。桓十一年傳何注：「設，施也。」莊子山木篇「子何術之

設」，與此「設」字義同。**詭其處而逆其理，鮮不亂矣。**孔子曰：「躬自厚而薄責於人。」易以乾自強，以坤容

物，竝古聖賢處己治世之方。○天啟本句末注云：「一作必亂。」**是故人莫欲亂，而大抵常亂。凡以闇於**

人我之分，而不省仁義之所在也。是故春秋爲仁義法。仁之法在愛人，不在愛我。○天啟

本作我愛。**義之法在正我，不在正人。**襄九年「宋災」，傳：「内不言火者，甚之也。」何注：「春秋以内爲天下**

法，動作當先自克責，故小有火如大有災。』哀十三年傳〔一〕『譏二名』何注〔二〕：『復就晉見者，明先自正而後正人，正人將先正大以帥小。』昭二十五年注：『子家駒先説正法，下引時事以諫者，欲使昭公先自正以正季氏。』案：莊子則陽篇：『柏矩曰：「古之君人者，以得爲在民，以失爲在己。」』以正爲在民，以枉爲在己〔三〕亦此義。

我不自正，雖能正人，弗予爲義。人不被其愛，雖厚自愛，不予爲仁。○官本云：「愛，他本作澤。」昔者晉靈公殺膳宰以淑飲食，彈大夫以娛其意，非不厚自愛也，然而不得爲淑人者，不愛人也。質於愛民，以下至於鳥獸昆蟲莫不愛。不愛，奚足謂仁？ 質，實也。言實心愛民，不遺庶物，蓋聖人之仁博矣。始於自愛，推於愛人，極於愛物，此春秋之志也。程子云：「至仁則天地爲一身，而天地之間，品物萬形，爲四肢百體，夫人豈有視四肢百體而不愛者哉？聖人仁之至者也，獨能體是心而已，曷嘗支離多端，求之自外乎？醫書有以手足風頑謂之四體不仁，爲其疾痛不以累其心故也。夫手足在我，而疾痛不與知焉，非不仁而何？」聖祖庭訓格言曰：「仁者無不愛，凡愛人愛物皆愛也。故其所愛甚深，所及甚廣。」與董義相發。○官本云：「他本闕『不愛』二字。奚，作其，謂，作爲。」案：「不愛奚足謂仁」，天啟本作「方足謂仁」。

仁者，愛人之名也。巂，傳無大之辭。自爲追，盧云：「當有也字。僖二十六年。『齊人侵我西鄙，公追齊師至巂，弗及。』『公追戎於濟西。』傳曰：『大其爲中國追也。』又曰：『大其未至而豫禦之也。』今案：此亦當有『公追戎於濟西』六字，方可接下文。又『巂』舊本作鄙，與左氏同。今從公羊去邑。」興案：自爲追，指濟西言，盧說是。但當合「則善」爲

〔一〕「傳」字，原誤「注」，據公羊傳改。

〔二〕「何注」，據公羊傳何注補。

句，不當有也字，不加六字似亦可通。○凌云：「原注：追，亦作近。」官本云：「傳，他本誤作得。」盧云：「兩『美』字俱當作大。」○天啟本「備」下注云：「一作衛。」

也。 兵已加焉，乃往救之，則弗美。謂儁之役。 未至豫備之，則美之，謂濟西之役。 則善其所恤遠

善其救害之先也。 夫救蚤而先之，則害無蚤，疑作害。由起，而天下無害矣。 然則觀物之動，而先覺其萌，絕亂塞害於將然而未形之時，春秋之志也，易惕履霜，詩歌未雨，皆斯志矣。荀子大略篇：「天子即位，中卿進曰：『配天而有下土者，先事慮事謂之接，接則事優成。先患慮患謂之豫，豫則禍不生。事至而後慮者謂之後，後則事不舉。患至而後慮者謂之困，困則禍不可禦。』授天子二策。」白虎通諫諍篇：「諷諫者，智也。知禍患之萌，深睹其事未彰而諷告焉，此智之性也。」○各本「春秋之志也」上衍「春秋之時」四字。今從天啟本、凌本刪。形，凌本作行。

其明至矣。○官本云：「他本『至』作智。」非堯舜之智，知禮之本，孰能當此？ 禮之本起於別嫌疑，謹纖微。故妨患未形，智之至也。

故救害而先知之，明也。 公之所恤遠，而春秋美之。○盧本「而」作如，字同。今從官本。 詳其美恤遠之意，則天地之間然後快其仁矣。 智精於妙微，而仁快於及遠，所以體天地覆幬之德也。

非三王之德，選賢之精，孰能如此？ 言仁而推極於豫除患害，深微之論。 是以知明先，句。 以仁厚遠。○官本下「以」字作而。

故王者 遠而愈賢，近而愈不肖者，愛也。 愛之為道，愈遠則愈賢，愈近則愈不肖，言廣狹之異。

愛及四夷，隱二年何注：「王者不治夷狄。」桓三年注：「後治夷狄。」白虎通禮樂篇：「聖人不治外國，王者制夷狄樂，不制夷狄禮。」雖然以天地之仁推暨之，固在愛育中矣。 霸者愛及諸侯，安者愛及封內，危者愛及旁側，謂左右密邇之人。 亡者愛及獨身。 獨身者，雖立天子諸侯之位，一夫之人耳，無臣民之用

矣。○民，天啟本注云：「一作人。」興案：依本書例當作民臣。如此者，莫之亡而自亡也。春秋不言伐梁者，而言梁亡，蓋愛獨及其身者也。虐民自裕，故曰愛獨身。此其法也。義云者，非謂正人，謂正我。猶枉君。雖有亂世枉上，莫不欲正人。奚謂義？

昔者楚靈王討陳蔡之賊，齊桓公執袁濤塗之罪，非不能正人也，然而春秋弗予，不得為義者，我不正也。僖四年傳：「陳人不欲其反由己者，師不正故也。」五行志：「僖五年日食，仲舒以為齊桓不內自正，而外執陳大夫。」不以義辭予之。○官本云：「楚，他本作陳。」以其身不正也。潞子之於諸侯，無所能正，而春秋奪之義辭，其身正也，○宣十五〔二〕年傳：「潞子之為善也，躬足以亡爾。雖然，君子不可不記也。」疑本作「趨利而已」，語當在「以其身不正也」下。離乎夷狄，而未能合乎中國。趨而利也。盧云：「本或無此四字。」興案：天啟本作「趨利而也」。利而為之耳。

故曰義在正我，不在正人，此其法也。夫我無之求諸人，○黃氏日鈔「求」上有而字。晏子問上論佞人之行云：「有之己不難非之人，無之己不難求之人。」潛夫論交際篇：「凡品則不然，論人不恕己，動作不思心，無之己而責之人，有之〔三〕而誹之彼。」○盧云：「誹，本亦作非，下同。」興案：黃氏日鈔作非。天啟本注云：「誹，一作非，字並通。」我有之而誹諸人，人之所不能受也。其理逆矣，何可謂義？義者，

〔二〕「十五」，原誤「十六」，據公羊傳宣公十五年改。
〔三〕「我」字，原作「己」，據潛夫論改。

謂宜在我者。○官本云：「他本『謂』誤作得。」宜在我者，而後可以稱義。〈中庸：「義者，宜也。」祭義：

「義者，宜此者也。」〉案：義有制事之宜，有治身之宜。孟子以仁爲親親，義爲敬長，急君，從兄。（董則並歸於仁。）

又云：「非其有而取之，非義。」此制事之宜也。其以羞惡之端爲義，則治心之宜所以治身也。書傳所說，多主制事，宋

儒本之。然朱子注孟子云：「義，心之制，事之宜。」似兼用二義。其實治心得宜，而後可以制事，理未嘗不通也。董

專言其本。故言義者，合我與宜，以爲一言。以此操之，義之爲言我也。○官本云：「他本無『之』

字。」故曰有爲而得義者，謂之自得，有爲而失義者，謂之自失。人好義者，謂之自好；人

不好義者，謂之不自好。以此參之，義，我也，明矣。是義與仁殊。仁謂往，義謂來，施諸外

故曰往，責諸己故曰來。仁往義來，又見十指篇。管子小稱篇：「明王往喜，民來懼身。桀紂往怒，民來驕身。」正與此

「來」「往」義同。仁大遠，義大近。愛在人謂之仁，義在我謂之義。上「義」字疑作宜。仁主人，義

主我也。故曰仁者人也，義者我也，此之謂也。君子求仁義之別，以紀人我之間，淮南高

注：「紀，節也。」然後辨乎內外之分，而著於順逆之處也。是故內治反理以正身，反之義理，以正

其身。據禮以勸福。廣雅釋詁：「勸，助也。」○天啟本「禮」作祂，注云：「一作禮。」「福」下注云：「一作贍。」外

治推恩以廣施，寬制以容衆。孔子謂冉子曰：○天啟本無「曰」字。「治民者先富之，而後加

教。」語樊遲曰：「治身者，先難後獲。」以此之謂治身之與治民，所先後者不同焉矣。詩

曰：「飲之食之，教之誨之。」先飲食而後教誨，謂治人也。〈荀子大略篇：「不富無以養民情，不教無

以理民性。故家五畝宅，百畝田，勿奪其時，所以富之也。立大學，設庠序，修六禮，明十教，所以道之也。詩云：『飲之

食之，教之誨之。」「王事具矣。」此引詩以證先富後教，義與〔誾〕同。又曰：「坎坎伐輻，彼君子兮，不素餐

〔一〕凌本無此句。

兮。」先其事，後其食，謂治身也。餐，疑當作食。此引詩第二章。○天啟本「謂」下有之字，凌本同。春秋

刺上之過，而矜下之苦，小惡在外弗舉，在我書而誹之。隱十年傳：「春秋錄內而略外，於外大惡書，

小惡不書。於內大惡諱，小惡書。」何注：「於內大惡諱者，明王者起，當先自正，內無大惡，然後乃可治諸

夏大惡。內小惡書，外小惡不書者，內有小惡，適可治諸夏大惡，未可治諸夏小惡。明當先自正然後正人。」中論修本

篇：「孔子之制春秋也，詳內而略外，急己而寬人。故於魯也，小惡必書，於衆國也，大惡始筆。夫見人而不自見者謂之

矇，聞人而不自聞者謂之聵，慮人而不自慮者謂之瞀。故明莫大乎自見，聰莫大乎自聞，睿莫大乎自慮。」○天啟本注

云：「誹」一作非。」凡此六者，俞云：「六字衍。」以仁治人。義治我，躬自厚而薄責於外，此之謂

也。隱二年注：「所傳聞之世，外離會不書，書內離會者，春秋王魯，明當先自持正，躬自厚而薄責於人，故略外也。」僖二十七年「公子遂帥師入

杞」注：「日者，杞屬修禮朝魯，雖無禮，君子躬自厚而薄責於人，不當乃入之，故錄責之。」且論已見之，而人不

察，論謂論語。張禹合考魯論、齊論、號張侯論。（見隋志）何晏序論語集解，稱古論、新論。是論語但稱論也。論衡

正說篇：「孔子孫孔安國以教魯人扶卿，始曰論語。」又見必仁且智篇。曰君子攻其惡，不攻人之惡。今論語

「不」作無。不攻人之惡〔二〕，非仁之寬與？自攻其惡，非義之全與？此謂之仁造人，義造

我，何以異乎？故自稱其惡謂之情，情，猶實也。宣十五年傳：「是何子之情也？」墨子非攻篇：「情不知其不義也，故書其言以遺後世，謂實不知不義也。」莊子天道篇：「此仁義之情也，謂此仁義之實也。」荀子法行篇：「瑕適竝見，情也。」竝與此義同。稱人之惡謂之賊，求諸己謂之厚，求諸人謂之薄；自責以備謂之明，責人以備謂之惑。學者知此，可以自淑，可以涉世。呂覽舉難篇：「故君子責人則以人，(當作仁。)自責則以義。責人以人(當作仁。)則易足，易足則得人，自責以義則難爲非，難爲非則行飾，故任天地而有餘。不肖者則不然，責人則以義，自責則以人。(當作仁。)責人以義則難贍，難贍則失親，自責以人(當作仁。)則易爲，易爲則行苟，故天下之大而不容也。此桀、紂、幽、厲之行也。」是故以自治之節治人，是居上不寬也；以治人之度自治，是爲禮不敬也。釋論語極精，正我而歸本於禮，可見董所得絕高。國語周語：「行禮不疾，義也。」爲禮不敬，則傷行而民弗尊。○天啟本「弗」作不，凌本同。居上不寬，則傷厚而民弗親。弗親則弗信，弗尊則弗敬。二端之政詭於上，而僻行之則詭於下，盧云：「『而僻行』以下八字，趙疑當作『則非僻之行口於下』。」興案：或是「而非僻之行則於下」胡思敬云：「上有僻行，民則而法之，所以爲世論所誹。」不倒字亦通。○官本「政詭」作正侂，云：「他本作政詭。」仁義之處可無論乎？言處己涉人，不可誤施，宜究圖也。夫目不視弗見，心弗論不得。○孫詒讓云：「論，黃氏日鈔引作慮，義較長。」興案：日鈔引下文仍作論。雖有天下之至味，弗嚼弗知其旨也；雖有聖人之至道，弗論不知其義也。韓詩外傳：「雖有旨酒嘉殽，不嘗不知其旨。雖有善道，不學不達其功。故學然後知不足，教然後知不究。」又見禮學記篇。

二五○

必仁且智第三十

前篇以仁配義，以體言。此篇以仁配智，以用言。

莫近於仁，莫急於智。凌云：「淮南子：『凡人之性，莫貴於仁，莫急於智。仁以爲質，智以行之。』」不

仁而有勇力材能，則狂而操利兵也；淮南子：『凡人之性，莫貴於仁，莫急於智。仁以爲質，智以行之。』」不○天啟本「材」作財，注云：「一作材。」不智而辯慧獧給，則迷

而乘良馬也。呂覽仲冬紀：「辯而不當論，信而不當理，勇而不當義，法而不當務，惑而乘驥也，狂而操吳干將也。

大亂天下者，必此四者也。」淮南主術訓：「故不仁而有勇力果敢，則狂而操利劍；不智而辯慧獧給，則棄驥而不式。」

故不仁不智而有材能，將以其材能以輔其邪狂之心，而贊其僻違之行，盧云：「次『以』字衍。邪

狂，疑當作邪枉。」適足以大其非而甚其惡耳。荀子儒效篇：「故人無師無法而知，則必爲盜，勇則必爲賊，云

能則必爲亂，察則必爲怪，辨則必爲誕。」與此可參證。其強足以覆過，其禦足以犯詐，詩云「不畏強禦」，據此

則強與禦別。禦，與「禦人以口給」之「禦」同。孔疏「強梁禦善」，亦以二字分疏。家語始誅篇：「其談說足以飾褒瑩

衆，其強禦足以返是獨立，此乃人之姦雄者也。」其慧足以惑愚，其辨足以飾非，其堅足以斷辟，辟，法也。

斷辟，謂破壞法紀。其嚴足以拒諫。此非無材能也，其施之不當而處之不義也。有否心者，不

可藉便埶，其質愚者，不與利器。淮南主術訓：「故有野心者，不可借便埶，有愚質者，不可與利器。」論之

所謂不知人也者，恐不知別此等也。論語：「不知言，無以知人也。」仁而不智，則愛而不別也；論

智而不仁，則知而不爲也。知其善而無惻惻之意以行之，故云「知而不爲」。故仁者所以愛人類也，淮

南主術訓:「徧愛羣生而不愛人類,不可謂仁。」 案:類所以爲界限也。就內外言之,則有族類之異;就天地言之,惟有物類人類之異。以仁愛類,以智除害。除害亦所以愛人也。

智者所以除其害也。

何謂仁? 仁者憯怛愛人,(禮表記:「中心憯怛,愛人之仁也。」白虎通性情篇:「仁者謂其中心欣然愛人也。」中庸:「肫肫其仁」鄭注:「肫肫,懇誠貌。」案:憯怛,即懇誠之意。論語:「樊遲問仁,子曰:『愛人。』」朱子云:「仁者,愛之理,心之德。」朱訓專以體言。韓非解老篇云:「仁者謂其中心欣然愛人也。」此誼前於董,極爲精粹。在莊子天道(一)篇:「孔子曰:『中心物愷,兼愛無私(二)。』此仁義之情也。」莊所引亦「仁」字真際,而仁義不分晰。○在宥篇引夫子語:「愛人利物謂之仁。」卻與董合。義又見前。○天啟本「憯怛」作惻怛。)**謹翕不爭,**(翕,合也。言與物以和。)**好惡敦倫,**(仁者不能有好而無惡,但各得其正,無所偏僻,斯厚於倫類矣。)**無傷惡之心,無隱忌之志,無嫉妬之氣,無感愁之欲,無險詖之事,無辟違之行。 故其心舒,**(○舒,天啟本注云:「一作……」)**其志平,其氣和,其欲節,其事易,其行道,**(依道而行。)**故能平易和理而無爭也。 如此者謂之仁。**(說「仁」字義最博,後儒所釋,不能外此。)

何謂之智? 先言而後當。凡人欲舍行爲,皆以其智先規而後爲之。(先知後行。故程子曰:「未能知,說甚行?」雖然,所知有是有非,故又必先有辨別之功。)**其規是者,其所爲得,其所事當,其**

(一)「道」原作「地」。案:此引文見天道篇。

(二)「私」原作「施」,據天道篇改。

行遂，其名榮，其身故利而無患，福及子孫，德加萬民，湯武是也。其規非非者，其所爲不

得〔一〕，其所〔二〕事不當，其行不遂，其名辱，害及其身，絕世無復，殘類滅宗亡

國是也。俞云：「『是也』上當有桀紂二字。」故曰莫急於智。智者見禍福遠，其知利害蚤，物動而

知其化，事興而知其歸，見始而知其終，言之而無敢譁，立之而不可廢，取之而不可舍，前

後不相悖，終始有類，思之而有復，左昭五年傳：「叔向云：『敬始思終，終無不復。』」及之而不可厭。

其言寡而足，約而喻，簡而達，省而具，少而不可益，多而不可損。其動中倫，○倫，天啟本注

云：「一作禮。」其言當務。如是者謂之智。

其大略之類，○天啟本不提行，凌本同。天地之物有不常之變者，謂之異，不常，猶非常。釋名釋

天：「異者，異於常也。」小者謂之災。災常先至而異乃隨之。災者，天之譴也；異者，天之威

也。譴之而不知，乃畏之以威。詩云：「畏天之威。」殆此謂也。韓詩外傳三兩引此詩，外傳八一

引此詩，凡三見。一、文王因地動而謹飾，二、殷湯見共穀而齊戒，三、晉君因梁山崩，素服率群臣而哭。並以畏威爲畏

災異。凡災異之本，盡生於國家之失。國家之失乃始萌芽，而天出災害以譴告之，胡思敬

云：「乃始，疑作方始。」○官本云：「他本闕下『國家之失』四字。」譴告之而不知變，乃見怪異以驚駭之，

〔一〕「不得」下，凌本、叢刊本有「其事」二字。

〔二〕「所」字，凌本、叢刊本無。

驚駭之尚不知畏恐，其殃咎乃至。以此見天意之仁而不欲陷〔一〕人也。對冊云：「國家將有失

道之敗〔二〕，而天〔三〕乃先出災害以譴告之；不知自省，又出怪異以警懼之；尚不知變，傷敗乃至〔四〕。以此見天心之

仁愛人君而欲止其亂也。」孔光傳疏云：「臣聞師曰：天右與王者，故災異數見，以譴告之，欲其改更。若不畏懼，有以

塞除，而輕忽簡誣，則凶罰加焉，其至可必。」詩曰『敬之敬之，天惟顯思，命不易哉！』又曰：『畏天之威，於時保之。』

皆謂不懼者凶懼之則吉也。」谷永傳：「天之於王者，如君之於臣，父之於子也。誠以災妖，使從福祥。畏懼敬戒，則禍銷福降；忽

然簡易，則咎罰不除。」後漢皇甫規傳：「天之於王者，皇天所以譴告人君過失，猶嚴父之明誡。畏懼敬戒，則禍銷福降，忽

同。白虎通災變篇：「災異者何謂也？」春秋潛潭巴曰：『災之言傷也，隨事而誅；異之言怪也，先發感動之也。』」又

云：「天所以有災變何？所以譴告人君，覺悟其行，欲令悔過修德，深思慮也。」〇天啟本無「之仁」下十六字。凌本

〔殃〕作殆。　謹案災異以見天意。天意有欲也，有不欲也。所欲所不欲者，人內以自省，宜有

懲於心；外以觀其事，宜有驗於國。故見天意者之於災異也，畏之而不惡也，以為天欲振

吾過，救吾失，故以此報我也。國語注：『振，救也。』史記蒙恬傳：『過可振而諫可覺。』荀子堯問篇：「天使

夫子振寡人之過也。」〇盧云：「報，舊本作救，訛。」春秋之法，上變古易常，應是而有天災者，謂幸國。

〔一〕「陷」字，凌本作「害」。

〔二〕「敗」字，原作「變」，據漢書董仲舒傳改。

〔三〕「天」字，據董仲舒傳補。

〔四〕「傷敗乃至」，原作「乃傷敗至」，據董仲舒傳乙正。

宣十五年傳：「蝝生不書，此何以書？幸之也。上變古易常，應是而有天災，其諸則宜於此焉變矣。」何注：「言宣公於

此天災饑後，能受過變寤，明年復古行中，冬大有年，其功美，過於無災。故君子深爲喜而僥倖之。」孔子曰：「天

之所幸，有爲不善而屢極。」盧云：「文似不了。」蘇輿案：疑奪「其罪」二字，下當更有奪文。楚莊王以

天不見災，地不見孽，○盧云：「『楚莊王以』四字，舊本作『且莊王曰』，訛，今改正。」則禱之於山川，曰：

「天其將亡予邪？○說苑君道篇作「天其將忘予與」。不說吾過，極吾罪也，」以此觀之，天災之

應過而至也，異之顯明可畏也。此乃天之所欲救也，春秋之所獨幸也，莊王所以禱而請

也。聖主賢君尚樂受忠臣之諫，而況受天譴也？也，與邪同。後漢明帝永平三年詔曰：「昔

天不譴告也。」陳蕃疏云：「昔春秋之末，周室衰微，數十年間，無復災眚者，天所棄也。」春秋感精符云：「魯哀政亂，絕無日食，

楚無災，天不譴告。今之勞變，倘尚可救。」並用此義。董生高廟園災對云：「季氏亡道久矣。」

前是天不見災者，魯未有聖賢臣，雖欲去季氏，其力不能，昭公是也。至定乃見之，其時可也。不待不見，天之道也。」

立詞微異。其有政善而災異見者，本書煖燠孰多篇所謂「禹水湯旱，爲適遭之變」是也。論衡明雩篇：「德豐政得，災

猶至者，無妄也。德衰政失，變應至者，政治也。」亦有政亂而禎祥見者，寅武疏云：「間者有嘉禾、芝草、黃龍之見，夫瑞

生必於嘉士，福至則由善人。在德爲瑞，無德爲災。陛下所行，不合天意，不宜稱慶。」漢儒好言災異，必兼此數義乃通

夫災異之說，委曲傅會如此，在先哲非不知其然也，然而尊君之義已定，以民豈折之，則嫌於不順，以天臨之，則不嫌於

逆，要在儆戒人主而已。張禹說成帝無信災異之說，於是惕懼意弛，而王氏遂張。王安石毀春秋，倡天變不足畏之說，

而熙寧新政爲世詬病。（熙寧八年，交趾入寇，彗星見，安石自作勅榜有云：「天示助順，已兆布新之象。」亦未始不言

天。至南渡以後，汪澈以雷雨疏請備金，洪适以霖雨乞罷。孝宗隆興三年且以郊祀而雷，用漢制罷葉顒魏杞相，蓋已不

用安石説。）有明徵矣。荀子天論篇云：「夫日月之有蝕，風雨之不時〔一〕，怪星之黨見，是無世而不常有之。上明而政平，則是雖並〔二〕世起，無傷也。上闇而政險，則是雖無一至者，無益也。物之已至者，人祅則可畏也。」荀歸重人祅，與漢儒説可相輔。韓詩外傳與荀同。錢云：「後一段疑本在三端篇，脱在此。」

〔一〕「時」字，原作「明」，據荀子改。

〔二〕「並」字原脱，據荀子補。

身之養重於義第三十一

一頁禹疏言：「武帝時亡義而有財者顯于世，欺謾而善書者尊于朝，俗皆曰：『何以孝弟爲？多財而光榮。何以禮義爲？史書而仕宦。』謂居官而置富者爲雄桀，處奸而得利者爲壯士。兄勸其弟，父勉其子，俗之壞敗，迺至于是。」故董子痛切言之。胡思敬云：「此篇與孟子『養其小體爲小人，養其大體爲大人』相發明。」○黃氏曰鈔「重」上有莫字。

天之生人也，使人生義與利。○盧云：「使人，本或作使之。」利以養其體，義以養其心。宋程子言「義理養心」，本此。孟子曰：「義理之說我心，猶芻豢之說我口。」心不得義不能樂，體不得利不能安。義者心之養也，利者體之養也。體莫貴於心，故養莫重於義，義之養生人大於利。○天啟本有矣字，凌本同。奚以知之？○天啟本「奚」作何，凌本同。今人大有義而甚無利，○凌

而不安也。君子爲道，非徒自苦，固有利用安身之術。正義不謀利，士夫之所自飭。富貴利達，營求同於妾婦，君子恥之，以其擾擾

本，「大有」倒。

雖貧與賤，尚榮其行，以自好而樂生，原憲、曾、閔之屬是也。〔新語•本行篇：「賤而好德者尊，貧而有義者榮。」列女傳：「齊相御妻曰：『吾聞寧榮於義而賤，不虛驕以貴。』潛夫論•論榮篇：「幽厲之貴，天子也，而富有四海。」顏原之賤，匹庶也，而凍餒屢空。論若必以位，則是兩王爲世士，而二處爲愚陋也。故曰仁重而勢輕，位蔑而義榮。」〇盧云：「榮，俗本多作容，錢據計臺本校正。」疑當有且貴二字。〕則羞辱大惡。惡深，禍患重，〔胡思敬云：「上惡字疑怨之誤。」〕〇天啓本作折夭。

憂爾，〔盧云：「數語疑有脫字。」〕莫能以樂生而終其身，刑戮夭折之民是也。〔〇天啓本「能」在「雖」上。注云：「人，一作民。」〕而大無義者，雖富莫能自存。夫人有義者，雖貧能自樂也。〔官本云：「他本作無大。」〕吾以此實義之養生人，大於利而厚於財也。〔實，猶驗也。〕

〇天啓本「能」作「雖」上。

董仲舒之才之劭也，使見善不明，用心不剛，儔克爾？〔司馬光注云：「仲舒云：『皇皇求財利，常恐乏匱者，庶人之意也。皇皇求仁義，常恐不能化民者，大夫之意也。』此所以爲高。『儔克爾』，誰能如此舍利而取義也。」朱子語類亦云：「『利』字與功利微別。」宋玉九辨云：「獨耿介而不隨兮，願慕先生之遺教。處濁世而顯榮兮，非予心之所樂。與其無義而有名兮，寧窮處而守高。食不媮而爲飽兮，衣不苟而爲溫。竊慕詩人之遺風兮，願託志而素餐。」于董子之旨，庶乎近之。〕

民不能知而常反之，皆忘義而殉利，去理而走邪，以賊其身而禍其家。〔〇黃氏日鈔「賊」作賤。〕今握棗與錯金，以示嬰兒，嬰兒必取棗而不取金也。〔凌云：「以金銀飾物曰錯。食貨志有錯刀，直一千。契刀無鐶，而錯刀用金鏤之，故名錯也。」〇各本不疊「嬰兒」字，據黃氏日鈔引補。〕則其知之所不能明也。〔興案：此「利」字與功利關不透耳。〕〇天啓本作折夭。

〇天啓本作折夭。

非立死其罪者，即旋傷殃也。〔揚子脩身篇：「公儀、休相魯，而嗜魚，一國獻之，不受。弟子曰：『夫子嗜魚而不受者，何也？』曰：『夫唯嗜魚，故不受也。夫即受魚，必有下人之色，有下人之色，將枉於法，枉於法則免於相，雖嗜魚，其誰能給之？』」此其知之所不能明也。〇黃氏日鈔「賊」作賤。〕

此非其自爲計不忠也，

握一斤金與千萬之珠，以示野人，野人必取金而不取珠也。盧云：「千萬之珠，謂其價值千萬也。本或無『之』字者非。」故物之於人，小者易知也，其於〔一〕大者難見也。呂覽孟冬紀：「今以百金與摶黍〔二〕以示兒子，兒子必取摶黍矣。以龢氏之璧與百金以示鄙人，鄙人必取百金矣。以龢氏之璧、道德之至言以示賢者，賢者必取至言矣。其知彌精，其所取彌精；其知彌觕，其所取彌觕。○黃氏曰鈔「見」作知。義之於人大者，者，字疑衍。日鈔無。無怪民之皆趨利而不趨義也，固其所闇也。今利之於人小而闇，故民不陷。詩云：「示我顯德行。」此之謂也。韓詩外傳載魯有父子訟，孔子止康子殺，亦引此詩。

喻于義，小人喻于利。」以其所見之大小異也。君子謂士夫，小人謂民。士夫而民行則小矣。潛夫論遏利篇：「知利之可娛己也，不知其積而必有禍也。前人以病，後人以競，庶民之愚，而衰闇之至也。」聖人事明義，以照耀其所聞之，使民心晰焉而知之，則道不迷而民志不惑矣。詩曰：『示我顯德行。』」輿案：南山詩云：「四方是維，天子是庳，俾民不迷」亦此義。○說郛載詩緯氾厤樞「聖人事明義」云云，與此文同。詩云「示我顯德行。」之以為詩，詩敬之鄭箋云：「示道我以顯明之德行。」是詩以為成王望羣臣示之以顯德行。此云「顯德行以示民，民歌之為詩」，蓋令文說。說而化之以為俗。故不令而自行，不禁而自止，從上之意，不待使之，若

先王顯德以示民，民樂而歌

〔一〕「於」字，凌本無。

〔二〕「摶黍」，原誤「摶黍」，據呂氏春秋孟冬紀異寶篇改。

德行與不示爾。

自然矣。故曰：聖人天地動、四時化者，非有他也，其見義大故能動，○天啟本作大義，凌本同。動故能化，化故能大行，化大行故法不犯，法不犯故刑不用，刑不用則堯舜之功德。此大治之道也，功德慕堯舜，法度守文王，春秋志也。論衡儒增篇：「儒書稱堯舜之德至優至大，天下太平。」先聖傳授而復也。所謂先聖後聖同揆。故孔子曰：「誰能出不由戶，何莫由斯道也。」凌云：「出，謂出室也。凡宮室之制，外爲堂，內爲室。室之南壁、東爲戶，西爲牖。凡所以通出入者，堂前則有門，堂後則有闈，入者以向室爲至，故或不由門。出者以室爲始，故不能不由戶。」今不示顯德行，民闇於義，不能炤，迷於道不能解，因欲大嚴憯以必正之，謂齊以刑法。直殘賊天民而薄主德耳，其勢不行。老子云：「古之善爲道者，非以明民，將以愚之。」其流遂爲商韓慘刻矣。仲尼曰：「國有道，雖加刑，無刑也。無可刑之人。○官本云：「他本『也』字在『無』字上。」國無道，雖殺之，不可勝也。」其所謂有道無道者，示之以顯

對膠西王越大夫不得爲仁第三十二 盧云：「本傳作江都王。」

命令相曰： 盧云：「命令疑是令問。」 輿案：本傳，天子以仲舒爲江都相，事易王。 大夫蠡、大夫種，范蠡見越世家注。吳越春秋引高誘注：「大夫文種字會楚，鄹人。」今呂覽高注誤作鄹人。王應麟黃震皆沿其誤，

全祖望有辨。

大夫庸、即本傳及吳越春秋之泄庸、國語吳語之舌庸、漢紀及人表之后庸。大夫皋、大夫車成，

盧云：「皋，即皋字。謂皋如也。車成即苦成。」興案：皋如苦成，竝見吳語。潛夫論志氏姓篇云：「苦成，城名也，在鹽城東北。後人書之或爲枯，齊人聞其音，則書之曰庫成。燉煌見其字，呼之曰車成。其在漢陽者，不喜枯苦[一]之字，則更書之曰古成氏。」然則車、苦古音本近。

卒爲霸主。范蠡去之，越世家：「當是時，越兵橫行于江淮東，諸侯畢賀，號稱霸主。范蠡遂去。」越種死之。越世家：「或讒種且作亂，越王乃賜種劍曰：『子教寡人伐吳七術，寡人用其三而敗吳。其四在子，子爲我從先王試之。』種遂自殺。」越王與此五大夫謀伐吳，遂滅之，雪會稽之恥，○盧云：「本傳以泄庸、種、蠡三人，未必即以三仁屬之。當據此訂正顏注之失，否則皋與車成皆五大夫，何獨遺耶？興案：此以一去、一死，與越王雪恥爲三仁。本傳雖引泄庸、種、蠡三人，與種蠡同爲三仁。寡人以此二大夫者爲皆賢。孔子曰：「殷有三仁。」今以越王之賢，與蠡種之能，○天啟本「以」作有，凌本同。此三人者，寡人亦以爲越有三仁。其於君何如？桓公決疑於管仲，寡人決疑於君。」仲舒伏地再拜對曰：「仲舒智褊而學淺，不足以決之。雖然，王有問於臣，臣不敢不悉以對，禮也。○盧云：「王，舊本訛作主。案春秋時大夫稱主，仲舒必不對王稱主。」臣仲舒聞，昔者魯君問於柳下惠曰：『我欲攻齊，何如[三]？』柳下惠對曰：『不可。』退而有憂色，曰：『吾聞之也，謀伐國

（一）「苦」字，原誤「古」，據潛夫論改。

（三）「何如」，凌本作「如何」。

者，不問於仁人也。此何爲至於我？』此下當有言字。本傳作：「吾聞伐國不問仁人，此言何爲至於我哉？」但見問而尚羞之，而況乃與爲詐以伐吳乎？ 其不宜明矣。爲詐，猶設詐。○官本云：「他本『爲詐』作詐僞。」以此觀之，越本無一仁，而安得三仁？ 仁人者正其道不謀其利，修其理不急其功，本傳作：「正其誼不謀其利，明其道不計其功」。黃氏日鈔引此同本傳。朱子易本義釋復之六四引此二語。又語類問正其義者：「凡處此一事，但當處置使合宜，而不可有計後日功效之心。正義不謀利，在處事之先。明道不計功，在處事之後。明道不計功，則處此事便合義，是乃所以爲明其道，而不可有計後日功效之心。正義不謀利，在處事之先。明道不計功，在處事之後。如此看可否？曰：恁地說也得。他本是合掌說，看來也須微有先後之序。」興案：據此文正其道是體，修其理是用，先後之序顯然。修與循同。謂行事循理之所當然，不急急見功也。致無爲而習俗大化，可謂仁聖矣。○黃氏日鈔引「人」上有其字。三王是也。春秋之義，貴信而賤詐。詐人而勝之，雖有功，君子弗爲也。是以仲尼之門，五尺之童子，言羞稱五伯。〔一〕言五尺也。大戴禮主言篇〔二〕：「布指知寸，布手知尺，舒肘知尋。」古者側手鋪指，一指廣寸，五尺當今之二尺五寸耳。故成人曰丈夫，童子曰五尺。白虎通號篇：「五霸有三說：一爲昆吾、大彭、豕韋、齊桓、晉文，一爲齊桓、晉文、秦穆、楚莊、吳闔廬，（又見漢諸侯王表注。）一爲齊桓、晉文、秦穆、宋襄、楚莊。」案：董用公羊，當是主第三說，蓋皆見褒於傳者。荀子言五伯，則以爲齊桓、晉文、楚莊、吳闔廬、越句踐。此雖因越事言之，然句踐在仲尼後，知董意不然也。爲其詐以成功，苟爲而已也，本傳作「爲其先詐力而後仁義

〔一〕「尺」字下，凌本、盧本、叢刊本有「之」字。
〔二〕「主言篇」，原誤「王言篇」，據大戴禮記改。

也」。〇凌本「也」作矣。故不足稱於大君子之門。本傳注：「張晏曰：『仲尼之門，故稱大也。』」劉向校上荀子敍云：「孟子、孫卿、董先生皆小五伯，以爲仲尼之門，五尺童子，皆羞稱五伯。」五伯者，比於他諸侯爲賢者，者，字疑衍。比於仁賢，何賢之有？〇盧云：「仁賢，本或作聖賢。」輿案：天啟本作聖賢。本傳作「其比三王」。據上文當是仁聖。譬猶珷玞比於美玉也。盧云：「珷玞，漢書作武夫。」凌云：「山海經：會稽之上多珉石。郭注：武砆，石似玉。今長沙臨湖縣出之，青地白文，色葱籠不分了也。」臣仲舒伏地再拜以聞。」

觀德第三十三

天地者，萬物之本，先祖之所出也。荀子禮論篇：「天地者，生之本也」；先祖者，類之本也。」對冊云：「天者羣物之祖也。故徧覆包函，而無所殊。」案：大傳：「王者禘其祖之所由出。」鄭云：「大祭其先祖所由生，謂郊祀天也。」又馬融注書「文祖」云：「文祖，天也，天爲文萬物之祖。」蓋本此義。古者享帝與享親立重。享帝則知天地萬物皆吾一體，春秋所以治人物而推及山川草木昆蟲也。享親則知吾形體所自來，聖人所以敬祖親親，由一身而推及九族、百姓、萬國也。孔子曰：「志在春秋，行在孝經。」孝經所以立天下之大本，春秋所以經天下之大經。（本鄭注。）孝經原於親，春秋原於天，皆所以廣治也。墨子知天而不知祖，故愛無差等，而眾生平等之說，蔓延於今，且以家族之義爲私矣。董子兩明其義，所爲得聖人之純也。又見順命及爲人者天篇。廣大無極，其德昭明，〇天啟本

「昭」作炤,凌本同。

〔興案:〕作「知」是。天之明所以辨別衆類。

「知」,本或作之。」

歷年衆多,永永無疆。天出至明,〔天啓本注云:「一作炤。」盧云:〕衆知類也,〔盧云:

君臣、父子、夫婦之道取之此。其伏無不炤也。地出至晦,星日爲明,不

敢闇。臣道、子道、婦道,皆地道也。爲人君、父、夫所器使,雖居陰闇之地,

而不敢不竭情悉力,使我者得而裁察之,如星日之照臨于上也。義互見本書離合根,立元神諸篇。又基義篇云:「君

臣、父子、夫婦之義,皆取諸陰陽之道。」大禮之終也,臣子三年不敢當。見文九年傳。大禮之終,謂君喪也。

舊讀皆上屬,失之。〇官本云:「年,他本誤作子。」雖當之,必稱先君,必稱先人,不敢貪至尊也。〔莊四

年傳:〕「古者諸侯必有會聚之事,相朝聘之道,號辭必稱先君以相接。」百禮之貴,皆編於月。〔春秋者禮義之宗,

凡所紀皆關於禮。故云「百禮之貴」。〇官本云:「他本『於』作之。」〕月編於時,時編於君,君編於天。此即

屈君伸天之旨。〔白虎通三軍篇:「王法天誅者,天子自出者,以爲王者乃天之所立,而欲謀危社稷,故自出,重天命也。」

天之所棄,天下弗祐,桀紂是也。〇下,各本誤子。今從凌本。天子之所誅絕,臣子弗得立,蔡世

子逢丑父是也。〔盧云:「襄三十年,蔡世子般弒其君固。至昭十一年夏,楚子虔誘般殺之。至冬滅蔡,執蔡世子

有以歸,用之。」傳曰:『此未踰年之君也,其稱世子何?不君靈公,不成其子也。』靈公即般也。逢丑父事在成二年,詳

第二卷中。」〕〔興案:〕此疑是謂齊頃公已受虜辱,不宜立爲君。王父父所絕,子孫不得屬,屬,猶續也。〇官

本云:「他本無下『父』字。」魯莊公之不得念母,衞輒之辭父命是也。〔盧云:「莊元年『三月,夫人孫於

齊』,傳曰:『不與念母也。』哀三年『齊國夏、衞石曼姑帥師圍戚』,傳曰:『不以父命辭王父命。』」〕

順之,猶衆星之共北辰,流水之宗滄海也。況生天地之間,法太祖先人之容貌,則其至德

故受命而海內

取象，眾名尊貴，〇盧云：「尊貴，本一作尊賢。」德之侔天地也，上帝為之廢適易姓而子之。讓其至德，海內懷歸之。是以聖人為貴也。興案：二句疑有誤字。俞云：「讓，字衍文。『上帝為之廢適易姓而子之』，謂天與之也。『其至德海內懷歸之』，謂人歸之也。中間不得有讓字。」泰伯至德，伯邑考知羣心貳，自引而激，順神明也。泰伯三讓而不敢就位。三讓，猶云讓。古人數多用三。〇盧云：「自『泰伯至德』以下至此，文參錯難曉。」伯邑考二事，漢世多類引之。霍光傳：「郎有上書言周太王廢泰伯立王季，文王舍伯邑考立武王，唯在所宜，廢長立少可也。」激，疑退之誤。至德以受命，豪英高明之人輻輳歸之。高者所謂「豪傑、英、俊不相陵」。孟子曰：「小德役大德。」列為公侯，下至卿大夫，濟濟乎哉，皆以德序。是故吳魯同姓也，〇盧云：「『故』字各本無，大典有。文勢似亦難貫。」鍾離之會不得序而稱君，殊魯盧云：「成十五年『叔孫僑如會晉士燮以下會吳於鍾離』，傳曰：『曷為殊會吳？外吳也。』」而會之，為〔一〕其夷狄之行也。雞父之戰，吳不得與中國為禮。盧云：「昭二十三年：『七月戊辰，吳敗頓、胡、沈、蔡、陳、許之師于雞父。』傳曰：『曷為以詐戰之辭言之？不與夷狄之主中國也。』然則此『為禮』當作『為主』。」興案：『為禮』不誤。宜十二年傳『不與晉而與楚子為禮』，義同。又見下文。至於伯莒黃池之行，變而反道，乃爵而不盧云：「定四年『蔡侯以吳子及楚人戰於伯莒』，傳曰：『吳何以稱子？夷狄也，而憂中國。』又哀十三年『公會晉侯及吳子于黃池』，傳曰：『吳何以稱子？吳主會也。』」殊。召陵之會，魯君在是而不得為主，避齊桓也。盧

〔一〕「為」字，凌本作「謂」。

云：「僖四年『楚屈完來盟于師，盟於召陵』。傳曰：『其言來何？與桓爲主也。』」魯桓即位十三年，齊、宋、衛、燕舉師而東，紀、鄭與魯勠力而報之。後其日，以魯不得偏，避紀侯與鄭厲公也。盧云：「經于『公會紀侯鄭伯』之下，書己巳之戰。春秋之例，詐戰月，偏戰日。傳曰：『曷爲後日？特外也。』舊本詭作『後其己』，今改正。」俞云：「偏乃偏之誤，偏者，偏戰也。是時齊、宋、衛、燕伐我，魯不能獨當，與紀、鄭勠力，然後結日定地，各居一面，與之偏戰。偏戰然後得書日，故傳曰：『得紀侯鄭伯，然後能爲日也。』是可知魯不得紀、鄭之助，不能爲日者，但能詐戰，不能偏戰之謂也。故曰『魯不得偏』。」桓十年傳注：『偏，一面。』『結日定地，各居一面』然則魯不言偏者，言不得獨當一面也。

春秋常辭，夷狄不得與中國爲禮。至邲之戰，夷狄反道，中國不得與夷狄爲禮，避楚莊也。在宣十二年。詳見竹林篇。○反道，各本作反背。盧云：「疑當作反道。」今從凌本改。

邢衛，魯之同姓也，狄人滅之，春秋爲諱，避齊桓也。盧云：「僖元年：『齊師、宋師、曹師次於聶北，救邢。』傳曰：『不及事也。』邢已亡矣。孰亡之？蓋狄滅之。曷爲不言狄滅之？爲桓公諱也。」又二年『城楚丘』，傳曰：『城衛也。曷爲不言城衛？滅也。』○文大略與上同。○官本云：『他本『爲』作得。』盧云：「舊本作『春秋不爲諱』，衍不字，今删。」當其如此也，惟德是親，中國、夷狄，以德爲準，春秋非漫然進夷狄。其皆先其親。「皆」上「其」字疑有誤。

是故周之子孫，其親等也，而文王最先。史記三王世家：「制曰：『康叔親屬有十，而獨尊者，褒有德也。周公祭天命郊，故魯有白牡、騂剛之牲，羣公不毛，賢不肖差也。』」四時等也，而春最先。十二月等也，而正月最先。德等也，則先親親。隱十一年何注：「春秋質家親親，先封同姓。」荀子富國篇：「賢齊則其親者先貴，能齊則其故者先官。」魯十二公等也，而定哀最尊。哀定時近，孔

子所身事，猶之遠祖雖尊，而事祖父禮尤隆，以其近接於身也。故云「最尊」。下文所謂「宗定哀以爲姒」，宗亦尊也。

吳衛俱諸夏也，善稻之會，獨先內之，爲其與我同姓也。　襄五年『仲孫蔑、衛孫林父會吳於善稻』，無傳。蓋不殊林父，所謂內之也。而何氏以爲見使於晉卑，故不殊，失之矣。○天啟本「先」作見，凌本同。

夷狄也，柤之會，獨先外之，爲其與我同姓也。　襄十年「公會晉侯以下會吳于柤」，無傳。案殊會吳，所以外之，與成十五年鍾離之會同。○外，各本作內。今從凌本改。

魯晉俱諸夏也，譏二名，獨先及之。　定六年『季孫斯、仲孫忌帥師圍運」，傳曰：「此仲孫何忌也，曷爲謂之仲孫忌？譏二名，二名非禮也。」又哀十三年『晉魏多帥師侵衛』，傳曰：「此晉魏曼多也，曷爲謂之晉魏多？譏二名。」○舊本「魯」作曹，誤。

滅國十五有餘，獨先諸夏，　隱二年「無駭帥師入極」，無傳。「疾始滅也。」是先記諸夏之滅人。

盛伯郤子俱當絕，而獨不名，譏爲其與我同姓兄弟也。　盧云：「盛也。盛則曷爲謂之成？譏二名也。」莊八年：『師及齊師圍成，成降於齊師。』失地之君也。何以不名？兄弟辭也。又文十二年『盛伯來奔』，傳曰：「盛伯者何？失地之君也。何以不名？滅同姓也。」盧云：「下有脫文。」

外出者衆，以母弟出，獨大惡之，爲其亡母背骨肉也。　又定十年『宋公之弟辰暨宋仲佗、石彄出奔陳』，無傳。傳亦與上同。又昭元年『秦伯之弟鍼出奔晉』，傳曰：「仕諸晉也。有千乘之國，而不能容其母弟，故君子謂之出奔。」○天啟本注云：「或有母字。」輿案：案有「母」字是。

滅人者莫絕，衛侯燬滅同姓獨絕，賤其本祖而忘先也。　僖二十五年『衛侯燬滅邢』，傳曰：「何以名？滅同姓也。」○天啟本「莫」作不。本祖猶言同祖。盧云：「滅同姓也。」

親等從近者始，　春秋内魯，即此旨。

立適以長，母以子貴先。　盧云：「下有脫文。」隱元年何注：「禮，妾子立則母得先。」謂秩序在前也。立適以長，禮經之常，然或有無適立庶者，則母隨子之貴而先之。

升爲夫人，夫人成風是也。」東晉太元十九年詔，追崇鄭太后。太常臣允等議以春秋之義，母以子貴，故仲子成風咸稱夫人。又宋庾蔚之謂公羊明母以子貴者，明妾貴賤，若無嫡子，則妾之子爲先立。又子既得立，則母隨貴，豈謂可得與嫡同耶？成風稱夫人，非禮之正。

甲戌、己丑，陳侯鮑卒，書所見也，而不言其闇者。事在桓五年，以二日卒，事在曖昧，言其卒而已，闕其所以卒之由。

隕石於宋五，六鶂退飛，耳聞而記，目見而書，或徐或察，皆以其先接於我者序之。僖十六年傳「曷爲先言隕而後言石？實石記聞。聞其磌然，視之則石，察之則五。曷爲先言六而後言鶂？六鶂退飛，記見也。視之則六，察之則鶂，徐而察之則退飛。」輿案：此喻詞，起下會盟先接於我者。其於會朝聘之禮亦猶是。凌云：「『會』下當有盟字。」

諸侯與盟者衆矣，而儀父獨漸進。盧云：「隱元年『公及邾婁儀父盟於眛』傳曰：『儀父者字也，褒之也，爲其與公盟也。』」

鄭僖公方來會我而道殺，春秋致其意，謂之如會。盧云：「襄七年『公會晉侯以下于鄏』。鄭伯髡原如會，未見諸侯，丙戌卒於操。』傳曰：『未見諸侯，言如會，致其意也。』

潞子離狄而歸，黨以得亡，春秋謂之子，以領其意。歸，義如孟子「歸墨歸楊」之歸。黨，猶所也，或云：「黨，親也，上奪無字。」亦通。宣十五年：「晉師滅赤狄潞氏，以潞子嬰兒歸。』傳曰：『離於夷狄，而未能合於中國。』晉師伐之，中國不救，狄人不有，是以亡也。』漢書功臣表：「春秋列潞子之爵，許其慕諸夏也。」○李兆洛云：「王本亡誤作上。」

包來、首戴、洮、踐土與操之會，陳鄭去我，謂之逃歸，盧云：「操之會，即襄七年會鄏之事。時陳侯逃歸，陳哀公溺也。又僖五年，公及齊侯以下會王世子于首戴，鄭伯逃歸不盟。」傳曰：『不可使盟也。』何氏云：『安居會上，不肯從桓公盟。』此鄭伯乃文公捷也。」○天啟本無「鄭」字，凌本同。

鄭處而不來，謂之乞盟，盧云：「僖八年，公會王人、齊侯，以下盟於洮。鄭伯乞盟。』傳曰：

『處其所而請與也。』○官本云：「他本『處』作去。」陳侯後至，謂之如會，盧云：「僖二十八年：『公會晉侯以下盟于踐土。』陳侯如會。』傳曰：『後會也。』」莒人疑我，貶而稱人。盧云：「隱八年『公及莒人盟于包來』，傳曰：『公曷爲與微者盟？稱人則從，不疑也。』」諸侯朝魯者衆矣，而滕薛獨稱侯。隱十一年注：「春秋王魯，王者無朝諸侯之義，故內適外言如，外適內言朝聘，所以別外尊內也。」州公化我，奪爵而無號。盧云：「在桓六年。詳見玉杯篇。」吴楚國先聘我者見賢，「國」上疑有奪字。襄二十九年『吴子使札來聘』，傳：「吴何以有君有大夫？賢季子也。」又莊二十三年『荊人來聘』，傳：「荊何以稱人？始能聘也。」曲棘與窣之戰，先憂我者見尊。盧云：「昭二十五年『宋公佐卒于曲棘』，傳：『諸侯卒其封內不地，此何以地？憂內也。憂魯昭公見逐而欲納之也。』又成二年窣之戰，有曹公子手，傳曰：『曹無大夫，公子手何以書？憂內也。』」○盧云：「『尊』作賢，云：『他本作尊。』」

禮者，繼天地，體陰陽，而慎主客，人者，天之繼也。人非禮無以立，故曰「繼天地」。君臣父子夫婦之道，取之陰陽，故曰「體陰陽」。施之人我，各有其處，昧之則逆於理，故曰「慎主客」。○盧云：「『主客[一]』，舊本作至

　（一）「客」字，據盧本補。

容〔一〕」誤。」序尊卑、貴賤、大小之位，而差外内、遠近、新故之級者也，以德多爲象。禮之制不專尚德，然古者官以德序，位不相凌。故云「以德多爲象」。○凌本「外内」作内外，「新故」作新舊多，歷年久者爲象。其在天而象天者，莫大日月，繼天地之光明，莫不照也。星莫大於大辰，｜昭十七年｜「有星孛于大辰」｜傳：「其言于大辰何？在大辰也。大辰者何？大火也。大火爲大辰，伐爲大辰，北辰亦爲大辰。」何注：「大火，謂心。伐，謂參伐也。大火與伐，天所以示民時早晚，天下所取正，故謂之大辰。辰，時也。北辰，北極，天〔二〕之中也，常居其所。迷惑不知東西者，須視北辰以別心、伐所在。」北斗常星。○官本此下衍「北斗常星」四字，｜凌本｜同。部星三百，衛星三千。大火二十六星，伐十三星，｜孫詒讓｜云：「史記天官書：『故紫宮，房、心、權、衡、咸池、虚、危列宿部星，此天之五官坐位也』｜張守節｜正義：『五官部内之星也。』史記部星，蓋通指五官恆星，此部星別於衛星，則當專指中官之星。（古用蓋天説，凡蓋以部爲中，與張守節說異。）衛星謂東南西北外四官之星也。」｜晉書天文志｜載太史令｜陳卓｜總甘、石、巫咸三家所著星圖，大凡二百八十三官，一千四百六十四星。則三百三千，蓋約舉之，非實測也。大火二十六星者，爾雅釋天云：「大辰，房、心、尾也。大火謂之大辰。」今考房四星、心三星，尾九星，共十有六星。其外四星，左右肩股也。小三星隅置，曰觜觿，爲虎首，主葆旅事。」（正義云：「罰亦作伐」。）此云十曰罰，爲斬艾事。伐十三星者，史記天官書：「參爲白虎。三星直者，是爲衡石。下有三星，兑，三星者，蓋通參三星，外四星，罰三星及觜觿三星計之。猶考工記説伐六星。（此并數參三星，而不計外四星、觜觿三

〔一〕「容」字，據｜盧本｜補。

〔二〕「天」字下，原有「下」字，據｜凌本｜及｜公羊傳｜删。

星。）晉天文志李播天文大象賦說參七星。（此并數外四星，而不計伐及觜觿。今天官家說竝同。）古今分合不同也。

○官本云：「他本『十三』作十六。」北斗七星，史記天官書「北斗七星」，索隱引徐整長曆：「北斗七星，星間相去九千里。其二陰星不見者，相去八千里也。」春秋運斗樞云：「斗，第一天樞；第二璇；第三璣；第四權；第五衡；第六開陽；第七搖光。其一至第四為魁，第五至第七為杓，合而為斗。」文耀鈎云：「斗者，天之喉舌。」常星九辭，盧云：「九辭不可曉，并疑下有脫文衍文。」孫詒讓云：「常星九，疑當作常星五，即謂五緯也。」韓非子解老篇云：『五常得之以常其位，列星得之以端其行。』五常亦指五星言之。此下文別有部星，衛星，明常星與他書言恆星者異也。惟辭字無義，當是衍文。」　興案：「九辭」二字，疑並衍文。　五行志：仲舒云：「常星二十八宿者，人君之象也。」二十八宿。周禮馮相氏「掌二十有八星之位」賈疏云：「若指星體而言謂之星，日月會於其星即名宿。」淮南天文訓：「星分度，角十二，亢九，氐十五，房五，心五，尾十八，箕十一四分一，斗二十六，牽牛八，須女十二，虛十，危十七，營室十六，東壁九，奎十六，婁十二，胃十四，昴十一，畢十六，觜嶲二，參九，東井三十三，輿鬼四，柳十五，星七，張，翼各十八，軫十七，凡二十八宿也。」　多者宿二十八九。　句疑有誤。　其猶蓍百莖而共一本，大傳：「蓍之為言耆也。」百年一本生百莖，此草木之壽，亦知吉凶者。聖人以問鬼神。」藝文類聚八十二引逸禮云：「蓍千歲三百莖者先知也。」又引史記云：「天下和平，蓍莖長一丈，其聚生百莖共根。」龜千歲而人寶。　盧云：「『而』下當有為字。」　興案：初學記引書傳云：「龜之為言久也，千歲而靈，禽獸而知吉凶者也。」○凌本「歲」作載。　是以三代傳決疑焉。　白虎通蓍龜篇：「聖人獨見先覩，必問蓍龜何？示不自專也。或曰：清微無端緒，非聖人所及，聖人亦疑之」其得地體者，莫如山阜。人之得天得眾者，莫如受命之天子。下至公、侯、伯、子、男，海內之心懸於天子，疆內之民統於諸侯。日月食，泣告凶，不以其行。　此當是用十月詩文。荀悦漢紀〔六〕引詩「日月告凶」不用

其行」。今毛詩「以」亦作用。以、用同義，非關今古異文。鄭箋：「告凶，告天下以凶亡之徵，行道度也。不用之者，謂相干犯也。」○天啟本、凌本「告」作吉，誤。有星孛于東方，哀十三年。于大辰，昭十七年。○天啟本作泰辰，無「于」字。入北斗，文十四年。○天啟本「入」在「北斗」下。常星不見，莊七年。地震，昭十九年。梁山沙鹿崩，僖十四年。星之莁入、賈雨，莊七年：「恆星不見，夜中星賈如雨。」傳：「恆星者何？列星也。」徐疏：「天子常宿，故謂之恆星。」恆星與眾星別也，故特書之。宋、衛、陳、鄭災，昭十八年。王公大夫篡弑者，春秋皆書以為大異；不言眾星。盧云：「恆星者何？列星也。」原隰之襄崩，一國之小民死亡，不決疑於眾草木也。唯田邑之稱，多著主名。盧云：「昭元年傳：『此大鹵也。曷為謂之太原？地物從中國，邑人名從主人。』」興案：桓元年，諱周田稱許田，是田著主名之例。君將不言臣，臣不言師，盧云：「隱五年傳：『將尊師眾稱某率師，將尊師少稱將，將卑師眾稱師，將卑師少稱人。君將不言率師，書其重者也。』」王夷、君獲，不言師敗。盧云：「成十六年：『晉侯及楚子鄭伯戰于鄢陵。楚子鄭師敗績。』傳曰：『楚何以不稱師？王痍也。末言爾。』言無取于師敗績也。又僖十五年『獲晉侯』，傳曰：『君獲不言師敗也。』」孔子曰：「唯天為大，唯堯則之。」則之者，大也。尊大，疑作尊天。巍巍乎其有成功也」，言其尊大以成功也。大，疑作天。齊桓晉文不尊周室，不能霸；三代聖人不則天地，不能至王。階此而觀之〔一〕，可以知天地之貴矣。○盧云：「大。」典本「階」作自。興案：天啟本作自〔一〕，注云：「一作階，義竝同。」夫流深者其水不測，尊至者其敬無

〔一〕「階」凌本、叢刊本亦作「自」。

窮。是故天之所加，雖爲災害，猶承而大之，其欽無窮，震夷伯之廟是也。[僖十五年「震夷伯之廟」]傳：「季氏之孚則微者，其稱夷伯何？大之也。曷爲大之？天戒之，故大之也。」天無錯舛之災，無，疑作有。地有震動之異。天子所誅絕，所敗師，雖不中道，而春秋者不敢闕，謹之也。[例如莊六年衛侯朔爲天子所絕，而書「公至自伐衛」傳以爲「不敢勝天子」是也。]至於他師，皆其君之過也，言他師未嘗非君之過，而師固皆爲之受罪。若夫圍成非師罪者，以圍成，成降于齊師。○天啟本「成」作郕[二]。獨言還。其君劫外，不得已，故可直言也。[莊八年傳：「還者何？善辭也。此滅同姓，何善爾？病之也。曰師病矣。曷爲病之？非師之罪也。」何注：「明君之使重在君，非師自汲汲。」]故師出者衆矣，莫言還。至師及齊師其久於外，上已有師次于郎及祠兵之文，君意顯然著明，故直言之。○天啟本「過」作適。[案：適與謫同，猶過也。]而曰非師之罪。是臣子之不爲君父受罪，罪不臣子莫大焉。[臣子不肯爲君父受罪，是即不臣之罪大。○上「子」字官本作下，云：「他本誤作莫。」]夫至明者其照無疆，至晦者其闇無疆。今春秋緣魯以言王義，[盧云：「說公羊者相承有此言。何氏隱元年注云：『春秋託新王受命于魯。』」與案：此類語何注屢見。如云「春秋王魯，託隱公以爲始受命王」，[隱元年。]「春秋託王於魯，因假以見王法」，[成二年。]「春秋王魯者始起所當誅也」，[隱二年。]「春秋王魯，以魯爲天下化首」，[隱元年。]「春秋王魯，故言蕰以見王義」，又云「因魯都以見王義」，[僖三年。]「春秋王魯，因見王義」，[莊三十一年。]「内其國者，假魯以爲京師」，[成十五年。]皆是。論衡正說

[二]「成」，凌本、叢刊本亦作「郕」。

篇：「實孔子紀十二公者，以爲十二公事適足以見王義耶？」「王義」二字本此。緣魯言王義者，正不敢自居創作之意。孔子曰：「其義竊取。」謂竊王者之義以爲義也。託魯明義，猶之論史者借往事以立義耳。聖人以明王之治，期于撥反，故義曰王義，心曰王心，化曰王化，言曰王言，（大戴禮。）意曰王意，（論衡超奇。）道曰王道，事曰王事，制曰王制，法曰王法。賈逵長義乃云：「隱公人臣，而虛稱以王，周天子見在上，而黜公侯也。」　案：如董所云，則春秋託魯言王義，未嘗尊魯爲王，黜周爲公侯也。何氏直云「王魯」，遂啟爭疑。是非名正而言順也。」

殺隱桓以爲遠祖，宗定哀以爲考妣， 義見首篇。隱元年何注：「所以三世者，禮爲父母三年，爲祖父母期，爲曾祖父母齊衰三月。立愛自親始，故春秋據隱錄哀，上治祖禰。」**至尊且高，** 君父諱過多微詞，不敢犯至尊。○官本云：「他本『且』誤作尚。」**至顯且明。** 臣子爲君父所伏制。惟其尊高，是以顯明。**其基壤之所加，潤澤之所被，條條無疆，** 條條，幽達之意。本書如天之爲篇：「陰陽之氣，其在人者，亦宜行而無留，若四時之條條然也。」此言治化四達，澤被無疆，王道洽于遐遠。觀德篇云「地出至晦，星日爲明不敢暗」，即此義。**前是常數，十年鄰之，幽人近其墓而高明。** 盧云：「文詆不可曉。」劉逢祿云：「語當有脫誤。」**大國齊宋，離不言會。** 盧云：「桓五年『齊侯鄭伯如紀』，傳曰：『外相如不書，此何以書？離不言會也。』案此在所傳聞之世，而下文即言所見之世，文不相蒙，疑有脫文。此齊宋當作齊鄭。」　輿案：隱元年，桓五年注並云：「于所傳聞之世，内離會書，外離會不書。于所聞之世，書外離會。」宣十一年「晉侯會狄于攢函」注：「離不言會，言會者見所聞世。治近升平，内諸夏而詳錄之，殊夷狄也。」然則所見聞世，遠近大小若一，當書「外離會」審矣。此文蓋衍「不」字。天啟本注云：「一無不字。」一本是也。定十四年經書「齊侯宋公會于洮」，蓋即其例。盧據誤本改字合之，非也。桓二年注：「二國會曰離。」孔廣森云：「離，儷也。儷，兩也。……記曰：『離坐離立，毋往參焉。』二謂之離，三謂之參。」漢律有『離載下帷』，言二人共載也。禮用兩鹿皮，古文冠禮云：

『離皮，射以二人爲耦。』三朝記謂之『置離』。楚公子圍使二人執戈，謂之『離衛』。諸云離者，其義如此。微國之

君，卒葬之禮，錄而辭繁。

遠夷之君，内而不外。 哀三年：「冬十月癸卯，秦伯卒。」注：「哀公著治太平之終。小國卒葬極于哀公者，皆卒日葬月。」 昭十五年注：「戎曼子者，入昭公，見王道太平，百蠻貢職，夷狄皆進至

其爵。」又『哀十三年黄池之會，吳亦進稱子。漢書匈奴傳贊載董子論匈奴主和親，班固反之，以爲春秋内諸夏而外夷狄。

又曰：「外而不内，親而不疏。」太史公天官書云：「及至五家、三代，紹而明之，内冠帶，外夷狄，分中國爲十二州。」應

劭駮開募鮮卑事云：「鮮卑隔在漢北，朝家外而不内。」所謂外之者，擯之不得與於和會，猶周語所謂「狄無列於王室」也。並用春秋前義。 興謂以治理言，則主漸進，故春秋外夷狄。至其終也，内而不外，雖政交于中國，亦暨訖之道有然。

顧自秦漢以來，變日呕矣，然而倫彝攸敘，禮教相沿，有不隨國而俱亡者存焉。 故春秋立其極於禮義，以爲華夷進退之

機。杞越聖裔，習于用夷而夷矣。潞子赤狄，離于夷而許其慕夏矣。循是以往，六合之外，有進於中國而胥爲大同者，

亦天地之所許也。苟先自棄禮義，以蹈傳所謂新夷狄之譏，則將爲進於禮義者所治，而君子之憂愈切矣。 當此之

時，魯無鄙疆，諸侯之伐哀者皆言我。 盧云：「哀八年書『吳伐我』，十一年書『齊國書帥師伐我』，正以莊

十九年書『齊人等伐我西鄙』，而此不言鄙故也。」 『鄙』字句，『疆』字屬下讀。本或作疆，非。 凌云：「無鄙疆，言王化所

及者遠。 盧讀大謬。」 朱一新云：「魯無鄙疆，即王道浹，人事備，廣魯於天下之意，非謂魯之鄙疆果遠也。」 盧校疆爲疆，

誤。 果如其説，上文之條條無疆，又當作何解。」 興案：所傳聞之世，來接内者書其小惡，其不來者不治。明化自近

始，有界域，至於近則内外漸進而從同矣。 故云「無鄙疆」，此所謂王義也。 ○天啟本「疆」作疆。 邾婁庶其、鼻

我，邾婁大夫。 其於我無以親，以近之故，乃得顯明。 盧云：「襄二十一年，邾婁庶其以漆、閭丘來奔。

二十三年，邾婁鼻我來奔。 昭二十七年，邾婁快來奔。 其漆、閭丘，傳曰：『重地也。』下兩傳乃云：『以近書。』疑庶其

衍文，『鼻我』下當有快字，『無以親』疑當作無親。」　興案：董以哀、定、昭爲所見世，顏安樂斷自孔子生後，以襄二

十三年鼻我與昭二十七年同傳爲證，此文引鼻我，蓋參用顏說。庶其又在孔子未生以前，盧以爲有衍文脱是也。襄二

十三年注：「所傳聞世，見治始起〔一〕，外諸夏，録大略小，大國有大夫，小國略稱人。所聞之世，内諸夏治小如大。廩

廩近升平，故小國有大夫，治之漸也。見於邾婁者，自近始也。」

人。　**益師卒而不日。**　隱元年。　**于稷之會，言其成宋亂，以遠外也。**　○遠，各本作通。盧云：「稷會在

桓二年，書『以成宋亂』。舊本於『稷之會』下有『不日』二字，因上而誤衍也。又脱『成宋』二字，今訂補。盧云：「稷會不日，見

臣恩之厚薄。此斥言成亂，見君恩之薄厚，故二事相比也。傳曰：『遠也。』通外疑當作遠外。」　興案：盧說是。今

從凌本改作『遠』。

黄池之會，以兩伯之辭，言不以爲外，以近内也。　**隱桓，親春秋之先人也**，以親言之，則春秋之先

池。」傳曰：「會兩伯之辭也。重吳也。吳在是，則天下諸侯莫敢不至也。」案：董意以吳進稱子，爲遠近大小若一之

微〔二〕。○一本有『春秋公羊二十一年，邾庶其以漆、閭邱來奔。左氏曰：庶其，非卿也。公羊曰：邾庶其者何？邾

婁大夫也。二十三年，邾婁鼻我來奔。杜注：卑我是庶其之黨，同有竊邑叛君之罪。公羊作鼻我，邾婁大夫也。穀梁作

「畀」七十九字。官本云：「據文義乃舊時繁露注文，原本、他本俱作正字，今校正。」　興案：天啟本無此文，尚不誤。

〔一〕「起」原作「見」，據公羊傳改。

〔三〕「微」字，疑爲「徵」字。

春秋繁露義證卷第十

深察名號第三十五 本書郊語篇：「聖人正名，名不虛生。」天地陰陽篇：「名

號之由人事起也」儀禮喪服傳：「名者，人治之大者也。」左氏傳：「名以制

義。」釋名：「名，明也，名實使分明。」尹文大道篇：「形以定名，名以定事，事

以檢名。察其所以然，則形名之與事物無所隱其理矣。名有三科：一曰命物

之名，方圓白黑是也；二曰毀譽之名，善惡貴賤是也；三曰況謂之名，賢愚愛

憎是也。」　案：名家之學，以綜覈覈實爲功，以正名析詞爲本，此即名學也。

荀子亦有正名篇。　春秋治人必先正名，穀梁于五石、六鷁之詞發其微，公羊學

蓋與之同。

治天下之端，在審辨大。辨，別也。審事物之所以別異與其大綱，故曰「辨大」。下云「目者徧辨其事，凡

者獨舉其大」，正釋二字之義。事能辨則治，故辨亦可訓治。書曰：「辨章百姓。」史記禮書：「治辨之極也。」荀子禮論

「君者，治辨之主也」，楊注：「謂能治人，使有辨別也。」又見王霸、榮辱等篇。蓋辨者治之條理，大者治之要綱。禮樂

記：「其功大者其樂備，其治辨者其禮具。」亦以「辨」「大」對文。或以辨大爲辨其大者，失之矣。**辨大之端，在深**

察名號。 〔荀子正名篇〕「今聖王没，名守慢，奇辭起，名實亂，則雖守法之吏，誦數之儒，亦皆亂也。若有王者起，必

將有循於舊名，有作於新名。然則所爲有名，與所緣以同異，與制名之樞要，不可不察也。異形離心交喻，異物名實玄

紐，貴賤不明，同異不別，如是則志必有不喻之患，而事必有困廢之禍。故智者爲之分別，制名以指實。上以明貴賤，下

以辨同異。貴賤明，同異別，如是則志無不喻之患，事無困廢之禍，此所爲有名也。」**名者，大理之首章也。** 理者，

分也。（見〔樂記〕鄭注。）又〔白虎通〕云：「禮義者有分理。」分者，必有以括之。首章所以括其大分也。古人著書，當有綱

領，列之首章，故此言事物有名，猶大理之首章也。後人議事，亦以首章爲綱要。**錄其首章之意，以窺其中之**

事，則是非可知，逆順自著，其幾通於天地矣。是非之正，取之逆順，逆順之正，取之名號，

名號之正，取之天地，天地爲名號之大義也。 〔釋名〕：「天，顯也，在上高顯也。地，底也，其體底下，載萬

物也。」 案：崇效天，卑法地，君臣，父子，夫婦之義，皆本於此。聞其名則喻其實。逆夫人心之所受，則禮法可以爲

禁。故分曰名分，教曰名教，分與教皆生於名，俾天下懍然而不敢犯，此治世之要樞也。略視名號，而世變亟矣。**古**

之聖人，謞而效天地謂之號， ○〔盧〕云：「謞，舊音火角切。」案〔集韻〕：『許教切，大嘷也。』〔莊子齊物論〕『激者謞

者』，〔釋文〕云：『謞音孝。』〔李軌〕虛交反。此與效、號聲相諧，則當從〔釋文〕、〔集韻〕所音爲得之。」**鳴而施命謂之名。** ○〔盧〕云：「『施命』，舊本倒作『命施』，非。」**名之爲言，鳴與命也，號之**

爲言，謞而效也。 此以聲爲訓。**謞而效天地者爲號，鳴而命者爲名。名號異聲而同本，皆鳴**

號而達天意者也。 ○〔盧〕云：「鳴號之號平聲，亦疑本是謞字，」**天不言，使人發其意；弗爲，使人行其**

中。名則聖人所發天意，不可不深觀也。名起於字，積字爲名，故名亦訓字。字所以別事物，明上下，其造作書者謂之聖人。故造書者謂之聖人。

受命之君，天意之所予也。故號爲天子者，宜視天如父，事天以孝道也。敬天、法祖、愛民，是謂天子之孝。○視，凌本作事。

號爲諸侯者，宜謹視所候奉之天子也。白虎通爵篇：「侯者，候也，候逆順也。」公羊疏引元命苞云：「侯之言候，候逆順，兼伺候王命也。」

號爲大夫者，宜厚其忠信，敦其禮義，使善大於匹夫之義，足以化也。白虎通爵篇：「大夫之爲言大扶，扶進人者也。」故傳曰：『進賢達能，謂之卿大夫。』

士者，事也；白虎通爵篇：「士者，事也，任事之稱也。」説文：「士，事也，數始於一，終於十，從一從十〔一〕。」孔子曰：『推十合一爲士。』案：此別一義。

民者，瞑也。論語鄭注：「民，冥也。」士不及化，可使守事從上而已。士者，民之秀者也。民亦具有士之材質，但未及盡化於道，不能達事理，塵可使静守法制，從上令〔二〕而已。今天下之衆百姓，固宜有此賢愚差等，子曰：「民可使由之，不可使知之。」正此義也。鄭注所言近於術，不如董義之純。程子已陰闡之。朱子釋論語云：「民可使之由於事理之當然，而不能使之知其所以然。」正用董義。賈子大政篇：「夫民之爲言也，瞑也。萌之爲言也，盲也。故惟上之所扶而以之，民無不化。故曰民萌民萌哉，直言其意而爲之名也。夫民者，賢不肖之材也，賢不肖皆具焉。」史記禮書：「人域是域，(此域字，衍文。)士君子也。外是，民也。」知士、民以德與學分。○官本云：「他本下衍丑字。」其見人道遠。由，從也。言王者設教，務使人從之。若皆知其本末，則愚者或輕而不行。」案：

五號自讚，各有分。自天子至於民，各有分義。分中

〔一〕「從一從十」，原誤「從十一」，據説文改正。

委曲,曲有名。分中各有應盡之職事,得其委曲,然後可以各稱其名矣。下「曲」字疑各之誤。

名衆於號,號

其大全。猶大凡。俞云:「此本作『號其大全,名其別離分散也』。故下文曰『號凡而略,名詳而目』,正承此而言。『瞑也者』三字,當在上文。」案:上文云:「士者,事也。民者,瞑也。士不及化,可使守事從上而已。」此下當有「瞑也者」云云,乃釋「民者瞑也」之義,傳寫奪之,又誤著在後耳。

名也者,名其別離分散也。萬物總總,藉名以散殊之。○上「名」字,天啟本作瞑,凌本同。今從盧本。

號凡而略,名詳而目。疑作「名目而詳」。僖五年傳:「一事而再見者,前目而後凡也。」亦以凡、目對舉。案傳無號名之分,惟穀梁桓二年「郜大鼎」,傳引孔子曰「名從主人,物從中國」,而襄五年「善稻」傳,昭元年「大原」傳,並作「號從中國,名從主人」。此以名、號分釋,亦春秋家說。

目者,徧辨其事也;凡者,獨舉其大也。「他本無大字。」○官本云:「他本無『者』字。」○天啟本「事」作大。凌本「偏」作偏。官本「大」下有事字,云:「他本無『者』字。」

享鬼神者號;者,與之同。○官本云:「他本無『者』字。」桓七年傳。

獵禽獸者號,一曰田。

田之散名,春苗,秋蒐,冬狩,夏獺。「祭」與「田」,所謂凡也,號也。祠、礿、嘗、蒸、苗、蒐、狩、獺,所謂目也;名也。舉此為例爾。盧云:「此從公羊說,故與周禮、左氏傳、爾雅異。然公羊桓四年傳,並無夏獵之文。」則此夏獵二字,當是後人妄加,以為衍文可也。輿案:何休云:「不以夏田者,春秋制也。以謂飛鳥未去於巢,走獸未離於穴,恐傷害〔二〕於幼穉,故於苑囿中取之。」說苑修文篇:《春秋》曰:『正月,公狩於郎。』傳曰:『春曰蒐,夏曰苗,秋曰獮,冬曰狩。』苗者奈何?曰:『苗者毛也。』輿案:取之不圍澤,不掩羣,取禽不麛卵,不殺孕重者。春蒐者不殺小麛及孕重者,冬狩皆取之。百姓皆出,不失其馳,不抵

祭之散名,春曰祠,夏曰礿,秋曰嘗,冬曰烝。

〔二〕「害」字,據盧本及公羊傳補。

禽，不詭遇，逐不出防。此苗、獮、蒐、狩之義也。故苗、獮、蒐、狩之禮，簡其戎事也。故苗者毛取之，蒐者撩索之，狩者

守留之。夏不田何也？曰：天地陰陽盛長之時，猛獸不攫，鷙鳥不搏，蝮蠆不螫。鳥獸蟲蛇，且知應天，而況人乎哉？

是以古者必有豢牢。其謂之畋何？聖人舉事必反本。五穀者以奉宗廟，養萬民也。去禽獸害稼穡者，故以田言之。

聖人作名號而事義可知也。」案向用穀梁，當爲春田、夏苗、秋蒐、冬狩。今雖不釋獮義，而列獮名，必有所本。孔廣森以

爲周禮四時皆田，傳舉三時者，諸侯之制，闕一以下于王。據繁露證公羊師說亦有四時田。然則「夏獮」非衍文也。又

大傳云：「鮮者何也？秋取嘗也。秋取嘗何以也？習鬥也。」鮮、獮字同。〈御覽八百三十一引韓詩内傳〉「夏曰畋，夏

曰蒐，秋曰獮，冬曰狩。」是亦今文説有獮號之證。無有不皆中天意者。物莫不有凡號，號莫不有散

名，如是。〈荀子正名篇〉：「散名之加於萬物者，則從諸夏之成俗曲期。遠方異俗之鄉，則因之而爲通。散名之在人

者，生之所以然者謂之性。性之和所生，精合感應，不事而自然謂之性。性之好惡喜怒哀樂謂之情。情然而心爲之擇

謂之慮。心慮而能爲之動謂之僞。慮積焉，能習焉而後成謂之僞。正利而爲謂之事。正義而爲謂之行。所以知之在

人者謂之知。知有所合謂之智。智所以能之在人者謂之能。能有所合謂之能。性傷謂之病。節遇謂之命。是散名之

在人者也，是後王之成名也。故王者之制名，名定而實辨，道行而志通，則慎率民而一焉。」是故事各順於名，名

各順於天。天人之際，合而爲一。聖人因天以制名，後王循名以責實，實治所以事天。同而通理，動

而相益，順而相受，謂之德道。德道，猶道德。詩曰：「維號斯言，有倫有迹。」此之謂也。盧

云：「〈今詩作『有倫有脊』〉。」輿案：迹、脊字通義同。毛傳：「倫，道；脊，理也。」玉篇：「迹、跡也、理也。」鄭箋：

「維民呼號而發此言，皆有道理。所以至然者，非徒苟妄爲誣辭」案董以號爲名號，與鄭異。然以之解詩，義尤婉曲。

言古之君子順名號而發言，皆有倫理，不相誣妄。哀今之人，胡爲如虺蜥然，訛言誣陷，變亂是非，使人局踏天地之間

深察王號之大意,其中有五科: 凌云:「後漢桓譚傳:『校定科比。』注:『科,謂事條。』」輿案:號其凡也,科其目也。君王各科,並依聲起,可以識文字聲義相生之旨也。故下文云:「欲審是非,莫如引名。」○天地陰陽篇「名者,所以別物也。至復而不厭者,道也」一段,疑是此處文。

皇科、方科、匡科、黃科、往科。合此五科,以一言謂之王。 積五義而成一字。○天啟本無「而」字,凌本同。

王者皇也,王者方也,王者匡也,王者黃也,王者往也。 白虎通號篇:「皇者何謂也? 亦號也。皇,君也,美也,大也,天人之總,美大之稱也。時質,故總言之也。號之為皇者,煌煌人莫違也,煩一夫,擾一士,以勞天下,不為皇也。不擾匹夫匹婦,故為皇。」廣雅釋詁:「匡,滿也。」白虎通:「黃者,中和之色,自然之性,萬世不易。」又云:「美者在上」,黃帝始制法度,得道之中,萬世不易。後世雖聖,莫能與同也。通典注云:「黃者,中和美色。黃承天德,最盛淳美。」易文言:「君子黃中通理,正位居體,美在其中,而暢於四肢,發於事業,美之至也。」所云「美在其中」,正謂黃中。董此言蓋本易義。

是故王意不普大而皇, ○天啟本無「而」字,凌本同。 則道不能正直而方;道不能正直而方,則德不能匡運周徧;德不能匡運周徧,則美不能黃;美不能黃,則四方不能往;四方不能往,則不全於王。 言於王道有缺。○官本云:「他本『則』下衍可字。」

故曰:「天覆無外,地載兼愛, 盧云:「本亦作兼受。 謂地能持載,又能容納,義亦可通。」 風行令而一其威,雨布施而均其德。」王術之謂也。

深察君號之大意,其中亦有五科:元科、原科、權科、溫科、羣科。合此五科,以一言謂之君。君者元也, ○官本云:「他本缺此四字。」 君者原也,君者權也,君者溫也,君者羣也。是故君意不比於元,則動而失本; 對冊云:「春秋謂一為元者,視大始而欲正本也。」 動而失本,則所為不

立；，所爲不立，則不效於原，本書玉英篇：「元猶原也，其義以隨天地終始也。」

者，元是正本之義，原是不息之義，故下云「自委舍」。

則化不行。用權於變，則失中適之宜。不效於原，則自委舍。

案：原、元一義，而分別言之

經所不及，則以權平之，是權亦中也。若以行權爲濟變，則必至于失

中。盧云：「用權於變上有脫文。」

不效於原，則自委舍。盧云：「委舍即委卸也。」

正名，名之正興五世，五傳之外，美惡乃形，可謂得其真矣。非子路之所能見」三十六字，當爲本篇錯簡，或即是此處文。

衆不親安，則離散不羣；離散不羣，則不全於君。○以上文例之，此處文未完。

玉英篇「是故治國之端在

名生於真，○天啟本不提行，凌本同。非其真，弗以爲名。名者，聖人之所以真物也。管子心

術篇：「名者，聖人之所以紀萬物也。」荀子正名篇：「名者，所以期累實也。」名之爲言真也。先有物而後有名。

黯者還昭昭耳。說文：「黯，桑葚之黑者。」廣雅：「黑也。」因桑葚黑弓申爲凡黑之稱。」說文口部：「名，自命。從

口從夕。夕者冥也，冥不相見，故以口(一)自名。」案：冥亦取黯義。凌云：「文選注『聲類曰：黯，深黑色。』」

象形而爲字，辨聲以紀物。及其繁也，多所假借，原其始，皆以其真。

欲審曲直，莫如引繩；，禮經解：「繩墨誠陳，不可欺以曲直」荀子勸學篇：「木受繩則直」欲審是非，莫

如引名。名之審於是非也，猶繩之審於曲直也。詰其名實，觀其離合，則是非之情不可以

相讕已。名與實相麗，故詰名實，而義之爲離爲合可見。盧云：「玉篇：讕，落干、力但二切。誣言相加被也。」

(一)「口」字，據說文補。

興案：「天啟本」「讕」下注云：「力但切，讕言相加。」案說文：「讕，詆讕也。」類篇引「詆」作抵。又云：「詆讕，誣言也。」

漢書文三王傳「王陽被詆讕」，顏注：「誣讕也。」谷永傳：「欲末殺災異，滿讕誣天。」此云「相讕」，猶言「相誣」。情，猶

實也。○俞云：「此下當接『春秋辨物之理』，至『非子路之所能見』三十六字。深察名號篇至此已畢。篇首云『治天下之端，觀其離合，則是非之情不可

治之端在正名」，至「五石、六鷁之辭是也」六十三字，下有脫簡，在玉英篇，其文曰『是故

在深察名號」，末云『是故治國之端在正名』，首末正相應也。今定其文當云：『治天下之端，名之正興五世，五傳之外，美

以相讕已。君子於其言，毋所苟而已。名物如其真，不失秋毫之末。故名實石則後其五，言退鷁則先其六。聖人之謹

於正名如此。春秋辨物之理，以正其名。名物如其真，不失秋毫之末。是故治國之端在正名，名之正興五世，五傳之外，美

惡乃形，可謂得其真矣。非子路之所能見。』

如其生之自然之資謂之性。

莊子達生篇「達生之情者，不務生之所無以為」，淮南「生」作性。又莊子德充符「幸能正生以正眾生」，正生謂正性也。大宗師篇「相遺乎道者，無事而生定」，生定謂性定也。

周禮大司徒「辨五土之物生」，杜子春讀「生」為性。史記范雎傳「生」作性。

性之和所生，精合感應，不事而自然謂之性。

今世闇於性，言之者不同，胡不試反性之名。性之名非

生與？

此以字形言之，以「性」從「生」也。論語公冶長皇疏：「性，生也。」樂記鄭注：「性之言生也。」古亦通用。

大戴記「君子之性非異也」，荀子勸學篇「性」作生。秦策「生命壽

告子云：「生之謂性。」荀子正名篇云：「生之所

莊子庚桑楚及孝經緯皆以性為生之質。而莊子則

蓋莊亦主性善也。

晏子春秋問上「地不同生」，謂不

孔子言「性相近」，若論其本，豈可相近，只論其所稟也。

朱子云：「性者人之所得於天之理，生者人之所得於天之氣。」伊川亦云：「性即理。」因分理與氣為二，始分生與性為二。故又云：「言人性善，性之本也。生者人之所稟也。」

明道則云：「生之謂性，性即氣，氣即性，生之謂也。」又云：「生之謂性，止訓所稟受也。天命之謂性，此言性之理也。」

氣即性，生之謂也。」所言與此合。

性者質也。 此以字義言，宋儒所謂氣質之性本此。禮樂記：「民有血氣心知之性。」血氣心知，其質也。孝經鈎命決：「性者，生之質。（此語鄭君取以注中庸「天命之謂性」。）若木性則仁，金性則義，火性則禮，土性則信，水性則智也。」荀子云：「情者，性之質也。」國語齊語韋注：「質，性也」。案：董謂性情爲一暝，荀以性爲惡，故以情爲性質，不知性亦質也。孝經云：「毀不滅性。」**詰性之質於善之名，能中之與？** 中，猶合也。**既不能中矣，而尚謂之質善，何哉？ 性之名不得離質。離質如毛，則非性已，不可不察也。** 如毛，言其微。言略離質則非性。董所謂性，專就氣質言。○俞云：「此下當接『栣衆惡於內』云云。自此以下，即爲實性上篇。 董子論性，必反求諸性之名，故曰：「『性之名非生與？』論心必反求諸心之名，故曰：『心之爲名，栣也。』蓋古人言義理，不離聲音訓詁，即孔子正名之義。 實性篇與深察名號篇所以相次也。後人因兩篇之文有相近者，遂將篇首『今世闇於性』云云，誤羼入深察名號篇『春秋辨物之理』一節之上，而兩篇遂不可分矣。今定此爲實性上篇，而『孔子曰名不正則言不順』以下，則爲實性下篇。庶不失董子之舊乎。」 輿案：荀子正名篇亦言性情，則此在深察名號中不誤，但文有錯簡耳。 實性篇中語多與此複，疑出後人綴輯。 俞分爲上下篇，似未當也。 **春秋辨物之理，以正其名。 名物如其真，不失秋毫之末。 故名贖石，則後其五，言退鶂，則先其六。 聖人之謹於正名如此。 君子於其言，無所苟而已，** 莊十年（二）「譚子奔莒」，傳：「國已滅矣，無所出也」。何注：「別於有國出奔者。」 **孔子曰：『君子於其言，無所苟而已矣。』五石、六鶂之辭是也。** 僖十六年

（二）「十年」，原誤「十一年」，據公羊傳改。

穀梁傳：「君子之於物，無所苟而已。」石鶂且猶盡其辭，而況於人乎？　故五石、六鶂之辭不設，則王道不亢矣。」此義與

之合，蓋師說同也。　孔叢子：「平原君曰：『至精之說，可得聞乎？』答曰：『其說皆取之經傳，不敢以意。春秋記六鶂

退飛，覩之則六，察之則鶂。』」肆見於外，故欲馴之使無暴。即下云『損其欲、輟其情』者是也。」俞云：「王本注云：『桱，疑袣，如甚切，㮌

蓋惡強則〔三〕肆見於外，故欲馴之使無暴。即下云『損其欲、輟其情』者是也。」俞云：「王本注云：『桱，疑袣，如甚切，㮌

也。」然袣不訓㮌。　説文木部『㮌，弱貌』，則㮌係袣字之訓耳，非其旨也。　今案：袣者，衣袣也。袣有禁禦之義，釋名釋衣

服：『袣，禁也。交於前，所以禁禦風寒也。』袣亦有任制之義，釋名釋喪制：『小要又謂之袣。袣，任也。任制際會使

不解也。』任制與禁禦，其義相通。『桱衆惡於內，弗使得發於外』，正取任制之義。　下文曰『天有陰陽禁，人有情慾桱』，

桱、禁對文，然則桱即禁也，亦猶袣即袣也。原注所訓，未達其旨。」　興案：天啟本注云：「桱，疑袣，如甚切，㑢也。」

案㑢，當為弱。　淮南詮言訓注：「桱，柔弱也。」**故心之為名桱也。人之受氣苟無惡者，心何桱哉？** 此

以聲言之。心，息林切；桱，如甚切，古音同在七部。白虎通性情篇：「心之為言任也，任于思也。」廣雅釋親：「心，任

也。」任、桱亦同聲字，言性固有善質，而受氣未嘗無惡。其卒能袣之者，則仍善質為之。子曰『苟志於仁矣，無惡也。』

惡非聖人所謹。但苟偏以性為惡，則失之耳。**吾以心之名，得人之誠。**誠，猶實也。言因名以得其實。**人之**

誠，有貪有仁。仁貪之氣，兩在於身。氣，即質也。仁善貪惡，此言善惡皆具於身，非謂有惡無善也。論衡

本性篇云：「周人世碩以為人性有善有惡，舉人之善性養而致之則善長，性惡養而致之則惡長。如此，則情性各有陰

陽，善惡在所養焉。作養書一篇。宓子賤、漆雕開、公孫尼子之徒，亦論情性，與世子相出入，皆言性有善有惡。」董旨蓋

─────

〔三〕「則」字，據盧本補。

與之近。孔子言性近習遠，相近者亦以性二有仁貪之氣，所稟不齊，但相近而已。故朱子以爲兼氣質言，是董説與孔子合也。程子則謂「孔子非言性之本，豈有聖人之言獨遺其本者哉」。（黃震云：「言性之説，至本朝而精，以善者爲天地之性，以不能盡善者爲氣質之性。此説既出，始足完孟子性善之説。世之學者，乃因此陰陋吾夫子之説，而不敢明言其非，則曰性相近是指氣質而言。若曲爲之回護者。則孟子之言性何其精，而夫子之言性何其粗耶。竊意天命之性者也。夫謂天地之性，是推天命流行之初而言也，推性之所從來也。所謂氣質之性是指既屬諸人而言也，故推測其已上者，以完其義耳。言性豈子之言性，亦指此而已。本朝之言性，特因孟子性善之説，揉之人而不能盡合，故推測其已上者，以完其義矣。言性豈有加于夫子之一語哉？」案：黃氏亦調停之説。）荀子偏言性惡，與董殊科，而後人同稱董荀，非其實矣。司馬光性辨云：「孟子以仁、義、禮、智，皆出乎性者也，不知暴、慢、貪、惑，亦出乎性」。又揚子修身篇云：「人之性也善惡混。修其善則爲善人，修其惡則爲惡人。」司馬光注亦云：「孟以爲性善，其不善者外物誘之也。」荀以人性惡，其善者聖人教之也。是皆得其一偏，而忘其本實。性者，人之所受於天以生，善與惡必兼有之，猶陰之與陽也。是故雖聖人不能無惡，雖愚人不能無善，其所受多少之間則殊矣。必曰聖人無惡，則安用學，必曰愚人無善，則安用教？譬之於田，稻粱秀，相與並生。善治田者薅其蒺秀，而養其稻粱，不善治田者反之。揚子以人之性善惡混。混者，善惡雜處於心之謂也，顧人所擇而修之何如耳。」正用董説。程子宗孟子言性善，而云：「性無不善，而有不善之才也。性即是理，理則自堯舜至于塗人一也。才稟於氣，氣有清濁，稟其清者爲賢，稟其濁者爲愚。學而知之，則氣無清濁，皆可至於善，而復性之本。湯武身之是也。孔子所言下愚不移者，則自暴自棄之人也。」又曰：「人生氣稟，理有善惡，然不是性中元有此兩物，相對而生也。有自幼而善、有自幼而惡，是氣稟有然也。善固性也，然惡亦不可不謂之性也。」又云：「天下善惡皆天理。謂之惡者，非本惡，但或過不及便如此。」興案：程云「氣有清濁」，即此所云「仁貪之氣，兩在於身」，而所云「惡亦不可不謂之性」，尤與本篇脗合。但添出「理」字，以性之本詮性善，而言理又反而求之有生以前。故程子又云：

「人生而靜以上不容説。才説性時，便已不是性。」所以救其説之窮也。然不如言理善而性有善惡之爲直捷矣。張子亦云：「形而後有氣質之性，善反則天地之性存焉。氣質之性，君子有弗性者焉。夫善反是也。有性有弗性，分別爲二，理似難通。若善是天地之性，一成人形即有氣質之善惡雜，又何必言人性善乎？」程子駁王介甫「因物之性而生之，直内之敬也」云：「是物先有性，然後坤因而生之可乎？案：如張子言，是性先有性也，其可乎？」朱子云：「氣質所禀，雖有不善，不害性之本善。」正所謂仁貪兩備，但亦離氣質與性而二之。又云：「性雖本善，不可無省察矯揉之功。」「矯揉」二字，取苟之「櫽括承矯」，云矯揉探則知性未全善，仍與董説合矣。夫性具於生初，有形斯有質，有質斯有氣，離氣質與性而二之，説之所以日紛也。（王陽明以爲無善無惡性之體，有善有惡性之用。亦因宋儒二性之説而小變之。）可見漢儒論性，皆兼言氣。禮運「故人者其天地之德」數語云：「言人兼此氣性純也。」又注「故人者天地之心也」數語云：「此言兼氣性之效。」鄭注

身之名，取諸天。天兩有陰陽之施，身亦兩有貪仁之性。天有陰陽禁，身有情欲栣，與天道一也。

天道好陽而惡陰。此云「陰陽禁」，蓋謂禁陰不使干陽，文便耳。栣情欲之惡，不使傷善，斯善勝矣。治己之所以貴克也。阮元性命古訓引西伯戡黎「不虞天性」鄭注云：「不度天性」又引召誥云：「節性性日其邁。」解之云：「度性與節性同意，言節度之也。」又云：「性中有味、色、聲、臭、安佚之欲，是以必當節之。」輿謂虞之節之，正合此性有仁貪之説。栣其情欲，正節度之也。易言「成性存性」，詩言「彌性」，孟子言「忍性」，皆此誼。

是以陰之行不得干春夏，而月之魄常厭於日光。乍全乍傷，

凌云：「月令疏：月爲陰精，日爲陽精。」故周髀云：「日猶火，月猶水。火則外光，水則含景。故月光生於日所照，魄生於日所蔽。當日則光盈，就日則光盡。」○黄氏曰鈔作「乍傷乍全」。

天之禁陰如此，安得不損其欲而輟其情以應天。天所禁而身禁之，故曰身猶天也。

語亦見人副天數篇。

禁天所禁，非禁天也。

天禁陰而身禁貪，是禁天之所當禁，非自

禁其身，使之束縛也。故曰「非禁天」。○官本云：「他本『非』下無『禁』字。」必知天性不乘於教，終不能桎。

荀子云：「枸木必將待櫽括烝矯然後直，鈍金必將待礱厲然後利。今人之性惡，必將待師法然後正，得禮義然後治。今人無師法則偏險而不正，無禮義則悖亂而不治。古者聖王以人之性惡，以爲偏險而不正，悖亂而不治，是以爲之起禮義，制法度，以矯飾人之情性而正之，以擾化人而導之也。始皆出於治，合於道者也。」董、荀言性不盡同，而歸重政教則一也。「天性」二字，疑「情欲」之誤。天性不當言桎。

故性比於禾，善比於米。米出禾中，而禾未可全爲米也。善出性中，而性未可全爲善也。

本「性」字下有「禁天所禁非天也」七字，係因上文而衍，本無者是。何遽「舊本作何據，下篇又作何處，皆訛，今改正。」○盧云：「舊

察實以爲名，無教之時，性何遽若是。

此言善出性中，但未全耳，非謂性本善，而別取善以矯之。所由與荀子異也。本書言性善者多矣，實性篇云：「性有善質，而未能爲善也。」玉英篇云：「凡人之性，莫不善義。」又云：「爲如安性平心者，經禮也。」竹林篇云：「天之爲人性命，使行仁義而羞可恥。」又云：「今善善惡惡，好榮憎辱，非人能自生，此天施之在人者也。」盟會要篇云：「天下者無患然後性可善。」正貫篇云：「是知引其天性所好，而壓其情之所憎也。」立元神云：「無孝弟則忘其所以生。」皆以性爲善之徵。惟性有善端，故教易成，惟善而不全，故非教不可。

善與米，人之所繼天而成於外，非在天所爲之內也。

此所謂善，成德之謂。乃若其端，則固在天之內，故可繼而成。易曰：「繼之者善也，成之者性也。」正合此義。○官本云：「他本『在天』倒。」

天之所爲，有所至而止。止之內謂之天性，○天啟本作「天之性」。案實性篇無性字。止之外謂之人事。謂政教。事在性外，而性不得不成德。人事雖在性外，而有性中之善端，故易以成德。

民之號，取之瞑也。使性而已善，則何故以瞑爲號？以實者

言，官本云：「他本作以竇言者」。

輿案：當作「以瞑言者」。胡思敬云：「竇，作瞑。言，屬下讀」亦通。

弗扶

將，則顛陷狷狂，安能善？○天啟本無「則」字，凌本同。

待覺而後見。當其未覺，可謂有見質，而不可謂見。性有似目，目臥幽而瞑，○盧云：注：「瞑，古眠字」「『今萬民之』字下，俗間本誤以下文『言無驗之說』至『故謹於正名，名非』四百六字隔性字之上。今从官本移正。」今萬民之性，有

其質而未能覺，譬如瞑者待覺，教之然後善。當其未覺，可謂有善質，而不可謂善，○天啟本「質」上無「善」字，凌本同。程子云：「人之知識，未嘗不全，其蒙者猶寐也。呼而覺之，斯不蒙矣。」又朱子論語注：「人性皆善，而覺有先後，後覺者必效先覺之所為，乃可以明善而復其初也。」

與目之瞑而覺，一概之比也。說文：「教，覺悟也。从教、冂。冂，尚矇也。」釋名：「瞑，泯也。無知泯泯也。」按矇，瞑，一義。蓋本於此賈子先醒篇：「懷王問賈君曰：人謂知道者先生，何也？曰：為先醒也。世主未學，怵怵然猶醉也。學問不倦，昭然先寤，故曰先醒。」韓詩外傳六：「問者曰：古之知道者曰先生，何也？」猶言先醒也。

覺，盧云：「而，與如通。」天所為也。效天所為，為之起號，故謂之民。民之為言，固猶瞑也。○天啟本他本『猶』誤作有。

靜心徐察之，其言可見矣。性而瞑之未

謂之性情。隨其名號以人其理，則得之矣。是正名號者於天地，天地之所生，性情相與為一瞑。情亦性也。謂性已善，奈其

情何？白虎通性情篇：「六情者何謂也？喜、怒、哀、樂、愛、惡謂六情，所以扶成五性。」禮記疏引賀場云：「性之動者謂之情。」又韓愈云：「情者接於物而生也。」程子云：「或問性善為人者天篇：「人之性情，有由天者矣。」

於情，猶波之於水。靜時是水，動則是波。靜時是性，動則是情。」韓愈云：「情者接於物而生也。」程子云：「

而情不善乎？曰：情者，性之動也，要歸之正而已，亦何得以不善名之？」孟子「乃若其情，則可以為善矣」朱子注云：

「情者，性之動也。人之情本但可以爲善，而不可以爲惡，則性之本善可知。」

輿案：孟子意言雖惡惡人而有可以爲善之情，是亦善也，非謂不可以爲惡。其云「人無有不善」者，謂雖有不善，而仍皆有善端也。若性情皆不可爲惡，惡於何起乎？此云性情一瞑，是謂性與情皆中含善質，而情欲所發，不全於善，非有教以繼之，則善不可葆。謂性已善，情亦已善，必不然矣。已，與未對文，知情有未善，則知性亦未善，亦非謂性情皆惡。荀子：「堯問舜曰：『人情何如？』舜對曰：『人情甚不美，又何問焉？妻子具而孝衰於親，嗜欲得而信衰於友，爵祿盈而忠衰於君。人之情乎甚不美，又何問焉。』」荀專以情爲惡，不如董說周備。程子又云：「纔有生識便有性，有性便有情，無性安得情？」又云：「人性中只有四端，又豈有許多不善底事。然無水安得波浪？無性安得情？」與董合。

故聖人莫謂性善，累其名也。

聖人，謂孔子。性善之説始孟子。

身之有性情也，若天之有陰陽也。言人之質而無其情，猶言天之陽而無其陰也。

白虎通性情篇：「性者陽之施，情者陰之化也。」故鉤命決曰：情生於陰欲，以時念也。性生於陽，以就理也。陽氣者仁，陰氣者貪。故情有利欲，性有仁也。說文云：「情，人之陰氣有欲者。性，人〔一〕之陽氣性善者也。」論衡本性篇：「仲舒覽孫孟之書，作情性之説曰：『天之大經，一陰一陽。人之大經，一情一性。性生於陽，情生於陰。陰氣鄙，陽氣仁。』曰性善者，是見其陽也。謂惡者，是見其陰者也。』若仲舒之言，謂孟子見其陽，孫卿見其陰也。處二家各有見，可也；不處人情性，情性有善有惡，未也。夫人情性同生於陰陽，其生於陰者，有渥有泊。玉生于石，有純有駁，性情于陰陽，安能純善！（語疑有誤。）仲舒之言，未能得實。」所引董説，與今書異。充意以爲性情有善有惡，非性純善而情純惡也。案陽尊陰卑篇云：「善之屬盡爲陽，惡之屬盡爲陰。」固以陰陽分善惡矣。此

〔一〕「人」字，原誤「天」，據說文改。

篇以天禁陰，與人梐情欲對舉，是亦以陰喻情。然又云：「身亦兩有仁貪之性。」又云：「性情一瞑，情亦性也。」則是謂

性與情同出于質，情有貪欲，即性有仁不能無貪之證。猶天之有陽即有陰，似非以情截然屬陰屬惡，性截然屬陽屬善，

充之所云，未足爲難。然董説性情兩有貪仁，而以陰喻情者，情欲之貪易見，性中之仁難顯耳。本性篇又引劉子政云：

「性，生而然者也，在于身而不發。情，接于物而然者也，出形于外。形外則謂之陽，不發者則謂之陰。」案：劉以性

爲陰，情爲陽，與董不同，而以陰陽言情性，則本於董。

不以上，不以下，以其中名之。 盧云：「絶句。本或作『中民之性』連下讀。下篇如此，然此處非也。」興

案：天啟本不誤。此適合孔子之旨，所謂「上智與下愚不移」也。劉原父公是先生弟子記云：「永叔問曰：『人之性必

善，然則孔子所謂上智與下愚可乎？』劉子曰：『可。智愚非善惡也。』」興謂原父説是矣。然上智得天厚而清，則不墮

於惡，下愚得天薄而昏，則終自絶于善。故不可名性。上者不待教，下者不可教。**窮論者，無時受也。** 以此窮論者，不能受駁詰。**名性，**

材性下主不可勝，憂可憂者惟中主也」。禮中庸孔疏云：「得其清氣備者則爲聖人，得其濁氣簡者則爲愚人。降聖以

下，愚人以上，所稟或多，不可言一，故分爲九等。孔子云：『唯上智與下愚不移。』二者之外，逐物移矣。故論語云『性

相近，習相遠』也。」亦據中人七等也。論衡本性篇云：「孟軻言人性善者，中人以上者也。孫卿言人性惡者，中人以下

者也。揚雄言人性善惡混者，中人也。」韓愈原性云：「性之品有上中下三，上焉者善焉而已矣，中焉者可導而上下也。

下焉者惡焉而已矣。」蓋即本此爲説。下篇云：「聖人之性，不可以名性。斗筲之性，又不可以名性。名性者，中民之

性。」詞義尤顯。後漢書楊終傳云：「上智下愚，謂之不移，中庸之民，要在教化。」申鑒政體篇云：「教化之廢，推中人

而墜於小人之域。教化之行，引中人而納於君子之塗。」亦是此義。

性如繭如卵。卵待覆而成[一]雛，○天

啟本「覆」作復，凌本同。

繭待繰而為絲，性待教而為善。此之謂真天。

迨其全善則合乎天矣，故云「真天」。朱一新云：「董子長於言陰陽五行，而短於言性。知性禾善米，亦知禾之中固有米，而無稂莠乎？知性之不能為惡，亦知絲在繭中，苟無絲，何有繭？雛在卵中，苟無卵，何有雛乎？卵之不能為雛，繭之不能為絲，理也。惟性之不能為惡，亦理也。謂性與善各有主名，不容以性為善。然則性與惡亦各有主名，獨可以性為惡乎？有物必有則，猶之有繭必有絲，有卵必有雛也。繼之者善，成之者性。人性之善，猶水之就下。聖賢所斤斤致辨者，曷嘗混性與善而為一？如欲深察名號，則水自就下，不可即以水為下，容得謂水之不就下乎？性自皆善，不可即以性為善，容得謂性之非本善乎？譬諸繭自出絲，卵自出雛，不可即以繭為絲，以卵為雛，容得謂繭非始於絲？卵非始於雛？有雛種而後成卵，有絲種而後成繭，有繼善而後成性。是董子之言，反若與孔孟相發明，而又何疑焉？且董子明陰陽五行，既知身有性情，猶天之有陰陽，盍亦思陰助陽以生物，陽之德固主生而不主殺乎？謂性不皆善，是必天地不以生物為心而後可也。天道無不善，則稟乎天以為性者，安有不善？但董未嘗實出於性，而不知性實出於性，已顯與繫辭相悖，乃漫援善人有恒為喻。善人者成德之稱，豈性善之謂乎？」興案：朱説辨矣，但董未嘗以性為善，未嘗以性為非本善，亦未嘗以為性未全善，而有善之端，待於教而後成。如卵不能自為雛，繭不能自為絲耳。與荀所謂性惡絕異。朱以董荀同詆，蓋誤讀劉向荀子序。向序云：「孟子者亦大儒，以人之性善。孫卿後孟子百餘年，孫卿以為人之性惡，故作性惡一篇，以非孟子。」云云。下又云：「至漢興，江都相董仲舒亦大儒，作書美孫卿。」向意謂董先生言王

[一]「成」字，凌本、盧本、叢刊本作「爲」。

道，羞五伯，與〈荀卿〉同，非關性惡旨也。至性之不能爲惡，此朱子之説，孟子所不言。與竊有疑焉。無卵則無雛，無絲則無繭，性無善則不能成善，理也。然荀性不能爲惡，又何以有惡乎？〈孟子〉以人之可使爲不善，比之激水。又曰：「誦〈桀〉言，行〈桀〉行，是〈桀〉而已。」又曰：「人之所以異於禽獸者，幾希！」又曰：「操之則存，舍之則亡。」其危如此。今曰「性不能爲惡」，是怠人修省而使之自放，曰任吾性自然，固不能爲惡也。彼有治世長民之責者，亦且曰民性固不能爲惡，無待吾之教化政令也。又安取矯揉之説乎？且〈董〉云「性未全善」，未嘗云「性可以爲不善」，則更無所用其疑辨。蓋其與〈孟〉異者，在善之分量，不在性之善惡。〈孟子〉言「惻隱羞惡、恭敬、是非之心，人皆有之」，又云：「凡有四端于我者，知皆擴而充之。」所謂「人皆有之」，即謂人皆有善端。「擴而充之」，是即不全於善，有待於己之擴充。與〈董〉云待教而爲善何異？　至〈繫辭〉「繼善」之語，〈董〉前引原不相悖。善人成德之稱，則〈董〉所自詮如此，尤不足以相難。〈韓詩外傳〉云：「繭之性爲絲，弗得女工，燔以沸湯，抽其統理，則不成爲絲。卵之性爲雛，不得良雞覆伏孚育，積日累久，則不成爲雛。夫人性善，非得明王聖主扶攜，內之以道，則不成爲君子。」又〈淮南泰族訓〉載此數語，亦大同。是〈董子〉此喻，本古説也。

性有善質，而未能善，

此語最晰。未能者，勉人之詞。

而退受成性之教於王。

主以敦化厚俗之意。自春秋以來，王教廢墜，在下之君子，起而明之，而其力常微。〈董〉生歸教化之責于王，欲政教合一，而其化易行也。〈管子〉云：「君道立然後下從，下從然後教立而化成也。」亦此意。

王承天意，以成民之性爲任者也。於是爲之立王以善之，此天意也。

此〈董子〉勗時質樸之謂性，性非教化不成。人欲之謂情，情非制度不節。是故王者上謹於承天意，以順命也。下務明教化民，以成性也。正法度之宜，別上下之序，以防欲也。脩此三者，而大本舉矣。○〈盧〉云：「本或作『以成民之善性爲任也』。今從

民受未能善之性於天，天生民

〈大典本〉。」今案其真質，而謂民性已善者，是失天意而去王任也。

萬民之性苟已善，則王者受

命尚何任也？ 盧云：「此『也』讀若耶。本亦作矣。」

興案：孟子重學，故謂人性本善，皆可為堯舜，所以歆動學者也。董子重政，故謂人性未能善，待王者而後成，所以歆動為君師者也。」孟子生當戰代，值人心陷溺已深，上無所冀於明王，故立詞不同，而扶世之心不異。

其設名不正，故棄重任而違大命，非法言也。 大，疑作天。

春秋之辭，內事之待外者，從外言之。 如夷伯之廟，內事也，待雷而後震，則先書震以起外詞。宋之有蠚，內事也，待雨而後墜，則先書雨以起外詞。皆其例也。

性之不關人事者，不必辨也。以善與教，則教者奮而無教者知危。

今萬民之性，待外教然後能善，善當與教，不當與性。 性，則多累而不精，謂設名多累。

凌云：「韓子曰：『厚重且尊，謂之

自成功而無賢聖，此世長者之所誤出也， 長者，」○官本云：「者，他本作古。」

稽之言，「不見之行，不聞之謀，君子慎之」。○官本云：「他本誤接末行『所始如之何』十一字於『不法』之下。」

非春秋為辭之術也。 凌云……

不法之言、無驗之說，君子之所外，何以為哉？ 荀子正名篇：「無

性有善端，心有善質，尚安非善？ 應之曰：非也。 繭有絲而繭非絲也，卵有雛而卵非雛也。 比類率然，有何疑焉。 有，同又。

天生民有六經， 疑有誤字。或云：「六，為大。」

言性者不當異。 然其或性也善， 也，蓋已之誤。董意不在性善性惡，而在已善未善之判。若與性善對舉，則下當云「性不善矣」。

或曰性未善，則所謂善者，各異意也。 性有善端，動之愛父母， 動，疑作童。

善於禽獸，則謂之善。 此孟子之善。 ○天啟本作言，凌本同。

循三綱五紀， 白虎通號篇：「古之時，未有三綱六紀。」又綱紀篇：「三綱者

之童，無不知愛其親也。」動，或書作動，因下文有「動其端」之語，遂誤為「動」

何？謂君臣、父子、夫婦也。六紀者，謂諸父、兄弟、族人、諸舅、師長、朋友也。故含文嘉曰：『君爲臣綱，父爲子綱，夫爲妻綱。』又曰：『敬諸父兄。諸父有善，諸舅有義，族人有序，昆弟有親，師長有尊，朋友有舊。』何謂綱紀？綱者張也，紀者理也。大者爲綱，小者爲紀，所以張理上下，整齊人道也。人皆懷五常之性，有親愛之心，是以綱紀爲化，若羅網之有紀綱而萬目張也。』案：三綱又見本書基義篇。太玄云「三綱得於中極」。詩云：『亹亹文王，綱紀四方。』又云：「六紀爲三綱之紀者也。」

〔漢谷永云「動三綱之嚴」，蓋本於此。五紀，據白虎通本作六紀，然莊子盜跖篇云：「子張曰：『子不爲行，即將疏戚無倫，貴賤無義，長幼無序，五紀六位將何以利乎？』」則古人亦自有五紀之稱。周語「五義紀宜」，韋注：「五義，謂父義、母慈、兄友、弟恭、子孝。」未知即此「五紀」否。此云「八端」，未詳。〕

通八端之理，〔孟子四端：仁、義、禮、智。〕忠信而博愛，敦厚而好禮，乃可謂善。此聖人之善也。是故孔子曰：「善人吾不得而見之，得見有常者斯可矣。」〔○天啟本「常」作恒，凌本同。〕由是觀之，聖人之所謂善，未易當也，〔盧云：「本或作『亦未易當也』。」〕非善於禽獸則謂之善也。使動其端善於禽獸則可謂之善，善奚爲弗見也？〔官本下有於字，云：「知於，他本作之有。」〕夫善於禽獸之未得爲善也，猶知於草木而不得名知。〔上「知」讀智。○官本云：「他本『知之』倒。」〕萬民之性善於禽獸而不得名善，十三字，疑衍。知之名乃取之聖。〔「知」，疑作「善」。〕聖人之所命，天下以爲正。正朝夕者視北辰，正嫌疑者視聖人。聖人以爲無王之世，不教之民，莫能當善。○盧云：「『民』上舊本有名字，係衍文。」善之難當如此，而謂萬民之性皆能當之，過矣。質於禽獸之性，則萬民之性善矣；質於人道之善，則民性弗及也。萬民之性善於禽獸者許之，〔此許孟子之所謂善也。〕

聖人之所謂善者弗許。吾質之命性者異孟子。孟子下質於禽獸之所爲，故曰性已善。吾上質於聖人之所爲〔一〕，故謂性未善。凌云：「謂性善，則民思盡性矣；謂性未善，則民思化性爲善矣。上質下質雖不同，其待上明善則一也。」興案：「化性」出荀子，性惡故宜化，性有善則擴之而已。凌亦誤混荀董爲一。荀子惟不知辨別及此，以孟子所云性善爲正理平治之善，故務與之相反。然云「塗之人可以爲禹」，皆有可以知仁義法正之質，皆有可以能仁義法正之具」，固知性有善端矣。董子此數語，足使孟義豁如。黃震反據此譏其未明本然之性，是習于程張分天地氣質爲二性者也。善過性，聖人過善。以名言之。善過於性，聖人過於善。春秋大元，故謹於正名。名非所始，如之何謂未善已善也。張惠言云：「救世之論，與孟子不悖。」興案：未善，二字當衍。本篇固云：「性未可全爲善。」又云：「性有善質而未能善矣。」至與孟子並行不悖者，荀卿性惡之說是已。董與孟異者，在解釋善名，不在論性之異。孟以性端善于禽獸，即謂之善，董以善當極於聖賢，不當名性爲善。其實一也。善於禽獸而已。故須擴充至於聖賢。故曰「人皆可以爲堯舜」。可以者其質也，有待於擴充也，非謂人生而堯舜也。董所謂待教而成者此也。性有善端，心有善質，是萬民之性異於禽獸無疑，孟子之言性善是也。特董主解「善」字有輕重之差耳。董習春秋，因春秋正名，論及「性」「善」字主名之別，謂性未善，非謂性不善也。至於孟主擴充，荀主矯抑，董主教化，其進人於善，豈有異哉？孫星衍原性云：「古之言性者多異。孔子言性相近，周人世碩、宓子賤、漆雕開、公孫尼子之徒，言性有善惡，孟子言性善，告子言人性無分於善不善，荀子言性惡，董仲舒言性有善質而未能盡善。何以核其實也？古者性與天道通，不明於陰陽五行，不可以言性。民受天地之中以生，在天曰命，在人曰性。

〔一〕「爲」字，凌本、盧本、叢刊本作「善」。

故《神農經》言養命以應天，養性以應人。天爲陽主性，地爲陰主情，天先成而地後定，故情欲後於性命。五、六天地之中合，性有五常，情有六欲。五常者，仁義禮智信；六欲者，喜怒哀樂好惡也。性動而之情，變而之欲。陽者善，故性之動爲善；陰者欲，故情有不善。陽極生陰，故性之動爲情，陰極勝陽，故情之動爲欲。性動而有善，變而之不善，化而復還於善。善者性也。性對情則性爲陽，情爲陰。單言性則性有陰陽，猶以天地言之，天爲陽，地爲陰。以天地分言之，天地各有陰陽。鬼臾區言天有陰陽，地亦有陰陽是也。以五行言之，木火爲陽，土金水爲陰。以八卦言之，陽木震，陰木巽，陽土艮，陰土坤，陽金乾，陰金兌，離火陽含陰，坎水陰含陽也。各有陰陽。鬼臾區言陽中有陰，陰中有陽也。故言性兼陰陽者，性中五常皆屬陽，五常分仁禮爲陽，義智爲陰，信爲陽。情亦有陰陽者，情中六欲皆屬陰，六欲又分喜、好、樂爲陽，怒、惡、哀爲陰也。孔子言性兼陰陽，又言性善，又言性待教而爲善。易曰：『一陰一陽之謂道，成之者性也，繼之者善也。』又曰：『成性存存，道義之門。』又曰：『和順於道德而理於義，窮理盡性，以至於命。』又曰：『將以順性命之理，立人之道曰仁與義。』夫言性中有道德，有仁有義，則是謂其本善，言成、言盡、言順，則待教而爲善。然則孔子他日言性相近，習相遠，故《後漢書》釋云：言嗜欲之本同，而遷染之途異。其云上智與下愚者，上智謂生而知之，下愚謂困而不學，言不移者中，黃子所云人有五位，智人與愚人不位。或者以智愚爲美惡，誤矣。賈誼引孔子曰：『少成若天性，習慣如自然。』又云：『習與智長，故切而不愧，況與心成，故中道若性。』夫言習慣如自然，則非天命之性。故祖伊言王不虞天性者，不對情而言，不度其善。惟僞尚書伊尹曰：『習與性成。』則非本然之性。世子之徒言性有善有惡者，兼性之動而言，實則情之性。告子言人性無善無不善，則似性中有善。魏晉人之言，不足深辨矣。荀子言性惡，直誤以情爲性。孔子以陰陽言性者，不對情而言，不度其善於善不善，則不分陰陽。孟子言性善，而良知良能亦不教之性。蓋名不正則言不順。善乎許叔重之言性曰：『人之陽氣，性善者也。』其言情曰：『人之陰氣，有欲者。』其言酒曰：『所以就人性之善惡。』夫言性陽曰善，論其質也。言情不

曰：『有惡，而曰有欲者，欲有善有惡也。言酒則言性有善惡者，酒屬欲，欲有善惡，麥陰黍陽，相得動而爲酒，人之性得酒而動。』許君以酒觀人性，據其動而言，則性兼情，故有善惡，其善者性也。惡者情之欲也，謂欲有惡，而不可謂性有惡。

謂情有惡，尤不可謂性有惡。譬如夏至陰生，而夏不得謂之冬。冬至陽生，而冬不得謂之夏也。　許君説本孝經鈎命決，

曰：『情生於陰，性生於陽，陽氣者仁，陰氣者貪，故情有利欲，性有仁也。』緯書出於漢末，多本孔子之言。文子書曰：

『人生而靜，天之性也；感物而動，性之欲也。』管子曰：『凡民之生也，必以正平，所以失之也，必以喜怒哀樂。』漢詔

曰：『夫人之性，皆有五常，及其少長，耳目牽於嗜欲，故五常銷而邪心作。情亂其性，利亂其義。』性者所受

而生也，情者見物而動者也。』董仲舒曰：『命者天之令也，性者生之質也，情者人之欲也。』又曰：『謂性已善，奈其情

何？』此言情與情皆得之矣。　何以言情亦有善也？〈禮記〉之言喜怒哀樂，曰：『未發謂之中，發而皆中節謂之和。』管子

曰：『好不迫於惡，惡不失其情，欲不過其情。』是情未嘗不善。故易曰：『利貞者，性情也。』孟子曰：『乃若其情，則可

以爲善矣。』情有善，將欲與貪利亦善乎？　欲與貪利，即情之有喜有樂，發而中節，則無不善也。　孔子曰：『我欲仁。』又

曰：『己欲立、達而立、達人。』夫己欲立達，貪利也；能立達人，則貪利亦善。　故公劉太王之好，百姓同之。　孔子曰：『飲

食男女，人之大欲存焉。』欲未嘗不善也，欲勝則能亂性，故曰：『欲，焉得剛？』又曰：『欲不行爲仁，欲可以至於不

善。』而欲之名則無不善也。（張祥雲云：「欲與貪利亦善，語未安。夫就性之善推到情之善，又就情之善推到欲之

善，方足破浮屠斷欲去愛之説，自是快論。但『欲』字有二義，我欲仁與己『欲』立達之『欲』，猶之欲爲君盡君道之『欲』

字，只作虚字屑解之，不得與人之大欲並觀。欲原在情之中，未嘗不善；孟子曰：『養心莫善於寡欲。』又曰：『無欲其所不

欲。』夫不欲者既非善，則所欲者善矣，特當寡之以養心，即所謂欲勝則能亂性也。　至欲之外又添出貪利二字，則欲竟是

私欲，不得爲善，貪利尤不得爲善。所云公劉太王之好，以爲貪利亦善之證，究與上下文隔斷，且未明確。即己欲立達，

貪利也之句，亦覺未安。」

興案：本書保位權篇云：「聖人之制民，使之有欲，不得過節；使之敦樸，不得無欲。」是

惡，不可謂性也。聖人之治性也，以禮樂。禮節性，樂防情。其用性情也，以忠恕。忠率性，恕推情。其善性情也，以

道德。道其情之中和謂之德，得其性之至善謂之德。道德忠恕，皆本五常之教，舍五常則虛位也。五常以格物而能止

於善。格者，蒼頡篇曰『量，度也』。物者，事也。格物猶言量事，量其事之至善，即五常之事也。或言格，正也。格物言

正名其事，而後能擇善，知其事之至善，故曰致知。若魏顆用先人治命，晏子謂君為社稷死則死之，孔子謂要盟神勿信

之類，此謂執中之權。大學篇之致知，即中庸篇稱舜之大知。其格物即用中，中庸猶言用中。解者以庸為常，失之也。

何以言道德為虛位？道德離五常，易稱小人道長，禮稱左道，書稱凶德，傳稱昏德是也。忠恕非五常亦為虛位，非其親

曀，誰敢任之？則忠者非忠。以小人之腹為君子之心，則恕者非恕也。故聖人貴實而惡虛，言有不言無，貴剛而賤柔，

則儒者之異於道家，三代之學之異於宋學也。」輿案：以陰陽言性，始于董子，孫氏此論，頗多闡發，然踳駁處亦多。

究而論之，則性者內事，善者外事，內事在天，外事在人。在天者一成不變，在人者吾可以致力焉。下以學相勤，上以教

自任，春秋之極治，使人人有士君子之行，躬親職此于上，而萬民生善於下，亦在乎勉行之而已矣。

實性第三十六

孔子曰：「名不正則言不順。」論語注馬云：「正百事之名。」鄭云：「正名謂正書字也。」古者曰名，今

世曰字。禮記曰：「百名以上，則書之載於策。」孔子見時教不行，故欲正其文字之誤。昭二十年「盜殺衛侯之兄輒」，

何注：「公子不言之，兄弟言之者，敵體詞。嫌於尊卑不明，故加之以絕之，所以正名也。」定公八年〔二〕「盜竊寶玉大弓」，

何注：「不言取而言竊者，正名也。」定公從季孫假馬，孔子曰：『君之於臣，有取無假。』而君臣之義立。」（事亦見韓詩

外傳、新序雜事篇。）白虎通姓名篇論人名、漢薛宣傳定刑律、王莽傳立臨爲統義陽王，並引孔子正名語。蓋名所包者

廣，文字特一端。有一名必有一字，假，取皆字義，此篇釋「性」字「善」字，特引此語，固包括文字在內。穀梁僖十九年

傳亦云：「梁亡，鄭棄其師，我無加損焉，正名而已。」孔子曰：「必也正名乎？名不正則事不成。」又云：「同異生是非，

所以別同異，明是非，道義之門，教化之準繩也。」正名固春秋學之公例也。晉書隱逸傳載魯勝注墨辯敍云：「名者

是非生吉凶，取辯於一物，而原極天下之汙隆，名之至也。」說名字亦精。若公孫龍尹文子之徒，雖亦據吾夫子正名爲

說，然區區物質形色之辨，其學小矣。今謂性已善，不幾於無教而如其自然！謂任之而不加教。又不

順於爲政之道矣。且名者性之實，實者性之質。以名言之，則性爲生；以實言之，則性爲質。而質原

於生，是名亦實也。質無教之時，何遽能善？○盧云：「『質』字舊誤作之，大典本作也，何本作質之二字。今

案：止當作質字爲是。」善如米，性如禾。禾雖出米，而禾未可謂米也。性雖出善，而性未可謂

善也。米與善，人之繼天而成於外也，非在天所爲之內也。天所爲，有所至而止。止之內

謂之天，止之外謂之王教。王教在性外，而性不得不遂。故曰性有善質，而

未能爲善也。豈敢美辭，其實然也。盧云：「美辭，疑是異辭。」天之所爲，止於繭麻與禾。○凌本

〔二〕「八年」，原誤「九年」，據公羊傳定公八年改。

「麻」作蔴。下同。 以麻爲布，以繭爲絲，以米爲飯，當作「以禾爲米」。 以性爲善，此皆聖人所繼天

而進也，非情性質樸之能至也，故不可謂性。 正朝夕者視北辰，正嫌疑者視聖人。 聖人之

所名，天下以爲正。 今按聖人言中，本無性善名，○凌本「言」下有之字。 而有善人吾不得見之

矣。 盧云：「矣，疑當作歟。」 興案：有，疑曰之誤。 使萬民之性皆已能善，○官本云：「他本『已』作以。」

善人者何爲不見也？ 觀孔子言此之意，以爲善甚難當。 ○天啟本「甚」在「當」下，凌本同。 而孟

子以爲萬民性皆能當之，過矣。 聖人之性不可以名性，斗筲之性又不可以名性，蓋

孔子所謂下愚。 論語子路篇：「斗筲之人，何足算也。」朱子云：「言鄙細也。案人之品量不同，有天地之量者，聖人

也。 下此有江海之量，鐘鼎之量，釜斛之量，極于爲斗筲。 子貢問士，遞三下等。 而子以爲斗筲之人，蓋容善不多，自安

於鄙細者，其歸則愚也。」程子謂商辛才力過人，聖人以其自絕於善，謂之下愚，亦此意。 名性者，中

民，猶庸民。 見莊子則陽、徐无鬼篇。 亦爲中庸，賈誼過秦論「材能不及中庸」，□記作「中人」，中人即中民。 荀子王

制篇「中庸民不待政而化」潛夫論德化篇云「上智與下愚之民少，而中庸之民多。 中庸之生世也，猶鑠金之在鑪也，從

范變化，惟治所爲，方圓厚薄，隨鎔制爾。 是故世之善否，俗之厚薄，皆在於君」，義本于此。 中民之性如繭如卵。

卵待覆二十日而後能爲雛，凌云：「埤雅：今雞鶩孚卵，雞二十日而化。」繭待繰以涫湯而後能爲絲，

繰，當爲繹。 說文「繹，繹繭爲絲也」。 涫湯，即沸湯，史記龜筴傳「腸如涫湯」，音官。 ○涫，天啟本作綰。 性待漸於

教訓而後能爲善。 善，教訓之所然也。 ○天啟本「訓」作誨，凌本同。 非質樸之所能至也。 善所自有，則教訓已非

性。 性者宜知名矣，「性者」上疑有脫字。 善，教訓之所然也。 無所待而起，生而所自有也。 故不謂

性也。如善生而自有，則由教訓而後善者，已非性也。 是以米出於粟，而粟不可謂米；凌云：「春秋說題

辭『粟之爲言續也。粟五變：一變而以陽生爲苗，再變而秀爲禾，三變而祭，然後謂之粟，四變入白米出甲，五變而蒸

飯可食。』玉出於璞，而璞不可謂玉；善出於性，而性不可謂善。其比多在物者爲然，在性

者以爲不然，何不通於類也？卵之性未能作雛也，繭之性未能作絲也，麻之性未能爲縷

也，粟之性未能爲米也。春秋別物之理以正其名，名物必各因其真。真其義也，○盧云：

『其義』上本或無『真』字，何本有。 錢疑當作名。 蘇案：作真亦通，以事言則爲義，以物言則爲情，必得其真而後

可以爲名。 真其情也，乃以爲名。 聖人正名而後循之，是故物曰名物，義曰名義，象曰名象。有浸假而失其真

者，故名家別自有學。 名實石則後其五，退飛則先其六，此皆其真也。聖人於言無所苟而已

矣。 性者，天質之樸也；善者，王教之化也。 中庸：「率性之謂道，修道之謂教。」荀子禮論云：「性者，

本始質樸也，僞者，文理隆盛也。無性則僞之無所加，無僞則性不能自美。」亦此數語意。僞者，爲也，王教之謂也。易

曰：『后以裁成輔相左右民』，洪範曰：『剛克柔克』，皆教之效也。是故古者無不教之民。教于何始？則所云三綱、五紀、

八端之理，其大端已。 無其質，則王教不能化；無其王教，則質樸不能善。 張惠言云：『無其質』二

句，與孟子荀子義俱大同。固知三子言性，其歸一也。」 蘇案：白虎通三教篇：「民有質樸者，不教不成。故尚書

曰：『以教祇德。』鄭箋詩角弓『毋教猱升木』云：「以喻人之心皆有仁義，教之則進也。」並與此義同。 質而不以

善性，盧云：「句疑有訛。」 蘇案：疑作「質不能而以善性」。 其名不正，故不受也。 此篇與深察名號詞多

複，知出後人掇拾。

生育養長，成而更生，終而復始，其事所以利活民者無已。○官本云：「他本『者』下有而字。」天雖不言，其欲贍足之意可見也。古之聖人，見天意之厚於人也，故南面而君天下，必以兼利之。爲其遠者目不能見，其隱者耳不能聞，於是千里之外，割地分民，而建國立君，使爲天子視所不見，聽所不聞，白虎通封公侯篇：「王者立三公、九卿、二十七大夫，足以教道昭幽隱。必復封諸侯何？重民之至也。」朝者召而問之也。○凌本「者」作夕。諸侯之爲言，猶諸侯也。周禮職方氏「侯服」注：「侯，爲王者斥候也。」○凌本無「之」字。

五行對第三十八

玉海五：「春秋繁露有陰陽五篇，五行八篇，天地陰陽一篇。」今按其目，則此篇及五行之義、五行相生、五行相勝、五行逆順、治水五行、治亂五行、五行變救、五行五事，凡九，或不數此篇也。陰陽五篇，則爲陽尊陰卑、陰陽位、陰陽終始、陰陽義、陰陽出入，是也。天地陰陽今在第十七卷中。

河間獻王問溫城董君曰：凌云：「漢書：河間獻王德，以孝景二年立。修學好古，實事求是。」沈欽韓

云：「漢志：信都國有昌城縣。」續志：「安平國阜城，故昌城。」元和志：「阜城，漢屬信都國。所云溫城董君，疑是昌城之誤。蓋廣川爲國，而昌城其縣也。」

興案：本傳：「仲舒，廣川人。」漢志：「廣川屬信都國，又有脩縣。」顏注：「音條。」續志：「後漢改屬渤海。」水經河水注：「王莽河瀆自平原鬲來，北逕脩縣故城，東下入平原安張甲河。左瀆自廣川來，東北至脩縣東會清河。」又濁漳水注云：「桑社溝水自信都觀津來，東逕董仲舒廟南，又東逕脩市縣故城北，俗謂之溫城，非也。」應劭云：「脩縣西北二十里有脩市城，桑社溝下入信都脩。」一統志：「脩故城在今景州南，脩市故城在今景州西北。」魏地形志：「冀州勃海郡脩縣有董仲舒祠。」沈以漢志昌城〔志作昌成〕當之，誤矣。○天啟本「城」作成。「孝莽曰居寧。」據此，仲舒爲廣川脩縣之脩市城人，溫城其俗稱也。

興案：漢志：「勃海郡有脩國，金之爲言禁也。」

經曰：『夫孝，天之經，地之義。』何謂也？」對曰：「天有五行，木火土金水是也。木生火，火生土，土生金，金生水。

白虎通五行篇：「金生水，水滅火，報其理。水之爲言準也，養物平均，有準則也。」南齊五行志引洪範五行傳曰：「水，北方，冬藏萬物，氣至陰也。」

水爲冬，白虎通：「水位在北方。北方者，陰氣在黃泉之下，任養萬物。水之爲言準也，養物平均，有準則也。」火生土，土則害水，莫能而禦。」

火爲夏，白虎通：「火在南方。南方者，陽在上，萬物垂〔二〕枝。火之爲言委隨也，言萬物布施。」木爲春。白虎通：「木在東方。東方

木生火生土，土生金，金生水。

金爲秋，白虎通：「金在西方。西方者，陰始起，萬物禁止。」火在南方。南方者，陽在上，萬物垂〔二〕枝。

土爲季夏，白虎通：「土在中央。中央者，主吐〔一〕含萬物。土之爲言吐也。」

〔一〕「吐」原誤「上」，據白虎通五行篇改。

〔二〕「垂」字，原作「委」，據五行篇改。

者，陽氣〔一〕始動，萬物始生。木之爲言觸也。陽氣動躍，觸地而出也。」春主生，夏主長，季夏主養，秋主收，冬主藏。藏，冬之所成也。是故父之所生，其子長之；父之所長，其子養之；父之所養，其子成之。諸父所爲，諸，猶凡也。其子皆奉承而續行之，鹽鐵論論菑篇：「文學曰：始江都董生推言陰陽四時相繼，父生之，子養之，母成之，子藏之。故春生仁，夏長德，秋成義，冬藏禮。此四時之序，聖人之所則也。」白虎通論人事，取法五行，亦多以父子爲說。不敢不致如父之意，盡爲人之道也。故五行者，五行也。語亦見五行之義篇。盧云：「上『行』如字。下『行』下孟反。」由此觀之，父授之，子受之，乃天之道也。故曰：夫孝者，天之經也。此之謂也。王曰：「善哉。天經既得聞之矣，願聞地之義。」對曰：「地出雲爲雨，起氣爲風。此之謂也。」〇黄氏日鈔作「地不敢有其功，一歸于天」。凌云：「春秋元命苞：『陰陽聚而爲雲，和而爲雨，陰陽怒而爲風。」按御覽引繁露『陰陽』二氣之初烝也，若有若無，團攢聚合，其體稍重，乘虛而墜。風多則合速，故雨大而疏，風少則合遲，故雨細而密。』爲今繁露所無。」風雨者，地之所爲。地不敢有其功名，必上之於天。

命若從天氣者，上「命」字，疑在下句「曰」字上。〇凌本「天氣」作天命。凌云：「天氣」作「天命」。御覽引春秋元命苞：「土無位而道在，故太乙不興化，人主不任職。地出雲起雨，以合從天下，勤勞歸于地，功名歸於天。」注云：「上以謙自正，以卑自斂，故曰天風天雨也，莫曰地風地雨也。氣，疑作下。陽尊陰卑篇云：「出雲起雨，必令從之下，命之曰天雨。」此即易坤卦「含章可貞」、「無成有終」之義。勤勞在地，名一歸於天也。

〔一〕「者，陽氣」三字，據五行篇補。

終不自伐生養之苦，乃興雲雨以爲功，一歸於天。」元命苞首三語，又引見白虎通。 非至有義，其孰能行此？

故下事上，如地事天也，可謂大忠矣。 莊二十五年何注：「大水與日食同禮者，水亦土地所爲，雲實出於地

而施於上，乃雨歸功於天，猶臣歸功於君，

不與火分功名。 白虎通：「土所以王四季何？木非土不能生，火非土不榮，金非土不成，水非土不高。土扶危助

衰，歷成其道，故五行更王，亦須土也。土四季居中央，不名時。」又云：「土所以不名時者，地王之別名也。比於五行最

土者，火之子也。 五行莫貴於土。 土之於四時無所命者，

尊，故不自居部職也。」 木名春，火名夏，金名秋，水名冬。 忠臣之義，孝子之行，取之土。 漢書藝

文志陰陽家有「于長天下忠臣」殆即此義。 白虎通：「主幼臣攝政，何法？法土用事於季孟之閒也。子順父，妻順夫，

臣順君，何法？法地順天也。」 土者，五行最貴者也，其義不可以加矣。 五聲莫貴於宮，五味莫美

於甘，五色盛於黃， 周語：「宮，音之主也。」淮南墜形訓：「音有五聲，宮其主也」；色有五章，黃其主也」；味有

五變，甘其主也。」 位有五材，土其主也。」〇凌本「盛」作貴。 此謂孝者地之義也。」王曰：「善哉！」俞云：

「河閒獻王以『夫孝，天之經，地之義』爲問，董子以『天有五行』對『天之經』矣。又對『地之義』曰：『地出雲爲雨，起氣

爲風。風雨者，地之所爲。地不敢有其功名，必上之於天。命若從天氣者，故曰天風天雨也，莫曰地風地雨也。勤勞在

地，名一歸於天，非至有義，其孰能行此？ 故下事上，如地事天也，可謂大忠矣。」以下當云：『此謂孝者地之義也。』乃

又有此『土者，火之子也』八十二字。夫上文既以五行爲天之經矣，此豈又以五行爲地之義乎？反覆推求，此八十二

乃五行之義篇脫簡，誤羼於此耳。今訂正，當云：『五行之主，土氣也，猶五味之有甘肥也，不得不成。 土者，火之子也，

五行莫貴於土。 土之於四時無所命者，不與火分功名。 木名春，火名夏，金名秋，水名冬，忠臣之義，孝子之行，取之土。

土者，五行最貴者也，其義不可以加矣。 五聲莫貴於宮，五味莫美於甘，五色莫貴於黃，是故聖人之行莫貴於忠，土德之

為也。人官之大者，不名所職，相其是矣。天官之大者，不名所生，土是矣。」

篇，于文為複。此自取五行之土説地耳。

與案：俞説非。若以此入五行之義

闕文第三十九

闕文第四十

春秋繁露義證卷第十一

爲人者天第四十一 ○官本云：「他本『天』下有地字。」

爲生不能爲人，爲生者，父母。爲人者天也。人之人本於天，盧云：「人之人，疑當作人之爲人。」天亦人之曾祖父也。本書順命篇：「天者萬物之祖。」觀德篇：「天地者，先祖之所自出。」莊子達生篇：「天地者，萬物之父母也。」語意正同。張子「乾父坤母」之説，亦本於此。此人之所以乃上類天也。即此可悟天地與吾同體，萬物與吾同氣之理。○凌本無「乃」字。人之形體，化天數而成，官制象天篇：「求天數之微，莫若於人。人之身有四肢，每肢有三節。天有四時，每一時有三月。」漢翼奉傳云：「陽用其精，陰用其形，猶人之有五藏六體。五藏象天，六體象地，故藏病則氣色發於面，體病則欠伸動於貌。」又由形體推於五藏。人之血氣，化天志而仁，天地陰陽篇：「天志仁，其道也義。」案血氣流通，猶天心周溥，故病麻木者謂之不仁。○官本云：「他本『仁』作行。」人之德行，化天理而義。理，猶分也，義，以剖析精眇爲功，故化天之文理。基義篇：「是故仁義制度之數，盡取之天。」人之好惡，化天之暖清；人之喜怒，化天之寒暑；人之受命，化天之四時。人生

有喜怒哀樂之答，春秋冬夏之類也。

喜怒哀樂出於天，聖人但正其發而已，故可節而不可止。〈墨子貴義篇

乃云：「必去喜、去怒、去樂、去悲、去愛，而用仁義。」莊子刻意篇亦云：「悲樂者德之邪，喜怒者道之失，好惡者德之失。」又庚桑楚篇云：「惡、欲、喜、怒、哀、樂六者，累德也。」何晏本之，遂以爲聖人無喜怒哀樂，斯失之矣。

喜，春之答也；怒，秋之答也；樂，夏之答也；哀，冬之答也。天之副在乎人。人之情性有由天者矣。故曰受，由天之號也。

受，句絶。即五行對所云：「父授子受，乃天之道也。」〈可生〉上疑有脫字。

「天」字從大典本，他本多作愛。 號，猶謂也。

爲人主也 也，疑者。 道莫明省身之天，如天出之也。 ○官本云：「他本『如』下無

聖人之情，順萬物而應之，所以體天也。

『天』字。」使其出也，答天之出四時而必忠其受也，○盧云：「受，

則堯舜之治無以加。是可生可殺，而不可使爲亂。故曰：「非道不行，非法不言。」〈語見孝

表記：「子曰『事君可貴可賤，可富可貧，可生可殺，而不可使爲亂。』」〈禮

經〉

此之謂也。

傳曰：唯天子受命於天，天下受命於天子，一國則受命於君。君命順，則民有順命；君命逆，則民有逆命。故曰：「一人有慶，兆民賴之。」此之謂也。 文與表記畧同。 疑是順命篇錯簡。

傳曰， ○天啟本不提行。 政有三端：父子不親，則致其愛慈；大臣不和，則敬順其禮；百姓不安，則力其孝弟。孝弟者，所以安百姓也。力者，勉行之身以化之。

「力」字，爲董子言學之旨。

故曰：「無王教則質樸不能善。」又曰：「事在勉強。」天地之數，不能獨以寒暑成歲，必有春夏秋冬。

所以調和寒暑者和也。

聖人之道，不能獨以威勢成政，必有教化。故曰：先之以博愛，教

以仁也；賈子道術篇：「心兼愛人謂之仁。」韓愈原道：「博愛之謂仁。」○凌本「教」下有之字。難得者，君子不貴，不貴難得之利。教以義也。雖天子必有尊也，教以孝也；胡思敬云：「難得包索隱行怪在內。」必有先也，教以弟也。孝經「故雖天子，必有尊也，言有父也；必有先也，言有兄也。」此威勢之不足獨恃，○官本云：「他本無『之』字。」而教化之功不大乎？

傳曰：天生之，地載之，聖人教之。君者，民之心也；民者，君之體也。心之所好，體必安之；君之所好，民必從之。○官本云：「他本『好』作命。」故君民者，貴孝弟而好禮義，重仁廉而輕財利，躬親職此於上，而萬民聽，生善於下矣。胡思敬云：「『聽』字，句絕。」○韓詩外傳一句首有「傳曰」二字。故曰：「先王見教之可以化民也。」語見孝經。衣服容貌者，所以說目也；○天啟本「聲音」作聲言，外傳作言語。說苑修文篇與此同。聲音應對者，所以說耳也；好惡去就者，所以說心也。○「好惡去就」說苑作嗜欲好惡。故君子衣服中而容貌恭，則目說矣；○外傳、說苑作「就仁去不仁」。言理應對遂，則耳說矣；○外傳、說苑作「言語遜應對給」，說苑作「言語順應對給」。好仁厚而惡淺薄，就善人而遠僻鄙，則心說矣。故曰：「行思可樂，容止可觀。」二句見孝經。○凌本「思」作意。此之謂也。○各本在五行對篇末，張惠言云：「與此篇一類」。茲依凌本從張說移。

五行之義第四十二

天有五行：一曰木，二曰火，三曰土，四曰金，五曰水。此與洪範五行之次不同。洪範一水，二火，三木，四金，五土。鄭康成以爲本陰陽所生之次是也。此以四時更迭休王爲序，所謂播五行於四時也。素問、淮南原道訓、白虎通並用洪範。木，五行之始也；水，五行之終也；土，五行之中也。此其天次之序也。木生火，火生土，土生金，金生水，水生木，此其父子也。木生火者，木性溫暖伏其中，鑽灼而出，故生火。火生土者，火熱故能焚木，木焚而轉相生，故有終始也。木生火，火生土，土生金，金生水，水生木。是以木王、火相、土死、金囚、水休。王所勝者死，囚王者休。又五行大義引白虎通云：「木生火者，木性溫暖伏其中，鑽灼而出，故生火。火生土者，火熱故能焚木，木焚而成灰，灰即土也，故火生土。土生金者，金居石依山，津潤而生，聚土成山，山必生石，故土生金。金生水者，少陰之氣溫潤流澤，銷金亦爲水，所以山雲而從潤，故金生水。水生木者，因水潤而能生，故水生木。」木居左，金居右，火居前，水居後，土居中央，此其父子之序，相受而布。是故木受水，而火受木，土受火，金受土，水受金也。諸授之者，皆其父也；受之者，皆其子也。白虎通五行篇：「父死子繼，何法？法木終火王也。」國語周語：「顓頊之所建也，帝嚳受之。」韋注：「顓頊水德之王，立於北方。帝嚳木德，故受之於水。」即此授受之義。常因其父以使其子，天之道也。五行家命所生者或爲父，或爲母，取義一也。而緯家推衍，遂益其誕，如以金不畏土而畏火爲不以父命辭王父命之類。見御覽引帝命驗及白虎通五行篇，今不取。是故木已生

而火養之，金已死而水藏之，〈凌本「水」作木。〉火樂木而養以陽，水剋金而喪以陰，土之事火竭其忠。故五行者，乃孝子忠臣之行也。五行之爲言也，猶五行歟？〈白虎通：「言行者，言爲天行氣之義。」永樂大典鑒字部引鄭云：「順天行氣。」釋名釋天：「五行者，五氣也，於其方各施行也。」與此義微別。〉是故以得辭也，〈得辭，猶得名。〉聖人知之，故多其愛而少嚴，〈句。〉厚養生而謹送終，就天之制也。以子而迎成養，如火之樂木也。〈白虎通五行篇：「子養父母何法？法夏養長木，此火養母也。」又云：「父爲子隱何法？法木之藏火也。」又諫諍篇論誅不避親云：「子諫父，父不從，不得去者，父子一體而分，無相離之法，猶火去木而滅也。」又論子諫父云：「子之諫父，法火以揉木也。」後漢書荀爽傳：「臣聞之師曰：『漢爲火德，火生于木，木盛于火，故其德爲孝，其象在周易之離。』夫在地爲火，在天爲日。在天者用其精，在地者用其形。夏則火王，其精在天，溫暖之氣，養生百木，是其孝也。冬時則廢，其形在地，酷烈之氣，焚燒山林，是其不孝也。故漢制使天下誦孝經，選吏舉孝廉。」爽所引蓋春秋說。〉喪父，如水之剋金也。〈白虎通五行篇：「子喪父母，何法？法木不見水則憔悴也。」與此取象異。案義，白虎通爲長。〉事君，若土之敬天也。可謂有行人矣。〈白虎通五行篇：「行有五，時有四何？〉五行之隨，各如其序，五行之官，各致其能。是故木居東方而主春氣，火居南方而主夏氣，金居西方而主秋氣，水居北方而主冬氣。是故木主生而金主殺，火主暑而水主寒，使人必以其序，官人必以其能，天之數也。〈數，猶道也。〉土居中央，爲之天潤。〈爲，謂同。〉土者，天之股肱也。其德茂美，不可名以一時之事，故五行而四時者，土兼之也。四時爲時，五行爲節。故木王即謂之春，金王即謂之秋，土尊不任職，君不居部，故時有四也。」金木水火雖各職，

各，疑作名。五行對云：「木名春，火名夏，金名秋，水名冬。」不因土，方不立，若酸鹹辛苦之不因甘肥不

能成味也。甘者，五味之本也；土者，五行之主也。月令正義「土雖處於夏末，而實爲四行之主」用

董説。白虎通：「土味所以甘何？中央者，中和也，故甘，猶五味以甘爲主也。」五行之主土氣也，猶五味之

有甘肥也，不得不成。不得土則四行不成，不得甘則四味不和。是故聖人之行，莫貴於忠，土德之

謂也。人官之大者，不名所職，相其是矣。漢書百官公卿表序云：「六卿各有徒屬，職分用於百事。太師、太傅、太保，是爲三公。蓋參天

子坐而議政，無不總統，故不以一職爲官名也。」天官之大者，不名所生，土是矣。生，疑主之誤。

謂之宰，海内無不統焉。漢沿秦置丞相，若古三公。翟方進奏言：「春秋之義，尊上公

陽尊陰卑第四十三 凌云：「五行志：『周道敝，孔子述春秋，則乾坤之陰陽，效洪

範之咎徵，天人之道粲然著矣。漢興，承秦滅學之後，景武之世，董仲舒治公羊春秋，

始推陰陽，爲儒者宗。』乾鑿度：『陽得正於上，陰得正於下。尊卑之象，定禮之序

也。』」

天之大數，畢於十旬。李兆洛云：「下兩『旬』字屬下。旬者，均也。」俞云：「上『旬』字衍文。天地陰陽

篇云：『天、地、陰、陽、木、火、土、金、水九，與人而十者，天之數畢也。』是天之數非以旬計，安得言十旬乎？下兩『旬』

字乃匊字之誤。匊者，周匝之本字也。基義篇同，而『畢於十』又誤作畢有十。」旬天地之間，十而畢舉；易「天

一地二，天三地四，天五地六，天七地八，天九地十。」旬生長之功，十而畢成。十者，天數之所止也。○

官本云：「他本作之數。」「古之聖人，因天數之所止，以爲數紀。十如更始，盧云：「如，與而同。」民世傳之，而不知省其所起。知省其所起，則見天數之所始，見天數之所始，則知貴賤逆順所在，……文選西征賦注：「列子曰：『夫易者，未見氣也，易變而爲一。』」又曰：「一者，形變之始也，輕清者上爲天，重濁者下爲地，中和之氣者爲人。」又遊天台賦注引老子曰：「道生一。」王弼曰：「一，數之始而物之極也。」知貴賤逆順所在，則天地之情著，聖人之寶出矣。寶，疑作實，情亦實也。聖人治天下，莫大於使人懷名分而安秩序。易一畫而始乾，春秋開章變一而書元，胥此意也。而禮由是立矣。○盧云：「舊本『則』下有知字，衍。」是故陽氣以正月始出於地，生育長養於上。至其功必成也，而積十月。盧云：「『必』，與畢通。」興

案：歲十二月，而云二十月功成者，十一月十二月皆陽氣萌芽之時，助陽非成物也。○官本云：「他本『也』作矣。」人亦十月而生，合於天數也。凌云：「大戴禮易本命『天一，地二，人三。三三而九，九九八十一。……一主日，日數十，故人十月而生。』」是故天道十月而成，○盧云：「『天道』二字，舊本脫，今補。」人亦十月而成，合於天道也。故陽氣出於東北，入於西北，發於孟春，畢於孟冬，物莫不應是。陽始出，物亦始出；陽方盛，物亦方盛；陽初衰，物亦初衰。物隨陽而出入，數隨陽而終始，三王之正隨陽而更起。白虎通五行篇：「九月謂之無射。射者，終也。言萬物隨陽而終，當復隨陰而起，無有終已也。」三正篇：「三微者何謂也？陽氣始施黃泉，動微而未著。」以此見之，陰陽終始篇亦有此語，猶言由此觀之。貴陽而

賤陰也。故數日者，據畫而不據夜；數歲者，據陽而不據陰。陰不得達之義。對册云：「終陽以成歲爲名。」是故春秋之於昏禮也，達宋公而不達紀侯之母。紀侯之母宜稱而不達，宋公不宜稱而達，見隱二年[一]傳。○盧云：「舊本作『達未宋公而不達，宋公不宜稱而達』，誤。今案傳增正。」達陽而不達陰，以天道制之也。丈夫雖賤皆爲陽，○丈夫，天啟本作丈夫。婦人雖貴皆爲陰。漢書杜鄴傳：元壽元年日食對：「臣聞陽尊陰卑，卑者隨尊，尊者兼幷，天之道也。是以男雖賤，各爲其家陽，女雖貴，猶爲其國陰。故禮明三從之義，雖有文母之德，必繫於子。春秋不書紀侯之母，陰義殺也。」正用董義。王吉傳：「漢家列侯尚公主，諸侯則國人承翁主，使男事女，夫紲於婦，逆陰陽之位，故多女亂。」京房易傳載湯嫁妹之詞曰：「陰從陽，女順夫，天地之義也。」後漢荀爽傳：「王姬嫁齊，使魯主之，不以天子之尊加於諸侯也。」陰之中亦相爲陰，陽之中亦相爲陽。諸在上者皆爲其下陽，諸在下者皆爲其上陰。如父兄在上，子弟在下，然子弟復自爲父兄，是在上者爲其下陽。后夫人居中爲陰，然爲媵妾之長，是爲其上陰。陰猶沈也。文選江文通詣建平王上書云：「天光沈陰，左右無色。」注引月令章句：「陰者，密雲也；」沈者，雲之重也。」何名何有，皆并一於陽，昌力而辭功。即坤道代終無成之義。董發此義至晰。故出雲起雨，必令從之下，之，當爲天。何名何有天雨。又見五行對篇。不敢有其所出，上善而下惡。惡者受之，善者不受。○各本此下接下篇「夫喜怒哀樂之發」至「而人資諸天」。張惠言云：「當接『土若地』至『此見天之近陽而遠陰』。」今從凌本移。土若地，

[一]「二年」，原誤「三年」，據凌本及公羊傳改。

義之至也。○官本云：「他本『至』作『主』。」是故春秋君不名惡，臣不名善，善皆歸於君，惡皆歸於臣。白虎通五行篇：「善稱君，過稱己，何法？法陰陽共敘共生，陽名生，陰名煞。臣有功，歸功於君，何法？法歸明於日也。」墨子尚賢篇：「賢人唯毋得明君而事之，竭四肢之力，以任君之事，終身不倦。若有美善，則歸之上。是以美善在上，而所怨謗在下。寧樂在君，憂感在臣。」臣之義比於地，故爲人臣者，視地之事天也。凌云：「文選注：『墨守曰：君者，臣之天也。』」爲人子者，視土之事火也。雖居中央，亦歲七十二日之王，義凌云：「家語『天有五行水火金木土，分時化育，以成萬物』」注：「一歲三百六十日，五行每行各主七十二日，化生長育，一歲之功，萬物莫敢不成。」興案：此七十二日專以土言。晉書禮志：「高堂隆以爲黄於五行，中央土也。王四季各十八日，土生於火，故用事之末服黄，三季則否。」月令正義：「土每時寄王十八日」是一歲合計得七十二。傅於火以調和養長，然而弗名者，皆并功於火，火得以盛，不敢與父分功美，孝之至也。見五行之義篇。○官本云：「他本無『功』字。」案：凌本「父」作「天」。地也。地事天也，猶下之事上也。白虎通五行篇：「地之承天，猶妻之事夫，臣之事君也。其位卑，卑者親視事，故自同於一行，尊於天也。」又云：「子順父，妻順夫，臣順君，何法？法地順天也。」地，天之合也，物無合會之義。地雖爲天之合，而不敢不事天，故曰「物無合會」。句例與「陰不得達」之義同。是故推天地之精，○盧云：「本或無『地』字。」運陰陽之類，以別順逆之理。安所加以不在？俞云：「以，猶而也。」在上下，○各本脱「在」字。錢云「當有」。今從凌本補。在大小，在強弱，在賢不肖，在善惡。惡之屬盡爲陰，善之屬盡爲陽。陽爲德，陰爲刑。後漢朱穆傳云：「夫善道屬陽，惡道屬陰。」凌云：「淮南子：『日冬

至則斗北，中繩，陰氣極，陽氣萌，故曰冬至爲德。日夏至則斗南，中繩，陽氣極，陰氣萌，故曰夏至爲刑。』大戴禮：『子曰：有天德，有地德，有人德，此謂三德。三德率行，乃有陰陽。陽爲德，陰爲刑。』

輿案: 董言治以德爲主，然其對高園便殿火云：「視親戚貴屬在諸侯遠正最甚者，忍而誅之。視近臣在國中處旁側及貴而不正者，忍而順於德」，呂步舒以爲大愚，蓋誤以爲與師說悖耳。

刑反德而順於德，亦權之類也。 凌云：「猶權之反於經，然後有善者也。」

雖曰權，皆在權成。 輿案: 疑當作「雖曰權（句）」皆以經成」。 盧云：「句未詳。皆在，本亦作在皆。」

是故陽行於順，陰行於逆。逆行而順，順行而逆者，陰也。 疑有「者陽」二字。

是故天以陰爲權，以陽爲經。陽出而南，陰出而北。經用於盛，權用於末。以此見天之顯經隱權，前德而後刑也。 行權出於禮窮，後人當用其顯而慎其隱。

故曰：陽天之德，陰天之刑也。

陽氣暖而陰氣寒，陽氣予而陰氣奪，陽氣仁而陰氣戾，陽氣寬而陰氣急，陽氣愛而陰氣惡，陽氣生而陰氣殺。是故陽常居實位而行於盛，陰常居空位而行於末。 凌本「空位」作空虛。

天之好仁而近， 「仁」下，疑有奪字。 惡戾之變而遠， 疑有奪字。 大德而小刑之意也。

先經而後權，貴陽而賤陰也。故陰，夏入居下，不得任歲事，冬出居上，置之空處也。 俞云：「處，乃虛字之誤。上文曰『陰常居空虛』是也。漢書董仲舒傳『陰常居大冬，而積於空虛不用之處』，亦作空虛可證。」

養長之時伏於下，遠去之，弗使得爲陽也。無事之時起之空處，使之備次陳，守閉塞

也。○官本云：「他本『使』誤作備」。此皆天之近陽而遠陰，○官本「皆」作見〔二〕，云：「他本作有」。自「土若

地」至此，各本在王道通三篇。

大德而小刑也。是故人主近天之所近，遠天之所遠；大天之所

大，小天之所小。是故天數右陽而不右陰，務德而不務刑。刑之不可任以成世也，猶陰之

不可任以成歲也。爲政而任刑，謂之逆天，非王道也。

對册云：「天道之大者在陰陽。陽爲德，陰爲

刑。刑主殺而德主生。是故陽常居大夏，而以生育養長事爲；陰常居大冬，而積於空虛不用之處。以此見天之任德不

任刑也。天使陽出布施於上而主歲功，使陰入伏於下而時出佐陽。陽不得陰之助，亦不能獨成歲。終陽以成歲爲名，

此天意也。王者承天意以從事，故任德教而不任刑。刑者不可任以治世，猶陰之不可任以成歲也。爲政而任刑，不順

於天，故先王莫之肯爲也。」語又載樂志。此董言陰陽大義所在。鹽鐵論詔聖篇：「文學曰：『天道好生惡殺，好賞惡

罰。故使陽居于實而宜德施，陰藏于虛而爲陽佐輔。陽剛陰柔，季不能加孟，此天賤冬而貴春，申陽屈陰。故王者南面

而聽天下，背陰向陽，前德而後刑也。』」蓋用董義。

王道通三第四十四 凌云：「説文通論：『王者則天之明，因地之義，通人之情，一

以貫之，故于文貫三爲王。王者，居中也，皇極之道也。三者，天地人也。』」

古之造文者，凌云：「孝經援神契：『倉頡文字者，總而爲言，包意以名事也。分而爲義，則文者祖父〔三〕字

者子孫。得之自然，備其文理，象形之屬，則謂之文。』法苑珠林：『造書凡有三人：長名曰梵，其書右行；次名曰佉盧，其書左行；少者倉頡，其書下行。』○初學記、藝文類聚十一引並作「古之人造文字者」。

三畫而連其中，謂之王。○藝文類聚十一引作「連中者，通其道也」。三畫者，天地與人也，而連其中者，通其道也。○説文「王」下引董仲舒曰：「古之造文者，三畫而連其中謂之王。三者，天地人也，而參通之者王也。」孔子曰：『一貫三為王。』初學記九作「取天地與人之才而三通之，非王者其孰若是乎」。○藝文類聚十一引董子，作「取天地與人之才而參之，非王者其孰能若是乎」。取天地與人之中以為貫而參通之，非王者孰能當是乎」。○天啟本無「是」字，凌本同。尚書大傳：「天地人道備，而三五之運興矣。」尸子：「堯問于舜曰：『何事？』曰：『事天。』問：『何任？』曰：『任地。』問：『何務？』曰：『務人。』」此亦王者參通天地人之義。蓋上世帝王初起，皆以道德學術過人，故造文如此。秦漢以後，而其局一變矣。

是故王者唯天之施，○盧云：「此句『而』字舊作如，亦本通。」而循之諸人，治其志而歸之於仁。治，疑作法。法其數而以起事，治其道而以出法，疑當「法其道而以出治」。施其時而以成之，疑脱二字。施，疑作法。天地陰陽篇：「天志仁。」天覆育萬物，既化而生之，仁之美者在於天。天，仁。又養而成之，本書俞序：「仁，天心。」○盧云：「舊本作大仁也，又一本作夫仁也，皆誤。」故王者必法天，以大仁覆育萬物，既化而生之，又養而成之。事功無已，終而復始，凡舉歸之以奉人。聖人奉天，天奉人，相參相互，以成事功，凡一本於仁而已。察於天之意，無窮極之仁也。人之受命於天也，取仁於天而仁也。取天之仁以為仁，故知善由於性生。

是故人之受命天之尊，盧云：「七字疑衍。下〔一〕『父兄』上當有有字。」父兄子弟之親，有忠信慈惠之心，有禮義廉讓之行，有是非逆順之治，文理燦然而厚，句。知廣大有而博，○盧云：「本或『有而』倒。」○官本云：「他本『知』作之。」　興案：此句尚疑有誤字。唯人道爲可以參天。天常以愛利爲意，○官本云：「他本『意』作義。」○盧云：「他本『意』作之。」以養長爲事，春秋冬夏皆其用也。王者亦常以愛利天下爲意，以安樂一世爲事，○盧云：「本或脱『一』字。」好惡喜怒而備用也。而備，疑當作皆其。然而主之好惡喜怒，乃天之春夏秋冬也，○而，疑作則。「主」下各本脱「之」字，今據下文補。其俱暖清寒暑而以變化成功也。盧云：「其俱，疑當作其諸。」○凌本「俱」作居。天出此物者，時則歲美，不時則歲惡。物，疑作四。人主出此四者，義則世治，不義則世亂。是故治世與美歲同數，亂世與惡歲同數，以此見人理之副天道也。天有寒有暑。○各本此下接上篇「土若地，義之至也」至「此皆天之近陽而遠陰」。張惠言云：「當接上篇〔二〕『夫喜怒』至『而人資諸天』爲一篇。」今從凌本移正，然此間疑尚有脱文。夫喜怒哀樂之發，與清暖寒暑，其實一貫也。○盧云：「一本『貫』作類。」喜氣爲暖而當春，怒氣爲清而當秋，樂氣爲太陽而當夏，哀氣爲太陰而當冬。四氣者，天與人所同有也，亦見陰陽義篇。非人所能蓄也，○官本云：「他本『能』作當。」故可節而不可止也。節之而順，止之而亂。人生於

〔一〕「下」字，據文義補。
〔二〕「上篇」二字，據凌本補。

三三二

天，而取化於天。喜氣取諸春，樂氣取諸夏，怒氣取諸秋，哀氣取諸冬，四氣之心也。四肢之答各有處，如四時；〇官本云：「他本無『答』字。」輿案：無「答」字是，因「各」字形近誤衍。可移，若肢體。肢體移易其處，謂之壬人；壬，佞衺之誤，與妖同。五行志：「貌之不恭，時則有下體生上之痾。」續志引洪範傳曰：「妖，敗胎也。」此云夭人，與敗歲對正合。壬人，爲佞邪，與此無涉。五行志：「妖猶夭胎。」所謂肢體移易也。寒暑移易其處，謂之敗歲；喜怒移易其處，謂之亂世。明王正喜以當春，正怒以當秋，正樂以當夏，正哀以當冬。上下法此，以取天之道。春氣愛，秋氣嚴，夏氣樂，冬氣哀。愛氣以生物，嚴氣以成功，樂氣以養生，哀氣以喪終，天之志也。王者喜怒哀樂之發，即禮樂刑政之用。中庸、中和之效，極之於天地位，萬物育，得此可證其理。是故春氣暖者，天之所以愛而生之；秋氣清者，天之所以嚴而成之；夏氣溫者，天之所以樂而養之；冬氣寒者，天之所以哀而藏之。春主生，夏主養，秋主收，冬主藏。〇天啓本「冬主藏」句在「秋主收」上，凌本同。生溉其樂以養，死溉其哀以藏。俞云：「溉，讀爲既，盡也。」輿案：溉，謂沾濡其氣，即沇瀿義。史記司馬相如傳「澎濞沆溉」，索隱「溉，一作瀣」是也。爲人子者也。文有奪誤。故四時之行，父子之道也；天地之志，君臣之義也；陰陽之理，聖人之法也。〇各本「行」誤比，「道」下無「也」字「理」上無「之」字「人」上無「聖」字，誤不可讀，今從御覽十七引補正。陰，刑氣也；陽，德氣也。陰始於秋，陽始於春。春之爲言，猶偆偆也；白虎通五行篇：「春之爲言，偆偆動也。」偆，蠢通。御覽十九引此文注云：「音蠢。又癡準

反。」四百六十七引直作「蠢」。〈禮鄉飲酒〉「春之為言蠢也。」〈風俗通祀典篇〉：「春者蠢也。蠢蠢搖動。」秋之為言，

猶湫湫也。倦倦者喜樂之貌也，湫湫者憂悲之狀也。〈禮鄉飲酒〉「秋之為言愁也」，〈鄭〉注：「愁讀為揫，揫斂也。」據此則憂悲正愁義，不必改字。「春之為言猶倦也，倦者喜樂之貌也。秋之為言猶湫也，湫者悲憂之狀也」又云：「倦，充尹切。湫，子由切。」〈御覽引書傳〉云：「秋者悲也，萬物愁而人也。」〇文選西京賦注引此四語，作

春喜夏樂，秋憂冬悲，悲死而樂生。以夏養春，以冬藏[一]秋，大人之志也。是故先愛而後嚴，樂生而哀終，天之當也。盧云：「當，即下篇所謂當於時也。或疑是常字。」人主立於生殺之位，與天共持變化之勢，物莫不應天化。天固有[二]此，然而無所之如其身而已矣。「無所之」三字，疑有誤。而人資諸天。○自「夫喜怒哀樂之發」至此，各本在陽尊陰卑篇。

誤。「如其身」者，言天道一同於人身。

〈宋玉九辨〉云：「秋既先戒以白露兮，冬又申之以嚴霜。收恢炱於孟夏兮，然坎傺而沈藏。」王逸注：「刑罰刻峻，上無仁恩以養民。夫天制四時，春生夏長，人君則之，以養萬物。秋殺冬藏，亦順其宜而行刑罰。故君賢臣忠，政合大中，則品庶安寧，萬物豐茂。上闇下偽，用法[三]殘虐，則貞良被害，草木枯落。」案宋意亦以天化比治化。又〈魏丁儀刑禮論〉曰：「天垂象，聖人則之。天之為歲也，先春而後秋；君之為治也，先禮而後刑。春以生長為德，秋以殺戮為功；禮以教訓為美，刑以威嚴為用。故先生而後殺，天之為歲；先教而後罰，君之為治也。天不以久遠更其春冬，而人也得以古

(一)「藏」字，凌本作「長」。

(二)「有」字，凌本作「如」。

(三)「法」原作「德」，據王逸注改。

「今改其禮刑哉？」天地之化如四時。所好之風出，則爲暖氣而有生於俗；所惡之風出，則爲清氣而有殺於俗。喜則爲暑氣而有養長也，○凌本「長」作成。怒則爲寒氣而有閉塞也。人主以好惡喜怒變習俗，○官本云：「他本作俗習。」而天以暖清寒暑化草木。喜怒時而當則歲美，不時而妄則歲惡。天地人主一也。然則人主之好惡喜怒，乃天之暖清寒暑也，不可不審其處而出也。當暑而寒，當寒而暑，必爲惡歲矣。○官本云：「他本『矣』作也。」人主當喜而怒，當怒而喜，必爲亂世矣。是故人主之大守，在於謹藏而禁内，内，與納同。謹藏，謂不輕發。禁内，乃，疑衍字。○官本云：「他本『使』上有而字。」如春秋冬夏之未嘗過也，可謂參天矣。深藏此四者而勿使妄發，可謂天矣。○凌本「天」作大。

使好惡喜怒必當義乃出，若暖清寒暑之必當其時乃發也。人主掌此而無失，使謂不逆受。

天容第四十五

[凌云：「淮南子：『天道玄默，無容無則。』」 輿案：天容，亦見本書符瑞及人副天數篇。]

天之道，有序而時，有度而節，變而有常，反而有相奉，本「反」作及。微而至遠，踔而致精，踔，與逴同，説文「遠也」。天道雖若超妙，而精理咸寓。春生與冬藏反，然相資以成歲功。○天啟一而少積蓄，

一，謂陰陽不兩起。「少」字疑有誤。　廣而實，虛而盈。　聖人視天而行。○黃氏日鈔「視」作祖。　是故其

禁而審好惡喜怒之處也，禁，即上篇謹藏禁內之義。　欲合諸天之非其時不出暖清寒暑也；○官本

云：「他本無『之』字。」其告之以政令而化風之清微也，欲合諸天之顛倒其一而以成歲也；兩句

竝疑有誤字。　其羞淺末華虛而貴敦厚忠信也，○天啟本「淺末」作滿末。案：末，疑本作薄。　欲合諸天

之默然不言而功德積成也；其不阿黨偏私而美汎愛兼利也，欲合諸天之所以成物者少霜

而多露也。　其內自省以是而外顯，下有脫文。　不可以不時，人主有喜怒，不可以不時。可亦

爲時，時亦爲義，數語疑有誤文。　喜怒以類〔二〕合，其理一也。　故義不義者，時之合類也，「不義」

二字，疑有誤。　而喜怒乃寒暑之別氣也。

天辨在人第四十六

難者曰：陰陽之會，凌云：「占夢疏、按堪輿黃帝〔三〕問天老事云：『四月陽建于巳，破于亥，陰建于未，

破于癸，是爲陽破陰，陰破陽，故四月有癸亥，爲陰陽交會。言未破亥者，即是未與丑對而近亥也。交會惟有四月、十月

〔二〕「類」字，凌本作「內」。
〔三〕「黃帝」，原作「皇帝」，據凌本改。

也。』一歲再遇〇天啟本不重下「遇」字，凌本同。

以下答難者之詞。

遇於南方者以中夏，遇於北方者以中冬。冬喪物之氣也，則其會於是何？如金木水火，各奉其所主以從陰陽，相與一力而并功。其實非獨陰陽也，然而陰陽因之以起，助其所主。故少陰因木而起，助春之生也；太陽因火而起，助夏之養也；少陰因金而起，助秋之成也；太陰因水而起，助冬之藏也。

凌云：「索隱：物理論『北極天之中，陽氣之北極也。極南爲太陽，極北爲太陰。太陰則無光，太陽則能照，故爲昏明寒暑之極也。』月令章句…『天之道，陰陽各有少，太，是生四時。少陽爲春，太陽爲夏，少陰爲秋，太陰爲冬也。』」

陰雖與水并氣而合冬，其實不同，陰陽與五行各自爲功。故水獨有喪而陰不與焉。是以陰陽[一]會於中冬者，非其喪也。春愛志也，夏樂志也，秋嚴志也，冬哀志也。不獨在人，亦在於天。故愛而有嚴，樂而有哀，四時之禍，哀樂之義，

禍，字疑誤。

不獨在天，而春夏之陽，秋冬之陰，不獨在天，亦在於人。人無春氣，何以博愛而容眾？人無秋氣，何以立嚴而成功？人無夏氣，何以盛養而樂生？人無冬氣，何以哀死而恤喪？天無喜氣，亦何以暖而春生育？天無怒氣，亦何以清而秋[三]殺就？

俞云：「就，當讀爲酋。史記魯世家『考公酋』，索隱引系本作『就』是也。太玄玄文『直酋相救』范望注：『酋，殺』是酋與殺同義。」蘇案：爾雅釋詁及方言並云：「就，終

〔一〕「陰陽」，凌本、盧本及叢刊本作「陽陰」。

〔三〕「秋」字，原作「冬」，據凌本、盧本及叢刊本改。

也。」故殺者爲就命，死者爲就世，本與殺同義，不煩改讀。〈淮南天文訓〉：「夏日至則陰乘陽，是以萬物就而死；冬日至

則陽乘陰，是以萬物仰而生。」凌本作「就殺」，非。 **天無樂氣，亦何以疏陽而夏養長？** 〇盧云：「疏，俗作

疎。本或作竦者，誤。」 本或作竦者，誤。 **天無哀氣，亦何以激陰而冬閉藏？** **故曰：天乃有喜怒哀樂之行，人亦有**

春秋冬夏之氣者，合類之謂也。 〈管子四時篇〉：「刑德者，四時之合也。」刑德合于時則生福，詭則生禍。」

案：宋明學者多以四時論喜怒哀樂，皆本於此。〈程子云〉：「仁便是一箇木氣象。惻隱之心便是一箇生物春底氣象，羞

惡之心便是一箇去就斷制底氣象，便是義也。」推之四端皆然，亦取合類之義。〈四時之副篇〉：「喜怒哀樂，人人所同，不分貴賤。

者四政，若四時，通類也。」通類猶合類。 **匹夫雖賤，而可以見德刑之用矣。** 喜怒哀樂，人人所同，不分貴賤。

〇凌本無「而」字。 **是故陰陽之行，終各六月，** 〈終〉下疑脫藏字。下云：「陰陽終歲各一出。」 **遠近同度，而**

所在異處。 **陰之行，春居東方，秋居西方，夏居空右，冬居空左，夏居空下，冬居空上，此陰**

之常處也。 **陽之行，春居上，冬居下，此陽之常處也。** **陰終歲四移，而陽常居實，非親陽而**

疏陰，任德而遠刑與？ 音餘。 **天之志，常置陰空處，** 處，當作虛。 〇盧云：「置，舊本作直。」 **稍取之**

以爲助。 **故刑者德之輔，陰者陽之助也，陽者歲之主也。** **天下之昆蟲隨陽而出入，** 凌云：

「乾鑿度：『萬物隨陽而出，故上六欲九五拘繫之，維持之，明被陽化而陰隨從之也。』〈禮記〉『昆蟲未蟄』鄭玄曰：『昆，

明也。明蟲者，陽而生，陰而藏。』」 **天下之草木隨陽而生落，天下之三王隨陽而改正，** 三王，言王者繼

世，正朔三而改，即所謂三統。 亦見〈陽尊陰卑篇〉。 **天下之尊卑隨陽而序位。** 〈曲禮〉：「請席何鄉？請袵何趾？」鄭注：「坐問鄉，臥問趾，因於陰陽。坐在陽則上左，坐在陰則上

席東鄉北鄉，以西方爲上；東鄉西鄉，以南方爲上。」

右。」幼者居陽之所少，老者居陽之所老，貴者居陽之所盛，賤者居陽之所衰。藏者，言其不

得當陽。不當陽者臣子是也，當陽者君父是也。故人主南面，以陽爲位也。凌云：「乾鑿度……

「不易也者，其位也。」天在上，地在下，君南面，臣北面，父坐子伏，此其不易也。」陽貴而陰賤，天之制也。○盧尚右，據殷法言之，伊尹右相，先仲

云：「舊本『制』作刑，誤。」禮之尚右，非尚陰也，敬老陽而尊成功也。虺之左相。禮祭義：「建國之神位，右社稷而左宗廟。」鄭注：「周尚左。」周禮冢人「以昭穆爲左右」，注云：「昭居左，

穆居右。」禮「乘君之乘車不敢曠左」。成二年傳「逢丑父代頃公當左」，何注：「升車象陽，陽道尚左，故人君居左，臣居

右。」是知周人以左爲上，春秋時尚然也。魏公子從車騎虛左，自迎侯生，則戰國仍有時尚左，公羊桓二年注「質家右

宗廟，尚親親。文家右社稷，尚尊尊。」據尚右爲說也。漢亦尚右，故董云爾。朱子云：「漢初右丞相居左丞相上，是右

爲尊也。後又卻以左爲尊。」興案：漢書諸侯王表「作左官律」顏注：「漢依上古法，朝廷之列，以右爲尊，故謂仕

諸侯爲左官。」漢高帝紀：「賢趙臣田叔、孟舒等十人，召見與語。漢廷臣無能出其右者。」顏注：「古者以右爲尊。」王

尊奏劾匡衡爲浩賞布東鄉席，以爲亂朝廷爵秩之位。惟尚右，故東鄉爲上，西鄉爲下也。中國尚右而夷狄尚左，所謂禮失求諸野者。」顏泥於周制爲說，前後矛盾。唐時尚

右，又沿漢制。　明改元制尚左，今猶循之，合周制矣。

陰陽位第四十七

陽氣始出東北而南行，就其位也；西轉而北入，藏其休也。陰氣始出東南而北行，亦

就其位也；西轉而南入，屏其伏也。○天啟本「伏」作服。是故陽以南方爲位，以北方爲休；陰以北方爲位，以南方爲伏。○黃氏日鈔及天啟本「伏」竝作休，凌本同。陽至其位而大暑熱；陰至其位而大寒凍。白虎通誅伐篇：「夏至陰始起，反大熱何？陰氣始起，陽氣推而上，故大熱也。冬至陽始起，反大寒何？陰氣推而上，故大寒也。」通典引魏台訪議大同。陽至其休而入化於地，陰至其伏而避德於下。是故夏出長於上，冬入化於下者，陽也；夏入守虛地於下，冬出守虛位於上者，陰也。陽出實入實，陰出空入空，天之任陽不任陰，好德不好刑，如是也。故陰陽終歲各一出。

春秋繁露義證卷第十二

陰陽終始第四十八

天之道，終而復始。淮南天文訓：「晝者陽之分，夜者陰之分，是以陽氣勝則日修而夜短，陰氣勝則日短而夜修。帝張四維〔一〕，運之以斗。日徙一辰，復反其所。正月指寅，十二月指丑。一歲爲市，終而復始。」故北方者，

天之所終始也，陰陽之所合別也。陰陽以中冬相遇於北方，旋復別行，故云「合別」。漢書郊祀志：「樂有別有合。」〇天啟本作別合。

冬至之後，陰俛而西入，陽仰而東出，出入之處常相反也。多少調和之適，常相順也。淮南詮言訓：「陽氣起於東北，盡於西南。陰氣起於西南，盡於東北。陰陽之始，皆調適相似。」

有多而無溢，有少而無絕。春夏陽多而陰少，秋冬陽少而陰多，多少無常，未嘗不分而散也。以出入相損益，以多少相溉濟也。俞云：「溉濟，即既濟。損、益、既濟，皆易卦名。」輿案：溉

〔一〕「張四維」，原作「維四張」，據凌本及淮南子改。

亦沾溉之義。

多勝少者倍人。○官本云：「他本『倍』誤作借。」入者損一，而出者益二。○官本云：「他本『出者』下闕六字。」興案：孫鑛云：「宋本諸本皆闕。」天所起一，動而再倍，凡天之所起，一動而再倍其氣，以助發生。故入損一而出益二。　常乘反衡再登之勢，○官本云：「他本缺下五字。」興案：句疑有誤字。以就同類，與之相報，故其氣相俠，而以變化相輸也。　俠，猶挾也。　天地之運行，自其理言之，不變者也。消息盈虛，春盡必夏，秋盡必冬，歷劫不改。自其氣言之，則多少損益，陰陽迭進，相反相順，而以神其變化。○官本云：「他本缺『輪也』下六字。」春秋之中，陰陽之氣俱相併也。中春以生，○官本云：「他本『春』以下缺六字。」中秋以殺。由此見之，天之所起其氣積，天之所廢其氣隨。言委隨而不振。○官本云：「他本缺『隨』字。」故至春少陽東出就木，與之俱生；至夏太陽南出就火，與之俱煖。此非各就其類而與之相起與？少陽就木，太陽就火，火木相稱，○官本云：「他本『木』作不。」各就其正。此非正其倫與？　至於秋時，少陰興而不得以秋從金，從金而傷火功，雖不得以從金，亦以秋出於東方，倪其處而適其事，以成歲功。此非權與？　陰之行，固常居虛而不得居實。至於冬而止空虛，太陽乃得北就其類，而與水起寒。　太陽，當爲太陰。　白虎通五行篇：「火者盛陽，水者盛陰。」又云：「水，太陰也。」是故天之道有倫、有經、有權。　○盧云：「此篇舊本闕二十四字。今依聚珍本補全。」

陰陽義第四十九

天地之常，一陰一陽。陽者天之德也，陰者天之刑也。迹陰陽終歲之行，以觀天之所親而任。〈基義篇：「有親而任也。」〉成天之功，猶謂之空，空者之實也。〈陰處空虛，佐陽成歲，是其實，而名猶爲空。〉故清溧之於歲也，若酸鹹之於味也，僅有而已矣。〈俞云：「清、溧同義，不得以酸鹹爲比。據爊燠孰多篇云：『非薰也，不能有育；非溧也，不能有熟。』淺人穿見薰溧，故誤改耳。」興案：俞說誤。此言天之用陰氣少也。亦當云：『故薰溧之於歲也，若酸鹹之於味也。』又云：『薰與溧其日孰多？』皆以薰、溧相對爲義。疑此薰與溧對文，猶陰陽也。不能云僅有酸鹹，亦是於五味偏舉之。爊燠孰多篇云：「故案其跡，數其實，清溧之日少少耳。」正此義。〇官本云：「溧，他本誤作㵓。」〉聖人之治，亦從而然。天之少陰用於功，〈秋以熟物，故曰功。上篇所謂「秋成歲功」。〉太陰用於空。〈人之少陰用於嚴，而太陰用於喪。喪亦空，空亦喪也。〉「空」者虛也。〈天文虛宿在北宮。虛從丘，爲哭泣之事，故此以空、喪互釋。釋名：「霜，喪也，其氣慘毒，物皆喪也。」又云：「凶，空也，就空亡也。」〉是故天之道以三時成生，以一時喪死。死之者，謂百物枯落也；喪之者，謂陰氣悲哀也。天亦有喜怒之氣、哀樂之心，與人相副。以類合之，天人一也。春，喜氣也，故生；秋，怒氣也，故殺；夏，樂氣也，故養；冬，哀氣也，故藏。〈〇御覽一引無四「也」字。〉四者天人同有之。〈語亦見王道通三篇。〇「天亦有喜怒之氣」以下至此，竝見御覽一引。其上文則云「天有

「十端」云云，至「凡十端」。法苑珠林地動篇引同。藝文類聚一亦引「天有十端」至「天人一也」止，似所見相合。今「天有十端」數語，在官制象天篇。疑與唐宋本不同。

有其理而一用之。與天同者大治，與天異者大亂。

故爲人主之道，莫明於在身之與天同者而用之，使喜怒必當義而〔一〕出，如寒暑之必當其時乃發也。使德之厚於刑也，如陽之多於陰也。是故天之行陰氣也，少取以成秋，其餘以歸之冬。聖人之行陰氣也，少取以立嚴，其餘以歸之喪。（刑嚴而已，無取過慘，故法秋不法冬。○凌本無「以」字。）喪亦人之冬氣。故人之太陰，不用於刑而用於喪，天之太陰，不用於物而用於空。空亦爲喪，喪亦爲空，其實一也，皆喪死亡之心也。

陰陽出入上下第五十

天道大數，相反之物也，（道，疑作之。數，即道也。下篇云「天之常道」，可證。）不得俱出，陰陽是也。春出陽而入陰，秋出陰而入陽，夏右陽而左陰，冬右陰而左陽。陰出則陽入，陽出則陰入；（○凌本作「陽入則陰出」。）陰右則陽左，陰左則陽右。是故春俱南，秋俱北，而不同道；

〔一〕「而」字，凌本、盧本、叢刊作「乃」。

夏交於前，冬交於後，而不同理。竝行而不相亂，澆滑而各持分，乾鑿度：「竝治而交錯行，間時而治六辰。」荀子解蔽篇：「案直將治怪說，玩奇辭以相撓滑也。」楊注：「滑，亂也，音骨。」此言陰陽雖有交道之時，然後各持其分，旋合旋別，不相凌犯。禮喪服四制云：「夫禮，吉凶異道，不得相干，取之陰陽也。」此之謂天之意。而何以從事？體天之意者，可不知所從事耶？天之道，初薄大冬，陰陽各從一方來，而移於後。陰由東方來西，陽由西方來東，至於中冬之月，相遇北方，合而為一，謂之曰至。別而相去，陰適右，陽適左。○官本云：「他本脫下『適左』二字。」適左者其道順，適右者其道逆。逆氣左上，順氣右下，故下暖而上寒，以此見天之冬右陰而左陽也，上所右而下所左也。冬月盡，而陰陽俱南還，陽南還出於寅，陰南還入於戌，凌云：「尚書攷靈曜：『仲夏，日出於寅，入於戌。』此陰陽所始出地入地之見處也。至於仲〔一〕春之月，凌云：「月令注：『仲，中也。』仲春者，日月會於降婁，而斗建卯之辰也。』」陽在正東，陰在正西，謂之春分。春分者，陰陽相半也，故晝夜均而寒暑平。凌云：「詩疏：按乾象曆及諸曆法與今太史所候，皆云冬至則晝四十五，夜五十五；夏至則晝六十五，夜三十五。春秋分則晝五十五半，夜四十四半。從春分至於夏至，晝漸長，增九刻半。從夏至至於秋分，所減亦如之。從秋分至於冬至，晝漸短，減十刻半。從冬至至於春分，所加亦如之。歷言晝夜者，以昏明為限。馬融王肅注尚書，以為日永則晝漏六十刻，夜漏四十刻半，日短則晝漏四十刻，夜漏六十刻，日中宵中則晝夜各五十刻者，以尚書有日出日入之語，遂以日見

〔一〕「仲」字，原作「中」，據凌本改。

爲限。尚書緯謂刻爲商。鄭作士昏禮目録云:「日入三商爲昏,舉全數言耳。其實日見之前,日入之後,距昏明各有二刻半。晝盡五刻以裨夜,故于曆法皆多校五刻也。」

陰日損而隨陽,陰陽異道,不得相隨。陽尊陰卑及天辨在人篇雖有「隨陽」二字,非謂陰陽相隨也。此「陽」字疑緣下衍。隨,謂委隨。陰陽終始篇云:「天之所廢,其氣隨。」即此義。董子雨雹對云:「自十月已後,陽氣始生於地下,漸冉流散,陽氣轉收,故言消也。」

隨、鴻對文,猶言消息。下文「隨陰」,亦疑衍「陰」字。陰陽損益篇云:「自四月以後,陰氣始生於天上,漸冉流散,故云息也。陽氣轉收,故言息也。」陰氣轉收,故言息也。

鴻,鴻,猶大也,長也。**故爲暖熱。**○官本云:「他本『暖』誤燒。」凌云:「河圖曰:『地有四遊。冬至,地上行北而西三萬里;夏至,地下行南而東三萬里;春秋二分,是其中矣。』月令疏引鄭注考靈曜云:『地蓋厚三萬里。春分之時,地正當中。自此地漸漸而下,至夏至之時,地下遊萬五千里,地之上畔與天中平。夏至之後,地漸漸向上,至秋分,地正當天之中央。自此地漸漸而上,至冬至,上遊萬五千里,地之下畔與天中平。自冬至後,地漸漸而下。此是地之升降於三萬里之中。但渾天之體雖繞於地,地則中央正平,

一,謂之日至。別而相去,陽適右,陰適左。上其所右,下其所左。夏月盡,而陰陽俱北還。陽北還而入於申,陰之夏右陽而左陰也。凌云:「尚書攷靈曜:『仲冬,日出於辰,入於申。』」於辰,凌云:「月令注:『仲秋者,日月會於壽星,而斗建酉之辰也。』」**北還而出**[二]**於辰,**凌云:「月令注:『仲秋者,日月會於壽星,而斗建酉之辰也。』」此陰陽之所始出地入地之見處也。**至於中秋之月,**凌云:「月令注:『仲秋者,日月會於壽星,而斗建酉之辰也。』」**謂之秋分。**凌云:「河圖曰:『地有四遊。』」**陽在正西,陰在正東,謂之秋分。別而相去,陽適右,陰適左。適左由下,適右由上,上暑而下寒,以此見天初得大夏之月,相遇南方,合而爲陽日益而陽日益**而

天則北高南下。北極高於地三十六度，南極下於地三十六度。然則北極之下，常見不没，南極之上三十六度，常没不見。南極去北極一百二十一度餘，若逐曲計之，則一百八十一度餘。若以南極中半言之，謂之赤道。去南極九十一度餘，去北極九十一度餘。此是春秋分之日道也。」秋分者，陰陽相半也，故晝夜均而寒暑平。陽日損而隨陰，陰日益而鴻，故至於季秋而始霜，至於孟冬而始寒，凌云：「月令注：『季秋者，日月會於大火，而斗建戌之辰也。孟冬者，日月會於析木之津，而斗建亥之辰也。』」〇盧云：「舊本『寒』上衍大字。」小雪而物咸成，大寒而物畢藏，天地之功終矣。凌云：「御覽：『三禮義宗：十月立冬爲節者，冬，終也，立冬之時，萬物終成，因爲節名。小雪爲中者，氣斂轉寒，雨變成雪，故以小雪爲中。十二月小寒爲節者，亦形於大寒，故謂之小，言寒氣亦未是極也。大寒爲中者，上形於小，故謂之大。十一月一陽交初起，至此始徹，陰氣出地，方寒氣併在上。寒氣之逆極，故謂大寒也。」〇盧云：「舊本『小雪』誤作下雪。」

天道無二第五十一

天之常道，相反之物也，不得兩起，故謂之一。一而不二者，天之行也。陰與陽，相反之物也，故或出或入，或右或左，〇凌本作「或左或右」。春俱南，秋俱北，夏交於前，冬交於後，竝行而不同路，交會而各代理，此其文與？〈基義篇云：「遠近同度，而不同意。」語與上篇略同。〉天之道，有一出一入，一休一伏，其度一也，然而不同意。陽之出，常縣於前而任歲事；陰之出，常縣於後而守空虛。陽之休也，功已成於上而伏於下；陰之伏也，不得近義而遠其處

也。義，字疑誤。天之任陽不任陰，好德不好刑如是。故陽出而前，陰出而後，尊德而卑刑之心見矣。陽出而積於夏，任德以歲事也。「歲」上疑有成字，或「歲」爲成之誤。陰出而積於冬，錯刑於空處也。○凌本「刑」作行。必以此察之。○天啟本「必」作小。天無常於物，而一於時。時之所宜，而一爲之。陽陰不兩盛，故曰「一爲之」。故開一塞一，起一廢一，至畢時而止，終有復始於一。即貞下起元之理。○盧云：「舊本『至』字上有而字，衍。有，與又同。於一，舊本作其一，誤。」一者，一也。此同字相訓。〈易象詞〉：「剝，剝也。」本書五行相生篇：「行者，行也。」釋名釋天：「宿，宿也。」立此例。是於天凡在陰位者皆惡亂善，陽尊陰卑篇：「惡之屬盡爲陰。」「亂善」二字疑有誤。○是於，凌本是故。不得主名，天之道也。故常一而不滅，滅，疑作二。天之道。「天」上疑脫法字。事無大小，物無難易。反天之道，無成者。是以目不能二視，耳不能二聽，荀子勸學篇：「目不能兩視而明，耳不能兩聽而聰。」手不能二事。○凌本「手」上有一字。一手畫方，一手畫圓，莫能成。韓非子功名篇：「人臣之憂，在不得一。故曰右手畫圓，左手畫方，莫能兩成。」又外儲說左上：「子綽曰：『人莫能左畫方而右畫圓也。』」新論：「使左手畫方，右手畫圓，令一時俱成，雖執規矩之心，迴剟剟之手，而不能者，心不能兩用，則手不并運也。」論衡書解篇：「彈雀則失鷇，射鵲則失雁，方圓畫不俱成，左右視不並見，人材有兩爲，不能成一。」人爲小易之物，而終不能成，反天之不可行如是。賢良策云「絕其道，勿使並進」，即一之說。者，謂之忠；持二中者，謂之患。患，人之中不一者也。說文：「患，憂也，從心上貫叩，叩亦聲。」段玉裁云：「當作從心毌聲。」古形橫直無定，如目字偏旁皆作叩。患字上從毌，或橫之作申，而又析爲二中之形，蓋恐類

於申也。董氏所說，非字之本形。古冊多作串，廣韻：『串，穿也。』親串即親冊。貫，習也。』大雅『串夷載路』，傳曰：『串，習也。』蓋其字本作冊，爲慣、摜字之叚借也。興案：董以字形說義，如釋仁爲人，義爲我，性爲生，竝其例。段以串爲冊，則形義離矣。晏子春秋、列女傳母儀篇，說苑說叢篇竝云：『一心可以事百君。』荀子勸學篇：『事兩君者不容。』淮南兵略訓：『二心不可事君』與此義合。六書精蘊『一中爲忠，二忠爲患』用董說。○盧云：『物而書文，疑物當作象。趙敬夫云：『物當是物物而不物於物之義。』『心止於一中者』，舊本脫『心』字，今增。又下兩『中』字，舊竝訛忠，今改正。」興案：「物而書文」，謂因物而書其文，義自可通。**不一者，故患之所由生也。是故君子賤二而貴一。** 春秋大一統，即貴一之義。荀子勸學篇引詩云：「淑人君子，其儀一兮。其儀一兮，心如結兮。故君子結於一也。」又致士篇：「君者國之隆也，父者家之隆也。隆一而治，二而亂。」禮坊記：「子云：『天無二曰，土無二王，家無二主，尊無二上，示民有君臣之別也。」喪服四制云：「天無二日，土無二王，國無二君，家無二尊，以一治之也。」**人孰無善？善不一，故不足以立身。治孰無常？常不一，故不足以致功。詩云：「上帝臨汝，無二爾心。」知天道者之言也。** ○盧云：「爾，本亦作汝。」

暖燠常多第五十二

案文宜作「燠清孰多」。「暖清」二字又見爲人者天等篇。

天之道，出陽爲暖以生之，出陰爲清以成之。是故非薰也不能有育，非溧也不能有熟，歲之精也。知心而不省薰與溧孰多者，知心，疑作治心。用之必與天戾。與天戾，雖勞不

成。○「下」「與」字各本作也。今從天啟本、凌本改。是自正月至於十月，而天之功畢。盧云：「是，疑衍。」薰與溧其日孰多。○官本云：「他本其下衍者字。」計其間，陰與陽各居幾何，○官本「其」作是，「間」下有者字〔一〕云：「他本其下衍者字。」距物之初生，至其畢成，露與霜其下孰倍。○盧云：「『天降物』亦作大降物。」○興案：天降物。故從中春至於秋，氣溫柔和調。及季秋九月，陰乃始多於陽，○凌本「及」作乃。天於是時出溧下霜。○凌本「天」下有乃字。出溧下霜，而天降物固已皆成矣。○盧云：「『天降物』，亦作大降物。」○凌本作天。故九月者，天之功大究於是月也，○九、宄，十、畢，並同聲。此以字聲為訓。十月而悉畢。天之成功也，少陰與而太陰不與，少陰在內而太陰在外。故案其跡，數其實，清溧之日少少耳。故霜加於物，而雪加於空，○凌云：「徐整《長曆》曰：『北斗，當崑崙，氣運注天下，春夏為雨露，秋冬為霜雪。』」○官本云：「他本無『於』字。」空者宣地而已，不逮物也。○天啟本「當」作常，凌本同。○盧云：「宣，與但同。」雖曰陰，句。功已畢成之後，物未復生之前，太陰之所當出也。陰受陽之資化而不知，亦以太陽資化其位，而不知所受之。○凌云：「帝通紀云：『雨者，天地之施也。』」注：「翼氏風角曰：『凡風者，天之號令，所以譴告人君者也。』」《詩》云：故聖王在上位，天覆地載，風令雨施。雨施者，布德均也；風令者，言令直也。○凌云：「後漢張奐〔三〕傳：『臣聞風為號令，動物通氣。』」

〔一〕凌本同。　叢刊本「間」下亦有「者」字。
〔三〕奐原作「魯」，誤，今正。下文「天之號令」「天」下原有「地」字，據張奐傳刪。

「不識不知，順帝之則。」言弗能知識，而效天之所爲云爾。凌云：「大雅皇矣箋：『其爲人不識古，不知今，順天之法而行之。』禹水湯旱，非常經也，適遭世氣之變，而陰陽失平。白虎通災變篇：『堯遭洪水，湯遭大旱，亦有譴告乎？堯遭洪水，湯遭大旱，命運時然。』御覽引文子云：『臣聞爲不善而災報，得其應也。爲善而災至，遭時運之會耳，非政所致也。』堯視民如子，民視堯如父母。」尚書曰：「二十有八載，放勳乃殂落，今孔傳本作「帝乃殂落」。據此知今文尚書作「放勳」，五經異義，說文引虞書並同。勳，或作勛，則字異之稱。釋名：「徂落，徂祚也，福祚殂落也。徂亦往也，言往去落也。」爾雅釋詁正義引李巡云：「殂落，堯死耳。殂，或作徂。說文歺部引虞書無「落」字，蓋古文書如此。白虎通四時篇引尚書曰：「三載遏密八音。」殆今文異本。盧云：「闋，與遏同。」凌云：「釋文：『八音，謂金鐘也，石磬也，絲琴瑟也，竹簫笛也，匏笙也，土塤也，革鼓也，木柷敔也。』」百姓如喪考妣。四海之内，闋密八音三年。」此當亦今文尚書也。」董說春秋災異，凡大水皆爲陰。桀，天下之殘賊也；湯，天下之盛德也。天下除所以有水名也。三年陽氣厭於陰，陰氣大興，此禹殘賊而得盛德大善者再，是重陽也，故湯有旱之名。禹湯以聖君受水旱之名，故以厭陰重陽之說爲解。凌云：「帝王世紀曰：『湯伐桀後，大旱七年，川洛以竭。使人持三足鼎，祝於山川曰：政不節耶？使人急耶？讒夫昌耶？宮室榮耶？女謁行耶？何不雨之疾耶？』何注同此。」皆適遭之變，非禹湯之過。毋以適遭之變疑平生之常，則所守不失，則正道益明。下「則」字，疑衍。

基義第五十三

凡物必有合。 合，即偶也。楚莊王篇：「百物必有合偶。」易繫辭：「五位相得而各有合。」左疏引鄭注云：「二五陰陽各有合，然後氣相得施化行也。」合，必有上，必有下，必有左，必有右，必有前，必有後，必有表，必有裏。有美必有惡，有順必有逆，有喜必有怒，有寒必有暑，有晝必有夜，此皆其合也。 程子云：「質必有文，自然之理也。理必有對，生生之本也。有上則有下，有此則有彼，有質則有文。一不獨立，二必爲文，非知道者，孰能識之？」與此義合。

陰者陽之合，妻者夫之合，子者父之合，臣者君之合。

物莫無合，而合各有陰陽。 物皆有所合，以爲陰陽。就一物言之，亦各有其陰陽。身以背面爲陰陽，背面又以帶上帶下爲陰陽，山以前後爲陰陽，氣以清濁爲陰陽，質以流凝爲陰陽。鬼神區言：「陽中有陰，陰中有陽」是也。

陽兼於陰，陰兼於陽，夫兼於妻，妻兼於夫，父兼於子，子兼於父，君兼於臣，臣兼於君。 君臣、父子、夫婦之義，皆取諸陰陽之道。白虎通綱紀篇：「君臣、父子、夫婦，六人也，所以稱三綱何？」一陰一陽謂之道，陽得陰而成，陰得陽而序，剛柔相配，故六人爲三綱。」○凌本「取」作與。

宋周子謂陰陽互根，與此云「各有陰陽」，其理一也。

君爲陽，臣爲陰；父爲陽，子爲陰；夫爲陽，妻爲陰。 說苑辨物篇：「其在民則夫爲陽而婦爲陰，其在家則父爲陽而子爲陰，其在國則君爲陽而臣爲陰。故陽貴而陰賤，陽尊而陰卑，天之道也。」漢書杜欽傳：「臣者君之陰也，子者父之陰也，妻者夫之陰也，夷狄者中國之陰也。」（宋徽宗時，任伯雨亦言中國爲陽，戎

狄爲陰，本欽說。）

輿案：陰陽不易者也，君臣、父子、夫婦之倫，亦不易者也。夷狄與中國，春秋之義則有因禮義爲進退者焉。故董不以爲言。韓非子忠孝篇：『臣之所聞曰：「臣事君，子事父，妻事夫，三者順則天下治，三者逆則天下亂，此天下之常道也。」』亦以三者並舉，故知三綱之說其來已久，而其理則易已具。

陰道〔一〕無所獨行。其始也不得專起，其終也不得分功，有所兼之義。是故臣兼功於君，子兼功於父，妻兼功於夫，陰兼功於陽，地兼功於天。舉而上者，抑而下也；有屏而左也；○盧云：『「屏」下舊衍「进」字，轉訛「而」爲送，今刪去。』有引而右也；有親而任也，有疏而遠也；有欲日益也，有欲日損也。益其用而損其妙。○「益其用」，各本作而用。盧云：「疑是益其用。」今改。陰陽二物，終歲各壹出。壹其出，遠近同度而不同意。義亦見天道無二篇。盧云：「次『壹』字疑衍。」今改。壹其出，遠近益少。少而不至絕，多而不至溢。語亦見陰陽終始篇。有時損少而益多，有時損多而益少。陽之出也，常縣於前而任事；陰之出也，常縣於後而守空處。當作空虛。○各本「此見」作而見。盧云：「當是此見。」今從凌本改。此見天之親陽而疏陰，任德而不任刑也。義亦見天道無二篇。亦見人副天數篇。是故仁義制度之數，盡取之天。天爲君而覆露之，晉語：「則是先主〔三〕覆露子」，韋注：「露，潤也。」淮南子時則訓高注同。漢書晁錯傳「覆露萬民」，如淳云：「露，膏澤也。」又嚴助傳「陛下垂德惠以覆露之」，顏注：「謂使之潤澤也。」釋名釋天：「露，

〔一〕「道」字，原作「陽」，據凌本、盧本、叢刊本改。

〔三〕「主」字，原作「君」，據國語晉語六改。

慮也，覆慮物也。」地爲臣而持載之；陽爲夫而生之，陰爲婦而助之；春爲父而生之，夏爲子而養之；秋爲死而棺之，冬爲痛而喪之。 二語疑衍。下云「三綱可求於天」，不當有此。後人因春夏二語妄加。 王道之三綱，可求於天。 三綱，又見深察名號篇。 天出陽，爲暖以生之；地出陰，爲清以成之。 不暖不生，不清不成。 然而計其多少之分，則暖暑居百而清寒居一。 暖燠常多篇（一）大同。 德教之與刑罰猶此也。 〇天啟本「之」作其。 故聖人多其愛而少其嚴，厚其德而簡其刑，以此配天。 天之大數必有十旬。 〇凌本「必」作畢。 旬，天地之數，十而畢舉。 旬，生長之功，十而畢成。 見陽尊陰卑篇。 天之氣徐，乍寒乍暑。 盧云：「句上當有不字。」故寒不凍，暑不喝，喝，傷暑也。 以其有餘徐來，不暴卒也。 俞云：「有餘」二字衍。 易曰「履霜堅冰」，蓋言遜也。 今本易「遜」作順。 說文：「慈，順也。」慈、遜字同。案易言「馴致其道」，遜字正釋馴義。 然則上堅不踰等，冰由霜而馴致其堅，故云「不踰等」。 〈易所謂由來者漸。 果是天之所爲，弗作而成也。 人之所爲，亦當弗作而極也。 盧云：「兩『作』字，俱疑乍。」凡有興者，稍稍上之以遜順往，一法之興，當有次第，不可過驟，故曰事有漸則民不驚。 使人心説而安之，無使人心恐。 〇盧云：「本一作而不使怨。」 興案：天啟本作「無使人之恐」，下空一字，又有「作而不使」句。凌本作「無使人心恐而不安」。 故曰：君子以人治人，懂能愿。 盧云：「懂，

（一）「暖燠常多篇」，原作「暖燠埶多篇」，據本書五十二篇題目改。

此之謂也。聖人之道，

同諸天地，蕩諸四海，變易習俗。盧云：「此下似文脱。」

當與僅同。〈大典作謹，疑非。〉　輿案：凌本作「懂而愿」，疑是中庸「改而止」異文。

闕文第五十四

春秋繁露義證卷第十三

四時之副第五十五○盧云：「各本皆闕，聚珍本有。」

天之道，春暖以生，夏暑以養，秋清以殺，冬寒以藏。○盧云：「秋清，本作秋涼，今據下文改。」暖暑清寒，異氣而同功，皆天之所以成歲也。聖人副天之所行以爲政，故以慶副暖而當春，以賞副暑而當夏，以罰副清而當秋，以刑副寒而當冬。慶賞罰刑，異事而同功，皆王者之所以成德也。慶賞罰刑與春夏秋冬，以類相應也，如合符。故曰王者配天，謂其道。天有四時，王有四政，四政〔一〕若四時，通類也，天人所同有也。凌云：「陸宣公奏議：『臣聞聖人作則，皆以天地爲慶爲春，賞爲夏，罰爲秋，刑爲冬。王道通三篇：『四氣者，天與人所同有本，陰陽爲端。慶賞者，順陽之功，故行於春夏；刑罰者，法陰之氣，故用之秋冬。事或慰，民人必罹咎。』」慶賞罰刑也。」又見陰陽義篇。

〔一〕「四政」據凌本、盧本、叢刊本補。

之不可不具也，如春夏秋冬不可不備也。慶賞罰刑，當其處不可不發，若暖暑清寒，當其時不可不出也。慶賞罰刑各有正處，如春夏秋冬各有時也。四政者，不可以相干也，猶四時不可相干也。四政者，不可以易處也，猶四時不可易處也。故慶賞罰刑有不行於其正處者，春秋譏也。〔互見威德所生諸篇。〕

人副天數第五十六

〔凌云：「春秋元命苞：『陰陽之性以一起，人副天道，故生一子。』」〇盧云：「各本闕篇首三百九十六字，聚珍本補足。」〕

天德施，地德化，人德義。〔語又見天道施篇。德，作道。〕〇黃氏日鈔引「化」作「生」。天氣上，地氣下，人氣在其間。春生夏長，百物以興，秋殺冬收，百物以藏。故莫精於氣，莫富於地，莫神於天。天地之精所以生物者，莫貴於人。人受命乎天也，〔氣者，元也，胚胎於天地之先。〕故超然有以倚。〔盧云：「倚，疑當從下文作高物二字。」〕物疢疾莫能為仁義，唯人獨能為仁義；〔釋名釋形體云：「人，仁也。仁生物也。」故易曰：立人之道，曰仁與義。」關睢之有別，未嘗非仁義之端也，而無以擴充之，故曰「莫能為」。〕物疢疾莫能偶天地，唯人獨能偶天地。人有三百六十節，偶天之數也；〔麟之不害，御覽三百六十三引文子云：「天有四時五行九解，三百六十日。人亦復有四肢五藏九竅，三百六十節。」呂覽達鬱篇：「凡人三百六十節、九竅、五藏、六府。」淮南精神訓同，但作「六十六節」。案下文亦云「六十六節」，此舉成數。凌云：「子〕

華子··『倮蟲三百六十，盈宇宙之間，人為之長。一人之身，為骨凡三百有六十。精液之所朝夕也，氣息之所吐吸也，心

意知慮之所識也，手足之所運動，而指股之所信屈也，皆與天地之大數通體而為一，故曰天地之間人為貴。』體有空竅　形體骨

肉，偶地之厚也。上有耳目聰明，日月之象也；　淮南子精神訓··「是故耳目者，日月也。」形體有骨

理脈，川谷之象也；空竅，猶孔竅。　御覽三百六十引公孫尼子云··「人有三百六十節，當天之數也。

肉，當地之厚也。有九竅脈理，當川谷也。血氣者，風雨也。』孔疏云··「神氣謂神妙之氣。」觀人之體一，何高物之甚，

載神氣，神氣風霆，風霆流行，庶物露生，無非教也。」心有哀樂喜怒，神氣之類也。　禮孔子閒居··「地

而類於天也。物旁折取天之陰陽以生活耳，而人乃爛然有其文理。是故凡物之形，莫不

伏從旁折天地而行，天地二字疑衍。人獨題直立端尚，盧云··「疑作『人獨頸立端向』。爾雅··「頸，直

也。』正正當之。是故所取天地少者，旁折之；所取天地多者，正當之。此見人之絕於物

而參天地。絕，過也。是故人之身，首妢而員，盧云··「妢，原注音分，無而字。今案··妢當作坌，紆粉切，填

起之意也。當有而字。俞云··「妢讀為頒。說文頁部··『頒，大頭也。』詩魚藻篇『有頒其首』毛傳曰··『頒，大貌。』

並合妢員之義。」象天容也。淮南精神訓··「頭之圓也象天。」凌云··「春秋元命苞··『頭者，人所居，上員象天，氣之

府也。歲必十二，故人頭長一尺二寸。』髮，象星辰也；耳目戾戾，象日月也；鼻口呼吸，象風氣也；凌云··「樂動聲

有目，星辰猶人之有髮。』孝經援神契··『髮法星辰，目法日月。』論衡祀義篇··「日月猶人之

儀。『鼻為之候何？』鼻出入氣，高而有竅。山亦有金石累積，亦有孔穴出雲布雨，以潤天下，雨則雲消，鼻能出納氣

也。『說文：「呼，外〔一〕息也。」「吸，內〔二〕息也。」大傳：「故曰：呼吸也者，陰陽之交接，萬物之終始。」鄭注：「吁茶，氣出而溫，呼吸氣內〔三〕則寒。』

胸中達知，象神明也，腹胞實虛，象百物也。百物者最近地，故要以下，地也。天地之象，以要爲帶。頸以上者，精神尊嚴，明天類之狀也；明，字疑衍。凌云：「春秋元命苞：『腰而上者爲天，尊高，陽之狀。腰而下者爲地，豐厚，陰之象。數合於四，故腰周四尺。』」○凌本「厚」作薄。

頸而下者，而，與以同。豐厚卑辱，土壤之比也。

足布而方，地形之象也。凌云：「孝經援神契：『足方象地。』」○凌本「布」作步。

是故禮，帶置紳必直其頸，以別心也。凌云：「物理論言：『天者擬之人，故自臍以下，人之陰也。』」孫詒讓云：「以上下文義推之，人象天地，上下以要爲分，而要又象帶正相直。要以上爲天，以下爲地，故帶以上爲陽，以下爲陰。所謂天地之象，以要爲帶也，不當更以頸爲上下爲分。且禮，紳、帶皆繫於要，亦不當以頸必直其頸。此節三『頸』字，皆當爲要之譌。」

帶而上者盡爲陽，帶而下者盡爲陰，凌云：「物理論：『五號自讚各有分。』是其證也。」孫詒讓云：「其，疑作有。深察名號篇云：『五號自讚各有分。』」各其分。〔各〕下疑脱「一」字。

陽，天氣也；陰，地氣也。金張從正儒門事親云：「身半以上其氣三，天之分也。身半以下其氣三，地之分也。」說本此。○官本云：「他本以上皆闕。」故陰陽之動，使○天啟本下闕五行。似有脱文。人足病，喉痺起，凌云：「春秋考異郵曰：『痺在喉，壽命凶。』」則地氣上爲雲雨，而象亦應之也。天地之符，陰陽之副，常設於身，

〔一〕「外」字，原作「出」，據凌本及説文改。
〔二〕「内」字，原作「入」，據凌本及説文改。
〔三〕「内」字，原作「入」，據凌本及説文改。

身猶天也，語又見深察名號篇。數與之相參，故命與之相連也。淮南精神訓：「天有風雨寒暑，人亦有取與喜怒。故膽爲雲，肺爲氣，肝爲風，腎爲雨，脾爲雷，以與天地相參也。而心爲之主。」天以終歲之數，成人之身，故小節三百六十六，副日數也；大節十二分，副月數也；內有五藏，副五行數也；白虎通五行篇：「人有五藏六府何法？法五行六合也。」又性情篇：「人本含六律五行之氣，故內有五藏六府，此性情之所由出入也。五藏者何也？謂肝、心、肺、腎、脾也。」五行大義三云：「藏府者，由五行六氣而成也。藏則有五，稟自五行，是爲五性。府則有六，因乎六氣，是爲六情。」外有四肢，副四時數也；官制象天篇：「人之身有四肢，每肢有三節，三四十二，十二節相持而形體立矣。」孝經援神契：「四肢法四時。」乍視乍瞑，副晝夜也；瞑，與眠同。白虎通五行篇：「人目何法？法日月明也。日照晝，月照夜。人目所不更照何法？法日亦更用事也。」乍剛乍柔，副冬夏也；○御覽三百六十引作「乍柔乍剛」。○盧云：「句。」乍哀乍樂，副陰陽也；心有計慮，副度數也；行有倫理，副天地也。天尊地卑，倫理以明尊卑爲急。此皆暗膚著身，暗，字疑誤。○盧云：「膚，他本作慮。」與人俱生，比而偶之弇合。盧云：「句。」興案：「弇合」二字上疑有脫文。於其可數也，副數；不可數者，副類。小節、大節、五藏、四肢之屬，副數也。視、瞑、剛、柔、哀、樂、計、慮之屬，副類也。皆當同而副天，一也。陰陽義云：「天亦有喜怒之氣，哀樂之心，與人相副，以類合之，天人一也。」「皆當同」三字，疑有脫誤。是故陳其有形以著其無形者，拘其可數以著其不可數者。拘，猶限也。○盧云：「舊本脫『以著其不可數』六字，今訂補。」以此言道之亦宜以類相應，猶其形也，以數相中也。中，猶合也。按文疑當作「以此言之，道亦宜以類相應也，猶其形以數相中也」。

同類相動第五十七

莊子漁父篇：「同類相從，同聲相應，固天之理也。」淮南覽冥訓：「夫物類之相應，玄妙深微，知不能論，辨不能解。」又云：「以掌握之中，引類于太極之上，而水火可立致者，陰陽同氣相動也。」凌云：「春秋元命苞曰：『猛虎嘯，谷風起，類相動也。』」

今平地注水，去燥就溼，均薪施火，去溼就燥。流溼。夫類之相從也，如此之著也。」呂覽有始篇：「類固相召，氣同則合，聲比則應。鼓宮而宮動，鼓角而角動。平地注水，水流溼，均薪施火，火就燥。」新論類感篇：「抱薪投火，燥者先燃，平地注水，溼者先濡。」百物去其所與異，而從其所與同，○其去，各本作去其，凌本不誤。今正。故氣同則會，聲比則應，其驗皦然也。試調琴瑟而錯之，凌云：「風俗通『按世本神農作琴。今琴長四尺五寸，法四時五行也；七絃者，法七星也。』必義作瑟，八尺一寸，四十五絃。黃帝書：泰帝使素女鼓瑟而悲，故破其瑟爲二十五絃。」莊子徐无鬼篇：「於是爲之調瑟，廢一於堂，廢一於室，鼓宮宮動，鼓角角動，音律同矣。夫或改調一絃，於五音無當也，鼓之二十五絃皆動，未始異於聲而音之君也。」淮南覽冥訓：「叩宮宮應，彈角角動，此同聲相和者也。」鼓其宮則他宮應之，鼓其商而他商應之，五音比而自鳴，非有神，其數然也。美事召美類，惡事召惡類，類之相應而起也。如馬鳴則馬應之，牛鳴則牛應之。盧云：「下句各本皆脫，今案文義有此乃完。韓詩外傳一：『馬鳴而馬應之，

牛鳴而牛應之，非知也，其勢然也。』正與此處相應。興案：藝文類聚六十九引亦無下句，是唐本已脫。帝王之

將興也，其美祥亦先見；其將亡也，妖孽亦先見。凌云：「禮記中庸『國家將興，必有禎祥；國家將亡，必有妖孽。』疏：『妖，於驕反。說文作祺，云『衣服、歌謠、草木之怪謂之祺』。孽，魚列反。蝗之怪謂之蠥』。」〇亡，各本作已。今從天啟本、凌本改。說文作蠥，云『禽獸、蟲

物故以類相召也，故，當作固。故以龍致雨，呂覽有始篇：（下同。）「以龍致雨，以形逐影。」又見召類篇。以扇逐暑，御覽七百二引此二語。軍之所處以棘楚。「以」上脫生字。老子：「師之所處，荊棘生焉。」呂覽應同篇：「師之所處，必生荊棘。」高注：「楚，大荊也。」藝文類聚六十九、八十九引此文，「以」上立有生字，是唐本不誤。人間訓：「師之所處，生以棘楚。」高注：「楚，荊也。」論衡寒溫篇：「虎嘯而谷風至，龍興而景雲起，同氣共類，動相召致。故曰以形逐影，以龍致雨。雨應龍而來，影應形而去，天地之性，自然之道也。」又感虛篇云：「凡變復之道，所以能相感動者，以物類也。有寒則復之以溫，溫復解之以寒。故以龍致雨，以刑（當作「扇」。）逐暑，皆緣五行之氣，用相感勝之」焉。」

美惡皆有從來，以為命，莫知其處所。吕氏春秋應同篇：「禍福之所自來，眾人以為命，安知其所。」召類篇作「不知其所由」，衍由字。案：言美惡固皆有以自召，而及其發也，不知所自來，則歸之命而已。

天將陰雨，人之病故為之先動，是陰相應而起也。天將欲陰雨，又使人欲睡卧者，陰氣也；有憂亦使人卧者，是陰相求也；有喜者，使人不欲卧者，是陽相索也。孟子云：「喜而不寐。」水得夜益長數分，東風而酒湛溢，「東風」下當有至字。淮南覽冥訓：「故東風至而酒湛溢」，注：「東風，木風也。」湛，清酒也，米物下湛，故曰湛。木味酸，酸風入酒，故酒酢而湛者沸溢，物類相感也。」王念孫云：「湛，與淫同。淫溢

猶衍溢也。酒性溫，故東風至而酒爲之加長。〔高注非。〕

輿案：新論類篇云：「東風至而酒盈溢。」論衡亂龍篇云：「東風至，酒湛溢。」御覽八百四十五引論衡注云：「按酒味酸，從東方木也。」宋衷云：「麥，陰也。先漬麴，黍後入，故曰陽援陰。相得而沸，是秋說題辭云「黍爲酒，陽援陰乃能動，故以麥黍爲酒。」

病者至夜而疾益甚，雞至幾明皆鳴而相薄。〔論衡變動篇：「夜及半而鶴唳，晨將旦而雞鳴，物其動也。」〕**應天〔一〕氣之驗也。**〔凌云：「春秋說題辭：『雞爲積陽，南方之象火，陽精炎上，故陽出雞鳴，以類感也。』」〕**其氣益精，故陽益陽而陰益陰，**〔莊子徐无鬼篇：「魯遽曰：『是直以陽召陽，以陰召陰。』」陽陰之氣，因可以類相益損也。〕因，當是固。**天有陰陽，人亦有陰陽。天地之陰氣起，而人之陰氣應之而起，其道一也。明於此者，欲致雨則動陰以起陰，欲止雨則動陽以起陽，故致雨非神也。**

〔之陰氣起，而天地之陰氣亦宜應之而起，其道一也。○官本云：「神，他本誤作初。」而疑於神者，其理微妙也。〕荀子議兵篇楊注：「微妙，精盡也。」〔子黃帝篇：「用志不紛，乃疑於神。」〕〔列

非獨陰陽之氣可以類進退也，雖不祥禍福所從生，亦由是也。無非己先起之，而物以類應之而動者也。故琴瑟報彈其宮，他宮自鳴而應之，此物之以類動者也。〔陰陽類動，窮致其理，可以前知。是故術數小道，足以致神，況聖人之聰明哉。〕**其動以聲而無形，人**

故聰明聖神，內視反聽，凌云：「反聽之謂聰，內視之謂明。」〔八字疑有誤。〕言爲明聖，內視反聽，**其本心皆在此耳。**〔明聖心通天地，故知無不燭。〕**故獨明聖者知**

〔一〕「天」字，原誤「夫」，據論衡改。

不見其動之形，則謂之自鳴也。又相動無形，則謂之自然，其實非自然也，有使之然者矣。

〇官本云：「他本『使』下有人字。」物固有實使之，其使之無形。尚書大[一]傳言：「周將興之時，

〇官本云：「他本『使』下有人字。」物固有實使之，其使之無形。

有大赤烏銜穀之種，而集王屋之上者，〇天啟本「烏」作鳥，凌本同。武王喜，諸大夫皆喜。周公

曰：『茂哉！茂哉！天之見此以勸之也。』」凌云：「尚書大傳文止此。釋文：『茂，勉也。』」恐悚

之。文疑有誤奪。盧云：「赤烏事，漢時泰誓有之。『武王喜』以下，又見大傳。」凌云：「尚書中候曰：『有火自天，止

於王屋，流爲赤烏，五至以穀俱來。』玉符瑞圖：『赤烏，武王時啣穀至屋上，兵不血刃而服殷。』」

五行相生第五十八

漢書五行志：「景武之世，董仲舒治公羊春秋，始推陰陽，

爲儒者宗。宣元之後，劉向治穀梁春秋，數其禍福，傅以洪範，與仲舒錯。至向

子歆治左氏傳，其春秋意亦已乖矣；言五行傳又頗不同。」案推陰陽，謂以五行

推陰陽，此亦春秋家學。故班志五行自謂傅于春秋，然其源則出於洪範。董爲

齊學，伏生尚書五行，齊詩五際，皆重天人，其歸一也。又漢藝文志諸子：『陰陽

家者流，班氏以爲「出於羲和之官，敬順昊天，曆象日月星辰，敬授民時。」管子

幼官篇、四時篇、輕重己篇，及月令所載，皆陰陽家之所自出。本書所言陰陽五

[一]「大」字，據凌本補。

春秋繁露義證

三五四

行，亦其類矣。凌云：「白虎通：『五行所以更王何？以其轉相生，故有終始也。』博物志：『自古帝王五運之次有二說，鄒衍以五行相勝爲義，劉向則以相生爲義。漢魏共尊劉說。』」○盧云：「舊本在五行相勝之後，作第五十九。案文義當在前，今互易之。」輿案：黃氏日鈔引天啟本、凌本，並與盧說舊本同。

天地之氣，合而爲一，分爲陰陽，判爲四時，列爲五行。禮運：「夫禮必本於太一，分而爲天地，轉而爲陰陽，變而爲四時，列而爲鬼神。」行者行也，其行不同，故謂之五行。義亦見五行之義篇。五行者，五官也，比相生而間相勝也。凌云：「春秋運斗樞：『四時王者休，王所勝者死，相所勝者囚。』假令春之三月，木王。水生木，水休。木勝土，土死。木王，火相。王所生者相，相所勝者囚。火勝金，春三月，金囚。』」俞云：「比相生若春木生夏火，間相勝若秋金勝春水是也。」故爲治，逆之則亂，順之則治。○天啟本「爲」作謂，字同。則治，作則法。

東方者木，農之本。司農尚仁，漢魏相傳。宣帝時，相言：「顧陛下選明經通知陰陽者四人，各主一時，時至明言所職，以和陰陽。天下幸甚。」蓋本此意。進經術之士，董子以經術道其主，故以此爲言。又見五行順逆篇。白虎通貢士篇：「治國之道，本在得賢。得賢則治，失賢則亂。故月令季春二月開府庫，出幣帛，周天下，勉諸侯，聘名士，禮賢者。」道之以帝王之路，將順其美，匡救其惡。説苑臣術篇：「二曰虛心白意，進善通道，勉主以禮義，喻王以長策，將順其美，匡救其惡。功成事立，歸善於君，不敢獨伐其勞。如此者，良臣也。」執規而生，凌

云：「詩箋：『規者，正圓之器也。規主仁，恩也。以恩親正君曰規。』孝經援神契云：『春執

規，夏持衡，秋執矩，冬持權。』律曆志以春智爲權，夏禮爲衡，秋義爲矩，中央土信爲繩。淮南天文訓：『執規

而治春。』張晏曰：『春爲仁，仁者生，生者圜，故爲規。』

神炎帝，乘離執衡司夏，西方之神少昊，乘兌執矩司秋，北方之神顓頊，乘坎執權司冬，中央之神黄帝，乘坤、艮執繩

司下土。玆五帝所司，各有時也。」至溫潤下，知地形肥磽美惡，立事生則，因地之宜，召公是

也。親入南畝之中，凌云：「國語注：『賈侍中云：「一耦之發廣尺深尺爲畝，百步爲畝。」』昭謂下曰畝，高曰畝。

畝，壠也。大田解曰：『田事喜〔一〕陽而惡陰，東南向陽則茂盛，西北傍陰則不實。故信南山詩云『南東其畝也』。按詩

屢言南畝，鄭注：『遂人云以南畝圖之是也。』」觀民墾草發淄，盧云：「淄，與菑同。」

稷墾草發菑，糞土樹穀，使五種各得其宜。」耕種五穀，積蓄有餘，家給人足，倉庫充實。凌云「天文集：

『廩星主倉』蔡邕月令章句：『穀藏曰倉。』釋名：『庫，舍也，物所在之舍也。』後漢百官志：『大司農，卿一人，中二千

石。』本注：『掌諸錢穀金帛諸貨幣。郡國四時上月旦見錢穀簿，其逋未畢，各具別之。邊郡諸官請調度者，皆爲報給，

損多益寡，取相給足。』」司馬實穀。「實」字，疑當在「本朝」下。○盧本「實」誤食。司馬，本朝也。本朝者火也，故曰木生火。本

朝，猶言朝中。

南方者火也，本朝。「也」字，據凌本補。司馬尚智，進賢聖之士，凌云：「大戴禮：『賢能

失官爵，功勞失賞祿。爵祿失則士卒疾怨，兵弱不用，曰不平也。不平則飭司馬。』」上知天文，其形兆未見，其

萌芽未生，昭然獨見存亡之機，得失之要，治亂之源，豫禁未然之前，說苑臣術篇：「六正者，一曰萌芽未動，形兆未見，昭然獨見存亡之幾，得失之要，預禁乎不然之前，使主超然立乎顯榮之處，天下稱孝焉。如此者，聖臣也。」○凌本「獨」作動。執矩而長，凌云：「淮南子：『執衡而治夏。』此矩字誤。」張晏云：「火爲禮，禮者齊，齊者平，故爲衡。」至忠厚仁，輔翼其君，周公是也。成王幼弱，周公相，誅管叔蔡叔，以定天下。凌云：「史記：『管叔蔡叔羣弟疑周公，與武庚作亂，畔周。周公奉成王命伐，誅武庚管叔，放蔡叔。』」天下既寧以安君。官者，司營也。○天啟本無「也」字。司營者土也，故曰火生土。

中央者土，君官也。司營尚信，卑身賤體，夙興夜寐，稱述往古，以屬主意。明見成敗，微諫納善，防滅其惡，絕源塞隟，以屬主意，庶幾有益，以安國家，社稷、宗廟。如此者，忠臣也。説苑：「三曰卑身賤體，夙興夜寐，進賢不解，數稱于往古之德，行事……四曰明察幽，見成敗，早防而救之，引而復之，塞其間，絕其源，轉禍而爲福，使君終以無憂。如此者，智臣也。」凌云：「陳，音乞，裂也。」規生矩殺，衡長權藏，繩居中央，爲四時根。淮南子『執繩而制四方』張晏曰：『土爲信，信者誠，誠者直，如此者，智臣也。

執繩而制四方，淮南天文訓：至忠厚信，以事其君，○官本云：「他本『信以』倒，脫『事』字。」天因時之化，威武強禦以成。此下疑有奪文。大理者，司徒也。司徒者金也，故曰土生金。凌據義割恩，太公是也。應天因時而動，天下更始。史記齊世家言：「太公佐文王傾商，勸武王伐紂，修周政，與天下更始。」所謂「據義割恩」「應天因時」者耶？周禮司寇疏：『按上代以來，獄官之名則異，是以月令乃命大理。』鄭注云：『有虞曰士，夏曰大理，周曰大司寇。』

西方者金，大理司徒也。司徒尚義，臣死君而衆人死父。親有尊卑，位有上下，各死其事，事不踰矩，執權而伐。凌云：「淮南子『執矩而治秋』，此權字誤。」張晏云：「金爲義者成，成者方，故爲矩。」兵不苟克，取不苟得，義而後行，至廉而威，質直剛毅，子胥是也。凌云：「胥，即胥字。」官本云：「胥，本當作胥，即胥字。」舊作胥，�. 舊作胥，誤。

北方者水，執法司寇也。淮南天文訓：「北方爲司空。」司寇尚禮，君臣有位，長幼有序，朝廷有爵，鄉黨以齒，有爵，疑當作以爵。升降揖讓，般伏拜謁，折旋中矩，立而罄折，拱則抱鼓，凌云：「玘工『柯有半謂之罄折』，注：『人帶以下四尺五寸，罄折立則上俛。』新書：『顧頤正視，正肩正背，臂如抱鼓，足間二寸，端面攝縷，端股整足，體不搖肘曰經立，因以微罄曰共立，因以罄折曰肅立，因以垂佩曰卑立，立容也。』執衡而藏，文選五十二、五十五竝引鄭云：『稱上曰衡。』鄒陽傳「懸衡天下」，如淳注：『衡，稱之衡。懸法度於其上是也。』凌云：「淮南子『執權而治冬』，此衡字誤。」張晏曰：『水爲智，智者謀，謀者重，故爲權。』受，請謁不聽，凌云：「『管子：『人君惟毋聽。請謁任舉，則羣臣皆相爲請。然則請謁得於上，黨與成於鄉，如是則貨財行於國，法制設於官，羣臣務佼而求用。然則無爵而貴，無禄而富，故曰請謁任舉之說勝，則繩墨不正。』」據法聽訟，無有所阿，孔子是也。爲魯司寇，斷獄屯屯，與衆共之，不敢自專。盧云：「屯屯，疑是肫

司寇者水也，故曰金生水。

是以百姓附親，邊境安寧，寇賊不發，邑無獄訟，則親安。○凌本「獄訟」作訟獄。伐有罪，討不義，執法者，司寇

腴。」

輿案：僖二十八年傳：「其言畏宋人何？與使聽之也。」何注：「宋稱人者，明聽訟必師斷，與其師衆共之。」史記孔子世家云：「孔子在位聽訟，文辭有可與人共者，勿獨有也。」說苑至公篇：「孔子爲魯司寇，聽獄必師斷，敦敦然皆立。然後君子進曰：某子以爲若何，某子以爲云云。又曰：某子曰云云。辯矣，然後君子幾當從某子云云乎？以君子之知，豈必待某子之云云然後知所以斷獄哉？君子之敬讓也。文辭有可與人共之者，君子不獨有也。」按師斷，即衆斷，屯屯，即敦敦。潛夫論班祿篇：「是故先王將發號施令，諄諄如也，上下共之，無有私。」曲禮、中庸「肫肫其仁」，鄭注：「肫肫讀爲誨爾忳忳之忳。忳忳，誠懇貌也。」詩忳忳，一作純純、一作諄諄，屯屯，與諄諄、肫肫、忳忳、純純、訰訰義並同。

是死者不恨，生者不怨，百工維時，以成器械。 凌云：「何注：『攻守之器曰械。』大傳注：『器械，禮樂之器及兵甲也。』釋文：『三倉云：械，器之總名。』說文：『有[一]盛爲[二]械。』」器械**既成，以給司農。司農者，田官也。** 凌云：「廣韻：『農，田農也。』說文：『農，耕也。亦官名。』漢書曰：『治粟內史，秦官也，景帝更名大司農。』」**田官者木，故曰水生木。**

五行相勝第五十九

凌云：「漢書藝文志：『陰陽者，順時而發，推刑德，隨斗擊，因五勝，假鬼神而爲助者。』」顏注：『五勝，五行相勝也。』沈約宋書：『五德更王，惟有二家之說，鄒衍以相勝立體，劉向以相生爲義。然相勝之說，於事爲

(一)「有」字，原作「無所」，據說文改。

(二)「爲」字，原作「曰」，據說文改。

長，若曰張倉黜秦，則漢水、魏土、晉木、宋金。若曰賈誼取秦，則漢土、魏木、晉金，宋火也。』」

木者，司農也。管子五行篇「春者土師也，夏者司徒也，秋者司馬也，冬者李也」，與此略異。

朋黨比周，以蔽主明，管子立政九敗解「人君毋聽羣臣朋黨比周，則羣臣朋黨，蔽美揚惡。然則國之情僞不見於上。如是，則朋黨者處前，寡黨者處後。夫朋黨者處前，賢不肖不分，則爭奪之亂起，而君在危殆之中矣。故曰羣徒比周之說勝，則賢不肖不分。」說苑臣術篇：「六曰：詔言以邪，墜主不義，朋黨比周，以蔽主明，入則辨言好辭，出則更復異其言語，使白黑無別，是非無間，伺候可推而因附。然使主惡布於境內，聞於四鄰。如此者，亡國之臣也。」退匿賢

司農爲姦，退匿賢士，絕滅公卿，教民奢侈，賓客交通，不勸田事，博戲鬬鷄，凌云「荊州歲時記：『鬬鷄，鏤鷄子，鬬鷄子。』左傳有季郈鬬鷄，其來遠矣，其鬬卵則莫知所出。」董仲舒書云：「心如宿卵，爲體內藏，以據其剛，髳髴鬬理也」走

狗弄馬，長幼無禮，大小相虜，竝爲寇賊，橫恣絕理。司徒誅之，齊桓是也。○天啟本作齊相。凌云「僖四年傳：『潰者何？下叛上也。國曰潰，邑曰叛。』」

遂伐楚，楚人降伏，以安中國。木者，君之官也。此乃云「木者，君之官也」，義不可通，當爲衍文。

行霸任兵，侵蔡，蔡潰，

夫木者農也，農者民也，不順如俞云「下文云：『土者，君之官也。』蓋土居中央，於五行最尊，故爲君之官。

叛，如，同而。則命司徒誅其率正矣。故曰金勝木。誅其率，謂誅其首惡也。潛夫論斷訟篇：『春秋之

火者，司馬也。凌云「白虎通：『司馬主兵。』言馬者，馬陽物，乾之所爲，行兵

義，貴知誅率正矣。」上或有脫字。

用焉，不以傷害爲度，故言馬也。」司馬爲讒，反言易辭以譖愬人，<small>凌云：「劉兆公羊注：『旁言曰譖。』莊元</small>

年注：『如其事曰訴，加誣曰譖。』」內離骨肉之親，外疏忠臣，賢聖旋亡，讒邪日昌，<small>說苑臣術篇：「四</small>

曰：智足以飾非，辨足以行說，反言易辭，而成文章，內離骨肉之親，外亂朝廷。如此者，讒臣也。」魯上大夫季孫

是也。<small>上大夫即上卿。見爵國篇。</small>專權擅政（一），薄國威德，<small>自張其威德，以牢籠民心，是薄國之威德。反</small>

以怠惡，譖愬其賢臣，<small>怠，字疑誤。〇盧云：「賢，舊本作壐」</small>劫惑其君。<small>凌云：「說文：『人欲去，以力脅</small>

止，曰劫。』」孔子爲魯司寇，<small>史記世家：「孔子由（二）大司寇，攝行相事。」定十四年「城莒父及霄」何注：「是歲蓋</small>

孔子由大司寇攝相事，政化大行，粥羔豚者不飾，男女異路，道無拾遺。」是董當以司寇爲大司寇。史、何蓋有所本。家

語始誅篇亦云：「孔子爲大司徒。」崔靈恩云孔子但當以小司寇仕魯者，非。見全祖望經史問答六。<small>據義行法，</small>

季孫自消，墮費郈城，兵甲有差。<small>定十二年「季孫斯仲孫何忌帥師墮費」傳：「曰為帥師墮郈、帥師墮費？</small>

孔子行乎季孫，三月不違，曰：『家不藏甲，邑無百雉之城。』於是帥師墮郈」莊二十四年何注：「諫有五，一曰諷諫。</small>

孔子曰：『家不藏甲，邑無百雉之城。』<small>季氏自墮之是也。」高注：「營，惑也。」說文：「營，惑也。」熒、營，督音同字通。</small>有邪熒惑其

君，<small>淮南原道訓：「營其精神，亂其氣志。」</small>夫火者，大朝，<small>盧云：「疑當作本朝。」</small>執法者熒惑其

執法者水也，故曰水勝火。<small>凌云：「白虎通：『天地之性，衆勝寡，故水勝火也。』」〇官本云：「各本脱『曰水</small>

（一）「政」字，凌本、盧本、叢刊本作「勢」。

（二）「由」字，原誤「自大司空爲」五字，據孔子世家删改。

勝火』四字。

土者，君之官也。○凌云：「土，王本誤作士，上有故字，係上篇故曰水勝火之故字，因脫曰水勝火四字，故字遂誤連土字，與上篇接寫。今據官本改。」其相司營。司營為神，俞云：「宣三年左傳『使神知民姦』，是神與姦同類。上云『司農為姦』，此云『司營為神』，則神亦不美之名。故與司馬為讒，司徒為賊，司寇為亂一律。」○官本云：「他本不重『司營』字。」主所為皆曰可，主所言皆曰善，謂順主指，凌云：「謂，古詣字。說文通論云：『詣者，陷也，陷君於惡也。』管子：『人君唯毋聽諂諛飾過之言則敗。奚以知其然也？夫詣臣者，常使其主不悔其過，不更其失者也，故主惑而不自知也。如是則謀臣死而諂臣尊矣，故曰諂讒飾過之說勝，則巧佞者用。』聽從為比。凌云：『國語注：「比，阿黨也。」』進主所善，以快主意，導主以邪，陷主不義。善，疑作喜。說苑臣術篇：「二曰：主所言皆曰善，主所為皆曰可，隱而求主之所好，即進之以快主耳目，偷合苟容，與主為樂，不顧其後害。如此者，諛臣也。」大為宮室，多為臺榭，凌云：「鄭注月令『闇謂之臺，有木者謂之榭。』正義：『按釋宮云：闇謂之臺。李巡云：積土為之，所以觀望。』郭景純云：積土四方。又云：無室曰榭。李巡云：但有大殿無室名曰榭。郭景純云：榭，今之堂埋。」雕文刻鏤，五色成光。凌云：「鄭注月令：『分以丹青，錯畫文章，襲以白璧，鏤以黃金。狀類龍蛇，文彩生光。』吳越春秋『玉謂之雕。』爾雅『金謂之鏤，木謂之刻。』淮南子『夫雕琢刻鏤，傷農事者也。』」賦斂無度，以奪民財，多發縣役，以奪民時，凌云：「食貨志『董仲舒曰：秦法，月為更卒，已復為正。一歲屯戍，一歲力役，三十倍於古。』漢興，循而未改。」作事無極，以奪民力。百姓愁苦，叛去其國，楚靈王是也。作乾谿之臺，三年不成，百姓罷弊而叛，凌云：「罷，讀曰疲。」及其身弒。○天啟本「及」作反，凌本同。

夫土者，君之官也，君大奢侈，過度失禮，民叛矣。其民叛，其君窮矣。故曰木勝土。凌云：「白虎通：『專勝散，故木勝土。』」

金者，司徒也。凌云：「白虎通：『司徒主人不言。徒者，徒眾也，重民。』」司徒爲賊，內得於君，外驕軍士，專權擅勢，誅殺無罪，侵伐暴虐，攻戰妄取，令不行，禁不止，將率不親，士卒不使，凌云：「高誘曰：『在軍曰士，步曰卒。』」俞云：「爾雅釋詁：『使，從也。』不使，謂不從。」輿案：大戴禮曾子制言篇：「人徒之眾，則得而使之。」即此「使」字義。兵弱地削，令君有恥，則司馬誅之，楚殺其司徒得臣是也。文八年何注：「諸侯有司徒、司馬、司空，皆卿官也。」但楚無司徒，子玉時爲令尹。司徒，疑大夫之誤。八年「楚殺其大夫得臣」何注：「子玉得臣，楚之驕蹇臣，數道其君侵中國，故貶。」當敵而弱，以危楚國，僖二十數戰破敵，內得於君，驕蹇不邮其下，卒不爲使，○凌本「使」作死。得臣令君有恥，則司馬誅之，○凌云：「白虎通：『精勝堅，故火勝金。』」司馬誅之。金者，司

水者，司寇也。司寇爲亂，足恭小謹，巧言令色，說苑臣術篇：「三曰：中實頗險，外容貌小謹，巧言令色。又心嫉賢，所欲進則明其美而隱其惡，所欲退則明其過而匿其美，使主妄行過任，賞罰不當，號令不行。如此者，姦臣也。」聽謁受賂，凌云：「一切經音義：『賂，遺也。』謂以物相請謁也。」玉篇：『金玉曰貨，布帛曰賂。』黨不平，慢令急誅，誅殺無罪，則司營誅之，營蕩是也。太公封於齊，問焉以治國之要，○官本云：「焉」一作爲。營蕩對曰：「任仁義而已。」太公曰：「任仁義奈何？」營蕩對曰：「仁者愛人，義者尊老。」太公曰：「愛人尊老奈何？」營蕩對曰：「愛人者，有子不

食其力，父母不食子之力，俾嫚於自瞻，所以恤之。然其弊也，子不孝養父母，父母亦不字厥子。乃至教令無所施，

而悖嫚習長，父子相視若途人，反仁爲戾，而大亂呕矣。**尊老者，妻長而夫拜之。**夫婦之綱壞，則父子君臣隨

之，所以防微也。**太公曰：「寡人欲以仁義治齊，今子以仁義亂齊，寡人立而誅之，以定齊**

國。」韓非子外儲說右上載。齊東海上有居士，曰狂矞、華仕，昆弟二人，建議不臣天子，不友諸侯云云。太公至營丘，

使執而殺之，以爲首誅。營蕩事他無所見。假美名而陰佐其邪說者，固聖人所必誅也。孔子之誅少正卯，亦以其佞道

行，亂國政（事見白虎通誅伐篇引韓詩內傳及說苑指武篇，不始家語）殆法太公者與？盧云：「次『寡人』字疑衍。」

夫水者，執法司寇也。執法附黨不平，盧云：「附，疑阿字，與上文同。」**依法刑人，**依，字疑有誤。**則**

司營誅之，故曰土勝水。凌云：「白虎通：『實勝虛，故土勝水。』」

五行順逆第六十○御覽八百八十三引作「董仲舒五行逆順」。天啟本亦作

「逆順」。

木者春，生之性，農之本也。勸農事，○御覽八百七十三「勸」上有君字。

不過三日，○御覽八百七十三「使民」作使之。**行什一之稅，進經術之士。挺羣禁，**○盧云：「挺，舊本

作誕。今案月令云『挺重囚』，淮南子亦作挺。後漢臧宮傳『宜小挺緩』挺皆訓寬。今改正，下同。」**出輕繫，**凌云：「挺，

高誘曰：『輕繫，不及于刑者，解出之。』」**去稽留，除桎梏，**凌云：「鄭志蒙初六注云：『在足曰桎，在手曰梏』博

無奪民時，使民，歲

雅：『枅謂之㭬，槉謂之桱。』開門閭，淮南天文訓作「開閉扇」。凌云：「爾雅，『閭謂之扉』。」○天啟本「門」作閉。

通障塞。凌云：「高誘曰：『障，壅也。塞，絕也。』」恩及草木，則樹木華美，而朱草生；恩及鱗蟲，

則魚大為。凌云：「爲，成也。淮南天文訓有「介蟲不爲」，『魚不爲』。」續漢書律曆志引易緯亦有此語。」輿案：爲，與譌同，化也。毛詩魚麗傳云：「太平而後微物衆多。」鱣鯨不見，凌云：「顏氏家訓云：『鱣魚，純灰色，無文。』臣瓚曰：『鱣魚，無鱗，口在腹下。』中華古今注：『鯨魚者，海魚也。大者長千里，小者數十丈，一生數萬子。常以五月六月就岸邊生子，至七八月導從其子還大海中。鼓浪〔一〕成雷，噴沫爲雨，水族驚畏，皆逃匿，莫敢當者。』羣龍下。凌云：「埤雅：『龍八十一鱗，具九九之數。九，陽也。龍亦卵生，思抱。有鱗曰蛟龍，有翼曰應龍，有角曰虯龍。蓋蟲莫智于龍，龍之德不爲妄者。能與巨巨，能與細細，能與高高，能與下下。』大戴禮：『鱗蟲之精者曰龍。』」如人君出入不時，走狗試馬，馳騁不反宮室，據五行志「馳騁」上疑脫田獵二字。好淫樂，飲酒沈湎，凌云：「韓詩：『齊顏色、均衆寡謂之沈，閉門不出者謂之湎。』」縱恣，不顧政治，事多發役，以奪民時，作謀增稅，以奪民財，民病疥搔，溫體，足胕痛。盧云：「胕，音杭，脛耑也。」凌云：「史記龜筴傳『壯士斬其胕。』索隱：『劭〔三〕，音衡，即腳脛。』○天啟本注云：「胕，去聲。」凌本脫「民」字。咎及於木，則茂木枯槁，凌云：「老子：『人生也柔弱，其死也堅強。萬物草木生也柔脆，其死也枯槁。』」工匠之輪多傷

〔一〕「浪」字，原誤「以」，據凌本改。

〔三〕「劭」字，原誤「邵」，據凌本及史記索隱改。

敗。

五行志：傳曰：「田獵不宿，飲食不享，出入不節，奪民農時，及有姦謀，則木不曲直。」又云：「若廼田獵馳〔一〕騁，不反宮室，飲食沈湎，不顧法度，妄興〔二〕繇役，以奪民時，作為奸詐，以傷民財，則木失其性矣。蓋工匠之為輪矢者多傷敗，及木為變怪，是為木不曲直。」毒水潬塵，漉陂如漁，[盧云：「如，與而同。」凌云：「風俗通：『謹案：陂者，繁也，言因下鍾水以繁利萬物也。』」] 咎及鱗蟲，則魚不為，蛟龍深藏，鯨出見。[據上文，「鯨」上亦當有鱣字。]

火者夏，成長，[下疑尚有脫字。] 本朝也。舉賢良，進茂才，官得其能，[凌云：「周禮鄉大夫注：『能者，謂若今舉茂才。』疏：『茂才即秀才也。』應劭云：『舊言秀才，避光武諱，改茂才。』史記正義：『能者，獸，形色似熊，足似鹿，為物堅中而強力。人之有賢才者，皆謂之能也。』」] 任得其力，賞有功，封有德，出貨財，振困乏，[凌云：「管子所謂振困者，歲凶，庸人訾屬，多死喪，弛〔三〕刑罰，赦有罪，散倉粟以食之，此之謂振困。」] 正封疆，[凌云：「史記正義曰：『封，聚土也。疆，界也。謂界上〔四〕封記也。』古今注：『封疆畫界者，封土為臺，以表識疆境也。畫界者，於二封之間又為堳埒，以畫分界域也。』」] 使四方。恩及於火，則火順人而甘露降，〔○御覽十二引「火」作物，「順」下有於字。〕 恩及羽蟲，則飛鳥大為，黃鵠出見，鳳凰翔。[哀十四年何注引援神契曰：

〔一〕「迺」原作「通」，「馳」原作「驅」，據五行志改。

〔二〕「興」原作「行」，據五行志改。

〔三〕「弛」字，原誤「地」，據凌本改。

〔四〕「上」原作「土」，據史記商君列傳正義改。

「德至鳥獸，則鳳凰翔、麒麟臻。」如人君惑於讒邪，內離骨肉，外疏忠臣，至殺世子，誅殺不辜，逐

忠臣，以妾爲妻，棄法令，逐忠臣，與上「疏忠臣」複。忠，蓋功之誤。五行志：傳曰「棄法律，逐功臣，殺太子，

以妾爲妻，則火不炎上。」又曰：「若乃信道不篤，或耀虛僞，讒夫昌，邪勝正，則火失其性矣。」大傳「逐功臣」，注：「功

臣，制法律者也。」婦妾爲政，賜予不當，漢尺一，唐斜封之類。管子權修篇：「婦人言事，則賞罰不信。」則民

病血壅腫，目不明。咎及於火，則大旱，必有火裁，據五行志，董推災異，不必與此五行順逆相應。如

董推御廩災，由于百姓怨咨，君臣俱惰；劉歆則以爲棄法度亡禮之應。董推齊大災，以爲君淫；劉向則以爲由齊桓以

妾爲妻。董推新宮災，以爲成居喪不哀；劉向則以公聽讒逐歸父。董推宋災，以爲伯姬憂傷所致；劉向則以爲宋

公聽讒殺太子痤。一劉並合此五行之應，而董反不合，此類甚多。至于高園便殿火災，董以爲天欲誅貴屬及近臣之意，

遂以得罪。蓋災異者，臣下借以警時之資，本無定象。五行順逆，不過天人相應之理如此，無取拘牽。何氏注傳，喜言

災異，雖本家法，而傅會可議者多。然管子五行篇即有「甲子木行御」，天子不賦不賜賞，而君危太子危」「壬子水行御，

天子決塞動大水，而王后夫人薨」諸應。則知此等師說，遠出周秦之間矣。（趙翼廿二）史劄記言仲舒繁露初無推演

五行之處，以夏侯勝所引洪範五行傳爲夏侯始昌作。案五行傳非董作，而謂董無推演五行之處，則誤。）摘巢探鷇，

梟鴟羣鳴，凌云：「國語注：『生哺曰鷇，未孚曰卵。』」○盧云：「探，舊作採，非。」說文『不孝鳥也。故曰至捕梟磔之。其字從鳥頭在木上』。埤雅『鴞鳴，其民

凌云：「埤雅『梟，食母』；說文『不孝鳥也。

咎及羽蟲，則飛鳥不爲，冬應不來，

〔二〕原作「十七」，誤。引文見廿二史劄記卷二。

有禍』。證俗云：『禍鳥也。』」

元年注同。

土者夏中，土寄王四時，而月令繫于夏末，故云『夏中』。本書五行對：『土爲季夏。』成熟百種，君之官。

凌云：「聖證論：『孔晁云：能吐生百穀謂之土。』物理論云：『梁者，黍稷之總名。稻者，溉種之總名。菽者，衆豆之總名。三穀各二十種，爲六十種。蔬果之實助穀，各二十種，爲百穀。』循宮室之制，謹夫婦之別，加親戚之恩。恩及於土，則五穀成，而嘉禾興。恩及倮蟲，則百姓親附，城郭充實，賢聖皆遷，言遷擇在位。仙人降。時武帝好仙，故以此歆動之與？如人君好淫佚，妻妾過度，犯親戚，侮父兄，欺罔

百姓，大爲臺榭，五色成光，雕文刻鏤，則民病心腹宛黃，舌爛痛。

凌云：「說文黑部云：『黗，黑有文也。』讀若飴餳之餳。玉篇云：『黗，或作黰。』廣韻八物云：『黗，黃黑色也。』淮南子時則訓『天子衣苑黃』，高注：『苑，讀登飴之登。』此登黃即淮南書之苑黃。宛、苑竝黗之借字。盧說未塙。」盧云：「宛，與鬱同。」孫詒讓

土，則五穀不；五行志：傳曰：『治宮室，飾臺榭，内淫亂，犯親戚，侮父兄，則稼穡不成。』又云：『若迺奢淫驕慢，則土失其性，亡水旱之災而草木百穀不孰，是爲稼穡不成。』暴虐妄誅，咎及倮蟲，倮蟲不爲，百姓叛

去，賢聖〔二〕放亡。凌云：「大戴禮：『倮蟲三百六十，而聖人爲之長。』」

金者秋，殺氣之始也。建立旗鼓，杖把旄鉞，凌云：「釋名：『熊虎爲旗。旗，期也，將軍所建，象其

三六八

〔二〕「賢聖」，凌本作「聖賢」。

猛如熊虎，與衆期其下也。『鼓，郭也，張皮以冒之，其中空也。』尚書：『武王右秉白旄。』釋名：『鉞，豁也，所司莫敢當

前，豁然破散也。』字林云：『鉞，王斧也。』『鉞，王斧也。』『以誅賊殘，禁暴虐，安集，〔一〕盧云：『下疑脱二字。』故動衆興師，

必應義理，出則祠兵，入則振旅，以閑習之。凌云：『莊八年經『甲午祠兵』，傳：『祠兵者何？出曰祠

兵，入曰振旅，其禮一也，皆習戰也。』注：『禮，兵不徒使。』故將出兵必祠於近郊，陳兵習戰，殺牲饗士卒。五百人曰旅。

言與祠兵禮如一，將出，不嫌不習，將入，嫌於廢之，故以振〔二〕訊士衆言之。互相見也。祠兵，壯者在

前，難在前。振旅，壯者在後。復長幼，且衛後也。』按五經異義曰：『公羊說，甲午祠兵。祠者，祠五兵，矛、戟、

劍、楯、弓、鼓及蚩尤之造兵者。』』因於搜〔三〕狩，存不忘亡，安不忘危。』凌云：『白虎通：『國有三軍？何？

所以戒非常，伐無道，尊宗廟，重社稷，安不忘危也。』修城郭，繕牆垣，凌云：『世本：『鯀作城郭。』釋名：『城，成

也，成受國都也。郭，廓也，廓落在城外也。牆，障也，所以自障蔽也。垣，援也，人所依阻，以爲援衞也。』審羣禁，

『審』與『挺』相對爲文。挺，寬也。審，嚴也，察也。荀子彊國篇：『其禁暴也察，其誅不服也審。』飭兵甲，凌云：

『飭，與敕同。敕，整也。』匡謬正俗音與敕同，字從食從力。』警百官，誅不法。恩及於金石，則涼風出；

恩及於毛蟲，則走獸大爲，麒麟至。凌云：『大戴禮：『毛蟲之精者曰麟。』』如人君好戰，侵陵諸侯，

貪城邑之賂，輕百姓之命，五行志：傳曰：『好戰攻，輕百姓，飾城郭，侵邊境，則金不從革。』則民病喉咳

〔一〕『振』字，原誤『旅』，據凌本及公羊傳注改。

〔二〕『搜』字，凌本、〈叢刊本作『彼』。

嗽，凌云：「釋名：『咳，刻也，氣奔至，出入不平調，若刻〔一〕物也。嗽，促也，用力急促也。』易說曰：『立春，氣未當至而至，則少陽脈勝，人病咳之疾也。』」〇御覽七百四十三引無「喉」字。 筋攣，凌云：「後漢成武孝侯順傳注：『東觀記曰：病筋攣卒。』」 鼻齆塞。凌云：「月令『民多鼽嚏』疏：『鼽，音求。』說文云：『病寒〔二〕鼻窒。』」〇盧云：「舊本作仇塞。」

咎及於金，則鑄化凝滯，凍堅不成，。五行志：「若迺貪欲恣睢，務立威勝，不重民命，則金失其性。蓋工冶鑄金鐵，金鐵〔三〕冰滯凅堅，不成者衆，及爲變怪，是爲金不從革。」案：冰與「凝」同。漢書郊祀志，「秋凅凍」，集韻：「凅，凝也。」是凍、凅義近。 四面張罔，凌云：「釋文：『黃帝作网罟。取獸曰网，取魚曰罟。』」

焚林而獵，咎及毛蟲，則走獸不爲，白虎妄搏，麒麟遠去。 淮南本經訓：「刳胎殺夭，麒麟不游。」〇藝文類聚九十八引作「恩及羽蟲，則麒麟至；」張網焚林，則麒麟去。

水者冬，藏至陰也。宗廟祭祀之始，敬四時之祭，禘祫昭穆之序。 宗廟祭祀之始者，謂冬至爲宗廟祭祀之始也。四時之祭，謂祠礿嘗烝。見四祭篇。 禘祫之說，最爲紛歧，今依董意及公羊家說釋之。董以禘祫與四時之祭分言，知不以禘祫爲四時常祀矣。 禘祫並舉，知不以禘祫爲一祭矣。案禘祫有二，有喪畢特祭之禘祫，有五年殷祭之禘祫。閔二年：「夏，吉禘于莊公。」傳：「言吉者，未可以吉也。未三年也。」何注：「禮，禘祫從先君數，朝聘從今君數。遭祫則祫，遭禘則禘。」此吉禘爲除喪之祭，各于其廟，與太廟之禘別也。 左襄十九年傳

〔一〕「若刻」原作「老剋」，上「刻也」的「刻」原作「嗽」，據釋名改。

〔二〕「寒」原作「塞」，據說文改。

〔三〕「金鐵」，據凌本及漢書補。

「晉人曰『寡君之未禘祀』」，杜云：「禘祀，三年喪畢之吉祭。」是也。文二年：「八月，大事于太廟，躋僖公。」傳：「大事者何？大祫也。大祫者何？合祭也。其合祭奈何？毀廟之主，陳于太祖，未毀廟之主皆升，合食于太祖。（通典引韓詩内傳：「禘取毀廟之主皆升，合食于太祖。」禘，疑是祫）五年而再殷祭。」何注：「殷，盛也。謂三年祫，五年禘。禘所以異於祫者，功臣皆祭也，祫猶合也，禘猶諦也，審諦無所遺失。禮，天子時祭特祫，諸侯祫則不礿，祫則不嘗。大夫有賜于君，然後祫其高祖。」此喪畢吉禘後之吉祫也。（吉祫二字本何注。）僖八年：「秋七月，禘于太廟，用致夫人。」傳：「禘用致夫人，非禮也。」何注：「夫人始見廟當特祭，而後祫祭于太廟。定九年從祀先公，此五年殷祭之祫也。宣八年：「夏，有事于太廟。」昭十五年：「八月，有事于武宮。」此五年殷祭之禘也。

鄭君玄鳥箋云：「古者君喪三年既畢，禘於其廟，而後祫祭于太廟。明年春，禘於羣廟。自此之後，五年而再殷祭。一禘一祫。」春秋謂之大事。大宗伯及王制注言魯禮同。（釋文本作「古者君喪三年既畢，祫于太祖。明年禘于羣廟」）未詳所本。

案：鄭用春秋今文說，酌定此制，最爲明晰。惟云「五年而再殷祭，毀廟無時祭，但五年有二殷祭耳。神主入廟，宜有一禘。明年春禘於羣廟。御覽五百二十八引禮記外傳曰：「春秋之經，禘一祫兩禘，與鄭略同。鄭志云：「古者天子諸侯三年喪畢，皆合先祖之神而享之。」是也。但鄭志以爲周制先祫後禘，則似不然。

以生有慶集之懂，死亦備合食之禮。因天道之成，而設禘祫之享，皆合先祖之神而享之。（義互見下。）劭公不知禘祫有二，乃謂遭禘則禘，遭祫則祫，豈有新主入廟，如斯簡略，諒不然矣。

所以知爲先禘後祫者，以文二年兩傳先親後祖，先禰後祖徵之，親謂親廟，禰謂禰廟，言已成爲親廟禰廟之主也。

白虎通宗廟篇：「謂之禘祫何？禘之爲言諦也，序昭穆，諦父子也。祫者合也，毀廟之主，皆合食于太祖也。」三年一禘，祫祫及遷廟何？以其能世世繼君之體，持其統而不絕，由親及遠，不忘先祖也。」案白虎通所說，亦殷祭之禘祫也。禘及遷廟，祫祫及遷廟何？傳注雖無明文，以鄭君說禮推之，蓋祫則並祀于太祖，禘則先公之主祭于后稷廟，昭之遷主祭于武廟，穆

之遷主祭于文廟，爲異。祭昭穆各于其廟，故謂之禘昭穆。而吉禘謂之禘者，有所奉則有所毀，謂審禘毀主之昭穆也。

何注所云禘及功臣，蓋據夏官司勳「凡有功者，祭于大蒸」及盤庚「大享先王，爾祖與享」言之。後魏太和三年詔引鄭玄亦云：「三年一祫，五年一禘。祫則毀廟羣廟之主于太祖合而祭之，禘則兼及百官配食者，審禘而祭之，以昭穆各繫于其廟。故配享之功臣得以與享。祫祭則存毀皆論昭穆，以太祖爲主也。」漢張純傳：「建武二十五年，禮，三年一祫，五年一禘。」漢舊制，三年一祫，毀廟主合食高廟，存廟主未嘗合祭。元始五年，諸王公列侯廟會始爲禘祭。」蓋用春秋說，而祫不及存廟，似違傳意。至諸家說或舉歲祫終禘，或謂禘及毀廟，祫爲存廟，或謂禘祫同三年，禘在夏，祫在秋，或謂禘配天，異於祫，皆與傳說不符，茲不具引。昭穆之序者，就禘祫言之。文二年何注云：「太祖東鄉，昭南鄉，穆北向，其餘孫從王父。父曰昭，子曰穆，昭取其鄉明，穆取其北面尚敬。」續漢書禮儀志：「張純奏云：父爲昭，南嚮，子爲穆，北嚮。父子不並坐，而孫從王父。」章懷注引決疑要注云：「凡昭穆，父南面，故曰昭，明也。子北面，故曰穆，順也。古者天子諸侯立四親廟，始祖特于北，其後以次夾神主於南，昭在西，穆在東，相對。是昭穆取相對爲義，無分東西南北也。雖兄弟祖孫相繼，皆無移易，不分世次之昭穆也。至於遷則昭從昭廟，穆從穆廟，而故主所奉之高祖當遷。其在四親廟者，以續統之序爲主，新陟王喪畢，則升奉神主於親廟，昭在南，穆從穆廟，（本鄭義，見上。）所謂祧也。遇祫祭則存毀皆論昭穆，以太祖爲主也。」小宗伯云：「辨廟祧之昭穆。」明廟與祧之昭穆有別也。執事之子孫且然，則神主尤當序矣。且四代異廟，無並坐之嫌，此制禮之精意也。中庸：「宗廟之禮，所以序昭穆也。」蓋宗廟以祖爲重，故遷毀合食，皆依世次，親廟隆新王之敬，故承其統者，雖非子，而當以襧事。文二年：「大事於太廟，躋僖公。」傳：「躋者，何？升也。何言乎升僖公？譏逆祀也。其逆祀奈何？先襧而後祖也。」何注：「升謂西上。禮，昭穆指僖公。躋僖公。」春秋，惠公與僖公當同南面西上，隱桓與閔僖亦當北面西上，繼閔者在下。文公緣僖公爲庶兄，置僖公于閔公上，失先後之序，故譏之。傳曰後祖者，僖公以臣繼閔公，猶子繼父，故閔公于文公亦猶祖也。自先君言之，隱桓及閔僖

各當爲兄弟，顧有貴賤耳。自繼代言之，有父子君臣之道，此恩義順逆各有所施也。」案傳明云祫祭，則躋僖公但是合食時升僖於閔上，易先後之序，故云先禰後祖。董以逆祀爲小惡，（見異義。）知非易昭穆也。穀梁以大事爲祫祭，與公羊同。又云：「躋，升也，先親而後祖，逆祀也。」此釋經「躋僖公也」。又云：「逆祀，則是無昭穆。無昭穆則是無祖也，無祖則無天也，故曰文無天。」此極言逆祀之失也。蓋僖之于閔，有君臣之道，以四親廟之序言之，僖禰而閔祖。今乃于合食時逆其廟序，推其極則亦與無昭穆同。若即以躋僖爲無昭穆，則傳當直譏之，而不必申論矣。定九年從祀先公，蓋

（服虔章昭以爲自僖公以來，昭穆皆亂，蓋古文說。）問者曰：「四親不別立廟，又無遷毁之典，而今文家說至是祫祭始正閔僖之序也。近人讀兩傳不明，又不知但是合食時先後之差，而非廟祀之序，故說多穆葛，此禮之可以義起矣。謹辨正之如此。（穀梁言之矣，無昭穆則是無天也。禮當同於合食，不宜異昭穆以干並坐之嫌，此禮之可以義起者也。當以何法？」曰：繼，

天子祭天，諸侯祭土。 注：「傳曰：禁舊客，爲露情也。有新客搜出之，爲觀釁也。」

閉門閭，大搜索， 淮南天文訓「大搜客」。高注：「禁舊客，出新客」時則訓門，城門也。閭，里門也。嚴閉之，守備也。

飭關梁， 淮南天文訓「飭」作「飾」。**禁外徙。恩及於水，則醴泉出。斷刑罰，執當罪，** 淮南天文訓、時則訓「執」作「殺」。**及介蟲。** 凌云：「月令章句：『介者甲也』謂龜蟹之屬也。」**則黿鼊大爲。** 凌云：「埤雅：『鼉，大鼈也。』淮南子曰：『鼉宵鳴，如桴鼓。』燒黿致鼉，此其以類求之。博物志曰：『鼉長一丈，一名土龍，鱗甲黑色，能橫飛，不能上騰』晉安海物記：『鼉宵鳴，如桴鼓。』」**靈龜出。** 凌云：「雜書靈準聽：『靈龜者，玄文，五色，神靈之精也。上隆法天，下平象地，能見存亡，明於吉凶。王者不偏黨，事耆老，則出。』譙周異物志：『涪陵多大龜，其甲可以卜，其緣中又似玳瑁，俗名曰靈。』大戴禮：『介蟲之精者曰龜。』

如人君簡宗不廟，逆天時，不禱祀， 五行志：「傳曰：簡宗廟，不禱祀，廢祭祀，逆天時，則水不潤下。」御覽八百八十三引董仲舒五行逆順云：「人君簡宗廟，不禱，則鬼神**廢祭祀，執法不順，逆天時，不禱祀，** 之精者曰龜。」**則民病流夜哭。**

腫，凌云：「春秋潛潭巴曰：『枉矢黑，軍士不勇，疾流腫。』釋名曰：『腫，寒熱[一]氣所鍾聚也。』水張，○盧云：「中亮切。」凌本作脹。 痿痺，凌云：「廣韻：『痿，淫病。一曰兩足不能相及。』師古曰：『痿，風痺病也。痺，風淫之病。』

孔竅不通。 咎及於水，霧氣冥冥，凌云：「五經通義：『陰陽[二]亂則爲霧，從地升也。』五行志：『若乃不敬鬼神，政令逆時，則水失其性。』霧水暴出，百川逆溢，壞鄉邑，溺人民。及淫雨傷稼穡，是爲水不潤下。』必有大水，水爲民害；咎及介蟲，則龜深藏，黿鼉呴。 凌云：「莊子：『泉涸，魚相與處于陸，相呴以溼，相濡以沫。』」

治水五行第六十一

黄震云：「以上四篇，竝言隨時施政。」凌云：「尚書注：『治水失道，亂陳其五行。』疏：『水是五行之一，水性下流，鯀反塞之，失水之性。 水失其道，則五行皆失矣。」○黄氏日鈔作「水治五行」。

日冬至，七十二日木用事，其氣燥濁而青。○天啟本「青」作清，凌本同。 七十二日火用事，其氣慘陽而赤。 七十二日土用事，其氣溼濁而黄。○溼，天啟本作「溫」。 七十二日金用事，其氣慘淡而白。 七十二日水用事，其氣清寒而黑。 凌云：「淮南子云：『壬午冬

[一]「熱」字，凌本無。
[二]「陽」字原脫，據北堂書鈔卷一五一引五經通義補。

三七四

至，甲子受制，木用事，火煙青，七十二日。丙子受制，火用事，火煙赤，七十二日。庚子受制，金用事，火煙白，七十二日。壬子受制，水用事，火煙黑，七十二日而歲終。庚子受制，土用事，火煙黃，七十二之，七十歲而復至甲子。」木用事，則行柔惠，挺羣禁。至於立春，出輕繫，去稽留，除桎梏，開門闔，〇天啟本「門」作閉，凌本同。通障塞，凌云：「淮南子注：『甲，木也。』木王東方，故施柔惠，蟄伏之類出由戶，故開闔扇，通障塞。春木王，故毋伐木也。」火用事，則正封疆，循田疇。凌云：「國語注：『穀地曰田，麻地曰疇』木。」存幼孤，矜寡獨，無伐木。凌云：「淮南子：『甲子受制，則行柔惠，挺羣禁，開闔扇，通障塞，毋伐至於立夏，舉賢良，封有德，賞有功，出使四方，無縱火。凌云：「淮南子：『丙子受制，則舉賢良，賞有功，立封侯，出財貨。』注：『火用事，象陽明，識功勞，故封建侯，出財貨。』」土用事，則養長老，存幼孤，矜寡獨，賜孝弟，施恩澤，無興土功。凌云：「淮南子：『戊子受制，則養老鰥寡，行粰鬻，施恩澤。』注：『土用事，象土養長，故施恩澤也。』」金用事，則修城郭，繕牆垣，審羣禁，飭甲兵，警百官，誅不法，存幼孤，矜寡獨，賜孝弟，施恩澤，無興土功。凌云：「淮南子：『庚子受制，則繕牆垣，修城郭，審羣禁，飭兵甲，徼百官，誅不法。』注：『金用事，老，無焚金石。象金斷割，故誅不法。』」水用事，則閉門閭，凌云：「『月令章句』：『門，謂城門。閭，謂二十五家為閭。』」大搜索，斷刑罰，執當罪，飭關梁，禁外徙，無決隄〔一〕。凌云：「淮南子：『壬子受制，則閉門閭，大搜客，斷刑罰，殺當罪，息關梁，禁外徙。』注：『水用事，象冬閉固，故禁外徙。』國語注：『隄，防也。』」

〔一〕「隄」上，凌本、盧本、叢刊本有「池」字。

春秋繁露義證卷第十四

治亂五行第六十二 黃震云：「言相干則災。」

火干木，蟄蟲蚤出，淮南子天文訓：「丙子干甲子，蟄蟲蚤出，故雷蚤行。」注：「木〔一〕氣温，故蚤出。」蚍雷蚤行。盧云：「蚍，疑當作眩，謂電光也。」西京雜記：董仲舒曰：『太平之世，電不眩目，宣示光耀而已。』○官本無「蚍」字，云：「他本有。」盧云：「大典本無。」

土干木，胎夭卵毈，鳥蟲多傷。淮南子：「戊子干甲子，胎夭卵毈，鳥蟲多傷。」○盧云：「毈，丁亂反。」凌云：「王本毈誤分爲兩字。」鄭注：『卵，鳥卵。』毈，玉篇：『大亂切，不成子曰毈。』

水干木，春下霜。淮南子：「壬子干甲子，春有霜。」金干木，有兵。淮南子：「庚子干甲子，有兵。」

土干火，則多雷。雷，疑霆之誤。淮南子：「戊子干丙子，霆。」金干火，草木夷。淮南子：「庚子干丙

〔一〕「木」字，原作「水」，據淮南子天文訓注改。

子，夷。」注：「夷，傷也。」夷或爲電。　案：淮南脫「草木」二字，當據此補正。　水干火，夏雹。　淮南子：「壬子干丙子，雹。」漢魏相傳：「春興兑治則飢，秋興震治則華，冬興離治則泄，夏興坎治則雹。」水干火，則地動。　淮南子：「甲子干丙子，地動。」○凌本「火」作金。

金干土，○天啟本作「干木」。則五穀傷，有殃。　傷，字疑衍。　淮南子「庚子干戊子，五穀有殃。」水干土，夏寒雨霜。　淮南子：「壬子干戊子，夏寒雨霜。」木干土，倮蟲不爲。　注：「不成爲魚。」凌云：「原注：『人者，倮蟲之長。』」水干淮南子作『甲子干戊子，介蟲不爲』」注：『不成爲介蟲也。』」　輿案：天啟本無原注。火干土，則大旱。　淮南子：「丙子干戊子，大旱，苤封燧。」○御覽八百七十九引「火」作水。

水干金，則魚不爲。　淮南子：「壬子干庚子，大剛，魚不爲。」木干金，則草木再生。　淮南子：「甲子干庚子，草木再死再生。」火干金，則草木秋榮。　淮南子：「戊子干庚子，歲或存或亡。」「今八月九月時，李柰復榮生實是也。」土干金，五穀不成。　淮南子：「丙子干庚子，草木復榮。」注：

木干水，冬蟄不藏。　淮南子：「甲子干壬子，冬乃不藏。」注：「地氣發也。」土干水，則蟄蟲冬出。　淮南子：「戊子干壬子，蟄蟲冬出其鄉。」火干水，則星墜。　淮南子：「丙子干壬子，星隊。」注：「隊，隕。」金干水，則冬大寒。　淮南子：「庚子干壬子，冬雷其鄉。」

五行變救第六十三

黃震云：「言木冰、春多雨之類，皆以人事救之。」凌云：

「大傳注：『君失五事，則五行相沴。違其位復立之者，當明其變異，則知此為貌邪，言輒改過以共禦之。至司之日月，又必齋肅祭祀，以撫其神，則凶咎除矣。』」

五行變至，當救之以德，施之天下，則咎除。不救以德，不出三年，天當雨石。凌云：

「尚書中候：『紂末年，雨石，皆大如甕。』」○官本云：「他本『當』作雷。」木有變，春凋秋榮。○官本云：「本作多營。」興案：御覽九百五十二引作「冬榮」，下有「真剛精銳，無以治之」二語，與本書不類，疑誤文。秋木冰，木冰，見成十六年。五行志：或曰：「今之長老，名木冰為木介。」凌云：「唐書：『凝霜封樹，謂之木冰，一名樹介。』寧王憲有疾，見而歎曰：此俗所謂樹嫁者也，吾其死矣。諺曰：樹嫁達官怕。」○天啟本「木」上注云：「一無秋字，冰作水。」

春多雨。此繇役眾，凌云：「繇，讀曰徭。說文『戍邊也』。」賦斂重，○御覽十引下有「故也」三字。八百七十七引同。百姓貧窮叛去，凌云：「月令疏：『蔡氏云：無財曰貧，無親曰窮。皇氏云：長無謂之貧窮。』」道多饑人。救之者，省繇役，薄賦斂，出倉穀，振困窮矣。凌云：「漢書顏注：『振，起也。為給貸之，令其存立也。諸振救、振贍，其意皆同。今流俗作字從貝者，非也。』」火有變，冬溫夏寒。此王者不明，善者不賞，惡者不絀，不肖在位，賢者伏匿，則寒暑失序，而民疾疫。凌云：「易通卦驗：『春晷長一丈一尺二

分，未當至而至，多病煩，疾疫。』疫〔一〕説文云『民皆疾〔二〕也』。『救之者，舉賢良，賞有功，封有德。土有

變，大風至，五穀傷。』此不信仁賢，不敬父兄，淫泆無度，宮室榮〔三〕。　興案：後漢鍾離意傳亦作『榮』。○天啟本

君道篇，何注桓五年傳，皆作宮室榮，與此同。或改崇及『營』，非。　盧云：『荀子大略篇，説苑

『榮』上有多字，凌本同。　『救之者，省宮室，去雕文，舉孝悌，恤黎元。　凌云：『漢書文紀注：『姚察云：古

者謂人元，善人也。因善爲元，故云黎元。』』　金有變，畢昴爲回，三覆有武，多兵。　凌云：『春秋佐助期：

『昴、畢爲天街。』史記天官書：『昴曰髦頭，畢曰罕車，主弋獵。』正義曰：『昴七星爲髦頭。畢八星，其大星曰天高，一

曰邊將，四夷之尉也。星明大，天下安，遠夷入貢。失色，邊亂。畢動，主兵。』法苑珠林：『初置星宿，昴爲先首，形似剃

刀。次置畢，形如立叉〔四〕。』雲笈七籤：『昴星神姓張，名弩小，衣緑青單衣。畢星神姓柔，名公孫，帶劍，衣白毛單

衣。』　『多盜寇。　此棄義貪財，輕民命，重貨賂，百姓趣利，多姦軌。　國語魯語：『竊寶者爲宄，用宄之

財者爲姦。』　救之者，舉廉潔，立正直，隱武行文，　俞云：『隱，讀爲偃。　漢書古今人表『徐隱王』，顏注：『即

偃王也。』是隱、偃古通用。』　興案：國語周語：『武不可觀，文不可匿。』即『隱武行文』意。　齊語：『隱武事，行文

道。』字亦作『隱』，不必改讀。　束甲械。　凌云：『周禮司甲注：『甲，今之鎧也。今古用物不同，其名亦異。古用皮

〔一〕『疫』字，原誤『疾』，據凌本及説文改。

〔二〕『疾』字，原誤『病』，據凌本及説文改。

〔三〕『榮』字，凌本作『多營』。

〔四〕『叉』字，原誤『人』，據凌本改。

謂之甲，今用金謂之鎧。」水有變，冬淫多霧，凌云：「春秋元命苞：『亂而爲霧。霧，陰陽之氣也。』釋名曰：

『霧，冒也，氣蒙亂冒物也。』春夏雨雹。凌云：「大戴禮：『陽之專氣[一]爲雹，陰之專氣爲霰。霰雹者，一氣之化

也。』釋名：『雹，砲也。其所中物皆摧折，如人所盛砲也。』」此法令緩，刑罰不行。救之者，憂囹圄，案姦

宄，誅有罪，戛五日。盧云：「戛，與搜同。」

五行五事第六十四
黄震云：「言證應。」凌云：「漢藝文志：『五行者，五常

之刑氣也。」書曰：初一曰五行，次二曰羞用五事。言進用五事以順五行也。

貌、言、視、聽、思心失，而五行之序亂，五星之變作，皆出律曆之數，而分爲一

者也。』」

王者與臣無禮，貌不肅敬，○御覽九引「貌」作身。則木不曲直，家語：「孔子曰：『五行用事，先起

於木，王者則之，首以木德。其次，以所生之行轉相承也。』」凌云：「大傳：『一曰貌，貌之不恭，是謂不肅。』注：『肅，敬

也。君貌不恭，則是不能敬其事也。』尚書疏：『木有華葉之容，故貌屬木。』鄭注：『東宮於地爲木，木或曲或直，人所用爲

器者。無故生不暢茂，多有折槁，是爲木不曲直。』」而夏多暴風。風者，木之氣也，凌云：「御覽、禮統：『風，萌

〔一〕「專氣」，原誤「氣專」，據大戴禮曾子天圓篇乙正。

也。養物成功，所以八風象八卦也。」《釋名》：「風，氾也，其氣博氾而動物也。風，放也，氣放散也。」**其音角也，**凌

云：「《月令》『其音角』，注：『音，謂樂器之聲。三分羽益一以生角。角數六十四，屬木者，以其清濁中民象也，春色和則

角聲調。』《樂記》曰：『角亂則憂，其民怨。』凡聲尊卑取象五行，數多者濁，數少者清，大不過宮，細不過羽。」《大傳》：「二事曰言。

觸也。物觸地而出，戴芒角也。」**故應之以暴風。王者言不從，則金不從革，**凌云：「《大傳》：『二事曰言。

言之不從，是謂不乂。』《尚書疏》：『言之決斷，若金之斬割，故言屬金。』鄭注：『西宮於地為金，金性從形而革，人所用為

器者也。無故治之不銷，或〔一〕入火飛亡，或鑄之裂形，是為不從革。』**而秋多霹靂。**凌

云：「《釋名》：『辟歷，辟折也，所歷皆破折也。』《論衡》曰：『圖畫之工，圖雷之狀，如連鼓形。霹靂，俗字。』又圖一人若力士，謂之雷公。

使左手引連鼓，右手椎之。』《春秋》『震夷伯之廟』，謂劈歷破之是也。秋氣和則商氣調。《樂記》曰：『商亂則陂，其臣

壞。』《鐘律書》：『商之為言章也，物成就〔二〕可章度也。』」**故應之以霹靂。霹靂者，金氣也，**凌

注：『三分徵音益一以生商。商數七十二屬金者，以其濁次宮，臣之象也。』」**電者，火氣也，**凌云：「元命苞：『陰陽激〔三〕為電。』《西京雜記》：『仲舒曰：

云：「《大傳》『三事曰視，視之不悊。』《尚書疏》：『火外光，故視屬火。』」**而秋多電。**鄭注：『南宮於地為火，火性炎上，然行

人所用亨飪者也。無故因見作熱，燔爇為害，是為火不炎上。』○《初學記》二十五引《春秋繁露》云：『若火

不炎上，秋多電，由王者視不明也。」**王者視不明，則火不炎上，**凌

〔一〕「或」字，原誤「則」，據凌本改。

〔二〕「就」字，凌本作「熟」。

〔三〕「激」原作「凝」，據《元命苞》改。

電，其相擊之光也。」釋名…「電，殄也，乍則殄滅也。」其音〔一〕徵也，凌云…「月令『其音徵』，注…『三分宮音去一以生徵。徵數五十四，屬火者，以其微清，事之象也。夏氣和則徵聲調。樂記云…徵亂則哀，其事勤。鐘律書…『徵，祉也，物盛大而繁祉也。』故應之以電。王者聽不聰，則水不潤下，凌云…「大傳…『四事曰聽，聽不聰，是謂不謀。』尚書疏…『水內明，故聽屬水。』鄭注…『北宮於地爲水。水性侵潤下流，人所用灌溉者也。無故源流竭絕，川澤以涸，是爲水不潤下。』而春夏多暴雨。潤葉而已。」雨者，水氣也，凌云…「釋名…『雨者，羽也，如鳥羽動則散也。』禮統…『雨者，輔時生養均偏，故謂之雨。』其音羽也，凌云…「月令…『其音羽』，注…『三分商去一以生羽。羽數四十八，屬水者，以其爲最清，物之象也。冬氣和則羽聲調。樂記曰…羽亂則危，其財匱。』鐘律書…『羽，宇也。物聚藏宇覆之也。』故應之以暴雨。

○天啟本無「之」字。

王者心不能容，則稼穡不成，書洪範…「土爰稼穡。」白虎通五行篇…「五行之性，土者最大。苞含萬物，將生者出，將歸者入，不嫌清濁，爲萬物母。」尚書疏…「土安靜而萬物生，心思慮而萬事成。故思屬土。」大傳…「五事曰心，維思。思之不容，是謂不聖。」而秋多雷。雷者，土氣也，凌云…「春秋元命苞…『陰陽合而爲雷。』西京雜記…董仲舒曰…『雷，其相擊之聲也。』釋名…『雷，硍也，如轉物有所硍，雷之聲也。』」其音宮也，白虎通禮樂篇…「土謂宮，宮者含也，容也，含容四時者也。」月令「其音宮」注…「聲始於宮。宮數八十一，屬土者，以其最濁，君之象也。季春之氣和則宮聲調。」樂記曰…「宮亂則荒，其君驕。黃鐘之宮最長也，十二律轉相生，五音俱終

〔一〕「音」原誤作「陰」，據他本改。

於六十焉。」鐘律書:「宮,中也,居中央,暢四方,唱始施生,爲四聲綱也。」故應之以雷。

五事,一曰貌,書傳云:「容儀。」說苑修文篇:「貌者,男子之所以恭敬,婦人之所以姣好。行步中矩,折旋中規,立則磬折,拱則抱鼓。」○天啟本不提行。二曰言,書傳云:「訶章。」論衡訂鬼篇云:「鴻範五行,二曰火。五事,二曰言,言、火同氣,故童謠詩諝爲妖言。」三曰視,書傳云:「觀正。」四曰聽,書傳云:「察是非。」五曰思。案:「思」下脫心字,下同。今文尚書竝作思心。詩疏引鴻範五行傳曰:「貌屬木,言屬金,視屬火,聽屬水,思心屬土。」漢書藝文志天文志律曆志、漢紀孝昭紀、續漢志、晉隋書五行志、戰國策高注引五行傳,玉海五引大傳,竝作思心。晉書天文志亦作思心。

何謂也? 書傳云:「心慮所行。」

夫五事者,人之所受命於天也,而王者所修而治民也。孔光傳:「書曰:羞用五事,建用皇極。如貌、言、視、聽、思失,大中之道不立,則咎徵薦臻,六極屢降,皇之不極,是謂大中不立。」○官本云:「他本無『者』字。」故王者爲民,治則不可以不明,準繩不可以不正。俞云:「『則』下有闕文,或於『民』字絕句。『治』爲法字之誤,『法則不可以不明,準繩不可以不正』二語相對。周官太宰曰:『法則以馭其官。』」王者貌曰恭,書傳云:「儼恪。」揚雄玄數云:「三百爲木事,貌用恭。」恭者敬也。言曰從,書傳云:「是〔一〕則可從。」宋世家集解引馬云:「發言當使可從」,與此合。謂使人從之也。從者可從。五行志:「言之不從。從,順也,謂己發言之不順也。」義微別。玄數云:「四九爲金事,言用從。」視曰明,

〔一〕「是」字,原作「事」,據凌本改。

書傳云：「必清審。」玄數云：「二七爲火事，視用明。」明者知賢不肖，分明黑白也。聽曰聰，書傳云：「必微諦。」玄數云：「一六爲水事，聽用聰。」聰者能聞事而審其意也。思曰容，書傳云：「必容。」又引傳曰：「思心之不容，是謂不聖。」玄數云：「五五爲土事，思用睿。」雄用今文，思下亦脫心字，睿亦當作容，從恭、明、聰、容爲韻。說文：「思，容也」，本此。睿，疑亦後人所改。玉海引大傳作容，而注云「當爲睿」，則失之矣。（馬鄭訓睿爲通，乃古文，不當以改大傳。）

容者言無不容。恭作肅，書傳云：「心敬。」從作乂，書傳云：「可以治。」宋世家作「從作治」，集解引馬云：「出令而從，所以爲治也。」又，五行志作艾，字同。明作哲，哲，宋世家作智，五行傳及漢志作悊，古文尚書作悊。聰作謀，書傳云：「所謀必成當。」官本云：「聰，他本作聰。」容作聖。何謂也？書曰：「睿作聖。」睿亦容之誤。凌云：「劉向

恭作肅，言王者誠能内有恭敬之姿，而天下莫不肅矣。五行傳記：「肅，敬也。內曰恭，外曰敬。」鄭注：『君貌恭則臣禮肅。』○天啟本無「者」字，下同。從作乂，言王者言可從，明正從行而天下治矣。俞云：「明正，乃則臣二字之誤。當作『王者言可從，則臣從行而天下治』矣。」鄭云：『君視明則臣照哲』，從古文尚書哲字作解。明作哲，哲者知也，五行志「哲，智也」，與此同。王者明則賢者進，不肖者退，天下知善而勸之，知惡而恥之矣。因王者之明賢否，而天下知善惡、智之至也。聰作謀，謀者謀事也，國語魯語：「咨事爲謀。」王者聰則聞事與臣下謀之，故事無失謀矣。宋世家集解引馬云：「上聰則下進其謀。」書疏及詩小旻疏引鄭云：「君聽聰則臣進謀。」是馬鄭義並與董同。王

引之云：「恭與肅，從與乂，明與哲，睿與聖，義並相近。若以謀為謀事，則與聰義不類。謀與敏同，敏古讀為每，謀古讀若媒，並見唐韻正。謀、敏聲相近，故字相通。中庸鄭注：敏或為謀，是其證也。聰則敏，不聰則不敏，故五行傳曰：聽之不聰，是謂不謀，不謀則不敏。若以為不能謀事，則謀上須加能字，而其義始明。伏生解聽以謀為敏，正與經旨相合。董、劉、馬、鄭胥失之。」興案：王説固是。然以此為教，恐王者自恃其敏，有獨斷之失。故董訓為謀事，俾王者既有聰明，仍勤討論，合天下之志慮以為謀，翕受敷施，人蒙其利，斯聽之至也。此漢儒解經用意處。且洪範言「謀及卿士庶人」，始之以「乃心」，是謀固兼包人我，與聰義無所閡也。

容作聖，聖者設也， 白虎通七：「聖者通也，道也，聲也。」

王者心寬大無不容，則聖能施設，事各得其宜也。 秦誓：「其心休休焉，其如有容焉。」老子云：「容乃公，公乃王，王乃天，天乃道，道乃久。」荀子云：「君子賢而能容眾，知而能容愚，博而能容淺，粹而能容雜。」大戴禮：「子張問入官，孔子曰：『古者冕而前旒，所以蔽明也；統絖塞耳，所以弇聰也。』」故水至清則無魚，人至察則無徒。」説苑君道篇：「尹文曰：『人君之事，無為而能容下，大道容眾，大德容下，聖人寡為而天下理矣。』聖德貴容如此。」

王者能敬，則肅肅，則春氣得，故肅者主春。 ○盧云：「大典本無『則肅肅』三字，故肅下重一肅字，今依何本。」興案：天啟本與大典本同〔一〕。

春陽氣微，萬物柔易，移弱可化， 「柔」字疑當在「弱」上。

於時陰氣為賊，故王者欽。 欽不以議陰事，然後萬物遂生，而木可曲直也。凌云：「孔安國曰：『木可揉使曲直也』」○官本云：「他本無『可』字。」

春行秋政，則草木凋；行冬政，則雪；行夏政，

〔一〕凌本、叢刊本亦同大典本。

則殺。 春失政則。盧云：「下有闕文。」凌云：「淮南子時則訓：『六合：(一)孟春與孟

合，季春與季秋爲合，孟夏與孟冬爲合，仲夏與仲冬爲合，季夏與季冬爲合。孟春始贏，孟秋始縮，仲春始出，仲秋始内，

季春大出，季秋大内，孟夏始緩，孟冬始急，仲夏至脩，仲冬至短，季夏德畢，季冬刑畢。故正月失政，七月涼風不至；二

月失政，八月雷不藏；三月失政，九月不下霜；四月失政，十月不凍；五月失政，十一月蟄蟲冬出其鄉；六月失政，十

二月草木不脫；七月失政，正月大寒不解；八月失政，二月雷不發；九月失政，三月春風不濟；十月失政，四月草木不

實；十一月失政，五月下雹霜；十二月失政，六月五穀疾狂。』」

王者能治，則義立，義立則秋氣得，故乂者主秋。○盧云：「乂，舊本作義，錢改。」秋氣始殺，

王者行小刑罰，民不犯則禮義成。於時陽氣爲賊，故王者輔以官牧之事，然後萬物成熟。

秋草木不榮華，凌云：「爾雅：『木謂之榮，草謂之華。』」金從革也。凌云：「馬融曰：『金之性從人而更可消

鑠。』」秋行春政，則華；行夏政，則喬；凌云：「爾雅：『上句曰喬，如木楸曰喬。』注：『楸樹性，其上竦。』

孫詒讓云：「喬，疑槁之借字，謂枯槁也。古從喬聲，高聲字多通用。莊子列禦寇釋文：『槁，本作矯。』是其例也。」行

冬政，則落。 秋失政，則春大風不解，雷不發聲。

王者能知，則知善惡，知善惡則夏氣得，故哲者主夏。夏陽氣始盛，萬物兆長，王者不

撟明，則道不退塞。而夏至之後，而，字疑衍。大暑隆，萬物茂育懷任，王者恐明不知賢不

(一)「孟」字，原誤「仲」，據凌本及淮南子改。

肖，分明白黑。「王者恐」下十三字，疑衍文。於時寒爲賊，故王者輔以賞賜之事，然後夏草木不

霜，火炎上也。凌云：「孔安國曰：『言其自然之常性也。』」夏行春政，則風；行秋政，則水；行冬

政，則落。夏失政，則冬不凍冰，凌云：「風俗通：『壯冰曰凍。』」五穀不藏，大寒不解。

王者無失謀，然後冬氣得，故謀者主冬。冬陰氣始盛，草木必死，王者能閒事，審謀慮

之，則不侵伐。不侵伐且殺，則死者不恨，生者不怨。冬日至之後，大寒降，萬物藏於下。

於時暑爲賊，故王者輔之以急斷之事，○天啟本下「以」字在「事」上，凌本同。以水潤下也。以上文

例之，此閒疑有脫誤。』行秋政，則旱。冬行春政，則蒸；行夏政，則雷，凌云：「莊子曰：『陰陽錯行，則天地大絃，於是乎

有雷有霆。』」冬失政，則夏草木不實。句。霜「霜」上疑有奪字。淮南時則訓：「十一月

失政，正月下雹霜。」○凌本無「霜」字。五穀疾枯。時則訓作「疾狂」。盧云：「五事無『思曰容』一節，似亦文脫。」

郊語第六十五

古文說，禘爲祀天帝，郊爲祈農事。（鄭康成用此說。）禘重於郊。周

禮「圜丘之祭」，禘而非郊。西漢諸儒罕言圜丘，董據春秋爲說，以郊爲祭天專

名，禘爲宗廟之祭。（見五行順逆篇。）如閔公吉禘莊公，僖八年禘於太廟是已。此

今文說也。王肅以禘爲宗廟之祭，暗用董說，而並混郊丘爲一，則非董旨。孫

星衍六天及感生帝辨云：「張融引董仲舒、劉向、馬融之論，皆以爲周禮圜丘，

則孝經云南郊，與王肅同，其言謬。繁露云：『郊因新歲之初。』又云：『郊因先卜，不吉不敢郊。』是董不以郊爲冬至祭圜丘之明證。肅等誣之，且誣劉馬者，蓋見漢人多議郊祀，不議圜丘，因疑諸儒即以郊爲圜丘，不知秦漢時固無冬至圜丘之祭。秦以冬十月爲歲首，故常以十月上宿郊見，非因冬至。」　　按：孫説是也。漢制郊祀最爲紛雜，至成帝時，匡衡等議定郊祭，始重董言，郊專言事天，而不言天地合祭。時以正月上辛，而不以冬至夏至。郊止有一，而無二郊四郊之繁。匡衡定制爲南北郊，與董略殊矣。黃震云：「此篇言事天之義，有缺文。」錢云：「郊語一篇，似當次四祭篇後。此下五篇實一篇也。」

人之言：

醞去煙，盧云：「未詳。」孫詒讓云：「醞，當作醖。藝文類聚引此亦作醖，則唐宋已誤。」　　興案：墨子備穴篇云：『益持醖，客即熏以救目明。』醖可禦烟，故以救熏穴也。」興案：類聚八十引此文，一本『醖』作醖，形與醖近。白孔六帖二有『徵動羽』三字，注云：『董仲舒亦似是此處文。』

鴟羽去眣，○天啟本『眣』作昧，旁注：『一作「眯」。』凌云：「作眣爲是。文選李音米，又音美。字林云：『物入眼爲眯。』莊子：『播糠眣目。』」

慈石取鐵，凌云：「漢書藝文志『慈石取鐵』，鬼谷子：『其察言也，如磁石之引鍼。』抱朴子曰：『五石者，丹砂、雄黃、白礬、石曾、磁也。』」　　興案：呂覽精通篇：「慈石召鐵，或引之也。」淮南覽冥訓：「若以磁石之能連鐵也，而求其引瓦則難矣。」又云：「夫燧之取火於日，磁石之引鍼，蟹之敗漆，葵之鄉日，雖有智者，弗能然也。」淮南萬畢術：『磁石一名磁君。』」

頸金取

火，○盧云：「頸金，一作真金。」凌云：「原注：『一作頹，一作真。』留青日札：『淮南子曰：陽燧見日則燃而爲火。

陽燧，金也。取金杯無緣者，日高三四丈，持以向日，燥艾承之，有頃即焦，吹之得火。』」蠶珥絲於室，而絃絶於

堂，淮南子天文訓「蠶珥絲而商絃絶」高注：「蠶老絲成，自中徹外，視之爲金精珥，表裏見，故曰珥絲。一曰弄絲於

口，商絃細而急，故先絶也。」又覽冥訓云：「蠶珥絲而商絃絶，或感之也。」高注：「老蠶上下絲於口，故曰珥絲。新絲

出，故絲脆。商於五音最細而急，故絶也。」蠶老時，絲在身中，正黃，達見於外，如珥也，西方金音也，

蠶，午火也，火壯金困，應商而已，或有新故相感者也。」御覽八百二十五引春秋文耀鈞曰：「商絃絶，蠶合絲。」注云：

「絲將絶，蠶含絲，以待用也。」易乾九五疏「造化之性，陶甄之器，非爲同類相感，亦有異類相感者，若慈石引針，琥珀

拾芥，蠶吐絲而商絃絶，銅山崩而洛鍾應，其類煩多，難一二言也。」禾實於野，而粟缺於倉，呂氏春秋：「冬與夏

不能兩刑，草與稼不能兩成。新穀熟而陳穀有虧。」○御覽八百三十九引作「禾實於野，粟缺於倉，皆奇怪非人所意乎，

此可長也」。初學記二十七引作「禾實於野，粟郵（疑缺。）於倉，皆奇怪非人意者也」。蕪荑生於燕，凌云：「通志

『蕪荑，曰蕪姑，曰蕨蓲，曰姑榆。』爾雅云：『蕪荑，莁蘠，榆類已，實似榆莢，臭如𤖦，可作醬。』」興案：此爾雅釋木

之，『無姑，其實夷』者也，亦作無夷。本草云：「蕪荑，一名無姑，主去三蟲。」陶注：「今惟出高麗，狀如榆莢，氣臭如𤖦，

彼人皆以作醬食之。性殺蟲，置物中亦辟蛀，但患其臭。」急就篇云：「蕪荑、鹽豉、醯、酢醬。」莁荑乃草類，別一物。橘

枳死於荊，凌云：「周禮攷工記：『橘踰淮而北爲枳。』淮南子：『江南橘樹之江北而化爲橙。』」此十物者，皆

奇而可怪，俞云：「上文有八物，無十物也。蓋由淺人誤分『蠶珥絲於室而絃絶於堂、禾實於野而粟缺於倉』爲四事

耳。其誤顯然，不可不正。 興案：此或有脫文。 如淮南泰族訓云：「蛟龍伏寢于淵，而卵割于陵，螣蛇雄鳴于上

風，雌鳴于下風而化成形，精之至也。」又天文訓云：「日至而麋鹿解，月虛而魚腦流，麒麟鬭而日月食，鯨魚死而彗星

出。」呂氏春秋精通篇：「月望則蚌蛤實，羣陰盈；月晦則蚌蛤虛，羣陰虧。夫月形乎天，而羣陰化乎淵。」皆其比也。

○官本云：「而可」，他本作可而。」非人所意也。夫非人所意而然〔一〕，既已有之矣。○官本云：「他本『已』作以。」或者吉凶禍福、利不利之所從生，無有奇怪，非人所意，如是者乎？ ○藝文類聚八十引作「禍福利害，無有奇怪乎」。此等可畏也。等，字疑衍。畏聖人之言。孔子曰：「君子有三畏：畏天命，畏大人，凌云：「鄭康成曰：『大人，謂天子、諸侯爲政者。』」畏聖人之言。彼豈無傷害於人，如孔子徒畏之哉！ 如，與而同。以此見天之不可不畏敬，猶主上之不可不謹事。不謹事主，其禍來至顯；不畏敬天，其殃來至闇。闇者不見其端，若自然也。殃之來有由，不知其端，則命之自然而已。呂覽應同篇：「禍福之所自來，衆人以爲命，安知其所。」故曰：堂堂如天，殃言不必立校，俞云：「校，讀爲效。謂不必立有效驗也。」默而無聲，潛而無形也。由是觀之，天殃與主罰所以別者，闇與顯耳。

○天啟本「主」作上，凌本同。不然，其來逮人，殆無以異。不，字疑衍。孔子同之，俱言可畏也。天地神明之心，與人事成敗之真，固莫之能見也，唯聖人能見之。聖人者，見人之所不見者，也，故聖人之言亦可畏也。奈何如廢郊禮？郊禮者，人所最甚重也。

「人」上疑脫聖字。廢聖人所最甚重，而吉凶利害在於冥冥不可得見之中，雖已多受其病，何

〔一〕「而然」，凌本作「然而」，屬下句讀。

〔二〕「人」上疑脫聖字。

從知之？　故曰：問聖人者，問其所爲而無問其所以爲也。問其所以爲，終弗能見，不如

勿問。問爲而爲之，俞云：「當作『問其所爲而爲之』。」所不爲而勿爲，是與聖人同實也，何過之

有？　詩云：「不騫不忘，率由舊章。」俞云：「『各』字乃者字之誤，『修』字乃循字之誤。循誤爲脩，從字

聖人之故文章也。率由，各有修從之也。俞云：「『各』字乃者字之誤，『修』字乃循字之誤。循誤爲脩，從字

因誤爲修矣。此引詩而釋之，舊章者，先聖人之故文章也。率由者，有循從之也。是謂『率由舊章』也。」〇天啓本「故」下脫十七字。

解由字之義，言舉先聖人之故文章也，又循而從之，是謂『率由舊章』也。」〇天啓本「故」下脫十七字。

故文章者，雖不能深見而詳知其則，猶不知其美譽之功矣。盧云：「不知，錢疑是不失之誤。」今郊

事天之義，此聖人故。盧云：「此下文脱。錢云：『郊祭篇中「故古之聖王文章之最重者也」起，當接此處。』」

〇興案：天啓本下有云云二字。注：「今依凌本從錢説移正。」凌云：「文獻通考：『秦始皇既并天下，三年一郊。』按：

者也，前世王莫不從重，栗精奉之，以事上天。至於秦而獨闕然廢之，〇天啓本「闕」作曠。官本

云：「闕，他本作瞻。」一何不率由舊章之大甚也！自秦始皇有三歲一郊之制，漢文在位，始親郊雍時及渭陽五帝各一而已。景帝不親郊。武帝元光後常三歲一郊。昭帝

不親郊。宣帝神爵以前十三年不親郊，以後間歲一郊，元成如之。蓋西京郊祀，若雍五畤，若甘泉太乙，皆出於方士祈

福之説，而非有古人報本之意。故三代之禮制，至秦漢蕩然。禮之大者，莫重於郊。漢承秦弊，廢郊禮。董生之論，其

警漢深矣。」〇凌本「何」下有其字。天者，百神之大君也。事天不備，雖百神猶無益也。漢武以求仙

之故，用方士言，有泰一及三一、冥羊、馬行、赤星諸祀。成帝世始議罷之。王莽祀諸神，至千七百所，所謂百神無益者

邪？

何以言其然也？祭而地神者，春秋譏之。盧云：「祭而地神者，文有訛脫。此指不郊猶三望之類。」凌云：「僖三十一年傳：『何以書？譏。不郊而望祭也。』」俞云：「當作『不祭天神而祭地神者，〈春秋譏之〉』。蓋即譏不郊而望之類。」〇地，天啟本原注云：「疑是他字。」

未見秦國致天福如周國也。〇凌本「天」作大。 孔子曰：「獲罪於天，無所禱也。」是其法也。故多福。〇凌本「云」作曰。 多福者，非謂人也，事功也。詩云：「唯此文王，小心翼翼，昭事上帝，允懷上「也」字疑作之。〇凌本「人」字下有事字。 之所福也。傳曰：「周國子多賢，蕃殖[一]至於駢孕男者四，四產而得八男，皆君子俊雄也。」王應麟云：「論語『周有八士』，包氏注云：『四乳生八子。』其說本繁露。周書武寤篇：（當作「和寤解」）『八士」，注云：「『武王賢臣。』晉語『文王詢八虞』，賈逵云：『周八士皆在虞官。』以董興周之言考之，當在文武時。」（困學紀聞七。）凌云：「論語疏：『鄭玄以為成王時，劉向馬融皆以為宣王時。』白虎通云：『質家積於仲，文家積於叔。』論語曰：周有八士。不積於叔何？蓋以兩兩俱生故也。不積于伯、季，明其無二也。」 周國之所能為也。漢書郊祀志：劉向云：「詩曰：『率由舊章。』舊章，先王法度，文王以之交神于祀，子孫千億。」〇天啟本「此」上有今字。 今秦與周俱得為天子，而所以事天者異於周。以郊為百神始，始於，疑當作為。 董不取天地合祭之說，其人歲首，必以正月上辛日先享天，乃敢於地，先貴之義也。夫歲先之與歲弗行也，相去遠矣。天下福若無可怪者，福，字疑誤。 旨尊陽而抑陰，故先天而後地。

〔一〕「殖」字，凌本無。

然所以久弗行者，非灼灼見其當而故弗行也，○天啟本「者」作也。典禮之官常嫌疑，莫能昭昭明其當也。今切以爲其當與不當，可内反於心而定也。切，疑作竊。堯謂舜曰：「天之歷數在爾躬。」言察身以知天也。今身有子，孰不欲其有子禮也。聖人正名，名不虛生。天子者，則天之子也。以身度天，獨何爲不欲其子之有子禮也。今爲其天子，而闕然無祭於天，天何必善之？也、耶同。

『其天』二字，當有一衍。錢云：「此下似當接郊祀篇中『周宣王時』一條。」此下『所聞曰』云云，似非論郊之文。」俞云：「按郊語、郊義、郊祭、郊祀四篇，似由後人欲取足崇文總目八十二篇之數，以意妄分之耳。其文多錯亂，盧註訂正已多。上文『今郊事天之義，此聖人故』以下文脫，當云『此古聖人文章之最重者也』。盧以郊祭篇『故古之聖王文章之最重者也』接之，文氣一貫，於是自篇首至此，文始可讀。然至此處『天何必善之』下接『所聞曰天下和平』云云，仍有脫誤。今考定其文，合四篇爲一録之如下云：『今爲其天子，而闕然無祭，天何必善之？春秋之義，國有大喪者，止宗廟之祭而不止郊祭，不敢以父母之喪廢事天地之禮也。父母之喪，至哀痛悲苦也，尚不敢廢郊也，孰足以廢郊者？故其在禮亦曰：喪者不祭，惟祭天爲越喪而行事。夫古之畏敬天而重天郊如此甚也，今羣臣學士不探察，曰：「萬民多貧，或頗饑寒，足郊乎？」是何言之誤？天子父母事天，而子孫畜萬民，民未徧飽，無用祭天者，是猶子孫未得食，無用食父母也。言莫逆於是。是故天子不可不祭天也，無異人之不可不食父。爲人子而不事父者，天下莫能以爲可，今爲天之子而不事天，何以異是？是故天子每至歲首，必先郊祭以享天，乃敢爲地行子禮也；每將興師，必先郊祭以告天，乃敢征伐行子之道也。文王受天命而王天下，先郊乃敢行事而興師伐崇。其詩曰：「芃芃棫樸，薪之槱之。濟濟辟王，左右趨之，濟濟辟王，左右奉璋。奉璋莪莪，髦士攸宜。」此郊辭也。其下曰：「淠彼涇舟，蒸徒楫之。周王于邁，六師及之。」此伐辭也。其下曰：「文王受命，

有此武功。既伐于崇，作邑于豐。」以此辭者見文王受命則郊，郊乃伐崇，伐崇之時，何遽乎乎？已受命而王，必先祭天，乃行王事，文王之伐崇是也。詩曰：「濟濟辟王，左右奉璋。奉璋峨峨，髦士攸宜。」此文王之郊也。上言奉璋，下言伐崇，以是見文王之先郊而後伐也。文王受命則郊，郊乃伐崇。崇國之民，方困於暴亂之君，未得被聖人德澤，而文王已郊矣，安在德未洽之不可以郊乎？所聞曰：「天下和平，則災害不生。」今災害生，見天下未和平也。天下所未和平者，天子之教化不行也。詩曰：「有覺德行，四國順之。」覺者著也，王者有明著之德行於世，則四方莫不響應，風化善於彼矣。故曰：「悅有慶賞，嚴於刑罰，疾於法令。」周宣王時，天下旱，歲惡甚，王憂之。其詩曰：「倬彼雲漢，昭回于天。王曰嗚呼！何辜今之人？天降喪亂，饑饉薦臻。靡神不舉，靡愛斯牲。圭璧既卒，寧莫我聽。旱既太甚，蘊隆蟲蟲。不殄禋祀，自郊徂宮。上下奠瘞，靡神不宗。后稷不克，上帝不臨。耗斁〔一〕下土，寧丁我躬。」宣王自以為不能乎后稷，不中乎上帝，故有此災。有此災，俞恐懼而謹事天，天若不予是家者，是家安得立為天子？立為天子者，天予是家。天予是家者，天使是家者，是天之所予也，天之所使也。天已予之，天已使之，其間不可以接天，何哉？故春秋凡議郊，未嘗譏君德不成于郊也。及不郊而祭山川，失祭之敍，逆於禮，故必譏之。以此觀之，不祭天者，乃不可祭小神也。郊因先卜，不吉〔二〕不敢郊。百神之祭不卜，而卜郊，郊祭最大也。春秋譏喪祭，不譏喪郊，郊不辟喪。喪尚不辟，況他物？郊因於新歲之初。聖人有以起之，其於祭不可不親也。天者，百神之君也，王於郊，四祭於宗廟。宗廟因於四時之易，郊因於新歲之初。聖人有以起之，其於祭不可不親也。天者，百神之君也，王者歲一祭天者之所最尊也。以最尊天之故，故易始歲更紀，即以其初郊。郊必以正月上辛者，言其所最尊，首一歲之事，每更紀以

〔二〕「斁」字，原作「射」，據詩雲漢改。

〔三〕「吉」字，原誤「及」，據本書郊祀篇改。

郊，郊祭首之，先貴之義，尊天之道也。郊祝曰：「皇皇上帝，照臨下土，集地之靈，降甘風雨，庶物羣生，各得其所。靡

今靡古，維予一人，某敬拜皇天之祜。」夫不自爲言，而爲庶物羣生言，以人心庶天無尤也。天無尤焉，而辭順恭，宜可喜

也。右郊祀九句者，陽數也。」又按郊祀之辭，舊有脫誤，今從盧校本。」所聞曰：天下和平，則災害不生。

今災害生，見天下未和平也。天下所未和平者，天子之教化不行也。詩曰：「有覺德行，

四國順之。」覺者著也，此以聲近爲訓。王者有明著之德行於世，則四方莫不響應，風化善於

彼矣。故曰：悅于慶賞，〇官本「于」作有，云：「疑作于。」嚴于刑罰，疾于法令。

春秋繁露義證卷第十五

郊義第六十六〔錢云：「此當爲論郊首篇，且與下合爲一篇，後人編次失之。」〕

郊義，二字標題，他篇所無。〔錢云：「二字真古篇名，餘俱後人所分而爲之名，非本書之舊。」春秋之法，王者歲一祭天於郊，〔僖三十一年傳「天子祭天」，何注：「郊者，所以祭天也。天子所祭，莫重於郊。」〕四祭於宗廟。〔桓八年何注：「天〔一〕子四祭四薦，諸侯三祭三薦。」〕以〔二〕子四祭四薦，諸侯三祭三薦。」〕以，疑作於。宗廟因於四時之易，郊因於新歲之初，聖人有以起之，其以祭不可不親也。天者，百神之君也，王者之所最尊也。以最尊天之故，故易始歲更紀，〔始，字疑衍。〕凌云：「淮南子：『是月也，日窮於次，月窮於紀，星回於天，歲將更始。』玉篇：『歲〔三〕，思惠切，載名。』說文曰：『木星也。越歷二十八宿，徧陰陽十二月一次。』〕即以其初郊。郊必以正月

〔一〕「天」字，原誤「夫」，據凌本及公羊傳注改。

〔二〕「歲」字，原誤「紀」，據凌本改。

上辛者，言以所最尊，首一歲之事。此謂王禮也。郊語及郊事對竝云：「天子郊用正月上辛。」禮郊特牲：

「郊之用辛也，周之始郊，日以至。」疏云：「王肅用董仲舒劉向之説，以此爲周郊。上云『郊之祭，迎〔一〕長日之至』，謂

周之郊祭於建子之月，而迎此冬至長日之至也。而用辛者，以冬至陽氣新用事，故用辛也。周之始郊日以至者，對建寅

之月，又祈穀郊祭，此言始郊，對建寅爲始也。（王以周有二郊，似非董意。）鄭康成則異於王。上文云『迎長日之至』，

自據周郊，此云『郊之用辛』，據魯禮也。言郊用辛日者，取齋戒自新周之始郊，日以至至者，謂魯之始郊日以冬至之月。

云始者，對建寅之月。天子郊祭，魯於冬至之月，初始郊祭，示先有事，故云始也。」興謂董意以周魯郊天同在正月，則適

用子月，歲首最尊，是亦取陽氣新用事。王用董信矣。成十七年傳：「然則郊〔二〕曷用？郊用正月上辛。」注：「魯郊

轉卜春三月，言正月，因見百王正所當用也。」三王之郊，一用夏正。言正月者，春秋之制也。正月者歲首，上辛猶始新，

皆取首先之意。」白虎通郊祀篇：「五帝三王祭天，一用夏正何？夏正得天之數也。天地交，萬物通，始終之正。故易

乾鑿度云『三王之郊，一用夏正』也。祭日用丁與辛何？先甲三日辛也，後甲三日丁也，皆可以接事昊天之日。故易

傳：『郊以正月上辛日。』尚書曰：『丁巳用牲於郊，牛二』」續漢禮儀志：「上丁祠南郊。」是郊日用丁也。案何及白虎

通言三王之郊一用夏正，是謂周亦月夏正，與董不合。五經異義：「春秋公羊説，禮，郊及日皆不卜，常以正月上丁也。

魯於天子並事變禮，今成王命魯使卜從乃郊，不從即已，下天子也。魯以上辛郊，不敢與天子同也。」（御覽五三二十七

禮儀部。）推董意，蓋以天子必以上辛郊，魯異天子，惟郊須先卜。（見郊祀篇。）知者，各篇皆言周，言王者，言天子之禮，

惟郊祀篇引春秋言君德，是別言魯明矣。郊天最尊，故歲事用首，今制則首宗廟。 每更紀者以郊，郊祭首之，

〔一〕「迎」字，原誤「近」，據禮記郊特牲疏改。
〔二〕「郊」字，據凌本及公羊傳補。

俞云：「衍一『郊』字。」先貴之義，尊天之道也。

郊祭第六十七

春秋之義，國有大喪者，止宗廟之祭，而不止郊祭，此與王制合。○御覽五百二十七下有「不止烝嘗禘於廟。」杜預注云：「宗廟四時常禮，自如舊三年一禘，乃皆同於吉。」蓋古文說。郊祭者」五字，案：左僖三十三年傳：「特祀於主，不敢以父母之喪，廢事天地之禮也。董言郊不兼地，「地」字當衍。御覽五百二十七引無「地」字，不誤。言郊不兼地，父母之喪，至哀痛悲苦也，尚不敢廢郊也，孰足以廢郊者？故其在禮，亦曰：「喪者不祭，唯祭天地為越喪而行事。」王制云：「夫喪三年不祭，唯祭天地社稷為越紼而行事。」白虎通爵篇：「春秋曰『元年春，王正月，公即位。』改元位也。」王者改元，即事天地，諸侯改元，即事社稷。鄭注云：「不敢以卑廢尊。」案：宣二年十月天王崩，三年正月卜郊，春秋不譏，此文蓋說其義。夫古之畏敬天而重天郊，如此甚也。今羣臣學士不探察，俞云：「探，乃深之誤。」曰：「萬民多貧，或頗饑寒，足郊乎？」是何言之誤！白虎通禮樂篇：「太平乃制禮作樂何？」夫禮樂所以防奢淫，天下人民饑寒，何樂乎？」羣臣學士殆習此說。天子父母事天，而子孫畜萬民。漢書武五子傳：「壺關三老上書云：『父者猶天，母者猶地，子猶萬物也。』」齊王儉議引春秋感精符：「王者，父天母地。」民未徧飽，無用祭天者，是猶子孫未得食，無用食父母也。言莫逆於是，是其去禮遠也。先貴而後賤，錢云：「『先貴而後賤』上當有禮者二字，文脫

也。」孰貴於天子？天子號天之子也。〔莊子人間世篇：「與天爲徒者，知天子之與己皆天之所子。」又庚桑楚篇：「天之所助，謂之天子。」〕奈何受爲天子之號，而無天子之禮？天子不可不祭天也，無異人之不可以不食父。〔○盧云：「此下當接郊祀篇首一段『爲人子者而不事父者，天下莫能以爲可』，共一百九十五字，移此方胭合。」興案：凌本移，今從之。〕爲人子而不事父者，天下莫能以爲可。今爲天之子而不事天，何以異是？是故天子每至歲首，必先郊祭以享天，乃敢爲地，行子禮也；〔凌云：「白虎通『故論語曰：予小子敢昭告於皇天上帝。此湯伐桀告天，用夏家之法也。』」史記同，與此合。〕每將興師，必先郊祭以告天，乃敢征伐，行子道也。文王受天命而王天下，先郊乃敢行事，而興師伐崇。〔白虎通三軍篇：「王者受命，質家先伐，文家先改正朔何？質家言天命已使己誅無道，今誅得爲王，故先伐。文家言天命已成爲王者，乃得誅伐王者耳，故先改正朔也。」〕其詩曰：「芄芄棫樸，薪之槱之。〔此今文家說。說郛載詩推度災云：「王者受命，必先祭天，乃行王事。」詩曰：「濟濟辟三，左右奉璋。」此文王之祭天也。〕濟濟辟王，左右趨之。濟濟辟王，左右奉璋。奉璋峨峨，髦士攸宜。」〔凌云：「白虎通『濟濟辟王，左右奉璋。』是也。」立以爲郊辭，鄭箋則以爲宗廟之祭。」定九年傳：「璋判白何？」注：「傳獨言璋者，所以郊事天尤重。」詩云：「奉璋峨峨，髦士攸宜。」是也。〕以此爲郊此文王之祭天，乃敢伐崇。文王受命則郊，郊乃伐崇，伐崇之時，民何處央乎？其下曰：「淠彼涇舟，烝徒楫之。周王于邁，六師及之。」以此辭者，〔以，用也。〕伐辭也。其下曰：「文王受命，有此武功，既伐于崇，作邑於豐。」〔今詩四語別在一篇。〕見文王受命則郊，郊乃伐崇，伐崇之時，民何處央乎？〔○央，天啟本注云：「一作殃。」疑當作遂乎。凌本作平，無「乎」字。凌云：「此下當接四祭篇『已受命而王』至末。此論郊，與四祭無涉，蓋申明先郊〕

後伐之意。」　興案：四祭篇是此處重文。若如凌本接入此下，不合文理，今不從之。又此下原有「故古之聖王，文章之最重者也」至「疾於法令」一段，今移前篇。

四祭第六十八

凌云：「桓八年注：『四者，四時祭也。疏數之節，靡所折中，是

故君子合諸天道，感四時物而思親也。』」

古者歲四祭。　四祭者，因四時之所生孰，而祭其先祖父母也。　故春曰祠，夏曰礿，秋曰嘗，冬曰蒸。　桓七年傳：「此周制四時祭名。」　案：王制春禴、夏禘、秋嘗、冬烝，當是夏殷制。白虎通宗廟篇：「宗廟所以歲四祭者何？　春曰祠者，物微，故祠名之。　夏曰礿者，麥熟，進之。　秋日嘗者，新穀熟，嘗之。　冬日蒸者，蒸之爲言眾也。冬之物成者眾。」○御覽五百二十五，初學記九引此「礿」並作禴，下同。案周禮大宗伯注云：「禴，夏禮。」疏引孫炎云：「禴者，新菜可礿。」詩天保、說苑修文篇亦作禴。

「其」字。初學記九引無「之」字「其」字。「天啟本「孰」作「熟」。○御覽五百二十五無「所」字「其」字。

過時不祭，則失爲人子之道也。　○盧云：「「人子，舊本作天子，誤。」祠者，以正月始食韭也。　王制：「春薦韭。」桓八年（二）何注：「薦尚韭卵。祠猶食也，猶繼嗣也。春物始生，孝子思親，繼嗣而食之，故日祠。」說文：

此言不失其時，以奉祭先祖也。　○天啟本「祭」作祀，凌本同。

「一種(一)而久者謂之韭,象形,在一之上。」一,地也。」衦者,以四月食麥也;　王制:「夏薦麥。」何注:「薦尚麥

魚。麥(二)始熟可刈,故曰衦。」春秋說題辭:「麥之爲言殖也。」寢生觸凍而不息,精射刺直,故麥含芒,事且立也。」○御覽五百二十五作「檜者,以四月煮麴餅也」,疑誤。嘗者,以七月嘗黍稷也;　王制:「秋薦黍。」何注:「薦尚

黍、肫。嘗者,先辭也。秋穀成者非一,黍先熟,可得薦,故曰嘗。」春秋說題辭:「黍者緒也,故其立字禾入水爲黍。」爾

雅:「穀以稷爲長。」蒸者,以十月進初稻也。　王制:「冬薦稻。」何注:「薦尚稻雁。蒸,衆也,氣盛貌。冬薦物

畢成,所薦衆多,芬芳備具,故曰蒸。」月令章句:「十月穫稻。九月熟者,謂之半夏稻。」說苑脩文篇:「春薦韭卵,夏薦麥魚,

秋薦黍豚,冬薦稻雁。」此天之經也,地之義也。孝子孝婦,緣天之時,因地之利。凌云:「孝經注:

化也。江旁多稻,故其宜也。」月令章句:「十月穫稻。

『經,常也。利物爲義。」孝爲百行之首,人之長德,若三辰運天而有常,五土分地而爲義也。」○以下原接『已受命而王』

云云一段。盧云:「此下當有脫文。『已受命而王』云云,與下篇文多相同,不與此處承接。順命篇中『地之菜茹(三)瓜

果』以下六十三字,或當在此。」今從之。地之菜茹瓜果,　漢書食貨志:「還廬樹桑,菜茹有畦,瓜瓠果蓏,殖于疆

易。」王莽傳:「雖生菜茹,而人不食。」顏注立云:「茹,所食之菜。」　興案:菜、茹平列。茹疑別是卑類可食者。

「地」字有誤。

藝之稻麥黍稷,菜生穀熟,永思吉日,供具祭物,齋戒沐浴,潔清致敬,祀其先

(一)「種」字,原作「種」,據說文改。

(二)「麥」字,據公羊傳桓八年何注補。

(三)「茹」字,原誤「茄」,據盧本及下文改。

祖父母。孝子孝婦不使時過，己處之以愛敬，行之以恭讓，亦殆免於罪矣。〇「地」之下六十三

字，原在順命篇「雖闇且愚，莫不昭然」下，今從凌本依盧説移正。

郊祀第六十九

鈔引亦屬此篇，知宋本如此，今爲提行別出。

王已郊矣。安在德澤未洽者不可以郊乎？此與下郊祀篇文重，凌本竝移前郊祭篇末，似未合。黃氏曰

後伐也。文王受命則郊，郊乃伐崇。崇國之民，方困於暴亂之君，未得被聖人德澤，而文

之。周王于邁，六師及之。」此文王之伐崇也。上言奉璋，下言伐崇，以是見文王之先郊而

奉璋峩峩，髦士攸宜。」此文王之郊也。凌本「曰」作云。其下之辭曰：「淠彼涇舟，烝徒檝

已受命而王，必先祭天，乃行王事，文王之伐崇是也。詩曰：「濟濟辟王，左右奉璋。

周宣王時，天下旱，歲惡甚，王憂之。其詩曰：「倬彼雲漢，昭回於天。王曰嗚呼！

何辜今之人？天降喪亂，饑饉薦臻。靡神不舉，靡愛斯牲。圭璧既卒，寧莫我聽。旱既

太甚，蘊隆蟲蟲。不殄禋祀，自郊徂宮。上下奠瘞，靡神不宗。凌云：「毛傳：『上祭天，下祭地。』」

后稷不克，上帝不臨。耗射下土，寧丁

我躬。」凌云：「毛詩作『耗斁下土』。」斁與射通。毛傳：「丁，當也。」宣王自以爲不能乎后稷，不中乎上

箋：『從郊而至宗廟，瘞天地之神，無不齋肅而尊敬之，言偏至也。』」

帝，中，猶合也。故有此災。有此災，○官本云：「他本有此災在愈恐懼之下，誤。」愈恐懼而謹事天。天若不予是家，是家者安得立爲天子？是家，猶言商家周家之家。○盧云：「舊『是家』不重，今從大典本。」立爲天子者，天予是家。天予是家者，天使是家者，盧云：「此五字疑衍。」○天啟本不重「天使是家」四字。是家天之所予也，天之所使也。○天啟本作「是天之所予，天之所使也」。○官本「是」下無「家」字。天已予之，天已使之，其間不可以接天何哉？俞云：「其間，當作其家。」故春秋凡譏郊，未嘗譏君德不成於郊也。乃不郊而祭山川，失祭之叙，逆於禮，故必譏之。以此觀之，不祭天者，乃不可祭小神也。凌三十一年傳：『何以書？譏不郊而望祭也。』注：『譏尊者不食而卑者獨食。』郊因先卜，不吉不敢郊。百神之祭不卜，而郊獨卜，凌云：「僖三十年傳：『禘嘗不卜。』又云：『卜郊，非禮也。』注：『禮，天子不卜郊。』疏：『三卜禮謂是魯禮。』○凌本無「獨」字。郊祭最大也。春秋譏喪祭，不譏喪郊，閔二年傳：『吉禘於莊公，何以書？譏。何譏爾？譏始不三年也。』○盧云：「疑有脱誤。」辟，況他物。盧云：「疑有脱誤。」郊祝曰：『皇皇上天，照臨下土。集地之靈，降甘風雨。庶物羣生，各得其所。○盧云：「舊本訛作『言而已矣』，無『各得其所。」以下四句。今以大戴禮記公冠篇及博物志之文訂補，與下所云『郊祀九句』合。郊祝語，至「庶物羣生」止，下有云云二字。靡今靡古，維予一人某敬拜皇天之祐。』夫不自爲言，而爲庶物羣生言，以人心庶天無尤焉。○「以人心」上疑有脱字。官本云：「焉，他本作也。」天無尤焉，而辭恭順，宜可喜也。右郊祀九句。九句

者，陽數也。[句]字始見此。王應麟小學紺珠三云：「古者以一句爲一言，一言蔽之，曰思無邪。揚之水卒章之四言，秦漢以來，衆儒訓詁，乃有句稱。」錢云：「郊祀，亦當爲郊祝。」凌云：「樂稽耀嘉：『郊祀之辭九句，九，陽數之也。』」興案：玉海亦作「郊祀」。

順命第七十

黃震云：「言天子之義，畏天之説。」

父者，子之天也；天者，父之天也。父，當作天。

無天而生，未之有也。天者萬物之祖，觀德篇云：「天地，萬物之本，先祖之所出也。」俞云：「當作『祖者父之天也』。」故下文曰：『天者萬物之祖。』白孔六帖一引黎幹云：「萬物之始，天也；人之始，祖也。」莊子達生篇：「天地，萬物之父母也。」白虎通天地篇：「地者，元氣之所生，萬物之祖也。」後漢書劉陶傳「臣聞人非天地無以爲生，天地非人無以爲靈。」莊子達生篇：「凡有貌象聲色者，皆物也。」

萬物非天不生。獨陰不生，獨陽不生，陰陽與天地參然後生。故公羊何注：「王者尊，稱天子，衆人卑，稱母子。」穀梁莊三年傳：「獨陰不生，獨陽不生，獨天不生，三合然後生。故曰母之子也可，天之子也可。」可，尊者取尊稱焉，卑者取卑稱焉。案：此篇兩用穀梁傳：蓋師説同與？

曰：父之子也可尊，母之子也可卑，尊者取尊號，卑者取卑號。孟子曰：「天子一位。」下云「次有五等之爵」，則董亦以天子爲最尊之爵號。凌云：「周易乾鑿度：『孔子曰：易有君人五號也。帝者，天稱也；王者，美行也；天子者，爵號也；大君者，與上行異

故德侔天地者，皇天右而子之，號稱天子。又見三代改制篇。

也；大人者，聖德明備也。變文以著名，題德以別操。又天子者，繼天理物，改政〔一〕一統，各得其宜，父天母地，以養

萬民，至尊之號也。」其次有五等之爵以尊之，皆以國邑爲號。其無德於天地之間者，州國人

民，甚者不得繫國邑。」莊十年傳：「荊者何？州名也。州不若國，國不若氏，氏不若人，人不若名，名不若字，

字不若子。」凌云：「民，當作名。」俞云：「當作氏」皆絕骨肉之屬，離人倫，盧云：「此下疑脫二字。」無名姓號氏於天地之

盜而已。凌云：「襄二十九年：『閽弑吳子餘祭。』傳：『閽者何？門人也，刑人也。』」謂之閽

間，至賤乎賤者也。文十六年傳：「弑君者曷爲或稱名氏，或不稱名氏？大夫弑君稱名氏，賤者窮諸人；大夫

相殺稱人，賤者窮諸盜。」注：「賤者，謂士也。」其尊至德，○錢云：「至德，疑是至尊。」官本云：「他本『其』作

甚。」 　興案：當作「至高」。 奉本篇云：「至尊且高。」魏魏乎不可以加矣，其卑至賤，冥冥其無下

矣。 春秋列序位尊卑之陳，而謂之齊仲孫，去其公子之親也。閔元年「冬，齊仲孫來」傳：「齊仲孫者，公子慶父

親之故爲之諱，而謂之齊仲孫，罪亦〔二〕二字疑有誤，或下有脫文。○各本「地之菜茹瓜果」

至「殆免於罪矣」一段在此處，今移〈郊祭〉篇。 不當繫於國，以也。公子慶父則曷爲謂之齊仲孫？繫之齊也。曷爲繫之齊？外之也。曷爲外之？春秋爲尊者諱，爲親者諱，爲賢者諱。」○盧云：「而謂，舊本作『而諸母之國』五字，訛誤，今改正。」 故有大罪，不奉其天命者，皆棄其天

〔一〕「政」字原脫，據周易乾鑿度補。

〔二〕「亦」字，凌本無。

倫。人於天也，以道受命，其於人，以言受命。不若於道者，天絕之；不若於言者，人絕之。臣子大受命於君，〈穀梁莊元年傳〉：「人之於天也，以道受命；於人也，以言受命。不若於道者，天絕之也；不若於言者，人絕之也。君子大受命。」辭而出疆，唯有社稷國家之危，猶得發辭而專安之，盟是也。

盧云：「『之』字疑當在『專』字下。安，疑是牽字。牽盟即成二年『及齊國佐盟於袁婁』者是。『發辭而專之』即其對晉人者是也。」　興案：「安之」句下有脫文，疑是「公子結及齊侯宋公」八字。見莊十九年傳。『發辭而專之』即其對晉人者是也。」

諸侯受命於天子，子受命於父，臣妾受命於君，妻受命於夫。諸所受命者，其尊皆天也，雖謂受命於天亦可。〈禮喪服傳〉：「君者天也，父者天也，夫者天也。」又曰：「婦人無二天。」〇盧云：「舊本下有『不天亦可』四字，係衍文。」

不奉君命，雖善以叛，言晉趙鞅入於晉陽以叛是也。子不奉父命，則有伯討之罪，衛世子蒯瞶是也。妾不奉君之命，則媵女先至者是也。

諸侯受命於天子，則廢而稱公，王者之後是也。天子不能奉天之命，則名絕而不得就位，衛侯朔是也。公侯不能奉天子之命，〈定十三年傳〉。孔廣森云：「時荀寅士吉射作亂，攻趙氏。趙鞅奔晉陽。興師以拒二子。君爲之逐荀士而復鞅。此臣道之大防也。後世蕭、高、宇文之徒，猶託名清君側之惡爲義師者，惟春秋之教不明，而亂臣賊子不知所懼也。」〇盧云：「時荀寅士吉射作亂。其復有君命，故以歸言之。其出無君命，故以叛言之。」　興案：明史可法不從幕客言舉兵誅馬阮，清君側之惡，以爲如此安得爲純臣。（見魏禧所記歐陽斌元王綱二人事。）殆篤守春秋之教者邪？

僖八年：「秋七月，禘于太廟，用致夫人。」傳：「夫人何以不稱姜氏？貶。曷爲貶？諱以妾爲妻也。其以妾爲妻奈何？蓋脅於齊媵女之先至者也。」注：「僖公本聘楚女爲嫡，齊先致其女，脅僖公，使用爲嫡。」　興案：禮，諸

侯娶一國，則二國往媵之。嫡先至，國君冕而親迎，媵後至，俟迎于城下。詩云：「靜女其姝，俟我于城隅。」易林云：「季姬踟躕，結衿待時。」是其事也。

「齊」，傳：「公何以不言及夫人？夫人外也。夫人外者何？内辭也。其實夫人外公也。」桓十八年「公夫人姜氏遂如齊」，時夫人淫於齊侯而譖公，故云爾。

妻不奉夫之命，則絶，夫不言及是也。○案爲人者天篇有「傳曰：唯天子受命於天，天下受命於天子，一國則受命於君。君命順則民有順命，君命逆則民有逆命。故曰『一人有慶，萬民賴之』。此之謂也」一節，疑是此處錯簡。本篇下文與上不類，當別爲一篇。

曰：不奉順於天者，其罪如此。

孔子曰：「畏天命，畏大人，畏聖人之言。」凌云：「集解：『順吉逆凶，天之命也。』大人，即聖人，與天地合其德者也。深遠不可易，則聖人之言也。」興案：大人，謂在位者。○各本不提行，今從凌本。

其祭社稷、宗廟、山川、鬼神，○天啟本無「其」字。不以其道，無災無害。至於祭天不享，其卜不從，使其牛口傷，凌云：「宣三年經：『郊牛之口傷，改卜牛，牛死，乃不郊，猶三望。』注：『牛養牲不謹敬，不潔清而災。重事至尊，故詳錄其簡甚。』」鼷鼠食其角。凌云：「成七年經：『鼷鼠食郊牛角，改卜牛，鼷鼠又食其角。』注：『譏宣公養牲不謹敬，不潔清而災。』注：『鼷鼠者，鼠中之微者。角生上，指逆之象。易京房傳曰：祭天不慎，鼷鼠食郊牛角。書又食者重錄，魯不覺悟，重有災也。』」過有深淺薄厚，而災有簡甚，不可不察也。句疑有誤。

或言食牛，或言食而死，或食而生，或不食而自死，或改卜而牛死，或卜而食其角。猶郊之變，「猶」字疑有誤。因其災而之變，應而無為也。見百事之變之所不知而自然者，勝言與？見，字疑誤。以此見其可畏。專

誅絶者其唯天乎？臣殺君，子殺父，凌云：「殺，皆當作弒。」三十有餘，諸其賤者則損。盧云：

「六字亦疑衍文。」以此觀之，可畏者其唯天命、大人乎？盧云：「大人，疑衍。」亡國五十有餘，皆不事畏者也。況不畏大人，大人專誅之。君之滅者，何日之有哉？魯宣違聖人之言，變古易常，而災立至。聖人之言可不慎？盧云：「疑當有一與字。」此三畏者，異指而同致，故聖人同之，俱言其可畏也。

郊事對第七十一 漢魏六朝百三家集本作「郊祀對」。

廷尉臣湯昧死言：盧云：「舊本有日字。古文苑無。」凌云：「史記：『張湯者，杜人也，爲廷尉。』正義曰：『百官表曰：廷尉，秦官，有正、左、右監，皆秩千石也。』春秋元命苞：『王者置廷尉，讞疑刑，官之平，下之信也。』尉者，尉民心撫其實也。故立字土垂一人詰屈折著爲廷，示戴尸首，以寸者爲言，寸度治法數之分，示惟尸稽於寸舍則法有分，故爲尉，示與寸尸。」臣湯承制，以郊事問故膠西相仲舒。故，猶今言前某官也。後漢書應劭傳：「故膠西相仲舒老病致仕，朝廷每有政議，數遣廷尉張湯親至陋巷，問其得失。」此其一也。今人言故，則屬之死者矣。凌云：「蔡邕曰：『羣臣有所奏請，尚書令奏之，下有曰制，制書也。古者上下共稱之，至秦，天子獨以爲稱，漢因而不改。』」臣仲舒對曰：「所聞古者天子之禮，莫重於郊。郊常以正月上辛者，所以先百神而最居前。凌云：「郊特牲：『郊之用辛，周之始郊也。』盧植曰：『辛之爲言自新絜也。』鄭玄曰：『用辛日者，爲人當齋戒自新絜也。』」〇漢魏本「者」上有日字。禮，三年喪，不祭其先，而不敢廢郊。郊重於宗廟，天尊於

人也。王制曰：『祭天地之牛繭栗，史記武帝紀：「有司與太史公、祠官寬舒〔一〕等議：『天地牲角繭栗。』」

凌云：「漢書顏注：『牛角之形或如繭，或如栗，言其小。』」宗廟之牛握，凌云：「王制注：『握，謂長不出膚。』」賓

客之牛尺。』」○盧云：「古文苑三句之『牛』下皆有角字。」興案：漢魏本亦有。此言德滋美而牲滋微

也。春秋曰：『魯祭周公，用白牡。』色白貴純也。引傳為春秋，漢世常有此例。〔文十三年傳「周公用

白牡」注：「白牡，殷牲也，於郊故謂之郊。」周禮鄭注：「始養之曰畜，將用之曰牲也。」○凌本作白牲。下同。

在滌三月，宣三年傳「帝牲在於滌三月」注：「滌，宮名，養帝牲三牢之處也。謂之滌者，取其蕩滌潔清。三牢者，各

主一月，取三月一時，足以充其天牲。帝，皇天上帝，在北辰之中，主總領天地、五帝、羣神也。」帝牲

其大也。凌云：「郊特牲注：『犢者，誠愨未有牝牡之情，是以小為貴也。』周禮注：

駒犢未能勝芻豢之食，凌云：「孔疏：『小馬之駒，小牛之犢。』周禮注：『養牛羊曰芻，若犬豕則曰豢。』」莫如

令食其母便。」臣湯謹問仲舒：『魯祀周公用白牡，非禮也？』」○盧云：「白牡，舊作白牲，誤。今改凡養牲之道，務在肥潔，而不貪

正，下同。」興案：文十三年傳、閩、監、毛本，並作白牲。惟唐石經作「牡」。天啟本及漢魏本並作白牲。下「魯祭

周公用白牡」同。凌本無「湯」字「也」字。○天啟本有曰字，凌本同。「周臣仲舒對曰：『禮也。』臣湯問：

天子用騂犅，文十三年傳「魯公用騂犅」注：「騂犅，赤脊，周牲也。」○天啟本「犅」作剛，下同。公不毛。』」文

〔一〕「舒」字，據史記補。

十三年傳「羣公不毛」注:「不毛,不純色。」周公,諸公也,何以得用純牲?」臣仲舒對曰:「武王

崩,成王立而在褓褓之中,此與書金縢不合。金縢云:「王與大夫盡弁。」則年在既冠後也。五經異義引古文

尚書說:「成王即位年十三。」新書修政篇則云成王六歲即位。然幼在褓褓,見于禮記、尚書大傳、史記魯世家及蒙恬

傳、淮南要略訓,後漢桓郁〔一〕傳賣憲疏等書,而漢武命畫周公負成王圖以賜霍光,則其說由來已久。(今所傳漢圖有

周公輔成王圖。成王正立居中,周公魯公曲身拱立居左,當是仿武帝圖意爲之。光傳,負字或「輔」之誤。家語因造爲

孔子觀周公相成王,抱之負扆,南面以朝諸侯之圖,不足信據。周章傳論「身非負圖之託」,疑亦誤用。)方苞疑禮記等

書皆劉歆增竄,其詞甚辨。崔述亦云:「唐叔,成王母弟。周公之東也,唐叔實往歸禾,則成王非幼。蓋成王居喪,周公

以家宰聽政,後人但聞周公攝政,遂誤以成王爲幼耳。」 興案:成王在褓褓,又見賈誼保傅篇。蓋指成王爲太子時

言之,非即位時事。諸家或因此致誤,亦未可知。至王莽居攝,自擬周公,孺子嬰年在褓褓,謂成王幼少,自易傅會。槩

以爲劉歆增竄,或未必然。續漢書輿服志:「袍者,或曰周公抱成王晏居,故施袍。」晉書輿服志:「革帶,古之鞶帶也,

謂之鞶革。其有囊緣,則以綴於革帶。八坐尚書荷紫,以生紫爲袷囊,綴之服外,加於左肩。昔周公負成王,制此服衣,

至今以爲朝服。」疑皆因「褓褓」二字傅會。○官本及漢魏本「立」〔二〕並作幼。官本云:「他本誤作立。」周公繼文

武之業,成二聖之功,德漸天地,澤被四海,故成王賢而貴之。詩云:『無德不報。』」凌云:「大雅抑之詩。言受人之德必有報。」故成王使祭周公以白牡,上不得與天子同色,下有異於諸侯。

〔一〕「桓郁」,原誤「桓宥」,據後漢書改。

〔三〕「立」凌本、叢刊本亦作「幼」。

凌云：「文十三年注：『白牲，殷牲也。周公死有王禮，謙不敢與文武同也。魯公以諸侯不嫌，故從周制，以脊爲差。』攷工記注：『魯廟有世室，牲有白牡，此用先王之禮。』按：周天子純赤，魯公赤脊，故不同也。」

臣湯問仲舒：「天子祭天，諸侯祭土，魯何緣以祭郊？」臣仲舒以爲報德之禮。〇天啟本無「臣」字，凌本同。興案：漢魏本亦有，無下「故」字。

臣湯問仲舒：「周公傅成王，成王遂及聖，功莫大於此。周公，聖人也，有祭於天道，〇盧云：『於天道』三字舊脫，以古文苑補。故成王令魯郊也。」

臣湯問仲舒：「魯祭周公用白牡，其郊何用？」臣仲舒對曰：「魯郊用純騂犅。〇漢魏本句上有臣字。玉海九十二引「犅」作剛，漢魏本同。周色上赤，〇漢魏本「上」作尙。魯以天子命郊，故以騂。」凌云：「文十三年注：『牲用騂，犅赤也。』」

臣湯問仲舒：「祠宗廟或以鶩當鳧，鳧當鶩，可用否？」俞云：「此本作『或以鶩當鳧，鳧當鶩，可用否』，故仲舒對曰：『鳧非鶩，鶩非鳧也。』又曰『奈何以鳧當鶩，鶩當鳧？』可證此文之誤。」興案：御覽九百二十九引作『張湯問仲舒曰「祠宗廟或以鳧當鶩，可不」』。仲舒對曰：「〇漢魏本句上有臣字。鶩非鳧，鳧非鶩也。」凌云：「爾雅『舒鳧，鶩』，舍人注：『鳧，家鴨也。』埤雅：『尸子曰：野鴨爲鳧，家鴨爲鶩，不能飛翔，如庶人守耕稼而已。』如淳曰：『漢儀注：佽飛具繒繳以射鳧雁，給祭祀。』」

臣聞孔子入太廟，每事問，愼之至也。陛下祭躬親，齊戒沐浴，以承宗廟，甚敬謹，奈何以鶩當鳧，鳧當鶩？名實不相應，漢書郊祀志：『王莽時，自天地六宗，下至諸小鬼神，凡千七百所，用三牲鳥獸三千餘種。後不能備，乃以雞當鶩雁，犬當麋鹿。』以承太廟，不亦不稱乎？臣仲舒愚以爲不可。臣犬馬齒衰，賜骸骨，伏陋巷，陛下乃幸使九卿問臣以朝廷之事，凌云：「漢置九

卿：一曰太常，二曰光禄，三曰衞尉，四曰太僕，五曰廷尉，六曰大鴻臚，七曰宗正，八曰大司農，九曰少府。是爲九

也。董仲舒傳：『朝廷如有大議，使使者及廷尉張湯就其家問之。』獨斷：『朝廷者，不敢斥君，故曰朝廷。』○天啟本

無「臣」字。臣愚陋，曾不足以承明詔，奉大對。臣仲舒昧死以聞。』凌云：「獨斷云：『漢承秦法，羣

臣上書皆言昧死。王莽盜位，慕古法，去昧死，曰稽首。』○昧死，漢魏本作冒死。

執贄第七十二　此篇不言士庶人之贄，疑有缺文。曲禮、説苑、白虎通並詳之。

凡執贄，天子用暢，莊二十四年注：「凡贄，天子用鬯。」説苑修文篇：「天子以鬯為贄。鬯者，百草之本也，上暢於天，下暢於地，無所不暢，故天子以暢為贄。」盧云：「暢與鬯同。」凌云：「暢、鬯古今字。」卿用羔，大夫用雁。白虎通瑞贄篇：公侯用玉，莊二十四年注：「諸侯用玉。」凌云：「曲禮疏：『公、侯、伯用圭，子、男用璧也。』」

「卿以羔為贄。羔者，取其羣而不黨。卿職在盡忠率下，不阿黨也。大夫以雁為贄者，取其飛成行，止成列。大夫職在奉命適四方，動作當能自正以事君也。」又朝聘篇：「卿執羔，取其跪乳有禮也。」雁乃有類於長者，長者在民上，必施然有先後之隨，必俶然有行列之治，説苑修文篇：「大夫以雁為贄。雁者，行列有長幼之序，故大夫以為贄。」莊二十四年注：「雁取其在人上，有先後行列。」儀禮士相見禮注：「雁取知時，飛翔有行列。」詩王風「將其來施施」毛傳：「施施，難進之貌。」釋名釋親屬：「叔亦俶也，見嫂俶然卻退也。」俶與跾同。一切經音義十三引字林：「跾踖，不進也。」惟有先後行列，故若卻退而不敢競進。○官本「俶」作「淑」，云：「他本作俶。」故大夫以為贄。

羔有角而不任，設備而不用，類好仁者；執之不鳴，殺之不諦，類死義者；羔食於其母，必

跪而受之，類知禮者；白虎通衣裳篇：「羔者，取其跪乳遜順也。」○御覽九百二「食」作飲。盧

云：「『羔有角』之上，舊本本有『羔乃其類天者』。天之道，任陽而不任陰。王者之道，任德而不任刑，順天也』，凡二十七

字，係衍文。又後漢書章懷注所引『類好仁者』無好字，『殺之不諦』作不噪，『必跪而受之』無『而受之』三字。」

案：諦，與啼同。荀子禮論篇『哭泣諦號』楊倞注引管子：「冢人立而諦。」〔一〕故羊之為言猶祥與！故卿

以為贄。莊二十四年注：「羔取其執之不鳴，殺之不號，乳必跪而受之，類死義知禮者也。」白虎通：「卿大夫贄，古

以麕鹿，今以羔雁何？以為古者質，取其內，謂得美草鳴相呼。今文取其外，謂羔跪乳、雁有行列也。」凌云：「譙周法

訓：『羊有跪乳之禮。』後漢書注：『韓詩內傳：「小者曰羔，大者曰羊。」』說文：『羊，祥也。』玉有似君子。○黃

氏日鈔『似』下有乎字。子曰：「人而不曰如之何、如之何者，吾末如之何也矣。」朱子注論語云：

「如之何、如之何者，熟思而審處之詞。」此以如之何為問人之詞，與熟審意亦相通。陸賈新語辨惑篇引，以為指世亂言

之，別一義。○凌本「末」作莫。故匿病者不得良醫，羞問者聖人去之，以為遠功而近有災，是則

不有。盧云：「四字疑。」興案：有，與友同。言羞問者之病如此，故聖人不與相親友也。

也，相保有也」。荀子大略篇：「友者所以相有也。」白虎通綱紀篇：「友者，有也。」釋名釋言語：「友，有

也。古者謂相親愛為有。」左昭六年傳：「宋

〔一〕這句盧文，原在下句注中，據注意前移。

向戍〔二〕謂華亥曰:「女喪而宗室,于人何有?人亦于汝何有?」注:「言人不能愛汝也。」又左昭二十年傳「是不有

寡君也」,注:「有,相親友也。」宣十五年傳:「中國不救,狄人不有,是以亡也。」與此「不有」字義正同。內有瑕

不蔽其惡,〈莊〉二十四年注:「玉取其至清而不自蔽其惡。」〇天啟本「清」作親。凌云:「清,王本作新。」玉至清而

穢,必見之於外。〈荀子德行篇〉「瑕適並見,情也。」說苑修文篇:「圭者,玉也,有瑕於中,必見於外。」凌云:「〈廣

雅〉云:『瑕,裂穢也。』鄭玄曰:『瑕,玉之病也。』」故君子不隱其短。不知則問,不能則學,取之玉也。

君子比之玉,玉潤而不污,是仁而至清潔也;廉而不殺,是義而不害也;〈禮記〉「夫昔者君子比

德如玉焉:溫潤而澤,仁也;縝密以栗,知也;廉而不劌,義也;」說苑雜篇、管子水地篇「不殺」亦作不劌。〈初學記二

十七引五經通義曰:「玉有五德:溫潤而澤,有似于智;抑而不撓,有似于義;有瑕于內,必見

于外,有似于信;垂之如墜,有似于禮。」白虎通瑞贄篇引禮王度記曰:「玉者有象君子之德,燥不輕、溼不重、薄不橈、

虛不傷,疵不掩,是以人君寶之。」堅而不礊,盧云:「礊,與礓同。本一作磨。」興案:荀子法行篇:「堅剛而不

屈。」管子水地篇:「夫玉堅而不礊,義也。」過而不濡。過,字無義,疑溫字之誤。溫近于柔,與堅對文,言溫潤而不

濡弱也。〈莊〉二十四年傳注:「內堅剛而外溫潤。」〈禮記聘義〉、詩秦風、管子水地篇,竝以溫說玉。下文「視之如庸」,謂

溫,「展之如石」,謂堅也。視之如庸,展之如石,狀如石,三字疑衍文,或是原注混入。搔而不可從繞,〈漢〉

盧云:「本一作燒,疑非是。」俞云:「從,衍文。繞者,撓之叚字。搔而不可撓,即荀子法行篇所謂『折而不撓』也。

〔三〕「向戍」,左傳作「寺人柳」。

書枚乘傳：『足可搔而絕。』然則搔與折義亦相近。」

撓」一作「橈」。 潔白如素，而不受污，莊二十四年注：「潔白而不受污。」凌云：「敄工注：『素，白采也。』玉

類備者，盧云：「備疑當作備德者。」 輿案：玉，字衍。 莊二十四年注：「有似乎備德之君子。」故公侯以爲

贊。 白虎通：「公侯以玉爲贄者，玉取其燥不輕，溼不重，明公侯之德全也。」説苑修文篇：「諸侯以圭爲贊。圭者，玉

也。」 暢有似於聖人者，俞云：「『聖人』下當疊聖人二字。下所説皆聖人之德也。至『暢亦取百草之心』，始説暢

之似聖人。然則此當作聖人者明矣。上文云『雁乃有類於長者，長者在民上』亦疊長者二字，正與此一律。」 興

粹，而有知之貴也，擇於身者盡爲德音，擇，疑積之誤。 發於事者盡爲潤澤。積美陽芬香，以 純仁淳

通之天。白虎通攷黜篇：「鬯者，芬香之至也。」又云：「芬香條鬯，以通神靈。」孫詒讓曰：「陽，當作暢。」 輿

案：此「積」字疑衍。 易文言：「美在其中而暢於四支。」故云美暢。 暢亦取百香之心，獨末之，戴望云：「百

香之心，當作百草之香。『獨末之』三字，衍文。」孫詒讓云：「漢書禮樂志郊祀歌云『百末旨酒布蘭生』，顏注云：『百

末，百草華之末也。以百草華末雜酒，故香且美也。事見春秋繁露。』然則此云獨末之，與百末之文正合。顏謂事見繁

露，亦正指此，非衍文明矣。 合之爲一，而達其臭，氣暢于天。 白虎通攷黜篇：「鬯者，以百草之香鬱金（金

字疑衍。）而合釀之，成爲鬯。」王度記曰：「天子鬯，諸侯薰，大夫苞蘭，士蕭，庶人艾。」説文：「鬯，以秬釀鬱草，芬芳攸

服，以降神也。」「鬱」下云：「一曰鬱鬯，百草之華，遠方鬱人所貢芳草。合釀之以降神。鬱，今鬱林郡也。」（通典引説

文云：「鬱，芳草也，十葉爲貫，將以煮之，用爲鬯，爲百草之英，合而釀酒，以降神也。」）○各本作「暢天子」。盧云：

「天子，錢疑是于天之譌，今改。」其淳粹無擇，與聖人一也，故天子以爲贊。而各以事上也。 通典七

十五：杜佑说云：「天子無客禮。亦有贊者，明其事神祇之道，故須贊以表心。故巡狩至於山川，有所告之，用鬯酒，盛

以大璋中璋。」觀贄之意，可以見其事。莊二十四年注：「鬯取其芬芳在上，臭達于天，而醇粹無擇，有似乎聖

人。故視所執而知其所任矣。」

山川頌第七十三

山則巃嵸嵳崔，摧嵬罪巍，盧云：「案說苑雜言篇作『巃嵸纍崒』。此疑有衍文。」凌云：「上林賦注：

『巃嵸崔巍，皆高峻貌。巃，力孔切。嵸音總。』南都賦注：『崒嵬，山石崔嵬，高而不平也。巃，魯偉切，山貌。』俞云：

『此本作「山則巃嵸崒」。說苑雜言篇作「夫山巃嵸纍崒」，即本此文，可證也。因傳寫之本不同，或作「巃嵸崔巍」，或

作「巃嵸摧巍」，而後人誤合之，於是作『嵳崔摧嵬罪巍』矣。一聲之字，不應疊用，其誤可知。上林賦『於是崇山矗矗，

巃嵸崔巍』，亦本此文，並可爲證。」○天啟本「摧嵬」作鬼崔，漢魏本作「山則巃嵸嵳摧，嵬崔罪巍」。黃氏日鈔與今本

同。 久不崩阤，似夫仁人志士。 孔子曰：「山川神祇立，盧云：「川」字疑衍。」寶藏殖，說苑雜言篇：

「夫山，巃嵸纍崒，萬民之所觀仰，草木生焉，萬物立焉，飛禽萃焉，走獸休焉，寶藏殖焉。」盧云：「殖，他本誤作

殖。 器用資，曲直合，大者可以爲宮室臺榭，小者可以爲舟輿浮瀖。 大者無不中，小者無不入，持斧

案：淮南主術訓：「大者以爲舟航柱梁，小者以爲楫楔。」王念孫云：「楫楔，集韻引作桵榍，小梁也。」亦見莊子在宥

篇。」案浮瀖，無義，疑亦桵榍之訛，桙楫則與「舟」複矣。凌云：「爾雅『斫謂之鐱』，注『鑃也』。御覽：『風俗通：鐮刀刈葵。」

則斫，折鐮則艾。 盧云：「折，疑當作持。」凌云：「

生人立，禽獸伏，死人入，荀子堯問篇：「其猶土也，深抇之而得甘泉焉，樹之則五穀蕃焉，草木殖焉，禽獸育焉，生則立焉，死則入焉。」說苑臣術篇：「爲人下者，其猶土乎？種之則五穀生焉，掘之則甘泉出焉，草木殖焉，禽獸育焉，生人立焉，死人入焉。」多其功而不言，是以君子取譬也。」不言，猶功多而不自以爲德也。荀子作不息，蓋不惪之誤。家語作不意，亦非。韓詩外傳、說苑臣術篇竝作不言。尚書大傳：「夫山，草木生焉，禽獸蕃焉，財用殖焉，生財用而無私焉，四方皆伐焉，每無私予焉。」藝文類聚、北堂書鈔竝引墨子云：「民衣焉食焉，家焉死焉，地終不責德焉。故翟以地爲仁。」藝文類聚十引韓詩外傳曰：「仁者何以樂山？山者，萬物之所瞻仰也，草木生焉，萬物殖焉，飛鳥集焉，走獸休焉，吐生萬物而不私焉。出雲導風，天地以成，國家以寧，此仁者所以樂山也。」且積土成山，無損也，成其高，無害也。○官本云：「高，他本誤作功。」成其大，無虧也。小其上，泰其下，○凌云：「泰，音大。」官本云：「上，他本誤作正。」久長安，後世無有去就，儼然獨處，惟山之意。孫詒讓云：「意，疑當作息，形近而誤。」詩云：「節彼南山，惟石巖巖。赫赫師尹，民具爾瞻。」此之謂也。凌云：「毛傳：『節，高峻貌。巖巖，積石貌。赫赫，顯盛貌。師，太師，周之三公也。尹，尹氏，爲太師。具，俱。瞻，視也。』」

水則源泉混混沄沄，○盧云：「古文苑作沄沄。」官本云：「沄沄，他本誤作汇汇。」 興案：黃氏日鈔作「沄沄」。說苑雜言篇作「泉源潰潰」。淮南原道訓：「混混滑滑，濁而徐清。」凌本不提行。者，盧云：「說苑雜言篇凡既字皆作其。」盈科後行，既似持平者；晝夜不竭，既似力者，與此微異。循微赴下，不遺小間，既似察者；荀子宥坐篇：「淖約微達似察。」說苑雜言篇：「綿弱而

微達似察。○天啟本「小間」作小間，凌本同，誤。韓詩外傳三及說苑並作小間。官本云：「他本『微』作嶽。」

循谿谷不迷，或奏萬里而必至，既似知者，「知」字未合。荀子宥坐篇〔一〕：「其萬折也必東，似意。」「意」亦當作志。又說苑云篇「發源必東，此似志」，即用荀子文。知，疑志之誤。說苑雜言篇云「其萬折必東，似意」。「淺者流行，深者不測，似智。」凌云：「奏，音走。」○黃氏日鈔「奏」作養，似誤。

障防山而能清淨，既似知命者，○盧云：「說苑作障防而清。古文苑『山而』作止之」孫詒讓云：「山，當即之字，隸書相近而誤。而，能二字古通，必有一衍。」興案：外傳與說苑同。漢魏本作「鄣防止之能淨淨」。說苑雜言篇：「不清以入，鮮潔而出，似善化。」家語：「以出以入，萬物就此化潔，此似善化也。」義與此同。

赴千仞之壑，入而不疑，既似勇者，荀子宥坐篇：「其赴百仞之谷不懼，似勇。」說苑雜言篇作「其赴百仞之谷不死不疑。」懼亦疑也。疑，猶恐也。○外傳三「入而不疑」作蹈深不疑。漢魏本無「入」字。天啟本「入」作石。

不清而入，潔清而出，既似善化者，荀子宥坐篇：「以出以入，以就鮮潔，似善化。」家語同。疑，似勇。文選謝靈運還舊園注引繁露作「赴千仞之壑而不旋，似勇者」。作「旋」亦通。

物皆困於火，而水獨勝之，既似武者，列女傳貞順篇「夫人守節，流

咸得之而生，失之而死，既似有德者。荀子宥坐篇：「孔子曰：『夫水，大徧與諸生而無為也，似德。』」注云：「或是困。」天啟本「困」作因，

孔子在川上曰：「逝者如斯夫，不舍晝夜。」此之謂也。

〔二〕「宥坐篇」，原誤「宥生篇」，據荀子改。

求雨第七十四

漢藝文志雜占有請雨止雨二十六卷，未知何人所譔。藝文類聚一百、御覽三十五竝引神農求雨書，是其來久矣。同類相動篇：「欲致雨則動陰以起陰，欲止雨則動陽以起陽，故致雨非神也，而疑於神者，其理微妙也。」通典四十三引此篇作董仲舒春秋。

春旱求雨。凌云：「春秋考異郵：『旱之爲言悍也，陽驕蹇所致也。』」令縣邑以水日禱社稷山川，家人祀戶。凌云：「通考：『後漢制，自立春至立夏，盡立秋，郡國上雨澤。若少，府郡縣各掃除社稷。其旱也，公卿長官以次行雩禮。』論衡：『夫雩，古而有之。故禮曰雩祭，祭水旱也。故有雩禮，故孔子不譏，而仲舒申之。夫如是，雩祭，祀禮也。雩祭得禮，則大水，鼓用牲於社，亦古禮也。得禮無非，當雩一也。禮，祭也。社，報生萬物之功。土地廣遠，難得辯祭，故立社爲位，主心事之。爲水旱者，陰陽之氣也，滿六合，難得盡祀，故修壇設位，敬恭祈求，效事社之義，復災變之道也。推祭社言之，當雩二也。』月令注中雷禮：『祀戶之禮，南面設主於戶內之西，乃制脾及腎爲俎，奠於主北。又設盛於主東，推生事死，推人事鬼，陰陽精氣，儻如生人能飮食乎，故共（一）馨香，奉進旨嘉（二）區區惓惓，冀見答享。推祭社言之，當雩二也。』」

〔一〕「共」字，原誤「其」，據論衡明雩篇改。

〔二〕「奉進旨嘉」，原誤「進旨酒嘉」，據明雩篇改。

盛於俎西，祭黍稷，祭肉，祭醴，皆三祭。肉，脾一腎再。既祭徹之，更陳鼎俎，設饌於筵前。迎戶，略於祭宗廟之儀。」

○天啟本作「以水日令民禱社，家人祀戶」。今以通典增改。所謂家人，即民也，不可民與家人竝言。又社稷山川、縣邑〔二〕之所宜禱，故定從通典。」興案：藝文類聚一百、御覽三十五引竝作「以水日令民禱社，家人祠戶」。是唐、宋本已如此。盧云：「舊本作『令民禱社，家人祀戶』。今以通典改。

林。」暴巫，凌云：「檀弓『吾欲暴巫而奚若』注：『暴之，是虐之也。』巫能接神，亦覬天哀而雨之。」漢書郊祀志『在男曰覡，在女曰巫也。』」○御覽三十五「暴」作曝，字同。無伐名木，無斬山林。凌云：「周禮注：『積石曰山，竹木曰

一百引作「尪」。今據改。 八日。於邑東門之外爲四通之壇，凌云：「三禮圖：『雩壇在巳地。』封禪書：『爲壇，開八通之鬼道。』索隱：『司馬彪續漢書祭祀志云：壇有八陛通道以爲門。』」方八尺，植蒼繒八。凌云：「字林曰：『繒，帛總名。』禮緯〔二〕含文嘉云：『天子、三公、諸侯皆以三帛以薦玉。』宋均注：『其殷禮。三帛，謂朱、白、蒼，象三正』」其神共工，祭之以生魚八，玄酒，具清酒、凌云：「春秋元命苞：『酒旗，主上尊酒。以其色黑，所以侑神〔三〕也。酒者，乳也。王者法酒旗以布政，施天乳以哺人。』禮運『故玄酒在室』，疏：『玄酒，謂水也。』以其色黑，故謂之玄。而太古無酒，此水當酒所用，故謂之玄酒。」周禮酒正：『辨三酒之物，三曰清酒。』注云：『今中山冬釀〔四〕，接

（一）「邑」字，原作「令」，據盧本改。

（二）「緯」字，原誤「說」，據凌本改。

（三）「神」字，原誤「酒」，據凌本及元命苞改。

（四）「釀」下，原有「酒」字，據凌本及酒正注刪。

夏而成。」**膊脯。**凌云：「説文：『薄脯膊之屋上，从肉尃聲，匹〔一〕各切。」東方朔曰：『乾肉爲脯。』」**擇巫之潔**

清辯利者以爲祝。凌云：「羣經音辨：『祝，祭主，贊辭者也。』」○盧云：「舊本作『清潔辯言利辭者』。」又考〔宋〕

本，作清潔辯言，又或作辯口。」　**興案：**天啟本無「爲」字。凌云：「『爲』字據後漢禮儀志注補入。」**祝齋三日，**

服蒼衣，先再拜，乃跪陳，陳已，復再拜，乃起。隋志：「梁有董仲舒請禱圖。」當即此類。**敬進清**

酒、膊脯，○天啟本無「生」字，王本同。盧云：「劉昭注續漢志作脯脂。」藝文類聚一百引董仲舒曰：『廣陵女

天生五穀以養人，○天啟本無「敬」下有起字，王本同。説文：「雨所以澍生萬物，故曰澍，音注。」**今五穀病旱，恐不成實。再拜請雨，雨幸大澍。」**凌云：

「**自**『昊天』**至**『大澍』，見春秋漢含孳。」　子諸巫，無小大，皆相聚其郭門外，爲小壇，以脯酒祭，使移市。市使門者無內丈夫，丈夫無得相從飲食。又令吏各往視

其夫，皆言到〔三〕即赴，雨澍而止。」又曰：『江都相仲舒下內史承書從事，其都間吏家在百里內，皆令人故行書告縣，遣

妻視夫，賜巫一月租，使巫求雨，復使巫相推擇潔淨易教者祭，跪祝曰：天生五穀以養人，今五穀病旱，恐不成。敬進清

酒甘羞，再拜請雨。」案：自廣陵女子至祭跪，今繁露所無。」**即奉牲禱，**○通典下有「復再拜起」四字。藝文類聚一

百與今本同。　天啟本無「即」字，凌本同。　月令疏：「蒼是東方之

色。」按蒼龍即青龍。　墨子貴義篇：「日者言帝以甲乙殺青龍於東方，以丙丁殺赤龍於南方，以庚辛殺白龍於西方，以壬

以甲乙日爲大蒼龍一，長八丈，居中央。

〔一〕「匹」字，原誤「亡」，據凌本及説文改。

〔二〕「到」字，原誤「利」，據凌本改。

癸殺黑龍於北方，以戊己殺黃龍於中方。」然則此爲象龍，象其日所殺之龍而爲之與？○盧云：「蒼」，本亦作青。

興案：後漢郎顗傳注作「蒼」，「丈」作尺。

爲小龍七，各長四丈，通典「七」作十，郎顗傳注作五，「丈」作尺。凌云：「鄭注：易曰：『天一地二，天三地四，天五地六，天七地八，天九地十。』而五行自水始，火次之，木次之，金次之，土爲後。木生數三，成數八，但言八者，舉其成數。」通典：『後漢行雩禮以求雨，興土龍，立土人舞童二佾。』案：以下人物之數，悉本五行之數，如春爲東方，屬木，木之成數八，故人物之數皆八也。羣經音辨：『青，東方色也。』**於東方。皆東鄉，其間相去八尺。**凌云：「說文：『嗇，愛濇，從來從㐭。來者㐭而藏之，故田夫謂之嗇夫。』風俗通：『嗇，省也。夫，賦也。言消息百姓，均其役賦。』」**小童八人，皆齋三日，服青衣而舞之。田嗇夫亦齋三日，服青衣而立之。鑿社通之於間外之溝，**凌云：「漢書顏注：『溝，街衢之旁通水者也。』」○鑿，天啟本作「諸里」，通典作里，無「之於」字及下「之」字。**取五蝦蟇，**凌云：「急就篇『水蟲科斗、鼃、蝦蟇』，顏注：『蝦蟇一名蟼，大腹而短腳。』焦氏易林：『蝦蟇羣聚，從天請雨，雲雷〔一〕集聚，應時輒雨，得其所願。』」**錯置社之中。**○天啟本作錯置秘中，通典作置社中。○藝文類聚「置」作里。官本云：「社」，他本誤作秘。凌云：「據禮志補『之』字。」**置水蝦蟇焉。**通典無此五字，疑是衍文。**池方八尺，深一尺，**凌云：「孔安國曰：『停水曰池。』」○天啟本作「二尺」〔二〕。**具清酒、脯脯，祝齋三日，服蒼衣，拜跪，陳祝如初。**○天啟本「祝」作祀。**取三歲雄**

〔一〕「雲雷」二字據易林補。

〔二〕「二尺」，凌本及叢刊本亦作「二尺」。

雞與三歲貑豬，○天啟本無「貑」字。凌云：「據禮志補『貑』字。釋文『音家』。方言云：『豬，北燕朝鮮之間謂之

貑』字鑑：『豬，專於切』。說文：『豭而三毛叢居者。從豕，者聲。』五經文字云：『從犬作猪者訛。』」皆燔之於四

通神宇。○通典「四」下有方字，下同。令民閭邑里南門，○天啟本無「邑里」「民」字。通典「民」作人，避唐諱。凌

云：「『民』字，據禮志補。」置水其外。開邑里北門，○天啟本無「邑里」二字，凌本有「里」字，云：「據禮志

補。」具老貑豬一，置之於里北門之外。市中亦置貑豬一，○天啟本無「一」在「置」下，凌本同。聞鼓

聲，○凌本「聞」下有彼字，據禮志補。皆燒貑豬尾。○天啟本無「貑」字。取死人骨埋之，○通典無「死」

字。開山淵，積薪而燔之。 藝文類聚一百引神農求雨書〔一〕曰：「春夏雨日而不雨，甲乙命爲青龍，又爲火龍，

東方，小童舞之。丙丁不雨，命爲赤龍，南方，壯者舞之。戊己不雨，命爲黃龍，壯者舞之。庚辛不雨，命爲白龍，又爲火

龍，西方，老人舞之。壬癸不雨，命爲黑龍，北方，老人舞之。如此不雨，潛處閭南門，置水其外，開北門，取人骨埋之。

如此不雨，命巫祝而曝之。曝之不雨，神山積薪，擊鼓而焚之。」御覽三十五亦引神農求雨書云：「春，甲乙不雨，束爲青

龍，又爲火龍，東方，老人舞之。壬癸黑雲興乃雨。」又曰：「北不雨，禱山神，積薪具，擊鼓而焚

之。」樂稽耀嘉：「開神山神淵，積薪，夜擊鼓噪而燔之。」管子：「水出地而不流者，命之曰淵。」○天啟本無「之」字。凌

云：「據禮志補」通道橋之壅塞不行者，決瀆之。 疑當作「決瀆之不行者」。通典無此六字。○天啟本「通」

上有「決」字，凌本同。 幸而得雨，報以豚一，酒、鹽、黍財足，凌云：「世本：『夙沙氏煮海爲鹽。』漢書顏

〔一〕「神農求雨書」，原誤「神農求雨者」，據下文引改。

注：「財、纔古通用。」○天啟本作「以豬一」，無「報」字。官本同，云：「他本作『報以豚一』。」

凌云：「南山經『白菅爲席』，注：『菅，茅屬也。』鄭注序官：『敷陳曰筵，藉之曰席。』夏求雨。」以茅爲席，毋斷。凌云：「漢舊儀：『求

雨，太常禱天地、宗廟、社稷、山川以賽，各如其常牢禮也。四月立夏，旱，乃求雨，禱雨而已，後旱復重禱而已。訖立秋，雖

旱，不得禱求雨也。」令縣邑以水日，家人祀竈。凌云：「中霤禮：『祀[一]竈之禮，先席於門之奧、東面[二]，

設主於竈陘，乃制肺及心肝爲俎，奠於主西。又設盛於俎南，亦祭黍。三祭：肺、心、肝各一祭。醴一，亦既祭徹之。更

陳鼎俎，設饌于筵前，迎尸，如祀戶之禮。』說文：『周禮以竈祠祝融。』淮南子：『炎帝作火官，死爲竈神。』莊子[三]

云：『竈神也，如美女，衣赤。』雜五行書[四]曰：『竈神名禪，字子郭，黃衣，夜披髮，從竈中出。知其名呼之，可除兇

惡，市豬肝泥竈，令婦孝。』○天啟本無「縣」字。據禮志及藝文類聚一百引，有「縣」字，是唐本不誤。盧云：「舊本與

各書所引，凡祀與祠，並參雜不一，今姑仍之，下放此。」興案：通典及御覽三十五引「祀」作祠。藝文類聚與今本

同。「天啟本「祀」作祝。」通典「竈」下有神字。無舉土功，更火浚井。凌云：「火，本一作大。」興案：漢書注：「浚，抒治之也，音峻。」

釋名：『井清曰泉，清潔者也。』世本：『伯夷作井。』○盧云：「火，本一作大。」興案：藝文類聚「火」作水，疑是。

暴釜於壇，臼杵於術，凌云：「易繫辭：『斷木爲杵，掘地爲臼。』雜記『杵以梧』，注：『所以擣也。』漢書刑法志

（一）「祀」字，原誤「記」，據凌本改。
（二）「面」字，原誤「西」，據凌本改。
（三）據史記武帝本紀「莊子」下當有「司馬彪注」四字，且下「浩」字當作「竈」。
（四）「書」原作「志」，據後漢書卷三二陰識傳注改。

『園囿術路』注：『如淳曰：「術，大道也。」一切經音義注：「蒼頡篇：邑中道曰術。道，路也。」漢禮器制度：「釜受三斛，或云五斛。」』○案：「暴釜」何以「於壇」？疑有誤字。通典與今本同，「壇」作「檀」。藝文類聚引作「曝釜甑杵臼于衢」。御覽三十五引作「暴釜鬲杵臼于術」。「壇」疑鬲之誤，又衍上「於」字耳。○凌云：「王本『釜』作金。」七

日。爲四通之壇於邑南門之外，○天啟本無「之」字。凌云：「據禮志補。」方七尺，植赤繒七。其神蚩尤，祭之以赤雄雞七，玄酒，具清酒、膊脯。○藝文類聚無「具」字。祝齋三日，服赤衣，拜跪陳祝如春辭。○盧云：「辭，當依下文作祠。通志無此字。」以丙丁日爲大赤龍一，長七丈，○藝文類聚作「長各七尺」。居中央。又爲小龍六，各長三丈五尺，於南方。皆南鄉。○天啟本「長」字在「各」上。其間相去七尺。壯者七人，凌云：「火生數二，成數七。」鄭注：「火生數二，成數七。但言七者，亦舉其成數。」皆齋三日，服赤衣而舞之。司空嗇夫亦齋三日，服赤衣而立之。鑿社而通之間外之溝。取五蝦蟇，錯置里社之中，池方七尺，深一尺。具酒脯，○藝文類聚及天啟本竝無「具」字〔一〕。祝齋，衣赤衣，拜跪陳祝如初。據上下文「祝齋」下當有「三日」二字。取三歲雄雞、猳豬，燔之四通神宇。開陰閉陽如春也。通典：「後漢求雨閉諸陽，衣皁，興土龍，立土人，舞童二佾。七日一變，如故事。」○天啟本無「也」字。凌云：「據禮志補。」

季夏禱山陵以助之。土爲季夏，故別舉其法。令縣邑十日壹徙市，○藝文類聚「季夏」作季春，誤，

〔一〕「具」，凌本、叢刊本亦無。

無「十日」二字。天啟本、凌本同。今從盧本。於邑南門之外。五日禁男子無得行入市。通志：「漢武帝元封六年旱，女子及巫丈夫不入市。」○藝文類聚「男子」作男女。家人祠中霤。凌云：「中霤禮：祀〔一〕中霤之禮，設主於牖下，乃制心及肺肝爲俎，其祭肉、心、肺〔二〕、肝各一。他皆如祀戶之禮。中霤猶中室也。土主中央而神在室，古者複穴，是以名室爲霤云。」無舉土功。○天啟本「舉」作興，凌本同。聚巫市傍，爲之結蓋。○藝文類聚無此四字。傍，天啟本作傷，疑場之誤。爲四通之壇於中央，植黃繒五。○藝文類聚「繒」作幡。其神后稷，祭之以母䄻五，○盧云：「母䄻，舊脫，今以劉昭注及通典增補。」劉逢祿云：「王本缺母䄻二字。今據元本藝文類聚劉昭注及通典增補。」興案：通典注云：「母，音模，禮謂之淳母。䄻，音移，周禮曰䄻食。」玄酒，具清酒、脯脯。令各爲祝齋三日，凌云：「『令各爲』三字疑衍。」衣黃衣。皆如春祠。○通典「皆」上有餘字，是。藝文類聚「祠」作辭。以戊己日爲大黃龍一，長五丈，居中央。又爲小龍四，○官本云：「他本『四』作五。」興案：通典與今本同。藝文類聚無「四」字。各長二丈五尺，於南方。○通典「南方」作中央。藝文類聚作「長各三丈五尺」，無下三字。皆南鄉，其間相去五尺。丈夫五人，皆齋三日，服黃衣而舞之。凌云：「鄭注：『土生數五，成數十。』但言五者，土以生爲本。」意林：『風俗通：禮云：十尺曰丈，成人之長也。夫者，膚也，言其智膚敏宏教也，故曰丈夫。』○藝文類聚

〔一〕「祀」字，原誤「記」，據凌本改。
〔二〕「肺」字，據凌本補。
〔三〕「肺」字，據凌本補。

「丈夫」作土姓。天啟本無「皆」字〔一〕，類聚有。

老者五人，亦齋三日，衣黃衣而立之。 天啟本無「老者」

二字。《通典》無「五人」二字。俞云：「《聚珍本》云：『他本無老者二字。』今以文義求之，無此二字者是也。據下文冬求

雨，用老者六人。則季夏之月不得亦用老者，一也。且上文於春云：『小童八人，皆齋三日，服青衣而舞之。田嗇

夫〔二〕亦齋三日，服青衣而立之。』於夏云：『壯者七人，皆齋三日，服赤衣而舞之。司空嗇夫亦齋三日，服赤衣而立

之。』於秋云：『鰥者九人，皆齋三日，服白衣而舞之。司馬亦齋三日，服白衣而立之。』於冬云：『老者六人，皆齋三日，

衣黑衣而舞之。尉亦齋三日，服黑衣而立之。』是舞之者或小童，或壯者，或鰥者，或老者，皆擇用民間之人，而立之者或

田嗇夫，或司空嗇夫，或司馬，或尉，皆在官之人也。此乃用『丈夫五人舞之，老者五人立之』，於義不合，二也。然則此

文宜如何？曰：此文直云『五人亦齋三日，衣黃衣而立之』。所謂『五人』，非如丈夫五人，以數計也。五人乃當時有

此名目，其字本作伍。《漢酷吏尹賞傳》：『乃部戶曹掾史與鄉吏〔三〕、亭長、里正、父老、伍人。』是伍人與亭長、里正同類。

此所『衣黃衣而立之』者，即其人也。作五者，古字通耳。後人不達其義，謂五人是以數計，則五人之上不得無文。臆加

老者字，而古制失矣。」輿案：《藝文類聚》一百引亦作「老者五人」，是唐本已如此。 **亦通社中於閭外之溝。○**

天啟本「社」下闕一字，「中」下闕一字。孫鑛云：「宋本俱闕。」《神農求雨第十九》：「戊己不雨，命爲黃龍，又爲大龍，

字，凌本同。 **他皆如前。** ○盧云：「舊本此下有一段云：『蝦蟇池方五尺，深一尺。』○天啟本「蝦」上有取

〔一〕「皆」，凌本、叢刊本亦無。
〔二〕「夫」字，據本篇原文補。
〔三〕「吏」字，原誤「史」，據《漢書·尹賞傳》改。

壮者舞之，季立之。」又曰：「東方小童舞之，南方壮者，西方沾人、北方口人舞之。」共四十八字。續漢志注無之。此疑後人隨意附注，不得以雜本書。其『第十九日』者〔二〕，此書十九篇中之語也。舊本曰作日，亦誤。興案：天啟本有此四十八字。「西方沾人」下注云：「未詳。」「北方」下注云：「疑少一字。」盧所見作空方格。神農求雨書、藝文類聚所載較詳，引見上。

秋暴巫尪至九日，○天啟本無「尪」字。凌云：「據禮志補。」無舉火事，凌云：「漢昭帝紀『夏，旱，大雩，不得舉火』，注：『臣瓚曰：不得舉火，抑陽助陰也。』」無煎金器，○天啟本無「無」字。凌本同。凌云：「中雷禮：祀門之禮，北面設主於門左樞，乃制肝及肺心為俎，奠於俎南，又設盛於俎東。其他皆如祭竈之禮。」○官本「祀」作祀，云：「祀，他本作祠。」為四通之壇於邑西門之外，方九尺，植白繒九。其神少昊，○盧云：「舊本作太昊，誤。今依通典改正。」官本作「太」。云：「通典作少昊。」祭之以桐木魚九，初學記二、御覽十一並引淮南子曰：「董仲舒請雨，秋用桐木魚。」官本作「太」。家人祠門。

衣白衣，凌云：「羣經音辨：『白，西方色也。』」興案：「衣白衣」上疑當有「祝齋三日」四字。他如春。以庚辛日為大白龍一，長九丈，居中央。為小龍八，各長四丈五尺，於西方。皆西鄉，其間相去九尺。鰥者九人，凌云：「鄭注：『金生數四，成數九。但言九者，亦舉其成數。』」皆齋三日，服白衣而舞之。司馬亦齋三日，○官本云：「他本闕馬字。」衣白衣而立之。蝦蟇池方九尺，深一尺。他皆如前。

〔二〕「者」字，據盧本補。

冬舞龍六日，禱於名山以助之。家人祠井。○祠，官本作祀，云：「他本作祠。」無壅水。爲四

通之壇於邑北門之外，○通典「爲」上有各字。方六尺，植黑繒六。其神玄冥，凌云：「五行記：『顓

項爲玄冥。』御覽：『漢舊儀：祠五祀，謂五行，金、木、水、火、土也。』木正曰句芒，火正曰祝融，金正曰蓐收，水正曰玄

冥，土正曰后土，皆古聖能治成五行有功者也。」鄭注月令：『玄冥，少皞氏之子，曰修，曰熙，爲水正。』」祭之以黑狗

子六，玄酒，具清酒、脯脯。祝齋三日，衣黑衣，祝禮如春。以壬癸日爲大黑龍一，長六丈，

居中央。又爲小龍五，○天啟本無「又」字，「五」字。凌本無「又」字。各長三丈，於北方。皆北鄉，其

間相去六尺。老者六人，凌云：「鄭注：『水生數一，成數六。但言六者，亦舉其成數。』」皆齋三日，衣黑

衣而舞之。尉亦齋三日，服黑衣而立之。蝦蟇池皆如春。○盧云：「趙疑『皆』字上脫『方六尺，深

一尺，他」七字。」興案：通典與今本同。

四時皆以水日，○天啟本無「日」字。官本云：「通典下有日字。」凌本不提行。爲龍，必取潔土爲

之，結蓋，龍成而發之。文選應休璉與岑文瑜書：「土龍矯首於玄寺，泥人鶴立於闕里。」注引淮南子曰：「聖人

用物，若用朱絲約芻狗，若用土龍以求雨。芻狗待之而求福，土龍待之而得食。」山海經曰：「大荒東北隅中，有山名凶

犁土丘，應龍處南極，殺蚩尤與夸父，不得復上，故下數旱。而爲應龍之狀，乃得大雨。」郭璞曰：「今之土龍，氣應自然

冥感，非人所能。」論衡亂龍篇：「董仲舒申春秋之雩，設土龍以招雨，（龍虛篇「招雨」作爲感。）其意以雲龍相致。易

曰：『雲從龍，風從虎。』以類求之，故設土龍。陰陽從類，風雨自至。」又云：「仲舒覽見深鴻，立事不妄，設土龍之象，

果有狀也。」又死偽篇云：「董仲舒請雨之法，設土龍以感氣。夫土龍非實，不能致雨，仲舒用之致精誠。不顧物之真偽

也。」又定賢篇云：「仲舒信土龍之能致雲雨，蓋亦有以也。」又案書云：「孔子終，論定于仲舒之言。其修雩始龍，必將有義，未可怪也。」白孔六帖二、初學記二引許慎淮南子注：「湯遭旱，作土龍以象龍，雲從龍，故致雨也。」案劉子駿掌雩祭、典土龍事。（亦見論衡亂龍篇。）是土龍漢時沿用。此云「爲龍」，象之而已，非真龍也。程明道行狀云：「上元之茅山有龍池，其龍如蜥蜴而五色。祥符間，命中使取二龍，至中途，中使奏一龍飛空而去。自昔嚴奉以爲神物。先生嘗捕而脯之，使人不惑。」案遺書但言捕二龍，持歸爲小兒玩之至死。今浙江鄞天井山有五龍靈蹟，有求于山者，或得蛇，或得蜥蜴，或得蛙，皆足以致雨，往往而驗。（見全祖望碧沚龍神廟碑）殆因土龍而傅會者與？

四時皆以庚子之日，○凌本「四時」提行。

女子欲和而樂。○凌云：「樂稽耀嘉：『凡求雨，男女欲和而樂。』」○盧云：「此下舊有『神農書又曰：開藏而居。」

令吏民夫婦皆偶處。

凡求雨之大體，丈夫欲藏匿，○盧云：「續漢志注作欲藏而居。神山神淵，積薪，夜擊鼓譟而燔之，爲其旱也』二十三字。案此段亦非本文，今改作小字，附注於此，以備考。『神農書』，舊本脫農字，今增。旱，或一作卑。」興案：天啟本有此二十三字，旱，作卑。

止雨第七十五

凌云：「西京雜記：『京都大水，祭山川以止雨。丞相、御史、二千石，禱祀如求雨法。』」

雨太多，令縣邑以土日，塞水瀆，凌云：「玉篇：『說文曰：瀆，溝也。一曰邑中溝。』」絕道，蓋井，禁婦人不得行入市。令縣鄉里皆掃社下。縣邑若丞合史，嗇夫三人以上，○凌本「史」作吏。

祝一人；，鄉嗇夫若吏三人以上，祝一人；，里正父老三人以上，祝一人，皆齋三日，○盧云：「自此三日以下一百八十字，各本闕。」聚珍本從《大典》補。凌云：「王本別以第六《王道篇》『年年之積』至『賢賢也』，春秋五十字，錯簡於此，今刪去重複。」興案：天啟本「皆齋」下缺數行，注云：「宋本闕文數行。」又有「年年之積」云云至「春秋」五十字，旁注云：「從宋本存之，諸本闕。」下接「恐傷五穀」云云。各衣時衣。凌云：「春蒼，夏赤，秋黃，冬黑。」具豚一，凌云：「方言：『豚，豬子也。』」黍鹽美酒財足，祭社。擊鼓三日，而祝。先再拜，乃跪陳，陳已，復再拜，乃起。祝曰：「嗟！○盧云：「本作諾字，誤。」天生五穀以養人，今淫雨太多，五穀不和。敬進肥牲清酒，以請社靈，幸為止雨，除民所苦，無使陰滅陽。陰滅陽，不順於天。天之常意，在於利人，凌云：「生五穀以利人。」興案：「常意」二字疑倒。人願止雨，敢告於社。祝祠與求雨大同。郊祀篇所謂「以人心庶天無尤也」。鼓而無歌，至罷乃止。凡止雨之大體，女子欲其藏而匿也，丈夫欲其和而樂也。開陽而閉陰，闔水而開火。凌云：「漢書」『仲舒治國，以災異之變推陰陽所以錯行，故求雨，閉諸陽，縱諸陰，其止雨反是。」師古曰：「謂若閉南門，禁舉火，及開北門，水灑人之類是也。」以朱絲縈社十周。通典云：「成帝五年六月，始命諸官止雨。朱繩乃縈社，擊鼓攻之。」御覽五百二十六引漢舊儀云：「五儀〔二字疑誤。〕元年，儒術奏施行董仲舒請雨事，始令尚書，丞相以下求雨雪。曝城南舞童女禱天神五帝。五年，〔五，疑成之誤。〕始令諸官止雨，朱絲縈社，擊鼓助之。」御覽六百八十七引董仲舒止雨書曰：「執事者赤幘。由是言之，知不著冠之所服也。」〔下二句非原文。〕衣赤衣赤幘。三日罷。○各本「三日」並作言：盧云：「末七字有訛脫。」孫詒讓云：「言當作『三日』二字。下文『三日而止，未至三日，天大暒亦止』是也。」今從之。

二十一年八月甲申，朔。丙午，武帝二十一年，從建元元年起數之，則元狩四年。時仲舒免歸家居。元

鼎以前紀元竝追稱，故此不列年號耳。○盧云：「本作庚申朔，訛。」凌本不提行。

凌云：「百官公卿表云：『少府內史，周官，秦因之，掌治京師。』任昉物原云：『諸官稱史，亦自伏犧置史官始。中尉，

秦官，掌徼巡京師，武帝太初元年，更名執金吾。』」陰雨太久，○凌云：「以上俱補入。」恐傷五穀，趣止雨。**江都相仲舒告內史中尉：**

止雨之禮，廢陰起陽。書十七縣，八十離鄉，「離」字疑有誤。及都官吏千石以下，夫婦在官

者，咸遣婦歸。○盧云：「舊脫『歸』字，今補。」女子不得至市，市無詣井，○天啟本「詣」作諸，注云：「一

作詣。」蓋之，勿令泄。鼓用牲於社。祝之曰：「雨以太多，以，與已同。五穀不和，敬進肥牲，

以請社靈，社靈幸爲止雨，除民所苦，無使陰滅陽。陰滅陽，不順於天。天意常在於利民，

願止雨。敢告。」鼓用牲於社，皆壹以辛亥之日，書到即起，縣社令長，若丞尉官長，凌云：

「百官公卿表：『縣令、長，皆秦官，掌治其縣，皆有丞、尉，秩四百石至二百石。』」各城邑社嗇夫，里吏正里人

皆出，凌云：「百官公卿表：『十亭一鄉，鄉有三老，有秩嗇夫。嗇夫職聽訟，收賦稅。』」至於社下，餔而罷。凌

云：「餔，音逋，申時食也。」○官本云：「餔而，他本誤作顧西。」三日而止。未至三日，天暒亦止。盧云：

「暒，與晴同。」舊本作星，訛。案仲舒本傳，所著百二十三篇中有條教一類，此節殆其一也。後人掇拾遺佚，以類附此。

鄭康成注周官大祝，引仲舒救日食祝曰：『炤炤大明，瀷滅無光，奈何以陰侵陽，以卑侵尊？』亦不在此書中。」○官本

「天」下有大字，云：「他本無。」

祭義第七十六

五穀，食物之性也，天之所以爲人賜也。黃氏日鈔作「天所以賜人」。性，與生同。○盧云：「舊本『人賜』倒，『錢改。」 輿案：宗廟上四時之所成，凌云：「禮鄭注：『合於天道，因四時之變化，孝子感時忿親，則以此祭之也。』受賜而薦之宗廟，敬之性也，盧云：「性，疑當作至。」於祭之而宜矣。於，字疑誤。宗廟之祭，物之厚無上也。春上豆實，凌云：「桓四年注：『豆，祭器名，狀如鐙。天子二十有六，諸公十有六，諸侯十有二，卿上大夫八，下大夫六，士三』三禮圖：『豆高尺二寸，漆赤中。大夫以上畫赤雲氣，諸侯飾以象，天子加玉飾。』案御覽引禮圖：『豆以木，受四升。』餘并同。」夏上尊實，秋上杌實，凌云：「說文：『杌，古簋字。』○天啟本『杌』作杭。冬上敦實。凌云：「三禮圖：『敦有足，其形如今酒樽法。』」豆實，韭也，春之所始生也。尊實，醴也，戴校引錢大昕云：「尊，當爲籩。周禮籩人四籩以醴爲首。尊酒器，不可以盛籩實。隸書籩或省足，因誤爲尊耳」孫詒讓云：「錢說是。惟鬴與尊形實不相近，無由致誤。竊謂尊當爲算之譌。禮記明堂位云：『薦用玉豆雕籩。』鄭注云：『籩，籩屬也，以竹爲之。』史記汲鄭列傳云：『其餽遺人不過算器食。』集解引徐廣云：『算，竹器。』籩從算得聲，古字通用。（儀禮士冠禮鄭注云：『匴，竹器。』古文匴爲籑，此以算爲籑，猶今文禮以匴爲籑也。）此以夏上算實配春上豆實，猶明堂位以雕籩配玉豆，皆以籩當籩，明其同物也。算，艸書或作筭，（皇象書急就篇凡從竹字通作艹形。是其例。）

與尊正相似，因而致誤。」（明堂位孔疏云：「簋、籩也。」）

夏之所受初也。桓八〔二〕注：「麥、魚始熟可礿，故曰礿。」○天啟本「籩」作麷，注云：「一作麷。」案：疑當作「麥」。

實，黍也。凌云：「說文：『杭，黍稷方器也。』廣韻：『簠簋、祭器，受斗二升，內圓外方，曰簠。』考工疏：『祭宗廟用杭』。」○盧云：「受初、錢疑倒，下同。」

秋之所先成也。敦實，稻也，冬之所畢熟也。俞云：「此本作『初受故曰礿』，即承『夏之所初受』而言，與『始生故曰祠』、『先成故曰嘗』、『畢熟故曰蒸』，承上而言者一律。因上文初受誤作受初，於是此文亦作受初。而今本作夏約者，即受之誤。受之與夏，初之與約，字形皆相似也。」案：初，字疑衍。

貴所受初也。○天啟本作「貴所初礿也」，凌本同。

畢熟故曰蒸，蒸言衆也。○凌本「蒸」作烝。

孔子受君賜則以祭，況受天賜乎。奉四時所受於天者而上之，爲上祭，上祭，疑四祭。先成故曰嘗，嘗言甘也；夏約故曰礿，始生故曰祠，善其司也；

貴天賜，且尊宗廟也。

此宗廟所以歲四祭也。故君子未嘗不食新，新天賜至，盧云：「錢疑是『天賜新至』。」

一年之中，天賜四至，至則上之，必先薦之，

乃敢食之，○天啟本「敢」作取，凌本同。尊天、敬宗廟之心也。聖人之所謹也。○盧云：「舊本『大禮也』倒在此句下，今移正。」

尊天，美義也；敬宗廟，大禮也。

不貪數而欲恭敬。不多而欲恭敬，「多」上疑脫一字。

君子之祭也，躬親之，○天啟本「躬」作恭，凌本同。致其中心之誠，盡敬潔之道，以接至尊，故鬼享之。享之如此，乃可謂之能祭。祭者，察也，以善逮鬼神之謂也。善乃逮

〔二〕「八年」，原誤「七年」，據公羊傳桓八年何注改。

不可聞見者，故謂之察。凌云：「尚書大傳…『察者，至也。至者，人事也，人事至然後祭。』吾以名之所

享，故祭之不虛，安所可察哉！可，疑不之誤〔二〕。祭之爲言際也與？○盧云：「與，音餘。舊本此

下有察也二字，係誤衍。」祭然後能見不見。見不見之見者，○盧云：「舊本作『之見者見不見』，係誤倒，今

移正。」然後知天命鬼神。知天命鬼神，然後明祭之意。明祭之意，乃知重祭事。○官本云：

「他本『事』作祀，下同。」孔子曰：「吾不與祭，如不祭。凌云：「特牲饋食注：『士賤職褻，時至事暇，可以

祭，則筮其日矣。」鄭云：時至事暇，可以祭者，若祭時至，有事不得暇，則不可以私廢公故也。若大夫以上尊，時

至，唯有喪故不祭，餘吉事皆不廢祭。若有公事及病，使人攝祭。』故論語孔子云：『吾不與祭。』注：『孔子或出或病，

不自親祭，使攝者爲之，不致肅敬于心，與不祭之同。』〇天啟本無下三字，凌本同。祭神如神在。」重祭事，如

事生。凌云：「禮志曰：『君子生則敬養，死則敬饗也。』」故聖人於鬼神也，畏之而不敢欺也，信之而

不獨任，事之而不專恃。恃其公，報有德也；幸其不私，與人福也。其見於詩曰：「嗟爾

君子，毋恆安息。○天啟本「毋」作叴，蓋「勿」之誤文。凌本「恆」作常。靜共爾位，凌云：「共，韓詩作恭。

鄭玄曰：『共，古恭字。』」好是正直。神之聽之，介爾景福。」正直者得福也，不正者不得福，此其

法也。以詩爲天下法矣，何謂不法哉？謂，爲同。其辭直而重，有再歎之，盧云：「有，與又同。」

欲人省其意也。而人尚不省，何其忘哉！孔子曰：「書之重，辭之復。盧云：「復，與複同。」

〔二〕「之誤」原誤「誤之」，據文義乙正。

嗚呼！不可不察也。其中必有美者焉。此之謂也。

莊云：「苟一義一法足以斷其凡，則無可凡而皆削而不書。春秋非紀事之史也，所以約文而示義也。是故有單辭，有兩辭，有複辭，有衆辭。衆辭可凡而不可凡也，複辭可要而不可要也，兩辭備矣，可益而不可益也，單辭明矣，可殊異而不可殊也。故曰『游夏之徒不能贊一辭』也。」盧云：「末段多有賸句，疑後人所附益。」凌云：「『孔子曰』至『者焉』，見春秋緯。」　興案：「其辭」下至末，疑是他篇說春秋文。首止之會盟，葵丘之會盟，召陵之會盟，皆再書焉，此書重之例也。稷之會，終之曰「成宋亂」。澶淵之會，終之曰「宋災」。故尹氏立王子朝，先之曰「王室亂」，此辭複之例也。僖四年傳：「師在召陵，則曷爲再言盟？喜服楚也。」何注引孔子語釋之，與此同。疏云：「春秋說文，蓋即出此。」姚鼐公羊補注云：「孔子書重辭復之言，蓋齊魯儒者傳之，公羊家載之于注，此真聖人辭也，非出春秋緯也。漢人多習于公羊之說，西漢之末作禮緯、春秋緯者，勦其說以爲書。世乃以九錫及書之重等語，皆謂何引緯書以說經，則誣之甚矣。」　案：姚不知何引董語。僖二十二年傳：「春秋辭繁而不殺者正也。」知此是說春秋文。「其中必有美者焉」或引作「必有大美惡焉」，於義爲長。見明劉永之復梁寅書。

循天之道第七十七　此篇多養生家言。

御覽七百二十四引神仙傳曰：「李少君與議郎董仲舒相親，見仲舒宿有固疾，體枯氣少。　少君乃與其成藥二劑，並有用戊己之草、后土脂、黃精根、獸沈肪、先秀之根、百卉華釀，亥月上旬合煎銅鼎中，童男沐浴潔静，調其湯火。合藥成，服如雞子三劑，齒落更生；服盡五劑，命不復傾。」　案：此「仲舒」爲仲君之譌，後人因董言養生而傅會。

之。互見年表。○張惠言云：「此下諸篇，多錯簡缺誤，就其明者正之，餘不敢強説。」

循天之道，以養其身，謂之道也。莊子讓王篇：「道之真，以治身。」天有兩和以成二中，黃震云：「兩和謂中春、中秋。」俞云：「兩和謂春分、秋分，二中謂冬至、夏至。」歲立其中，用之無窮。是北方之中用合陰，而物始動於下。「是」下當有故字。養於上。其動於下者，不得東方之和不能成，中秋是也。聖人之道以中和爲則，故取春秋而不取冬夏。南方之中用合陽，而養始美於上。其養於上者，不得西方之和不能所來歸而遂其爲也。惡，讀曰烏。「在」字句絕，下疑更有「在」字。然則天地之美惡，在兩和之處，二中之下有和字，云：「他本無。」東方和生北方之所起，○天啓本無「生」字，「起」下缺一字，官本有「前」字，云：「他本無。」西方和成南方之所養長。俞云：「『長』字衍，下同。」○各本「西方」上衍「而」字，今據上文及俞説刪。起之不至於和之所不能生，養長之不至於和之所不能成。成於和，生必和也；始於中，止必中也。中者，天地〔二〕之所終始也。○官本云：「他本無始字。」而和者，天地之所生成也。凌云：「中庸：『致中和，天地位焉，萬物育焉。』」疏：『言人君所能致極。中庸使陰陽不錯，則天地得其正位焉。生成得

〔二〕「地」字，凌本、盧本、叢刊本作「下」。

理，故萬物得其生育焉。』夫德莫大於和，而道莫正於中。中者，天地之美達理也，「美」下疑奪一字。

聖人之所保守也。』程子云：「今人不恁情放肆，必太嚴厲，聖人便自有中和之氣。』詩云：「不剛不柔，布政優優。」此非中和之謂與？是故能以中和理天

下者，其德大盛；能以中和養其身者，其壽極命。』言無天閼。男女之法，法陰與陽。

白虎通紀綱篇：「夫婦法人，取象人合陰陽，有施化端也。漢含御覽五十八引春秋元命苞：「水之立字，兩人交一以中出者爲水。一者數之

孳云：『水火交感，陰陽以設，夫婦象也。』又嫁娶篇：「人承天地，施陰陽，故設嫁娶之禮。」又引春秋穀梁傳曰：「男

子二十五繫心，女十五許嫁，感陰陽也。』

始，兩人譬男女，言陰陽交物，以一起也。』陽氣起於北方，至南方而盛，盛極而合乎陰。陰氣起乎中

夏，至中冬而盛，盛極而合乎陽。錢云：「一不盛不合，是故十月而壹俱盛，終歲而乃再合。

歲再合，則「十月」當作六月。○天啟本無「壹」字。天地久節，以此爲常。是故先法之内矣，謂壯而後有家室。

句疑有脫誤。養身以全，使男子不堅牡不家室。『陰不極盛不相接。』○官本云：「他本『極盛』作盛極」，是故身精明，難衰而堅固，壽考無忒，此

白虎通嫁娶篇：「男三十，筋骨堅強，任爲人父。女二十，肌膚充盈，任爲人母。合爲五十，應大衍之數，生萬物也。故禮內則曰：『男三十壯有室，女二十壯而嫁。』

天地之道也。天氣先盛牡而後施精，故其化良。地氣盛牝而後化，故其化良。

上「精」字疑衍。天道施，地道化，施與化對文。○凌云：「大戴禮記：『故男以八月生齒，八歲而毀；二八十六，然後精通，然後其施行。女七月生齒，七歲而毀；二七十四，然後其化成。』○官本云：「牝，一陰

本「天氣」作天地，非。地氣盛牝而後化，故其精固。是故陰陽之會，冬合北方而物動於下，夏合南方而物動於上。

他本作托。

興案：天啟本不誤。

上下之大動，皆在日至之後。爲寒則凝冰裂地，爲熱則焦沙爛石。凌云：「漢書顏注：『凝，堅冰也。』尸子曰：『寒凝冰裂地。』釋名：『熱，熱也，如火所燒熱也。』呂氏春秋曰：『湯時大旱七年，煎沙爛石。』淮南子詮言訓：『陽氣起於東北，盡於西南，陰〔一〕氣起於西南，盡於東北。』陰陽之始皆調適相似，日長其類以侵相遠。或熱焦沙，或寒凝水。」氣之精至於是，句。故天地之化，春氣生而百物皆出，夏氣養而百物皆長，秋氣殺而百物皆死，冬氣收而百物皆藏。凌云：「越絕書：『范子曰：臣聞陰陽氣不同處，萬物生焉。冬三月之時，草木既死，萬物各異藏，故陽氣避之藏伏，壯於內，使陰陽得成於外。夏三月盛暑之時，萬物遂長，陰氣避之下藏伏，壯於內。然而萬物親而信之，是所謂也。陽者，主生萬物，方夏三月之時，大熱不至，則萬物不能成；陰氣主殺，方冬三月之時，地不內藏，則根荄不成，即春無生。故一時失度，即四序爲不行。』」是故惟天地之氣而精，盧云：「而，字疑衍。」出入無形，而物莫不應，實之至也。○盧云：「舊脱『也』字，趙增。」君子法乎其所貴。天地之陰陽當男女，人之男女當陰陽。陰陽亦可以謂男女，男女亦可以謂陰陽。論衡自然篇：「儒者説夫婦之道取法于天地。」天地之經，至東方之中而所生大養，業，字疑誤。○各本「至」上有生字，俞云即『至』字之誤衍，今據刪。」至西方之中而所養大成，一歲四起業，而必於中。中之所爲，而必就於和，故曰和其要也。文子曰：「古之爲道者養以和，持以適。」嵇康養生論：「守之以一，養之以和，和理日濟，同乎大順。」又云：「修性以保神，安心以全身。愛憎不棲於情，憂喜不留於意，泊然無感而體氣和平。」

〔一〕「陰」字，原作「陽」，據凌本及淮南子改。

和者，天之正也，盧云：「趙疑『天』下當有地字。案：下文俱以天地並言。」陰陽之平也，○官本云：「平，一作半。」其氣最良，物之所生也。

凌云：「《淮南子》：『天地之氣，莫大於和。和者，陰陽調，日夜分而生物。春分而生，秋分而成。生之與成，必得和之精。故聖人之道，寬而栗，嚴而溫，柔而直，猛而仁。太剛則折，太柔則卷，聖人正在剛柔之間，乃得道之本。積陰則沈，積陽則飛，陰陽相接，乃能成和。』」○官本云：「他本『良』下有爲字。」

誠擇其和者，以為大得天地之奉也。天地之道，雖有不和者，必歸之於和，而所為有功，雖有不中者，必止之於中，而所為不失。是故陽之行，始於北方之中，而止於南方之中，陰之行，始於南方之中，而止於北方之中。陰陽之道不同，至於盛而皆止於中，其所始起皆必於中。中者，天地之太極也，日月之所至而卻也，長短之隆，不得過中，天地之制也。隆，猶極也。

兼和與不和，中與不中，而時用之，盡以為功。是故時無不時者，天地之道也。順天之道，節者天之制也，「節」下「者」字，疑緣上下文衍。陽者天之寬也，陰者天之急也，中者天之用也，和者天之功也。舉天地之道，而美於和，「美」上疑有莫字。是故物生，皆貴氣而迎養之。

孟子曰：「我善養吾浩然之氣者也。」謂行必終禮，而心自喜，常以陽得生其意也。終禮，疑當作中禮。案：西漢時未尊孟子，而董引孟子說凡再見，其他義與之相合者亦多。是自漢以後，孔孟之隆，胥由董子矣。○盧云：「『自，舊本作目，訛。』興案：天啟本『自』字不誤。

公孫之養氣曰：「裹藏泰實則氣不通，啟本「裹藏」下注云：「三字未詳。」孫詒讓云：「裹藏，謂藏府也。」盧本刪「公孫之養氣曰裹藏」八字，云「衍文」。天啟本及凌本並有。御覽四百六十七引公孫尼子曰：「君子怒則自說天泰虛則氣不足，

以和，喜則收之以正。」與此正同。養氣蓋即其篇名，盧删大繆。」興案：孫說是。公孫尼子二十八篇，見藝文志，注云：「七十子之弟子。」沈約謂樂記取公孫尼子，劉瓛謂緇衣，公孫尼子所作，蓋亦大師。論衡本性篇：「惟世碩公孫尼子之徒頗得其正。」世碩以人性有善有惡，公孫當亦近之。董子言性，殆本公孫，此復引其文，蓋在師承之列矣。又北堂書鈔引公孫尼子云：「太古之人飲露，食草木實。聖人為火食，號燧人，飲食以通血氣。」文選沈休文三月三日詩注引公孫尼子云：「眾人役物而忘情。」御覽二十一及七百二十四引公孫尼子「孔子有疾」云云，（引見下。）蓋皆養生家言，殆有道者與？

熱勝則氣□，寒勝則氣□，盧云：「舊本『熱勝則氣寒』下有校語云：『此下疑少五字。』今案：『寒』當為下句之首，兩句正相對，而各少下一字耳。」

故君子怒則氣高，喜則氣散，憂則氣狂，懼則氣懾。泰勞則氣不入，泰佚則氣宛至，盧云：「宛，讀為鬱，下同。」凡此十者，氣之害也，而皆生於不中和。故君子怒則氣反中而自說以和，喜則氣反中而收之以正，憂則氣反中而舒之以意，懼則氣反中而實之以精。以上引公孫書畢。淮南原道訓：「夫喜怒者，道之邪也；憂悲者，德之失也；好憎者，心之過也；嗜欲者，性之累也。人大怒破陰，大喜墜陽，薄氣發瘖，驚怖為狂，憂悲多恚，病乃積成。好憎繁多，禍乃相隨。故心不憂樂，德之至也；通而不變，靜之至也；嗜欲不載，虛之至也；無所好憎，平之至也；不與物散，粹之至也。」程子云：「聖人未嘗無喜也，象喜亦喜。聖人未嘗無怒也，一怒而安天下之民。聖人未嘗無哀也，哀此煢獨。但其節則謂之和。」與此可參證。

夫中和之不可不反如此。○盧云：「『氣則』二字，本或作而字，非。」興案：天啟本作而字，注云：「一作『氣則』。」句中疑尚有誤字。故君子道至，氣則華而上。

凡氣從心。心，氣之君也，何為而氣不隨也。心動而氣隨之。○何，天啟本作心。是以天下之道

者，皆言內心其本也。道者，謂修養生之道者，下同。古自有此稱，猶世俗之人稱俗者也。（見莊子讓王篇。）故

仁人之所以多壽者，外無貪而內清淨，心和平而不失中正，取天地之美以養其身，是其且多且治。鶴之所以壽者，無宛氣於中，凌云：「相鶴經：『大喉以吐故，修頸以納新，故生大壽不可量。』初學記引繁露作『鶴知夜半，鶴所以壽者，無死氣於中也』。」是故食冰。俞云：「凌注以『是故食冰』四字屬下爲義，非也。蝯食冰之説，於義無取。且『鶴之所以壽者』『蝯之所以壽者』，兩文相對。則食冰自屬鶴也。董子原文疑作『是故食不冰』。冰者，凝之正字。説文於『冰』篆下出重文『凝』曰『俗冰從疑』是也。食不凝，謂所食不凝滯也。蓋中無宛氣，故食不凝滯，此鶴之所以壽也。相鶴經謂『大喉以吐故，修頸以納新』，是矣。淺人但知冰爲冰凍字，誤刪不字，遂失其義。」蝯之所以壽者，好引其末，是故氣四越。越，猶散也。謂流而不滯。國語周語：「氣不沈滯，而亦不散越。」又云：「以揚沈伏，而黜散越。」淮南原道訓：「聲出於口，則越而散矣。」知越、散義同。○御覽九百十引繁露曰：「蝯似猴，大而黑，長前臂。所以壽者，好引其氣也。」初學記二十九引同，惟「所以壽者」作壽八百。天氣常下施於地，○官本云：「下，他本誤作不。」是故道者亦引氣於足，莊子大宗師篇：「真人之息以踵。」天之氣常動而不滯，是故道者亦不宛氣。盧云：「案此七字疑有誤。或當作『氣苟不治，雖滿必虛』。」下疑有脱文。苟不治，雖滿不虛。法，疑治。是故君子養而和之，節而法之，去其群泰，群泰，即上泰勞、泰佚、泰實、泰虛之類。取其眾和。高臺多陽，廣室多陰，遠吕覽孟春紀：「室大多陰，臺高多陽。多陰則蹶，多陽則痿，此陰陽不適之患也。」藝文類聚六十一引董生書，詩名物疏引董子，竝云：「禮，天子之宮，右清廟，左涼室，前明堂，後路寢。」天地之和也，故聖人弗爲，適中而已矣。

四室者，足以避寒暑而不高大也。夫高室近陽，廣室多陰，故室適形而止。」○各本脱「聖」字，據御覽百七十四引補。〔盧

云：「中，舊本作之，誤。」法人八尺，四尺其中也。淮南天文訓：「音以八相生，故人修八尺。尋自倍，故八尺

而爲尋。有形則有聲，音之數五，以五乘八，五八四十，故四丈而爲匹。匹者，中人之度也。」說文：「周制以八寸爲尺，

十尺爲丈。人長八尺，故曰丈夫。周制寸、尺、咫、尋、常、仞諸度量，皆以人之體爲法。」論衡氣壽篇：「人形一丈，正形

也。名男子爲丈夫，尊公嫗爲丈人。」宮者，中央之音也；甘者，中央之味也；淮南原道訓：「故音者，宮

立而五音形矣。味者，甘立而五味亭矣。」亦見五行對篇。四尺者，中央之制也。是故三王之禮，味皆尚

甘，聲皆尚和。處其身所以常自漸於天地之道，漸，猶浸潤也。天地陰陽篇：「天地之間，有陰陽之氣，

常漸人者，若水常漸魚也。」其道同類，一氣之辨也。法天者乃法人之辨。辨，治也。人之所以自治，與

天地之道相通，故法天者法人之所以自治而已。人之自治，莫貴於氣，故云一氣之辨，其要亦曰中和而已矣。天之道，

嚮秋冬而陰來，嚮春夏而陰去。是故古之人霜降而迎女，冰泮而殺内，殺内，當爲殺止。殺，去聲。

謂自霜降始逆女，及冰泮而殺止也。霜降九月，冰泮二月也。故詩云：「士如歸妻，迨冰未泮。」荀子大略篇：「霜降逆

女，冰泮殺内。」內，亦止之誤。（通典引「内」正作止。）注：「殺，減也。内爲妾御也。」據誤文爲説。家語本命解：「霜

降而婦功成，嫁娶者行焉。冰泮而農桑起，婚禮而殺于此。」通典五十九注引董仲舒書云：「聖人以男女當天地之陰

天地之道，向秋冬而陰氣來，向春夏而陰氣去。是故古之人霜降而迎女，冰泮而殺止，與陰俱近，與陽俱遠。」初學記注

引董仲舒云：「聖人以男女陰陽其道同類。天道向秋冬爲陰氣結，向春夏爲陰氣去。故曰：霜降逆女，冰泮而殺止。」

詩東門之楊正義引董仲舒，與初學記大同，亦作「殺止」。是唐本尚不誤。召南標〔一〕梅及東門之楊正義、周禮媒氏疏載王肅論引荀子、韓詩傳，亦作「殺止」。〇下「俱」字原脱。盧云：「遠上疑亦當有『俱』字。」　案：通典有，今據補。

天地之氣，不致盛滿，不交陰陽。 凌云：「白虎通：『嫁娶必以春者，**與陰陽俱近，與陽俱遠也。** 春，天地交通，陰陽相接之時也。』**是故君子甚愛氣而游於房，以體天也。** 漢藝文志：『房中者，性情之極，至道之際。是以聖人制外樂以禁内情，而爲之節文。樂而有節，則和平壽考，迷者弗顧，以生疾而隕性命。』〇盧云：「房中者，性情之云：「『游』上當有謹字。」**氣不傷於以盛通，而傷於不時、天并。** 以盛通，即前所云「極盛相接」也。俞云：「天并」二字無義，疑當作弃天。弃與并字相似，傳寫又誤倒耳。下文曰：『不與陰陽俱往來，謂之不時、恣其欲而不顧天數，謂之天并。』夫不顧天數，正弃天之謂，可知其誤矣。」興案：并，即屏字。言爲天所屏棄。句例與莊子天刑、天放同。〇官本云：「傷，他本誤作偆。」**「不與陰陽俱往來，謂之不時，恣其欲而不顧天數，謂之天并。君子治身，不敢違天。是故新牡十日而一遊於房，** 錢云：「十日亦當作六日。」興案：十、字是。荀子大略篇：「十日一御。」與此合。**中年者倍新牡，** 二十日。**始衰者倍中年，** 四十日。**中衰者倍始衰，八十日。大衰者以月當新牡之日，** 十月。白虎通五行篇：「年六十閉房何？法六月陽氣衰也。」嫁娶篇：「男子六十閉房何？所以輔衰也。故重性命也。」禮内則曰：「妾雖老，未滿五十，必與〔三〕五日之御。」滿五十不

〔一〕「標」字，原誤「標」，據詩標有梅改。
〔二〕「與」字，原作「預」，據禮記内則改。

御，俱爲助衰也。至七十大衰，食非肉不飽，寢非人不煖，故七十復開房也。日本丹陂康賴所撰醫心方廿八引玉房秘訣云：「年廿，常二日一施；卅，三日一施；卌，四日一施；五十，五日一施。年過六十以去，勿復施焉。」與此略異，然六十後閉房則同。以白虎通推之，婦人過五十不御，是故古者男子三十而娶，女二十而嫁，以十年爲差。而上與天地同節矣。此其大略也，然而其要皆期於不極盛不相遇。醫心方引洞玄子云：「男年倍女損女，女年倍男損男。」疏春而曠夏，謂不遠天地之數。民皆知愛其衣食，而不愛其天氣。天氣之於人，重於衣食。衣食盡，尚猶有閒。盧云：「閒，疑闕之誤。」 興案：閒，字不誤。言衣食盡尚可云救，視氣盡猶有閒也。莊子天地篇：「比犧尊於溝中之斷，則美惡有閒矣。」此二字所本。○原「氣」下無「盡」字。錢云：『「氣」下當脫盡字。』今補。氣盡而立終。故養生之大者，乃在愛氣。淮南原道訓：「夫形者生之舍也，氣者生之充也，神者生之制也，一失位則三者傷矣。」氣從神而成，神從意而出。司馬遷傳：「凡人所生者神也，所託者形也。」神大用則竭，形大勞則敝，形神〔二〕離則死。死者不可復生，離者不可復合，故聖人重之。心之所之謂意，天道施篇云：「萬物動而不形者，意也。」說文：「意，志也；從心，音。」精神訓：「心者形之主也，而神者心之寶〔一〕也。」意勞者神擾，神擾者氣少，氣少者難久矣。故君子閑欲止惡以平意，平意以靜神，靜神以養氣。○盧云：「養，本一作愛。」氣多而治，則養身之大者得矣。

官本云：「靜，他本作淨，下同。」

〔一〕「寶」原作「實」，據淮南子改。

〔二〕「神」字，據凌本及漢書補。

○官本云：「他本『身』作人。」古之道士有言曰：漢藝文志道家有道言二〔二〕篇，道士言蓋其類。將欲無

陵，固守一德。此言神無離形，則氣多內充，而忍饑寒也。王應麟云：「老子谷神一章，養生者宗

焉。董子此文數語，亦有得于此。」和樂者，生之外泰也。○盧云：「和，舊本作知，誤。」精神者，生之內充

也。凌云：「白虎通：『精神者何謂也？精者，靜也，太陰施化之氣也，象火之化任生也。神者，恍惚，太陰之氣

也。』」外泰不若內充，而況外傷乎？忿恤憂恨者，生之傷也。○官本云：「他本『恤憂』作憂恤。」凌

云：「也，王本誤作亡。」和說勸善者，生之養也。勸善，疑歡喜之誤。

正，聲嚮榮，氣意和平，居處虞樂，可謂養生矣。凡養生者，莫精於氣。君子慎小物而無大敗也。行中○各本下接「此物獨生」

至末。盧本接「是故男女體其盛」至末。盧云：「此下舊本衍『故天下之君』五字。又誤出下卷天地之行篇中語『此物

獨死』至『大可見矣』九十七字，今改歸下篇。」張惠言云：「此下當接下篇『是故春襲〔三〕』至『羣物皆生而』止，再接

『此物獨死』至末。」今從之。是故春襲葛，夏居密陰，秋避殺風，冬避重漯，就其和也。盧云：「漯，

疑是淫。」俞云：「漯，當爲沴。漯字說文本作濕，而今經傳相承，皆以濕爲燥濕之濕。然則此言重漯，即重濕也。以漯

爲淫，猶經傳之以濕爲淫矣。李翕析里橋郙閣頌『醳散關之嶄漯』，漯即淫也，與此王同。說詳王氏念孫漢隸拾遺。」衣

欲常漂，盧云：「漂，當與儵同。儵，輕也。或又疑是深字。」凌云：「韋昭曰：『以水擊絮爲漂。』」食欲常饑。體欲

〔二〕「二」字，原作「一」，據漢書改。

〔三〕「襲」字，據凌本及本篇正文補。

常勞，而無長佚，居多也。居多，二字疑衍。御覽二十一引公孫尼子曰：「孔子有疾〔一〕，哀公使醫視之。醫曰：『子居處飲食何如？』孔子曰：『丘〔二〕春居葛籠，夏居密陽，秋不風，冬不煬，飲食不饋，飲酒不勤。』醫曰：『是良藥也。』七百二十四引同。饋作遺。○凌本「長」作常。凡天地之物，乘於其泰而生，厭於其勝而死，四時之變是也。凌云：「家語：『孔子曰：化於陰陽，象形而發，謂之生；化窮數盡，謂之死。』」○上「於」字各本作以，錢云：「計臺本作於。」今據改。故冬之水氣，東加於春而木生，乘其泰也。春之生，西至金而死，厭於勝也。生於木者，至金而死。淮南墜形訓「麥秋生夏死」注：「麥，金也。金王而生，火王而死。」生於金者，至火而死。淮南墜形訓「故禾春生秋死」注：「禾者木，春木王而生，秋金〔三〕王而死。」生而不得過秋，秋之所生不得過夏，天之數也。四時不同氣，氣各有所宜，宜之所在，其物代美。視代勝，句。之理不可不察也。飲食臭味，每至一時，亦有所勝，有所不美而代養之，同時美者雜食之，是皆其所宜也。故薺以冬美，而荼以夏成，白虎通八風篇：「昌益風至，生薺麥。」西京雜記載仲舒雨雹對云：「建巳之月爲純陽，不容都無復陰也，但陽氣之極耳，薺麥枯，由陰殺也。建亥之月爲純陰，不容都無復陽也，但陰氣之極耳，薺麥始生，由陽升也。」淮南子「薺麥夏死」而人曰夏生，生者多也。

〔一〕「疾」字，原作「病」，據凌本改。
〔二〕「丘」字，據凌本補。
〔三〕「金」字，原誤「木」，據淮南子注改。

韓愈猗蘭操：「雪霜貿貿，薺麥之茂。」傅玄董逃行歷九秋篇：「薺與麥兮夏零，蘭桂踐霜逾馨」，蓋薺麥夏零而冬美也。○通志昆蟲草木略云：「薺之菜甚小，自生園圃，其實曰菨。」爾雅云：「菨，薺實。」詩云：「其甘如薺。」○茶，盧本作芥，王本作芬，凌云：「皆誤，當作荼。爾雅：『荼，苦菜。』月令孟春云：『苦菜秀。』易通卦驗元圖云：『苦菜生于寒，經冬歷春，得夏乃成。』故知『荼』字爲是，且與薺連文。詩曰：『誰謂荼苦，其甘如薺。』作芥作芬，皆無據也。」今從凌本改，下同。

此可以見冬夏之所宜服矣。冬，水氣也，薺，甘味也，乘於水氣而美者，甘勝寒也。

凌云：「爾雅：『菨，薺實。』廣韻：『甘菜。』金匱玉衡經：詩：『冬至，陽氣在子，萬物蟄藏，薺麥之類得冬始生，皆非正氣。』」詩：「其甘如薺。」淮南墬形訓：「薺冬生，仲夏死。」○御覽九百八十「而美」作故美。

薺之爲言濟與？濟，大水也。

○御覽九百八十引作「薺之言濟，所以濟大水也」。

夏，火氣也，茶，苦味也，乘於火氣而成者，苦勝暑也。

淮南時則訓「孟夏其味苦」，高注：「火味苦也。」白虎通：「火味所以苦何？南方主長養，苦者所以長養也。猶五味須苦可以養也。」

物不與羣物同時而生死者，必深察之，是天之所以告人也。故薺成告之甘，荼成告之苦也。君子察物而成告謹，

天無所言，而意以物示意。○盧云：「舊本作『是天所言』」。

是以至薺不可食之時，而盡遠甘物，至荼成就也。

成就，猶成熟也，字疑誤。錢云：「『大輿有』之『之』『以』字疑當在『而』上。」

春秋雜物其和，君子獨代之，

物，疑食之誤。上文所云「同時美者雜食之」也。又「君子獨代」下似脫去一字。

獨代之成者，君子獨代之，○

盧云：「『所獨』，舊本倒，誤。」

而冬夏代服其宜，則當得天地之美，四時和矣。

孫詒讓云：「『當』，當作常。」

凡擇味之大體，各因其時之所美，而違天不遠矣。○盧

獨死。　○各本自「是故春襲葛」至「羣物皆生而」誤在下篇「天地之行美也」下，「此物」上衍「故天下之君」五字。今依凌本從張說移正，刪「故天下之君」五字。云：「舊本『各因』二字誤作冬字，『之所』倒作所之，今皆改正。」是故當百物大生之時，羣物皆生，而此物

可食者，告其味之便於人也；其不食者，告殺穢除害之　俞云：「如，即而字。惟其文傳寫錯誤，今正之

不待秋也。當物之大枯之時，羣物皆生，而此物獨死，如　曰：「是故當百物大生之時，羣物皆生，而此物獨死，不可食者，告殺穢除害之不待秋也。當物之大枯之時，羣物皆生，如

此物獨生，可食者，告其味之便於人也。」　○官本云：「如，他本誤作知。如、而通。」

利人，獨代生之，其不可食，益畜之。　益，疑作並。　天悆州華之間，故生宿麥，中歲而熟之。

凌云：「『漢書仲舒說上曰：『春秋他穀不書，至於麥禾不成則書之，以此見聖人於五穀最重麥』。漢武紀『遣謁者勸有水災郡種宿麥』。顏注：『秋冬種之，經歲乃熟，故曰宿麥。』氾勝之書：『凡田六道，種麥爲首。子欲富，黃金覆，謂曳柴雍麥根也。夏至後七十日，寒地可種宿麥。』陶隱居云：『麥有大小穬，穬即宿麥。』」　○盧云：「『州華之間』四字疑誤。」

官本云：「中，他本作正。」君子察物之異，以求天意，大可見矣。　○盧本自「是故春襲葛」至此，並在下篇。

是故男女體其盛，臭味取其勝，居處就其和，勞佚居其中，寒煗無失適，饑飽無過平，　○過，凌本作失。　欲惡度理，動靜順性，　○各本「性」下有命字，疑衍。今從凌本刪。　喜怒止於中，憂懼反之正，

此中和常在乎其身，謂之得天地。　○凌本「得」上有大字，疑衍。官本云：「得」上有大字，云：「他本無。」官本云：「他本無大字。」　蘇案：

得天地泰者，其壽引而長；　「此」字疑在「謂」之上。　短長之質，人之所由受於天也。　○天啟本「天」作人。　是故壽有短長，養有得

者，其壽傷而短。　不得天地泰

失，及至其末之，大卒而必讎，於此莫之得離，孫詒讓云：「末之，疑當作末也。大卒，疑作大率，形近而誤。莊子人間世篇：『率然拊之。』釋文云：『率或作卒。』故壽之為言，猶讎也。盧云：「讎，與酬、售並同。」詩『無言不讎』，箋云：『如賣物，物善則其售賈貴，物惡則其售賈賤。』爾雅釋詁云『匹也』，說文云『讐也』，義亦皆同。」凌云：『漢書律曆志：『廣延宣問，以考星度，未能讎也。』注：『鄭德云：相應曰讎。」天下之人雖衆，不得不各讎其所生，而壽夭於其所自行。○盧云：「舊本作『壽夭與其所以日』，誤。」讎於久；自行不可久之道者，其壽亦讎於不久。久與不久之情，各讎其生平之所行，○官本本云：「他本脫『與不久』三字。」今如後至，不可得勝，如、而同。疑文尚有奪誤。故曰：壽者讎也。然則人之所自行，乃與其壽夭相益損也。端，字疑誤。其自行佚而壽長者，命益之也；其自行端而壽短者，命損之也。以天命之所損益，疑人之所得失，此大惑也。是故天長之而人傷之者，其長損；天短之而人養之者，其短益。夫損益者皆人，人其天之繼歟？○官本云：「夫，他本誤作失。」興案：天啟本「損益」作損天。出其質而人弗繼，豈獨立哉！○官本云：「立，他本作哀。」　案：當作「豈不哀哉」。

春秋繁露義證卷第十七

天地之行第七十八

天地之行美也。○盧本下接「是故春襲葛」至「君子察物之異，以求天意，大可見矣」一段。盧云：「天地之美，下文具言之。然此處或尚有脫字。」錢云：「首一條乃養生家言，後一條言君臣之道，似非一篇之文。」張惠言云：「此下當接『是以天高』至『伏節死義』，再接『難不惜其命』至『臣之功也』。此篇文止此。『代四時也』是如天之爲篇文。」 輿案：張校是。今從凌本移正。

是以天高其位而下其施，○天啟本「是以」云云至「伏節死」，在「臣之功也」下。「近至之精，所以爲剛也」下云：「近至之精，所以爲剛也」下云：「近至，或積衆之誤。」近至，無義，疑有誤。下同。立元神篇「天積衆精以自剛」下云：「近至之精，所以爲剛也」。近至，或積衆之誤。

藏其形而見其光，序列星而近至精，考陰陽而降霜露。高其位所以爲尊也，下其施所以爲仁也，藏其形所以爲神也，見其光所以爲明也，序列星所以相承也，近至精所以爲剛也，考陰陽所以成歲也，降霜露所以生殺也。

爲人君者，其法取象於天。○官本云：「取，他本誤最。」 案：天啟本有也字，凌本同。

故貴爵而臣國，所以爲仁也；盧云：「『臣國』二字之間有

輿案：離合根篇云：「任羣賢以受成，乃不自勞於事，所以爲尊也。汎愛羣生，不以喜怒賞罰，所以爲仁也。」脱文，少「所以爲尊也」一句。

深居隱處，不見其體，所以爲神也；任賢使能，觀聽四方，所以爲明也；量能授官，賢愚有差，所以相承也；引賢自近，以備股肱，所以爲剛也；考實事功，○凌本作「考事實功」。次序殿最，所以成世也；有功者進，無功者退，所以賞罰也。是故天執其道爲萬物主，君執其常爲一國主。天不可以不剛，主不可以不堅。困學紀聞九引漢書丁鴻日食封事云：「天不可以不剛，不剛則三光不明，王不可以不强，不强則宰牧縱橫。」其説出于此。天不剛則列星亂其行，主不堅則邪臣亂其官。星亂則亡其天，臣亂則亡其君。故爲天者務剛其氣，爲君者務堅其政，○後漢書黃瓊傳「堅」作彊。剛堅然後陽道制命。地卑其位而上其氣，暴其形而著其情，受其死而獻其生，成其事而歸其功。卑其位所以事天也，上其氣所以養陽也；暴其形所以爲忠也；著其情所以爲信也；受其死所以藏終也。○官本云：「死，他本作『形』。」獻其生所以助明也；成其事所以助化也，○盧云：「化，舊本誤作位，今據下文改正。」歸其功所以致義也。爲人臣者，其法取象於地。故朝夕進退，奉職應對，所以事貴也；供設飲食，候視疢疾，○天啟本「疢」作疾。所以致養也；○盧云：「爲忠，舊本亦作致養，誤。今改正。」委身致命，事無專制，所以爲忠也；緯乾鑿度：「上者專制，下者順從。」竭愚寫情，不飾其過，所以爲信也；○盧云：「爲信，舊本作爲忠，亦誤。今據上文改正。」伏節死難，不惜其命，所以救窮

也；事之不濟，以死繼之，所以救人事之窮。○「伏節死」下，天啟本接「義代四時也」云云，至「況穢人乎」。凌本「死」下有義字。推進光榮，褒揚其善，所以助明也；○天啟本無「助」字。受命宣恩，輔成君子，所以助化也；子，字疑誤。功成事就，歸德於上，所以致義也。是故地明其理爲萬物母，臣明其職爲一國宰。母不可以不信，宰不可以不忠。母不信則草木傷其根，宰不忠則姦臣危其君。根傷則亡其枝葉，○天啟本無「其」字。君危則亡其國。故爲地者務暴其形，爲臣者務著其情。義亦見離合根諸篇。○盧云：「自『難不惜其』起至此，共百二十四字，舊本誤在前『羣物皆生而』之下，『一國之君』之上，今案文義移正。」

一國之君，其猶一體之心也。禮緇衣：「民以君爲心，君以民爲體。」漢武元狩元年詔：「君者心也，民猶支體。支體傷則心憯怛。」○天啟本不提行，接「務著其情」下。今從凌本敍次，從盧本提行。隱居深宮，若心之藏於胸；至貴無與敵，若心之神無與雙也。嵇康養生論：「精神之于形骸，猶國之有君也。」○官本云：「敵，他本誤作遍。」其官人上士，上，與尚同。高清明而下重濁，若身之貴目而賤足也；任羣臣無所親，因材器使，無所偏愛。若四肢之各有職也；○盧云：「有職，本或作一職。」內有四輔，若心之有肝肺脾腎也；書洛誥：「亂爲四輔。」漢書谷永傳：「永對曰：『四輔既備，成王靡有過舉。』」顏注：「四輔，謂左輔、右弼、前疑、後丞。」大戴禮千乘篇：「國有四輔。輔，卿也，卿設如〔二〕四體。」王莽爲漢設四輔官，自爲太傅，幹

〔二〕「如」字，原誤「于」，據大戴禮記改。

四輔之事。（又見孔光傳。）尚書大傳之「四隣」，即此。書洛誥疏云：「周公事無不統，故一人爲四輔。」據此以肝肺脾腎爲喻，是董主四人分設也。王應麟小學紺珠三云：「四佐：脾、腎、肝、肺。」注云：「周書：心有四佐。」佐、輔同義。凌云：「春秋元命苞：『目者肝之使，肝者木〔一〕之精，蒼龍之位也。鼻者肺之精，制割立斷。耳者心之候，心者火之精，上爲張星，成于五，故人心長五寸。陰者腎之寫，腎者水之精，上爲虛危。口者脾之門戶，脾者土之精，上爲北斗，主變化者也。脾之爲言附著也，如龍蟠虎伏，合附著也。』」

外有百官，若心之有形體孔竅也；親聖近賢，若神明皆聚於心也；上下相承順，若肢體相爲使也；布恩施惠，若元氣之流皮毛腠理；凌云：「素問云：『西方生燥，燥生金，金生辛，辛生肺，肺生皮毛。』呂氏春秋『伊尹曰：用新去陳，腠理遂通〔二〕。』高誘曰：『腠理，肌脈也。』」無爲致太平，若神氣自通於淵也；○盧云：「『自通』上舊衍無字，今刪。」百姓皆得其所，若血氣和平，形體無所苦也；○盧云：「『血氣』上舊衍流字，今刪。」致黃龍鳳皇，若神明之致玉女芝英也。凌云：「詩含神霧曰：『太華之山，上有明星玉女，主持玉漿，服之成仙。』張揖曰：『玉女、青要、乘弋等也。』玉符經〔三〕：『欲清淨潔白，致其芝英，當得芝英玉女圖。』玉曆通政經『芝英者，王者親延者老，養〔四〕有道，則生也。』」君明，臣蒙其功，若心之神，體得以全……「神」下當有而字。臣賢，君

〔一〕「木」原作「目」，據春秋元命苞改。
〔二〕「通」原作「用」，據呂氏春秋先己篇改。
〔三〕據云笈七籤卷八十，「玉符經」當作「五稱符」。
〔四〕「養」字，據凌本補。

蒙其恩，若形體之静而心得以安。上亂下被其患，若耳目不聰明而手足爲之傷也；臣不忠而君滅亡，若形體妄動而心爲之喪。○盧云：「舊本脱『爲』字，趙增。」是故君臣之禮，若心之與體，心不可以不堅，君不可以不賢；體不可以不順，臣不可以不忠。心所以全者，體之力也；君所以安者，臣之功也。

威德所生第七十九

天有和有德，有平有威，有相受之意，有爲政之理，不可不審也。春者，天之和也；夏者，天之德也；秋者，天之平也；冬者，天之威也。天之序，必先和然後發德，必先平然後發威。此可以見不和不可以發慶賞之德，不平不可以發刑罰之威。○天啟本「罰」作伐。又可以見德生於和，威生於平也。不和無德，不平無威，天之道也，達者以此見之矣。○盧云：「達」，舊本作起，誤。|錢據〈大典〉改。」我雖有所愉而喜，必先和心以求其當，然後發慶賞以立其德；雖有所忿而怒，必先平心以求其政，然後發刑罰以立其威。|錢云：「政，當作正。」劉逢禄云：「政，與正通。」能常若是者謂之天德，行天德者謂之聖人。爲人主者，居至德之位，操殺生之勢，以變化民。民之從主也，如草木之應四時也。喜怒當寒暑，威德當冬夏。冬夏者，威德之

合也。寒暑者，喜怒之偶也。喜怒之有時而當發，寒暑亦有時而當出，其理一也。（凌云：「五經通義：『日在牽牛則寒，在東井則暑。牽牛水宿，宿外遠人，故寒；東井火宿，宿内近人，故暑。』」之副諸篇。○盧云：「舊本『已』字上有而字，大典無。」）喜而不當喜，猶當暑而不暑；當怒而不怒，猶當寒而不寒也；當威而不威，猶當冬而不冬也。喜怒威德之不可以不直處而發也，（直，與值同。）如寒暑冬夏之不可不當其時而出也。故謹善惡之端。（此間似有脫文。盧、凌本作二□。）何以效其然也？春秋采善不遺小，掇惡不遺大，諱而不隱，罪而不忽，（此間脱二字。）以是非，正理以褒貶。（義互見四時。）喜怒之發，威德之處，無不皆中其應，可以參寒暑冬夏之不失其時已。故曰聖人配天。

如天之為第八十

陰陽之氣，在上天，亦在人。（盧云：「上」字疑衍。）在人者為好惡喜怒，在天者為暖清寒暑。出入上下、左右、前後，平行而不止，未嘗有所稽留滯鬱也。（興案：黃氏日鈔引有。荀子儒效篇：「脩脩兮其統類之行也。」彼「脩」，即此『條條』。古書脩、條多通作。又見奉本篇。）其在人者，亦宜行而無留，若四時之條條然也。（條條，行貌。）夫喜怒哀樂之止動也，（動，謂或止或動。「天之為人性命」語又見竹林篇。）此天之所為人性命者。臨其時而欲發其應，亦天應也。（○盧云：「『臨其時』下

舊本衍致上二字，今刪。」與暖清寒暑之至其時而欲發無異。若留德而待春夏，留刑而待秋冬也，此有順四時之名，實逆於天地之經。言因順四時之名，留德不發，而必待春夏，留刑不用，而必待秋冬，實逆天地之經也。

在人者亦天也，奈何其久留天氣，使之鬱滯，不得以其正周行也。是故○盧云：「此下舊注一脱字。」案：天啟本「脱」作大字。凌云：「脱字，是校者所注。」天行穀朽寅，而秋生麥，告除穢而繼乏也。淮南墬形訓：「禾春生秋死，麥秋生夏死。」鹽鐵論論菑篇：「春生夏長，故火生于寅。木，陽類也。凌云：「穀朽寅」。月令注：「麥者，接絕續乏之穀，尤重之。」疏：「蔡氏云：陽氣初胎于酉，故八月薺麥應時而生也。」所以成功繼乏，以贍人也。天之生有大經也，而所周行者，又六字疑有誤及脱文。有害功也，除而殺殛者，疑作「有害功者除而殺殛之」。所以順天地，○凌云：「殛，吉逆切，音亟，誅也。」王本誤作殄。行急皆不待時也，天之志也，而聖人承之以治。「治」上當有爲字。此所以順天地，是故春修仁而求善，秋修義而求惡，冬修刑而致清，夏修德而致寬。此所以順天地，體陰陽。然而方求善之時，見大善亦立去之，方見惡而不釋；方求惡之時，見善亦立行；○凌本作力行。方致清之時，見大善亦立去之；○凌本作力去之。然而方求善之時，致寬之時，見大惡亦立去之。○凌本作力去之。以效天地之方生之時有生也，方殺之時有殺也。○盧云：「『天地』下『之』字，疑衍。」官本云：「地，他本作子。」輿案：地字當衍。是故志意隨天地，緩急傚陰陽。然而人事之宜行者，無所鬱滯，且恕於人，順於天，天人之道兼舉，此謂執其中。○盧云：「舊『天』字，文不重，錢云當有。」天非以春生人，以秋殺人也。當生者曰生，當死者曰

死，非殺物之義待四時也。○「非殺物之義」，天啟本作非殺之任擬，下接「神明亂世」云云。凌本作非殺物之任擬，下接「代四時也」云云。張惠言云：「此下當接上天地之行篇『代四時也』至末。案盧本與張說合，今從之。待，天啟本作代，凌本同，注引鶡冠子注「太公調陰陽，相照、相蓋、相治，四時相代、相生、相殺」顏延年曰「一寒、一暑、一往一復爲代，去者爲謝。」興案：作「待」是。上云「待春夏」，「待秋冬」，下云「必待四時」，皆其義。但句中尚疑有奪誤。以文求之，當云「非殺物生物之必待四時也」。義，蓋必之誤。或云當作「非生殺之任（句）擬待四時也」，亦通。

天地陰陽第八十一

天、地、陰、陽、木、火、土、金、水、九，與人而十者，天之數畢也。凡物必有大本，非天不生；

而人之所治也，安取久留當行之理，而必待四時也。此之謂壅，非其中也。人有喜怒哀樂，猶天之有春夏秋冬也。喜怒哀樂之至其時而欲發也，若春夏秋冬之至其時而欲出也。○官本云：「出，他本誤作忠。」皆天氣之然也。「然」上疑脫自字。其宜直行而無鬱滯，一也。天終歲乃一徧此四者，而人主終日不知過此四之數，人主一日萬機，刑賞迭施，隨感而應，志意遷易，不知其數。「四」下似當有者字。其理故不可以相待。且天之欲利人，非直其欲利穀也。除穢不待時，況穢人乎！疑當作「況民穢乎」。國語魯語：「武王除民之穢。」○盧云：「案：自『義待四時也』至此，共百四十字，舊本在前〈天地之行篇〉『伏節死』下，誤。今移正。」

必有參贊，非人不成。故數始于天而畢于人。循天之道篇：「人者，天之繼也。」説文：「孔子曰：『推十合一爲士。』」

一之與十，遞相終始，必盡人以合天也。十端亦見官制象天篇。

此。聖人何其貴者？起於天，至於人而畢。俞云：「聖，衍字。此明人貴於物之義。上文曰：『天、地、

陰、陽、木、火、土、金、水、九，與人而十。』是起於天，畢於人也。此人之所以貴也。但言人貴，非言聖人貴，聖字衍明

矣。」畢之外謂之物，物者投所貴之端，而不在其中。俞云：「投，字無義，疑數字之誤。」以此見人之

超然萬物之上，而最爲天下貴也。列子：「榮啟期曰：『天地萬物，唯人爲貴。』」〇孫詒讓云：「日鈔引作

天所貴，亦通。」人，下長萬物，上參天地。故其治亂之故，動静順逆之氣，乃損益陰陽之化，而

搖蕩四海之內。基義篇云：「聖人之道，行諸天地，蕩諸四海。」物之難知者若神，不可謂不然也。今

投地死傷而不騰相助，孫詒讓云：「此蓋言投物於淖則動，於堅則不動。『而不騰相助』當作『而不能相動』，

與下『相動而近』、『相動而愈遠』，文正相對。『而不騰相助』，蒼頡篇云『深泥

也』。」字林：云『濡甚曰淖，亦溺也，淉也。』」投淖相動而近，凌云：「淖，一切經音義『收孝反』

物愈淖而愈易變動搖蕩也。〇凌本『愈』竝作逾。投水相動而愈遠。由此觀之，〇天啟本注云：「由，一作猶。」夫

已時，衆，字疑有誤。是故常以治亂之氣，與天地之化相殽而不治也。今氣化之淖，非直水也。而人主以衆動之無

正，則天地之化精，而萬物之美起。世亂而民乖，志僻而氣逆，則天地之化傷，〇盧云：「僻，

舊本作癖，誤。」氣生災害起。盧云：「『氣』上疑脱一字。」〇凌本無「氣生」三字。是故治世之德，潤草木，

澤流四海，功過神明。〇張惠言云：「『功過』下當接上篇錯簡『神明亂世』至末。」 案：各本下接「名者所

以別物也」至「復而不厭者道也」一段。今依凌本從張說移入下篇末。

亂世之所起亦博。若是，皆因天地之化，以成敗物，乘陰陽之資，以任其所爲，故爲惡惡人力而功傷，名自過也。句疑有誤。○盧本「任擬神明」云云至此，在上篇，自爲一段。云：「首尾皆有闕文，且似天地篇中語。」天地之間，有陰陽之氣，常漸人者，若水常漸魚也。所以異於水者，可見與不可見耳，其澹澹也。然則人之居天地之間，其猶魚之離水，一也。離，附也。論衡變虛篇説災變之家曰：「人在天地之間，猶魚在水中。」其無閒若氣而淖於水。水之比於氣也，若泥之比於水也。是天地之間，若虛而實，人常漸是澹澹之中，而以治亂之氣，與之流通相殽也。凌云：「羣經音辨：『殽，相雜錯也。』」○天啟本「殽」下有饌字。故人氣調和，而天地之化美，殽於惡而味敗，此易之物也。味，字疑誤。盧云：「此『易』下趙疑當有見字。」推物之類，以易見難者，其情可得。治亂之氣，○官本云：「氣，他本作易。」錢是殽天地之化者也。生於化而反殽化，與運連也。○盧本「天地之間」至此，在上篇，自爲一段。云：「後篇大意言治亂之氣與天地之化相殽，則此節應入後篇『四海之內』云云，適合。」張讀移正。官本云：「『連』，他本作之。」春秋舉世事之道，夫有書天，盧云：「舊本此下空四字。然此處文亦疑有脱誤。」之盡與不盡，王者之任也。詩云：「天難諶斯，詩大明詩攷云：「諶，韓詩作訦，説文作訦，毛作忱。」後漢書胡廣傳、續漢書律曆志論、潛夫論卜列篇，並與此同。不易維王。」此之謂也。興案：此篇今並從凌本從以不知天。知天，詩人之所難也。天意難見也，其道難理。是故明陽陰、入出、實虛之處，夫王者不可

所以觀天之志。辨五行之本末順逆、小大廣狹，所以觀天道也。天志仁，其道也義。○仁，各本作人。錢云：「人當是仁。蓋仁字誤作人，又轉誤作人也。」輿案：錢說是。為人者天篇云：「人之血氣化天志而仁。」今從凌本改。為人主者，予奪生殺，各當其義，若四時；列官置吏，必以其能，若五行；好仁惡戾，任德遠刑，若陰陽。此之謂能配天。天者其道長萬物，而王者長人。人主之大，天地之參也；好惡之分，陰陽之理也；喜怒之發，寒暑之比也；官職之事，五行之義也。以此長天地之間，蕩四海之內，○自「神明亂世之所起」至「蕩」字止，天啟本、盧本並在上，如天之為篇。天啟本「蕩」下有一闕字。盧云：「以下文脱。此段亦似天地陰陽篇中語。」凌云：「原注：闕。」張惠言云：「此下仍接下篇末段『四海之內』至末，以『蕩四海之內』五字為句。」今從之。殽陰陽之氣，與天地相雜。是故人言：既曰王者參天地矣，禮經解：「天子者，與天地參。」中庸：「可以與天地參矣。」荀子王制篇：「君子者，天地之參也，萬物之總也。」苟參天地，則是化矣，豈獨天地之精哉。王者亦參而殽之，治則以正氣殽天地之化，亂則以邪氣殽天地之化，○盧云：「此下舊有亂則二字，係衍文。」同者相益，異者相損之數也，「之」上疑有天字。無可疑者矣。

天道施第八十二

天道施，地道化，人道義。　大戴禮天圓篇〔二〕：「天道曰施，地道曰化，人道曰爲。」

而應萬，類之治也。　類，猶統類也。荀子儒效篇：「平正和民之善，億萬之衆而摶〔三〕若一人。」又云：「以淺持博，以今持古，以一持萬。苟仁義之類也，雖在鳥獸之中，若別白黑。倚物怪變，所未嘗聞也，所未嘗見也，卒然起一方，則舉統類而應之，無所儗怎。」又云：「法教之所不及，聞見之所不至，則知不能類也，是雅儒者也。」王制篇：「以類行雜，以一行萬。」並與此「類」字義同。

聖人見端而知本，精之至也。　○官本云：「而，他本誤作不。」得一

淮南俶真訓：「夫道，有經紀條貫，得一之道，連千枝萬葉。」　輿案：聖人之智，足以貫統類而不差忒，故得一物之情而萬物可治，所謂正其理則萬事一也。下此固不能無扦格矣。

不知靜其末，受其始者不能辭其終。　莊子人閒世篇：「其作始也簡，其將畢也必鉅。」○官本云：「盜，他本誤作道。下同。」夫受亂之始，動盜

妄者亂之始也。　史記孟荀列傳：「利誠亂之始也。」○官本云：「利者盜之本也，動其本者

之本，而欲民之靜，不可得也。　知治之語，故施政務正其本，民氣常求其靜。　故君子非禮而不言，非

〔一〕「天圓篇」，原誤「天圜篇」，據大戴禮記改。

〔二〕「摶」字，原作「搏」，據荀子改。

禮而不動。好色而無禮則流，飲食而無禮則爭，流爭則亂。夫禮，體情而防亂者也。「體

情」二字，最得作禮之意。學者不知此義，遂有以禮爲束縛，而迫性命之情者矣。〔禮經解：「夫禮禁亂之所由生，猶坊

止水之所自來也。」管子心術篇：「禮者因人之情，緣義之理，而爲之節文者也。」故禮者謂有理也，理也者明分以諭義之

意也。故禮出乎義，義出乎理，理因乎宜者也。」藝文類聚三十八、御覽五百二十三，竝引董生書曰：「理者，天所爲也。

文者，人所爲，謂之禮。禮者因人情以爲節文，以救其亂也。夫隄者水之防也，禮者人之防也。刑防其末，禮防其本

也。」疑是此處脫文。○盧云：「夫，一作故。」興案：官本作故，注云：「他本故誤作夫。」天啟本「夫」作無。 民之

情，不能制其欲，使之度禮。目視正色，耳聽正聲，口食正味，身行正道，非奪之情也，〇官

本云：「情，他本誤作精」〕所以安其情也。色、聲、味，皆情也。道之以正，所以安之。不奪其情，而使之束縛拘

苦，無泰然之樂。 變謂之情，雖持異物性亦然者，故曰内也。持，疑作特。人生有食色嗜欲，則變而之情

矣。 然未始不根于性，雖特異之物，亦莫不然，故性爲内。 變變之變，謂之外。○盧云：「變變，本或作變情。」天

啟本注云：「一作情。」故雖以情，然不爲性説。 變情之變則物也。雖由情遷，已失其本性，故云「不爲性説」。

故曰：外物之動性，若神之不守也。 外物重而我爲役，則我爲物動矣。 此性與神之不能守也。

靡，物之微者也。 物之感人，由于至微，漸移漸積，乃至汩没而不可反，故君子慎微。〔孟子：「物交物則引之而已

矣。」樂記：「物之感人無窮，人之好惡無節，則是物至而人化物也。」荀子儒效篇：「居楚而楚，居越而越，居夏而夏，是

非天性也，積靡使然也。故人知謹注措，慎習俗，大積靡，則爲君子矣，縱性情而不足問學，則爲小人矣。」

知，習忘乃爲，常然若性，不可不察也。 淮南齊俗訓：「人之性無邪，久湛于俗則易。易而忘本，合於若

其入人不

性。」大戴禮：「孔子少成若性，習慣之爲常。」荀子儒效篇：「習俗移志，安久移質。」又荀子解蔽篇：「心亦如是矣，故道之以理，養之以清，物莫之傾，則足以定是非，決嫌疑，小物引之，則其正外易，其心内傾，不足以決庶理。」○盧云：「舊本『察』字上脱『不』字，今補。」──興案：疑作「以禮義道德爲則」。：「趙疑『德』當作得。」

倫得，以諫争偁靜爲宅，盧云：「偁，與媚同。賈子傳職篇、道術篇多用此字。」純知輕思則慮達，思不過節，故曰輕思。孔子所謂再斯可也。節欲順行則

是故至誠遺物而不與變，以禮義爲道則文德。盧云：淮南齊俗訓：「人性欲平，嗜欲害之，惟聖人能遺物而反己。」又原道訓云：「達于道，外與物化，而内不失其情。」盧云：「『變』字上下似尚有一字。」

躬寬無争而不以與俗推，管子心術篇：「聖人之道，若存若亡，援而用之，没世不亡。與物變而不化，應物而不移，日用之而不化。」又内業篇云：「聖人與時變而不化，從物而不移，能正能静，然後能定。」盧云：「以，字疑衍。」

衆强弗能入。衆物雖强，不能撓聖人之心。蜩蜕濁穢之中，凌云：「爾雅釋蟲孫注：『宫中小蜩也。』舍人云：「方語不同，三輔以西曰蜩。」淮南子：「蟬飲而不食，三十日而蜕。」史記正義：「蜕，音税，去皮也。」含得命施之理，雖在濁穢之中，而常含存其天理。命施，謂天命天施。天施見竹林篇。與萬物遷徙而不自失者，聖人之心也。管子心術篇：「聖人裁物，不爲物使。」荀子儒效篇：「聖人也者，本仁義，當是非，齊言行，不失豪釐。無它道焉，已乎行之矣。」

名者，所以别物也。管子心術篇：「名者，聖人之所以紀萬物也。」○凌本不提行。尊者文，卑者質，近者詳，遠者略，親者重，疏者輕，莊云：「春秋詳内略外，詳尊略卑，詳重略輕，詳近略遠，詳大略小，詳變略常，詳正略否。」文辭不隱情，明情不遺文，情，實也。雖加文辭，而不隱其實，所謂文予而實不予也。紀實而不

遺其文，所謂定哀多微詞，不書昭公，取同姓，而書孟子卒之類是也。**人心從之而不逆，古今通貫而不亂，**

名之義也。○天啟本注云：「貫，一作道。」錢云：『古今通貫』下當接前『任擬神明』一段。其『而不亂』以下至

『復而不厭者道也』並非此篇文。」興案：錢校非。今竝依凌本從張讀。**男女猶道也。**天地之陰陽當男女，人

之男女當陰陽，故道不外陰陽。**人生別言禮義，名號之由人事起也。**人之生，一瞑耳，聖人別爲禮義以教

之。因禮義而生名號，凡以治人事也，然其本則原於天。**不順天道，謂之不義，察天人之分，觀道命之**

異，可以知之說矣。張惠言云：「此說禮，以發明人道義之意。」**見善者不能無好，見不善者不能無**

惡，好惡去就[一]**，不能堅守，故有人道。**好惡任情，則有流爭之失，故明人道，制禮義以範之。**人道者，**

人之所由樂而不亂，復而不厭者，萬物載名而生，聖人因其象而命之。先有物而後有名，名不先

物作也。既因眾象而命以名，然後整齊參伍，以義相從。是故先物而後象，先象而後名，先名而後義。管子心術篇：

「凡物載名而來，聖人因而財之，而天下治。」**然而可易也，皆有義從也。**當夫未有名之先，牛可以爲馬，犬可以

爲羊，及夫因象命名，則皆以義相從。如犬性獨則獨從犬，羊性羣則羣從羊，不可易矣。或疑「可易」上當有不字，亦通。

故正名以名義也。○天啟本作明義，凌本同。**物也者，洪名也，皆名也，而物有私名，此物也，非**

夫物。洪名，猶荀子正名篇之「大共名」，故亦曰「皆名」，皆名猶通名。賈子先醒篇：「此博號也。」博號亦猶洪名。

私名猶正名篇之「大別名」。故曰「此物，非夫物」。物爲洪名，通言之皆物也。自其別言之，則有動植飛潛之異，又有黑

〔一〕「去就」，據凌本補。

白色類之分，此物不可混於彼物矣。孫詒讓云：「墨子經上篇『名達類私』，説云：『名物達也，命之藏私也。是名也，止於是物也。』與此私名義同。」○私，各本作和。今從孫校正。古書「和」「私」二字多相亂。國語魯語「和爲每懷」，韋注：「後鄭司農云：『和，當爲私。』」管子法禁篇：「修上下之交，以私親於民。」墨子非儒篇：「爲欲厚所至私，輕所至重。」荀子正名篇：「其爲天下多，其私樂少矣。」各本私，皆誤作和，是其證。夫，各本作失，張惠言云：「當作夫，猶彼也。」今亦據改。 **故曰：萬物動而不形者，意也；形而不易者，德也；**易，讀「狂易」之易。**樂而不亂，復而不厭者，道也。** 凌云：「道生天地之先。德，道之用也。管子曰：『虛無無形謂之道，化育萬物謂之德。』對策：『臣聞夫樂而不亂，復而不厭，謂之道。』顏注：『復，謂反復行之也。』」○此段原在天地陰陽篇「功過」下，張惠言云：「當在『聖人之心也』下，爲篇末。」今從凌本移。然疑是深察名號篇中文，因提行別出。

附錄

董子年表

紀年	時政	出處	著述
文帝元年	時沿用秦正，以十月爲歲首。帝好刑名之言。史記屈賈列傳：「賈生以爲漢興至孝文二十餘年，天下和洽，宜改正朔，易服色，法制度，定官名，興禮樂。孝文初即位，謙讓未遑也。」	史記本傳：「下帷講誦，弟子傳以久次相受業，或莫見其面，蓋三年董仲舒不觀於舍園[一]。進退容止，非禮不行，學士皆師尊之。」又史記儒林傳：「仲舒弟子通者以百數。」	史記儒林傳序：「言春秋於齊自胡毋生，於趙自董仲舒。」許慎五經異義載有公羊董仲舒説。鄭玄六藝論：「治公羊胡毋生、董仲舒。仲舒弟子嬴公，嬴公弟子眭孟，眭孟弟子莊彭祖及顏安樂，安樂弟

〔一〕「舍園」，原誤「園舍」，據史記儒林傳乙正。

二年　詔舉賢良方正直言極諫者。

三年　灌嬰爲丞相。

四年　丞相灌嬰薨。

五年　周勃逮詣詔獄。

六年

七年

八年

九年　帝親耕耤。除祕祝。

十年

十一年

十二年　黃龍見成紀。詔議郊祀。公孫臣明服色。新垣平設五廟。幸雍。始郊見五帝。

十三年　詔諸侯王公卿郡守舉賢良能直言極諫者。上親策之。

十四年

十五年

案：下帷爲脩學時事，傳序於「爲博士」下，蓋追溯之。御覽八百九十七引鄒子云：「董仲舒三年不窺園圃，乘馬不知牝牡。」又八百四十引鄒子云：「董仲舒三年不窺園，嘗乘馬不覺牝牡，志在經傳也。」又九百七十六引桓譚新論云：「董仲舒專精於述古，年至六十餘，不窺園中菜。」論衡儒增篇云：「儒書言董仲舒讀春秋，專精一思，志不在他，三年不窺園菜。夫言不窺園菜，實也。言三年，

公羊序疏引戴宏云：「子夏傳公羊高，高傳子平，平傳子地，地傳子敢，敢傳子至漢景帝時，壽乃共弟子齊人胡毋子都著於竹帛，與董仲舒皆見於圖讖。」疏又引孝經說云：「子夏傳與公羊氏，五世乃至胡毋生、董仲舒」是董與胡毋同爲子夏六傳弟子。秦二世時，已有「人臣無將」語。見史記劉敬叔孫通傳。又公羊傳成於秦前之證。宣十二年傳疏以公羊子爲景帝時人，誤矣。論衡案書云：「仲舒之書，不違儒家，不反孔子。」又超奇篇云：「孔子曰：『文王既没，文不在兹

子陰豐，劉向、王彥。」

增之也。」廣輿記：「董家里景州廣川鎮，仲舒下帷於此。」御覽九

年	事		
十六年	郊祀五帝於渭陽。新垣平詐令人獻玉杯，刻曰「人主延壽」。令天下大酺明年改元。案書中有玉杯篇，疑是紀論此事。今所輯則與玉杯無涉，不敢臆說，附著於此。		乎？『文王之文在孔子，孔子之文在仲舒。』晉書荀崧傳：「公羊高親受子夏，立於漢朝，辭義清儁，斷決明審，董仲舒之所善也。」案漢書本傳云：「少治春秋，孝景時為博士。」知仲舒治春秋在景帝前。而考其書所引，兼及詩、書、禮、易、孝經、論語。是董子又兼通羣經。而以春秋為歸宿者。故儒林傳云：「董仲舒通五經。」又案：漢初儒者皆習道家，如賈誼司馬談父子皆然。以竇太后好尚，為臣子者固當講求。董子請統一儒術，而其初固亦兼習道家。書中保權位、立元神諸篇，有道家學。循天之道篇明引道
後元年	誅新垣平。匈奴和親。	百一十二引幽明錄云：「董仲舒嘗下帷獨詠，有客來詣，語遂移日，仲舒知其非常客。又曰欲雨。客曰『巢居知風，穴居知雨。卿非狐狸，則是鼲鼠。』客聞此言，色動形壞，化成老狐狸也。」附存於此，以廣軼聞。	
二年			
三年			
四年			
五年			
六年	民得賣爵。		
七年	帝崩。令吏民出臨，三日釋服，已下服大紅，十五日小紅，十四日纖，七日釋服。		

景帝元年	易王非立爲汝南王。	史記本傳云：「以治春秋，孝景時爲博士。」按：為博士不知何年，故通著於景帝。漢儒林傳：「胡毋生治公羊春秋，爲景帝博士，與董仲舒同業。」然仲舒至元狩間即以老病致仕，則其爲博士時，雖不如平津六十之年，亦非賈生弱冠之比矣。　御覽七百二十四引神仙傳云：「李少君與議郎董仲舒相親，見仲舒宿有固疾，體枯氣少。」云云。仲舒爲議郎，	家語，是其證矣。程朱惡佛，而其初由佛入，風會所趨，未容全不鑽研，貿然闢拒也。
二年	膠西于王端立。		以前約爲幼壯修學時，以後則仕朝之年，始有獻替矣。
三年	易王非徙江都。		
四年			
五年			
六年			
七年			
中元年			
二年			
三年			
四年			
五年			
六年			

年			
後元年 二年 三年	令士貲算四得官。	史傳不見。抱朴子論仙篇亦引董仲舒李少君家錄。漢武内傳亦有「東方朔董仲舒侍」之文。蓋並董仲舒爲方士，見廣弘明集。王應麟困學紀聞十，疑仲舒儒者，不肯爲方士家錄，斷爲依託。不知是誤文也。附志於此。	史記本傳：「以春秋災異之變，推陰陽所以錯行。故求雨閉諸陽，縱諸陰，其止雨反是。行之一國，未嘗不得所欲。」繁露中所著求雨止雨及言陰陽、五行諸篇，皆當在此時。
武帝建元 元年	詔舉賢良方正、直言極諫之士。丞相衞綰奏所舉賢良或治申、韓、蘇、張之言，亂國政，請皆罷。奏可。議明堂，徵申公。史記史公自序：「自孔子卒，京師莫崇庠序。唯建元元狩之間，文辭粲如也。」	以對策爲江都王相。班書述董仲舒云：「讜言訪對，爲世純儒。」王行。應麟通鑑答問四云：「武帝雖因仲舒之對，興學校之官，然而皇建有極，是彝是訓，以盡君師之責者，帝未之知也。儻能以	

	二年	三年 四年	五年 六年

竇太后治黃老言,不好儒術,非薄五經,以事下趙綰王臧獄。鹽鐵論褒賢篇:「趙綰王臧之徒,以儒術擢馬上卿。」

置五經博士。

竇太后崩。　通夜郎。　遼東高廟災。

仲舒爲三公,俾之師保萬民,用申公轅固爲太常,以明師道於朝廷,則四方風動,化行俗美,漢其三代矣。惜也,帝不用仲舒之真儒,而勸學之議,乃發於公孫弘。帝之好儒,其葉公之好龍與?」又云:「諸侯相之疏遠,不若中朝臣之親近。」

以遼東高廟災,居舍著災異之記。主父偃上其書,下吏,旋赦之。書見五行志。案劉向傳上變事云:「董仲舒坐私爲災異書,主父偃取奏之,下吏。罪至不道,幸蒙不誅,復爲大中大夫、膠西相,以老病

五行志云:「景武之世,董仲舒治公羊春秋,始推陰陽,爲儒者宗。」據史云,自從「不復言災異」。是志載所推事,應當在此前。

元光元年

二年

初令郡國舉孝廉各一人，復徵賢良。上初至雍，郊見五畤。後常三歲一見。

免歸。漢有所欲興，嘗有詔問。仲舒爲世儒宗，定議有益天下。」是傳所云廢爲中大夫，當在此時。

洪邁云：「以武帝之嗜殺，臨御方數歲，可與爲善。廟殿之災，豈無他説，仲舒首勸其殺骨肉大臣，與平生學術大爲乖刺。馴至淮南衡山二獄，死者數萬人。然則下吏幾死，非不幸也。」

興案：仲舒此書，因時之論。使武帝早從其言，何至興彼大獄。仲舒學術尚仁，而有時主刑，所以爲大儒也。洪論失之。漢書吾丘壽王傳：「詔使從中大夫董仲舒受春秋。」

七月，京師雹。鮑敞問仲舒：「雹何物？」仲舒答之。見西京雜記五。

年	事
三年 四年	公孫弘復徵，以博士爲左內史。書，願擊匈奴。　江都王上
五年	江都王薨。　孝廉罪。　定不舉
六年	
元朔元年	公孫弘爲御史大夫。
二年 三年	中大夫張湯爲廷尉。　中
四年 五年	公孫弘代薛澤爲丞相。

儒林傳，仲舒與韓嬰論於武帝前，當在此數年中。公孫弘以仲舒嫉其從諛，言於上，徙相膠西王，王亦善待之。
馮衍傳云：「仲舒言道德，見嫉於公孫弘，此忠臣所爲流涕也。」　王應麟通鑑

答問四云：「春秋之學，所以明王道，辨是非也。弘不能勝利欲之心，舍所學以求詭遇之。獲宰相、封侯，人以爲榮，識者則曰：『儒之辱也。』」太史公自序云：「公孫弘以儒顯。」其意微矣。正誼不謀利，明道不計功，若董子可以爲儒矣。而武帝不能用，弘不能容也。儒林傳云：「公孫弘以春秋白衣爲天子三公。天下學士，靡然鄉風。」夫弘以佞諛致斯位，猶翰音之登天，稊稗之有秋。而學者爲之風動，明經志青紫，稽古矜車

六年	公孫弘請爲博士置弟子員。 五行志云：「淮南王安、衡山王賜謀反伏誅。上思仲舒前言，使仲舒弟子呂步舒持斧鉞治淮南獄，以春秋義顓斷於外，南獄，還奏，上皆是之〔二〕。」	馬，慕人爵之勢榮，忘天爵之良貴，弘實啟之。	儒林傳：「江公受穀梁春秋，上使與仲舒議，不如仲舒。公孫弘本爲公羊學，比輯其議，卒用董子。於是上尊公羊春秋，由是公羊大興。」
元狩元年	立皇太子。 公孫弘薨。		後漢書應劭傳云：「故膠東相董仲舒老病致仕，朝廷每有政議，數遣廷尉張湯親至陋巷，問其得失。於是作春秋決獄二百三十二事，動以經對，言之詳矣。」案：決獄
二年	廷尉張湯遷御史大夫。	免歸家。朝廷遣廷尉張湯就問。蓋自是不復出矣。	
三年			

〔二〕「五行」至「是之」原在元狩元年「太子」下，據漢書五行志移入元朔六年。

年	事		
四年			
五年			書今亡。東晉咸和間，賀喬妻于氏上表引仲舒所斷疑獄二事，當出此書。二事引見卷三注。又宋王楙野客叢書亦引其文。
六年		八月甲申朔。丙午，告内史中尉，陰雨太久，恐傷五穀，趣止雨。	
元鼎元年			
二年	張湯有罪自殺。		
三年			
四年	天子郊雍。詔司馬談等議立后土祠于汾陰脽上。封姬嘉爲周子南君，奉周祀。		
五年	立泰畤甘泉，天子親郊見，拜貺于郊。		

年				
六年				
元封元年	登封泰山。桑弘羊爲治粟都尉，領大農，盡管天下鹽鐵。	通典十載武帝時仲舒説上曰：「鹽鐵之利，二十倍於古，人必病之。」當在此時，或家居所條奏耶？		
二年	作明堂于泰山下。			
三年	膠西于王薨。			
四年	上幸河東，祠后土。			
五年			仲舒卒。葬長安下馬陵。陝西通志引馬谿田集，墓在長安故城二十里。武帝幸芙蓉園過此下馬。一時文士，莫不下馬，故名。今在西安府城内臙脂坡下。又李肇國史補：「董仲舒墓在長安。」武帝幸宜	仲舒著書，皆未改正朔以前事，則其卒於太初前可知。故斷自是年止。宣帝時，魏相數條漢興以來，國家便宜行事，及賢臣賈誼、晁錯，董仲舒所言，奏請施行之。玉海五十五周太公金版玉匱條引論衡云：「案古太公望、近世董仲舒，造傳作書百有餘。」文選北山移文註引董仲舒集七言琴歌二首。
六年				
太初元年	十一月甲子朔旦，令祀上帝于明堂。正曆，以正月爲歲首。色尚黃，數用五。案：三代時子丑寅三正迭建，秦改用亥，違天道矣。武帝尊孔子，改用夏正建寅，至今不變，則賈董諸人之力也。			

春苑，至此下馬。時謂之下馬陵。歲遠譌為蝦蟇陵也。」元至順元年，從祀孔子廟庭。

辯命論注仲舒集有土不遇賦。論衡別通篇：「董仲舒睹重常之鳥，劉子政曉貳負之尸，皆見山海經。」又云：「董劉不讀山海經，不能定二疑。」又超奇篇云：「陸賈董仲舒論說世事，由意而出，不假取於外。」又案書篇：「董仲舒著書不稱子者，意殆自謂過諸子也。」又引識書云：「董仲舒亂我書。蓋孔子言也。」案：程子許自漢以來，有儒者氣象者三人：大毛公、董仲舒、揚雄。然於雄頗議其行己。無間然者，獨毛董耳。又云：「毛萇董仲舒最得聖賢之意。」朱子則云：「漢儒惟董仲舒純粹，其學甚正。」又云：「仲舒識得本原，如云正心、修身可以治國平天下。如云仁、義、禮、樂皆其具。此等說話皆好。若陸宣公論事卻精密，第恐本原處不如仲舒。」又答沈晦叔云：「近日一派流入江西，蹉踏董仲舒而推尊管仲王猛。」又答陳

正己云：「董仲舒所立甚高，恐未易以世儒詆之。」又云：「仲舒本領純正，如説正心以正朝廷，與命者天之令也。」其推崇者至矣。又陸隴其論賈董優劣云：「賈之言多及於利害，而董則主於義理也。賈之言多至於激烈，而董猶有浮躁不平之意。而和平者，本於莊敬誠恪之餘。涉於利害者，與世運爭勝負，而一害去未必無一害興。主於義理者，與性情爲流通，而義中自有利，義中自無害。」又曰：「賈以才勝，董以學勝。以聖門言之，董生狷者也，賈生狂者也。」又曰：「學董生而不得，猶不失爲迂闊之儒。學賈生而不得，則功利誇詐而已。」

興案：後世以訓詁義理分漢宋學派，不知董君書實爲言義理之宗。故余以爲漢儒經學，當首董次鄭。

董子生卒年月無可考。要生於景帝前，至武帝朝，以老壽終，無疑。

桓譚新論言「生年至六十餘不窺園中菜」，知年過六十。司馬遷生於景帝後元年，而尊之曰「董生」，知年輩遠在遷前。本書止兩篇有二十一年之文，知元狩四年尚存也。兹參考傳記，略爲表其出處，觀其時以討論其遷學，讀其書可以得所用心已。對策之年，今據史記列之建元元年，漢書武紀在元光

則知説經有體，不必別標門戶矣。王西莊十七史商榷云：「學者若能識得康成深處，方知程朱義理之學，漢儒已見及。程朱研精義理，仍即漢儒意趣。吾於董生則云。」又案：兩漢多用董學。魏晉南北朝多用鄭學，宋以後多用朱學。董學在春秋，鄭學在禮，朱學在四書。近人調和漢宋，專取鄭朱語句相同者，牽合比附，用心雖勤，亦失所宗矣。

元年。洪邁容齋續筆六云：「漢武建元元年，詔舉賢良方正直言極諫之士。丞相綰奏所舉賢良或治

申、商、韓非、蘇秦、張儀之言，亂國政，請皆罷。奏可。是時對者百餘人，帝獨善莊助對，擢爲中大夫。

後六年，當元光元年，復詔舉賢良，於是董仲舒出焉。」資治通鑑書仲舒所對爲建元元年。案策問中

云：「朕親耕籍田，勸孝弟，崇有德。使者冠蓋相望，問勤勞，恤孤獨，盡思極神。」對策曰：「陰陽錯繆，

氛氣充塞，羣生寡遂，黎民未濟。」必非即位之始年也。齊召南云：「策中有『今臨政而願治七十餘歲

矣』之文。漢初至建元三年爲七十歲。若在建元元年，不得云七十餘歲。因定爲建元五年。」興

案：洪氏所舉，不足爲非元光元年之證。至齊所説近似矣。然疑册中語有衍字，其文當云：「古人有

言，臨淵羨魚，不如退而結網。臨政願治，不如退而更化。」皆古語也。淺人妄加數字，則不成文理。（禮

樂志引亦同。）且上溯祖宗，而云「今臨政而願治」，亦復不詞。又與上文「漢自得天下以來，常欲善治，而

至今不可善治者，失之於當更化而不更化也」，語意重複。幸年數錯繆，痕迹顯然。次風不據以糾正本

文，反遷就對策之年，則其失矣。定爲五年，尤無據也。史公學於董生，記事必確。史傳云：「今上即

位，爲江都相。」是爲相在建元元年。對策即於其時審矣。建元六年，遼東高廟災，生且下吏。若如武

紀在對策前，則名尚未顯，主父偃何自嫉之？而兩史並云：「不敢復言災異。」對策推災異乃甚切。册

中又有「敬聞高誼」之語，若曾受拘繫，不合爲此言，斯明徵也。劉向傳又言：「仲舒坐私爲災異書下

吏，復爲大中大夫，膠西相。」不云下吏後對策爲江都相，尤其較然無疑者。通鑑考異云：「仲舒傳，仲

舒對策，推明孔氏，抑黜百家。立學校之官，州縣舉茂才孝廉，皆自仲舒發之。」舉孝廉在元光元年十

一月，若對策在下五月，不得云自仲舒發之。蓋紀誤。又王楙野客叢書卷二十二云：「武帝即位，

凡兩開賢良科。「一在建元元年，一在元光元年。」而元光五年但詔徵吏民明當世務者，不聞有賢良之舉。仲舒之舉，本傳雖不明載歲時，然以武帝即位之言推之，合是建元元年。漢書武帝紀謂元光元年，與公孫弘出焉者，史氏失于併書耳。蓋弘之出，正係元光元年，仲舒之出，又在其先。考元光元年賢良制，正弘所對者。而仲舒所對，有及於春秋，謂一爲元之說。益知仲舒之出，在建元元年矣。其說立是。今定從通鑑，據史記云。

宣統元年重九日，蘇輿記於京師寓廬

春秋繁露考證

史記：上大夫董仲舒推春秋，頗著文焉。 索隱曰繁露。

漢藝文志：董仲舒百二十三篇。 公羊董仲舒治獄十六篇。

後漢書明德馬后紀：尤善周官、董仲舒書。 注：玉杯、蕃露、清明、竹林之屬。 興案：
今本無清明。

周禮大司樂注：董仲舒云：「成均，五帝之學。」 疏：出繁露。 以爲繁，多，露，潤。

隋志：董仲舒春秋繁露十七卷。 春秋決事十卷。

唐志：仲舒春秋繁露十七卷。 春秋決獄十卷。 七錄云：「春秋斷獄五卷。」 興案：應劭曾撰集春
秋斷獄，疑是董書，今亦亡之。

崇文總目：春秋繁露十七卷。 漢膠西相董仲舒撰。 案：仲舒本傳：「說春秋事得
失，聞舉、玉杯、蕃露、清明、竹林之屬數十篇，十餘萬言。」解者但謂所著書名。而隋、
唐志繁露卷目與今正同。案其書盡八十二篇，義引宏博，非出近世，然其間篇第已
舛，無以是正。又即用玉杯、竹林題篇，疑後取而附著云。

南宋館閣書目：春秋繁露，漢膠西相董仲舒撰。 仲舒，廣川人。 說春秋事得失，聞舉、玉

杯、蕃露、清明、竹林之屬數十篇。顏師古注：「皆其所著書名。」今繁露中有玉杯、竹

林二篇。隋、唐書及三朝國史志十七卷。今十卷。繁露之名，先儒未有釋者，案逸周

書王會解：「天子南面立，綩無繁露。」注云：「繁露，冕之所垂也，有聯貫之象。」春

秋屬辭比事，仲舒立名，或取諸此。

龜公武子止郡齋讀書志：春秋繁露十七卷，漢董仲舒撰。史稱「仲舒說春秋事得失，聞

舉、玉杯、繁露、清明、竹林之屬數十篇，十餘萬言，皆傳於後世」。今溢而爲八十二

篇，又通名繁露，皆未詳。隋、唐卷目與今同，但多訛舛。

六一先生歐陽永叔書後：漢書董仲舒傳仲舒所著書百餘篇，第云清明、竹林、玉杯、繁露

之書。蓋略舉其篇名。今其書纔四十篇，又總名春秋繁露者，失其真也。予在館中

校勘羣書，見有八十餘篇，然多錯亂重復。又有民間應募獻書者，獻三十餘篇，其間

數篇，在八十篇外。乃知董生之書，流散而不全矣。方俟校勘，而予得罪，夷陵秀才

田文初以此本示予，不暇讀。明年春，得假之許州。以舟下南郡，獨卧閲此，遂誌之。

董生儒者，其論深極春秋之旨。然惑於改正朔，而云王者大一元者，牽於其師之說，

不能高其論，以明聖人之道。惜哉！惜哉！景祐四年四月四日書。」興案：改朔爲因時

之論。辨見楚莊王篇。歐公本論又云：「昔戰國之時，楊墨交亂，孟子患之，而專言仁義。故仁義之說勝，則楊

墨之學廢。[漢]之時，百家並興，[董]生患之，而退修[孔]氏。故[孔]氏之道明，而百家息。」以[董]生與[孟]子並尊，則[公]固非

不知[董]生者。

陳振孫伯玉書録解題：春秋繁露十七卷，漢膠西相廣川董仲舒撰。案隋、唐及國史志，卷皆十七。崇文總目凡八十二篇，館閣書目止十卷。[萍鄉]所刻，亦財三十七篇。今乃樓攻媿得潘景憲本，卷篇皆與前志合，然亦非當時本書也。先儒疑辨詳矣。其最可疑者，本傳載所著書百餘篇，清明、竹林、繁露、玉杯之屬，今總名曰繁露，而玉杯、竹林則皆其篇名，此決非其本真。況通典、御覽所引，皆今書所無者，尤可疑也。然古書存於世者希矣，姑以傳疑存之可也。又有寫本十八卷，而但有七十九篇。攷其篇次皆合，但前本楚莊王在第一卷首，而此本仍在卷末，別爲一卷。前本雖八十二篇，而闕文者三，實七十九篇也。

黃震東發日鈔五十六：董仲舒傳：「說春秋事得失，聞舉、玉杯、蕃露、清明、竹林之屬數十篇，十餘萬言。」顏師古注：「皆其所著書名。」本朝崇文總目「繁露十七卷，八十二篇」，與隋、唐志卷目同。目謂其「義引宏博，非出近世」。然總以繁露爲名，又即用玉杯、竹林題篇，已疑後人附著矣。乃中興館閣書目止存十卷，三十七篇。[新安程大]昌讀太平寰宇記及杜佑通典，見所引繁露語言，今書皆無之，因知今書之非本真。又讀太平御覽，古繁露語特多。御覽，太平興國閒編葺，此時繁露尚存，今遂逸不傳。

合此三說觀之,是隋、唐、國初之繁露矣。　近世胡尚書榘爲萍鄉宰日,刊之縣齋,僅三十七篇而已。　其後得攻媿樓參政校定本,十七卷八十二篇之舊復全。　其兄胡槻既刊之江東漕司,其後岳尚書珂復刊之嘉禾郡齋,世遂以爲定本。　攻媿謂爲仲舒所著無疑,而取楚莊王篇第一,謂爲潘氏本有之。　至於調均一篇,萍鄉本列置第三十五,及攻媿再定本,乃不及此篇,則不知何說也。　又程氏謂通典載「劍在左,青龍象。　刀在右,白虎象。　軷在前,朱雀象。　冠在首,玄武象」。　謂此數語今書所無,而今書服制象篇此語實具存。　程氏以爲無之,不知又何也。　　愚案: 今書惟對膠西王越大夫之問,辭約義精,而具在本傳。　餘多煩猥,至於理不馴者有之。　如云「宋襄公由其道而敗,春秋貴之」,襄公豈由其道者耶?　【興案：春秋貴仁。　由其道蓋節取之,所謂假事明義也。】　如云「周無道而秦伐之」,以與殷周之伐並言,秦果伐無道者耶?　【興案：此蓋僞作,辨見本篇。】　如云「志如死灰,以不問問,以不對對」,恐非儒者之言。　如以「王正月」之王爲文王,恐春秋無此意。　【興案：王謂文王,本公羊傳。】　如謂「黃帝之先謚、四帝之後謚」,恐隆古未有謚。　【興案：白虎通、禮郊特牲曰：「古者生無爵,死無謚。」此言生有爵,死當有謚也。且此文明云,周人改號軒轅爲黃帝,而四帝以號爲謚,尤不足疑。】　如謂「舜主天法商,禹主地法夏,湯主天法質,文王主地法文」,於理皆未見其

有當。｜辨見本篇。 如謂「楚莊王以天不見災而禱之于山川」，不見災而懼可矣，禱於山川以求天災，豈人情乎？ ｜興案：君權無限，故聖人申天以屈君。說者遂以不見災為天不譴告，故禱而求之。 事亦見說苑，非董初說。 若其謂性有善姿，而未能為善，惟待教訓而後能為善。謂性已善，幾於無教。｜孔子言善人吾不得而見之。而孟子言人性皆善，過矣。是又未明乎本然之性也。 ｜興案：本然之性，即程子所謂理。此不足以疑董，辨見本篇。

義三策，炳炳萬世。 曾謂仲舒之繁露而有是乎？ 歐陽公讀繁露，不言其非真，而譏其不能高其論以明聖人之道，且有「惜哉惜哉」之歎。夫仲舒純儒，歐公文人，此又學者所宜審也。｜興案：黃氏日鈔又云：「自孟子後，學聖人之學者惟仲舒。其天資純美，用意肫篤，漢唐諸儒，鮮其比者。使幸而及門孔氏，親承聖訓，庶幾四科之流亞矣。其謂正誼不謀利，明道不計功，如許正論，前無古人。其後能見之發揮者，唯伊洛諸儒。嘗見之行事者，惟諸葛孔明。所謂漢賊不兩立，成敗利鈍不暇計者也。」

王應麟漢藝文志考：董仲舒百二十三篇。本傳：「仲舒所著，皆明經術之意，及上疏條教，凡百二十三篇。而說春秋事得失，聞舉、玉杯、蕃露、清明、竹林之屬，復數十篇，十餘萬言。」後漢明德馬后尤善董仲舒書。 注云：「玉杯、蕃露、清明、竹林之屬。」七錄、隋、唐志：春秋繁露十七卷。 今八十二篇，始楚莊王，終天道施。 三篇闕。 又即用玉杯、竹林題篇，疑後人附著。 館閣書目案逸周書王會「天子南面立，絻無繁露」，注云：「繁露，冕之所垂，有聯貫之象。」春秋屬辭比事，仲舒立名，或取諸此。

集一卷

玉海四十：漢春秋繁露八十二篇。（始楚莊王，終天道施。三篇闕。）一卷，楚莊王、玉杯。二，竹林。三，玉英、精華。四，王道。五，滅國上下、隨本消息、（玉杯第二，竹林第三，玉英第四。）盟會要、正貫、十指、重政。六，服制象、二端、符瑞、俞序、離合根、立元神、保位權。（官制象天、堯舜湯武、服制。）八，度制、舜國、

七，考功名、通國身、三代改制。（一作文質。）仁義法、必仁且知。九，身之養、對膠西。（合作江都。）觀德、奉本。十，深察名號、實性、諸侯、五行，闕文二篇。十一，爲人者天、五行之義、陽尊陰卑、王道通三、天容、天辨在人、陰陽位。十二，陰陽終始、陰陽義、陰陽出入、天道無二、暖燠孰多、基義、闕文一篇。十三，四時之副、人副天數、同類相動、五行相勝、相生、五行逆順、治水、五行五事、郊語。十四，治亂五行、五行變救、五行五事、郊語。十五，郊義、郊祭、四祭、郊祀、順命、郊祀對。十六，執贄、山川頌、求雨、止雨、祭義、循天之道。十七卷，天地之行、威德所生，如天之爲、天地陰陽、天道施第八十二。玉杯、竹林二篇之名，未有以訂之。

樓郁舊序：六經道大而難知，惟春秋聖人之志在焉。（凌曙云，孝經鉤命決：「孔子在庶，德無所施，功無所就，志在春秋，行在孝經。」）自孔子沒，莫不有傳。名於傳者五家，用於世繼三而止耳。（曙云，漢書藝文志：「昔仲尼沒而微言絕，七十子喪而大義乖，故春秋分爲五。」韋昭云：「謂左氏、公羊、穀梁、鄒氏、夾氏也。」按鄒氏無師，夾氏無書，惟三家立於學官。）其後傳世學散，原迷而流分。蓋公羊之

學，後有胡毋子都。凌曙云，廣韻、風俗通云：「胡毋姓，本胡公之後也。公子完奔齊，遂有齊國。而宣王母弟別封毋鄉。遠本胡公，近取毋邑，故曰胡毋氏也。」漢書：「字子都，齊人也。齊之言春秋者多受胡毋生。」董仲舒治其說信勤矣，嘗爲武帝置對於篇，又自著書以傳於後。其微言至要，蓋深於春秋者也。然聖人之旨在經，經之失傳，傳之失學，故漢諸儒多病專門之見，各務高師之言，至窮智畢學，或不出聖人大中之道，使周公孔子之志既晦而隱焉。董生之書，凌曙云，漢書顏注：「生，猶言先生。」視諸儒尤博極閎深也。本傳稱玉杯、繁露、清明、竹林之屬。今其書十卷，又總名繁露。其是非請俟賢者辨之。太原王君家藏此書，常謂仲舒之學久鬱不發，將以廣之天下，就予求序，因書其本末云。慶曆七年二月，大理評事四明樓郁書。凌曙云：「案郁字子文。」

新安程大昌泰之書秘書省繁露書後：右繁露十七卷，紹興間董某所進。臣觀其書，辭意淺薄，間掇董仲舒策語，雜置其中，輒不相倫比，臣固疑非董氏本書。又班固記其說春秋凡數十篇，玉杯、繁露、清明、竹林，各爲之名，似非一書。今董某進本，通以繁露冠書，而玉杯、清明、竹林特各居其篇卷之一，愈益可疑。他日讀太平寰宇記及杜佑通典，頗見所引繁露語言，顧今書皆無之。寰宇記曰：「三皇驅車抵谷口。」通典曰：「劍之在左，蒼龍之象也。刀之在右，白虎之象也。戟之在前，朱雀之象也。冠之在

首，玄武之象也。四者，人之盛飾也。」此數語者，不獨今書所無，且其體致全不相似，

臣然後敢言今書之非本真也。牛亨問崔豹：「冕旒以繁露者何？」答曰：「綴玉而

下垂，如繁露也。」則繁露也者，古冕之旒，似露而垂，是其所從假以名書也。以杜樂

所引，推想其書，皆句用一物，以發己意，有垂旒凝露之象焉。則玉杯、竹林同爲託

物，又可想見也。漢魏間人所爲文，有名連珠者，其聯貫物象，以達己意，略與杜樂所

引同。如曰「物勝權則衡殆，形過鏡則影窮」者，是其凡最也。以連珠而方古體，其殆

繁露之自出歟？其名其體，皆契合無殊矣。又云：淳熙乙未，予佐篷監，館本有春

秋繁露，既嘗書所見於卷目，而正定其爲非古矣。後又因讀太平御覽，凡其部彙列敍

古繁露語特多。如曰「禾實於野，粟缺於倉」皆奇怪非人所意，此可證也。舊本作「此

可謂也」，文獻通考作「此可畏也」，皆誤。又曰「金干土則五穀傷，土干金則五穀不成」。張湯

欲以鷟當黿，祠祀宗廟。仲舒曰：「鷟非黿，黿非鷟，愚以爲不可。」又曰：「以赤統

者幘尚赤。」諸如此類，亦皆附物著理，無憑虛發語者。然後益自信予所正定不謬也。

御覽、太平興國間編輯，此時繁露之書尚存，今遂逸不傳，可歎也已。

四明樓大防跋：繁露一書，凡得四本，皆有余高祖正議先生序文。始得寫本於里中，亟傳

而讀之，舛誤至多，恨無他本可校。已而得京師印本，以爲必佳，而相去殊不遠。又

竊疑竹林、玉杯等名，與其書不相關。後見尚書程公跋語，亦以篇名爲疑。又以通

典、太平御覽、太平寰宇記所引繁露之言，今書皆無之，遂以爲非董氏本書。且以其

名，謂必類小說家。後自爲一編，記雜事，名演繁露，行於世。開禧三年，今編修胡君

仲方榘宰萍鄉，得羅氏蘭臺本，刊之縣庠，考證頗備。先程公所引三書之言，皆在書

中，則知程公所見者未廣，遂謂爲小說者，非也。然止於三十七篇，終不合崇文總目

及歐陽文忠公所藏八十二篇之數。余老矣，猶欲得一善本。聞婺女潘同年叔度景憲

多收異書，屬其子弟訪之，始得此本，果有八十二篇。是萍鄉本猶未及其半也。喜不

可言。以校印本，各取所長，悉加改定，義通者兩存之。轉寫相訛，又古語亦有不可

强通者，春秋會解一書，<small>案本集此下似注某年某人所集，文亦脫。</small>仲方摭其引繁露十三條，今

皆具在。余又據説文解字「王」字下引董仲舒曰：「古之造文者，三畫而連其中謂之

王。」三者天地人也，而參通之者王也。」許叔重在後漢和帝時，今所引在王道通三第

四十四篇中。其本傳中對越三仁之問，朝廷有大議，使使者及廷尉張湯就其家問之，

求雨閉諸陽，縱諸陰，其止雨反是，三策中言天之仁愛人君，天道之大者在陰陽，陽爲

德，陰爲刑，故王者任德教而不任刑之類，今皆在其書中。則其爲仲舒所著無疑，且

其文詞亦非後世所能到也。左氏傳猶未行於世，仲舒之言春秋，多用公羊之説。嗚

呼！漢承秦敝，旁求儒雅，士以經學專門者甚衆，獨仲舒以純儒稱。人但見其潛心

大業，非禮不行，對策爲古今第一。余竊謂惟仁人之對曰「仁人者，正其誼，不謀其

利，明其道不計其功」。又有言曰「不由其道而勝，不如由其道而敗」。此類非一，

是皆眞得吾夫子之心法，蓋深於春秋者也。自揚子雲猶有愧於斯，況其他乎。其得

此意之純者，在近世惟范太史唐鑑爲庶幾焉。

也。潘氏本楚莊王篇爲第一，他本皆無之。前後增多凡四十二篇，而三篇闕焉。惟

玉杯、竹林二篇之名，未有以訂之，更俟來哲。仲方得此，尤以爲前所未見。相與校

讐，將寄江右漕臺長兄祕閣公刻之，而謂余記其後。嘉定三年中伏日，四明樓鑰書於

攻媿齋。

胡仲方跋：榘頃歲刻春秋繁露於萍鄉，凡十卷三十七篇，雖非全書，然一人間之所未見，

故樂與吾黨共之。後五年，官中都，復從攻媿先生大參樓公得善本，凡八十二篇，爲

十七卷。覲隋、唐志、崇文總目諸家所紀篇卷皆同，惟三篇亡耳。先生又手自讐校，

是正訛舛，今遂爲全書。乃録本屬祕閣兄重刊於江右之計臺，以惠後學云。嘉定辛

未四月初吉，朝奉郎宗正丞兼權右司郎官兼樞密院檢詳諸房文字胡榘書。

四庫全書總目卷二十九經部春秋類附録：　春秋繁露十七卷，（永樂大典本。）　漢董仲舒撰。

「繁」或作「蕃」，蓋古字相通。其立名之義不可解。中興館閣書目謂「繁露，冕之所垂，有聯貫之象。春秋比事屬辭，立名或取諸此」。亦以意爲說也。其書發揮春秋之旨，多主公羊，而往往及陰陽五行。考仲舒本傳，蕃露、玉杯、竹林，皆所著書名。而今本玉杯、竹林乃在此書之中。故崇文總目頗疑之，而程大昌攻之尤力。今觀其文，雖未必全出仲舒，然中多根極理要之言，非後人所能依託也。是書宋代已有四本，多寡不同，至樓鑰所校，乃爲定本。鑰本原闕三篇，明人重刻，又闕第五十五篇及第五十六篇首三百九十六字，第七十五篇中一百七十九字，第四十八篇中二十四字，又第三四百年於茲矣。今以永樂大典所存樓鑰本，詳爲勘訂，凡補一千一百二十一字，刪一百二十一字，改定一千八百二十九字。神明焕然，頓還舊笈。雖曰習見之書，實則絶無僅有之本也。倘非幸遇聖朝右文稽古，使已湮舊籍復發幽光，則此十七卷者，竟終沈於蠹簡中矣，豈非萬世一遇哉！

　　案：春秋繁露雖頗本春秋以立論，而無關經義者多，實尚書大傳、詩外傳之類。向來列之經解中，非其實也，今亦置之於附錄。

四庫館奏進書後：臣等謹案春秋繁露十七卷，漢董仲舒撰。「繁」或作「蕃」，蓋古字相

通。其立名之義不可解。南宋館閣書目，謂「繁露，冕之所垂，有聯貫之象，春秋比事屬辭，立名或取諸此」。亦以意爲說也。

考仲舒本傳，蕃露、玉杯、竹林，皆所著書名。而今本玉杯、竹林乃在此書之中。故崇文總目頗疑之，而程大昌攻之尤力。今觀其文，雖未必全出仲舒，然中多根極理要之言，非後人所能依託也。是書宋代已有四本，多寡不同，至樓鑰所校，乃爲定本。鑰本原闕三篇，明人重刻，又闕第五十五篇及第五十六篇首三百九十六字，第七十五篇中一百八十字，第四十八篇中二十四字，又闕第三十五篇顛倒一頁，遂不可讀。其餘訛脫，不可勝乙。

蓋海內藏書之家，不見完本，三四百年於茲矣。今以永樂大典所存樓鑰本，詳校其異於他本者，凡補一千一百餘字，删一百十餘字，改定一千八百二十餘字。神明煥然，頓還舊觀。雖曰習見之書，實則絶無僅有之本也。儻非幸遇聖朝右文稽古，使已湮舊籍復發幽光，則此十七卷者，終沈於蠹簡中矣，兹豈非萬世之遇哉！臣等編校之餘，爲是書幸，且爲讀是書者幸也。　乾隆三十八年十月恭校上。

案：此書之大恉在乎仁義，仁義本乎陰陽。陽居大夏，陰居大冬，見天之任德不任刑也。又言除穢不待時，如天之殺物不待秋。則董子之論，固非倚於一偏者。

其重政篇云：「聖人所欲說，在於說仁義而理之。」「不然，傅於衆辭，觀於衆物，說不急之言，而以惑後進者，君子之所甚惡也。」即此可知其立言之本意矣。我皇上新考試詞臣，取仲舒語「以仁安人，以義正我」命題。臣竊仰窺聖德聖治，固已與天地同流，陰陽協撰矣，而於是書猶有取爾，況在學者其曷可以不讀。向者苦其脱爛，乃今而快覩全書，尤爲深幸。臣服習有年，見其以天證人，析理斷事，實切於養德養身之要。而凡政治之原，郊祀之典，用人之方，弭災之術，俱無所不備。即其正名辨制，委曲詳盡，亦始入學者所必當研究也。謹就二三學人，覆加考核，合資雕版，用廣其傳，冀無負朝廷昌明正學，嘉惠士林之至意。至書中如考功、爵國等篇，尚有不可强通者，在以詒夫好學深思之士，或能明其說焉。

乾隆五十年十月，舊史官臣盧文弨謹書書目録後。

盧本春秋繁露參校本及新校人名氏：聚珍版本，以是本爲主。又取蜀中本，明嘉靖甲寅瀿陽周大夫所刻，有永寧趙維垣序，云出宋本。又明程榮、何允中兩家本。

校、江都秦蕙序唐校、臨潼張坦芑田校、常熟陳桂森耕巖校、金壇段玉裁若膺校、瓊山吴典學齋校、嘉定錢唐學源校、江都秦恩復敦夫校、太倉陸時化潤之校、餘姚盧文弨紹弓合校、休寧陳兆麟仰韓校、江寧齊韶敬傳校。江陰趙曦明敬夫校、江都江恂于九

四九八

凌曙春秋繁露注序：　昔仲尼志在春秋，行在孝經。春秋爲撥亂反正之書，聖德在庶，修素

王之文焉。　周室既衰，秦并天下，焚書阬儒，先王之道，蕩焉泯焉。　炎漢肇興，鴻儒蔚

起，各執遺經，抱殘守闕，公羊至漢始著竹帛。　書紀散而不絶，此中蓋有天焉。　廣川

董生，下帷講誦，實治公羊。　維時古學未出，左氏不傳春秋，公羊爲全孔經。　而仲舒

獨得其精義，説春秋之得失頗詳。　蓋自西狩獲麟，爲漢制法，知劉季之將興，識仲舒

之能亂，受授之義，豈偶然哉！　據百國之寶書，乃九月而經立。　于是以春秋屬商，商

乃傳與公羊高。　高傳與其子平，平傳與其子地，地傳與其子敢，敢傳與其子壽。　自高

至壽，五葉相承，師法不墜。　壽乃一傳而爲胡毋生，再傳而爲董仲舒。　太史公謂漢興

五世之間，唯仲舒名明於春秋。　其傳公羊氏也，觀諸藝文所載，著述甚夥，今不概見，

所存者唯春秋繁露十有七卷。　原書亦皆失次，然就其完善者讀之，識禮義之宗，達經

權之用，行仁爲本，正名爲先，測陰陽五行之變，明制禮作樂之原。　體大思精，推見至

隱，可謂善發微言大義者已。　漢武即位，以文學爲公卿，欲議古立明堂城南，以朝諸

侯，草巡狩、封禪、改曆服色事，未就。　及仲舒對冊，推明孔氏，抑黜百家。　立學校之

官，州郡舉茂才孝廉，皆自仲舒發之，然終未盡其用。　當武帝時，公卿以下，爭於奢

侈，僭上亡度，民皆背本趨末。　仲舒乃從容説上，切中當世之弊。　及仲舒死後，功費

愈甚,天下虛耗,武帝乃悔征伐之事——無益也。劉向謂仲舒有王佐之才,雖伊呂無以加,筦晏之屬,殆不及也。今其書流傳既久,魚魯雜揉,篇第褫落,致難卒讀。淺嘗之夫,橫生訾議,經心聖符,不絕如綫,心竊傷之。遂乃購求善本,重加釐正。又復采列代之舊聞,集先儒之成説,爲之注釋。及隋唐以後諸書之引繁露者,莫不考其異同,校其詳略,書目姓氏,咸臚列於下方。夫聖情幽遠,末學難窺,賴彼先賢,以啟檮昧,事跡既明,義例斯得,輔翼經傳,舍此何從。曙也不敏,耽慕其書,傳習有年,弗忍棄置。至於是書之善,正誼明道,貫通天人,非予膚淺之識所能推見。登堂食蔗,顧以俟諸好學深思之士。嘉慶二十年四月既望,國子學生江都凌曙書于蜚雲閣。

凌曙注本凡例:

一、是書以聚珍本爲主。按語臚列于下,凡官本按他本作某者,皆是。

一、是書明王道焜本向有注者,加「原注」二字,引盧學士抱經本,加「盧注」二字。

一、是書據聚珍本增入。一、是書錯簡,凡有此以下當接某處者,皆依官本及武進皋文編修讀本、盧學士刻本改正。一、是書所引春秋,皆公羊家言,故兩傳不敢屬入。惟書中引穀梁之文僅一條,故引穀梁以注之。至於土地人名,間有引杜注者,以無關義例故也。

孫氏校勘記跋: 光緒甲午刊本。 按春秋繁露,自宋已來,已多譌缺。 乾隆時館臣據永樂大典

所收樓鑰本對勘，補訂删改，復成完帙。且於創行聚珍版之始，即首先排印。詳見聚珍板程式。

蓋意在廣爲流播。顧閩中所翻刻聚珍本諸書，竟缺此種，不知當時何以遺漏。

豐順丁氏所藏聚珍原印本，則此書宛在，是所急應補刻者。提調傅太守請於上官，決意重刻。並以吾鄉盧氏文弨曾取聚珍本覆加考核，刻之於抱經堂叢書中者，似更詳備。爰飭梓人，依式墨板，既竣事，星華因思盧本雖讐校精密，特官本校語未及全載。

且近日江都凌氏有注，亦頗具異同。復節採德清俞氏平議數條，因併錄爲此帙，附刻於後。以視近日涮局重翻盧本之仍有譌脱，或略勝云。光緒乙未秋季，會稽孫星華季宜識。

魏源董子春秋發微序：董子春秋發微七卷，何爲而作也？曰：所以發揮公羊之微言大誼，而補胡毋生條例、何劭公解詁所未備也。漢書儒林傳言董生與胡毋生同業治春秋。而何氏注但依胡毋生條例，於董生無一言。及近日曲阜孔氏、武進劉氏，皆公羊專家，亦止爲何氏拾遺補缺，而董生之書，未之詳焉。若謂董生疏通大詣，不列經文，不足頡頏何氏，則其書三科九旨，燦然大備，且宏通精淼，内聖而外王，蟠天而際地，遠在胡毋生何劭公章句之上。蓋彼猶泥文，此則優柔而厴飫矣。彼專析例，此則曲暢而旁通矣。故抉經之心，執聖之權，冒天下之道者，莫如董生。今以本書爲主，而

以劉氏釋例之通論大義近乎董生，附諸後。爲公羊春秋別開閫域，以爲後之君子亦

將有樂於斯。至繁露者，首篇之名，以其兼撮三科九旨，爲全書之冠冕，故以繁露名

首篇。後人妄以繁露爲全書之名，復妄移楚莊王一章於全篇之首，矯誣之甚。故今

仍以繁露名首篇，其全書但曰董子春秋，以還其舊。〔興案：繁露爲篇名甚確。但唐宋各書引均

以爲全書名，其來已久。至云「稱董子春秋，以還其舊」，則未必然。論衡案書篇：「董仲舒著書不稱子者，意始

自謂過諸子也。」知漢世無此稱。〕至其三代改制質文一篇，上下古今，貫五德五行於三統，可

謂窮天人之絕學。視胡毋生條例，有大巫小巫之歎。〔興案：三代改制一篇，言公羊學者多盛稱

之。其實此篇乃言典禮「以春秋當新王」諸語，則漢世經師之設詞也。說詳本篇。〕況何休之偏執，至以

叔術妻嫂爲應變，且自謂非常可憙之論，玷經害教，貽百世口舌者乎。今分七卷，臚

列其目於前，以詔來學。

十科六指，此仍是以何例說董學。

繁露第一、張三世例，通三統例，異內外例。

俞序第二、張三世例。

奉本第三、張三世例。

三代改制質文第四、通三統例。

爵國第五、通三統例。〔興案：爵國篇明舉周制及春秋，似與三統無涉。〕

符瑞第六、通三統例。

仁義第七、異內外例，附公始終例。

王道第八、論正本謹微兼譏貶例。

順命第九、爵氏字例。〔尊尊賢賢。〕

觀德第十、爵氏字例。〔尊尊親親。〕

玉杯第十一、予奪輕重例。

玉英第十二、予奪輕〔重例。〕

重例。

精華第十三、予奪輕重例。

竹林第十四、兵事例。戰伐侵滅入圍取邑

表。

滅國第十五、邦交例。朝聘會盟表。

隨本消息第十六、邦交例。同上。

度制第十七、禮制例。讖失禮。

災異例。

郊義第十八、禮制例。讖失禮。

二端第十九、陽

天地陰陽第二十、災異例。

五行相勝第二十一、災異例。

尊陰卑第二十二、通論陰陽。

論春秋。

會要第二十三、通論春秋。

正貫第二十四、通

十指第二十五、通論春秋。

朱一新無邪堂答問一：胡仕榜問：董膠西明春秋，乃惑於改正朔，而云王魯。歐陽永叔惜其拘牽師說，不能高論以明聖人之道，似中其失。　答：漢儒以改建正朔，損益質文，爲王者治定功成，制禮作樂之事，聖人之道，莫大乎此，故恒言之，「不獨董生爲然。蓋謂推言其極至，則其治具畢張可見也。此即漢儒至高之論，永叔所言，未觀其通。公羊爲漢儒專家之學，與宋儒之說絕異，此所引未明家法。　興案：董生書發明聖人之道者極多，改朔云云，特其一端。而其論發三太初未改正朔以前，在當日爲時務，非高論也。　歐公未深考耳。　說見楚莊王篇。朱說亦未明晰。　至其所云王魯者，謂假十二公之事，以示百王大法，猶之寄王法於魯云耳。朱

成元年傳：「王者無敵，莫敢當也。」昭二十五年傳：「昭公曰：『吾何僭哉。』」子家駒曰：『設兩觀，乘大路，朱干玉戚以舞大夏，八佾以舞大武，此皆天子之禮也。』」以周爲王者，而斥魯人僭用天子之禮，則魯之爲託王可見矣。

公羊家之說以爲周道既微，明王不作，夫子知漢室將興，因損益百王之法，作春秋以

貽來世。 以春秋爲漢興而作，此尤緯説之無理者。蓋自處士橫議，秦人焚書，漢高溺儒冠，文景喜黃老，儒術久遏而不行。自武帝罷黜百家，諸儒乃亟欲興其學，竊附緯説，以冀歆動時君，猶左傳之增其處者爲劉氏也。此在立學之初，諸儒具有苦心，後人若復沿襲其説，則愚甚矣。俗語不實，流爲丹青，光武好言圖讖，東漢諸儒從風而靡。何劭公遂以春秋演孔圖之説解獲麟，可云寡識。桓三年正月何注亦云：「非主假周以爲漢制。」第載之

空言，不如見之行事。魯史具存，即借其事以寓褒貶。故曰加吾王心焉。夏尚忠，殷尚質，三王之道若循環。周末文勝，夫子欲變之以殷質，而其褒貶誅絶之法不敢自專，寄之於魯。此以春秋當新王之義，非謂真以魯爲新王也。 公羊家言，如以祭仲爲行權，乃假祭仲以明經權之義，非真許祭仲。繁露玉英篇：「傳言殺人以自生，亡人以自存，君子不爲也。祭仲正與相反，其非許祭仲可知。何注蓋失公羊本意。權雖反經，亦必在可以然之域。不在可以然之域，故雖死亡，終弗爲也，「公子目夷是也。」漢儒謂反經合道爲權。是不合於道者，仍不得謂之權。權，所以衡輕重。未能守經，而侈語達權，則如無星之稱，將恃何道以衡之，子臧言聖達節，蓋必有節，而後可達也。以齊襄爲復九世之讐，乃假齊襄，以明復讐之義，非真許齊襄。公羊子深惡魯莊忘親事讐，故發此傳。而於伍子胥之復讐過當者，亦深許之。蓋皆有爲而言也。父母之讐，不共戴天。況於國君受繼體之重，無論齊魯勢均力敵，本有可勝之道，即使戰而敗北，亦當收合餘燼，枕戈泣血，以爲後圖。人子不復讐，何以爲人；國君不復讐，何以立國。後人有謂南宋乃明復讐之義爲不量力者，莠言邪説，宜爲春秋所誅絶也。此類頗多，皆文與而實不與。但此唯公羊爲然，近儒乃推此意以説羣經。遂至典章、制度、輿地、人物之灼然可據者，亦視爲莊列寓言，恣意顛倒，殆同戲劇，從古無此治經之法。

麟爲王者之瑞，夫子論次十二公之事，爲萬世法。王道浹，人事備。西狩獲麟，於周

爲異，春秋則託以爲瑞。故曰：「所聞世著治升平，所見世文致太平。」此張三世之

義。曰文致者，明其非眞太平也。不然，定哀爲衰世，獲麟非美事，漢儒豈不知之，而

顧爲是瞶瞶耶？公羊家多非常可怪之論，西漢大師自有所受，要非心知其意，鮮不

以爲悖理傷教。故爲此學者，稍不謹愼，流弊滋多。近儒惟陳卓人深明家法，亦不過

爲穿鑿。若劉申受、宋于庭、龔定庵、戴子高之徒，蔓衍支離，不可究詰。凡羣經略與

公羊相類者，無不旁通而曲暢之。即絕不相類者，亦無不鍛鍊而傅合之。舍康莊大

道，而盤旋於蟻封之上，憑臆妄造，以誣聖人。二千年來經學之厄，蓋未有甚於此者

也。國朝公羊學始於陽湖莊氏，蓽路藍縷，例尚未純。卓人學出凌曉樓，曉樓言禮制，已頗穿鑿，而尚未甚。至

劉、宋、戴諸家，牽合公羊、論語而爲一。于庭復作大學古義說，以牽合之。但逞私臆，不顧上下文義。定庵專以

張三世穿鑿羣經，實則公羊家言，惟張三世最無意義。何注恩王父之說，亦復不詞。定庵以此爲宗，烏足自名其

學？凡此云云，皆所謂以艱深文淺陋也。道咸以來，說經專重微言，而大義置之不講。其所謂微言者，又多强六

經以就我，流弊無窮。即如魏默深詩古微之攻故訓傳，書古微以杜林漆書誣馬鄭，遂欲廢斥古文。魏氏史學名

家，其經學實足誤人。良由漢學家瑣碎而鮮心得，高明者亦悟其非，而又炫於時尚。宋儒

義理之學，深所諱言。於是求之漢儒，惟董生之言最精。求之六經，惟春秋改制之說

最易附會。且西漢今文之學久絕，近儒雖多綴輯，而零篇墜簡，無以自張其軍。獨公

羊全書幸存，繁露、白虎通諸書，又多與何注相出入。其學派甚古，其陳義甚高，足以

壓倒東漢以下儒者，遂幡然變計而爲此。夫公羊大義在通三統，通三統故建三正。

當周之時，夏正周正，列國並用，本非異事，不待張皇也。春秋時晉用夏正，近儒久有定論。逸周書周月篇夏數得天，百王所同。其在商湯，用師於夏，順天革命，改正朔，變服殊號，一文一質，示不相沿。以建丑之月爲正，亦越我周。致伐於商，改正異械，以垂三統。至於敬授民時，巡狩祭享，猶自夏焉。古人所以重三正者，以其合於天運。天運三微而成著，故王者必法天以出治。五始之義，公羊子言之備矣。詩書所陳，六藝所述，往往言天象以明人事，謂夫日鑒在茲，不可襲越也。漢人親見秦之縱恣，以速其亡，每遇天變，動色相戒。日食修德，日食修刑，元成失馭，猶明此義。故漢之末造，朝綱解紐，而獨無厲民之政，上畏天命，下畏民喦，其所以固國脈者，端在於是。董子謂王者舉事，宜求其端於天。又謂正朝廷以正百官，正百官以正萬民，比物此志也。今乃舍其敬天勤民之大者，而專舉改制以爲言。夫春秋重義不重制，義則百世所同，制則一王所獨。惟王者受命於天，改正朔，異器械，別服色，殊徽號，以新天下之耳目。而累朝舊制，沿用已久，仍復並行，此古今之通義。周時本兼有四代之制，六經無不錯舉其說，非獨春秋爲然。孔子殷人，雜用殷禮，見於戴記者甚多，安得以爲改制之證。公羊文十三年傳：「周公用白牡，魯公用騂犅。」何注：「白牡，殷牲也。」此乃成王所賜，豈亦孔子所改？明堂位兼用四代禮樂，若非經有賜魯明文，則近儒亦將援爲孔子改制之證。

且託王於魯，猶可言也，帝制自爲，不可言也。聖人有其位則義見於制，無其位

則義寓於事。是故孟子之論春秋也，曰其事其義，不曰其制。曰天子之事，不曰天子之制。袞褒鉞貶者，正天子之所有事。孔子自言竊取其義，竊取云者，取諸文王也。

公羊傳曰：「王者執謂，謂文王也。」開宗明義，即示人以遵王之旨。

納妃，叔孫通制禮」以爲天子無親迎，從左氏義。然則秦末漢初，左傳固行於民間，通儒多見之也。　左氏傳亦言王周正月。觀此可無夏時冠周月之疑矣。近人頗以左氏晚出爲疑，案戴記哀公問疏引五經異義曰：「高祖時，皇太子

秋，以文王之法正諸侯，而不以空言說經，故其義悉寓於諸侯之事。若夫典章文物一聖人作春

仍其舊，曾何改焉？　其有不合，非經師之失傳，即周衰之變禮。夫子錄之，以著世

變。　檀弓諸篇，類此者甚多。　漢儒惑於緯書，乃有爲漢赤制諸謬說，蓋其陋也。　制與事判然不

同，改正朔，易服色，殊徽號，異器械，是之謂制。制者一成而不可易，非天子不制度是也。若工虞水火，若兵刑錢

穀，是之謂事。事者，臣工所條奏，儒生所講求，先民有言，詢於芻蕘是也。今有

人焉，作通攷，作罪言，講明其義，以備采擇，苟無紕謬，聖王所弗禁也。制所以定民志，事所以達民情。今有

逆，即病狂。王法所不容，春秋所必誅也。　漢人語言簡質，往往混事於制。又欲立春秋於學官，而故神其說。端

門受命，素王改制，此蓋祖述堯舜、憲章文武爲仲尼作春秋之事？　漢儒亦但竄之於緯，未嘗敢著之於經也。近人信緯而

不信經，抑知述堯舜、憲章文武，以祖述設教之遺意，豈可據爲事實？　漢儒亦但竄之於緯，未嘗敢著之於經也。近人信緯而

明之。且謂作禮樂者，必聖人在天子之位。　而曉一孔之人，不知今王之新政可從。　孔疏申鄭意，亦謂孔子身無其

位，不敢制作二代之禮。　鄭君固信緯書者，而其言如此，曷嘗有如近人無忌憚之說？　聖人自云從周，說經者必欲

與之相反，可乎？　近儒因王制兼有殷制，遂傅合於公羊。　夫王制乃漢文集博士所作，盧

侍中明言之。侍中漢代大儒，出入禁闥，豈有本朝大掌故懵然不知之理？近人深斥其說，以此為衛經之苦心，固無不可。若乃託王制以穿鑿二傳，顛倒五經，則侍中遺說不得不亟與申明也已。當孝文時，今學萌芽，老師猶在，博采四代典禮，以成是篇，乃王制摭及公羊，非公羊本於王制。周尺東田，明是漢人常語，與月令之有太尉、大戴記之有孝昭冠辭略同。太尉與冠辭，猶可云偶贅及之。周尺東田，乃王制一篇節目，豈亦贅文耶？王制、月令，雖輯於後人，而所言仍是三代之制，故戴記取之，無庸曲說。今文家言禮制，每與古文不同。三代遺制紛繁，儒者各述所聞，致多歧異。即今文之與今文，亦間有不同，非獨古學家為然也。此乃傳述之歧互，非關制作之異同。遭秦焚書，民間私相傳述，今文特先立學，故顯於西漢，古文至東漢而始顯。今學古學之名，漢儒所立，秦以前安有此分派？文有今古，豈制有今古耶？

王制果為公羊而作，則師說具存，繁露何以不引其文，漢儒何以不述其例，直待千餘年後，始煩諸儒為之鑿空乎？王制：「公侯田方百里，伯七十里，子男五十里。」鄭注：「此殷所因夏爵三等之制也。殷有鬼侯、梅伯，春秋變周文，從殷質，合伯、子、男以為一。則殷爵三等者，公、侯、伯也。」案王制此言，本於孟子，孟子明言周制，而鄭君以王制為殷制，顯與孟子不合。蓋鄭欲溝通周官之說，致多膠葛。近人復因鄭此言，而歧之又歧。然鄭君特舉此以明王制之兼有殷制，曷嘗謂王制為素王改制之書？正義引鄭目錄云：「王制作在秦漢之際。」又有鄭答臨碩云：「孟子蓋赧王之際，王制之作，復在其後。」其說雖與盧侍中不同，要未嘗以王制為春秋改制而作也。王制首篇即述孟子之言，故鄭以為在孟子之後。王制分天下以為左右，曰二伯。鄭注亦引春秋傳周召分陝之事為證。周召分陝，正是周制，烏得以為孔子之制？乃

近人因王制未足徵信，復援孟子以為助。孟子明云：「周室班爵祿。」周制也，非殷制

也。

孟子言天子一位，子男同一位，凡五等。王制言公、侯、伯、子、男，凡五等。公羊言伯、子、男同位，凡三等。三書說各不同，烏可強爲溝合？孟子公侯百里，伯七十里，子男五十里。與武成分土惟三義同。〔近人黜僞古文尚書，棄置弗道。然漢書地理志已言周爵五等而土三等，豈班志亦僞乎？〕殷制既以公、侯、伯爲三等，則公、侯必不能同爲百里。書缺有間，但當闕疑，烏可鑿空妄造？近儒致疑於孟子者，徒以班爵祿之說與周官不合，夫周官不合羣經者多矣，何獨執此而定百里爲素王之制？且周制公侯百里，非但見於孟子，亦先見於論語：「有千乘之國焉，有百乘之家焉。」〔千乘之國，集解引包咸、馬融二說，包據孟子、王制，馬據周官、司馬法。如馬說則開方僅得三百一十六里有奇，仍與周官不合。若謂舉成數而言，亦當云三百里，不得云四百里。周官之三百里，固非大國也。王制疏引五經異義：「賦法積四十五井，除山川坑岸三十六井，定出賦者九井。」則千里之畿地方百萬井，除山川坑岸三十六萬井，定出賦者六十四萬井，司馬法是出軍之數，孟子、王制乃賦民之數。當出軍時，必不能埽境以行，但十抽其一耳。長轂萬乘，以許君之言差次之，則諸侯百里。長轂千乘，乃賦法，非出軍之法明矣。由此言之，司馬法亦六十四萬井，非四百里也。當從包義爲長。〕

豈節用愛人之語，必出於聖人晚年定論？而一人之私制，顧舉以告魯大夫，魯大夫將茫然何從索解乎？〔魯齊稱大國者，蓋以其附庸之多，其實封非必有加於百里。魯頌言土田附庸，復言公車千乘，與論語、孟子皆合。附庸若任、宿、顓臾之類，猶時見於左傳。歷世既久，諸侯多滅附庸以自廣，其甚者且滅大國。如晉滅虞、虢之類。故孟子曰：「今魯方百里者五。」魯之疆域，見左傳者已不止百里，非侵滅小國，烏

能若是。明堂位復云:「方七百里。」則誇飾之辭,或并附庸計之,未可知也。

孟子:「十一月,徒杠成。十二月,輿梁成。」即國語引夏令十月成梁之制。周十二月,夏之十月。孟子所用,周正也,非夏正也。近人謂孟荀皆用孔子改制之説。案荀子有王制篇,所言序官之法,大制與周禮同。又云:

「田野什一,關市譏而不征,山林澤梁,以時禁發而不税。」説亦同於孟子。孟子明云,文王治岐之制,豈得以爲殷制?荀子言「王者之制,道不過三代,法不貳後王。道過三代謂之蕩,法貳後王謂之不雅」。荀子意在法後王,乃後人反誣以改制之説,此正荀子所斥爲不雅者也。

公羊家言以王二月、王三月爲存三統,然則聖人固從周正,特兼存夏殷正朔,以明三代聖王皆奉天以出治耳。必謂春秋改正朔而用夏正,則第書王三月可矣,曷爲書王二月,而可牽合顏淵爲邦之問,强以公羊屬人論語乎?董子繁露,今存八十二篇。言陰陽、五行、仁義、禮智、性情者十六七,言他事者十三四。其言改制者,惟三代質文、符瑞、玉杯、楚莊王諸篇間及之,並非春秋要義。

楚莊王篇:「王者徙居處,更稱號,易服色者,無他焉,不敢不順天志而明自顯也。若夫大綱人倫、道理、政治、教化、習俗、文義盡如故,亦何改哉?」近儒輒以大學、論、孟之言,牽涉於素王改制,觀此可憬然矣。董子謂天積衆精以自剛,常置陰空處,稍取之以爲助。其言陰陽五行,皆明此義。陽爲德,陰爲刑,親陽而疏陰,任德而不任刑。其説深有契乎洙泗言仁之旨,董子之稱大儒者以此。所言喜怒哀樂中和諸説,皆可爲中庸義疏。至若正朔三而改,文質再而復,特聖王受命承天之一事。今舍全書大義而專言此,豈董子之意乎?近儒惟孫淵如喜言陰陽五行,

其所擄古義，皆術數家言，與董子伏生之學渺不相涉。漢初張蒼最明陰陽，而遺説罕聞。其據以推五運者，乃本孔子之論五帝德。〔見大戴記。〕五行或以相生爲義，或以相克爲義，迄無定論。張蒼謂漢爲水德。後因黃龍見成紀，從公孫臣言，改爲土德。其説本不足據。蓋漢儒惡秦特甚，不欲漢承秦後，因春秋有託王之義，遂奪秦黑統而歸之素王，因素王黑統而遂有紛紛改制之説。〔西狩獲麟，或以爲西方金精之獸，一角，赤目，爲火候，漢將受命之瑞。或以爲中央土，軒轅大角之獸，春秋禮書修母而致子。或以爲西方金精之獸，春秋立言西方兑，兑爲口，故麟來。聚訟紛紜，皆臆言也，庸足信乎？公羊之學，盛行西漢。班史所載臣工諸條奏，本春秋襃貶災異以立説者甚多，初未及素王制作之事。惟梅福傳，福據此以求立孔子世爲殷後。〕緯書多漢儒附益，故戰國諸子從未一及是言。豈非言不雅馴，爲搢紳先生所難言乎？公、穀至漢時始著竹帛，後師諸説，多存其中，亦未嘗一及是言。孔子後爲殷紹嘉公。〔當時據以立二王後者，乃用古文及左氏，穀梁，並非據公羊。成帝推迹古文，以左氏，穀梁，世本，禮記相明，遂立劉申受欲明三統之義，而反黜〕左氏，亦愼甚矣。

〔陸賈新語術事篇：「春秋上不及五帝，下不及三王，述齊桓晉文之小善，魯之十二公，至今之爲政，足以知成敗之效，何必於三王。」此可見秦漢之際言春秋者，尚無改制之謬説。漢儒泥於陰陽，推迹五運，乃始以是羼入公羊耳。新語或以爲僞作，實非也。嚴鐵橋漫稿已詳辨之。〕漢中葉後，儒者篤信緯説，逐末忘本，於是緯候之學流爲術數，術數之學流爲圖讖，怪説繁興，新莽因之，遂移國祚。魏、晉、六朝，纂奪相仍，莫不師莽之故智。此正後儒所當黜絶，安可更揚其波？況五運之學失傳已

久。公羊大義甚多，繁露名言不少，豈舍此遂無可尋繹耶？亦徒見其好異而已矣。

子張問十世，子答以因革損益。所因謂三綱五常，所損益謂質文三統，非

有德有位者孰能損益之？儒者講明其理可也，擅改其制不可也。若夫三綱五常，則

吾儒與有責焉耳矣。文王既没，文不在兹。文武之道，未墜於地，聖賢之於道也，未

嘗不以之自任。文在兹則道在兹，文者何？詩書禮樂是也。采之風謡，載在方策。

東遷而後，禮壞樂崩。聖無常師，識大識小，暮年刪定，述而不作。故夫詩書禮樂者，託

三代帝王治世之大經，非洙泗間一家之言也。夫子修春秋以垂教萬世，託始於文，託

王於魯。定哀多微辭，上以諱尊隆恩，下以避害容身，慎之至也。漢藝文志：「春秋所貶損

大人當世君臣，有威權勢力，其事實皆形於傳，是以隱其書而不宣，所以免時難也。」聖人憲章文武，方以

生今反古戒人，豈有躬自蹈之之理？　素王者，後人所尊稱，並非聖人自名其學。聖

道之大，安在乎王與不王。　近儒喜以素王説春秋，世俗之見，淺之乎測聖人矣。太平

御覽引孝經援神契，子曰：「吾作孝經，以素王無爵禄之賞、斧鉞之誅，故稱明王之道。」謂素王爲夫子自稱者，始

見於此。鄭、何諸人，皆同此説。鄭説見左傳序疏引六藝論。緯書固不足信，即以其説徵之，亦可見聖人於誅賞之

空言且謙讓不敢自專，而敢肆改一王之定制耶？春秋雖著諸侯之行事，實仍託之空文，素之爲言空也。若紛紛

制作，則真王矣，何素王之有。　公羊家言變周文，從殷質。文王殷人，其所用者殷制。即從緯

書之説，以爲受命改元，亦是殷末周初之制。夫子用此，與從先進義同。豈敢緣隙奮筆，儗以王

者自居？　春秋即爲聖人制作之書，度亦不過一二微文以見意，豈有昌言於衆，以自取大戾者。　且亦惟公羊爲然，於二傳何與？於詩、書、禮、易、論語又何與？　乃欲割裂經文，以就己意，舉六經微言大義，盡以歸諸公羊。然則聖門傳經，獨一公羊耳，安用商、瞿、子夏諸賢之紛紛也哉！

繁露所引論語，如「敬事而信」、「管仲之器」、「棠棣之華」、「內省不疚」、「當仁不讓」、「苟志於仁」、「大德不踰閑」、「禮云禮云」、「政逮於大夫」、「名不正則言不順」之類，皆引聖言以爲證，要非牽合公羊以合論語也。董子謂春秋大元，故謹於正名，其非正文字之誤可知。乃宋于庭論語説於此獨不從董子而從鄭君，且引老子有名無名以立説，異哉。

諸説皆與質文改制無涉。名分，假天子斧鉞之權以誅亂臣賊子者，聖人爲萬世綱常計，不得已也。

莊生有言，春秋以道名分具在。

鼎之輕重不可問，制之質文可輕改乎？

何氏解詁，例已煩碎。何注如「法其生不法其死，恩王父不恩高曾」之類，義皆難通。半亦由屬辭之拙僿。又如傳言隱賢，而注泛及連帥。傳稱單伯，單襄公穆公之類，見內外傳及漢食貨志。可知公羊之義爲短。

至春秋録内略外，微者不書，逢丑父自無見經之例，何注乃以爲絶頃公。何義蓋本繁露竹林篇，而微有不同，皆曲説也。

今乃於三科九旨而外，侈言劻公所不敢言，且混合六經而爲一。是聖人晚年刪述，但以改制爲事，平日雅言，復以改制爲教，洙泗之間，自爲風氣，師弟子所斷斷講習者，莫非干犯名義之言。爲下不悖之謂何？不至於邪説誣民不止。此惟外夷無父無君之教乃有之，而可以誣吾夫子乎？　公羊三科：一曰張三世，二曰

存三統，三曰異外内。内其國而外諸夏，内諸夏而外戎狄，是故稱於越者，未能以其名通也。稱越者，能以其名通也。吳獲陳夏齧則少進之，有憂中國之心，則又進之者何？謂其寖知中國之禮義也。若楚王之妻媦，固無時焉可也。自羲畫八卦，契敷五教，千聖百王，相嬗相維，以成此中國。中國之所以爲中國者無他焉，以所因之三綱五常耳。公羊子曰：「公追戎于濟西。」此未有言伐者，其言追何？大其爲中國追也。聖人之惡戎如此，非以其無君臣上下，無禮義廉恥，猾夏之風，漸不可長歟？於越句吳，同爲明德之後，既廣魯於天下，則漸被中夏之教化，春秋猶進之。

若夫宗楊墨無父無君之教，以俶擾我中夏，有心世道者，宜何如嚴外内之防。而徒侈言張三世，通三統之義，不思異外内之義，吾恐猖狂恣肆之言，陷溺其心者既久，且將援儒入墨，用夷變夏而不自知。嗚呼，是亦不可以已乎！窮經所以致用，封建之制不行，夏時之制久定。自漢以來，垂二千年，未之有改。乃猶喋喋言三統，固哉高叟之爲詩也！夫心之所同然者何也？謂理也，義也。天以五常之理賦人，故樂記謂之天理。義之用多端，而莫大於君臣。故天澤之分，必不可踰。義理之學，宋儒以之爲教，孔孟曷嘗不以爲教？漢學家惟惡言理，故與宋儒爲仇。「理義之悅我心，猶芻豢之悅我口」，豈苦人以所難哉？先王本理以制禮，以禁邪也。有禮斯有樂，以導和也。古樂既亡，禮亦爲文飾之具。宋儒因欲以理明之，又恐人矜持拘苦，

而屢以從容樂易導之。今讀其遺書，以理爲教，實多以禮爲教。文語語錄多不勝舉。所不同於三代者，特其沿革耳。此與聖門教人之方有何不合？而戴東原則曰：「程朱憑在己之意見，而執之曰理，以禍斯民。」且謂聖人以

爲民情，遂民欲爲得理。見東原文集孟子字義疏證。夫聖賢正恐人之誤於意見，故有窮理之功。東原乃認意見爲理，何其言理之粗。體民情固也，遂民欲而亦謂之理，何其言理之悖。欲仁欲也，欲利亦欲也，使徒遂其欲而不

以理義爲閑，將人皆縱其欲而滔滔不返，不幾於率獸食人乎？白虎通情性篇引孝經鈎命決曰：「情生於陰，欲

以時念也。性生於陽，以就理也。漢學家好據古義，獨不從之，何耶？乃謂宋儒以理殺人，死矣，更無可救矣。亦東原集

言性情理欲者，明白若此，陰氣者貪，故情有利欲，性有仁也。」其言與樂記合符節。古書之

中語。疾首蹙額，若不可一朝居，而必求自放於禮法之外者。苟以此爲教，恐五季之禍，其不復見於今者幾希。

誠不意儒者日治三禮，而竟不求諸制禮之本原也。故曰：「學而不思則罔。」近人知理之不可惡，宋儒之

不可仇，而必不肯言同然之理，獨言聖人罕言之理。高則高矣，夫理而可以高言也

邪？今夫義之實莫大乎君臣，仁之實莫大乎父子。世衰道微，臣弑其君者有之，子

弑其父者有之。孔子懼，作春秋。春秋天子之事，乃正名定分，以誅亂賊之事，非干

名犯義，以改制度之事也。公羊家言改正朔，易服色，蓋王者治定功成，制禮作樂，所

以告成功於天。而其先節目甚多，故六經言治法者甚備。六經大義，戴記經解篇、莊子天下

篇皆言之。周人之言經義，初未嘗通六經爲一也。董生古矣，莊生及七十子之徒，不尤古耶？「詩書序其志、禮樂純其養，易春秋明其知。六學皆大，而各有所長。詩道志，故長於質。禮制節，故長於文。樂詠德，故長於風。書著功，故長於事。易本天地，故長於數。春秋正是非，故長於治人。」董生之言如是，易嘗通六

附錄　春秋繁露考證

五一五

經為一乎？今以六經之言，一切歸之改制。其鉅綱細目散見於六經者，轉以為粗迹而略置之。夫日以制作為事，而不顧天理民彝之大，以塗飾天下耳目者，惟王莽之愚則然耳。曾謂聖人而有是乎？故曰：「以思無益，不如學也。」

春秋繁露義證序

蘇厚菴爲春秋繁露義證，將成而告余曰：「董生此書，説春秋者不過十之五六，吾爲此書，而深有會於春秋之旨。書成後，當更爲公羊董義述以盡吾意。漢代公羊家宜莫先董生，何劭公釋傳不及董生一字者何？」余因舉眭孟事告之，曰：「或以此故，子更求之。」國變之後，厚菴歸里。間與余言董義述，每舉一事，余爲欣賞者久之。歲癸丑，大病新愈，將赴會垣。余贈以詩，有「温故知新是我師」及「天爲斯文留絶學」之句。並以公錢刊行其繁露義證。嗣復以例言及董生年表來。十月返其煙舟故居，忽與余有違言，音問遂絶。以甲寅四月十四日故。其妻託楊芷園兄弟將義證稿來，又增一序文。並言其展轉牀蓐，自悔前書錯謬。聞余得子，思爲詩以賀，未就。余爲悽然。

念厚菴從余數十年，言行素謹。前之致書，或亦久病憒倒，不能自主，不足深論。其義證固可傳之書也。吾鄉魏默深先生爲董氏春秋發微，未成。今厚菴復爾。余讀鍾離意別傳，意爲魯相，發孔子教授堂下牀首懸甕中素書曰：「後世修吾書董仲舒。」則仲舒修

書，預知之數百年前，此聖人在天之靈所昭鑒也。豈宜久晦而不章？厚菴已矣，余更以

俟夫後之爲公羊學者。

甲寅閏月，長沙王先謙撰